2024

복음적인
예배와
설교를
위하여

— 김항안, 선종욱 목사 —

GLORIA

축제 같은 예배와
신바람 나는 설교를 위하여
항상 수고하시는

_____ 께

_____ 가

드립니다.

축제 같은 예배
신바람 나는 설교!

김항안 목사
선종욱

✻ GLORIA

2024 복음적인 예배와 설교를 위하여

축제 같은 예배! 신바람 나는 설교!
2024 복음적인 예배와 설교를 위하여

저자
김항안/선종욱

펴낸이
한국교회정보센터

편집책임자
김유리

발행처
주식회사 한국교회정보센터앤글로리아

주 소	서울 동작구 상도로 265-14
전 화	1566-3004
팩 스	(02) 824-4231
이메일	kcdc@chol.com
홈페이지	www.kcdc.net
등 록	1989년 3월 9일 제 3-235호
재등록	2007년 3월 9일 제 3-235호

발행일/인쇄일
1판 1쇄 만든 날 / 2023년 9월 15일
1판 1쇄 펴낸 날 / 2023년 9월 22일

온라인
예금주 주식회사 한국교회정보센터앤글로리아

국민은행 029337-04-009631

값 35,000원

축제 같은 예배! 신바람 나는 설교!

2024 복음적인 예배와 설교를 위하여

G·L·O·R·I·A
KOREA CHURCH DATA CENTER

머 리 글

매년 "복음적인 예배와 설교를 위하여"를 통해서 만나는 모든 분께 하나님의 크신 은혜와 사랑이 넘치기를 기도합니다. 올해로 이 책을 쓰기 시작한 지 벌써 28년이 되었습니다. 이렇게 이 책이 계속 나올 수 있었던 것은 하나님의 사랑하심과 독자 여러분들의 성원이 있었기 때문이라고 믿고 감사드립니다.

제 소망은 이 책 즉 "복음적인 예배와 설교를 위하여"가 이 세상에 교회가 존재하는 그 날까지 계속 이어지기를 바라는 것입니다. 참 죄송한 말씀이지만, 제가 이 세상에서 생을 마감해도 이 책은 지금 공동으로 집필하고 있는 선종욱 목사님께서 계속해서 집필해 주실 것입니다. 지금 기도하고 있는 것은 그다음을 이어갈 분을 보내 달라는 기도입니다.

저는 요즘 이 책이 출판되는 30주년이 되는 2026년 후를 기념하기 위해서 "2026년 복음적인 예배와 설교를 위하여"를 쓰기 시작했습니다. 본문은 1997년 첫 번째 호 때 선정했던 본문으로 정했습니다. 저는 믿습니다. 하나님은 언제 어디나 현존(現存)하시고 하나님의 말씀은 시간과 환경을 구별하지 않고 만날 수 있다는 것입니다. 저는 경건하고 거룩한 분위기에서 하나님을 가장 아름답게 만나는 방법이 예배의 현장이라고 믿습니다. 참다운 예배에 대하여 예수님께서 "하나님은 영이시니 예배하는 자가 영과 진리로 예배할지니라"(요 4:24) 말씀하셨습니다.

ㅣ예배와 말씀은 서로 뗄 수 없는 관계입니다.

예배에 말씀이 없으면 거짓 제사가 되고, 말씀이 예배를 벗어나면 잔소리가 되어 만담이나 시사평론으로 타락하고 맙니다. 따라서 목회자가 예배 시간에 말씀을 설교할 때 개인의 생각이나 사상을 말하면 살아계신 하나님을 모독하여 예배를 망치고 맙니다. 또한, 예배 시간에 목회자의 설교를 성도들이 하나님의 말씀으로 경청하도록 가르칠 필요가 있습니다. 예배의 말씀은 사람의 강연이나 설득이 아니라, 하나님의 말씀을 증언하는 메시지입니다. 그러므로 예배와 말씀은 목회자를 포함하여 세상의 누구도 침범할 수 없는 거룩한 성역(聖域)입니다. 세상의 권력자나 재벌이나 유명인사라도 예배와 말씀을 기역할 수 없기 때문입니다.

ㅣ예배의 기도는 하나님의 축복입니다.

기도는 성도가 천국으로 향하는 황금노선(黃金路線)입니다. 특히 중보기도는 성도들이 함께

타는 메타버스입니다. 만일 예배에서 기도가 없다면 하늘에 계시는 주님과 연결되지 않기에 허무한 시간이 되고 맙니다. 흔히 기도를 하나님께 무슨 소원을 비는 거로 생각하는데 이는 잘못 생각하는 것입니다. 기도는 하나님께 필요한 걸 부탁하기 이전에 하나님의 뜻을 이루는 일입니다. 예수님께서 기도를 가르치실 때 "뜻이 하늘에서 이루어진 것 같이 땅에서도 이루어지이다"(마 6:10) 말씀하셨습니다. 그러므로 기도를 통하여 자기의 뜻을 이루려고 하지 말고, 먼저 하나님의 뜻을 이루고자 간구해야 합니다.

| 예배와 찬송은 오케스트라의 하모니와 같습니다.

오케스트라에서 한 악기가 빠지면 하모니가 깨지는 것처럼, 예배에서 찬송이 없으면 하나님께서 기뻐하시지 않습니다. 그런데 찬송이 낡은 노래가 되지 않고 새 노래가 되어야 합니다. 신구약 성경에는 "새 노래"로 하나님을 찬양하라는 말씀이 모두 9번 나옵니다.

"새 노래로 그를 노래하며 즐거운 소리로 아름답게 연주할지어다"(시 33:3).
"새 노래 곧 우리 하나님께 올릴 찬송을 내 입에 두셨으니 많은 사람이 보고 두려워하여 여호와를 의지하리로다"(시 40:3).
"새 노래로 여호와께 노래하라 온 땅이여 여호와께 노래할지어다"(시 96:1).
"새 노래로 여호와께 찬송하라 그는 기이한 일을 행하사 그의 오른손과 거룩한 팔로 자기를 위하여 구원을 베푸셨음이로다"(시 98:1).
"하나님이여 내가 주께 새 노래로 노래하며 열 줄 비파로 주를 찬양하리이다"(시 144:9).
"할렐루야 새 노래로 여호와께 노래하며 성도의 모임 가운데에서 찬양할지어다"(시 149:1).
"항해하는 자들과 바다 가운데의 만물과 섬들과 거기에 사는 사람들아 여호와께 새 노래로 노래하며 땅 끝에서부터 찬송하라"(사 42:10).
"그들이 새 노래를 불러 이르되 두루마리를 가지시고 그 인봉을 떼기에 합당하시도다 일찍이 죽임을 당하사 각 족속과 방언과 백성과 나라 가운데에서 사람들을 피로 사서 하나님께 드리시고"(계 5:9).
"그들이 보좌 앞과 네 생물과 장로들 앞에서 새 노래를 부르니 땅에서 속량함을 받은 십사만 사천 밖에는 능히 이 노래를 배울 자가 없더라"(계 14:3).

그러니까 예배 시간에 우리가 하나님을 기쁘시게 하고 영광을 돌리는 최상의 방법이 "새 노래"로 찬송하는 것입니다. 우리가 부르는 찬송을 '노래'라고 표현했을 때 누구는 세속적으로 즐기는 노래라고 생각할 수 있으나 반드시 그렇게 생각할 필요는 없습니다. 노래는 인간의 본성에서 우러나는 습성이요, 나아가서 자신의 감정을 표현하는 방법이기 때문에 모든 노래는 나쁘다고 할 수 없습니다. 특별히 '노래' 앞에 '새' 자를 붙여서 세속적인 노래와 구별할 수 있습니다. 노래를 통하여 인간을 즐겁게 하더라도, 그 노래가 찬송이 될 수는 없습니다. 하나님께 예배를 드리면서 영혼에서 울려 나오는 '새 노래'로 하나님의 영광을 나타낼 때 찬송이 되기 때문입니다.

| 예배의 감사는 필수적입니다.

감사가 없는 예배는 가인의 행위와 같이 하나님을 노엽게 합니다. 죄인인 우리가 감히 하나님 앞에 나와서 예배를 드릴 수 있는 행위 자체로 감사할 뿐입니다. 성도는 하나님께 예배를 드리면서 먼저 몸을 바치고, 정성을 다한 예물로 감사를 드립니다. 모든 감사의 예물을 하나님께서 기뻐하시는데, 특별히 십일조 예물로 감사할 때 하나님은 축복하십니다. "만군의 여호와가 이르노라 너희의 온전한 십일조를 창고에 들여 나의 집에 양식이 있게 하고 그것으로 나를 시험하여 내가 하늘 문을 열고 너희에게 복을 쌓을 곳이 없도록 붓지 아니하나 보라"(말 3:10). 이 말씀을 율법적으로 생각하지 말고 복음으로 이해하면 감사가 넘칩니다.

2023년 8월 15일
김항안 목사 · 선종욱 목사

복음적설교를위해서

Ⅰ 복음적 설교를 위한 교훈과 담론 본문 이해

지난해에는 복음적 설교를 위한 본문 이해를 보았는데, 이야기로 된 본문을 어떻게 설교해야 할 것인지를 보았다. 구체적으로 사무엘이 기도하기를 쉬는 죄를 범하지 않겠다는 본문을 정하여 이야기의 배경을 알고, 이야기의 흐름을 잡고, 흐름에서 초점을 정하고, 흐름에서 전환점을 짚으며, 전환점마다 하나님의 일하심을 찾는 방법을 설명했다. 그리고 원고를 작성할 때는 초점 중심의 원고를 작성하며 마지막으로 원고를 검토하자고 제안하였다.

복음적 설교는 삼위일체 하나님의 일하심을 드러내는 설교이다. 이야기 본문에서도 이야기를 만들어가는 사람들의 행동과 말에서 삼위일체 하나님이 일하심을 발견할 수 있어야 한다. 하나님의 계획하심이 배경이 되며, 이야기의 흐름에 하나님의 개입이 있으며, 전환점마다 하나님의 간섭이 있음을 발견할 수 있어야 한다. 즉 사람의 뒤에서, 옆에서, 앞에서 일하시는 하나님을 발견하고 제시할 수 있다면 복음적 설교로서 원리와 방법에 적합하다고 말할 수 있다.

올해에는 복음적 설교를 작성함에 있어서 본문이 교훈과 담론이 되는 내용일 경우에 어떻게 삼위일체 하나님을 드러내며, 삼위일체 하나님의 말하심을 표현할 수 있을까를 보려고 한다. 성경에는 시, 잠언, 설교, 선포 등의 내용이 많다. 독자들이 읽고 교훈을 받으며, 공동체와 관계성에서 논의를 거쳐야하는 내용이 많다. 논의를 할 때 사람의 생각과 해석보다는 하나님의 생각을 발견하고 살필 수 있어야 한다. 성경이 하나님의 말씀임을 믿는다면 말이다.

교훈과 담론은 대부분 사람의 입으로 말하고, 글로 적힌 경우가 많다. 교훈과 담론은 이야기에 비해 읽는 데 속도가 나지 않는다. 내용과 의미를 곱씹어가며 읽어야 한다. 이야기에 비해 집중도가 높아질 수밖에 없다. 동시에 관점이나 신학적 성향에 따라 해석의 다양성도 나타난다. 해석의 다양성이 교리적인 차이가 될 수도 있고, 신앙 공동체 안에서 갈등의 요소가 될 수도 있다. 이런 일들을 상쇄하려면 삼위일체 하나님 중심의 복음적 관점을 가져야 한다.

ㅣ 교훈과 담론의 주체가 누군지를 확실히 하자

성경에는 수많은 교훈과 담론이 있다. 쉽게 찾아볼 수 있는 것 중 하나는 마태복음에 있는 산상수훈이다. 산상수훈은 예수님의 말씀이다. 그리고 그 말씀에 하나님의 생각과 뜻이 담겨있다. 이런 경우에는 복음적 설교 작성이 쉬워 보인다. 왜냐하면 삼위일체 하나님이 말씀하시는 복음적 원칙을 본문에서 명확하게 찾아보고, 적용할 수 있기 때문이다. 명확하게 드러난 내용을 보이는 대로 설명하기만 해도 삼위일체 하나님의 말하심을 설교에서 드러낼 수 있다.

성경에는 사람이 말하는 형식으로 보이지만 하나님의 의도와 뜻을 분명하게 언급하는 교훈도 있다. 예를 든다면 예언자들의 선포이다. 예언자들은 "만군의 여호와가 말하노라"는 식의 언급을 많이 했다. 이것은 겉으로 보기에 예언자가 말하는 것이지만 그 예언의 뒤에 하나님이 계신다. 예언자가 하나님의 뜻을 알기 때문에 사람들에게 하나님의 뜻을 전하는 것이다. 이 역시 복음적 설교를 작성하기 쉽다. 하나님이 분명하게 드러나는 구절이 있기 때문이다.

문제는 삼위일체 하나님의 말하심이 직접적으로 드러나지 않은 본문을 정하였을 때이다. 본문 뒤에 계신 하나님을 발견하지 못한다면, 설교 중에 사람이 하는 말만 소개하거나, 설교자 개인의 생각을 더 많이 말하게 된다. 복음적 설교의 원칙을 알지 못하거나, 본문을 깊이 묵상하지 않거나 혹은 설교자의 의도와 청중의 요구에 따라 살아가는데 필요한 교훈만을 말할 수도 있다. 청중들이 깨닫고 감동하였다 할지라도 엄밀히 말해 이것은 복음적 설교라 할 수 없다.

담론은 사람이 말하는 형식이다. 그러나 성경의 담론에는 그 뒤에 하나님이 계신다. 설교자는 교훈과 담론을 볼 때, 누구의 사상이라기보다는 누구를 통해서 하나님이 말씀하신다는 생각을 가져야 한다. 모든 성경은 하나님의 감동으로 되었다는 것을 믿는다면 말이다. 하나님의 감동으로 된 말씀은 하나님이 본문에서 직접 드러나지 않는다 할지라도 교훈과 책망과 바르게 함과 의로 교육하기에 유익하다. 교훈과 책망, 바르게 함과 의로 교육함의 주체는 하나님이시다.

ㅣ 담론의 대상자가 누군지를 짚자

성경은 하나님이 사람에게 하신 말씀이다. 그렇다면 성경 안에 있는 교훈과 담론을 받는 대상자도 사람이다. 지엽적으로 볼 때 성경의 각 책마다 수신자가 있다. 그러나 성경이 시대를 초월한다는 것을 생각한다면 성경을 읽고 깨달으며 변화되어야 할 존재는 모든 인류이다. 설교자가 처한 상황의 모든 사람이 교훈과 담론의 대상자이다. 설교자가 먼저 교훈과 담론의 대상자이며, 설교자의 해석과 선포를 들어야 할 교회와 청중이 곧 교훈과 담론의 대상자이다.

그럼에도 불구하고 성경의 각 책마다 수신자를 감안한다면 현 시대에도 당시의 수신자와 비슷한 상황에 처한 사람들이 있을 것을 설교자가 예상해야 한다. 당시의 수신자가 처한 상황과 유사한 상황에 처한 청중들도 있을 것이다. 성경의 배경을 안다는 것은 교훈과 담론의 수신자가 누군지, 수신자들의 처한 상황이 어떠한지 정확하게 아는 것이기도 하다. 수신자와 수신자의 상황을 정확하게 안다면 설교의 전개와 적용이 입체적이 되고, 적합하며 쉬울 것이다.

예를 들어 잠언은 전형적인 교훈 내용이다. 잠언은 처음부터 솔로몬의 잠언이라고 말하며 잠언의 목적을 이야기한다. 그리고 중간 중간에 "내 아들아"라는 표현으로 그의 아들 혹은 젊은이들에게 교훈하고 있음을 천명한다. 이러한 본문에서 수신자는 젊은이이다. 인생을 배워야 하고, 인생을 살아가는 중요한 원칙을 기억하고 삶의 지표로 삼아야 하는 세대이다. 젊을 때 지표를 바르게 세우고 실천한다면 인생이 복될 것이다. 젊은이들에게 교훈이 되는 내용이다.

그러나 나이가 들어도 젊은이보다 못한 경우가 있다. 나이 들어서 시작한 신앙인이 어린 시절부터 신앙인으로 자란 젊은이보다 신앙에서 서투른 경우가 있다. 특히 말씀에 무지하고 신앙의 원칙을 잘 지키지 못하는 경우도 있다. 이런 사람 역시 담론과 교훈의 대상자가 될 수 있다. 즉 설교자가 정한 본문의 수신자가 특정한 상황을 갖고 있다 할지라도 설교자의 적용에 따라 본문의 내용을 더 폭 넓은 상황과 사람들에게 적용할 수 있고 여기에는 설교자의 창의력이 필요하다.

┃ 담론의 논리적 전개를 살피자

교훈과 담론은 이야기와는 다른 장르이다. 이야기는 배경, 시작, 전개, 절정, 마침 등의 전개 과정이 있지만 교훈과 담론은 그렇지 않을 때가 있다. 본문의 범위에 따라 서론과 본론 그리고 결론을 구분할 수도 있지만, 짧은 본문의 경우에는 구분조차 어려울 수 있다. 이럴 때는 본문의 전개를 어떻게 살펴야 하는가? 예를 들어 잠언 1장 8절의 말씀 "내 아들아 네 아비의 훈계를 들으며 네 어미의 법을 떠나지 말라"이다. 이 짧은 본문이 어떻게 전개되고 있는가?

이럴 때 설교자의 문해력이 요구된다. 문해력은 단순히 글자를 읽고 글의 전체 내용을 이해하는 것으로 그치지 않는다. 문해력은 단 한 문장을 보더라도 문장의 핵심과 전개과정을 정확하게 살피는 것까지 포함한다. 문해력은 문장에서 말하지 않은 내용까지라도 발견할 수 있는 관찰능력을 요구한다. 복음적인 문해력이 깊은 설교자는 짧은 본문 하나를 보더라도 전개과정, 핵심, 삼위일체 하나님의 의도와 뜻을 발견할 수 있다. 복음적 설교가 그만큼 쉬울 것이다.

담론의 논리적 전개를 살피는 방법이 여러 가지 있다. 문장의 구조, 문장의 주어, 문장의 단어, 문장의 서술어, 문장의 관형어, 부사어 그리고 접속사 등을 보는 방법이다. 위의 방법에 따라서 관찰하면 아무리 짧은 본문이라 할지라도 논리적 전개 과정을 충분하게 확인할 수 있다. 논리적 전개과정을 다르게 볼 수 있다면 설교의 내용이 달라질 수 있을 것이고, 그에 따라 설교자는 단 한 구절의 본문을 가지고서도 여러 차례의 복음적 설교가 가능할 것이다.

| 논리적 전개에 따라 담론을 나누라

그러면 이제 위에서 제시한 잠언 1:8의 본문으로 논리적 전개를 해 보자. 이 본문의 수신자는 아들이다. 이 본문에는 아들에게 명령하는 서술어가 둘이다. 하나는 듣는 것, 다른 하나는 떠나지 않는 것이다. 아들에게 하는 말을 보면 문장의 단어 중에서 서술어의 목적어 두 가지가 등장한다. 하나는 훈계이고, 다른 하나는 법이다. 또 목적어의 관형어가 되는 소유격이 두 가지 등장한다. 하나는 아버지이고 다른 하나는 어머니이다. 이렇게만 보아도 세 가지 방법이다.

단어를 보는 방법 외에도 문장의 구조를 보는 방법이 있다. 우리 말 성경으로 볼 때 "들으며"는 '듣고 또'라는 의미로 해석할 수 있다. '또'라는 접속자가 표면적으로 등장한다면 문장의 형식은 중문이 된다. 그러나 "들으며"라는 서술어와 접속사를 겹쳐서 사용했으므로 이 문장은 실제적으로 중문이라 할 수 있다. 중문이므로 앞 뒤 문장이 서로 비슷한 논리를 펼칠 수도 있고, 전혀 반대의 논리를 펼칠 수 있다. 8절은 앞 뒤 문장이 서로 비슷한 논리를 펼치고 있다.

앞뒤 문장이 서로 반대의 논리를 펼치는 구절도 있다. 예를 든다면, 잠언 3장 33절의 말씀이다. "악인의 집에는 여호와의 저주가 있거니와 의인의 집에는 복이 있느니라" 이 문장은 두 개의 문장이 서로 반대의 논지를 말하는 중문이라 할 수 있다. 한편 한 문장이 다른 문장에 종속되는 중문도 있다. 예를 든다면 잠언 3장 6절의 말씀이다. "너는 범사에 그를 인정하라 그리하면 네 길을 지도하시리라" 접속사 "그리하면"이 앞 문장을 뒤 문장에 종속시킨다.

잠언 1:8을 구조적으로 본다면 관형어 아버지와 어머니가 등위를 이루고, 목적어 훈계와 법이 등위를 이루며, 서술어 듣고 떠나지 않는 것이 등위를 이룬다. 등위를 이루는 전개를 본다면 두 개의 포인트를 추출할 수 있다. 두 개의 포인트는 아버지의 훈계를 듣는 것과 어머니의 법을 떠나지 않는 것이다. 여기에 아들을 부르는 명령어를 본다면 세 개의 포인트가 등장한다. 즉 한 문장에서 아들, 아버지와의 관계, 어머니와의 관계라는 세 가지 포인트를 보게 된다.

ㅣ 담론에서 교훈을 찾자

자, 이제 포인트를 확인했으므로 각 포인트마다 교훈을 찾아야 한다. 아들이라는 포인트라면 어떤 교훈을 찾아야 하는가? 사람은 부모로부터 태어났다. 그렇다면 모든 사람은 누군가의 자녀이다. 이 세상에 존재하는 사람은 누구나 부모에 의해서 세상에 태어났고, 부모의 영향을 받으며 자란다. 자녀가 어린 시절에는 원하든 아니든 부모의 영향이 있다. 그 영향은 성인이 되어서도 존재한다. 그러나 자녀가 성인이 되면 부모의 영향으로부터 벗어나려 할 수 있다.

자녀는 아버지의 영향을 받기도 한다. 아버지는 자녀에게 훈계를 하는 존재이기도 하다. 만약 어려서 일찍 아버지를 여읜 사람이 있다면 그에게 아버지 역할을 하는 누군가가 있을 터이다. 삼촌이나 집안 어른 혹은 선생님일 수도 있다. 누군가 훈계를 해주는 사람이 있다. 훈계란 경계선을 정하는 일이다. 넘어가지 말아야 할 경계선을 알려주고 그 안에서 자유를 누리도록 하는 일이다. 훈계는 무엇을 해야 하는 의무를 알려주는 일이기도 하다. 훈계는 아버지의 역할이다.

자녀는 어머니의 영향을 받는다. 심지어 어머니의 자궁 안에 있을 때, 어머니의 감정적 상태가 자녀에게 영향을 끼치기도 한다. 어머니가 임신했을 때 감기에 걸리고 특정한 증상을 보였다면, 태어난 자녀가 성인이 되어서도 감기에 걸렸을 때 어머니가 보였던 증상을 보이기도 한다. 어머니도 나름대로 법이 있다. 그 법이 느슨하든 아니든 법의 성격이 아닌 법의 존재가 더 중요하다. 어머니의 성격에 따라 자녀의 성격이 결정될 수 있다. 법은 어머니의 역할이다.

우리는 이 본문에서 어떤 교훈을 얻을 수 있는가? 누구나 자녀이다. 그리고 부모로부터 영향을 받았다. 자녀가 생각하기에 좋지 않은 영향이었다면 과감히 버려야 한다. 그러나 좋은 영향이라면 그것을 기억하여야 한다. 훈계는 들어야 하고, 법은 떠나지 않아야 한다. 동시에 자녀가 자라서 부모가 되었을 때 어떻게 해야 하는가? 자녀에게 훈계와 법을 제시하는 존재가 된다. 부모로부터 받은 선한 것을 자녀에게 물려주고, 선하지 않은 것은 끊어야 한다.

ㅣ 교훈을 신앙으로 연결하라

우리가 교훈을 찾았다면 그 다음에는 어떻게 해야 하는가? 반드시 교훈을 신앙과 연결해야 하고, 삼위일체 하나님의 의도와 뜻과 목적임을 강조해야 한다. 만약 교훈이 신앙과 연결되지 않는다면 그 교훈은 세상에서도 얻을 수 있다. 교회에서만 얻어야 하는 신앙적 교훈이 아니라면 성도들이 구태여 설교를 들을 필요가 어디에 있겠는가? 교회가 아닌 다른 곳에서도 얻을 수 있다면 그것은 설교라 말할 수 없다. 그러므로 교훈을 반드시 신앙과 연결지어야 한다.

요즘 사람들은 짧고 감성적인 것을 좋아하는 성향이 있다. 설교자도 마찬가지이다. 짧고 감동적인 글귀를 문자와 SNS로 보내어 사람들에게 영향을 끼치기도 한다. 그러다보니 30분이 넘는 성경본문해설보다 3초짜리 감동적인 글귀가 더 많아졌다. 진지한 생각과 신앙적 자기 성찰보다는 짧고 파편적인 감동적인 구절이 더 많다. 하나님이 나를 어떻게 생각하실까? 나를 향한 하나님의 뜻보다는 잠깐동안의 내 감정적 만족을 추구하는 시대가 되고 말았다.

감동을 은혜라고 착각하면 안 된다. 감동을 받으면 은혜 받았다고 착각해도 안 된다. 감각과 현상에 치우치는 시대, 성경을 알고 배우고 이해하는 데 시간과 마음과 열정을 쏟는 것이 약화된 시대이다. 감동이 은혜를 알게 하는 통로일 수는 있을지언정 감동과 은혜는 전혀 별개의 영역이다. 감동을 받았다고 해서 하나님의 뜻을 다 아는 것도 아니다. 교훈만을 이야기하면 감동을 줄 수는 있겠지만, 신앙과 연결하지 않으면 하나님의 뜻을 알았다고 말할 수 없다.

성경의 교훈도 마찬가지이다. 성경 안에 있는 교훈과 담론을 반드시 하나님의 뜻과 연결해야 한다. 내가 자녀로 태어난 것이 하나님의 섭리이다. 내게 부모님이 계신 것은 내가 선택할 수 없는 환경이다. 아버지의 훈계와 어머니의 법은 나를 바르게 자라도록 하는 하나님의 방법이다. 그리고 하나님의 말씀에서 아버지의 훈계와 어머니의 법을 언급함으로써 하나님은 나에게 성장하는 복과 하나님을 알게 하는 통로를 내게 허락하셨다. 이것이 모두 하나님의 은혜이다.

I 마지막으로 원고를 정리하자

짧은 본문에서라도 논리적 전개에 따라 포인트를 정하였고, 포인트에 따라 교훈을 찾았으며, 교훈을 신앙과 연결하였다면 설교원고 작성에 들어가야 한다. 이런 과정을 거쳤다면 설교 원고 작성도 역시 쉬울 것이다. 머릿속에서 이런 과정이 자연스럽게 이루어졌다면 설교원고를 작성하는 데 어려움이 없을 것이다. 만약 담론과 교훈 본문으로 설교원고를 작성하는 데 어려움이 있다면, 위의 과정을 의도적으로 종이에 포인트, 교훈, 신앙과 연결을 적으면서 해 보자.

주산의 암산을 배운 사람들은 산수가 남보다 잘 된다. 산수가 잘 안 되는 사람은 종이 위에 쓰고 계산하는 과정을 거치거나 계산기를 이용한다. 산수의 정확도와 속도가 다를 수 있다. 무엇의 차이인가? 암산을 배우고 연습한 것의 차이이다. 복음적 설교의 원고 작성도 마찬가지이다. 교훈과 담론 본문을 보고 원고를 작성하기까지 문해(文解)의 과정을 얼마나 거쳤는지, 연습의 시간과 정도 차이가 복음적 설교의 원고 작성에 접근하는 난이도를 결정할 것이다.

원고작성에서 주의할 일이 있다. 복음적 설교에 관해 처음부터 강조하는 내용이기도 하다. 그것은 삼위일체 하나님을 주어로 사용하는가이다. 설교자가 본문에서 말하는 사람을 주어로 해서 솔로몬을 말할 수도 있다. 그러나 솔로몬에게 지혜를 주신 하나님을 말할 수 없다면 설교는 단순히 역사적이고 지혜로운 인물 솔로몬의 교훈을 전달하는 행위가 되고 만다. 이것은 설교가 아니다. 하나님이 솔로몬에게 지혜 주시고, 솔로몬을 통해 하는 말씀을 전달해야 한다.

원고작성을 다 마쳤다면 퇴고의 과정을 거친다. 퇴고 시에 주의 할 일은 삼위일체 하나님을 주어로 하는 문장이 얼마나 쓰였는지를 살피는 것이다. 그 문장을 강조해서 굵은 글씨, 밑줄 혹은 색을 칠해둔다면 설교시간에 청중들에게 강조하기 쉬울 것이다. 설교가 사람의 말이 아니고, 나의 말도 아니며 하나님의 사람과 설교자를 통해 청중들에게 전달되는 하나님의 뜻이라면 설교자는 하나님의 뜻에 민감하고 하나님의 의도에 맞는 방법을 선택해야 한다.

다음 해에는 성경에 나타난 비유를 어떻게 해석하고 복음적으로 설교할 것인지를 이야기하려고 한다.

1. 본문에 관한 내용

- **본문 선택** : 여기서 사용한 본문은 교회력에 의한 성서 일과를 참고하여 한국교회정보센타 집 위원회가 정한 원칙에 따랐다.(성경은 개역개정성경 사용)
- **성서 일과** : 교회력에 의하여 구약, 서신서, 복음서 세 가지 본문 중에 하나를 선택하여 주 본문으로 정했으며, 신구약의 알맞은 조화를 위하여 노력했다.
- **설교 본문** : 성서 일과 중에서 주일 대예배를 위한 본문으로 선택된 성경 본문(음영으로 조처리)은 구약, 서신서, 복음서 중 하나를 정했다. 선택된 복음적인 조명도 그 양을 달리 다. 주일 대예배를 위해서 선택된 본문은 한국교회정보센타가 매주 목회자에게 제공하는 회자료 중 설교 자료의 본문과 일치시켰다. 따라서 더 많은 설교 자료에 대한 참고를 원할 는 한국교회정보센타가 매주 발행하는 자료, 즉 주일 대예배 본문을 중심으로 만들어가는 교 자료 6-7편(복음적인 본문 설교, 강해 설교, 주해 설교, 대지 설교, 제목 설교, 상황 설 등)과 이 설교를 돕는 예화 자료 6-8편, 본문 설교를 돕는 참고자료를 이용하면 유익한 정 를 많이 얻게 될 것으로 사료된다.
- **기 타** : 성서 일과 중 본문으로 선택되지 않은 나머지 본문에 대한 설교 자료 및 참고 자료 한국교회정보센타에서 매주 주일 예배와 수요 예배 그리고 금요철야 예배를 위해서 회원들 게 매주 제공되는 자료를 참고하면 된다.

2. 예배에 관한 내용

- 예배에 사용되는 각종 기도문은 복음적인 감격과 실천 지향적인 의미를 주는 기도문이 되 고 노력했다.
- 복음적인 예배와 설교를 위하여 예배의 실제 모델은 지면 관계상 생략했다. 복음적인 예배 위해서는 저자 김항안 목사가 쓴 『절기예배의 이론과 실제』, 『특별 예배의 이론과 실제』(도 출판 글로리아)를 참고하기 바란다.

3. 교회력

- 교회력 중에 모든 교단이 공통으로 사용하는 것은 그대로 사용했다. 그러나 교단별로 다른 념일 등에 대한 것은 혼란을 피하고자 생략했다. 그 대신 여백을 만들었기 때문에 각자가 단의 실정에 맞게 적어서 활용하기 바란다.

■. 기타 설교에 대한 안내

• 새벽 설교, 금요일 밤 설교, 수요일 밤 설교는 지면 관계상 생략했다. 그러나 금요일 저녁과 수요일 예배를 위한 설교 자료는 한국교회정보센타 홈페이지(www.kcdc.net)를 통하여 제공되는 목회자료를 참고하면 많은 도움을 받을 수 있다.

• 새벽 기도에 관해서는 한국교회정보센타에서 발행하는 『새벽기도를 위한 365일 기도문』 (도서출판 글로리아)을 참고하거나, 홈페이지를 통하여 매월 새롭게 회원들에게 제공하는 자료에서 도움을 받을 수 있다.

⑤. 찬송 선곡

• 가능한 교회력과 성서 일과에 따라 본문의 주제에 맞는 찬송을 설교 전, 설교 후로 나누어서 두 편씩 선곡했다. (21세기 찬송가 사용) 성가대를 위한 선곡도 성서 일과에 의한 주제에 맞추어서 선곡했다. 지면 관계상 곡명과 작곡자만을 기재했다. 성가곡의 출처는 아래와 같다.
  ① 교회력에 의한 예배찬양(기독교음악사) 1–7권
  ② 교회합창(기독교음악사) 1–5권
  ③ 예배성가곡집(서울음악사) 1–4권
  ④ 교회력에 의한 예배찬양(호산나음악사) 1–3권
  ⑤ 명성가곡집(미완성출판사)
  관련된 책자는 일반 기독교 서점에서 구입할 수 있다.

⑥. 편집 방법

• 효과적으로 이용할 수 있는 자료가 되기 위하여 바인더 형식을 취했다. 첫째 이유는 언제 어디서나 쉽게 활용할 수 있는 실용성 때문이고, 둘째는 목회자가 스스로 만든 자료를 가감할 수 있는 자료집이 되게 하기 위함이다.

⑦. 특별예배

• 송구영신, 교회설립예배, 사순절과 같은 특별 절기를 위한 예배자료와 영상자료, 설교 및 예화자료는 김항안 목사가 별도로 쓴 『복음적인 송구영신예배를 위하여』, 『사순절을 주님과 함께』, 『감동적인 고난주간을 위하여』(도서출판 글로리아)를 참고하면 된다.

구약 성서의 히브리력				교회력	
양력	히브리력	기후	농사계절	기념일	절기
1	10 (데 벳)	우기 늦은비	겨울엄동		현현절(주현절) Epiphany 1월 6일 – 2월 2주 (성회 수요일 이브)
2	11 (스 밧)			15 – 식목일	
3	12 (아 달)		복숭아꽃	14 – 부림절	사순절(수난절) Lent – 3월 마지막 주 (부활절 이브)
4	1 (니 산)		보리추수시작	14 – 유월절 15 – 무교절 시작 21 – 유월절 무교절의 끝	
5	1 (니 산)	건조기	보리추수	4 – 현충일 5 – 독립기념일	부활절 Easter – 5월 첫 주 (오순절 이브 승천절)
6	3 (시 완)		밀추수	6 – 오순절(칠칠절) 유월절 이후 7주	성령강림절 (오순절) – 9월말 주 Pentecost
7	4 (탐무즈)				
8	5 (아 브)		포도, 무화과 감람이 익는 때	9 – 성전파괴일	
9	6 (엘 룰)		포도추수 시작		
10	7 (티쉬리)		이른비 경작 시작	1 – 나팔절 10 – 속죄절 15 – 21 초막절 장막절	
11	8 (헤스반)	이른비	밀, 보리파종		
12	9 (기슬르)			25 – 수전절	대강절 – 크리스마스 이브
	10 (데 벳)		겨울엄동		성탄절 – 1월 5일

예 전 및 절 기

색깔	의 미
흰 색	순결, 완전, 기쁨을 상징한다. 예수님의 생애에서 수난일을 제외하고 주요 절기를 나타낸다. 성탄절, 부활주일, 승천주일, 삼위일체 주일, 결혼 등에 사용된다.
빨간색	불과 피의 빛이며 성경, 순교, 하나님의 사랑을 나타낸다.
보라색	슬픔과 통회를 표하는 것으로 대강절, 사순절에 사용된다.
초록색	대자연의 푸른색으로 소망, 중생, 양육, 선교 등을 나타낸다.
검정색	슬픔을 상징한다. 예수 수난일, 장례식에 사용된다.

구분	의 미
양력 陽歷	기원은 1581년 교황 그레고리우스 13세(1572-85)의 'Inter gravissimas' 교황 칙서에서 유래되었다. 그레고리우스 13세는 율리우스력(B. C 47년 율리우스 카이사르에 의하여 수립된)의 시간 계산에서 나타난 오차를 바로 잡고 1582년 날 수 중 10일(10월 5일부터 14일)이 달력에서 제거되어야 한다고 지적했다. 따라서 1582년의 10월 4일의 다음 날은 곧바로 10월 15일이 되었다. 그러한 차이의 근본적인 원인은 율리우스력이 1년을 정확히 365¼로 계산하여 4년마다 한 번씩 윤년을 두었다는 사실에 있다. 매 윤년의 2월 24일은 2일간 지속되었다. 그레고리우스력(Gregorian Calendar)은 개혁된 거의 모든 카톨릭 국가에서 채택되었으나, 프로테스탄트 국가에서는 서서히 채택되었다. 현재 모든 국가가 이 달력을 사용하는 것은 아니며 희랍 정교회에서는 음력 제도를, 이스라엘에서는 고유한 달력인 유대력을 사용하고 있다. 한국에서는 일제 치하인 1896년부터 사용하다가 1948년 9월 국회에서 음력 사용을 결정했다. 1961년 군사 정부에 의하여 양력이 다시 사용되었으며 현재에는 양·음력을 병행하여 사용하고 있는 실정이다. 양력을 사용하면서 각종 기념일은 양력으로 표기되기 시작했고 음력의 계산법은 점차 뒷전으로 밀려나기 시작했다.
음력 陰歷	우리가 사용하는 산력인 음력은 중국의 달력인 월산력(月算曆)에 근거한 것으로 인도의 태음력과 유사하다. 두 달력의 윤일 산정법, 월차 계산법 등은 당시 엄격한 천문학적 계산에 근거하여 얻어졌다. 흔히 이 두 달력의 음력 수치 계산을 바벨론 문화 유산으로 많이 착오한다. 그러나 중국의 월산력법은 다른 곳과는 다른 그들 나름대로의 독특하고 고유한 천문학적 방법에 의거하여 수치 계산을 하고 있다. 우리나라의 음력 사용은 중국과의 밀접한 관계 속에서 받아들여져 자연스럽게 사용되고 있었으나 일제 치하인 1896년에는 사용이 중단되는 시대를 맞기도 했으며 해방 이후 국회에서 음력 사용을 결의하기도 했으나 세계화의 추세 속에서 보편적인 양력을 채택, 오늘에 이르고 있다. 아직까지 우리는 농업이나, 어업, 관혼상제 등 우리 삶과 깊게 묶여 예민한 독특성을 인정받고 있는 것이다. 씨의 파종 시기나, 물의 간차를 시기적절하게 파악한 자연 운영력이 강한 월산력이라 하겠다.

절 기 표

	24절기	음력	양력
봄	입춘(立春) : 봄이 시작되는 철	1월 절	2024년 2월 4일
	우수(雨水) : 비가 내리는 철	1월 중	2월 19일
	경칩(驚蟄) : 동면하던 곤충이 깨어나는 철	2월 절	3월 5일
	춘분(春分) : 봄철 태양 환경이 분기되는 철	2월 중	3월 20일
	청명(淸明) : 날씨가 맑고 밝은 철	3월 절	4월 4일
	곡우(穀雨) : 곡식에 좋은 비가 내리는 철	3월 중	4월 19일
여름	입하(立夏) : 여름이 시작되는 철	4월 절	5월 5일
	소만(小滿) : 보리알이 굵어지는 철	4월 중	5월 20일
	망종(芒種) : 보리를 베는 철	5월 절	6월 5일
	하지(夏至) : 여름으로 해가 가장 김	5월 중	6월 21일
	소서(小暑) : 조금 더운 철	6월 절	7월 6일
	대서(大暑) : 매우 더운 철	6월 중	7월 22일
가을	입추(立秋) : 가을이 시작되는 철	7월 절	8월 7일
	처서(處暑) : 더위가 그치는 철	7월 중	8월 23일
	백로(白露) : 흰 이슬이 내리는 철	8월 절	9월 7일
	추분(秋分) : 가을에 태양 환경이 분기됨	8월 중	9월 22일
	한로(寒露) : 찬 이슬이 내리는 철	9월 절	10월 8일
	상강(霜降) : 서리가 내리는 철	9월 중	10월 23일
겨울	입동(立冬) : 겨울이 시작되는 철	10월 절	11월 7일
	소설(小雪) : 눈이 조금 오는 철	10월 중	11월 22일
	대설(大雪) : 눈이 많이 오는 철	11월 절	12월 7일
	동지(冬至) : 겨울의 막바지 철	11월 중	12월 21일
	소한(小寒) : 조금 추운 철	12월 절	2025년 1월 5일
	대한(大寒) : 매우 추운 철	12월 중	1월 20일

순 서 매 김

2023년 본문

2024년 본문

12월의 예배와 설교를 위하여

일	요일		본문	설교제목	기타 (예화, 참고자료)
3	주일	낮			
		밤			
6	수				
10	주일	낮			
		밤			
13	수				
17	주일	낮			
		밤			
20	수				
24	주일	낮			
		밤			
27	수				
31	주일	낮			
		밤			

성 경	누가복음 1:67-75	예전색상	보라색

예 배 의 부 름	"일어나라 빛을 발하라 이는 네 빛이 이르렀고 여호와의 영광이 네 위에 임하였음이니라"(사 60:1) **하**늘 백성들을 사랑하시고 복 주시기를 기뻐하시는 하나님 아버지! 하나님의 형상을 닮은 저희를 구원해 주실 구세주 예수 그리스도의 강림을 준비하는 대강절을 주신 것을 감사드립니다. 오늘 우리는 교회의 절기로 새해를 시작하는 대림절 첫 주일 예언된 아들의 강림을 기다리는 마음을 모아 예배를 드립니다. 우리가 하나되어 드리는 경배와 찬양을 열납하여 주옵시고, 생명의 빛이 저희를 비추어 거듭나는 감격을 안고 세상에 나아가 하나님의 백성으로 부족함이 없는 삶을 살게 인도하여 주옵소서. 예수님의 이름으로 기원하옵나이다. 아멘
회개를 위하여	우리는 이 세상에 살면서 많은 기다림을 경험합니다. 병든 몸이 회복되기를 바라는 기다림, 사업이 잘 되기를 바라는 기다림, 그러나 영원히 죽을 수밖에 없는 죄인을 속량해 주시기 위해서 오시는 구세주 예수가 오시는 기다림에 인색했던 우리 믿음을 회개하는 기도를 계속합니다.
고 백 의 기 도	**예**언을 믿고 기다리는 믿음에 응답으로 기쁨을 주시는 하나님 아버지! 죄의 옷을 입고 태어난 만 백성들을 속량하기 위해서 독생자 예수 그리스도를 보내주신 것을 감사드립니다. 오늘 대림절 첫 주일 예배를 드리면서 우리가 새롭게 거듭난 영으로 오시는 주님을 영접하기 위해서 회개의 기도를 드립니다. 주님을 사랑한다고 하면서도 세상을 더 사랑하고, 주님이 나의 힘이라고 자랑하면서도 늘 두려움에 떠는 우리의 나약함을 용서하여 주옵소서. 말씀으로 주신 약속에 대한 신뢰가 없었던 잘못을 불쌍히 여겨 주옵소서. 말과 행동으로 형제의 마음에 상처를 주고 위로보다는 도리어 남의 불행이 나의 기쁨이라는 원수 마귀의 놀음에 놀아난 저희의 죄를 용서하여 주옵소서. **고**난과 아름다운 세상을 창조하시고 지금도 역사하시는 좋으신 하나님! 오실 주님을 기다리는 감격보다는 세상이 주는 것에 더 만족했던 저희였습니다. 이제부터는 믿는다는 이름은 있으나 주님과는 무관한 생각과 삶으로 하나님을 진노케 하는 일을 하지 않겠습니다. 남의 눈 속에 티는 보면서 내 자신 속에 허물과 들보를 보지 못한 어리석은 짓을 과감히 청산하도록 노력하겠습니다. 저희 결심 위에 성령의 역사가 함께하여 주옵시고, 또 한 번의 사죄 선언으로 거듭나는 감격이 이 교회와 저희 심령 속에 메아리쳐지는 기쁨이 있게 하옵소서. 오늘도 용서하시기를 기뻐하시는 우리 주 예수 그리스도의 이름으로 기도합니다. 아멘
사함의 확인	"나 곧 나는 나를 위하여 네 허물을 도말하는 자니 네 죄를 기억하지 아니하리라"(사 43:25)
성시교독	115. 구주강림(1)
설교 전 찬 송	1장 (만복의 근원 하나님) 93장 (예수는 나의 힘이요)
설교 후 찬 송	310장 (아 하나님의 은혜로) 524장 (갈길을 밝히 보이시니)

12 03

금주의 성 가	주의 길을 예비하라 – G. M. Garrect 하나님께서 세상을 사랑하심 – Thomas Ahrens 오 깊으신 사랑 – Everett Titcomb
목 회 기 도	대림절 첫 번째 주일 소망의 아침, 은혜의 아침으로 맞이하게 하시는 하나님 아버지! 오늘도 강림의 기다림을 안고 정결하고 순전한 믿음의 성소를 준비하게 하시고 이처럼 주님 앞에 예배드리게 하심을 감사드립니다. 우리 교회가 독생자 예수의 보혈로 세우신 교회이기에 세상 죄악을 이기는 거룩함과 의로움으로 구속하는 구원의 능력이 넘치는 교회가 되게 하여 주옵소서. 우리가 구원의 감격을 전할 때마다 불신앙의 자녀들이 마음 문을 열고 예수 그리스도를 영접하는 놀라운 역사가 일어나게 하여 주옵소서. 주시는 말씀을 들을 때마다 주님과 동행하는 삶을 살아갈 결심이 굳어지게 하옵소서. 거듭남의 감격을 주신 좋으신 하나님 아버지! 한 주간 세상에서 살아갈 때 세상 유혹과 심한 갈등의 파도에 휩쓸려 죄악의 구렁텅이에 빠지지 않게 인도하여 주옵소서. 악의 세력들이 날마다 기승을 부리는 세상에서 주신 믿음을 잃고 죽음의 계곡에서 탄식하지 않게 성령의 인도를 받게 하옵소서. 영적 싸움에서 저희 성도들은 항상 승리를 보장받은 줄 믿습니다. 오늘 예배를 통하여 새 영의 풍성한 양식을 받아 가는 하늘 은혜의 나눔이 있게 하옵시고 감사하면서 드리는 우리의 신앙 고백이 온 누리를 진동케 하옵소서. 우리 주 예수 그리스도의 이름으로 기도하옵나이다. 아멘
헌금을 위한 성 구	"그리스도의 말씀이 너희 속에 풍성히 거하여 모든 지혜로 피차 가르치며 권면하고 시와 찬송과 신령한 노래를 부르며 감사하는 마음으로 하나님을 찬양하고 또 무엇을 하든지 말에나 일에나 다 주 예수의 이름으로 하고 그를 힘입어 하나님 아버지께 감사하라"(골 3:16~17)
헌 금 기 도	날마다 숨쉬는 순간마다 주님의 은혜로 살게 하시는 하나님 아버지! 지난 한 주간도 하나님께서 건강을 주시고 필요한 것을 주심을 감사드립니다. 그 사랑과 그 은혜 감사하여 오늘 대림절 첫 번째 주일 예배를 드리러 오면서 빈손으로 오지 아니하고 준비하여 예물을 드리게 하심을 감사합니다. 봉헌하는 저희들의 예물을 받아 주시옵소서. 십일조를 드린 손길, 주님께 범사에 감사하여서 감사헌금을 드린 손길, 교회의 건축과 선교헌금과 정성껏 성미를 드린 손길들이 있습니다. 주님께서 사랑하는 성도들의 손길을 기억하시고 수고하고 땀을 흘릴 때에 더 많은 열매가 있게 하옵소서. 독생자 예수를 희생 제물로 드리신 하나님 아버지! 우리 주변에는 저희보다도 더 가진 것이 없어서 굶주리면서 길거리를 방황하는 영혼들이 있습니다. 저희가 가진 물질이 사랑의 가교로 쓰여지는 기회를 외면하지 않게 하여 주옵소서. 바쳐진 이 예물들이 주님의 섭리에 의해서 쓰여지는 곳마다 의로우신 하나님의 영광이 나타나는 출발이 되게 하여 주시옵소서. 사용되는 곳마다 저희의 땀과 눈물과 희생이 주님을 위해서 사용될 것을 믿습니다. 먹을 수 있는 은혜, 잠잘 수 있는 은혜, 움직일 수 있는 은혜, 가족과 함께 하나님 앞에 경배할 수 있는 그 많은 은혜를 받은 저희인 것을 고백합니다. 오늘 예물을 드린 손들 위에 넘치는 하늘 축복을 더하여 주시옵소서. 우리 주 예수 그리스도의 이름으로 기도하옵나이다. 아멘
위탁의 말 씀	"우리 원수에서와 우리를 미워하는 모든 자의 손에서 구원하시는 일이라" 한 주간을 살면서 하나님은 우리를 위하여 항상 동행하심을 믿고 그분께 만사를 맡기는 한 주간을 살아가시기 바랍니다.
축 도	지금은 대림절 첫 번째 주일 십자가에 제물이 되어 우리를 구원하시기 위해서 오실 예수 그리스도의 은총과 독생자를 통해 구원의 빛을 주신 하나님의 무한하신 사랑하심과 지금도 우리와 함께하셔서 우리의 연약함을 도우시고 은혜와 진리의 증거자가 되게 하시는 성령님의 교통하심이 사랑하는 성도들과 가 가족과 우리가 경영하는 모든 일 위에 영원토록 함께하시기를 간절히 축원합니다. 아멘

오늘의 설교를 위한 복음적 조명 주제 : 예언된 아들

제목 : 성령 충만의 예언 | 본문 : 누가복음 1:67-75

주제 : 하나님은 구원을 계획하시고 사람을 시켜서 구원계획을 이루신다. 하나님의 구원을 바라는 사람은 성령의 충만함으로 구원을 예고하고, 또 성령으로 충만한 사람이 하나님의 구원을 사람들에게 선포하며, 하나님의 구원을 이루는 일에 헌신적으로 봉사하며 섬긴다.

논지 : 하나님은 사가랴를 성령으로 충만케 하심으로 구원을 예언하게 하셨다.
    1. 구원의 뿔을 일으키시는 하나님
    2. 선지자를 통해 말씀하신 하나님
    3. 거룩한 언약을 기억시킨 하나님
    4. 성결함으로 섬기게 하신 하나님

하나님은 우리의 구원을 계획하셨다. 죄악으로 물든 사람을 그대로 내버려두면 죽어서 지옥에 가는 게 당연한 사람을 향하여 하나님께서 사랑을 품으셨다. 죄악에 물든 사람을 세상이라고 한다. 그런데 하나님은 죄악이 관영한 세상을 사랑하셨다. 한 때 하나님은 죄악이 관영한 사람들의 세상을 보고 한탄하신 적이 있었다. 창세기 6장에 보면 하나님의 아들들이 사람의 딸들을 보고 그 아름다움에 반해서 자기 아내로 삼고 자식을 낳았다. 그 자식들 중에 고대에 명성을 가진 사람들이 생겨났다. 하나님이 사람의 세상을 보시는데, 죄악이 가득하고 사람들의 계획이 악하다는 것을 아셨다. 6절에 이렇게 말한다. "땅 위에 사람 지으셨음을 한탄하사 마음에 근심하시고" 이 때 하나님은 사람뿐만 아니라 세상의 모든 것을 지면에서 쓸어버리려고 하셨다. 그 때 노아와 여덟 명의 가족을 남기시고, 각종 짐승들을 일곱 쌍 혹은 두 쌍씩 남기셨다. 이 정도 되면 세상에는 깨끗한 것이 점점 많아져야 한다. 그런데 사람은 시간이 지나면 하나님의 책망을 망각한다. 세월이 가고 사람들이 늘어날수록 죄악도 많아진다. 하나님은 이런 사람들을 구원하고 싶으시다. 그 구원계획이 사람들에게 알려졌다. 구원계획을 듣고 깨달은 사람들이 하나님이 만드신 구원 세계로 들어오라고 세상에 외친다.

1. 구원의 뿔을 일으키시는 하나님

하나님의 구원계획을 어떤 방법으로 깨달을 수 있는가? 구약시대에는 하나님으로부터 직접 말씀을 들었다. 혹은 하나님이 꿈을 통해 말씀하신 적도 있었다. 이 시대에 우리는 성경을 읽거나 설교말씀을 들으면서 하나님의 구원계획을 알게 된다. 그러나 구원계획을 믿고 깨닫는 것은 성령의 도우심이 있어야 한다. 즉 성령께서 우리를 조명하심으로 우리에게 하나님의 구원계획을 깨닫게 하신다. 오늘 본문에 사가랴라는 사람이 성령의 충만함을 받아 예언한다. 그는 제사장이다. 그가 전례를 따라 행하다가 천사로부터 아들을 얻을 것이라는 말을 들었다. 사가랴가 믿지 않게 되자 입이 닫히고 말을 못하게 되었다. 그 후에 아들을 얻자 이름을 요한이라고 지었고 사가랴의 입이 열려 말하게 되었다. 이 때 사가랴가 성령으로 충만하여 하나님의 구원계획을 말한다. 사가랴의 예언인데 그 내용은 하나님의 구원이며 방법은 찬양이다. 하나님께서 백성들을 돌아보시고 다윗의 집에 구원의 뿔을 일으키셨다. 하나님은 죄악에 물든 사람들을 불쌍히 여기시고, 죄를 속량하시며 구원하기를 원하신다. 죄악이 가득한 세상에서 선한 백성들이 고통 받는 것을 바라보시고, 선한 백성들의 숨은 죄까지도 용서하고 싶으시다. 그래서 하나님은 계획하신 대로 다윗의 자손을 구원의 뿔로 일으키신다.

2. 선지자를 통해 말씀하신 하나님

하나님의 구원계획은 어느 날 갑자기 이루어진 것이 아니다. 하나님께서 계획하시고 오랫동안 때가 되기를 기다리셨다. 그래서 때가 되었을 때, 다윗의 자손 예수를 구원자로 보내셨다. 하나님의 구원계획은 어느 날 갑자기 발표된 것도 아니다. 하나님께서는 구약의 여러 예언자들에게 다양한 방법으로 구원계획을 말씀하셨다. 한두 번 말씀하신 것도 아니고, 수를 셀 수 없을 만큼 많이 말씀하셨다. 한두 해를 말씀하신 것도 아니고, 수백 년을 넘어 거의 수천 년을 말씀하셨다. 이 정도 되면 사람들이 하나님의 구원계획을 알아들어야 한다. 그런데 예언자들만 알아듣고 외칠 뿐이었다. 사람들은 여전히 원수마귀의 유혹에 빠지고 악을 행할 뿐이었다. 오늘 성령의 충만함을 받아 예언하는 사가랴가 이 사실을 알고 있다. 그래서 예언자들을 통한 구원계획을 다시 말한다. 이제 하나님의 구원계획을 이루실 때가 가까이 오고 있다. 백성들이 구원을 받아야 한다. 지금 백성들은 원수와 미워하는 사람들의 손에 지배를 당하고 있다. 정치적으로는 로마의 지배를 받고 있으며, 행정적으로는 에돔 사람 헤롯의 명령에 따라 살아야 하고, 영적으로는 율법과 형식주의에 의해 생각의 자유마저 빼앗긴 삶이었다. 이런 백성들을 구원하실 분이 오셔야 한다. 하나님이 보내주시는 메시아이다.

3. 거룩한 언약을 기억시킨 하나님

하나님은 오래 전부터 예언자들에게 구원계획을 말씀하셨다. 하나님이 단순히 말씀만 하셨을까? 그렇지 않다. 하나님은 백성들의 조상들에게 구원을 말씀하시되, 언약하기까지 하셨다. 즉 하나님은 단순히 지나가는 말로 구원이 이루어질 것이라 하지 않으시고, 반드시 구원을 이루실 것이라는 언약을 하셨다. 언약은 백성들에게는 구원이 반드시 필요하고, 하나님께는 백성들을 구원하시겠다는 의지이다. 이 언약은 백성들이 존경하고 좋아하는 아브라함 때에 있었다. 창세기 17장 7절에 있다. "내가 내 언약을 나와 너 및 네 대대 후손 사이에 세워서 영원한 언약을 삼고 너와 네 후손의 하나님이 되리라" 하나님이 지금 백성들을 구원하고자 하심은 아브라함과 맺은 언약을 기억하시기 때문이다. 과거에 하나님께서 아브라함을 긍휼히 여기시고 아브라함의 하나님이심처럼, 지금은 아브라함의 자손들에게도 여전히 하나님이 되신다. 아브라함과 맺으신 언약이 거의 이천 년이 지났는데, 하나님은 그 언약을 기억하신다. 사람은 언약을 잊거나 파기하지만 하나님은 결코 그렇지 않으시다. 민수기에 이렇게 기록한다. "하나님은 사람이 아니시니 거짓말을 하지 않으시고 인생이 아니시니 후회가 없으시도다 어찌 그 말씀하신 바를 행하지 않으시며 하신 말씀을 실행하지 않으시랴"(23:19).

4. 성결함으로 섬기게 하신 하나님

하나님의 구원이 어떤 모습으로 나타나겠는가? 본문 74절을 보면 원수의 손에서 건지심을 받는다고 한다. 구원은 기본적으로 악한 존재의 지배로부터 벗어나 자유를 얻는 것이다. 백성들은 지금 원수의 손에 지배를 받고 있다. 앞에서 말한 바처럼 로마, 분봉왕 헤롯, 대제사장이나 서기관들의 기득권, 바리새인이나 사두개인들의 율법과 형식주의, 유대인들의 독선 등 백성들은 어느 한 곳에서도 숨쉬기 어렵다. 경제생활을 하지만 누리기 어렵다. 로마에 세금을 내야 하고, 신앙을 갖고 자발적으로 헌물을 하지만 제사장이나 서기관들의 배를 불릴 뿐이었다. 하나님은 백성들에게 이런 사람들의 지배를 벗어나 자유를 얻기 원하신다. 하나님을 섬기는 백성들이 주님 앞에서 성결하고 의롭게 섬기기를 원하신다. 누군가로부터 압력을 받아서 하나님을 섬기는 모양이라면 두려움을 가진 형식적 섬김이다. 제대로 안 하면 벌을 받을 것이라는 경고를 받고 섬기는 것도 마음 안에 두려움이 있는 것이다. 하나님은 당신을 향한 섬김이 자유롭고 기쁨이 가득하기를 원하신다. 한 때, 어느 시절에만 하나님을 섬기는 것이 아닌 영원토록 사람들로부터 섬김을 받기 원하신다. 성결한 사람이 이렇게 하나님을 섬긴다. 하나님은 구원한 사람들을 성결하게 하시고 평생 기쁨으로 섬기도록 이끌어주신다.

성 경	마태복음 5:17-20	예전색상	보라색

예 배 의 부 름	"내가 여호와께 바라는 한 가지 일 그것을 구하리니 곧 내가 내 평생에 여호와의 집에 살면서 여호와의 아름다움을 바라보며 그의 성전에서 사모하는 그것이라" (시 27:4)
	소망을 잃어버리고 사는 죄인들에게 믿음과 구원의 참 길을 열어주신 하나님 아버지! 인간의 죄를 대속하시기 위해서 이 땅에 강림하실 예수 그리스도를 대망하는 대림절 두 번째 주일 아침 신령과 진정으로 예배드리게 하심을 감사드립니다. 오늘 주시는 말씀을 통해서 인간의 형상으로 오시는 성육신의 신비를 깨달아 알고 하늘 은혜가 저희 심령에 충만하게 하여 주옵소서. 화목제물로 오신 주님의 대속의 은혜가 온 누리에 가득하게 하옵소서. 예수님의 이름으로 기원하옵나이다. 아멘

회개를 위하여	오늘을 우리는 교회력에 따라 성서주일로 지키고 있습니다. 말씀이 곧 하나님이심을 입으로는 고백하면서 하루 한 번도 말씀이신 하나님을 만나기 위해서 성경을 가까이하지 못하고 살아가는 이유가 무엇인가를 성찰하고 회개하는 기도를 계속합니다.

고 백 의 기 도	영생의 기회를 잃은 죄인들에게 소망의 기회를 주신 하나님 아버지! 세상 쾌락과 부유함을 얻기 위해서 동분서주했던 지난 한 주간에도 구름 기둥과 불기둥으로 인도해 주신 은혜를 감사드립니다. 자기의 이익과 성공과 명예를 먼저 생각하고, 다른 사람에게 생각과 말과 행위로 상처를 주고 살았던 지난 한 주간을 용서하여 주옵소서. 말씀이신 하나님을 만나기 위해서 성경을 하루에 한 번도 가까이하지 못한 어리석음을 불쌍히 여겨 주옵소서. 육신의 건강을 위해서는 하루 세 끼를 꼭 챙겨 먹으면서도 영혼을 위해서 하루 한 번도 생명의 말씀을 읽거나 듣지 못한 죄를 용서하여 주옵소서.
	믿음 생활에서 승리한 면류관을 안겨 주길 원하시는 하나님 아버지! 말로는 구세주 오심을 소망하는 강림의 계절을 말하면서 생각과 말과 행동에 변화를 결단하지 못했습니다. 한 주간 살아가면서 이웃에게 따뜻한 손을 내밀고 다정한 말로 용기를 주는 사랑의 전달자가 되게 하여 주옵소서. 미움과 남을 헐뜯는 세상에서 의로운 빛의 역할을 감당하는 저희 성도들이 되게 하여 주옵소서. 세상을 화해시키기 위해 화목제로 강림하시는 주님의 사랑으로 원수가 손을 잡고 화해하는 평화가 임하게 하옵소서. 어떤 환경 속에서도 하나님 앞에 진실한 자녀가 되겠다고 결심하는 저희에게 사죄의 말씀으로 거듭나게 하옵소서. 예수님의 이름으로 기도하옵나이다. 아멘

사함의 확 인	"그는 자기를 경외하는 자들의 소원을 이루시며 또 그들의 부르짖음을 들으사 구원하시리로다"(시 145:19)

성시교독	111. 성서주일

설교 전 찬 송	563장 (예수 사랑하심을) 200장 (달고 오묘한 그 말씀)

설교 후 찬 송	202장 (하나님 아버지 주신 책은) 204장 (주의 말씀 듣고서)

12
10

35

금주의 성가	예수님 다시 오리 – Arr. by John M. Rasley 온 땅이여 여호와를 섬기라 – Arr. by James Denton 주 오늘 다시 오시면 – Arr. by W. Elmo Mercer
목회기도	**죄**악으로 찌들어버린 추한 영혼을 하늘 백성으로 만들어 주시려고 구원자를 보내주신 하나님 아버지! 오늘은 대림절 두 번째 주일이자 성서주일로 지키는 거룩한 날 하늘의 평화를 맛보며 말씀의 신비를 체험할 수 있는 예배에 불러 주심을 감사드립니다. 교회를 통해 구원 성업의 위대한 일을 이루어 갈 동역자로 저희를 구원시켜 주셨지만 그 사실을 망각하고 산 우리를 용서하여 주옵소서. 주님께서 저희에게 맡기신 교회의 직분을 잘 감당할 믿음이 자라게 도와주시옵소서. 우리 주변에 있는 약자의 눈물과 아픔을 함께 나눌 마음을 주옵소서. 하늘나라를 사모하며 가는 길만이 길이요 진리요 생명임을 깨닫게 하옵소서. **은**혜가 풍성하시고 사랑이 한량없으신 하나님 아버지! 죄인을 건져주신 구원의 기쁜 소식이 땅끝까지 전파되는 도구로 사용되는 감동을 실천할 용기를 주옵소서. 주님께서 원하시는 것이 무엇인지, 주님께서 우리 교회를 통해서 하시고자 하는 일이 무엇인지 바로 알 수 있게 하옵소서. 교회가 교회되지 못한 점을 비판할 것이 아니라 우리 교회가 소금의 역할을 감당할 수 있게 하옵소서. 주님을 사랑하고 주님을 향한 간절한 마음이 마음속에서만 보이는 것이 아니라 언제 어디서나 밖으로 표현되게 하옵소서. 주님의 이름으로 많은 이들을 구원하고 평화를 이루는 삶을 살게 하옵소서. 예수님 이름으로 기도합니다. 아멘
헌금을 위한 성구	"이것이 곧 적게 심는 자는 적게 거두고 많이 심는 자는 많이 거둔다 하는 말이로다. 각각 그 마음에 정한대로 할 것이요 인색함으로나 억지로 하지 말지니 하나님은 즐겨 내는 자를 사랑하시느니라"(고후 9:6-7)
헌금기도	**부**족한 것 많다고 불평하고 원망할 때에도 인자하신 사랑으로 채워 주시기를 기뻐하시는 하나님 아버지! 지난 한 주간에도 도우시는 하나님의 사랑이 저희의 모든 삶 안에 머물러 있게 하셨음을 감사드립니다. 거룩한 주님의 날 성도들이 그들의 중심에서 드리는 믿음의 예물임을 하나님께서는 아실 줄 믿습니다. 예물의 많고 적음을 보지 않으시고 예물 안에 담긴 저희의 믿음과 중심을 보시기를 소망합니다. 이 예물을 드리는 사랑하는 성도들의 믿음의 손길을 보시고 저희의 드림이 하나님의 마음에 흡족함을 드릴 수 있는 예물이 되도록 드리는 심령들을 받아 주시옵소서. **모**든 것을 풍성하게 베풀어 주시는 여호와 하나님! 십일조와 감사예물과 여러 가지 모습으로 주님께 드리는 이 예물을 가지고 왔습니다. 받아 주시옵고 드린 예물 위에 강복하시어 더욱 많은 하늘 은혜가 풍성해지는 밑거름이 되게 하여 주시옵소서. 드리는 심정으로 남아있는 물질을 사용할 때 물질의 종이 되는 위험에서 벗어나게 하시고 물질을 주님의 뜻에 따라 관리하고 선용할 수 있는 지혜와 명철을 허락해 주시옵소서. 드린 예물이 쓰이는 곳마다 저희의 드린 모습은 사라지고 오직 주님의 영광과 권능이 나타나는 역사가 있게 하여 주시옵소서. 감사하오며 우리 주 예수 그리스도의 이름으로 기도합니다. 아멘
위탁의 말씀	"너 누구든지 이를 행하며 가르치는 자는 천국에서 크다 일컬음을 받으리라" 복음을 전하는 일은 이미 이 땅에서도 큰 상급을 받는 지름길임을 알고 한 영혼에라도 전도하는 한 주간을 만들어 가셔야 합니다.
축도	이제는 강림하시는 주 예수 그리스도의 무한하신 사랑과 독생자를 보내시기까지 죄인을 기억하시는 하나님 아버지의 망극하신 은혜와 우리 안에 새 힘으로 함께 하시는 성령님의 역사가 대림절 두 번째 주간을 보내는 성도들과 가정과 그 기업 위에 지금부터 영원까지 함께하옵시기를 간절히 축원하옵나이다. 아멘

오늘의 설교를 위한 복음적 조명 주제 : 말씀의 완성

제목 : 말씀의 완성자 예수님 | 본문 : 마태복음 5:17-20

주제 : 하나님은 우리의 구원을 위해 큰 계획을 하셨다. 그 계획의 완성은 구주 예수님이 오심으로 이루어졌다. 구주 예수님을 기다리는 사람들에게 하나님은 예수님이 오신다고 예고하셨다. 하나님은 사람들에게 구주 예수님을 맞아들일 마음의 준비를 하게 하셨다.

논지 : 예수님은 우리에게 천국복음을 알려주심으로 하나님의 말씀을 완성하셨다.
  1. 말씀을 완전케 하신 예수님
  2. 말씀을 모두 이루신 예수님
  3. 말씀 모두를 인정한 예수님
  4. 말씀의 의를 강조한 예수님

어느 시대, 어느 문화에서나 교훈과 가르침이 있다. 교훈과 가르침의 수준이 높고 다양하면 소위 말하는 문화국가 혹은 문화공동체라는 말을 듣는다. 서양에서 한 때 그리스 로마 같은 나라, 한 때 중국의 당나라에서 가르침과 교훈이 상당했다. 이런 나라들은 철학이 발달하고 문화적으로 융성했다. 주변 나라들에 많은 영향을 끼쳤다. 한편 유대인들은 성경을 기반으로 신앙의 가르침을 기억하고 계승하였다. 그리스 로마나 중국의 나라들은 한 때 강대국이었으나 유대인들은 사실 강대국이었던 적이 별로 없었다. 그러나 성경이 서양 철학에 영향을 끼쳤고, 서양 철학의 역사와 문화 역사는 성경과 떼어놓고는 생각할 수조차 없다. 고대로부터 중세를 거쳐 근대까지의 서양의 음악과 미술은 거의 성경을 중심으로 한 것이었다. 유대인들은 성경을 갖고 있다는 사실에 대해 엄청난 자부심을 가졌다. 하나님으로부터 말씀을 받은 민족, 하나님의 선택을 받은 민족이라는 자부심을 가졌다. 일단 자부심은 좋은 것이다. 자부심이 있어야 자녀들을 잘 가르칠 수 있고, 이웃에게도 당당하게 자기의 배운 바를 드러낼 수 있다. 그런데 자부심이 지나쳐서 오만이 되고, 자신이 아는 것만 절대적으로 옳다는 착각이 독선으로 치우칠 가능성도 있다. 성경을 갖고도 비뚤어진 길을 가는 사람들이 있다.

1. 말씀을 완전케 하신 예수님

우리 예수님이 사역할 당시에 유대인들이 성경을 자랑하였다. 그들이 가진 성경은 구약성경이었다. 예수님이 율법과 선지자라고 말씀하시는데 사실은 율법책과 선지자들의 책 즉 구약성경을 의미한다. 구약성경은 율법서, 예언서, 성문서로 구성되어 있다. 히브리어로 하면 토라, 느빔, 케투빔이라고 하는데 앞의 글자에 모음을 붙여서 '타나크'라고 말하기도 한다. 유대인들이 성경을 자랑하기는 하는데, 성경을 해석하고 적용하는 데 있어서 자기들에게 편리하고 좋은 쪽으로만 치우친다. 이런 형태를 아전인수라고 한다. 예수님이 보시기에 유대인들의 성경해석과 적용이 아전인수로 보인다. 예수님은 산상수훈에서 유대인들의 생각이나 전통과는 전혀 다른 파격적인 전환의 말씀을 하셨다. 예를 들어 살인하지 말라는 율법을 들었지만, 형제를 향해 욕을 하고 정당한 이유 없이 화를 내며 폄하한다면 지옥불에 떨어질 것이라고 말씀하셨다. 즉 행위의 죄도 있지만 생각과 입술의 죄도 행위의 죄만큼 크다는 것을 알려주셨다. 예수님의 파격적 전환의 말을 듣는 유대인들은 예수님을 향하여 구약성경을 파괴하는 사람이라고 비난할 것이다. 예수님은 당신을 향한 비난이 돌아올 것을 이미 알고 계셨다. 그래서 파격적 전환을 말씀하시기에 앞서서 구약을 완전케 하려고 왔다고 말씀하셨다.

2. 말씀을 모두 이루신 예수님

예수님의 파격적인 율법 해석을 듣는 유대인들은 적잖이 당황할 것이다. 아니 황당해할지도 모른다. 왜냐하면 그동안 자기들이 알고 믿던 신념들이 깨지기 때문이다. 신념이 깨지면 자신의 존재성마저도 깨지는 혼란을 겪는다. 그 때 사람들은 두 가지 반응으로 나타난다. 하나는 파격적인 말씀을 받아들이고 자신의 삶을 재정리하는 것이다. 다른 하나는 파격적인 말씀을 하는 사람을 향해 분노하고 없애버리자고 생각하는 것이다. 예수님 말씀을 받아들이고 새롭게 사는 사람이 있다. 하지만 예수님 말씀에 분노하고 예수님을 해치려는 사람이 훨씬 많았다. 예수님을 해치려는 사람들은 예수님이 율법의 조항을 마음대로 수정하고, 율법을 없애버리려는 의도를 갖고 말하고 행동한다고 오해하고는 예수님을 공격한다. 하지만 예수님의 의도는 하나님의 말씀과 율법이 그대로 이루어짐을 사람들에게 가르치는 것이었다. 그래서 예수님이 이렇게 단언하신다. 18절의 말씀이다. "천지가 없어지기 전에는 율법의 일점 일획도 결코 없어지지 아니하고 다 이루리라" 히브리어는 점처럼 된 글자도 있다. 문자는 점과 획으로 되어 있다. 문자는 의미를 갖고 있다. 하나님은 문자를 통해서 말씀하셨고, 문자로 기록된 말씀은 단 하나라도 사라지지 않고 모두 이루어진다. 하나님의 계획이 있기 때문이다.

3. 말씀 모두를 인정한 예수님

하나님의 말씀인 율법에는 계명이 있다. 율법은 보다 넓은 개념이고 율법의 조항에는 계명들이 있다. 율법은 하나님이 주신 말씀을 의미할 때가 있고, 계명은 하나님께서 사람에게 지키라고 주신 구체적인 실천사항이다. 유대인들의 랍비는 율법을 해석하는 직책을 갖고 사람들에게 계명을 준수하도록 가르쳤다. 랍비들은 어린아이들에게도 가르친다. 유대인 부모들이 아이들에게 계명을 가르치기도 했다. 그런데 가르치는 사람의 마음에 들지 않는다고 계명 중에 한두 가지를 빼놓을 수 있다. 혹은 계명을 자기 형편에 맞도록 해석한다면서 오히려 왜곡할 수도 있다. 빼놓거나 왜곡해서 가르치는 사람을 향해 예수님은 천국에서 매우 작다고 여김을 받을 것이라 하신다. 계명을 빼놓거나 왜곡하는 사람은 천국에서 크다고 인정을 받지 못한다. 하나님의 말씀은 하나님의 의도에 의해 우리가 모두 받아들여야 한다. 우리가 말씀을 선택할 권리는 없다. 우리는 오직 말씀 전체를 듣고 순종할 뿐이다. 요한계시록 22장 19절에는 말씀을 빼놓는 사람은 생명나무와 거룩한 성에 참여하는 데도 빠질 것이라 한다. 예수님 당시의 율법학자들 중에서 말씀의 일부를 삭제하거나 왜곡하는 사람이 있었고, 교회 역사와 중세시대에도 있었으며, 오늘날도 있다. 말씀 모두를 인정하는 믿음이어야 한다.

4. 말씀의 의를 강조한 예수님

말씀을 사모하고 말씀을 연구하며 잘 실천하는 사람을 우리 예수님이 기뻐하시고 칭찬하신다. 그런데 한 가지 중요하게 기억해야 할 일이 있다. 말씀 중심의 신앙이 반드시 필요한데, 말씀 중심의 신앙을 산다며 자기 의를 내세우는 일이다. 말씀을 많이 아는데 많이 안다고 교만에 빠지는 사람이 있다. 교만하면 안 된다는 말씀을 알면서 말씀과 반대되는 마음을 갖는다. 자기는 말씀을 그대로 믿고 다 순종한다면서 자기의 의를 내세우는 사람도 있다. 다른 사람들은 말씀에 불순종하는 반쪽짜리 신앙생활을 하고 자기는 말씀을 순전하게 잘 지킨다고 자랑하며 오만한 생각을 갖는 사람이 있다. 누가복음 18장 10절 이하를 보면, 예수님 당시 바리새인들은 시장 한복판에서 기도하며 자기 의와 행위를 드러냈다. 한편 세리는 자기를 죄인이라 칭하며 가슴을 치며 회개하였다. 이를 본 예수님이 말씀하셨다. 14절 말씀이다. "무릇 자기를 높이는 자는 낮아지고 자기를 낮추는 자는 높아지리라" 껍데기로만 의롭다 하는 사람을 예수님이 칭찬하지 않으신다. 예수님은 말씀을 듣고 의롭게 살려는 사람들을 향해 서기관이나 바리새인보다 더 나아야 한다고 강조하신다. 그렇지 않으면 천국에 들어가지 못할 것이라 확언하셨다. 겉으로 나타난 행동은 물론 내면까지 의로워야 하기 때문이다.

2023년 12월 17일, 대림절 3번째 주일

성 경	요한계시록 1:4-8	예전색상	보라색

예배의부름	"또한 너희가 이 시기를 알거니와 자다가 깰 때가 벌써 되었으니 이는 이제 우리의 구원이 처음 믿을 때보다 가까웠음이라"(롬 13:11)
	죄인을 용서하시고 정직한 영으로 새롭게 하시는 하나님 아버지! 영원히 지옥에 갈 수밖에 없었던 죄인을 사랑하시어 사람의 몸으로 이 땅에 오실 구세주 예수 그리스도를 기다리는 대강절 세 번째 주일 아침 거룩한 성전에 나와 예배하게 하심을 감사드립니다. 주의 강림을 준비하는 이 절기에 저희 마음을 정결케 하사 오실 주님 모셔 들이기에 부족함 없는 믿음의 요람이 되게 하여 주옵소서. 주시는 말씀으로 믿음이 강해져서 어떤 유혹과 시련도 이길 수 있는 강건함을 허락하여 주옵소서. 예수님의 이름으로 기원하옵나이다. 아멘
회개를 위하여	주님을 기다리는 성도는 마음을 정결하게 하고 부끄러움이 없는 마음을 품어야 합니다. 아직도 용서하지 못한 사연 때문에 가슴앓이하고, 모든 것이 너 때문이라고 원망과 불평을 토해내는 어리석은 그가 나는 아닌지 성찰하고 회개하는 기도를 계속합니다.
고백의기도	독생자 예수를 기다리는 대망의 감격을 허락하신 하나님 아버지! 지난 한 주간 세상에서 살면서 믿음대로 살지 못한 못난 저희를 거룩한 성산으로 발걸음을 옮겨 예배드리기 전에 회개할 기회 주심을 감사드립니다. 죄인을 사랑하사 거룩한 하나님의 자녀로 삼아 주셨지만, 한 주간 세상에서 살면서 믿음에 합당한 삶을 살지 못한 저희를 불쌍히 여겨 주시옵소서. 주님의 뜻을 따른다고 하면서도 저희의 마음속에서 나오는 뜻대로 살았습니다. 세상이 주는 걱정과 근심에는 민감하게 반응하면서도 주님의 현존하심을 망각한 것에는 둔하기만 했던 우리를 불쌍히 여겨 주옵소서.
	긍휼과 자비로 얼룩진 무거운 죄의 짐을 벗게 하시는 하나님 아버지! 나라가 어렵고 사회가 어지러움에도 불구하고 나라를 위하여, 사회를 위하여, 교회를 위하여 기도하지 못했습니다. 주님을 따르려는 저희에게 주어진 고난과 역경의 십자가를 하늘 축복의 지름길로 여겨 수용하지 못한 어리석은 죄인이 바로 고개 숙인 저희입니다. 교회가 하나님의 이름으로 저희에게 맡겨준 직분의 십자가를 부담스럽게 생각했습니다. 마음으로 반기는 것보다 부담스러워 했습니다. 하나님의 뜻보다는 세상이 바라는 대로 살아온 저희를 불쌍히 여겨 주옵소서. 우리 주 예수 그리스도의 이름으로 기도합니다. 아멘
사함의확인	"너희가 알거니와 너희 조상이 물려 준 헛된 행실에서 대속함을 받은 것은 은이나 금 같이 없어질 것으로 된 것이 아니요 오직 흠 없고 점 없는 어린 양 같은 그리스도의 보배로운 피로 된 것이니라"(벧전 1:18-19)
성시교독	117. 구주강림(3)
설교 전찬 송	10장 (전능왕 오셔서) 436장 (나 이제 주님의 새 생명 얻은 몸)
설교 후찬 송	309장 (목마른 내 영혼) 53장 (성전을 떠나가기 전)

12 17

금주의 성가	주의 이름은 크시고 영화롭도다 – Clarence Dickinson 천사들의 찬미 – J. B. Herbert 그의 영광을 만민에게 – John F. Wilson
목회기도	죄악의 흑암에서 참 빛으로 인도할 구세주 오심을 대망하는 마음을 허락하신 하나님 아버지! 지난 한 주간에도 불신이 가득한 세상에서 실족하지 않고 승리하게 하신 은혜를 감사드립니다. 받은 은혜가 차고 넘치지만, 사랑이 없기에 다른 사람들을 위해주지 못하고 산 것을 용서하여 주옵소서. 자신의 목숨과 이익을 위하는 만큼 주님을 사랑하고, 주님을 위할 수 있도록 믿음을 주시옵소서. 저희에게 허락하신 삶 속에서 주님이 없으면 아무것도 할 수 없음을 고백하며 살아가는 종들이 되게 하여 주시옵소서. 저희는 하나님의 나라와 하나님의 뜻을 이루는 데 저희의 삶을 바치게 하옵소서. 사랑하는 백성들의 모임 중에 함께하시는 하나님 아버지! 사랑하는 성도와 가족 중에 질병을 앓고 있는 영혼에 하나님의 뜻을 헤아리면서 그 고통 속에 심어진 주의 뜻을 이해할 수 있는 지혜를 주시고 할 수 있다면 건강을 되찾아 성한 몸으로 주님을 경배할 수 있게 하여 주옵소서. 교회 공동체에는 많은 기관이 있습니다. 서로 유기적인 관계 속에서 발전 지향적인 일들을 기획하고 실행할 수 있는 은혜를 더하여 주시옵소서. 가정과 기업을 축복하시고 가정마다 물질과 사랑의 목마름으로 갈급하는 일이 없는 복을 내려주옵소서. 저희를 구원하신 구세주 예수님의 이름으로 기도합니다. 아멘
헌금을 위한 성구	"부와 귀가 주께로 말미암고 또 주는 만유의 주재가 되사 손에 권세와 능력이 있사오니 모든 사람을 크게 하심과 강하게 하심이 주의 손에 있나이다"(대상 29:12)
헌금기도	태어나는 순간부터 지금까지 변함없는 사랑으로 인도하시는 참 좋으신 하나님 아버지! 지난 한 주간에도 저희 삶에 필요한 양식을 공급하여 주신 은혜에 보답하는 마음으로 예물을 봉헌하게 하심을 감사드립니다. 저희가 가진 것이 보잘것 없지만 주님께 드릴 때 풍성한 축복으로 갚아 주실 줄 믿으며 십일조와 감사예물을 드립니다. 드리는 손길 위에 삶의 축복이 믿음의 열매로 가득하게 하옵소서. 주일 헌금, 구역헌금, 성미를 드립니다. 주의 성전을 꽃으로 장식하고 작은 손에 담아 예물을 드리는 어린 자녀들도 있습니다. 선한 마음이 되도록 축복하여 주옵시고 덕을 세우는 지혜를 더하여 주옵소서. 영원한 천국을 향해 전진할 수 있는 은총 주시는 하나님 아버지! 저희의 마음과 믿음을 예물에 담아 드리오니 기쁘게 받으시며 이 예물 위에 축복하시고 주님의 나라와 의를 위하여 아름답게 사용될 수 있게 하옵소서. 없어서 드리지 못한 성도들에게 부의 축복을 주시어서 하나님의 백성으로 원 없이 주님을 섬길 수 있도록 인도하여 주시옵소서. 여러 가지 모양으로 드리는 헌금과 봉사와 성미와 사랑의 손길들을 기억하시고 이 물질이 쓰이는 곳마다 하나님의 나라가 확장되는 감격이 있게 하여 주옵소서. 주님께 충성하며 봉사하는 그들에게 더 큰 축복을 주시고, 건강으로 응답하여 주시옵소서. 예수님 이름으로 기도합니다. 아멘
위탁의 말씀	"나는 알파와 오메가라 이제도 있고 전에도 있었고 장차 올 자요 전능한 자라 하시더라" 전능은 만사를 형통하게 하는 힘을 말합니다. 그 힘이 있는 자와 함께 한 주간동안 승리하기 위해서 세상으로 나아갑시다.
축도	지금은 천지를 창조하시고 주관하시는 하나님의 크신 사랑하심과 십자가에서 피 흘려 죽기까지 우리를 사랑하신 예수 그리스도의 사랑과 우리 모두에게 하나님을 찬양하며 주를 그리스도라 고백하게 하고 말씀대로 살아가게 인도하시는 성령님의 역사하심이 늘 함께하시기를 간절히 축원하옵나이다. 아멘

오늘의 설교를 위한 복음적 조명 주제 : 오실 예수님

제목 : 시간의 초월자 예수님 | 본문 : 요한계시록 1:4-8

주제 : 예수님은 우리가 생각하고 상상하는 것보다 훨씬 크고 높으신 분이시다. 예수님은 우리를 초월해 계시며, 우리의 생각과 상상을 이끌어 가신다. 예수님은 우리의 시간, 공간, 세계, 그리고 능력을 초월하시지만 우리에게 나타나셔서 우리에게 필요한 은혜를 허락하신다.

논지 : 예수님은 시간을 초월하여 존재하시며 우리에게 완전한 은혜를 베푸신다.
  1. 은혜와 평강이 충만하신 예수님
  2. 영광과 능력을 허락하신 예수님
  3. 모든 사람에게 보이시는 예수님
  4. 알파와 오메가가 되시는 예수님

성탄절이 다가온다. 해마다 맞는 성탄절이지만 언제나 은혜를 사모하며 감사하는 절기이다. 우리의 시간은 언제나 은혜의 시간이지만 은혜를 확인하고 감사를 깊이 새기는 특정한 시간이 있는데, 성탄절이 바로 그 때이다. 성탄절은 예수님이 육신으로 세상에 오신 것을 기념하는 날이다. 옛적 그 시간을 오늘 기억하고, 오래 전 그 시간을 지금 불러와서 감사한다. 믿음의 사람들에게는 예수님이 오셨던 과거의 시간이 단순한 과거가 아니라 오늘 구원이 우리에게 임했음을 감사하는 요소가 된다. 시간을 기억하고 의미를 부여할 수 있는 능력은 세상의 생물들 중에는 오직 인간에게서만 찾을 수 있는 특징이다. 사람에게서 시간의 의미가 귀중하게 여겨지는 건 사람이 하나님의 형상을 따라 지음을 받은 존재이기 때문이다. 하나님이 세상을 창조하실 때 날을 구분하셨다. 첫째 날부터 여섯째 날까지 창조하시고 일곱째 날에 쉬셨다. 하나님은 넷째 날에 낮과 밤을 나누시며 계절과 날과 해를 이루게 하라고 명하셨다(창 1:14). 하나님의 아들이자 사람의 아들로 세상에 오신 예수님은 시간을 초월하는 분이시다. 오늘 본문도 예수님을 향해 "이제도 계시고 전에도 계셨고 장차 오실 이"라고 말씀하신다. 시간의 초월자 예수님이 성탄절에 예비하신 은혜를 우리에게 허락하시려고 오신다.

1. 은혜와 평강이 충만하신 예수님

우리가 믿는 분은 어떤 분이신가? 성경 곳곳에서 우리가 믿는 예수님이 어떤 분이라고 표현한다. 오늘 본문에도 역시 예수님의 존재와 하시는 일이 표현되어 있다. 예수님이 과거부터 현재를 거쳐 미래까지 존재하는 시간의 초월자임을 이미 말한 바 있다. 본문에는 예수님이 죽은 자들 가운데서 먼저 나신 분이라고 한다. 우리는 예수님이 세상에 오셔서 이루신 일을 이미 알고 있다. 그분은 십자가에서 죽으셨지만 부활하심으로 잠자는 자들의 첫 열매가 되셨다(고전 15:20). 예수님은 땅의 임금들의 머리가 되신 분이라고 한다. 예수님이 이 세상의 모든 권력자들 중에 으뜸이라는 의미이다. 그러나 예수님은 당신의 권한을 마음대로 사용하지 않으신다. 사람은 권한을 욕망을 채우는 데 마음껏 사용하는 경향이 있지만, 예수님은 인류를 구원하기 위해서 아버지 하나님의 뜻에 따라 당신의 권한을 사용하신다. 예수님은 우리를 사랑하시고 우리를 죄에서 해방시켜 주는 분이시다. 예수님은 사람을 억누르고 억압하는 모든 죄에서 자유를 얻게 하리려고 당신의 피를 흘리셨다. 이 모든 일을 종합하면 우리에게 은혜와 평강이 넘친다. 예수님은 우리에게 은혜와 평강을 주셨고, 지금도 주시며 앞으로도 넘치도록 허락하신다. 예수님에게 은혜와 평강이 충만하기에 우리에게 주실 수 있다.

2. 영광과 능력을 허락하신 예수님

사람들은 은혜와 평강에 대하여 약간 오해하고 있다. 잘못을 해도 무조건 모른 척 해 주고, 실수를 해도 무조건 잘 했다고 말해주고, 잘못된 길로 가는 걸 뻔히 알면서도 무조건 좋다고 응원해주는 걸 은혜라고 착각하는 사람이 있다. 잘못된 거라고 지적하면 지적 때문에 평화가 깨진다고 하면서 은혜가 안 된다고 말하는 사람도 더러 있다. 지독한 착각에 빠져서 빠져나오지 못하는 행태이다. 은혜와 평강은 용서할 마음을 이미 갖고, 용서의 기회가 생겼다는 안내이다. 우리 예수님이 우리의 죄를 용서하셨다지만, 그 용서는 회개하고 믿는 사람을 향한 은혜이다. 회개하지도 않는 사람, 믿지도 않는 사람에게는 용서가 없다. 다만 하나님께서 용서하시려고 우리에게 죽기 전까지 회개하는 걸 기다리실 뿐이다. 회개도 믿음도 없이 죽는 사람에게는 영원한 지옥불이 기다릴 뿐이다. 회개하고 믿는 사람에게 하나님은 나라와 제사장으로 삼으신다. 우리 스스로는 하나님께 갈 수도 없는데, 하나님이 우리를 향하여 불러주시고 예수님을 보내심으로 하나님께 가는 길을 놓으셨다. 하나님께 가는 것이 곧 회개이며 예수님을 통해 하나님께 가는 일이 곧 믿음이다. 회개하고 믿게 하시며, 믿는 사람을 나라와 제사장으로 삼으심이 곧 예수님의 능력이다. 그러므로 그분께 영광이 있다.

3. 모든 사람에게 보이시는 예수님

예수님의 능력을 단순히 어떤 기적을 행하는 정도로 착각하면 안 된다. 예수님은 우리를 구원하시고 우리의 존재성을 죄의 종에서 하나님 나라의 제사장으로 변화시키시는 분이다. 우리의 존재성을 바꾸어주는 일이야말로 예수님의 위대한 능력이다. 위대한 능력을 우리에게 행하신 예수님이시니 그분의 영광이 영원무궁하며 세세토록 있을 것이다. 예수님께서 가지신 능력과 영광이 우리에게 세세무궁토록 임한다. 그리고 예수님이 우리에게 다시 오실 터이다. 아기 예수로 오신 예수님이 부활승천하신 이후에는 영광의 왕으로 우리에게 다시 오신다. 본문에는 예수님이 구름을 타고 오실 터인데, 사람들이 그분을 볼 것이라고 한다. 예수님을 핍박하던 사람, 예수님을 향해 사형선고를 한 사람, 예수님의 몸을 창으로 찌른 사람은 물론이고 땅에 있는 모든 민족이 재림하는 예수님을 보게 될 것이다. 언젠가는 모든 인류가 예수님을 알게 될 것이다. 복음이 먼저 만국에 전파될 것인데(막 13:10), 어차피 그렇게 될 바에야 먼저 믿는 것이 좋다. 믿음으로 받는 복이 있기 때문이요, 믿음의 복이 우리 삶에 기쁨이요 평강이 되기 때문이다. 예수님이 오실 때는 믿음의 기회를 놓친 사람들이 울면서 통곡할 것이다. 기회가 사라졌으니 후회이며 벌을 받을 것에 대한 두려움의 눈물이다.

4. 알파와 오메가가 되시는 예수님

시간의 초월자인 예수님이 우리의 시간 안으로 들어오셔서 일하신다. 구원의 은혜를 베푸셨고, 믿음으로 받는 평강을 선물로 주셨다. 우리의 신분을 하나님 나라의 제사장으로 바꾸시고, 하나님 나라에서 영원한 왕 노릇을 하는 복을 주시려고 다시 오신다. 시간의 초월자이시기에 우리의 시간에 들어오실 수 있고, 영광과 능력으로 충만하신 분이시기에 우리를 향하여 능력을 베푸시며, 우리의 삶에 당신의 영광을 허락하신다. 본문에는 예수님이 시간의 초월자임을 확증하는 표현이 있다. 8절 말씀이다. "주 하나님이 이르시되 나는 알파와 오메가라 이제도 있고 전에도 있었고 장차 올 자요 전능한 자라 하시더라" 알파와 오메가라는 말은 계시록 21장 6절과 13절에 의하면 처음이요 마지막이라는 의미, 시작과 마침이라는 의미이다. 또 이제도 있고 전에도 있었고 장차 올 자라는 표현은 본문 4절에도 언급된다. 본문에서 똑같은 말을 두 번 반복하는데, 알파와 오메가까지 포함하여 세 번을 연거푸 반복한다. 이것이 무엇을 의미하는가? 예수님의 존재성, 시간의 초월성, 우리의 시간 안으로 들어오셔서 일하심을 분명하게 확인하는 최고로 강조하려는 의도이다. 예수님은 우리의 시간에 처음이요 마지막이며 시작이요 마침이시다. 지금도 우리와 함께하시는 예수님을 우리는 기다린다.

2023년 12월 24일, 대림절 4번째 주일

성 경	이사야 40:9-11	예전색상	보라색

예배의부름	"그 날에 이새의 뿌리에서 한 싹이 나서 만민의 기치로 설 것이요 열방이 그에게로 돌아오리니 그가 거한 곳이 영화로우리라"(사 11:10) **절**망과 고통 속에 있는 인간을 하늘 거룩한 백성이 되게 하신 하나님 아버지! 주님 강림이 임박한 대림절 마지막 주일 아침 아버지 앞에 나아와 예배드리게 하심을 감사드립니다. 지난 한 주간에도 감당할 수 없는 많은 은혜의 빛을 받고도 캄캄한 세상에서 방황했던 잘못을 용서하여 주옵소서. 절망과 고통 속에서도 곧 오실 주님을 기다리는 마음으로 경배와 찬송을 드리오니 오늘도 예배 가운데 계시는 성삼위 하나님을 만나게 하옵소서. 예수님의 이름으로 기원하옵나이다. 아멘
회개를 위하여	우리 영혼과 마음이 강퍅해지는 이유는 세상이 주는 것에 대한 집착 때문입니다. 하나님의 나라에 대한 간절함으로 기도와 찬송과 말씀에서 멀어지는 생활을 하는 원인이 무엇인가를 성찰하고 회개하는 기도를 계속합니다.
고백의기도	**실**패와 좌절로 낡아빠진 영혼에 소망의 생기를 주시는 하나님 아버지! 강림하시는 독생자가 지실 십자가를 바라보며 성령의 충만함으로 하늘의 즐거움과 기쁨을 맛보게 하심을 감사드립니다. 그러나 우리는 지난 한 주간에도 하늘의 것보다 더 세상이 주는 것에 만족하여 미워하고 시기하며 질투하고 추잡한 투기로 일관했던 어리석음을 용서하여 주옵소서. 저희는 세상의 것이 제일이고 영원하리라는 어리석음으로 살았습니다. 어리석다 못해 미련하게 살았습니다. 미련하다 못해 바보처럼 살았습니다. 교만하다 못해 멍청하게 살아온 저희를 불쌍히 여겨 주옵소서. **화**평하게 하는 자들은 화평으로 심어 의의 열매를 거두게 하시는 하나님 아버지! 성탄절을 앞두고 겉 사람보다 속사람을 위하여 살기를 소원합니다. 저희의 죄가 진홍 같고 주홍같이 붉으오니 무한한 하나님의 사랑으로 용서하시고, 죄와 악에서 떠나 살게 하옵소서. 죄악의 본성을 버리고 거듭난 새 생명을 주옵소서. 교회의 지체들이 세상이 주는 것이 아닌 하늘의 지혜로 배를 불리게 하옵소서. 다툼이 있는 곳에는 화평을 주시고, 혼란이 있는 곳에는 질서를 심어 주옵소서. 선한 열매가 가득하여 하나님을 기쁘시게 하고 화평으로 의의 열매를 거두게 하옵소서. 예수님의 이름으로 기도드립니다. 아멘
사함의확인	"내가 네 허물을 빽빽한 구름 같이 네 죄를 안개 같이 없이하였으니 너는 내게로 돌아오라 내가 너를 구속하였음이니라"(사 44:22)
성시교독	118. 구주강림(4)
설교 전 찬 송	21장 (다 찬양하여라) 15장 (하나님의 크신 사랑)
설교 후 찬 송	516장 (옳은 길 따르라 의의 길을) 528장 (예수가 우리를 부르는 소리)

12 24

금주의 성 가	온 땅이여 노래하라 – Jean Berger 하늘이여 노래하라 – Fred B. Holten 주의 이름은 크시고 영화롭도다 – Clarence Dickinson
목 회 기 도	**예**언하신 대로 구세주 예수 그리스도를 이 땅에 보내 주신 참 좋으신 하나님 아버지! 영원히 죽을 수밖에 없는 죄인을 십자가 보혈로 대속하시고 자녀 삼아 주신 그 은혜를 감사드립니다. 하나님 앞에 새로워지기 원하는 저희의 마음을 받아주시고 약속하신 말씀을 따라 은혜를 체험하는 귀한 시간이 되게 하여 주시옵소서. 감사와 찬양에 인색했던 저희입니다. 하나님의 백성답게 굳건한 믿음으로 이 세상에서 모범을 보이지 못한 어리석은 자가 저희임을 고백합니다. 저희에게 하나님의 백성으로서의 자부심과 용기가 넘치게 하시고 어두운 세상에서 빛과 소금의 역할을 감당할 수 있는 능력도 허락하여 주시옵소서. **죄**와 타락의 수렁에서 구해 주시기를 기뻐하시는 하나님 아버지! 구원의 기쁜 소식을 전하는 저희를 어리석다고 비웃으며 교회를 능멸하는 사람들이 있습니다. 하나님 나라의 확장을 위해서 성도 한 사람 한 사람이 주님의 지체로서 각기 다른 모양으로 아름답게 헌신할 수 있게 도와주시옵소서. 이 땅의 교회가 늘 주님의 뜻과 계획 가운데 설 수 있기를 소원합니다. 이 예배를 통해 살아 계신 하나님을 체험하는 아름다운 예배가 되게 하시고 당신의 나라가 임하는 귀한 예배가 되게 하여 주시옵소서. 교회를 섬기는 직분자들을 기억하여 주시고 저마다 자신의 지혜 의지하며 갈등하지 않고 믿음에 의지하는 성실함으로 서로를 섬기는 아름다운 공동체가 되게 하여 주옵소서. 예수님 이름으로 기도 드리옵나이다. 아멘
헌금을 위 한 성 구	"아침마다 너희 희생을 삼일마다 너희 십일조를 드리며 누룩 넣은 것을 불살라 수은제로 드리며 낙헌제를 소리내어 선포하려무나 이스라엘 자손들아 이것이 너희가 기뻐하는 바니라 주 여호와의 말씀이니라"(암 4:4–5)
헌 금 기 도	**가**정과 기업을 꾸려 갈 수 있는 지혜와 필요한 물질을 주시는 하나님 아버지! 저희의 생명과 소유가 모두 주님께 있음을 고백하는 마음으로 예물을 준비하게 하심을 감사드립니다. 이 예물이 사용될 때 갈등과 분쟁이 치유되고 평화의 꽃이 피기 원합니다. 이 헌금이 깨끗하고 정직한 예물이 되게 하시어 하나님의 보좌에 도착하는 예물이 되게 하시옵소서. 저희가 헌금을 믿음으로 드리오니 축복이 되게 하시고, 기쁜 마음으로 드려 심령에서 하나님의 축복이 있게 하옵소서. 하나님의 나라에 많이 심어 100배의 열매를 거두게 하시옵소서. **성**도를 귀하게 여기시고 즐거움과 복을 주시는 하나님 아버지! 오늘도 주님의 약속을 믿고 십일조 헌금과 감사의 헌금과 생일헌금, 선교 헌금과 건축헌금을 드리는 성도의 이름이 하늘의 생명책에 기록되게 하시고, 하나님께서 약속하신 축복을 베풀어 주시옵소서. 헌금을 드리는 성도의 마음에 기쁨을 주시고 더욱 넘치는 감사의 생활이 있게 하시옵소서. 주님 주신 일용할 양식을 감사하여 드리는 성미가 있습니다. 주님 주신 재능은 없사오나 주신 건강으로 교회를 위해서 청소와 기타 발걸음과 기도로 헌신하는 아름다운 마음들이 있습니다. 헌금이 사용되는 곳에 복음의 씨앗이 떨어지게 하시고 구원의 열매가 맺어지게 하시옵소서. 예수님의 이름으로 기도드립니다. 아멘
위탁의 말 씀	"그는 목자 같이 양 떼를 먹이시며 어린 양을 그 팔로 모아 품에 안으시며 젖먹이는 암컷들을 온순히 인도하시리로다" 우리도 가정에서 직장에서 만나는 사람에게 예수사랑을 전하는 하나님 나라 사랑배달부처럼 살아 보시기 바랍니다.
축 도	지금은 우리 주 예수 그리스도의 은혜와 우리 하나님의 넓고 크신 사랑과 성령님의 감동 감화 역사하심이 예배하고 돌아가는 권속들 머리 위에 늘 함께하시어 하나님을 찾아 만나서 하나님과 함께 살아가는 복된 성도들이 되게 하시기를 간절히 축원하옵나이다. 아멘

오늘의 설교를 위한 복음적 조명 주제 : 복음의 선포

제목 : 복음의 소리가 퍼진다. | 본문 : 이사야 40:9-11

주제 : 하나님은 우리에게 복음을 들려주신다. 예언자들을 통해 복음을 들려주시되, 예언자들에게 복음을 전하는 사람의 마음가짐을 알려주셨다. 그리고 예언자들이 백성들에게 구체적으로 할 말과 행동을 알려주셨다. 예언자들의 마음과 말이 예수님을 통해 이루어졌다.

논지 : 하나님은 복음을 선포할 자세와 내용을 구체적으로 가르쳐주셨다.
   1. 복음 선포를 명하시는 하나님
   2. 용기를 갖고 전하라는 하나님
   3. 강한 통치를 확언하신 하나님
   4. 위로와 긍휼로 품으실 하나님

   사람은 고차원의 의사소통을 하는 존재이다. 일반 짐승들은 간단한 생존에 필요한 의사소통만을 한다. 동물들 중에서 나름 지능이 높다는 침팬지들은 단어 두 개 정도를 섞어서 자기들끼리 의사소통을 한다. 앵무새가 사람의 말을 따라한다지만 사람이 자주 쓰는 말만을 따라 할 뿐이고, 말을 만들어내지는 못한다. 피조 세계에서 고차원의 언어를 말하고 이해하는 능력은 오직 사람에게만 있다. 말하는 사람에게는 말하는 태도와 어조도 중요하다. 말하는 방법과 어휘 선택도 중요하다. 또 듣는 사람을 존중하고 배려하는 자세도 있어야 한다. 듣는 사람에게 꼭 필요한 말을 해주어야 한다. 말을 잘한다는 것은 태도, 어조, 방법, 어휘 그리고 자세 등이 복합되어 나타나는 평가라 할 수 있다. 그중에서 듣는 사람에게 꼭 필요하되 듣는 사람이 즐겁게 들을 수 있다면 말하는 사람에게 언제나 귀를 기울일 것이다. 우리 하나님이 우리에게 전하는 말씀이 이와 같다. 우리에게 꼭 필요하되 우리가 즐겁게 들어야 한다. 그런데 하나님의 말씀이 필요하다는 것을 인정하면서도 듣지 않으려는 사람들이 있다. 사람이 스스로 잘났다고 생각해서 하나님의 말씀마저도 부정하고 저항한다. 그래도 하나님은 사람을 향해 지속적으로 말씀하신다. 듣든지 안 듣든지 말씀이 들려야 한다(겔 3:11).

1. 복음 선포를 명하시는 하나님

   하나님이 사람에게 말씀하시는 방법이 여러 가지 있다. 구약에는 하나님이 직접 나타나셔서 말씀하신 적이 있고, 천사를 동원해서 말씀하신 적이 있다. 때로는 사람의 모습으로 나타나셔서 말씀하신 적도 있다. 어떤 경우엔 이방인이나 짐승의 입을 통해서도 말씀하셨다. 하나님이 가장 많이 사용하신 방법은 예언자들을 통해 말씀을 전하게 하는 방법이었다. 하나님이 당신의 말씀을 전할 예언자를 부르셨다. 본문에 "아름다운 소식을 시온에 전하는 자여 아름다운 소식을 예루살렘에 전하는 자여"라고 예언자를 부르는 소리가 있다. 여기 아름다운 소식은 말 그대로 복음을 의미한다. 시온과 예루살렘은 복음을 들어야 할 대상이다. 하나님은 이처럼 복음을 들을 대상을 정해놓고 그 대상에게 복음을 전할 사명을 가진 사람을 부르신다. 예언자들이 와서 하나님의 말씀을 전한 것처럼 예언의 초점이시고, 가장 큰 예언자이신 예수님이 오셔서 하나님의 말씀을 전하셨다. 예수님의 말씀이야말로 우리에게 복음이다. 예수님 그분, 예수님이 오신다는 소식이 우리에게 복음이다. 하나님께서 아들 예수님에게 하나님 나라의 복음을 전할 사명을 맡기셨다. 예수님은 오직 하나님 아버지의 말씀만을 전하셨다. "너희가 듣는 말은 내 말이 아니요 나를 보내신 아버지의 말씀이니라"(요 14:24).

2. 용기를 갖고 전하라는 하나님

복음을 전하는 일이 쉬울까? 하나님이 하라는 대로 하면 쉽다. 하나님이 전하라고 하는 말씀을 그대로 전하면 쉽다. 그러나 생각만큼 쉬운 일이 아니다. 왜냐하면 하나님의 말씀을 듣기 싫어하고 저항하는 사람들이 있기 때문이다. 저항하는 정도면 그나마 참을만한데, 복음전도자를 해치는 사람들도 있다. 복음은 늘 달콤하기만 하지는 않는다. 사람들의 실수와 허물을 꼬집어야 하고 책망할 때가 있기 때문이다. 누구든지 자기 허물이 들춰지면 기분 나쁘다. 허물을 들춰낸 사람이 사라졌으면 좋겠다는 마음을 품기도 한다. 이런 걸 안다면 과감하게 복음을 전한다고 나서기를 주저할 수 있다. 그런데 하나님은 복음이 전해져야 할 상황을 모두 알고 계신다. 사람들의 마음이 완악하고, 복음이 거절될 수 있다는 사실도 하나님은 알고 계신다. 이 때 예수님은 복음을 전하는 사람들에게 용기를 가지라고 말씀하신다. 힘써 소리를 높이되, 두려워하지 말라고 말씀하신다. 하나님의 말씀을 듣고 용기를 가진 복음전도자들은 사람들에게 하나님을 바라보라고 외친다. 복음전도는 용기 있는 행동이다. 하나님이 함께하심을 믿는다면 용기가 생기고 소리를 높일 수 있다. 우리 예수님은 세상에서 사람들로부터 거절과 오해를 당할 것을 이미 알고 계셨다. 그래도 그분은 용기 있게 소리를 높이셨다.

3. 강한 통치를 확언하신 하나님

하나님이 용기를 가지라고 하면 없던 용기가 저절로 생겨날까? 그러면 얼마나 좋을까? 하나님은 용기를 가지라고 말씀만 하지는 않으신다. 용기를 가져야 할 만한 이유까지 분명하게 말씀하신다. 그 이유가 무엇일까? 바로 말씀을 전하라고 하신 하나님, 용기를 내어 소리를 높이라고 말씀하신 하나님이 강한 분이라는 사실이다. 강하신 하나님이 용기를 내라고 하면 실제로 용기가 생긴다. 왜냐하면 강하신 하나님이 함께하신다는 믿음을 갖기 때문이다. 하나님은 창조주이시고, 통치자이시다. 하나님은 만왕의 왕이시다. 이 세상의 어떤 강한 힘도 하나님을 능가하지 못한다. 강하신 하나님이 선포되면 나쁜 사람들에겐 벌을 받을까 봐 경각심이 들 것이다. 힘들고 어려운 사람에게는 강한 분이 구원하실 것이라는 희망이 생긴다. 게다가 강하신 하나님이 직접 백성들을 다스리실 것이다. 하나님의 강한 팔이 백성들을 끌어안으실 것이다. 하나님이 백성들을 심판하고 상을 주시거나 보응하신다. 하나님이 백성들의 상황과 말 그리고 행동을 모두 알고 계시기 때문이다. 성탄절을 앞둔 우리가 예수님을 기다린다. 예수님은 하나님의 마음을 가지셨다. 예수님은 하나님의 아들이시므로 그분은 강하시다. 그리고 우리를 품어주신다. 우리는 강한 분의 통치 아래에 있고 보호를 받는다.

4. 위로와 긍휼로 품으실 하나님

사람들은 일반적으로 강한 존재를 보면 두려워한다. 강한 존재에게는 자비심이나 동정심이 없을 것이라 생각한다. 아프리카 맹수 중에 가장 강한 사자를 생각해보자. 암사자가 일반 초식 동물들에게는 무섭고 두려운 존재이다. 그러나 암사자가 새끼 사자에게는 결코 두려운 존재가 아니다. 왜 그럴까? 어미이고 새끼이기 때문이다. 어떤 사나운 짐승이라도 갓난 새끼에게는 한없이 자비롭다. 하물며 사람을 지으신 인격적인 하나님이 두렵기만 할까? 세상의 어떤 종교는 신을 생각할 때, 사람에게 벌을 주는 두려운 존재로만 인식한다. 그러나 우리 하나님은 두렵기만 한 분이 아니다. 하나님은 사랑으로 충만한 분이시다. 하나님은 양 떼를 사랑해서 푸른 초장으로 인도하는 목자처럼 배고픈 사람을 먹이고 목마른 사람을 마시게 하는 분이시다. 목자가 양떼를 보살피되, 젖을 먹이는 암양들에게는 더 특별하게 신경 쓴다. 어린 양들을 보호해야 하고, 어린 양들의 생존을 위해 암양들에게 더 관심을 갖는다. 하나님은 목자의 심정을 가지셨다. 오죽하면 시편 기자는 여호와는 나의 목자라고 고백했을까? 그리고 예수님은 당신을 선한 목자라고 은유하셨다. 하나님은 목자처럼 당신의 백성들을 보호하신다. 하나님께는 위로와 긍휼이 있다. 그 위로와 긍휼이 성탄절을 앞둔 우리를 향한다.

성 경	요한복음 1:9-14		예전색상	흰색

예배의부름	"오늘 다윗의 동네에 너희를 위하여 구주가 나셨으니 곧 그리스도 주시니라 너희가 가서 강보에 싸여 구유에 뉘어 있는 아기를 보리니 이것이 너희에게 표적이니라 하더니 홀연히 수많은 천군이 그 천사들과 함께 하나님을 찬송하여 이르되 지극히 높은 곳에서는 하나님께 영광이요 땅에서는 하나님이 기뻐하신 사람들 중에 평화로다 하니라"(눅 2:11-14)
	독생자 예수를 죄인을 구원하시려고 사람의 몸으로 천한 말구유에 탄생하게 하신 하나님 아버지! 어둠에 빛을, 불화가 있는 곳에 평화를, 슬픔이 깃든 곳에 기쁨을 주시기 위해서 이 땅에 예수 그리스도를 보내 주심을 감사드립니다. 베들레헴의 말구유에 강림하신 아기 예수님의 탄생을 송축하는 예배를 드리오니 받아주시고, 온 세상에 평화의 물결이 출렁이게 하옵소서. 우리도 오늘 탄생하신 아기 예수님처럼 세상에서 살아가면서 겸손한 마음으로 용서하고 섬기면서 성탄의 기쁨을 전하게 하옵소서. 예수님의 이름으로 간절히 기원하옵나이다. 아멘

회개를 위하여	독생자 예수께서 이루어주신 구속의 은혜로 거듭난 우리이지만 때로는 악인의 꾀를 따르고, 오만한 자리에 앉아서 거들먹거리면서 살았습니다. 섬기면서 살라고 당부하신 주님의 말씀을 실천하지 못하기 때문에 복 받는 생활보다 복 받지 못할 삶을 힘들게 살아가는 이유가 무엇인지 성찰하는 기도를 계속합니다.

고백의기도	**독**생자 예수 그리스도를 구원의 증표로 보내 주신 하나님 아버지! 회개하는 죄인을 용서하시고 새로운 비전을 주시기 위해서 성삼위 하나님께 예배드리기 전에 한 주간 동안 살아온 것을 돌아보며 회개의 기도를 드리게 하심을 감사드립니다. 독생자를 주시기까지 저희를 사랑하셨으나, 저희는 하나님을 사랑하지 못했습니다. 아기 예수님은 겸손하게 말구유에 낳으셨으나, 저희는 깨끗하고 좋은 환경에서 낳았습니다. 예수님은 모든 것을 주셨으나, 저희는 주지 않고 가지려고 했습니다. 그런 엄청난 은혜를 받았으면서도 베풀기에 인색했던 저희를 불쌍히 여겨 주옵소서.
	죄인을 사랑하시고 용서하시는 하나님 아버지! 말씀이 육신이 되신 신비함을 깨닫지 못하고 육신의 자랑과 안목의 정욕으로 살았던 지난날을 회개합니다. 싸움이 있는 곳에 평화를 전하지 못한 죄를 용서하여 주옵소서. 하나님께서 주시는 수많은 복을 잃어버렸습니다. 이것은 하나님 사랑에 대한 배신이요 배은망덕이었음을 고백하는 저희를 불쌍히 여겨 주옵소서. 무엇보다도 하나님의 말씀에 순종하지 못한 잘못을 고백합니다. 불쌍히 여겨 주옵소서. 이제는 회개하는 저희에게 사죄의 말씀으로 새롭게 변화시켜 주옵소서. 예수 그리스도의 이름으로 기도드립니다. 아멘

사함의확인	"만일 악인이 그 행한 악을 떠나 정의와 공의를 행하면 그 영혼을 보전하리라 그가 스스로 헤아리고 그 행한 모든 죄악에서 돌이켜 떠났으니 반드시 살고 죽지 아니하리라"(겔 18:27-28)
성시교독	119. 성탄절(1)
설교 전 찬 송	109장 (고요한 밤 거룩한 밤) 115장 (기쁘다 구주 오셨네)
설교 후 찬 송	123장 (저 들 밖에 한밤중에) 112장 (그 맑고 환한 밤중에)

12 25

금주의 성가	구세주 나셨네 – John Purifoy 고요한 밤 참된 빛 오시네 – R. Kevin Boesiger 베들레헴, 갈릴리, 겟세마네 – William J. Gaither
목회기도	**호**산나! 할렐루야!! 한 아기를 독생자로 이 땅에 탄생케 하신 하나님 아버지! 오늘 나신 아기 예수님은 정사와 기묘와 모사와 평안의 왕으로 우리 곁에 오신 것을 감사드립니다. 영존하시는 구세주로 오신 아기 예수님께서 저희의 심령에 강림하시어 평화와 기쁨을 주시옵소서. 믿음의 권속들이 믿음에 걸맞은 삶을 살게 하시고 이 거룩한 이름으로 하나님을 기쁘시게 하며 영광을 돌리게 하옵소서. 이 거룩한 이름에 부끄럽게 사는 사람이 되지 않게 하옵소서. 오직 여호와의 이름으로 부름을 받았사오니 가난한 자에게 이 이름으로 부요하게 하시고 죽은 자를 이 이름으로 살리게 하옵소서. **예**배를 통하여 영광과 찬양을 받으시는 하나님 아버지! 거룩한 성탄절 예배가 하나님께서 기뻐하시는 산 예배가 되게 하옵소서. 아기 예수님을 가슴에 품어 만나게 하시고 새 힘과 용기로 거듭나서 변화된 삶을 살게 하옵소서. 마음의 문을 열어주시는 말씀에 "아멘"으로 응답하여 믿음이 자라는 저희 성도들이 되게 하옵소서. 우리 교회에 주신 많은 기관이 있습니다. 모든 성도가 합력하여 선을 이루게 하옵시고, 이끌어가는 지도자들에게 하늘 권능을 더하여 주옵소서. 예수님의 이름으로 기도드립니다. 아멘
헌금을 위한 성구	"주 예수께서 친히 말씀하신 바 주는 것이 받는 것보다 복이 있다 하심을 기억하여야 할지니라"(행 20:35)
헌금기도	**언**제나 풍성한 일용할 양식으로 채워주시는 하나님 아버지! 지난 한 주간에도 생명 연장의 축복을 주신 것을 기억하면서 세상이 주는 만족을 외면하고 주님을 사모하는 마음으로 성탄절 예배를 드리게 하심을 감사드립니다. 일용할 양식을 주셔서 먹고 마시며 살게 하신 은혜에 감사하는 마음으로 심히 적은 것을 드리려 하나이다. 비록 과부의 동전 두 푼에 불과하오나 저희의 정성을 담아드리오니 받아주시기를 기도드립니다. 이 예물에 마음을 담아드리오며, 혼을 담아드리오니, 아벨의 제사처럼 하나님의 보좌에 상달 되게 하옵소서. **독**생자 예수를 통하여 구원의 감격을 주시는 하나님 아버지! 새로운 한 주간도 말씀 안에서 형통의 능력으로 승리하는 생활을 살기 위해서 주의 제단에 나오면서 몸과 마음과 정성을 여호와 하나님께 드리며, 주신 물질을 선별하여 봉헌하게 하시오니 감사합니다. 매 주일 드리는 주정예물과 소득 중 십의 하나를 드립니다. 범사에 감사하여 드리는 예물이 있습니다. 또 소원의 예물도 있습니다. 이 모든 예물이 향기로운 예물이 되게 하옵소서. 교회 여러 곳에서 헌신하면서 시간을 드립니다. 흘린 땀방울을 기억하여 주옵소서. 감사하는 영혼이 경영하는 기업을 축복하시고 자녀들에게 지혜로 넘치게 하옵소서. 예수님의 이름으로 기도드리옵나이다. 아멘
위탁의 말씀	"말씀이 육신이 되어 우리 가운데 거하시매 우리가 그의 영광을 보니 아버지의 독생자의 영광이요 은혜와 진리가 충만하더라" 엄청난 하늘 은혜의 수혜자이고 상속자가 된 감격으로 우리도 누군가를 섬기기 위해서 세상으로 출발합니다.
축도	이제는 인간의 구원을 위해 사람의 형상으로 이 땅에 태어나신 아기 예수 그리스도의 넓으신 은혜와 인간을 용서하시기 위하여 자신의 독생자까지 아낌없이 내어주신 하나님의 사랑과 성도들을 보호하시는 성령의 역사하심이 성탄절 예배에 참석한 성도들과 주님께서 예비하신 주님의 자녀들 머리 위에 지금부터 영원히 함께하시기를 간절히 축원하옵나이다. 아멘

오늘의 설교를 위한 복음적 조명 주제 : 참 빛의 도래

제목 : 예수님이 오셨다 ㅣ 본문 : 요한복음 1:9-14

주제 : 하나님이 계획하신 대로 예수님이 우리에게 오셨다. 예수님은 어두운 세상에 참 빛으로 오셨다. 예수님은 하나님의 아들이지만 육신으로 오셨다. 예수님은 믿음의 대상이시다. 예수님은 당신을 영접하고 믿는 우리에게 하나님의 자녀가 되는 권세를 부여하셨다.

논지 : 예수님은 참 빛으로 오셔서 우리를 하나님의 자녀가 되게 하셨다.
   1. 참 빛으로 오신 예수님
   2. 영접 받아야 할 예수님
   3. 자녀 되게 하신 예수님
   4. 우리 안에 계신 예수님

오늘은 성탄절이다. 성탄절은 여러분에게 어떤 의미를 지니고 있는가? 우리가 성탄절에 어떤 의미를 갖는다면 그것은 우리의 기준에서 원하는 의미가 아니라, 하나님의 기준에서 하나님이 원하는 의미여야 한다. 성탄절에 오신 예수님의 기준에서 예수님이 원하는 의미여야 한다. 어린이들은 성탄절에 예수님을 생각하기보다 산타클로스를 생각하는 경우가 많다. 성탄절이 오기 전에 혹은 평소에 어린이들의 귀에 예수님보다는 산타클로스라는 말이 훨씬 더 많이 들렸기 때문이다. 많이 들었던 말이 본인에게 의미를 가져다주기도 한다. 성탄절에 우리의 마음속에 생긴 예수님이 원하는 의미가 무엇인가? 예수님이 원하는 의미가 쉽게 생각나지 않는가? 너무 많아서 갑자기 하나를 제시하기 어려울 수 있고, 혹은 평소에 성탄절이 내게 주는 의미가 무엇인지를 생각하지 않아서 대답하기 어려울 수 있다. 성경은 하나님께서 성탄절이 우리에게 어떤 의미가 필요한지를 잘 알려준다. 성탄절뿐만 아니라 우리 인생 전체의 시간에 우리가 가져야 할 의미와 가치는 반드시 성경으로부터 나와야 한다. 우리가 성경을 읽고 묵상할 때, 단순히 성경을 읽는 행위만으로 끝나지 말고 성경에서 나에게 무엇을 말하는지를 발견해야 한다. 곧 성경의 중심이신 예수님(요 5:39)을 찾고 만나야 한다.

1. 참 빛으로 오신 예수님

요한복음 1장에는 말씀이 있었고, 말씀 안에 생명이 있다고 한다. 그리고 생명은 사람들의 빛이라고 한다. 본문 9절에는 세상에 와서 각 사람에게 비추는 빛이며, 참 빛이라고 말한다. 성탄절이 우리를 향한 의미를 준다면 무엇일지 여기서 발견할 수 있다. 성탄절은 우리에게 참 빛이 비추어졌다는 사실을 확인하는 날이다. 이 말이 무엇을 뜻하겠는가? 그동안 우리가 빛이 없는 어둠 속에 살았다는 것을 뜻한다. 혹은 우리가 어둠에서 벗어나 어떤 빛을 보았고, 그 빛 아래서 살았다고 생각하지만 그 빛은 참 빛이 아니라 거짓으로 비추는 빛이었다는 뜻이다. 성탄절은 참 빛이신 예수님이 우리에게 오신 날이다. 매년 성탄절을 맞이할 때마다 참 빛이 우리에게 오셨음을 확인해야 한다. 참 빛이신 예수님을 모르는 사람은 어둠 속에 살아가고 있다. 세상에서 어떤 진리를 발견했다고 하고, 나름대로 인생의 가치를 발견하고 깨달음을 얻었다고 하지만, 예수님을 발견하지도 못하고 만나지도 못했다면 그것은 거짓 빛을 발견한 것이다. 하나님은 우리에게 거짓의 빛 아래에서 사는 것을 원하지 않는다. 하나님은 우리를 향해 참 빛의 비추임을 받으며 살기 원하신다. 원하시기만 하지 않으시고 참 빛을 보내주시고, 빛 아래에서 살아가도록 환경을 만드신 후에 그 환경에서 살게 하신다.

12
25

2. 영접 받아야 할 예수님

참 빛이신 예수님께서 세상에 오셨다. 그리고 세상에 계셨다. 예수님이 오신 세상은 누가 지으셨을까? 우리는 창세기를 읽고 하나님께서 천지를 창조하셨다고 믿는다. 그런데 오늘 본문에는 세상이 그로 말미암아 지은 바 되었다고 한다. 즉 세상에 오신 참 빛이 세상을 지었다는 의미이다. 본문 앞에 2절과 3절의 기록이다. "그가 태초에 하나님과 함께 계셨고 만물이 그로 말미암아 지은 바 되었으니 지은 것이 하나도 그가 없이는 된 것이 없느니라" 말씀이요 참 빛이신 예수님이 아버지 하나님의 창조 사역에 함께하셨다. 그리고 예수님은 당신이 지으신 세상 속으로 오셨다. 세상을 지으신 예수님이 지은 후에 세상을 바라보기만 하실까? 이런 생각은 이신론이라는 관념철학에 불과하다. 성탄절은 세상을 지으신 예수님이 아기 예수로서 세상으로 직접 오신 날이다. 성탄절은 예수님께서 세상에 사는 나를 찾아오신 날이다. 그런데 세상은 참 빛이신 예수님을 알지 못한다. 예수님을 알지 못하니까 받아들이지도 또 영접하지도 않는다. 만약 내가 예수님을 영접하지 않는다면 나는 세상에 속한 사람이다. 성탄절에 우리는 예수님께 속한 사람인지를 확인해야 한다. 예수님을 영접한 사람은 예수님께 속해있다. 반드시 영접 받아야 할 예수님께서 세상에 사는 우리를 찾아오셨다.

3. 자녀 되게 하신 예수님

하나님이 세상을 지으시고 세상을 사랑하신다(요 3:16). 내가 세상에 속해 있을 때, 하나님께서 나를 사랑하셨다. 예수님을 보내시고, 알게 하시며 나에게 예수님을 영접하도록 은혜를 주셨다. 만약 예수님을 영접하지 않는다면 나를 지으신 하나님을 배반하는 일이다. 사람이 자기를 낳아준 부모를 부정할 수 없다. 만약 부모를 부정하는 사람이 있다면 뭐라고 부를까? 나를 지으신 하나님을 부정하는 사람도 이와 같다. 우리가 예수님을 영접하는 일은 선택의 문제가 아니다. 당연한 일이며 자랑할 필요도 없는 일이다. 자녀가 부모에게 효도하고 당연하다고 말하는 것과 같은 이치이다. 당연한 것을 한 사람은 자기가 뭘 잘했다고 자랑하지 않는다. 오히려 다른 사람이 잘했다고 칭찬해준다. 우리가 예수님을 영접했을 때, 예수님을 보내신 하나님께서 우리를 자랑스럽게 생각하신다. 하나님께서 예수님을 영접한 우리에게 잘했다 하시며 큰 상을 주신다. 그 상이 무엇일까? 바로 하나님이 우리를 당신의 자녀로 삼으신 일이다. 영접하는 사람 즉 예수님을 믿는 사람에게는 하나님의 자녀가 되는 권세가 주어졌다. 하나님의 자녀는 사람의 혈통으로나 육정으로나 사람의 뜻으로 되지 않는다. 믿는 사람은 하나님의 자녀가 되는 복을 받았다. 하나님이 우리에게 직접 주신 복이다.

4. 우리 안에 계신 예수님

참 빛이 되신 예수님은 당신이 지으신 세상으로 오셨다. 이 사실을 본문 14절에는 "말씀이 육신이 되었다"고 한다. 세상으로 오신 예수님은 세상에 계셨다. 예수님이 세상에서 살아가는 우리와 함께하신다. 본문은 "우리 가운데 거하신다"고 표현한다. 성탄절은 예수님이 우리 가운데 살기 시작한 날이다. 우리와 함께 살기 시작하신 예수님은 언제까지 우리와 함께하실까? 예수님은 보혜사 성령을 보내시고, 보혜사 성령이 영원토록 우리와 함께하신다(요 14:16). 즉 예수님이 영원토록 우리와 함께하신다. 예수님과 함께 사는 사람은 자연스럽게 예수님의 영광을 보게 된다. 일부러 찾아보는 게 아니고, 높으신 곳에 계신 분을 우러러 보는 것도 아니고 예수님의 영광이 아주 자연스럽게 체험된다. 영광을 체험한 사람은 체험의 내용을 말할 수 있다. 본문에서는 "아버지의 독생자의 영광이요 은혜와 진리가 충만하다"고 증언한다. 이 말은 우리 안에 아버지의 독생자의 영광이 임하고, 우리에게 은혜와 진리가 충만하다는 말이다. 아버지의 영광을 가지신 분, 은혜와 진리가 충만하신 분이 우리 안에 계시니 우리에게도 영광과 은혜와 진리가 충만하게 된다. 예수님은 당신과 똑같은 영광과 진리와 은혜 충만의 상태로 우리를 높이신다. 성탄절은 은혜와 진리의 충만이 시작된 날이다.

성 경	마가복음 2:18-22	예전색상	흰색

예배의부름	"너희는 이전 일을 기억하지 말며 옛날 일을 생각하지 말라 보라 내가 새 일을 행하리니 이제 나타낼 것이라 이 백성은 내가 나를 위하여 지었나니 나를 찬송하게 하려 함이니라"(사 43:18-19,21)
	거친 세상에서 2023년 한 해를 하늘 섭리로 인도해 주신 하나님 아버지! 일 년 동안 생명의 말씀과 성령님의 섭리로 우리를 지켜주시고 바르고 의로운 길로 인도하여 주신 것을 감사드립니다. 한 해를 보내는 결산주일에 저희의 잘못되고 나약했던 부분들은 남김없이 버리게 하옵소서. 온전하고 깨끗한 마음으로 성삼위 하나님께 신령과 진정으로 예배드리게 하옵소서. 예수님의 이름으로 기원하옵나이다. 아멘
회개를 위하여	우리가 살아온 2023년 한 해를 뒤돌아보면 하나님 말씀대로 살지 못하고, 교회 생활 또한 제대로 내세울 것이 없는 부끄러운 모습을 성찰하면서 특히 하나님 안에서 누리는 기쁨보다 세상의 재미를 더 즐겼던 그가 나는 아닌지 지난 한 해의 허물과 죄를 돌아보며 회개하는 기도를 계속합니다.
고백의기도	측량할 수 없는 은혜로 빛의 자녀로 한 해를 살게 해 주신 하나님 아버지! 오늘 2023년을 결산하는 주일에 한 해 동안의 삶을 돌아보며 회개의 기도를 드리게 하심을 감사드립니다. 성령님 오셔서 이 시간 저희에게 회개의 영을 부어 주셔서 변화된 생활을 하지 못했던 잘못들을 성찰하고 바르게 회개하는 저희가 되도록 인도하여 주옵소서. 처음 주님을 영접했을 때의 감격과 기쁨보다는 세상의 헛된 것을 추구했던 잘못을 용서하여 주옵소서. 정욕과 죄악으로 물든 저희의 마음을 성령의 불길로 태워 주옵소서.
	빛의 자녀들에게 생명의 양식을 공급해 주시는 하나님 아버지! 저희는 일 년 동안 이웃들을 사랑하고 용서하지 못했습니다. 가정에 내려주신 주님의 복을 잘 지키지 못했습니다. 무엇보다도 하나님의 말씀에 순종하지 못했습니다. 이제 새롭게 시작할 2024년에는 가족과 이웃의 상처 난 마음을 치유하고 주님의 사랑을 나누는 빛의 삶을 살겠습니다. 세상이 주는 근심과 걱정에 얽매이지 않고 기도하고 말씀 보면서 살겠다고 결심하오니 사죄의 말씀을 선포하여 주시어서 새로워진 감격을 안고 한 해를 마무리하게 하옵소서. 예수 그리스도의 이름으로 회개하며 기도드립니다. 아멘
사함의 확 인	"내가 네 허물을 빽빽한 구름 같이 네 죄를 안개 같이 없이하였으니 너는 내게로 돌아오라 내가 너를 구속하였음이니라"(사 44:22)
성시교독	87. 요한계시록 21장
설교 전 찬 송	27장 (빛나고 높은 보좌와) 85장 (구주를 생각만 해도)
설교 후 찬 송	285장 (주의 말씀 받은 그 날) 368장 (주 예수여 은혜를 내려주사)

12
31

금주의 성 가	평화의 도구로 삼으소서 – David Lantz Ⅲ 오 내 마음 속에 오소서 – P. Ambrose 구주오셨네 할렐루야 – G. F. Hendel
목 회 기 도	**거**룩한 산 제물을 받으시고 축복하시는 하나님 아버지! 우리가 살아온 2023년 한 해 동안 저희의 신앙과 삶을 지켜주심을 진심으로 감사드립니다. 거친 세상에서 힘들고 피곤하고 지쳐있는 저희입니다. 저희의 상하고 지친 몸과 마음에 새 힘을 허락하여 주옵소서. 이 시간 저희에게 말씀을 통하여 영적인 새 힘을 받아 새롭게 시작할 한 해에는 담대하게 승리하는 삶을 살도록 인도하여 주옵소서. 주님을 향한 처음 사랑을 회복하게 하셔서 예배와 삶을 통하여 영광을 돌리게 하옵소서. 저희의 삶의 모든 순간마다 주님의 명령을 청종하고 그 명령을 지켜 행할 수 있는 결단의 은혜를 주시옵소서. **숨** 쉬는 순간마다 하나님을 기쁘시게 하는 자로 살게 하시는 하나님 아버지! 오늘 드려지는 예배를 통하여 하나님의 선하시고 기뻐하시고 온전하신 뜻이 무엇인지 분별하게 하옵소서. 우리 교회에 세워주신 직분자들이 헌신할 때마다 믿음이 정금같게 새로워지게 하옵소서. 주님께서 맡겨주신 직분을 잘 감당할 은혜의 힘이 넘치게 하옵소서. 모든 성도가 하나 되게 하시는 주님을 본받아 한 지체들임을 깨닫고 고백하는 예배가 되게 하옵소서. 예수님의 이름으로 간절히 기도드립니다. 아멘
헌금을 위 한 성 구	"네 하나님 여호와 앞 곧 여호와께서 그의 이름을 두시려고 택하신 곳에서 네 곡식과 포도주와 기름의 십일조를 먹으며 또 네 소와 양의 처음 난 것을 먹고 네 하나님 여호와 경외하기를 항상 배울 것이니라"(신 14:23)
헌 금 기 도	**지**난 한 해 동안 먹을 것이 있고 잠잘 곳이 있게 해 주신 하나님 아버지! 허물과 죄로 물든 저희에게 십자가의 사랑과 은혜를 주심에 감사하는 마음으로 예물을 봉헌하게 하심을 감사드립니다. 저희를 은혜와 진리 가운데로 불러 주시고 날마다 필요를 공급해 주시는 은혜에 감사하여 오늘도 주님 앞에 마음과 정성을 담아 드립니다. 저희의 인생과 생명이 주님의 섭리 속에 있음을 고백하며 소득의 십일조 예물을 드립니다. 남은 생에도 주님의 인도하심을 받는 은총을 주옵소서. 때마다 일마다 채우시는 신비한 주님의 축복을 감사하며 감사헌금과 주정헌금을 드립니다. 이 예물을 드리는 손길과 심령 위에 한량없는 복으로 채워 주옵소서. **매**일의 삶이 거룩한 산 제사가 되게 해주시는 하나님 아버지! 예배가 삶의 원천임을 고백하며 주일 헌금을 드립니다. 주님 앞에 모여 예배하고 기도하며 교제를 나눈 분들이 구역헌금을 드립니다. 선교 헌금을 드립니다. 교회를 든든히 세워가기 위해 기도하는 성도들, 교회의 청결을 위해 주님만 생각하며 헌신하는 성도들, 강단의 꽃꽂이로 봉사하는 성도들, 주방에서 식사로 땀 흘리는 성도들, 교회학교 학생들이 바치는 예물에 믿음의 확신으로 채워 주옵소서. 앞으로의 삶에 복음의 합당한 열매가 주렁주렁 맺히게 하옵소서. 예수님의 이름으로 감사하며 봉헌기도 드립니다. 아멘
위탁의 말 씀	"새 포도주를 낡은 가죽 부대에 넣는 자가 없나니 만일 그렇게 하면 새 포도주가 부대를 터뜨려 포도주와 부대를 버리게 되리라 오직 새 포도주는 새 부대에 넣느니라 하시니라" 하나님 은혜로 처음 믿음을 회복한 우리입니다. 절대로 세상 유혹에 빠져 옛사람으로 세상 감옥에 들어가지 말아야 합니다.
축 도	독생자를 보내 주신 아버지 하나님의 그 크신 사랑과 자신을 찢김과 죽음에 내던지기까지 우리를 사랑하신 주님의 은혜와 성령님의 감화감동 역사하심이 성탄절 두 번째 주일과 함께 결산주일 예배를 드린 성도들 위에와 장래에 이 기쁜 소식을 듣게 될 모든 이들에게 늘 함께하시기를 축원하옵나이다. 아멘

오늘의 설교를 위한 복음적 조명 주제 : 새 시대 열기

제목 : 기쁨을 기대하는 주일 | 본문 : 마가복음 2:18-22

주제 : 예수님은 시대와 사람을 변화시키기 위해 우리에게 오셨다. 우리가 믿는 변화는 우리의 구원과 하나님 나라의 확장이다. 예수님은 당신과 함께하며 변화한 우리가 가질 기쁨과 지혜를 여러 가지 비유를 들어 가르치셨다. 그러므로 우리는 예수님과 함께 기쁨을 갖는다.

논지 : 예수님은 새로운 시대에 걸 맞는 기쁨과 지혜를 가르치셨다.
  1. 금식에 관해 질문 받으신 예수님
  2. 신랑과 함께하는 기쁨의 예수님
  3. 새 것의 사용법을 제시한 예수님
  4. 새 은혜를 은유로 말하신 예수님

2023년 마지막 날이다. 올 한 해 우리는 어떻게 지냈는가? 한 해가 후회되는 사람도 있겠고, 자랑스러운 사람도 있을 것이다. 무엇인가 후회가 되는 일도 있을 것이다. 1월 1일에는 목표를 세우고 반드시 성취하겠노라고 다짐을 했는데 작심삼일로 중단하고 1년을 지낸 일도 있을 것이다. 반대로 새해에 다짐한 일 중에 성취한 일도 있을 것이다. 우리의 신앙은 어떠했는가? 주님께 더 가까이 갔다고 자부하는 분도 있을 것이다. 주님이 주신 은혜 덕분이라고 감사하는 분도 있을 것이다. 반대로 초심을 잊고 스스로 생각하기에도 부끄러운 시간을 보냈다고 생각하는 분도 있을 터이다. 하지만 지금까지 지내왔다. 지금까지 지내온 것 주의 크신 은혜라고 찬송할 수밖에 없다. 스스로 자부심을 갖든지 아쉬움이 남든지 그것은 우리의 생각일 뿐이다. 우리의 생각과는 다르게 주님의 은혜는 항상 있었다. 그리고 우리를 향한 새로운 은혜가 준비되었다. 한 해가 지나가면 새해가 오듯, 이전에 받은 은혜가 있는가 하면 앞으로 받을 은혜도 있다. 우리는 한 해를 보내며 앞으로 받을 은혜와 기쁨을 기대한다. 그러니까 오늘은 한 해를 마무리하지만 동시에 기쁨을 기대하는 주일이다. 왜냐하면 언제 어디서나 예수님이 우리와 함께하시기 때문이다. 예수님이 우리를 새롭게 하시기 때문이다.

1. 금식에 관해 질문 받으신 예수님

예수님 당시에 사람들에게는 금식하는 습관이 있었다. 요즘에도 금식으로 기도하는 목사님과 성도님들이 있다. 무엇인가 간절한 소망이 있을 때 금식하며 기도한다. 배고픔을 겪어가며 하나님께 간절한 기도를 드린다. 가끔 습관적으로 금식하는 사람들도 있다. 예수님 당시의 사람들도 간절한 소망보다는 습관적으로 금식하는 분들도 있었다. 요한의 제자들과 바리새인들이다. 당시에 금식은 미덕이었고 자랑거리였다. 그래서 금식하지 않는 사람들을 보면 신앙적으로 게으르거나 믿음에 순종하지 않는 사람들이라고 생각했다. 한편 어떤 사람들은 금식하는 사람과 하지 않는 사람을 비교하기도 한다. 예수님께 와서 요한의 제자들과 바리새인들은 금식하는데, 예수님의 제자들은 왜 금식하지 않느냐고 질문하는 사람이 있다. 사람들은 이처럼 비교하는 습관이 있다. 그리고 예수님께 자신의 비교습관을 그대로 드러낸다. 예수님이 비교습관에 대해 어떻게 생각하실 지는 안중에 없고, 자신의 궁금증만 드러낸다. 우리도 이럴 수 있다. 고정관념이나 습관에 사로잡혀서 예수님 생각보다는 자기 궁금증만 드러낸다. 사실은 예수님의 제자와 예수님을 깎아내리려는 의도가 있어 보인다. 그런데 예수님은 질문하는 사람을 나무라지 않으셨다. 오히려 새로운 관점과 가르침을 주신다.

2. 신랑과 함께하는 기쁨의 예수님

　　예수님이 대답하신다. 예수님 대답은 직설적이지 않으셨다. 내 제자들에게는 금식이 필요하지 않다고 바로 대답하지 않으셨다. 오히려 예수님은 한 가지 예를 들어서 금식에 대한 답을 주셨다. 결혼식이 열린다. 손님들이 왔는데 신랑과 함께 있다. 그러면 손님들이 굶겠는가? 결혼식이 열리기 전에 혼주 측에서는 손님들이 잘 먹고 배부르도록 각종 좋은 음식을 장만해둔다. 소위 말해 산해진미이다. 손님들은 평소에 먹지 않는 맛나고 고급스러운 음식을 먹는다. 요즘이야 결혼식장에 달린 뷔페식당에 가서 먹는다. 식당 음식 맛이 좋으면 예식장 평가가 좋다. 만약 음식 맛이 안 좋으면 예식장 예약이 줄어든다. 결혼식에 온 손님은 축하인사와 함께 차려진 음식을 맛나게 먹어야 한다. 만약 음식을 안 먹으면 혼주 측에서 왜 안 드시느냐고, 음식이 맛없냐고, 혹시 편찮으신 곳이 있느냐고 염려한다. 혼주 측이나 신랑에게 문제가 생긴다면 손님들의 마음이 아프다. 손님들이 금식하면서 신랑의 안전과 평안을 위해 기도한다. 예수님이 왜 이런 말씀을 하셨을까? 예수님이 곧 사람들에게 맛난 음식을 먹도록 기회를 제공하는 신랑이라는 말이다. 예수님은 사람들에게 기쁨을 주시는 분이다. 즉 예수님이 사람들을 초청하고 기쁘게 하며 맛난 음식을 먹게 배려하시는 주인공이시다.

3. 새 것의 사용법을 제시한 예수님

　　결혼식을 마친 새 신랑은 새로운 인생을 시작한다. 이전에는 혼자였지만 이제부터는 신부와 함께하는 새로운 삶을 시작한다. 예수님이 오신 것은 옛 시대를 마감하고 새 시대를 열기 위함이었다. 율법에 사로잡혔던 사람에게 하나님의 은혜를 알게 하고, 억압받는 사람에게는 자유를 주고, 괴로움에 사는 사람에게는 평화를 주려고 오신다. 예수님이 나사렛 회당에서 이사야의 책 61장 1절과 2절을 펴서 읽으셨다. "주 여호와의 영이 내게 내리셨으니 이는 여호와께서 내게 기름을 부으사 가난한 자에게 아름다운 소식을 전하게 하려 하심이라 나를 보내사 마음이 상한 자를 고치며 포로된 자에게 자유를 갇힌 자에게 놓임을 선포하며 여호와의 은혜의 해와 우리 하나님의 보복의 날을 선포하여 모든 슬픈 자를 위로하되" 예수님은 당신의 사명을 아시고, 확인하셨다. 그리고 예수님은 한 가지 사례를 들어서 이야기하셨다. 생베 조각을 낡은 옷에 붙이는 사람이 없다. 만약 그렇게 하면 생베 조각이 낡은 옷을 당겨서 낡은 옷마저 더 헤진다. 예수님은 우리를 새롭게 하려고 오셨다. 예수님과 함께함이 새로운 일이다. 예수님과 함께한다면 과거의 습관에 머물 수 없다. 예수님의 삶과 말씀을 과거와 같은 수준으로 놓는다면 과거마저 더 이상하게 변한다. 예수님과의 새로운 삶은 과거의 습관과 단절된다.

4. 새 은혜를 은유로 말하신 예수님

　　오늘이 지나면 새해가 밝는다. 지나간 과거는 사라지고 새로운 미래가 우리에게 다가온다. 예수님은 새로운 미래가 다가온다는 희망을 또 하나의 사례를 들어서 말씀하신다. 예수님은 새 포도주와 포도주를 넣는 부대를 은유로 말씀하신다. 22절 말씀이다. "새 포도주를 낡은 가죽 부대에 넣는 자가 없나니 만일 그렇게 하면 새 포도주가 부대를 터뜨려 포도주와 부대를 버리게 되리라 오직 새 포도주는 새 부대에 넣느니라" 요즘이야 포도주를 아주 멋진 디자인의 유리병에 담는다. 과거에는 포도주를 가죽부대에 담았다. 새 포도주를 담그면 새로운 가죽부대에 담아야 한다. 만약 낡은 가죽부대에 담으면 새 포도주가 부대를 터트리고, 포도주와 부대를 모두 잃는다. 새 포도주가 낡은 부대를 터트리는 어떤 화학작용이 있는 것 같다. 새 포도주를 담는 사람은 새 부대에 담아야 한다는 사실을 경험과 직관적으로 안다. 만약 아는 것대로 행동하지 않는다면 손해를 본다. 우리에게는 예수님과 함께하는 새로운 은혜가 기다리고 있다. 새로운 은혜를 낡은 사고방식이나 율법에 담을 수 없다. 새로운 은혜는 우리를 새롭게 하는 예수님의 생각, 예수님의 말씀에 담겨 있다. 그러므로 새해도 예수님으로부터 새로운 은혜를 받고자 사모한다면 오늘은 미래의 기쁨을 기대하는 주일이 된다.

1월의 예배와 설교를 위하여

일	요일		본문	설교제목	기타(예화, 참고자료)
3	수				
7	주일	낮			
		밤			
10	수				
14	주일	낮			
		밤			
17	수				
21	주일	낮			
		밤			
24	수				
28	주일	낮			
		밤			

성 경	디도서 3:4-7	예전색상	초록색

예배의부름	"복 있는 사람은 악인들의 꾀를 따르지 아니하며 죄인들의 길에 서지 아니하며 오만한 자들의 자리에 앉지 아니하고 오직 여호와의 율법을 즐거워하여 그의 율법을 주야로 묵상하는도다 그는 시냇가에 심은 나무가 철을 따라 열매를 맺으며 그 잎사귀가 마르지 아니함 같으니 그가 하는 모든 일이 다 형통하리로다" (시 1:1-3)
	하나님의 자녀가 된 성도에게 더 많은 복을 주시는 참 좋으신 하나님 아버지! 말씀이 우리 가운데 거하게 하시고, 그 말씀에 순종할 때 차고 넘치는 복을 주신 것을 감사드립니다. 2024년 첫 주일 아침 예배드리는 성도들의 가정에 화목함과 평강이 있게 하시고 가족들이 건강하게 하시옵소서. 우리 모두 서로 사랑하며 존경하고 나누고 베푸는 삶을 살게 하옵소서. 가정마다 부와 재물이 풍부하게 하시고 선함과 공의가 있어 후손이 땅에서 강성하게 하옵소서. 예수님의 이름으로 기원하옵나이다. 아멘

회개를 위하여	우리에게 경건의 모양은 있으나 경건의 능력은 없고, 믿음이 있는 것 같았으나 행함은 없는 가증스러운 껍데기 성도로 살아가게 만드는 원인이 무엇인가를 성찰하고 회개하는 기도를 계속합니다.

고백의기도	죄인들을 향하여 자비로운 용서를 통해 거듭나게 하시는 하나님 아버지! 새로운 한 해 첫 주일 예배를 드리기 전에 제단 앞에 엎드려 세상에서 지은 죄를 회개할 수 있는 용기 주심을 감사드립니다. 이 시간 성령님께서 역사하사 진심으로 저희의 죄를 고백하게 하옵소서. 우리의 입술을 가증하고 부정하였고, 우리의 마음은 교만하여 하나님을 멀리 떠났나이다. 경건의 모습도 사라지고 우리의 손이 사랑을 행할 기회를 뿌리친 어리석음을 용서하여 주옵소서. 사람들이 우리를 성도라고, 거룩한 무리라고 부르지만 우리들의 속에는 탐심과 색욕, 불평과 불만, 미움과 시기와 질투로 가득한 모습을 불쌍히 여겨 주옵소서.
	죄인을 향하여 노여움과 분함과 큰 분노를 품으시는 하나님 아버지! 하나님의 은혜를 받아 거룩한 백성이 되었으나 이름만 허울 좋은 성도이지 실제로는 성도답게 살지 못한 잘못을 반복하지 않게 도와 주옵소서. 베푸신 은혜가 하늘보다 높고 바다보다 깊지만 수많은 은혜를 망각한 채 탕자처럼 살지 않게 인도하여 주옵소서. 받은바 은혜를 쓸데없이 버렸으며 베푸신바 믿음은 초개처럼 여겼습니다. 하나님께서 주신 은사를 낭비하였습니다. 이 가련하고 비천한 죄인들을 불쌍히 여기사 성령의 불로 태우고 성령의 물로 씻어주옵소서. 예수님의 이름으로 기도합니다. 아멘

사함의 확인	"그러므로 우리가 믿음으로 의롭다 하심을 받았으니 우리 주 예수 그리스도로 말미암아 하나님과 화평을 누리자"(롬 5:1)
성시교독	93. 새해(1)
설교 전 찬 송	550장 (시온의 영광이 빛나는 아침) 435장 (나의 영원하신 기업)
설교 후 찬 송	438장 (내 영혼이 은총입어) 220장 (사랑하는 주님 앞에)

금주의 성 가	창조자 되신 주 – Joseph M. Martin 보라 큰 영광의 주님 – Arr. J. David Smith 다와서 주를 찬양하자 – Robert C. Clatterbuck
목 회 기 도	성도들이 하늘 축복 안에서 살아가게 하시는 하나님 아버지! 지난 한 해 동안 부족하고 허물로 얼룩진 저희의 과거를 지워 없애시고 용서받고 2024년 첫 주일 예배에 저희를 불러 주심을 감사드립니다. 우리 교회에 속한 당신의 백성들이 믿음의 선한 싸움에서 언제나 승리의 계절을 보내게 하신 것처럼 올해에도 하늘 문을 여시고 필요한 은혜가 넘치게 하여 주시기를 기도합니다. 이 교회에 속한 여러 기관이 있습니다. 새로운 계획으로 출발한 모든 것이 주님의 나라 확장에 귀한 업적을 하늘에 남기는 역사가 있게 하여 주옵소서. 온 성도들이 하나님 중심, 말씀 중심, 교회 중심으로 살아갈 수 있게 하옵소서. 살아계셔서 모든 것을 친히 주관하시는 하나님! 좌절을 겪거나 병마로 신음하는 성도들이 있습니다. 사업의 어려움 때문에 고통받고 자녀의 문제로 인하여 근심하는 성도들이 많습니다. 이 모든 문제를 주님 앞에 내려놓습니다. 수고하고 무거운 짐 진 자들아 다 내게로 오라 내가 너희를 쉬게 하리라고 했사오니 편히 쉴 수 있는 축복을 주시옵소서. 어려운 형편 속에서도 하나님의 교회를 위해서 헌신하며 봉사하신 주의 신실한 일꾼들에게 크신 은혜를 베풀어 주시옵소서. 그들의 인생이 복되게 하시고 그들의 가정과 사업장에 복을 주시옵소서. 예수님의 이름으로 기도드립니다. 아멘
헌금을 위 한 성 구	"누가 이 세상의 재물을 가지고 형제의 궁핍함을 보고도 도와 줄 마음을 닫으면 하나님의 사랑이 어찌 그 속에 거하겠느냐 자녀들아 우리가 말과 혀로만 사랑하지 말고 행함과 진실함으로 하자"(요일 3:17-18)
헌 금 기 도	기쁜 마음으로 봉헌하는 성도들을 축복하시는 하나님 아버지! 언제나 좋은 것으로 채워 주시고 숨 쉬는 순간마다 은혜가 차고 넘치게 해 주심을 감사드립니다. 이 시간 그 은혜와 사랑을 깨달아 주님 것이지만 일부를 봉헌하오니 기쁨으로 받아 주옵소서. 주님께서 공급하시는 힘과 열정으로 얻은 소출로 십일조를 드립니다. 저들의 가정에 부모들이 헌신하는 모습들이 자녀들의 심령에 거룩한 자녀 삼아 주심을 감사하며 감사헌금을 드립니다. 성미를 드립니다. 주정헌금을 드립니다. 구역헌금을 드립니다. 적은 것 바치지만 크게 받아 주시고 기뻐하시는 주님의 음성을 듣게 하옵소서. 감사의 향기가 어두운 마음에 생기가 되게 하시는 하나님 아버지! 저희에게 허락하신 한해를 살아가는 동안 지키시고 보호하여 주신 은혜를 감사하며 살게 하옵소서. 예물을 봉헌한 가정마다 물질 부족으로 시험 들지 않게 하옵시고, 우리 교회가 계획한 일들이 물질 때문에 망설여지는 일이 없게 하여 주옵소서. 저희가 경영하는 기업에 하늘 복을 더하사 날로 발전하는 기쁨 속에 감사가 하늘에 올려지는 아름다운 향기로 넘치게 하옵소서. 불편한 몸에 생기를 주옵시고, 얽히고설킨 문제들이 첫날에는 형통의 복으로 풀리는 하늘 응답을 더 하여 주옵소서. 우리 주 예수님의 이름으로 기도하옵나이다. 아멘
위탁의 말 씀	"우리로 그의 은혜를 힘입어 의롭다 하심을 얻어 영생의 소망을 따라 상속자가 되게 하려 하심이라" 하늘나라의 상속자가 된다는 그것보다 더 큰 기쁨이 또 어디 있겠습니까? 우리는 모두 한 사람도 빠짐없이 가정과 세상에 은혜의 향연을 전하는 한 주간을 살아가야 합니다.
축 도	지금은 구원자 되신 우리 구주 예수 그리스도의 무한하신 사랑과 주의 백성들을 보살펴 주시는 하나님 아버지의 은혜와 주의 백성의 심령 안에서 새 힘을 공급해 주시는 성령님의 역사하심이 2024년 새로운 한 해를 예배로 시작하면서 첫 믿음의 감격을 회복하고 돌아가는 주의 백성들과 그의 가정과 사업 위에 이제로부터 영원토록 함께하옵시기를 간절히 축원하옵나이다. 아멘

오늘의 설교를 위한 복음적 조명 주제 : 새로운 생활

제목 : 은혜와 사랑의 향연 | 본문 : 디도서 3:4-7

주제 : 우리를 향한 하나님의 사랑은 관념이나 추상이 아니라 구체적이고 실제적이다. 하나님은 은혜와 긍휼로 우리를 새롭게 하시고, 우리에게 성령을 충만하게 주셨다. 은혜를 받은 우리는 영생의 소망을 가졌고, 하나님의 상속자가 되었다. 이 모든 일이 은혜의 향연이다.

논지 : 하나님은 성령의 새로움과 상속자의 존재성을 향유하는 은혜를 주셨다.
  1. 자비와 사랑을 나타내시는 하나님
  2. 은혜와 긍휼로 구원하시는 하나님
  3. 성령으로 새롭게 창조하신 하나님
  4. 영생의 상속자로 변화시킨 하나님

　우리가 믿는 하나님은 어떤 분이신가? 사람들은 하나님을 아는 여러 방법을 찾는다. 하나님이 누구신지를 공부하듯 배우려는 사람이 있다. 하나님의 존재를 논리적으로 증명하는 사람들이 많다. 고대 헬라 철학자들이 신이 존재한다는 사실을 증명하려 했다. 중세기에는 신의 존재증명을 이어받아서 하나님의 존재를 증명하려 했다. 어떤 사람은 다른 이로부터 하나님 경험에 대한 간증을 듣기도 한다. 또는 성경을 읽으며 하나님의 존재성을 알고 싶어 한다. 어떤 이는 자기 삶에서 하나님을 경험하고 하나님이 누구신지를 깨닫기도 한다. 하나님이 누구신지를 안다면 하나님이 하신 일이 무엇인지를 깨닫는다. 반대로 하나님이 하신 일을 알게 된다면 하나님이 누구신지를 깨닫기도 한다. 앞의 방식을 연역적 생각이라고 한다면 뒤의 방식은 귀납적 생각이라 할 수 있다. 사실 우리가 하나님을 아는 방법은 내 방법, 내 생각에 의해 가능하지 않다. 하나님이 우리에게 당신을 나타내시고 알려주셔야만 우리가 하나님을 알 수 있다. 하나님이 우리에게 당신을 알려주시는 방법이 무엇인가? 우리를 향해 일하심이다. 하나님의 일하심을 경험하고 기억한다면 하나님의 존재와 성품을 깨닫게 된다. 우리를 향해 일하신 하나님은 어떤 분이신가? 바울이 디도를 향한 가르침 본문에 나타난다.

1. 자비와 사랑을 나타내시는 하나님

　하나님을 믿는 사람들 중에 하나님을 두려워하는 사람이 있다. 정의의 하나님이 악한 사람을 벌주신다고 하니까 자기도 벌을 받을까봐 두려워하는 것이다. 자기가 벌을 받을 만큼 나쁜 짓을 자주 한다는 자기인식 때문이다. 하지만 하나님이 늘 무서운 분으로 계시지 않는다. 하나님이 정의를 행하시는 이유는 사랑을 갖고 계시기 때문이다. 하나님은 우리를 사랑하시기 때문에 책망도 하신다. 하나님은 우리에게 당신의 사랑과 자비를 보이신다. 독생자 예수님을 보내시고, 우리의 죄를 용서하시기 위해 십자가에서 죽게 하셨다. 무덤에 누운 예수님을 살리시고 하늘로 올리우셨다. 예수님이 이 땅에서 우리에게 사랑을 보이셨다. 그리고 힘들고 어려운 사람을 보면 위로하시고 자비를 베푸셨다. 예수님의 행하심은 모두 하나님 아버지의 명령에 의한 것이다. 예수님의 행하심을 본다면 우리를 향한 하나님의 사랑과 자비를 충분히 깨달을 수 있다. 성령께서 우리에게 하나님의 사랑과 자비를 깨닫게 하신다. 하나님의 사랑과 자비는 과거의 사람에게만 머물지 않는다. 오늘을 사는 우리에게도 하나님의 사랑과 자비가 충만하다. 우리 죄를 용서하시고, 어려울 때는 도우시고, 힘들 때는 용기를 주신다. 잘했을 때는 칭찬하신다. 그리고 우리에게 사랑과 자비를 따라 행하기를 원하신다.

2. 은혜와 긍휼로 구원하시는 하나님

　사랑과 자비의 하나님은 우리를 구원하시는 하나님이시다. 하나님이 우리를 구원하심은 사랑과 자비를 베푸신 결과이다. 실제로 우리는 구원받을만한 자격을 갖추지 못하였다. 사람은 본질상 진노의 자녀들이기 때문이다. 하나님을 떠나 죄를 짓고, 죄인지도 모르는 무감각한 상태로 살던 사람들이었다. 하나님이 보내신 사람들의 말을 들었으면 깨닫고 회개해야 하건만 오히려 하나님의 사람들을 핍박하고 괴롭히며 죽이는 일까지 하였다. 게 중에 좀 선한 사람 혹은 의로운 사람이 있다 해도 하나님의 기준까지 다다를 수 없었다. 행위로 보면 구원받을 조건을 갖춘 사람은 하나도 없다. 의로운 행위를 한다 해도 그것이 구원을 받을 만큼 충분하지 못하였다. 죄인이 나름대로 의로운 일을 한다고 해야 죄를 벗을 만큼 완전하게 의로워질 수 없다. 모든 인류가 죄를 지었고, 하나님께 대하여 죽은 사람이 되었다. 그런데 하나님은 죄인들을 불쌍하게 여기셨다. 하나님의 자비와 사랑이 긍휼로 나타났다. 의로운 행위가 아닌 믿음으로 구원받는 길을 제시하셨다. 그것이 은혜였다. 은혜로 의롭게 되는 길을 하나님이 허락하셨다. 우리가 구원을 받게 된 것은 순전히 하나님의 은혜와 긍휼 덕분이다. 현재 믿고 새해를 여는 우리들이 하나님의 은혜와 긍휼로 구원받았으니 얼마나 감사한가?

3. 성령으로 새롭게 창조하신 하나님

　새해를 열면서 사람들은 나름 새롭게 살겠다는 마음을 품는다. 그런데 사람이 새롭게 살겠다고 작정하고 결심했다고 그대로 되지 않는다. 대부분 의지력이 약해서 결심한 것을 포기하거나 무기한으로 연기하기도 한다. 의지력이 강한 사람은 결심을 오랫동안 지키고 어지간히 결과도 얻는다. 그런데 의지력이 강해서 결과를 얻은 사람은 자신의 의지력과 결과를 자랑한다. 그만큼 교만해지는 결과가 나타난다. 인간은 내버려두면 잘하는 것 같아도 교만해진다. 하나님은 교만한 사람을 싫어하시고 겸손한 사람을 사랑하신다. 하나님이 사람을 겸손하게 만드는 방법이 있다. 그것은 거듭나게 하심과 성령으로 새롭게 하시는 일이다. 사람의 의지와 노력으로 새롭게 되지 않고 성령의 임재와 거룩하게 하심으로 새롭게 된다. 하나님은 예수 그리스도를 믿는 사람들에게 성령을 주신다. 예수님이 제자들에게 성령을 보내주시겠다고 약속하셨다. 하나님 아버지가 우리에게 성령을 보내주심은 아들이신 예수님의 약속이 있었기 때문이다. 성령이 오시되 우리에게 풍성한 은혜로 오셨다. 성령이 우리에게 오시면 우리가 새로워진다. 성령으로 새롭게 된 사람은 하나님의 은혜에 의해 새롭게 창조된 사람이다. 믿고, 새해 첫 주일에 예배를 드리며 한 해를 시작하는 우리가 곧 새로워졌다.

4. 영생의 상속자로 변화시킨 하나님

　우리는 하나님으로부터 자비와 사랑을 받았다. 하나님이 사랑과 자비를 보여주심으로 은혜와 긍휼로 우리에게 구원을 베푸셨다. 또 성령을 풍성히 주심으로 우리를 새롭게 하셨다. 이렇게 새롭게 되면 그것으로 끝날까? 결코 그렇지 않다. 우리에게 영원이라는 소망을 주셨다. 즉 영생하는 소망이다. 그리고 하나님은 우리를 당신과의 영원한 관계 안으로 이끌어 들이신다. 영원한 관계가 무엇인가? 그것은 하나님의 상속자가 되는 것이다. 의로우신 하나님의 상속자가 되려면 먼저 의로워진다. 그런데 사람들은 행위로서 의롭게 될 수 없다. 하나님이 의로워지는 방법을 우리에게 적용하셨다. 그것은 은혜로서 의롭다고 인정해주는 것이다. 즉 믿는 사람이 하나님에 의해서 의롭다고 선언을 받으셨다. 사람은 스스로 의롭다고 생각할 수 없었는데, 하나님이 주신 믿음을 선물로 받고 보니 은혜에 의해 의롭다는 확신까지 갖게 되었다. 하나님은 의롭게 된 사람에게 영생의 소망과 함께 당신의 상속자가 되게 하셨다. 즉 하나님 나라의 유업을 이어받고 하나님 나라를 확장하는 사명을 감당하게 하셨다. 훌륭하게 감당할 수 있도록 성령의 능력까지 주셨다. 이러한 총체적인 은혜가 누구에게 주어졌는가? 바로 믿음을 가진 우리들이다. 그러므로 우리는 하나님 나라의 확장에 능히 헌신할 수 있다.

성 경	골로새서 1:15-20	예전색상	초록색

예 배 의 부 름	"여호와의 산에 오를 자가 누구며 그의 거룩한 곳에 설 자가 누구인가 곧 손이 깨끗하며 마음이 청결하며 뜻을 허탄한 데에 두지 아니하며 거짓 맹세하지 아니하는 자로다"(시 24:3-4)
	밝고 희망찬 한 주간을 예배로 시작하게 하시는 하나님 아버지! 무한한 자비와 긍휼로 죄인을 사랑하시어서 독생자를 통해서 새롭게 거듭나 복의 통로가 되게 해 주신 은혜를 감사드립니다. 지난 한 주간동안 광야 같은 세상에서 갈 길을 잃고 방황하던 저희지만 신령과 진정으로 드리는 예배를 받아 주옵소서. 무거운 죄의 짐을 내려놓게 하시고, 상하고 깨어진 심령이 성령의 치료하심으로 위로와 평안을 얻게 하옵소서. 예수 그리스도의 이름으로 기원하옵나이다. 아멘
회개를 위하여	주님은 십자가에서 사랑을 실천하여 저희를 죄악의 사슬에서 풀어주셨고 자유를 주셨지만, 그것을 하나님 나라 확장에 사용하지 않고 자신의 유익만 구한 어리석은 그가 나는 아닌지 성찰하고 회개하는 기도를 계속합니다.
고 백 의 기 도	**성**삼위 하나님께 신앙을 고백하는 자에게 풍성한 하늘 복을 더해 주시는 하나님 아버지! 오늘 주님의 날에 다른 곳으로 가지 않고 주님 앞에 나와 자비하신 하나님 앞에서 자신을 돌아보며 회개하는 기도를 드리게 하심을 감사드립니다. 주님께서는 당신의 피로 값을 주고 주님의 몸 된 교회를 세우셨으나 우리는 사소한 감정과 무책임한 변론을 앞세워 교회를 허물고 혼란스럽게 했던 잘못을 용서하여 주옵소서. 성도들에게 말과 행실에 본이 되지 못했습니다. 주님처럼 낮은 곳에서 발을 씻어주는 겸손과 섬김이 없었던 잘못을 불쌍히 여겨 주옵소서.
	회개하는 영혼들을 사랑하시되 끝까지 사랑하시는 하나님 아버지! 하나님께서 저희에게 맡겨주신 일들이 많습니다. 최선을 다하여 교회의 일에 동참하지 못한 것이 못내 아쉽기만 합니다. 주님이 주신 귀한 몸을 하나님과 교회를 위하여 헌신하는 제물로 사용하지 않고 세상이 주는 쾌락의 대가로 사용한 잘못을 용서하여 주옵소서. 더럽고 추악한 생각과 죄들로 늘 주님의 성전을 더럽혔던 저희를 불쌍히 여겨 주옵소서. 이 결심 위에 사죄의 말씀을 선포하여 거듭남의 생기가 넘치게 하여 주옵소서. 예수 그리스도 이름으로 기도하옵나이다. 아멘
사함의 확 인	"이러므로 내가 네게 말하노니 그의 많은 죄가 사하여졌도다 이는 그의 사랑함이 많음이라 사함을 받은 일이 적은 자는 적게 사랑하느니라"(눅 7:47)
성시교독	121. 주현절(1)
설교 전 찬 송	23장 (만 입이 내게 있으면) 390장 (예수가 거느리시니)
설교 후 찬 송	549장 (내 주여 뜻대로) 257장 (마음에 가득한 의심을 깨치고)

금주의 성가	하나님의 나팔 소리 – Paul Ferrin 내 마음 주께 바치옵니다 – 김순세 곡 주는 우리 등대 – Carth Edmundson
목회기도	죄인이었던 우리를 천국 백성이 되게 하신 하나님 아버지! 하늘의 복된 말씀을 통하여 심령이 바뀌고 삶의 모습들이 바뀌어 갈 수 있게 인도해 주신 은혜를 감사드립니다. 세상이 주는 그 어떤 것도 저희 마음에 참 평안을 줄 수 없음을 믿습니다. 세상과 재물이 줄 수 없는 충만한 하늘 양식과 힘을 공급받고 싶어 주님 앞에 나왔습니다. 여러 가지 모습의 문제와 걱정을 가지고 왔습니다. 저희의 힘으로 해결해 보겠다는 어리석은 마음마저 가지고 나왔습니다. 받아 주옵시고 제한 없는 하늘 권능의 힘이 얼마나 강하고 좋은가를 깨달아 아는 하늘 잔치가 되게 하여 주옵소서. 어제나 오늘도 진리 가운데 거하게 하시는 좋으신 하나님 아버지! 말씀을 듣고 입으로 시인할 때 믿음이 자라 그 믿음으로 바라는바 미래의 결실을 보고 해결되는 감동이 있게 하옵소서. 교회의 여러 기관을 축복하시고 능력으로 감싸 주옵소서. 병으로 고생하는 성도가 치유되게 하옵소서. 하나님의 나라에 상급이 많은 것처럼 교회에도 일들이 많습니다. 교사가 필요합니다. 성가 대원도 필요합니다. 청소와 부엌 정리, 전도하는 일, 어려운 이웃을 위하여 봉사하는 일 등 많은 일이 있습니다. 이제 그 일 중 하나를 선택하여, 한 주간 잠시의 시간을 내어 교회를 섬김이 넘치는 교회가 되게 하여 주옵소서. 예수님의 이름으로 기도합니다. 아멘
헌금을 위한 성구	"곧 너를 사랑하시고 복을 주사 너를 번성하게 하시되 네게 주리라고 네 조상들에게 맹세하신 땅에서 네 소생에게 은혜를 베푸시며 네 토지 소산과 곡식과 포도주와 기름을 풍성하게 하시고 네 소와 양을 번식하게 하시리니"(신 7:13)
헌금기도	성도들에게 헤아릴 수 없는 감동과 감화를 허락하신 하나님 아버지! 지난 한 주간에도 힘들고 지친 저희를 신령한 하늘 양식을 채워 주신 은혜를 감사드립니다. 하늘 능력을 더해 주신 은혜를 기억하여 이렇게 작은 정성을 드립니다. 이 물질이 하나님께 드리는 거룩한 산 제사를 만들어가는 작은 드림이 되게 하여 주옵소서. 이 물질이 쓰이는 곳마다 하나님의 거룩한 뜻이 이루어지는 촉진제가 되게 하여 주옵소서. 준비한 손길을 어루만져 주시사 그 손들고 기도할 때 하늘문이 열리는 빛나는 천국 열쇠가 되게 하여 주옵소서. 십의 일조를 드리는 손길들이 있습니다. 감사예물과 주일 헌금과 건축 헌금을 드리는 손길들이 있습니다. 먼 곳에 나가서 복음을 선포하는 하나님의 일꾼들을 위하여 드리는 선교 헌금이 있습니다. 성미를 드립니다. 몸으로 시간으로 헌신하는 종들이 많습니다. 저들의 수고를 기억하시고 저들의 일터와 가정의 자녀들이 금과 은보다도 하나님의 자녀가 되는 기쁨을 누리게 하옵소서. 우리 교회에 세워주신 기관들이 하나님 나라를 건설하는 일에 앞장서게 하시고 살아 역사하는 성령의 은혜가 충만한 조직들이 되게 하여 주옵소서. 우리 주 예수님의 이름으로 기도합니다. 아멘
위탁의 말씀	"그의 십자가의 피로 화평을 이루사 만물 곧 땅에 있는 것들이나 하늘에 있는 것이 그로 말미암아 자기와 화목하게 되기를 기뻐하심이라" 누군가와 아직도 불화 속에 지내고 있다면 이번 주 내가 먼저 손을 내밀고 화해를 청하는 아름다운 손이 되어야 합니다.
축도	지금은 우리를 위하여 이 땅에 오시어 성령으로 세례를 주시고 구원의 보혈을 흘려주신 예수 그리스도의 은혜와 일용할 양식을 날마다 허락하시며 천국으로 인도하시는 하나님 아버지의 사랑하심과 교회를 통하여 역사하시는 성령의 교통하심이 오늘 머리 숙여 예배하는 저희와 저희의 가정과 주의 몸 된 교회 위에 영원토록 함께하시기를 축원하옵나이다. 아멘

오늘의 설교를 위한 복음적 조명 주제 : 교회의 머리

제목 : 우리가 믿는 예수님은? | 본문 : 골로새서 1:15-20

주제 : 우리가 믿는 예수님은 어떤 분이신가? 예수님의 존재성을 한 마디로 표현하면 하나님과 동등된 하나님이시다. 예수님은 하나님과 함께 창조 사역을 하셨고, 교회를 세워 성도들을 모으신다. 예수님은 우리를 하나님과 화목하게 하시려고 십자가 사역을 감당하셨다.

논지 : 우리가 믿는 예수님은 창조주, 교회의 머리로서 화해의 사역을 하셨다.
    1. 하나님 형상이신 예수님
    2. 창조의 목적이신 예수님
    3. 교회의 머리이신 예수님
    4. 화평을 완성하신 예수님

우리는 예수님을 믿는다. 우리 예수님은 어떤 분이신가? 지난 주 우리는 하나님이 어떤 분이신지, 어떤 일을 하셨는지를 보았다. 어떤 일을 하셨는지를 보면 그분이 누구인지 어떤 분인지를 안다. 하나님을 알고자 할 때 성경을 보고 귀납적으로 아는 방법을 사용하였다. 우리가 예수님을 아는 방법도 마찬가지이다. 예수님이 하신 일을 보면 예수님이 누구신지를 안다. 그런데 본문은 귀납적으로만 표현하지 않고 연역적으로 표현하는 형식이 있다. 아예 예수님이 누구신지를 소개하고, 소개하는 내용을 전제로 하여 예수님이 무엇을 하셨는지를 알려준다. 예수님이 누구신지를 소개할 때는 하나님과의 관계, 사람들보다 훨씬 더 높은 차원, 사람들의 상상으로는 도달할 수 없는 경지를 말한다. 그리고 예수님이 무엇을 하셨는지를 설명할 때는 우리를 위해 어떤 일을 하셨는지를 이야기한다. 그러니까 예수님은 하나님 아버지와의 특별한 관계를 가지신 분이시다. 그분이 우리를 위해 일하셨다. 이것은 하나님이 우리를 위해 일하셨다는 추론을 가능하게 한다. 아니, 세상에 높고 귀하신 하나님이 낮고 천한 우리를 도우려고 무엇을 하셨다니 이 얼마나 놀라운 일인가? 너무 기쁘고 감사해서 자다가도 벌떡 일어나 감사기도를 드려야 할 일이다. 이런 일들을 본문을 통해 더 알아가자.

1. 하나님 형상이신 예수님

우리는 눈으로 세상의 여러 가지 일들을 본다. 누가복음 11장 34절에 이렇게 말한다. "네 몸의 등불은 눈이라 네 눈이 성하면 온 몸이 밝을 것이요 만일 나쁘면 네 몸도 어두우리라" 사람은 눈으로 보면서 세상의 정보를 받아들인다. 그러니까 눈의 기능을 못하는 사람, 앞을 못 보는 사람, 눈이 어두운 사람은 사는 데 많이 불편하다. 성경은 눈이 밝으면 몸도 밝다고 한다. 그런데 눈의 기능이 약한 사람들에게는 다른 기능이 매우 활성화된 사람도 있다. 하나님이 사람의 부족한 것을 채우신다. 한편 눈을 가진 사람의 기본적인 성향이 있다. 사람은 눈으로 본 것을 잘 믿는다. 눈으로 안 보거나 못 본 것은 잘 안 믿는 경향이 있다. 하나님은 사람의 이런 성향마저도 알고 계시며, 사람의 성향을 초월하셔서 당신의 일을 하신다. 하나님은 우리 눈에 보이지 않는다. 그럼에도 하나님은 당신을 우리에게 알려주신다. 하나님께서 스스로 우리에게 알려주시는 방법이 여러 가지이다. 그 방법들의 최고는 예수님을 보내시는 일이다. 오늘 본문에서는 예수님을 보이지 않는 하나님의 형상이라고 한다. 즉 예수님은 하나님과 동등한 존재이시다. 우리는 예수님을 보고 하나님을 안다. 예수님은 당신을 본 사람은 아버지를 보았다고 말씀하신다(요 14:9). 하나님을 더 알고 싶으면 예수님을 보면 된다.

2. 창조의 목적이신 예수님

하나님과 동등 되신 존재이신 예수님은 하나님과 함께 계셨다. 하나님이 존재하실 때 예수님도 함께 존재하셨다. 요한복음 1장 1절과 2절의 말씀이다. "태초에 말씀이 계시니라 이 말씀이 하나님과 함께 계셨으니 이 말씀은 곧 하나님이시니라 그가 태초에 하나님과 함께 계셨고" 예수님이 태초에 계셨다면 모든 피조물보다 먼저 계셨다는 의미이다. 예수님은 하나님과 함께 창조의 일을 하셨다. 요한복음 1장 3절에서 이렇게 말한다. "만물이 그로 말미암아 지은 바 되었으니 지은 것이 하나도 그가 없이는 된 것이 없느니라" 오늘 본문에도 모든 사물에 예수님으로부터 창조되었다고 말한다. 예수님이 만물보다 먼저 계셨고 만물이 그분 안에 있다. 만물이 그로 말미암아 창조되었다. 하늘과 땅에서 보이는 것이나 보이지 않는 것이나, 왕권이나 주권이나 통치자나 권세들이나 다 예수님으로부터 나왔다. 예수님은 만물의 근원이시다. 그런데 이 만물이 창조된 목적이 있다. 본문에는 "그를 위하여"라고 말한다. 즉 만물이 예수님을 위하여 창조되었다는 말이다. 이 말은 예수님께서 만물 창조의 목적이시라는 뜻이다. 만물이 예수님을 향하여 있다. 만물이 예수님을 찬양한다. 그 만물 안에 나와 우리가 있다. 그렇다면 우리 모두 역시 예수님을 향하여 있고, 예수님을 찬양해야 한다.

3. 교회의 머리이신 예수님

예수님을 삶의 목적으로 믿고, 예수님을 찬양하는 우리는 함께 모여 예배를 드린다. 예수님의 이름으로 함께 모였을 때, 우리는 그 모임을 교회라고 한다. 본문은 예수님을 교회의 머리라고 표현한다. 예수님이 교회를 시작하셨다. 예수님을 그리스도요 살아계신 하나님의 아들이라고 고백한 베드로에게 예수님이 말씀하셨다. 마태복음 16장 18절이다. "내가 이 반석 위에 내 교회를 세우리니" 교회의 머리가 예수님이면, 교회는 예수님의 몸이다. 교회를 구성하는 우리는 몸 된 교회의 지체들이다. 사람의 몸의 신체와 신경은 뇌에 의해 움직인다. 뇌는 머리 안에 있고, 몸을 움직이는 사람의 핵심이다. 예수님을 믿는 우리는 교회로 모이고 교회를 세우는 일을 한다. 즉 예수님은 교회의 근본이시며, 신앙을 가진 우리의 근원이시다. 예수님이 직접 만물의 으뜸이 되신다. 창조하고 시작하신 분, 머리이신 분이므로 으뜸 되심이 당연하다. 교회의 머리이신 분이 우리의 생각을 깨우신다. 우리에게 생명을 주신다. 본문은 예수님을 죽은 자들 가운데서 먼저 나신 분이라고 한다. 예수님이 죽음을 이기고 생명의 주인이심을 증명하셨다. 그러니까 교회에서 예수님을 만나고 예배하며 찬양하는 우리는 예수님으로부터 생명을 선물로 받았다. 머리이신 예수님이 지체인 우리에게 생명을 나누신다.

4. 화평을 완성하신 예수님

생명을 얻었다는 말은 또 다른 의미로 하나님과 새로운 관계로 들어갔다는 뜻이기도 하다. 예수님이 우리에게 생명을 주시려고 십자가에서 죽으셨다. 우리는 원래 죄로 물들어 하나님께 대하여 죽은 사람이었다. 즉 하나님과 관계가 깨진 사람이었다. 우리를 그대로 두면 하나님과 영원히 분리된 상태로 살아가게 된다. 사람을 창조하신 하나님께서는 우리를 당신과 분리된 상태로 사는 것을 결코 원하지 않으신다. 하나님은 분리된 우리를 당신께로 돌아오기를 원하신다. 하나님은 우리를 돌이키는 방법을 정하시고 실행하셨다. 그것이 곧 예수님을 우리에게 보내시고 십자가에서 우리 죄를 대신 지고 죽게 하심이었다. 하나님께서 세상으로 보내신 당신의 아들 예수님 안에 계신다. 예수님께서는 하나님의 섭리로 충만하시다. 십자가에서 돌아가신 예수님이 하나님과 우리를 화해하게 하신다. 하나님과 분리되었던 우리를 예수님께서 하나님 안으로 들어가게 하시고, 하나님의 은혜로 가득하게 하셨다. 그래서 본문은 예수님께서 십자가의 피로 화평을 이루셨다고 한다. 땅에 있는 것이나 하늘에 있는 것이나 모두 예수님을 통해서만 하나님과 화목하게 된다. 예수님은 당신 스스로를 하나님께 가는 유일한 길이라고 말씀하셨다(요 14:6). 우리는 예수님을 믿어서 하나님과 화평하게 되었다.

성 경	창세기 15:12-17	예전색상	초록색

01 21

예배의 부름
"너는 마음을 다하여 여호와를 신뢰하고 네 명철을 의지하지 말라 너는 범사에 그를 인정하라 그리하면 네 길을 지도하시리라"(잠 3:5-6)

罪악의 어두운 골짜기에서 예수 그리스도의 권능으로 생명의 삶을 살게 하시는 하나님 아버지! 오늘도 거룩한 성소로 우리를 부르사 회복의 감격을 경배와 찬양으로 예배하게 하심을 감사드립니다. 힘들고 어려울 때 주님이 가신 골고다 언덕을 생각하며 인내하며 살게 하옵소서. 아픔과 고통으로 눈물 흘리는 성도들이 좌절하고 용기를 잃지 않게 하옵소서. 오늘도 교회를 위해서 일하는 모든 자에게 기쁨과 감사가 넘치게 하시고 입술에 권세를 주시어서 주의 기적을 행하게 하옵소서. 세워주신 기관들이 주님을 기쁘시게 하는 일에 충성하게 하옵소서. 예수님의 이름으로 기원하옵나이다. 아멘

회개를 위하여
혹시 지난 한 주간 세상에서 살면서 행실로 남도 속이고 자신도 속이며 심지어 주님마저 속이는 죄를 범하고도 입으로는 주님을 사랑한다고 거짓을 고백하고 행동은 딴판이었던 잘못을 산 그가 나는 아닌지 성찰하고 회개하는 기도를 계속합니다.

고백의 기도
날마다 반복되는 죄를 지어 만신창이가 된 저희에게 회개할 기회 주신 하나님 아버지! 주홍빛 같은 많은 죄를 회개할 때마다 보혈의 피로 씻어 새롭게 하심을 감사드립니다. 지난 한 주간에도 무기력하게 믿음으로 승리하지 못하고 반복해서 죄를 가까이하고 산 어리석은 저희를 불쌍히 여겨 주옵소서. 세상에서 작은 손해도 볼 수 없다고 죄와 결탁하여 악을 행하면서 산 저희입니다. 음란과 정욕의 즐거움을 찾아 거리를 헤매고 무고한 사람들과 다투며 방탕했습니다. 과거를 청산하지 못하고 겉과 속이 다른 이중의 생활을 하며 위선의 삶을 살았던 저희의 잘못을 고백하오니 용서하여 주옵소서.

犯한 죄 때문에 볼품없는 저희를 새롭게 하시는 하나님 아버지! 겉으로는 경건을 말하지만, 구습의 옛 쾌락을 즐기던 생활을 주님 앞에 눈물로 고백합니다. 이제 주님의 말씀과 성령님의 은혜로 육신의 쾌락과 이생의 자랑을 즐기던 생활을 청산하고 회개하오니 온전히 거듭난 헌신의 삶으로 인도하여 주옵소서. 죄를 지을 때마다 하나님의 엄한 심판과 책망이 있을 것을 알면서도 부끄러운 죄를 지었습니다. 자신과 교회와 주님을 기만하는 행위를 멈추고 성령에 의지하여 믿음의 자녀로 거듭날 것을 약속하오니 사죄의 말씀을 주시옵소서. 예수님의 이름으로 기도합니다. 아멘

사함의 확인
"내가 진실로 진실로 너희에게 이르노니 내 말을 듣고 또 나 보내신 이를 믿는 자는 영생을 얻었고 심판에 이르지 아니하나니 사망에서 생명으로 옮겼느니라"(요 5:24)

성시교독 122. 주현절(2)

설교 전 찬송 38장 (예수 우리 왕이여) / 540장 (주의 음성을 내가 들으니)

설교 후 찬송 249장 (주 사랑하는 자 다 찬송할 때에) / 441장 (은혜구한 내게 은혜의 주님)

금주의 성 가	주께 모두 맡기어라 – Merrill Dunlop 만물들아 찬양하라 – 이호준 곡 경배하라 우리 하나님 – J. C. Rinck
목 회 기 도	**죄**를 반복하는 무지한 저희를 오래 참으심과 용서로 변화시켜 주시는 하나님 아버지! 죄의 고백을 통해 하나님 사랑의 깊이를 더 알고 저희 자신의 연약함과 어리석음을 발견하고 더욱 주를 의지하는 마음 주심을 감사드립니다. 한 주간 동안 세상에서 찢기고 상처받은 마음을 십자가의 보혈로 정결하게 씻음을 받고 치료받게 하옵소서. 말씀을 통하여 구속의 기쁨이 넘치게 하여 주시옵소서. 이 시간 살아 있는 하나님의 음성을 듣게 하시고, 기도하는 모든 문제가 응답되는 감격이 있게 하옵소서. 오늘도 주시는 말씀으로 정직한 영을 새롭게 하시는 성령의 은혜로 영적 나태함을 벗게 하옵소서. **살**아가는 길목에 장애가 있어도 소망으로 극복하게 하시는 하나님 아버지! 우리 교회 성도들이 날마다 삶의 우선순위가 믿음이요 예배요 찬송이요 감사가 되게 하여 주옵소서. 교회를 통하여 사회의 정의와 주님의 공의가 실현되게 하옵소서. 저희 성도들이 예배당에 모여 천국 잔치를 사모하며 즐기게 하옵소서. 우리 교회에 속한 기관들이 인간적인 지혜의 자랑을 일삼지 않고 오직 복음만을 위해서 땀을 흘리게 하옵소서. 기도를 앞세워 가는 기관들이 되게 하여 주옵소서. 육신의 질병을 안고 기도하는 성도에게 신유의 능력으로 치유되게 하옵소서. 예수님의 이름으로 기도하옵나이다. 아멘
헌금을 위 한 성 구	"내가 내 언약을 나와 너 및 네 대대 후손 사이에 세워서 영원한 언약을 삼고 너와 네 후손의 하나님이 되리라 내가 너와 네 후손에게 네가 거류하는 이 땅 곧 가나안 온 땅을 주어 영원한 기업이 되게 하고 나는 그들의 하나님이 되리라"(창 17:7-8)
헌 금 기 도	**구**원받은 감격과 돌보심을 힘입게 하시는 하나님 아버지! 오늘도 저희가 정성으로 준비한 물질을 봉헌케 하심을 감사드립니다. 거룩한 주님의 날 받은 은혜를 감사하는 마음으로 작은 정성을 주님 앞에 봉헌합니다. 진정한 감사의 그릇에 담아온 저희 정성을 보시고 기쁘게 받아 주옵소서. 약속과 그 많은 기도의 응답을 주신 것을 감사하여 소득의 십일조를 바칩니다. 고비 고비마다 베풀어주신 은혜에 감사하여 감사헌금을 드립니다. 선교헌금과 주일 헌금을 드립니다. 구역 가족들이 한마음으로 믿음으로 모아 구역헌금과 성미도 바치는 믿음과 정성을 받아 주옵소서. **날**마다 숨을 쉬는 순간마다 주의 집에 거하게 하시는 하나님 아버지! 이 예물을 바친 심령과 손길마다 주님의 은혜가 넘치게 하시고 그 믿음대로 형통하며 두루 잘 되는 복을 내려 주옵소서. 이 시간도 교회의 부흥을 위해 남몰래 기도로 헌신하며 교회 각처에서 수고하고 충성하는 자녀들을 기억하시고 그들의 믿음과 헌신대로 갚아 주옵소서. 예물을 바친 가정마다 그 자녀가 잘되게 하시고 직장과 사업이 복 받는 역사가 일어나게 하여 주옵소서. 예물이 쓰이는 곳마다 하나님의 나라가 실현되게 하옵소서. 예수님의 이름으로 기도드립니다. 아멘
위탁의 말 씀	"그들이 섬기는 나라를 내가 징벌할지며 그 후에 네 자손이 큰 재물을 이끌고 나오리라" 하나님께서 아브라함에게 미래를 예고하시고 번영의 복과 자유를 약속하신 것처럼 오늘 우리에게도 똑같은 약속을 하십니다. 이 약속의 희망을 우리 후손들에게 물려주는 믿음의 조상이 되어야 합니다.
축 도	지금은 일생을 순종으로 살아가신 예수 그리스도의 은혜와 순종하는 자녀에게 축복을 예비하시는 하나님 아버지의 사랑과 순종의 기쁨을 누리게 하시는 성령님의 교통 인도하심이 어제나 오늘이나 영원토록 같으신 주님께 순종의 열매로 보답해 드리고자 결단하며 출발하는 주의 백성들 머리 위에 지금부터 영원까지 함께하시기를 간절히 축원하옵나이다. 아멘

오늘의 설교를 위한 복음적 조명 주제 : 고난의 세월

제목 : 멀리 내다보는 희망 | 본문 : 창세기 15:12-17

주제 : 하나님은 사람들을 구원하시고 복을 주려는 계획을 세우셨다. 하나님은 당신의 계획을 사람에게 알리시고 사람들 사이에 더 확장되기를 원하신다. 하나님이 아브라함을 찾아오셔서 미래를 예고하시고 번영의 복과 자유를 약속하셨다. 이 약속이 사람에게 희망이다.

논지 : 하나님은 아브라함을 찾아오셔서 복된 언약을 맺으셨다.
  1. 사람을 찾아오신 하나님
  2. 번영을 약속하신 하나님
  3. 회복을 약속하신 하나님
  4. 언약을 확인하신 하나님

믿음을 가진 우리는 하나님으로부터 복을 받은 사람이다. 우리가 복을 받은 것처럼 생각되지 않는다 해도 하나님의 복은 우리에게 있다. 우리가 하나님의 복을 미처 느끼지 못할 수 있기 때문이다. 아직 믿지 않는 사람들은 어떤가? 그들은 앞으로 하나님이 주시는 복을 받을 사람들이다. 우리가 전도하는 이유는 우리가 먼저 받은 하나님의 복을 다른 사람들에게도 받기를 원하기 때문이다. 하나님이 우리에게 주신 복은 오래 전부터 이미 준비되어 있었다. 우리 시대에만 적용되는 복이 아니고, 아주 오래 전부터 준비되어 있었고, 또 오래 전 신앙의 선배들도 복을 받았다. 이스라엘 사람들은 아브라함과 이삭과 야곱의 하나님이라고 고백한다. 이는 그들의 조상들이 하나님의 복을 받았고 그 복이 자기들에게도 적용된다는 의미이다. 이스라엘 사람들만 그렇게 생각하는 게 아니고, 믿음의 사람들은 하나님께서 대대로 내려주신 복을 받은 사람들이다. 특히 이스라엘은 그들의 조상 아브라함을 대단히 자랑스럽게 여겼다. 믿음을 보여준 아브라함을 존경하였고, 자기들이 아브라함의 자손이라는 사실을 자랑하였다. 아브라함의 믿음은 오늘 우리들에게도 여전히 모범이 된다. 믿음을 가진 우리는 아브라함이 받은 복을 받은 사람들이고, 아브라함의 믿음을 본받는 사람들이다.

1. 사람을 찾아오신 하나님

본문에서 등장하는 아브라함에게는 당시 아들이 없었다. 아브라함은 자기 집 하인이 상속자가 될 것이라고 하나님께 말하였다. 하지만 하나님은 아브라함의 몸에서 태어날 자가 상속자가 되고, 앞으로 하늘의 별처럼 많은 자손이 나올 것이라고 약속하셨다. 아브라함은 하나님의 약속을 믿었다. 하나님은 아브라함의 믿음을 보시고, 의롭다고 인정하셨다. 또 하나님은 아브라함이 머무는 땅을 주겠다고 약속하였다. 아브라함은 하나님의 약속을 더 확실히 믿고 싶었다. 그래서 하나님의 약속을 믿는 증거를 보여 달라고 했다. 하나님은 아브라함에게 소와 양과 비둘기를 가져다 놓으라고 하셨다. 그리고 해가 졌다. 해가 지면, 하던 일이 중단되고 하나님이 주시는 증거를 받을 기대도 사라진다. 하지만 하나님은 약속을 어기지 않으신다. 해질 때에 아브라함은 깊이 잠들었다. 그런데 잠든 아브라함에게 암흑과 두려움이 생겼다. 해가 지고 암흑과 두려움이 강하다면 사람들은 일반적으로 하나님이 안 보인다고 생각하고, 하나님과의 관계가 단절됐다고 여긴다. 하지만 바로 그 때가 하나님을 만날 때이고, 은혜를 받을 때다. 하나님은 사람이 어려울 때, 갑자기 무엇인가 절망스러울 때 찾아오신다. 왜 찾아오실까? 약속하신 복은 다시 확인하시고, 더 확실하게 보여주시기 위함이다.

2. 번영을 약속하신 하나님

아브라함이 하나님께 약속의 증표를 보여 달라고 할 때, 하나님은 짐승들을 잡아 하나님 앞에 두고 증표를 받을 준비를 하게 하셨다. 그리고 아브라함을 깊이 잠들게 하신 후에, 아브라함에게 나타나 번영을 말씀하셨다. 그런데 번영이 찾아오기 전에 고난이 찾아온다. "네 자손이 이방에서 객이 되어 그들을 섬기겠고 그들은 사백 년 동안 네 자손을 괴롭히리니"(13절). 사람은 번영은 좋아하지만, 고통을 좋아하지는 않는다. 그러나 고통과 번영은 함께 찾아온다. 문제는 고통이 먼저 찾아오고 번영이 나중에 찾아온다는 것이다. 저 멀리 번영이 보이는데, 먼저 고통이 찾아오면 고통을 피하느라고 고통 뒤에 있는 번영마저 외면한다. 하지만 고통이 지나면 번영이 찾아온다. 14절의 말씀이다. "그들이 섬기는 나라를 내가 징벌할 지며 그 후에 네 자손이 큰 재물을 이끌고 나오리라" 믿음의 사람들이 고통을 받을 때, 하나님은 고통 받는 사람을 긍휼히 여기신다. 그리고 번영이 이루어질 때, 하나님은 믿음의 사람들에게 고통을 가져다준 악인들을 책망하고 징계하신다. 하나님이 믿음의 사람들을 외면하지 않으신다. 늘 함께하시고 살펴보신다. 하나님이 아브라함에게 "너는 반드시 알라"고 하셨다. 하나님의 약속은 반드시 이루어지므로 사람은 하나님의 약속을 꼭 기억해야 한다.

3. 회복을 약속하신 하나님

고통 이후의 번영은 사실 고통으로부터의 회복이다. 고통을 받았을 때 몸이 아팠고, 마음이 힘들었다. 그러나 하나님이 주신 번영의 때에는 아팠던 고통을 잊는다. 하나님은 아브라함에게 그의 자손이 사백 년 동안이나 이방의 나그네가 되어 괴로움을 당할 것이라 말씀하셨다. 그러나 때가 되면 하나님이 이방인들에게 벌을 주시고, 아브라함의 자손은 사 대 만에 큰 재물을 갖고 지금 사는 땅으로 돌아오게 될 것이다. 실제로 아브라함의 자손들은 애굽에서 종살이를 하며 살았다. 애굽 사람들은 아브라함의 자손들이 번성하는 것이 두려워서 남자 아이들이 태어나면 죽이려 하였다. 하지만 하나님을 당신의 백성들을 끝까지 지키신다. 지금 있는 땅으로 돌아오기까지 하나님이 아브라함의 자손들과 함께하셨다. 하나님이 아브라함에게 반드시 알라고 하셨으니 아브라함은 그것을 믿어야 한다. 하나님은 아브라함이 죽은 이후라도 아브라함에게 하신 약속을 지키실 것이다. 그러므로 아브라함을 걱정할 것이 없다. 하나님이 아브라함에게 "너는 장수하다가 평안히 조상에게로 돌아가 장사될 것이요"라고 말씀하신다(15절). 사람이 살았을 때는 자기 의무를 다하지만 죽은 후에는 할 수 있는 일이 없다. 그 때는 하나님이 책임져주셔야 한다. 하나님이 자손들 안에 계셔서 그들과 함께 일하신다.

4. 언약을 확인하신 하나님

하나님은 아브라함에게 번영과 회복을 약속하셨다. 하지만 하나님이 약속하신 것을 금방 이루지 않으신다. 하나님은 약속을 이루실 때를 기다리신다. 하나님이 아브라함의 자손들을 통해 이루실 일을 계획하셨다. 그것은 아모리 사람들의 죄를 징계하고, 아모리 사람들을 그 땅에서 몰아내는 것이었다. 하나님은 아모리 사람들의 죄가 가득채워지기까지 기다리신다. 아모리 족속은 가나안 사람의 한 민족으로서 매우 강하고 힘센 민족이었다. 아브라함의 자손들이 아모리 사람들과 싸워서 이길 수 없다. 하나님이 아모리 사람들을 내쫓으셔야 한다. 그러나 죄가 없는 사람을 내쫓지는 않으신다. 악한 사람들은 내버려두면 죄를 더 짓는다. 민족 전체가 죄로 가득한다. 하나님의 형벌 중에서 가장 큰 형벌은 죄를 짓도록 하나님이 내버려두시는 것이다. 아모리 사람들도 구원받으면 좋은데, 하나님은 그들을 내버려두셨다. 왜 그러실까? 하나님의 구원과 언약이 사람의 힘보다 훨씬 강하다는 것을 보이시기 위함이다. 해 질 때 아브라함이 잠들었고, 그 때 아브라함에게 나타나신 하나님은 해가 지고 완전히 어두워졌을 때 당신의 언약을 확인하신다. 연기 나는 화로가 보이며, 타는 횃불이 쪼갠 고기 사이로 지나간다. 고기를 쪼개고 그 사이로 불이 지나갔다. 이는 언약을 확인하는 표시이다.

성 경	마태복음 17:14-20	예전색상	초록색

예배의 부름	"여호와의 율법은 완전하여 영혼을 소성시키며 여호와의 증거는 확실하여 우둔한 자를 지혜롭게 하며 여호와의 교훈은 정직하여 마음을 기쁘게 하고 여호와의 계명은 순결하여 눈을 밝게 하시도다"(시 19:7-8) **한**주간 세상에서 벌어진 영적 전쟁에서 승리하게 하신 하나님 아버지! 우리를 통해 하나님의 뜻이 이 땅에 이루어지게 하는 동역자로 택하여 주신 은혜를 감사드립니다. 우리의 삶이 썩어질 육신을 위해서가 아니라 하늘의 신령한 복을 누리고 살면서 날마다 감사와 찬송이 넘쳐나게 하여 주시옵소서. 거룩한 예배 중에 세미한 주님의 음성을 듣게 하시고, 신령과 진정으로 예배드리는 저희에게 한 주간 승리하는 새 힘이 생기게 하여 주옵소서. 예수님의 이름으로 기원하옵나이다. 아멘

회개를 위하여	은혜 가운데 살면서 받은 은혜는 모조리 탕진해 버리고 나의 자존심과 이기심을 지탱시켜 주는 헛된 욕심으로 살고있는 모습이 어리석었던 나의 옛사람의 모습은 아닌지 성찰하고 세상이 주는 것에 올무에 걸려 기도와 찬송과 감사를 상실한 잘못을 회개하는 기도를 계속합니다.

고백의 기도	**하**늘 은혜로 소외된 영혼을 위로해 주시는 하나님 아버지! 지난 한 주간에도 하나님의 자비와 긍휼하심을 의지하여 살게 해주신 것을 감사드립니다. 저희가 출석하는 교회를 위하여 눈물을 흘리면서 기도하지 못한 저희입니다. 몸으로 봉사하지 못하고 입으로만 떠들었으며 세상에서 빛과 소금의 역할을 감당해야 함을 알면서도 하나님보다 내가 먼저 삶의 자리에서 사람 앞에 빛을 나타내며 살려고 한 잘못을 용서하여 주옵소서. 세상이 주는 것을 얻기 위해 죄와 타협하고, 결탁까지 한 잘못을 불쌍히 여겨 주옵소서. **저**희를 영원한 빛의 자녀로 삼아 주시기를 원하시는 하나님 아버지! 예수님을 주님이라 부르면서도 세상에 나가서는 예수님을 등지고 배신하는 삶을 살았습니다. 약한 사람을 보호하지 못했고 오히려 짓밟았으며 강한 사람 앞에서 비굴했음을 고백합니다. 가정과 기업을 위하여 무엇을 하겠다는 결심보다는 교회와 하나님의 나라를 위하여 무엇을 할 것인가를 생각하는 믿음의 자녀가 되기를 결심합니다. 저희 결심을 십자가에 못 박아 주시고 회개하는 저희에게 사죄의 말씀으로 은총 지위를 회복시켜 주옵소서. 우리 주 예수 그리스도의 이름으로 기도드립니다. 아멘

사함의 확인	"나는 너희에게 이르노니 너희 원수를 사랑하며 너희를 박해하는 자를 위하여 기도하라 이같이 한즉 하늘에 계신 너희 아버지의 아들이 되리니 이는 하나님이 그 해를 악인과 선인에게 비추시며 비를 의로운 자와 불의한 자에게 내려주심이라"(마 5:44-45)

성시교독	94. 새해(2)

설교 전 찬 송	48장 (거룩하신 주 하나님) 539장 (너 예수께 조용히 나가)

설교 후 찬 송	369장 (죄 짐 맡은 우리구주) 88장 (내 진정 사모하는)

금주의 성 가	황혼이 올지나 곧 아침되네 – E. Wright 구주 예수를 더욱 사랑 – 이호준 곡 주님과 함께 있게 되었네 – Cleavant Derricks
목 회 기 도	지난 한 주간에도 푸른 초장과 쉴만한 물가로 인도해 주신 하나님 아버지! 오늘 거룩한 주님의 날 사랑하는 OO 교회 성도들이 구원 얻은 천국 대열에 동참하여 경배와 찬양을 드리게 하심을 감사드립니다. 한 주간을 살아갈 때 주님의 인도하심을 거절하거나 저희 마음속에 비춰 주시는 양심의 소리와 신앙의 불을 죄악으로 소멸시키지 않도록 역사하여 주옵소서. 성도 중에는 고난받는 영혼이 있습니다. 물질 때문에 눈물 흘리는 분이 있습니다. 실직의 아픔 속에 말 못 하는 흐느낌 속에 있는 영혼이 있습니다. 진학과 미래를 위한 새로운 도전을 결심하고 기도하는 젊은 영혼들도 있습니다. 하나님 말씀에 의지하여 승리할 수 있다는 확신을 새롭게 다짐하는 예배가 되게 하여 주옵소서. 영광과 찬양을 받으시며 우주 만물과 인생을 통찰하시는 하나님 아버지! 이제 한 주간 살아갈 때 범사에 감사할 수 있는 믿음과 은혜도 주시옵소서. 주님과 연합된 삶을 통해 우리의 죄를 깨끗이 씻음 받고 주님을 만나게 하옵소서. 이 교회를 통하여 하늘나라의 빈자리가 채워지기를 원합니다. 이 일을 감당하기 위하여 주님께서 이 교회에 여러 가지 기관들과 일꾼들을 불러서 세워 주신 줄 믿고 감사드립니다. 우리에게 맡겨진 사명을 감당하는 데 어려움이 없도록 주님께서 항상 우리에게 능력을 주시어 다섯 달란트 받은 자 같이 되게 하여 주옵소서. 우리 구주 예수 그리스도의 이름으로 간절히 기도하옵나이다. 아멘
헌금을 위한 성 구	"나와 내 백성이 무엇이기에 이처럼 즐거운 마음으로 드릴 힘이 있었나이까 모든 것이 주께로 말미암았사오니 우리가 주의 손에서 받은 것으로 주께 드렸을 뿐이니이다"(대상 29:14)
헌 금 기 도	물질의 가난이 영혼의 상처가 되지 않게 하시는 하나님 아버지! 지난 한 주간 세상에서 하나님께서 베풀어주신 은혜를 잊지 않고 그 은혜에 감사하여 예물을 가지고 나올 믿음 주심을 감사드립니다. 저희가 이 세상에 올 때는 빈손으로 왔지만, 지금까지 굶주리지 않도록 배불리 먹여 주셨습니다. 길거리에서 방황하지 않도록 잠잘 공간을 허락해 주셨습니다. 추위에 떨지 않고 손가락질을 받지 않도록 옷으로 입혀주신 것을 감사하는 마음으로 준비한 예물이오니 우리의 믿음을 기뻐 받아 주시옵소서. 저희가 한 주를 살아갈 동안에도 하나님의 말씀을 기억하는 삶을 살아가도록 인도하여 주옵소서. 우리가 땀 흘려 얻은 소득이지만 자신의 것이 아니라 하나님의 것이라고 인정하는 믿음을 가지고 십일조를 드립니다. 항상 기뻐하라는 주님 말씀에 따라서 감사헌금을 드립니다. 감사헌금, 구역헌금과 선교헌금과 성미를 바친 손길도 있습니다. 강단을 아름답게 장식하여 주님께 드리기 위하여 헌신하고 수고한 아름다운 꽃도 있습니다. 보이지 않는 정성과 땀과 수고를 바친 자녀들이 있습니다. 식당에서 봉사로, 교사로, 성가대로, 시간으로 주님께 아름다운 헌신의 꽃다발을 드립니다. 모두에게 복을 내려주옵소서. 이 물질들이 쓰이는 곳에 하나님의 영광만이 드러나도록 하여 주옵소서. 우리 주 예수님의 이름으로 기도합니다. 아멘
위탁의 말 씀	"만일 너희에게 믿음이 겨자씨 한 알 만큼만 있어도 이 산을 명하여 여기서 저기로 옮겨지라 하면 옮겨질 것이요 또 너희가 못할 것이 없으리라" 예수님은 우리에게 믿음을 요구하십니다. 말씀을 듣고 시인하고 가슴에 묻어 생명력 믿음으로 기적을 일으키는 저와 여러분이 되어야 합니다.
축 도	우리를 구원하시기 위해 희생의 제물이 되신 예수 그리스도의 은혜와 독생자를 보내사 죄악에서 구원하여 천국의 자녀 만들어 주신 하나님 아버지의 극진하신 사랑과 이 사실에 감사하며 소망 가운데 거하게 하시는 성령님의 인도하심이 오직 예수님만이 길이요 진리요 생명이심을 고백하며 담대하게 전하며 살고자 결단하는 주의 백성들에게 지금부터 항상 함께하시기를 간절히 축원하옵나이다. 아멘

오늘의 설교를 위하여

오늘의 설교를 위한 복음적 조명 주제 : 믿음의 능력

제목 : 믿음의 능력 | 본문 : 마태복음 17:14-20

01 28

주제 : 예수님은 우리에게 믿음의 대상이시다. 예수님은 믿음의 모습을 제자들에게 먼저 보여주셨다. 예수님은 아픔의 목소리를 들으시고, 아픈 사람을 치료하셨다. 예수님의 능력은 제자들에게 호기심과 믿음을 유발하는 계기였다. 예수님은 우리에게 믿음을 요구하신다.

논지 : 예수님은 고통 받는 아이를 치료하시면서 믿음이 있어야 함을 강조하셨다.
1. 아픔의 목소리를 들으신 예수님
2. 아이의 질병을 치료하신 예수님
3. 제자들의 질문을 들으신 예수님
4. 믿음이 필요함을 알리신 예수님

하나님은 사람들에게 믿음의 기회를 만드신다. 사람에게 믿음을 시작할 기회, 믿음을 경험할 기회, 믿음을 확신할 기회를 만드신다. 우리가 믿음을 갖기 시작한 계기가 무엇이었는가? 어떤 사람은 어린 시절에 자연스럽게 교회에 나가서 교회 생활을 하고, 말씀을 듣다 보니 믿음을 갖게 되었다. 어떤 사람은 친구 혹은 이웃이 너무 잘해줘서 교회에 따라갔다가 믿음을 시작하게 되었다. 어떤 사람은 왠지 우울해서 교회에 나가볼까 생각하고 혼자 찾아갔다가 교회의 분위기가 너무 좋아서 믿음 생활을 시작한다. 어떤 사람은 교회의 믿음에 대해 반대를 하다가 우연히 목사님의 설교를 듣고는 깨닫는 점이 있어서 믿음을 시작하게 되었다. 어떤 사람은 교회에서 무슨 행사를 한다기에 한 번만이라도 참석해달라는 소리를 듣고 교회에 왔다가 믿음생활을 시작하였다. 이렇게 믿음생활을 시작한 계기가 여러 가지이므로 교회는 다양한 전도전략을 세우고, 신자들도 전도의 기회를 살핀다. 어떤 이는 몸이 아프고 괴로워서 견딜 수 없었는데, 교회에 나가서 기도를 받으면 낫는다는 소리를 듣고 지푸라기라도 잡는 심정으로 교회에 가서 기도를 받고 마음의 평안을 얻고 믿음을 갖게 되었다. 믿음을 가진 후에는 믿음의 좋은 점들을 말한다. 논리적으로 설명하기 어려운 체험과 간증을 말한다.

1. 아픔의 목소리를 들으신 예수님

예수님이 제자들과 함께 산으로 기도하러 가셨다. 거기에서 예수님은 모세와 엘리야와 대화하는 변화의 모습을 보이셨다. 그리고 산에서 내려온 후에 난감한 상황에 맞닥뜨리셨다. 아이의 아버지 한 사람이 예수님께 와서 엎드렸다. 그리고 예수님께 애원을 한다. 15절의 말씀이다. "주여 내 아들을 불쌍히 여기소서 그가 간질로 심히 고생하여 자주 불에도 넘어지며 물에도 넘어지는지라" 예수님은 귀신을 내쫓고 아픈 사람들을 고쳐주시는 기적과 함께 사람들에게 믿음을 갖게 하셨다. 예수님의 소문이 이미 널리 퍼졌다. 아이의 아버지도 소문을 들었을 터이고, 예수님께 오면 아이가 낫게 될 것이라고 기대했다. 예수님을 찾아왔지만 예수님은 산에 올라가시고 제자들만 있다. 급한 김에 제자들에게 아이의 병을 고쳐달라고 부탁한다. 그런데 제자들은 아무것도 하지 못한다. 그 때 마침 예수님이 나타나셨다. 아이의 아버지는 예수님을 보고 간절한 마음으로 부탁한다. 아이의 병을 고치기 위해서는 자존심도 체면도 필요하지 않다. 아들이 아프면 얼마나 마음이 아픈지 차라리 자기가 아픈 게 더 낫겠다고 생각한다. 자녀의 아픔이 예수님을 찾고 믿음을 갖는 계기였다. 예수님은 아이의 아버지가 간절히 부탁하는 목소리를 들으셨다. 예수님은 아픈 목소리를 외면하지 않으신다.

71

2. 아이의 질병을 치료하신 예수님

예수님은 아이 아버지의 부탁을 듣고는 두 가지 말씀을 하셨다. 하나는 사람들의 믿음 없음을 한탄하는 말이었고, 다른 하나는 아이를 데려오라고 말씀하시고, 아이를 괴롭히는 귀신을 향해 나가라고 명령하신 것이었다. 예수님이 세상에 오신 목적이 무엇인가? 그것은 사람들에게 믿음을 갖게 하는 것이었다. 예수님이 말씀하시는 것도, 기적을 행하심도, 병을 고쳐주심도, 귀신을 내쫓으심도 모두 믿음을 갖게 하려는 목적이었다. 믿음을 가진 사람들에게 생명의 은혜가 임하였다. 그러니까 예수님의 목적은 사람들에게 생명의 은혜를 주는 것이었다. 예수님의 제자가 됐다면 생명의 은혜를 나누고, 믿음으로 행할 수 있어야 했다. 그러나 제자들이라도 예수님과 잠시라도 떨어져 있으면 아무런 능력을 행하지 못하였다. 예수님은 이를 보고 믿음이 없고 패역한 세대라고 하신다. 언제까지 함께 있고 얼마나 더 참아야 하느냐고 울분 섞인 말씀을 하신다. 그러나 예수님은 한탄만 하지 않으신다. 시급한 것은 아이를 고쳐주셔야 하는 일이다. 예수님이 아이를 데려오라고 하시고는 꾸짖는 말씀을 하신다. 그 때부터 귀신이 나가고 아이가 멀쩡해졌다. 예수님이 아이의 병을 고치심으로 아이와 아버지, 제자들과 사람들이 예수님의 능력을 한 번 더 확인하였다. 이는 믿음의 확신을 갖는 기회였다.

3. 제자들의 질문을 들으신 예수님

예수님이 아이의 병을 고쳐주시자 제자들이 심란한 마음으로 예수님께 질문한다. 아이를 고치지 못하였으므로 약간은 체면이 깎인 것 같으니 드러내놓고 큰 소리로 질문하지도 못한다. 조용한 시간이 되자 제자들이 예수님께 질문한다. 선생님 우리는 왜 귀신을 내쫓지 못했습니까? 예수님과 제자들의 능력이 다르다. 당연히 제자들은 예수님이 행하신 능력을 똑같이 할 수 없다. 그렇지만 의문이다. 예수님으로부터 배웠고, 그동안 예수님을 따라다녔다면 자기들도 예수님처럼 능력을 행할 줄 알았는데, 그렇지 못하므로 아쉬움과 함께 어딘가 억울한 마음이 들기도 하고, 이유가 무엇인지 알고도 싶었다. 이유가 무엇인지 스스로 생각해 보면 좋으련만 그렇지 못하다. 스스로 생각할 수 있었다면 아마도 아이의 병을 고칠 수 있었을 터이다. 스스로 생각하기보다는 질문하는 편이 빠르기는 하다. 예수님이 제자들의 질문을 들으셨다. 예수님이 제자들로부터 질문을 들으셨을 그 때가 바로 제자들에게 믿음을 가르칠 기회였다. 제자들은 대답을 빨리 얻고자 질문했지만, 그 때가 믿음에 대해서 배울 기회였다. 생각하지 않는 것은 흠이 될 수 있지만 아무리 생각해봐도 답을 못 찾고, 또 몰라서 묻는 것은 흠이 아니다. 모르면 예수님께 질문하자. 그러면 예수님으로부터 믿음을 배운다.

4. 믿음이 필요함을 알리신 예수님

제자들은 아이의 병을 왜 고치지 못했을까? 한편 아이의 병을 고쳐주신 예수님의 힘은 어디에서 나오는가? 예수님은 아주 명쾌하게 대답하셨다. "믿음이 적은 까닭이니라" 믿음은 단순한 관념이 아니다. 믿음은 생각 속에 머물지 않고, 마음속에 품는 것으로 끝나지 않는다. 믿음은 말과 행동으로 표현되고, 능력으로 나타난다. 제자들이 가진 믿음은 단순히 예수님을 따라다니며 보고 들은 것뿐이다. 자기들도 예수님처럼 능력을 행해야 한다는 사명 같은 걸 아직 갖지 못했다. 그저 예수님이 다 해주기만을 바랄 뿐이다. 자신의 사명을 자각하지 못하면 믿음이 자라지 못한다. 예수님은 우리에게 믿음의 시작뿐만 아니라 풍성한 믿음을 갖기 원하신다. 구원을 받았다면 다른 이도 구원에 이르도록 안내할 만큼의 강한 믿음이 우리에게 요구된다. 예수님이 제자들에게 간곡한 마음으로 선언하신다. 겨자씨 한 알만한 믿음이 있어도 이 산을 향하여 옮겨지라고 하면 옮겨지고, 못할 것이 없다고 말씀하셨다. 예수님이 제자들에게 원하시는 건 믿음이다. 예수님에게서 기쁜 일은 우리의 믿음이다. 믿음이 곧 능력으로 나타나기 때문이다. 사람과 세상을 변화시키는 능력은 믿음을 가진 사람들의 특권이다. 아픈 사람을 낫게 하고, 정의를 행하며 평화를 만드는 건 곧 믿음의 사람들이 할 일이다.

2월의 예배와 설교를 위하여

일	요일		본문	설교제목	기타 (예화, 참고자료)
4	주일	낮			
		밤			
7	수				
11	주일	낮			
		밤			
14	수				
18	주일	낮			
		밤			
21	수				
25	주일	낮			
		밤			
28	수				

2024년 2월 04일, 주현절 후 5번째 주일

성 경	사무엘상 12:19-25	예전색상	초록색

예배의 부름

"찬송하리로다 그는 우리 주 예수 그리스도의 하나님이시요 자비의 아버지시요 모든 위로의 하나님이시며 우리의 모든 환난 중에서 우리를 위로하사 우리로 하여금 하나님께 받는 위로로써 모든 환난 중에 있는 자들을 능히 위로하게 하시는 이시로다"(고후 1:3-4)

모든 만물을 말씀으로 지으시고 운행하시는 하나님 아버지! 죄악으로 일그러진 저희 영혼을 날마다 보살펴 주시고 바른길로 인도해 주심을 감사드립니다. 일주일 동안에 치열했던 삶의 경쟁에서 연약한 저희를 강한 자가 되게 하심을 감사하여 경배와 찬양이 넘치는 예배를 드립니다. 오늘 주시는 말씀이 슬픔과 고통에 잠겨있는 영혼들에 위로가 되고 하나님의 섭리 가운데 펼쳐질 기쁨의 때를 바라보는 감동이 넘치게 하옵소서. 예수님의 이름으로 기원하옵나이다. 아멘

회개를 위하여

죄는 원수 마귀가 우리를 하나님에게서 멀어지게 만들기 위해서 만들어 놓은 함정입니다. 죄를 회개한 맑은 영혼만이 그것을 감별할 수 있습니다. 성령님의 감화 감동을 제쳐두고 내 힘으로 죄와 맞서보려고 땀 흘린 어리석은 그가 나는 아닌지 반성하고 회개하는 기도를 계속합니다.

고백의 기도

보혈의 능력으로 잃어버렸던 하나님의 형상을 되찾게 하시는 하나님 아버지! 지난 한 주간 원수 마귀가 우리를 유혹하기 위해서 만들어 놓은 죄의 덫에 걸리지 않게 보살펴 주신 은혜를 감사드립니다. 오늘도 저희 영혼에 더덕더덕 붙어있는 볼썽사나운 정욕과 죄악으로 흠집 난 모습을 보여 드려 죄송합니다. 순간마다 저희를 부르시는 주님의 음성을 외면하기 일쑤였습니다. 죄를 뉘우치면서 회개할 기회를 피해간 어리석었던 그가 바로 저희였음을 고백하는 우리를 불쌍히 여겨 주옵소서.

만물을 새롭게 하시고 강건하게 붙잡아 주시는 하나님 아버지! 이제 저희는 원수 마귀가 사용하는 어리석은 도구가 되지 않겠다고 결심합니다. 교회가 필요할 때 가장 먼저 저희 이름이 오르내리는 충성스러운 종이 되는 것을 다짐합니다. 스스로 섰다고 생각하는 교만의 정상에서 내려와 겸손히 무릎 꿇고 하나님의 음성을 듣는 자가 되겠습니다. 세상이 주는 작은 기쁨 때문에 크고 놀라운 하늘 것을 소홀히 하지 않겠습니다. 이런 결심의 옷을 입은 저희에게 원수 마귀의 모든 능력을 제어할 수 있는 권세를 주옵시고 사죄의 말씀을 들려주옵소서. 예수님의 이름으로 기도합니다. 아멘

사함의 확인

"그가 찔림은 우리의 허물 때문이요 그가 상함은 우리의 죄악 때문이라 그가 징계를 받으므로 우리는 평화를 누리고 그가 채찍에 맞으므로 우리는 나음을 받았도다"(사 53:5)

성시교독	123. 주현절(3)
설교 전 찬 송	64장 (기뻐하며 경배하세) 430장 (주와 같이 길 가는 것)
설교 후 찬 송	268장 (죄에서 자유를 얻게 함은) 453장 (예수 더 알기 원하네)

금주의 성 가	다 찬양하여라 주님의 이름을 – W. Glen Darst 이 세상의 근심걱정 벗어버리고 – Negro Spiritual 평화 – Arr. by Roger C. Willson
목 회 기 도	**지**은 죄 많은 저희에게 용서함을 얻을 방법까지 알려 주시는 참 좋으신 하나님 아버지! 한 주간을 살면서 저희 육신이 범죄의 하수인 노릇을 하지 않고 의의 병기로 살게 인도해 주심을 감사드립니다. 오늘도 오직 주님 안에서 치유받고 싶어 세상에서 때 묻고 더럽혀진 마음을 가지고 주님 앞에 나아왔습니다. 십자가 보혈로 정화하여 주시고 성도들의 가정과 자녀와 생업의 터전을 축복하여 주옵소서. 주님께서 저희를 위해 모든 것을 주셨듯이 저희도 주의 영광을 드러내는 교회가 되게 하여 주옵소서. 저희의 몸을 드려 주님을 위해 일하게 하시고 저희의 음성을 드려 진리의 말씀을 전파하게 하옵소서. **영**적 활력을 제공해 주시는 하나님 아버지! 저희는 언제나 나약해서 작은 시험에도 치명적인 상처를 입는 어리석은 백성들입니다. 오늘 말씀을 들을 때 새로운 용기가 샘솟고 신앙의 담대함으로 재무장되는 감격을 허락하여 주옵소서. 성도 중에는 육신의 질병으로 고통당하는 자들도 있나이다. 치유의 광선으로 깨끗하게 되기를 원합니다. 직장과 사업 터에서 얽히고 막힌 문제로 어려운 고통을 당하는 가정도 있습니다. 주님과 연합된 삶을 통해 죄를 이기고 영적 전쟁에서 항상 승리하게 하옵소서. 비록 실패할지라도 새로운 시작이며 소망을 향하여 넘어야 할 뜀틀이라는 마음으로 극복할 힘을 주시옵소서. 우리 주 예수 그리스도의 이름으로 기도합니다. 아멘
헌금을 위 한 성 구	"여호와여 위대하심과 권능과 영광과 승리와 위엄이 다 주께 속하였사오니 천지에 있는 것이 다 주의 것이로소이다 여호와여 주권도 주께 속하였사오니 주는 높으사 만물의 머리이심이니이다"(대상 29:11)
헌 금 기 도	**저**희에게 성령의 능력을 더 많이 주시어서 승리하게 하시는 하나님 아버지! 베푸신 구속의 은총과 함께 지난 한 주간도 보살펴 주신 은혜와 사랑을 감사드립니다. 그 은혜와 사랑을 감사하여 작은 정성을 준비했습니다. 이 물질을 저희가 드리는 정성의 표시로 드리오니 받아 주옵소서. 주님께 예물 드리는 저희의 믿음을 성장시켜 주시고 인정받는 믿음에 합당한 물질이 쓰일 수 있게 되기를 다짐하는 저희 마음을 굽어살펴 주옵소서. 드리고 싶어도 드릴 물질이 빈약하여 애태우는 심령이 많습니다. 그 영혼들에 하늘 은혜를 단비처럼 내려 주시어서 빈 곳을 칠 배나 더 풍성하게 채워 주시옵소서. **항**상 필요한 것을 공급해 주시는 하나님 아버지! 주께서 주신 물질 중 일부를 십일조로 드립니다. 어려움과 시련을 극복해 주신 은혜를 간직하며 감사예물을 드립니다. 주님을 경배하고 싶은 마음을 간직하며 주일 헌금을 드립니다. 구역헌금, 성미를 드립니다. 예물을 드리는 자녀들의 물질의 어려움 때문에 상처가 되지 않게 하옵소서. 형편에 따라 최선을 다해 드리는 마음을 기꺼이 받아 주시는 주님의 사랑으로 채워 주옵소서. 성가대로 교사로 주방에서 주님의 교회를 세워가기 위해 봉사하고 헌신하는 자녀들도 있습니다. 헌신하는 땀방울이 삶을 윤택하게 하는 행복의 씨앗이 되게 하옵소서. 예수님의 이름으로 기도하옵나이다. 아멘
위탁의 말 씀	"너희는 여호와께서 너희를 위하여 행하신 그 큰 일을 생각하여 오직 그를 경외하며 너희의 마음을 다하여 진실히 섬기라" 진실로 섬긴다는 것은 아주 작은 죄도 범하지 말라는 뜻입니다. 한 주간 이미 들통난 죄와 멀리하는 삶을 살아가야 할 것입니다.
축 도	이제는 주 예수 그리스도의 크신 은혜와 하나님 아버지의 놀라우신 사랑하심과 성령님의 인도 교통하심이 하나님의 자녀로서의 권세를 가슴에 품고 안으로는 주님의 음성과 말씀에 귀 기울이며 밖으로는 담대하게 세상을 이기고 사탄을 이김으로 주님의 영광을 드러내고 살고자 결단하며 세상을 향해 출발하는 여기에 머리 숙인 주의 자녀들에게 지금부터 영원토록 함께하시기를 간절히 축원하옵나이다. 아멘

오늘의 설교를 위한 복음적 조명 주제 : 진실한 신앙

제목 : 사무엘의 설교 | 본문 : 사무엘상 12:19-25

주제 : 하나님은 사무엘을 통해 백성들에게 말씀하셨다. 사무엘은 하나님의 마음을 알았고, 하나님이 백성들에게 무엇을 요구하시는지를 백성들에게 가르치셨다. 하나님이 사무엘을 통해 백성들에게 회개와 진실한 믿음 선한 일을 요구하셨다. 하나님의 백성들이기 때문이다.

논지 : 사람의 선과 악을 판단하시는 하나님은 사람들에게 진실한 믿음을 요구하신다.
   1. 기도를 들으시는 하나님
   2. 섬김의 대상이신 하나님
   3. 백성을 기뻐하신 하나님
   4. 심판을 행사하실 하나님

　난세에는 영웅을 원하고, 평화의 때에는 성군을 원한다는 말이 있다. 시대가 혼란하고 사람들의 삶이 어려우면 카리스마를 가진 지도자가 나타나서 불량한 사람들을 물리치고 혼란을 정리하며 평화의 시대를 열어주기를 원한다. 한편 평화의 시대가 이르면 문화를 꽃피기 위해 상당히 지성을 가진 지도자가 시대를 이끌어주기를 원한다. 하지만 사람들의 이런 바람이 사실은 자기 책임을 외면하는 형태이다. 시대의 평화와 자유를 위해 자기가 할 수 있는 일을 해야 하는데, 자기는 할 수 없다고 생각하고 남이 해 주기를 바라는 것이다. 난세에 나타나는 영웅이나 평화의 때를 영위하는 성군이나 중요한 것은 자기보다는 백성들이다. 우리나라 옛사람들은 백성이 곧 하늘이라고 했다. 사람들이 가진 공통점이 곧 사람들과 함께하는 가치라는 의미이다. 그러나 성경은 전혀 다르게 본다. 백성들이 원하는 것이 있지만 백성들을 내버려두면 탐욕과 죄악에 물들어 타락한다. 그래서 백성들을 깨우치고 바르게 가르치는 사람이 필요하다. 그 가르침은 곧 하나님을 향한 믿음이다. 성경에는 이처럼 사람들에게 하나님의 뜻을 바르게 가르치고, 하나님을 향한 믿음이 대대로 이어지도록 가르치는 사람들이 있다. 그들의 시대와 가르침을 본다면 오늘의 시대를 읽고 무엇이 필요한지를 알게 된다.

1. 기도를 들으시는 하나님

　이스라엘이 블레셋의 지배를 당할 때, 젊은 사무엘이 나섰다. 사무엘이 백성들을 미스바로 모아서 회개운동을 주도했다. 그리고 이스라엘에게 평화가 찾아왔다. 그런데 사무엘이 나이 들자 백성들이 다른 생각을 한다. 백성들에게 고통이 찾아온 것은 왕이 없기 때문이므로 자기들에게 왕을 세워달라고 한다. 왕이 남자들을 군인으로 징집하고 여자들을 궁녀로 삼을 것이라고 말려도 백성들은 막무가내였다. 사무엘은 하나님께 여쭈었는데, 하나님이 허락하셨다. 이제 사무엘은 사울이라는 사람을 이스라엘의 왕으로 세우고 백성들에게 설교를 한다. 하지만 아무리 왕이 있어도 왕과 백성들이 하나님을 섬기지 않는다면, 하나님께서 그들의 조상처럼 그들도 징계하실 것이다. 백성들은 사무엘의 말이 두려웠다. 그래서 사무엘에게 요구하기를 하나님께 기도하여서 자기들이 죽지 않게 해 달라고 한다. 자기들이 왕을 구한 것 자체가 악한 일이었음을 깨달았다. 자기들이 기도하면 될 일을 사무엘에게 기도해달라고 한다. 그래도 그들은 하나님께서 사무엘의 기도를 들으실 거라고 믿는다. 사무엘의 영적 권위를 인정하고, 하나님은 바른 지도자의 기도를 들으실 것이라고 고백한다. 하나님은 기도를 들으신다. 영적 지도자에게 기도를 부탁하지만 백성들도 함께 하나님께 기도해야 한다.

2. 섬김의 대상이신 하나님

사무엘이 태어난 때는 사사시대였다. 그 때 백성들에게 왕이 없었지만, 사실은 하나님이 직접 통치하셨다. 하나님이 그들의 왕이었다. 그래서 그 시대를 신정정치시대라고 한다. 그런데 백성들이 자기들의 왕이 될 사람을 세워달라고 요구한다. 이는 하나님을 향한 거역이고, 하나님을 신뢰하지 못하는 것이다. 사무엘은 비록 하나님의 허락을 받아서 백성들에게 왕을 세워주기는 하지만 그것이 하나님을 향한 거역임을 분명하게 말하였다. 백성들이 이를 깨닫고 사무엘에게 자기들에게 벌을 내리는 괴로움이 제발 없게 해 달라고 부탁한다. 사무엘이 백성들의 부탁을 듣고는 믿음의 길을 확인해준다. 지금까지는 비록 악을 행하였지만, 이제 잘못된 것을 알았으니 두려워하지 말라고 한다. 그리고 여호와 하나님을 섬기던 생활에서 결코 돌아서면 안 된다고 한다. 마음을 다하여서 여호와 하나님을 섬기라고 강하게 권면한다. 그렇다. 하나님은 우리의 섬김을 받으실 분이시다. 하나님이 사람을 유익하게 하시고, 하나님이 사람을 이방인의 압제로부터 구원하신다. 이스라엘이 보아오던 이방의 신상들은 백성들에게 아무런 유익을 주지 못한다. 이방의 신상들에게 아무리 절하고 치성을 드리고 기도한다 해도 백성들은 구원받지 못한다. 이방의 신들은 헛되므로 그것들을 따르면 안 된다.

3. 백성을 기뻐하신 하나님

사무엘은 백성들에게 여호와 하나님과의 관계성을 분명하게 일러준다. 하나님이 그 백성들을 선택하셨다. 하나님이 이스라엘을 당신의 백성으로 삼으셨다. 신명기에 보면 "너는 여호와 네 하나님의 성민이라 네 하나님 여호와께서 지상 만민 중에서 너를 자기 기업의 백성으로 택하셨다"고 한다(신 7:6). 하나님이 마지못해서 이스라엘을 당신의 백성으로 삼는 것이 아니다. 하나님은 그들을 당신의 백성으로 삼는 것을 매우 기뻐하셨다. 오늘 예수님을 믿는 우리들이 하나님 나라 백성이며, 하나님의 자녀들이다. 하나님이 우리를 당신의 백성으로 삼으심을 매우 기뻐하셨다. 우리가 하나님의 백성으로 살아감을 기뻐하신다. 하나님은 기본적으로 우리와의 관계를 기뻐하신다. 하나님은 당신의 백성을 돌보심으로 당신의 이름이 높아지기를 원하신다. 사무엘은 하나님의 분명한 의도를 알고 백성들에게 전한다. 하나님은 당신의 크신 이름을 위해서라도 백성을 버리지 않으신다. 그리고 사무엘이 매우 중요한 가지 책임을 말한다. 23절의 말씀이다. "나는 너희를 위하여 기도하기를 쉬는 죄를 여호와 앞에 결단코 범하지 아니하고 선하고 의로운 길을 너희에게 가르칠 것인즉" 사무엘의 목적은 하나님과 백성들의 바른 관계를 가르치고 유지시키는 일이다. 그는 이를 위해 계속 기도한다.

4. 심판을 행사하실 하나님

사람이 하나님의 뜻을 안다면 결코 하나님을 버리지 않을 것이다. 그런데 하나님의 뜻을 잘 알지 못하고, 또 안다고 해도 자기 욕심에 빠지거나 쾌락을 좋아해서 하나님을 버리는 사람이 있다. 인간은 하나님을 버릴만한 자격이나 능력이 없다. 그럼에도 하나님을 버린다. 이것이 하나님을 향한 인간의 교만이다. 만약 하나님의 뜻을 모른다면 하나님의 사람을 보고서라도 하나님을 섬겨야 한다. 사무엘의 간절한 바람과 분명한 설교를 듣고서 그대로 따르기라도 해야 한다. 사무엘이 백성들에게 하나님께서 그들을 위해 행하신 큰일을 기억하고 하나님을 두려워하며 마음을 다하여 진실하게 하나님을 섬기라고 설교한다. 이것은 백성들이 마땅히 따라야 하는 일이고, 백성들의 자손들과 미래에도 지속돼야 하는 일이다. 사무엘은 백성들에게 강한 경고를 날린다. 만약 백성들이 하나님을 떠나서 악을 행한다면 새로 세운 왕이나 백성들이나 모두 멸망할 것이라고 경고한다. 하나님은 백성들을 사랑하고 선택하여 당신의 거룩한 백성으로 삼으심을 기뻐하셨지만, 그렇다고 백성들이 무엇을 행하든 다 용납하지는 않으신다. 만약 백성들이 하나님을 버리고 악을 행한다면 하나님이 무섭게 심판하신다. 공의의 하나님이시기 때문이다. 하나님은 사랑과 공의를 동시에 갖고 백성을 대하신다.

성 경	누가복음 9:28-36	예전색상	초록색

| 예배의 부름 | "그러므로 형제들아 내가 하나님의 모든 자비하심으로 너희를 권하노니 너희 몸을 하나님이 기뻐하시는 거룩한 산 제물로 드리라 이는 너희가 드릴 영적 예배니라"(롬 12:1)

변의 산상 변모일을 기념하는 거룩한 주님의 날 하늘 백성 된 감동을 안고 예배드리게 하심을 감사드립니다. 저희가 아무리 힘들어도 불의와 동행하지 않게 인도해 주신 하나님이 우리와 함께할 때 진리의 성읍이라, 성산이라, 일컫게 될 것을 믿나이다. 오늘도 하늘 은혜와 복 주시기를 기뻐하시는 성삼위 하나님께서 여기에 임재하시어서 예배를 받으시고 예비한 말씀을 주시옵소서. 예수님의 이름으로 기원하옵나이다. 아멘 |

| 회개를 위하여 | 진리의 말씀으로 변화를 체험했으면서도 헌신하는데 주저하였고 주님께서 싫어하시는 못된 습관과 단절하지 못하고 살아가는 원인이 무엇인가를 성찰하고 변한 사람이 되겠다는 결심을 새롭게 하는 기도를 계속합니다. |

| 고백의 기도 | **영**적인 굶주림으로 메말라가는 저희에게 생명의 힘을 주시는 하나님 아버지! 옛사람의 잘못된 습성이 심령 깊은 곳에 뿌리박혀 있음을 보혈의 은혜로 새 사람으로 변화시켜 주심을 감사드립니다. 오늘도 한 주간 세상과의 영적 전투에서 승리할 수 있도록 쉬지 않고 기도하며 주님의 힘을 공급받기 위해서 거룩한 제단 변화의 산상으로 나왔습니다. 부스러기 인생을 보배로운 인생으로 바꾸어주시고 버려진 인생을 보혈의 피로 씻기시고 새로운 피조물이 되게 하신 은혜를 잊지 않고 주님 나라를 위한 고귀한 일꾼으로 충성하게 하옵소서.

절망 속에서 헤매던 죄인에게 참 자유와 해방을 주시는 하나님 아버지! 하나님의 자녀이면서도 이방인처럼 세상을 기웃거린 저희의 나약함을 용서하여 주옵소서. 세월을 아끼지 못하고 허락하신 시간을 낭비하며 헛되게 보냈습니다. 저희가 게으름을 피우고 불순종하는 동안 주님의 영광을 가리고 주님의 일이 더디 진행된 것을 용서하여 주옵소서. 우리 자신을 위해서는 즉시 행동하고 주님의 일에는 핑계가 많고 앞장서지 못한 나약했고 너무 초라했던 죄인을 불쌍히 여겨 주옵소서. 회개하는 저희에게 성령 충만을 주시고 말씀으로 무장되게 하옵소서. 예수님의 이름으로 회개하며 기도드립니다. 아멘 |

| 사함의 확인 | "너희는 옷을 찢지 말고 마음을 찢고 너희 하나님 여호와께로 돌아올지어다 그는 은혜로우시며 자비로우시며 노하기를 더디하시며 인애가 크시사 뜻을 돌이켜 재앙을 내리지 아니하시나니"(욜 2:13) |

| 성시교독 | 77. 요한복음 3장 |

| 설교 전 찬송 | 2장 (찬양 성부 성자 성령)
490장 (주여 지난 밤 내꿈에) |

| 설교 후 찬송 | 270장 (변찮는 주님의 사랑과)
407장 (구주와 함께 나 죽었으니) |

금주의 성가	내 구주 예수를 더욱 사랑 – 이호준 곡 다 나와 찬양하라 주의 자녀들아 – Michael Barret 찬양해 주님을 – Clive A. Sansom
목 회 기 도	**어**지러운 세상 가운데서도 구원의 주님을 바라보는 믿음을 주시는 하나님 아버지! 지난 한 주간 동안에도 십자가의 은총으로 구원의 밝은 길을 걷게 하심을 감사드립니다. 저희의 목마름을 아시고 영원한 생수이신 예수 그리스도를 만나는 축복을 허락하신 줄 믿습니다. 이 모든 은혜와 사랑을 깊이 간직하고 이제부터 살아가는 삶 속에서 더욱 주님의 영광을 드러내며 살게 하옵소서. 악한 길과 불의한 길에서 돌이켜 주님을 부르짖고 찾게 하옵소서. 매일의 삶을 주님께 맡기고 기도하며 말씀에 의지하여 살아가게 하옵소서. 오늘도 변함없으신 언약의 주님을 바라보게 하옵소서. **상**한 갈대를 꺾지 않으시고 꺼져가는 등불을 끄지 않으시는 하나님 아버지! 한 평생을 살다가 죄악으로 지옥 갈 수밖에 없었지만, 하나님의 자녀로 삼아 주셨으나 자녀답게 살지 못한 한 주간의 삶이었음을 용서하여 주옵소서. 저희에게 가정과 가족과 생업의 터전을 주셨습니다. 하나님은 저희에게 행복한 교회를 주셨습니다. 불평하며 불만이 가득한 목소리를 내지 않고 부정적인 사고와 신앙을 살지 않겠습니다. 저희에게 내게 능력 주시는 자 안에서 내가 모든 것을 할 수 있다는 믿음을 주옵소서. 믿음으로 범사에 승리하게 하옵소서. 예수님의 이름으로 회개하며 기도드립니다. 아멘
헌금을 위 한 성 구	"또 마음을 다하고 지혜를 다하고 힘을 다하여 하나님을 사랑하는 것과 또 이웃을 자기 자신과 같이 사랑하는 것이 전체로 드리는 모든 번제물과 기타 제물보다 나으니이다"(막 12:33)
헌 금 기 도	**약**한 자에게 새 힘을 주시고 병든 자에게 치료의 손길을 내밀어 주시는 하나님 아버지! 믿음의 백성들을 고아처럼 버려두지 않으시고 시간과 물질과 저희의 정성을 다하여 주님께 예배드리며 가진 것을 봉헌할 수 있는 믿음 주심을 감사드립니다. 거룩한 산상변모주일에 주님의 나라 확장과 복음전파를 위해서 부족한 저희가 필요함을 확증해 주신 것으로 믿고 더욱 감사드립니다. 그 은혜 고마워 작은 정성을 모아 주님 제단 앞에 올려 봉헌합니다. 주님의 뜨거운 사랑으로 고난 속에 있는 성도들을 하늘의 평안과 기쁨으로 충만케 하여 주시옵소서. **세**상 염려를 승리의 확신으로 바꾸어주시는 하나님 아버지! 변함없이 십일조를 준비해 드리는 자녀들이 있습니다. 드리는 십일조가 매주 늘어나며 신앙도 날마다 성장하는 은혜로 덧입혀 주옵소서. 감사예물을 드리는 자녀들도 있습니다. 주일 헌금을 드립니다. 성미를 드립니다. 구역헌금을 드립니다. 하나님께 예배하는 자녀들의 하늘 은혜가 가득하며 생업의 현장이 생육하고 번성하게 하옵소서. 성가대로 봉사하는 자녀들이 있습니다. 아름다운 신앙의 꽃으로 주님께 드려지기를 원하며 꽃꽂이로 봉사하는 자녀들도 있습니다. 헌신과 예물이 하나님께 드리는 향기가 되게 하옵시고 하는 일마다 믿음으로 정복하는 승리자가 되게 하옵소서. 예수님 이름으로 기도하옵나이다. 아멘
위탁의 말 씀	"구름 속에서 소리가 나서 이르되 이는 나의 아들 곧 택함을 받은 자니 너희는 그의 말을 들으라" 한 주간 동안 세상의 소리, 악마의 소리, 자신의 소리보다 오직 내 안에서 말씀하시는 성령님의 소리에 귀를 기울이는 성도로 살아가야 합니다.
축 도	성부 성자 성령이 함께 하나가 되어 우리에게 보이신 주님의 산상변모주일에 우리 주 예수 그리스도의 크신 은혜와 하나님 아버지의 넓으신 사랑 하심과 성령님의 인도 교통하시는 은총이 구원받은 자녀로서 변화의 삶을 살고자 마음 깊이 다짐하면서 머리 숙인 주의 자녀들 위에 지금부터 영원토록 함께하시기를 간절히 축원하옵나이다. 아멘

오늘의 설교를 위한 복음적 조명 주제 : 변화의 영광

제목 : 영광스런 대화와 음성 | 본문 : 누가복음 9:28-36

주제 : 예수님은 산 위에 올라가 기도하실 때 영광스럽게 변화하셨다. 변화하신 예수님이 선지자들과 대화하시면서 당신의 고난을 말씀하셨다. 예수님의 영광을 본 베드로의 제안에 하늘에서 아들에게 순종하라는 음성이 들렸다. 예수님은 베드로에게 본 것을 침묵하라 하셨다.

**02
11**

논지 : 예수님은 당신의 고난과 영광을 들어야 하는 사람들을 구분하셨다.
1. 선지자와 말씀하신 예수님
2. 영광으로 충만하신 예수님
3. 하나님의 아들이신 예수님
4. 침묵을 요구하시는 예수님

　사람은 하루에 수많은 말을 한다. 신경정신학자 브리젠딘에 따르면 여성은 하루 평균 2만 단어를 말하고, 남성은 7000단어를 말한다고 한다. 이런 차이는 남녀의 뇌가 구조 뿐 아니라 화학적 구성이 다르기 때문이란다. 집에서는 소소한 이야기, 직장에서는 업무에 관한 이야기, 친구와 함께할 때는 어린 시절이나 지금 살아가는 이야기, 연애하는 젊은이들은 서로에게 달콤한 말, 선생님은 학생을 가르치는 말, 학부모는 자녀들에게 공부하라는 잔소리, 연세 드신 어른들은 자녀들 걱정 이야기 등 수많은 말이 오고간다. 사람의 말에는 어떤 힘이 있다. 긍정적 힘이 있는가 하면 부정적 힘도 있다. 누군가 힘들다는 이야기를 들으면 함께 힘들어진다. 실제로 그 사람이 힘들지 않는데도 힘들다는 소리 자체가 나를 힘 빠지게 한다. 반면에 누군가 내게 도움을 준다는 말을 들으면 없던 힘도 생겨난다. 실제로 그 사람이 허풍 섞인 약속을 하는데도 그 말을 듣고는 괜히 기분이 좋아질 수 있다. 그 말이 허공을 가르는 것 같으나 내 귀를 거쳐서 내 마음까지 움직인다. 우리가 말을 할 때, 이왕이면 다른 사람에게 힘을 주고 기쁨을 주는 말, 믿음을 주는 말이어야 한다. 우리 예수님을 보고 배운다면 또 연습하면 다른 이에게 힘과 용기 또 믿음을 주는 위로의 격려의 말이 가능하다.

1. 선지자와 말씀하신 예수님

　예수님이 기도하러 산에 올라가셨다. 혼자 올라가시지 않고 베드로와 요한과 야고보를 데리고 올라가셨다. 기도는 하나님과의 대화이다. 우리는 하루에 수많은 말을 하면서 사람과 대화하기도 하고, 옆에 사람이 없으면 혼잣말을 하거나 또는 라디오 방송을 들으면서 혼자 대답하기도 한다. 우리가 하루 중 꼭 해야 할 말 중에 하나님께 말하는 것이 포함된다. 즉 하나님께 아뢰는 것이다. 어떤 이는 기도가 하나님의 뜻을 조용히 듣는 것이라고 한다. 하나님께 아뢰려면 하나님의 뜻을 들어야 한다. 그러니까 기도는 하나님과의 대화이다. 하나님께 기도할 때 혼자 하는 기도가 있지만 여럿이 함께하는 기도도 있다. 예수님은 제자들을 데리고 산에 올라가 함께 기도하셨다. 예수님이 기도하시는데, 두 사람이 나타나서 예수님과 대화를 한다. 모세와 엘리야이다. 예수님은 하나님과 기도하는 시간이었는데, 하나님의 뜻을 아는 선지자들과도 대화하는 시간을 가지셨다. 두 사람이 영광 중에 나타나서 예수님의 고난과 죽음을 이야기한다. 대화의 내용은 예수님의 사명과 사역의 목적 그리고 예수님이 반드시 당하실 일들이다. 우리의 대화 중심이 예수님이라면 그 대화는 영광의 대화이다. 하나님이 원하시는 대화이고, 우리를 성장시키는 대화이다. 하나님이 이런 대화를 기뻐하신다.

2. 영광으로 충만하신 예수님

예수님과 함께 기도하러 올라간 제자들이 졸다가 갑자기 깨어서 예수님의 모습을 보았다. 제자들의 눈앞에 예수님의 영광과 함께 대화하는 두 선지자가 보인다. 유대인들이 그렇게 존경하고 선망하는 예언자 모세와 엘리야가 예수님과 대화를 한다니 놀라운 일이다. 예수님의 존재는 모세와 엘리야와 대화하는 위상을 가지셨다. 제자들에게도 예수님의 대화모습이 자랑스러운 일이다. 자기들을 가르치는 선생님이 그처럼 위대하고 영광스런 분이라면 가르침을 받는 자기들도 뿌듯할 수밖에 없다. 가능하면 이런 뿌듯함이 지속되면 좋겠다고 생각하는 제자가 있다. 바로 베드로이다. 베드로는 두 선지자가 떠나는 것을 보고 예수님께 제안을 한다. 여기에 초막 셋을 지으면 어떻겠습니까? 하나는 주님을 위해, 하나는 모세를 위해, 하나는 엘리야를 위해 지으면 주님께서 언제든지 모세와 엘리야를 상대로 대화할 것이라는 기대감을 베드로가 나타낸다. 예수님의 영광이 충만하게 나타나면 제자들에게도 영광이 지속되고 싶은 욕구가 생기고, 그 욕구를 유지할 방법을 생각해낸다. 그런데 본문은 베드로가 말을 하지만 자기도 무슨 말을 하는지를 알지 못한다고 한다. 나의 욕구에 의해 무심코 말하면 사실 자기가 무슨 말을 하는 지도 모른다. 예수님의 뜻에 합당한 말을 생각해야 한다.

3. 하나님의 아들이신 예수님

우리가 무슨 말을 하는지도 모를 때, 하나님은 우리를 향해 어떻게 대해주실까? 보통 사람 같으면 쓸데없는 말을 한다고 핀잔할 수도 있다. 그런데 하나님은 베드로에게 쓸데없는 말을 한다고 핀잔하지 않으셨다. 오히려 하나님은 베드로에게 누구 말을 들어야 할지를 정확하게 알려주신다. 베드로가 말을 할 즈음에 구름이 와서 제자들을 덮는다. 제자들이 구름 속에 갇힌 느낌을 받아 두려움에 사로잡혔다. 그런데 하늘에서 음성이 들린다. 본문 35절의 말씀이다. "이는 나의 아들 곧 택함을 받은 자니 너희는 그의 말을 들으라" 우리가 어떤 말을 듣느냐에 따라 말하는 것이 달라질 수 있다. 내가 하는 말이 사람들에게 별로 이익이 되지 않는다면 내가 그동안 별로 유익되는 말을 많이 듣지 못했기 때문이다. 또 유익되는 말이 무엇인지 제대로 생각을 해 본적이 없기 때문이다. 그러면 무심결에 말하지만 무슨 뜻인지도 모르고 말하게 된다. 앞으로 제자들은 예수님을 전하고 예수님이 이루신 구원의 소식을 전해야 한다. 그러려면 하늘의 음성 곧 하나님의 음성을 들어야 했다. 하나님이 제자들의 사명을 예상하시고 그들에게 예수님의 존재 곧 하나님의 택하신 아들 되심과 예수님의 말씀을 듣고 순종하라고 명하신다. 신비하고 놀라운 예수님을 알게 되면 그 예수님을 전하게 된다.

4. 침묵을 요구하시는 예수님

하늘에서 제자들을 향한 소리가 들리다가 그쳤다. 구름이 걷히고 제자들의 눈에 모세와 엘리야는 보이지 않고 예수님만 보인다. 제자들은 이제 어떤 말을 할 수 없는 지경이 되었다. 그들이 본 것은 사람의 상상으로는 도저히 성립할 수 없는 영광스런 예수님의 모습이었기 때문이다. 그리고 예수님의 존재와 위상을 확인하는 하나님의 말씀을 들었다. 제자들은 더 이상 어떤 말을 할 수 없었다. 그저 입을 다물고 있을 뿐이다. 너무 놀라운 일, 기쁜 일을 만나면 입이 벌어져 다물어지지 않는다. 입을 일단 열었다면 닫으며 소리를 내야 말이 되고 사람들과 대화가 된다. 그런데 입을 열고 닫지 못하면 입에서 소리가 나오지 못하니 말을 할 수가 없다. 본문과 비슷한 내용의 마태복음 17장 9절을 보면 예수님께서 산에서 내려오실 때 제자들에게 "인자가 죽은 자 가운데서 살아나기 전에는 본 것을 아무에게도 이르지 말라"고 말씀하셨다. 즉 예수님은 제자들에게 당신이 원하시는 때까지 일단 침묵하라고 하신다. 반드시 필요한 말이라도 때가 되었을 때 힘을 발휘한다. 내 생각에 지금 필요해도 다른 사람이 필요하지 않다면 아무리 좋은 말이라도 그에게 영향을 끼치지 못한다. 그러므로 침묵을 실행하는 것도 지혜이다. 침묵이 적절하게 포함된 영광의 대화가 필요하다.

2024년 2월 18일, 사순절 1번째 주일

성 경	사도행전 6:8-15	예전색상	보라색

예배의 부름	"여호와여 나를 반기시는 때에 내가 주께 기도하오니 하나님이여 많은 인자와 구원의 진리로 내게 응답하소서"(시 69:13)
	독생자 예수를 십자가에 내어 주시기까지 죄인을 사랑하시는 하나님 아버지! 독생자를 보내주셔서 희생제물이 되게 하신 거룩한 사순절 첫 번째 맞이하는 거룩한 아침 경배와 찬양으로 예배드리게 하심을 감사드립니다. 2024년 사순절에는 저희를 얽어매는 죄와 음침한 사망의 골짜기에서 해방되는 기쁨을 안고 살게 하여 주옵소서. 주님의 고난의 걸음이 헛되지 않게 주님을 닮아가는 삶을 살기로 다짐하는 저희에게 생명의 말씀을 주시옵소서. 예수님의 이름으로 기원하옵나이다. 아멘

회개를 위하여	우리는 날마다 예수 그리스도를 닮기를 소망하는 마음이 충만해야 합니다. 그럴 때 고통을 나눌 수 있고 기쁨을 나눌 수 있으면서 우리가 주님을 닮아가는 삶을 살아갈 수 있기 때문입니다. 그렇게 주님을 닮은 마음 대신에 육신의 적은 욕심으로 가득 차 있는 그가 나는 아닌지 반성하며 회개하는 기도를 계속합니다.

고백의 기도	성도들이 주님처럼 살게 하시기 위해서 제한 없는 하늘 은혜를 베풀어주시는 하나님 아버지! 지난 한 주간 동안도 택하신 주의 백성들이 은혜의 동산에서 젖과 꿀처럼 단 말씀 안에서 살게 하심을 감사드립니다. 그러나 지난 한 주간에도 저희는 죄와 벗 삼아 살아왔음을 고백합니다. 죄악의 때가 묻은 초라한 모습으로 주님 앞에 감히 고개를 들고 나올 수 없는 처지이면서도 주의 사랑을 의지하는 마음으로 나왔습니다. 어리석은 죄악을 회개하기보다는 형편과 처지를 원망하고 살았습니다. 노력하지 않고 많이 얻으려는 이기적이고 나약함을 불쌍히 여겨 주시옵소서.
	주홍같이 붉은 죄를 눈같이 희게 하신 하나님 아버지! 저희는 늘 별로 중요하지 않은 일에 힘과 시간을 허비하면서 살아갑니다. 꼭 해야 할 일에는 시간이 없어 쩔쩔매고 육신은 탈진되어 결과에 만족하지 못함을 알면서도 회개할 줄 몰랐던 저희 잘못을 불쌍히 여겨 주옵소서. 주님께 의지하지 않고 큰 문제가 닥쳐올 때만 주님의 도움을 요청하는 못된 습관을 이번 2024년 사순절 동안에 버리도록 하겠습니다. 하루를 기도로 시작하고 기도로 마치면서 하루 전체의 삶이 주님의 힘으로 유지되기를 결단하는 저희 위에 사죄의 말씀을 선포하여 주옵소서. 예수님의 이름으로 기도하옵나이다. 아멘

사함의 확인	"이르되 주여 내가 주께 은총을 입었거든 원하건대 주는 우리와 동행하옵소서 이는 목이 뻣뻣한 백성이니이다 우리의 악과 죄를 사하시고 우리를 주의 기업으로 삼으소서"(출 34:9)

성시교독	124. 사순절(1)

설교 전 찬 송	33장 (영광스런 주를 보라) 82장 (성부의 어린 양이)

설교 후 찬 송	145장 (오 거룩하신 주님) 150장 (갈보리산 위에)

금주의 성 가	예수의 보혈로 씻겼네 – Warren M. Angell 하나님이 세상을 사랑하심 – Walter A. Shawker 이 사람을 보라 – Jimmy Owens
목 회 기 도	고난이 올 때마다 감당할 수 있는 새 힘으로 믿음이 성장되게 하시는 하나님 아버지! 저희 교회가 말씀의 부흥과 신앙의 부흥이 일어날 수 있도록 생명의 말씀이 강물처럼 흘러 넘치게 하심을 감사드립니다. 어려움과 고통 속에서 주 은혜의 날개 밑에 보호해 주셨지만, 감사와 찬송으로 날마다 순간마다 성삼위 하나님을 경배하는 생활을 살지 못한 것을 용서하여 주옵소서. 지난 한 주간에도 하나님의 나라와 의를 위해서라기보다는 사사로운 저희 자신의 쾌락을 위해서 동분서주한 시간이 너무나 많았던 것을 인정합니다. 저희 잘못을 용서하시고 오늘 이번 사순절을 통해서 달라지겠다고 다짐하오니 새 힘을 허락하여 주옵소서. 믿음 주시어서 두 주인을 섬기지 않게 하시는 하나님 아버지! 오직 하나님을 섬기며 주님께서 세워주신 교회를 섬기며 헌신할 수 있도록 주신 직분을 잘 감당할 힘을 주옵소서. 저희에게 주신 달란트와 은사를 잘 활용하여 하나님의 나라에 큰 유익을 끼치는 성도들이 될 수 있게 하여 주시옵소서. 몸의 질병으로 어려움을 겪는 성도가 있습니다. 쾌유할 수 있게 도와주옵소서. 직장과 사업의 문제로 고민하는 성도들도 낙심하지 않고 하나님의 긍휼히 여기심을 바라보게 하여 주시옵소서. 가정과 자녀들의 문제들과 모든 갈등이 기도하는 가운데 하나님의 응답을 받게 하여 주시옵소서. 예수님의 이름으로 기도드립니다. 아멘
헌금을 위한 성 구	"자기의 육체를 위하여 심는 자는 육체로부터 썩어질 것을 거두고 성령을 위하여 심는 자는 성령으로부터 영생을 거두리라"(갈 6:8)
헌 금 기 도	세상에서 멸시를 당하지 않고 당당하게 살아갈 힘과 물질을 주시는 하나님 아버지! 지난 한 주간에도 건강을 주셔서 땀 흘려 일할 수 있게 하여 주시고 하늘로 내려오는 만나와 생명수를 마시면서 강건하게 살게 하신 은혜를 감사드립니다. 그 은혜를 아는 사랑하는 성도들이 성삼위 하나님께 예물을 들고 나왔습니다. 받아 주시고 저희의 삶에 일용할 양식으로 늘 채워 주시옵소서. 세상이 주는 것과는 비교할 수 없는 하나님의 사랑과 위로의 힘 주심으로 풍성하게 하시고 나누면서 사랑을 실천하는 저희가 되게 하여 주옵소서. 어려움 속에서 주님의 뜻을 분별하며 살게 하시는 하나님 아버지! 저희 주변에는 저희보다도 못한 곤경 속에서 소망을 잃어버리고 상처투성이인 자기 모습을 부둥켜안고 흑암에 사는 분들이 있습니다. 그들에게 하늘 사랑을 나눌 수 있는 믿음과 용기를 더하여 주옵소서. 오늘 사순절 첫 번째 주일에 믿음으로 드리는 십일조 예물과 주정헌금, 선교 예물을 드리오니 한없는 하늘 복이 충만하게 하옵소서. 성미와 드릴 수 없어 몸과 마음으로 봉사하는 손길들도 있습니다. 아름다운 꽃으로 헌신하는 영혼들도 있습니다. 합하여 선으로 이루는 아름다움이 이 제단을 아름답게 하고 있사오니 열납하여 주옵소서. 이 감동으로 한 주간도 승리하게 하시고 어두운 밤에 영혼의 노래를 부르는 주인공들이 다 되게 하여 주옵소서. 예수님의 이름으로 기도합니다. 아멘
위탁의 말 씀	"사람들이 다 스데반을 주목하여 보니 그 얼굴이 천사의 얼굴과 같더라" 한 주간 동안 나를 만나는 모든 사람이 나의 생각과 말과 행동에서 예수님을 증언하는 증거자의 모습이 나타나는 흉내라도 내고 살아야 할 것입니다.
축 도	우리의 죄와 허물을 담당하신 예수 그리스도의 은혜와 세상 끝날까지 우리를 사랑하시는 하나님 아버지의 사랑하심과 오늘도 우리 곁에서 새 일을 행하게 하시는 성령님의 크신 능력이 사순절기를 시작하는 주일에 십자가가 내 삶의 핵심이며 십자가로 살고 십자가로 죽고자 결단하며 세상을 향해 나가는 여기 머리 숙인 사랑하는 성도들 위에 지금부터 영원토록 함께하시기를 간절히 축원하옵나이다. 아멘

오늘의 설교를 위한 복음적 조명 주제 : 증인의 기쁨

제목 : 증언의 대상 예수님 | 본문 : 사도행전 6:8-15

**02
18**

주제 : 예수님은 제자들에게 땅 끝까지 당신의 증인이 되라고 하셨다. 이는 제자들에게 당신을 증언하라는 말씀이다. 제자들이 예수님을 증언하고 스데반 집사가 예수님을 증언했다. 예수님은 증언의 핵심이시다. 예수님은 당신을 증언하는 사람을 도와주시며 함께하신다.

논지 : 예수님은 스데반의 증언을 사용하여 당신의 능력을 드러내셨다.
1. 증언을 즐겨 활용하시는 예수님
2. 증언으로 이기게 하시는 예수님
3. 증언의 내용과 핵심이신 예수님
4. 증인의 모습을 보여주신 예수님

　초대교회 당시 예수님을 믿는 사람들의 열정이 대단하였다. 그들은 예수님을 전하는 일에 환경이나 형편을 따지지 않았고, 체면을 생각하지 않았다. 그들의 열정이 대단한 이유가 무엇일까? 그것은 자신들을 구원하신 예수님의 은혜가 너무 감사했기 때문이다. 그리고 그들이 믿는 진리이신 예수님을 매우 사랑했기 때문이다. 거기에 한 사람이라도 더 예수님을 믿어서 구원받아야 한다는 전도의 사명감으로 충만했다. 예수님이 승천하시면서 땅 끝까지 이르러서 당신의 증인이 되라고 하셨는데, 그 명령에 순종하는 일이 최우선이었다. 예수님이 속히 다시 오시겠고 말씀하셨는데, 예수님이 다시 오실 때까지 한 사람이라도 더 예수님을 믿게 하고 구원받는 사람의 숫자가 더 많아지는 것을 간절히 원하였기 때문이다. 예수님을 믿는 이 열정이 초대교회뿐만 아니라 지금까지 선교사들이나 목회자들 또는 신실한 성도들에게 이어지고 있다. 그들의 열정은 모두 예수님의 은혜에 대한 감사가 크기 때문이다. 오늘 본문에도 이런 열정을 가진 한 사람이 나온다. 그는 스데반 집사이다. 스데반은 사도가 아니다. 사도들에 의해 교회에서 구제와 봉사를 위해 선택된 사람 지금으로 말하면 평신도이다. 그런데 지금 스데반은 평신도 전도자로 사람들 앞에 서서 예수님을 증언하고 있다.

1. 증언을 즐겨 활용하시는 예수님

　스데반이 전도하는 모습을 본문은 은혜와 권능이 충만하다고 표현한다. 은혜와 권능이 충만하면 기사와 표적을 행할 수 있다. 전도자에게 필요한 것은 은혜와 권능이다. 예수님이 사람을 위해 십자가에서 희생하시고 죄를 용서하심으로 하나님의 자녀가 되게 하신 은혜에 대한 감사이다. 또 예수님의 이름을 힘입어서 말하고 행동하는 권능이다. 스데반의 권능은 예수님으로부터 왔다. 즉 예수님이 스데반에게 권능을 주셨다. 예수님이 집사 스데반을 당신의 증인으로 사용하시면서 당신의 권능을 허락하셨다. 스데반이 말하고 행동할 때 기사와 표적이 나타났다. 기사와 표적으로 예수님의 은혜와 권능이 증명된다. 예수님을 증언하는데 사람들의 관심을 더 끌 수 있다. 우리도 기사와 표적을 행하길 원한다면 예수님의 은혜와 권능을 사모해야 한다. 스데반이 회당에서 사람들과 논쟁을 한다. 본문은 사람들을 자유민이라 부르는데, 이동의 자유가 있는 사람들, 사상과 신앙의 자유를 가진 사람들이다. 사람들이 유대인의 회당에 모였다. 자유민들이 유대인의 회당에서 유대의 율법을 지키고 유대인의 전통에 대하여 듣는다. 스데반은 유대인의 율법과 전통보다 예수님이 더 중요하고 높은 분임을 말하고 싶다. 자연히 논쟁이 생겨날 수밖에 없다. 예수님을 증언할 때 논쟁을 거칠 수 있다.

2. 증언으로 이기게 하시는 예수님

스데반은 예수님을 믿는 사람, 은혜와 권능이 충만한 전도자이다. 예수님을 믿는 사람에게는 성령께서 지혜를 주신다. 스데반이 지혜와 성령으로 말하고 있다. 사람들이 스데반의 말을 이기지 못한다. 스데반의 말에 반박할 수 있는 논리도 찾아내지 못하고 있다. 예수님을 아는 지식이 일반적인 지식보다 우위에 있기 때문이다. 성령께서 가르치고 생각나게 하는 말이 일반인의 기억과 논리보다 훨씬 더 강하기 때문이다. 예수님은 당신의 증인들에게 지혜를 주셔서 세상의 사람들을 제압하게 하신다. 세상 사람들을 억압하고 못살게 하는 수준이 아니라, 하나님의 뜻과 맞설만한 능력을 갖지 못하게 하신다. 사람들이 하나님을 아는 지식조차도 자기들의 노력으로 가질 수 있을 거라고 착각할 뿐이다. 사실 일반적인 상식으로는 하나님의 섭리와 목적, 예수님의 죽음과 부활이 이해되지 않는다. 그래서 논리적으로 반박하지 못하고 그저 아니라고만 할 뿐이다. 논리적으로는 스데반을 인정해야 하지만, 마음으로는 인정할 수 없다. 그런 사람들이 할 수 있는 일은 모략이다. 사람들에게 돈을 주어 거짓 증언을 하게 한다. 스데반이 모세와 하나님을 모독하는 말을 들었다고 말하도록 시킨다. 상대가 모략을 하고 거짓말을 한다면 그것은 이미 예수님의 말씀과 증언이 승리했다는 증거이다.

3. 증언의 내용과 핵심이신 예수님

스데반을 향한 거짓 증거가 나타났다. 사람들이 어떻게 반응할까? 거짓 증거를 믿는 사람, 거짓 증거를 확인하자는 사람, 거짓 증거인 줄 알면서도 거짓 증거를 빌미로 스데반을 제거하고 싶은 사람들이 생겨난다. 그래서 백성과 장로와 서기관들이 합세하여 스데반을 체포한다. 하나님과 모세를 모독했다면 죄인으로서 체포당함이 당연하다. 하지만 스데반은 하나님을 모독한 적이 없다. 거짓 증인들이 나타나 스데반에게 누명을 씌웠을 뿐이다. 스데반이 체포되어 공회로 끌려왔다. 거기에 거짓 증인들이 기다리고 있다. 스데반이 거룩한 곳과 율법을 거슬러서 말하는데, 아주 거침없이 하더라는 것이다. 그들이 말하는 거룩한 곳은 성전이다. 예수님께서 성전을 정화하실 때, 성전을 헐고 삼일 만에 일으키겠다 말씀하신 적이 있다(요 2:19). 스데반이 예수님의 말씀을 그대로 전한다는 것이다. 예수님께서 산상수훈을 말씀하실 때 율법을 재해석하신 적이 있었다. 사람들은 예수님을 전하는 스데반을 향해 율법을 거스르고 모세의 규례를 고치는 것이라고 말한다. 스데반의 증언이 예수님 중심이라는 것을 거짓 증인들이 증명하고 있다. 하나님은 거짓 증인의 입술을 통해서 스데반의 사역을 증명하신다. 스데반은 하나님과 모세를 모독하지 않으면서도 예수님의 존재와 사역을 증언한다.

4. 증인의 모습을 보여주신 예수님

스데반이 공회로 끌려와서 거짓 증인들에 의해 모함을 당한다. 공회에 모인 사람들이 스데반을 주목하여 본다. 스데반을 향한 관심이 있는데, 그 관심은 스데반을 향한 긍정적 호기심이 아니다. 스데반이 증언하는 예수님을 더 알기 위함이 아니다. 사람들은 반대로 스데반을 더 모함하고 죽이려하는 부정적인 충동을 가졌다. 일반적으로 부정적인 생각을 갖고 바라보면 부정적인 모습만 보인다. 좋은 말도 기분 나쁘게 들리고, 좋은 모습도 위선과 가식으로 볼 수 있다. 그런데 사람들이 아무리 스데반에게서는 나쁜 것을 찾으려 해도 찾아지지 않는다. 오히려 좋은 모습만 보인다. 스데반의 얼굴이 천사의 얼굴처럼 보인다. 예수님이 당신을 전하는 사람의 얼굴을 천사의 모습처럼 보이게 하신다. 유대인의 율법과 전통에 충실한 사람들이 스데반을 미워하는 감정에 의해 무엇을 행동하더라도 나중에 양심의 가책을 받고 스데반에 대한 좋은 기억을 되살릴 수 있다. 스데반의 얼굴 모습을 보았기 때문이다. 보통 사람 같으면 모함을 받을 때 얼굴에 핏대가 서 있을 것이다. 목소리는 분노로 떨릴 것이다. 그런데 스데반은 달랐다. 은혜와 권능이 충만한 사람, 예수님의 증인이기 때문이다. 예수님은 당신의 증인들 마음 안에 계시고, 증인들을 천사의 얼굴 모습으로 보이게 하신다.

성 경	시편 101:1-8	예전색상	보라색

예배의 부름	"너희는 귀를 기울이고 내게로 나아와 들으라 그리하면 너희의 영혼이 살리라 내가 너희를 위하여 영원한 언약을 맺으리니 곧 다윗에게 허락한 확실한 은혜이니라"(사 55:3)
	마음을 다하고 목숨을 다하고 뜻을 다하여 충성하는 성도를 사랑하시는 하나님 아버지! 오늘, 거룩한 주님의 날, 삼일절 기념 예배에 온 성도들이 천국을 바라보고 하나님을 섬겨 예배하게 하시니 감사와 찬송을 드립니다. 저희의 꿈을 세상에 두지 않게 하시고 하나님의 나라에 두게 하옵소서. 사순절 2번째 주일 주님께서 임재하시어서 만세 전부터 예비하신 은혜와 축복을 베풀어주시옵소서. 예수 그리스도의 이름으로 기원하옵나이다. 아멘

회개를 위하여	자기 자신과 가족과 사업을 위해서는 기도하면서 이 나라와 지도자들을 위해서 기도하지 않고, 능력과 나라를 위하는 비전을 무시해도 오직 지역과 인맥에 따라 투표하고 옹졸한 판단으로 편 가르기를 하는 그 어리석은 백성이 나는 아닌지 성찰하고 회개하는 기도를 계속합니다.

고백의 기도	황무지에 장미꽃이 만발하듯 우리나라에 민주주의 꽃이 피게 주신 하나님 아버지! 삼일절의 감격을 통하여 민족을 깨우고 나라 사랑하는 마음을 되새겨 주신 은혜를 감사드립니다. 이 나라와 민족을 긍휼히 여기셔서 민족이 저지른 죄를 용서하여 주옵소서. 선과 악을 구별 못 하고, 정의와 공의를 짓밟으면서도 가책할 줄 몰랐던 저희를 불쌍히 여겨 주옵소서. 나보다는 남을 위해서 기도하지 못하고 살아온 참으로 흉한 모습이 저희 자신임을 고백합니다. 잠시라도 주님 앞에 무릎을 꿇고 이 나라를 위해서 기도하는 저희가 되게 하옵소서.
	고난이 올 때 은총 가득한 음성으로 저희 갈 길을 인도하시는 하나님 아버지! 환난과 핍박이 심한 세상에 순교적인 신앙이 없이는 승리할 수 없다는 것을 깨닫게 하옵소서. 사나 죽으나 오직 주님의 복음을 위하여 살게 하옵소서. 눈물을 흘리며 씨를 뿌릴지라도 기쁨으로 단을 거두리라고 하신 말씀을 믿게 하시고, 명예와 권세와 재산 그리고 생명을 잃을지라도 복음을 전파하기를 두려워하지 말게 하옵소서. 이 나라 이 민족이 그리스도 국가로 변화하게 하옵소서. 나라의 위정자들이 믿음 안에서 하나님의 위엄을 알고 정의가 강물처럼 흘러넘치는 이 나라가 되게 하옵소서. 예수님의 이름으로 기도하옵나이다. 아멘

사함의 확인	"그가 죽으심은 죄에 대하여 단번에 죽으심이요 그가 살아 계심은 하나님께 대하여 살아 계심이니 이와 같이 너희도 너희 자신을 죄에 대하여는 죽은 자요 그리스도 예수 안에서 하나님께 대하여는 살아 있는 자로 여길지어다"(롬 6:10-11)

성시교독	99. 나라 사랑(1)

설교 전 찬 송	17장 (사랑의 하나님)
	148장 (영화로운 주 예수의)

설교 후 찬 송	580장 (삼천리 반도 금수강산)
	586장 (어느 민족 누구게나)

금주의 성가	주여, 내 죄를 사하소서 – A. S. Sullivan 너희는 마음에 근심하지 말라 – Gordon Young 진리의 순례자 – G. F. Handel
목회기도	부당한 침략으로 시달리던 민족에게 독립의 의지를 주신 하나님 아버지! 우리 민족이 침략의 곤경에서 고통을 당할 때 기독인들을 통해서 독립의 의지를 만백성들에게 심어주는 역할을 하게 해주신 것을 감사드립니다. 자유와 평화를 위해 십자가의 보혈을 흘리기까지 사랑해 주시는 하나님의 사랑을 알면서 나라와 민족을 위해서 기도하지 못한 것을 불쌍히 여겨 주옵소서. 애국선열들의 투쟁과 피난 속에서도 기도와 헌신의 힘으로 독립을 위해 힘을 다한 선조들의 신앙을 따라 오늘 이 나라를 위해 기도할 수 있는 능력을 주옵소서. 따한 영혼을 부르사 십자가 그늘 밑에 안식과 소망을 주시는 하나님! 아직도 이 나라 이 백성 중에 예수 그리스도의 대속의 십자가를 믿지 못하는 무리가 있습니다. 저들을 위해 울게 하시고 탄식하게 하옵소서. 크고 작은 사건들을 통해 주님의 역사하심을 보여주셨어도 의심과 불신으로 믿음을 거부하지 않게 하옵소서. 인내와 자비로 영혼 구원의 열매를 기다리는 주님의 피눈물을 전하게 하옵소서. 하루속히 주의 자비를 내리셔서 회개 영으로 죄인들을 씻으셨던 것같이 회개하는 역사를 이루게 하옵소서. 이 민족 위에 구원의 자비를 허락하여 주옵소서. 예수님의 이름으로 기도하옵나이다. 아멘
헌금을 위한 성구	"할렐루야 여호와를 경외하며 그의 계명을 크게 즐거워하는 자는 복이 있도다 그의 후손이 땅에서 강성함이여 정직한 자들의 후손에게 복이 있으리로다" (시 112:1-2)
헌금기도	온전한 믿음으로 예물을 봉헌하는 성도를 기뻐하시는 하나님 아버지! 주시는 이도 하나님이시오. 찾으시는 이도 하나님인 것을 알고 주신 것 중에서 일부를 드리는 감동하여 주실 줄 믿고 감사드립니다. 봉헌할 때마다 인색한 마음으로 드리지 말게 하지 마시고 넉넉한 마음으로 드리게 하옵소서. 이 예물이 깨끗하고 정직한 예물이 되게 하옵소서. 예물을 드리는 성도들의 심령에서 생수의 강이 흐르게 하옵소서. 하나님의 나라에 많이 심어 100배의 열매를 거두는 예물이 되게 하시옵소서. 굶주린 영혼을 먹이시고 좋은 것으로 채우시기를 기뻐하시는 하나님 아버지! 십일조를 드리고 감사헌금을 드립니다. 드릴 수 있는 믿음 주시고 또 채워 주시는 은혜를 감사하는 마음을 예물에 담아 드리오니 믿음과 삶을 열납하여 주옵소서. 교회를 위해 기도하면서 주일 헌금을 드립니다. 구역헌금을 드립니다. 성미를 드립니다. 드리는 성도들에게 활력과 육신의 강건함으로 채워 주옵소서. 몸이 불편한 성도들과 실직을 하고 어려움을 겪고 있는 자녀들도 있습니다. 주님께서 길을 열어 치유와 응답의 결실이 있게 도와주옵소서. 이 물질이 쓰이는 곳마다 하나님 사랑의 물결이 넘치게 하옵소서. 예수님의 이름으로 기도하옵나이다. 아멘
위탁의 말씀	"내가 이 땅의 모든 악인을 멸하리니 악을 행하는 자는 여호와의 성에서 다 끊어지리로다" 한 주간 동안 우리는 바른 신앙의 삶이란 마음, 생각, 말 등이 바르고 옳아야 함을 알고 그 결심을 밖으로 표출하며 살아야 할 것입니다.
축도	이제는 십자가에 달려서 물과 피를 쏟으사 우리의 죄와 허물을 다 용서해주신 구주 예수 그리스도의 은혜와 독생자를 아끼지 아니하시고 내어주신 하나님 아버지의 사랑하심과 그 사랑 깨닫고 그 은혜 의지해서 살아가도록 도우시는 성령님의 교통하심이 2024년 사순절 두 번째 주일 교회에 나와 예배드리는 모든 성도와 가정과 기업과 이 나라와 민족 위에 항상 함께하시기를 축원하옵나이다. 아멘

오늘의 설교를 위한 복음적 조명 주제 : 믿음의 가치

제목 : 신앙인의 선택 방향 | 본문 : 시편 101:1-8

주제 : 하나님은 우리에게 바른 신앙의 삶을 요구하신다. 신앙인에게 바른 선택을 요구하신다. 우리의 선택은 마음, 생각, 행동 등의 전인적 영역에 적용된다. 하나님의 요구를 아는 사람은 스스로 바른 생활과 옳은 방향을 선택하겠다고 결심하며 그 결심을 밖으로 표출한다.

논지 : 하나님은 우리의 생각, 마음, 행동을 바르게 이끌어주신다.
　1. 균형과 완전을 원하시는 하나님
　2. 바른 선택으로 이끄시는 하나님
　3. 겸손과 성실을 요구하는 하나님
　4. 악한 사람을 징계하시는 하나님

　한동안 리더십 즉 지도력이라는 단어가 유행이었다. 사람들이 리더십에 관심을 많이 가졌고, 기업의 고위층들이 많은 돈을 내고 리더십을 배웠다. 여러 사람의 리더십 이론을 가르치고 실습하는 과정들이 생겼고 사람들이 리더십 교육과정에 참여하였다. 리더십이 하나의 산업이 되었다. 그런데 이 땅에 리더십이 부족한 현상이 많아졌다. 홍수에 마실 물이 부족하다는 식으로 리더십을 배우는 사람은 많은데 정작 존경할만한 리더십을 갖춘 리더가 부족하다. 사실 리더십은 배운다고 되는 것이 아니다. 배움과 더불어 자기를 깎아내는 훈련이 있어야 한다. 훈련으로 축적된 역량과 통찰력 그리고 성숙한 성품이 보일 때 리더십이 나타나고 존경받는 리더가 등장한다. 그럼에도 워낙 다양한 세상에서 리더의 리더십을 무너뜨리려는 시도가 많다. 거짓된 시도에 따른 거짓말에 휘둘린 사람들이 바른 리더십조차도 오해하고 비난할 수 있다. 신앙인에게도 리더십이 필요하다. 성경의 인물들을 리더십으로 조명한 사례도 많으니 신앙리더십도 필요하다. 그런데 신앙인도 리더십을 행사하는 중에 오해와 비난을 받을 수 있다. 이럴 때 어떻게 해야 하는가? 적극적으로 대응하고 해명하거나 오해하는 사람을 멀리해야 할까? 본문에서 우리는 하나님이 우리에게 원하시는 리더의 성품을 발견한다.

1. 균형과 완전을 원하시는 하나님

　리더십 이론을 말하는 사람 중에서 리더십은 균형을 잡는 것이라고 주장하기도 한다. 어느 한쪽으로 치우치면 한쪽의 사람들로부터 지지를 받을 수 있지만, 다른 쪽의 사람들에게는 심한 비난을 받을 수 있다. 어느 쪽으로도 치우치지 않는 것을 중립이라고 한다. 완전한 중립은 없다. 다만 중립을 지키려고 할 뿐이다. 균형은 중립과 다른 개념이다. 균형이나 삶의 자세나 태도 혹은 성품에서 한쪽의 성향이 우세하게 나타나지 않고 여러 성향이 골고루 보이는 것을 의미한다. 본문에서 시인은 인자와 정의를 노래하겠다고 말한다. 인자와 정의는 서로 반대되는 개념처럼 보인다. 그러나 세밀하게 들여다보면 반대가 아니라 서로 보완하는 개념이다. 인자한 사람이라고 무엇이든 무조건 다 좋다는 식으로 수용하면 안 된다. 때로는 원칙에 있어서 단호해야 한다. 그것이 정의이다. 정의로운 사람이라고 해서 원칙에 어긋난 것을 무엇이든 다 배제해야 할까? 상황과 형편을 살펴서 용납할 것이 있다면 모른 척 눈감을 때도 있다. 시인은 완전한 길에 주목하고 완전한 마음으로 행하겠다고 한다. 사실 균형은 완전함으로 나아가는 방법이다. 균형 잡힌 사람, 하나님을 바라보는 사람을 완전하다고 인식할 수 있다. 하나님은 우리에게 인자와 정의의 균형 그리고 완전함을 추구하기 원하신다.

2. 바른 선택으로 이끄시는 하나님

　지도자일수록 선택의 어려움을 겪을 때가 많다. 우리의 삶은 수많은 선택으로 이루어졌는데, 지도자 역시 선택해야 한다. 지도자의 고민은 자신의 선택이 누군가에게는 치명적인 어려움이 될 수도 있고 때로는 공동체 전체를 혼란에 빠지게 할 수 있기 때문이다. 그래서 지도자는 가끔 어떻게든 최선의 선택, 공동체 전체를 유익하게 하는 선택을 하려는 고민에 빠질 수 있다. 사람이 무엇을 선택할 땐 기준이라는 것이 있다. 자신의 욕구나 욕망이 기준일 수 있고, 자신의 쾌락이 기준일 수 있다. 또는 다른 사람의 유익이나 공공의 선이 기준일 수 있다. 신앙 지도자에게는 어떤 기준이어야 할까? 오늘 시인은 비천한 것을 눈앞에 두지 않겠다고 한다. 비천한 것을 좋아하는 사람들이 하나님을 떠난다. 즉 배교자가 되었다. 시인은 배교자의 행위를 미워하고 배교자들이 행했던 거라면 단 하나라도 붙잡지 않겠다고 한다. 그리고 자신의 마음가짐을 말한다. 4절 말씀이다. "사악한 마음이 내게서 떠날 것이니 내가 알지 아니하리로다" 시인은 바르지 못한 선택의 가능성을 차단한다. 사악한 마음이 사라지고 아예 남아있지 않다면 즉 사악한 생각이 떠오르지 않는다면 나쁜 것을 선택할 가능성마저도 사라진다. 하나님은 우리의 마음을 정결케 하심으로 바른 선택을 하도록 이끄신다.

3. 겸손과 성실을 요구하는 하나님

　시인이 생각하는 사악한 마음이 무엇일까? 그것은 이웃을 은근히 헐뜯는 것, 눈이 높고 마음이 교만한 것이다. 즉 자기를 높이려는 것이며 자기가 최고이며 자기만 옳다고 생각하고 이웃의 명예를 훼손하여 이웃에게 해를 끼치는 것이다. 시인은 사악한 마음을 떠나보내는 일을 헐뜯는 자를 멸하고, 교만한 사람을 용납하지 않는 것이라고 한다. 이것은 정의의 영역이다. 옳지 못한 것을 과감히 끊어버리는 일이다. 리더는 때때로 옳지 못한 일에는 단호해야 한다. 사악한 마음을 떠나보내면 마음 안에 무엇이 남겠는가? 선한 마음이 남아있을까? 아니 빈 마음이라고 표현하는 것이 옳다. 그 빈 마음 안에 겸손과 성실함으로 채워야 한다. 교만한 사람을 용납하지 않으니 겸손한 사람을 용납한다. 그리고 성실한 사람을 찾는다. 본문에 충성된 사람을 살핀다고 하는데 성실한 사람을 찾아 관심을 둔다는 말이다. 성실한 사람과 사귀고 그와 함께 생활한다. 그렇게 하면 완전한 길에 행하는 사람이 나를 찾아온다. 나와 함께하며 내가 가자는 길을 따르기도 하고, 나의 선택을 지지한다. 하나님은 우리에게 겸손과 성실을 요구하신다. 리더가 겸손하고 성실하면 흠 잡힐 일이 별로 없다. 설사 흠이 잡힌다 할지라도 누군가 변호해주고 금방 오해가 풀린다. 하나님이 함께하시기 때문이다.

4. 악한 사람을 징계하시는 하나님

　리더는 때때로 판단자의 기능을 행사할 수 있다. 본인이 판단자로서 행세하려고 하지 않는데, 사람들이 옳고 그름을 분별해달라고 부탁하기 때문이다. 리더가 사심이 없으며 공정하다면, 그리고 옳고 그름을 바르게 분별하는 통찰력을 갖고 있다면 판단자가 돼 달라는 사람들의 요구가 더 많을 것이다. 리더가 옳지 못한 일에 대해서 단호하다면 옳지 못한 사람들이 점점 사라질 것이다. 본문에 시인은 거짓을 행하는 사람을 자기 집에 거주하지 못한다고 한다. 자기 집이 진실한 사람으로 채워진다. 거짓을 행하는 사람은 자기 눈앞에 보이지도 못할 것이다. 거짓을 행하는 모습이 보이고 단호한 원칙에 의해 쫓겨날 것이 뻔하기 때문이다. 시인은 자신이 하나님 앞에 있고, 하나님의 심판하심을 알고 있다. 하나님께서 필요할 때 자기에게 판단할 기회를 주심을 알고 있다. 그 때 정확하게 판단하고 하나님의 뜻에 맞도록 행해야 한다. 시인은 아침마다 땅에 사는 악인을 멸할 것이라고 한다. 악을 행하는 사람은 하나님의 성에서 다 끊어질 것이라고 한다. 이 상태는 완전한 평화의 시대이다. 겸손하고 진실한 사람이 많고, 완전과 균형이 보이는 세상이다. 하나님은 선한 사람을 사용하셔서 악한 사람을 징계하신다. 선한 사람의 바른 리더십은 하나님이 세상을 평화롭게 다스리는 방법이다.

3월의 예배와 설교를 위하여

일	요일		본문	설교제목	기타 (예화, 참고자료)
3	주일	낮			
		밤			
6	수				
10	주일	낮			
		밤			
13	수				
17	주일	낮			
		밤			
20	수				
24	주일	낮			
		밤			
27	수				
31	주일	낮			
		밤			

| 성 경 | 요한복음 9:6-12 | 예전색상 | 보라색 |

예배의 부름

"내가 여호와께 그의 의를 따라 감사함이여 지존하신 여호와의 이름을 찬양하리로다"(시 7:17)

강한 성령님의 인도로 죄에 물들지 않게 인도해 주시는 하나님 아버지! 지난 주간에도 진리의 영이 되시어 하늘 은혜의 날개 밑에 살게 하심을 감사드립니다. 사순절 세 번째 주일 아침 성삼위 하나님을 찬양하기 위하여 모인 저희에게 하늘의 기쁨을 맛볼 수 있도록 인도하여 주시옵소서. 예배 중에 임재하시는 하나님 아버지께서 저희가 앓고 있는 병과 바라는 기도의 제목들이 응답되는 감격을 안고 성전을 나서게 하옵소서. 예수 그리스도의 이름으로 기원하옵나이다. 아멘

회개를 위하여

아직도 죄악의 습성들과 습관들이 배어 있는 옛사람의 모습으로 살면서 겉모습은 성도 같지만 생각과 말과 행위로는 하나님에게서 멀리 떨어져 있는 신앙의 나그네처럼 살아가는 나는 아닌지 성찰하고 회개하는 기도를 계속합니다.

고백의 기도

덧없이 사라지는 세상사로 고민하는 성도들을 불꽃 같은 눈으로 보시고 해결의 실마리를 주시는 하나님 아버지! 지난 한 주간동안 졸지도 않고 주무시지도 않으면서 저희의 머리털 하나까지 세실 정도로 저희를 감찰하시고 필요한 은혜를 공급해 주심을 감사드립니다. 주님께서 맞으신 채찍으로 인하여 저희는 나음을 입었고 주님께서 흘리신 피로 인하여 저희는 영원한 생명을 얻게 되었습니다. 이처럼 위대한 사랑과 은혜를 입었음에도 저희는 세상 속에 살면서 주님께 다시 한번 채찍질을 했으며 주님의 피를 다시 흘리게 한 잘못을 불쌍히 여겨 주옵소서.

주님의 자녀답게 살 수 있도록 굳센 믿음과 말씀을 주시는 하나님 아버지! 사순절을 보내는 저희가 주님을 다시 한번 못 박지 않도록 저희의 말과 행동을 다스려 주옵소서. 주님의 피로 구원함을 받은 저희가 주님의 은혜 속에서 기쁨으로 살 수 있기를 원합니다. 세상이 주는 기쁨과 권세와 명예와 부귀에 흔들리지 않게 하옵소서. 부족한 것이 너무 많고 실수가 잦고 잘못이 많은 저희지만 오직 주님의 은혜를 믿고 살아가는 한 주간도 주님의 이름으로 승리하는 삶을 살게 하여 주시옵소서. 예수 그리스도의 이름으로 기도드립니다. 아멘

사함의 확인

"여호와는 긍휼이 많으시고 은혜로우시며 노하기를 더디 하시고 인자하심이 풍부하시도다 자주 경책하지 아니하시며 노를 영원히 품지 아니하시리로다"(시 103:8-9)

성시교독 | 125. 사순절(2)

설교 전 찬 송 | 16장 (은혜로신 하나님 우리 주 하나님)
151장 (만왕의 왕 주께서)

설교 후 찬 송 | 544장 (울어도 못하네)
146장 (저 멀리 푸른 언덕에)

금주의 성가	이 사람을 보라 – Jimmy Owens 눈을 들어 하늘 보라 – 박재훈/Arr. 이기경 예수의 보혈로 씻겼네 – Warren M. Angell
목 회 기 도	**성**령의 도우심으로 예수 그리스도를 깨닫게 하시고 예수님을 주라고 시인하게 하시는 하나님 아버지! 죄 많은 저희를 선택된 백성으로 부르시어 구원의 반열에 들게 하여 주신 은혜를 감사드립니다. 오늘 주시는 말씀을 통하여 주님의 뜻을 발견하게 하시며, 주님께 드리는 찬양을 통하여 승리의 기쁨을 누리게 하옵소서. 이 예배를 통하여 저희의 영성이 회복되게 하시며 잃었던 첫사랑을 다시 찾을 수 있도록 은혜 내려 주시옵소서. 우리 교회가 천국을 향해 가는 지역 사회를 위한 징검다리가 되게 하시고, 성도들은 하늘의 비밀을 전하고 기쁜 소식을 전하는 귀한 하나님의 일꾼들이 되게 하여 주옵소서. **혼**돈과 죄악 속에서 주님의 은혜로 평안함을 누리게 하시는 하나님 아버지! 저희에게 주신 이 값진 생명이 하나님을 위하여 쓰이기를 원합니다. 주님의 이름으로 모인 저희가 저희끼리만 사랑을 나누고 은혜를 나누지 않고, 주님 앞에 헌신한 아름다운 모습들이 있습니다. 많은 열매를 거두도록 하나님께서 섭리하여 주시고 사명 따라 살려고 헌신하는 사랑하는 자들이 지치거나 상처받지 않게 하여 주시옵소서. 교회와 기관들이 서로 협력하여 주시기를 간절히 원합니다. 하나님이 특별하신 은혜로 우리 교회가 하는 모든 사역이 하나님을 영화롭게 하는 일들이 되게 하시고 세상을 변화시키는 사역이 되게 하여 주시옵소서. 예수님의 이름으로 기도드립니다. 아멘
헌금을 위한 성구	"선을 행하고 선한 사업을 많이 하고 나누어 주기를 좋아하며 너그러운 자가 되게 하라"(딤전 6:18)
헌 금 기 도	**죄**와 사망의 올무에서 해방되어 참 자유를 누리게 하신 하나님 아버지! 상한 마음과 약한 심령을 치유하여 주시어서 빛의 삶을 살아가도록 인도하여 주신 은혜를 감사드립니다. 오늘 거룩한 주일 아침 하나님께 드릴 귀한 예물들을 준비하여서 나온 종들에게 은혜와 복을 허락하여 주시옵소서. 그 마음에 하나님의 도우심이 없으면 안 된다는 고백을 받아 주시옵소서. 저들의 가정과 하는 모든 일에 우리 하나님께서 복을 더하여 주시옵소서. 저희가 물질의 노예가 되어 살았던 지난날의 삶을 반복하지 않게 하여 주시고 물질을 다스리는 자들이 되도록 믿음을 더하여 주시옵소서. **실**패한 영혼도 절망하지 않을 새로운 힘을 주시어서 승리의 감격을 맛보게 하시는 하나님 아버지! 예물을 드리는 주의 사랑하는 백성에게 평안과 복을 주시고 사업과 직장이 잘되게 하시며 영육 간에 하나님 주시는 복을 받는 저희가 되게 하여 주시옵소서. 십일조를 드린 손길, 주님께 범사에 감사하여서 감사헌금을 드린 손길, 교회의 건축을 위하여 드린 손길, 장학헌금을 드린 손길 또한 음식을 대할 때마다 정성껏 성미를 뜬 손길들이 있습니다. 몸으로 헌신하여 사랑하는 지체들의 수고와 땀도 기억하시고 저희와 수고와 땀이 하나님의 나라를 이루는데 귀한 몫을 감당하게 하여 주시옵소서. 예수님의 이름으로 기도드립니다. 아멘
위탁의 말 씀	"예수라 하는 그 사람이 진흙을 이겨 내 눈에 바르고 나더러 실로암에 가서 씻으라 하기에 가서 씻었더니 보게 되었노라" 하나님의 은혜가 충만한 우리도 그래야 합니다. 예수님처럼 살아가는 우리가 세상 사람들의 관심거리가 되어야 합니다.
축 도	우리를 죄와 사망에서 구원해 주신 예수 그리스도의 은혜와 하나님 아버지의 지극히 크신 사랑하심과 항상 우리 가운데 거하셔서 깨닫게 하시고 믿게 하시며 승리케 하시는 성령님의 역사가 택함을 입은 자답게 살아가기로 작정한 성도들 가운데 항상 함께하시기를 축원하옵나이다. 아멘

오늘의 설교를 위한 복음적 조명 주제 : 광명의 경험

제목 : 네 눈이 어떻게 떠졌느냐? | 본문 : 요한복음 9:6-12

주제 : 예수님은 하나님의 아들로 이 땅에 오셔서 하나님의 말씀을 전하고, 하나님으로부터 받은 능력을 행하셨다. 예수님의 능력 행하심은 당신의 존재성을 증명하는 일이었고, 사람들에게는 하나님의 은혜를 보여주심이었다. 예수님의 능력은 사람들에게 관심거리가 되었다.

논지 : 예수님은 맹인의 눈을 뜨게 하심으로 당신의 존재를 증명하셨다.

03
03

    1. 맹인의 눈을 고치신 예수님
    2. 관심 밖에서 잊혀진 예수님
    3. 증언을 통해 나타난 예수님
    4. 다시 관심을 받으신 예수님

    캄캄한 길을 걸어본 적이 있는가? 그냥 캄캄한 것도 아니고 비가 억수로 쏟아지는 밤, 아무런 불빛도 없는 어두운 곳을 지난 적이 있는가? 이 정도 되면 불안하다. 사고 위험이 있으므로 가능하면 밖에 나가지 않는 것이 좋다. 대한민국 도시들은 살기가 좋아서 밤이라도 어딜 가나 환한 빛이 있다. 외국 젊은이들이 한국에 와서 좋은 것이 밤에 돌아다니기 편하고 안전하기 때문이라 한다. 우리가 잠시 어두워도 불편한데, 사는 내내 어두우면 얼마나 불편하겠는가? 전쟁 중에 지하 깊은 곳에 피신한 사람들이 빛이 없는 곳에 산다. 그저 생존해야 하기 때문에 고통스러워도 견딘다. 앞을 볼 수 없는 분들도 있다. 그래도 그들은 생존해야 하기 때문에 삶의 괴로움을 견뎌낸다. 외출하다가 다칠 수도 있지만 그래도 필요할 때는 외출을 한다. 그들에게 눈이 되어 주는 존재가 있다. 함께 손잡고 걷는 사람, 또는 안내견이라고 해서 특수 훈련을 받는 개가 길을 인도한다. 그런데 우리도 사실은 앞을 못 보는 경우가 있다. 우리는 미래를 못 본다. 미래를 보려고 점을 치는 사람을 찾고 예언하는 사람을 찾아가지만 별로 좋은 일이 아니다. 우리의 미래는 하나님의 영역이다. 그러므로 하나님께 우리의 미래를 맡겨야 한다. 예수님이 앞을 못 보는 사람을 고치시듯 우리 미래도 책임지신다.

1. 맹인의 눈을 고치신 예수님

    길을 걷던 예수님이 한 맹인을 보셨다. 제자들이 맹인이 된 이유가 누구 죄 때문이냐고 묻는다. 예수님은 누구의 죄 때문이 아니라 하나님이 하시는 일을 나타내고자 하심이라고 대답하셨다. 예수님은 맹인을 보시고 당신의 정체를 밝히신다. 본문 앞에 있는 5절의 말씀이다. "내가 세상에 있는 동안에는 세상의 빛이로라" 예수님이 이 말씀을 하시고 침을 뱉어 진흙이 이기시고 맹인의 눈에 바르셨다. 그리고 말씀하셨다. "실로암 연못에 가서 씻으라" 맹인이 예수님 말씀을 듣고는 그대로 따랐다. 혼자서 실로암 연못을 찾을 수 있었는지는 모른다. 누가 인도했든지 혼자 찾아갔든지 어쨌든 실로암 연못에 가서 눈을 씻었다. 놀라운 일은 이렇게 했는데 맹인의 눈이 떠지고 밝은 세상을 보게 되었다는 것이다. 예수님이 맹인에게 기적을 행하시고 맹인의 삶을 바꿔주셨다. 어두움에 살던 사람이 밝은 세상을 보게 되었다. 세상을 더듬던 사람이 이제는 자유롭게 다니게 되었다. 예수님을 만나면 삶이 바뀐다. 우리의 미래가 불투명한가? 예수님이 인도하는 길을 따라가면 된다. 미래를 염려하거나 걱정하지 말자. 예수님을 믿고 따르면 된다. 예수님이 우리 삶을 책임져주신다. 예수님을 우리 삶을 책임지시고 밝은 은혜로 인도하시는 일을 좋아하신다. 우리를 향한 예수님의 은혜이다.

2. 관심 밖에서 잊혀진 예수님

맹인이던 사람이 눈을 뜨고 자유롭게 걸어 다닌다. 사람들이 치유된 맹인을 보았다. 맹인이었을 때는 구걸하던 사람이었는데 이제는 그렇게 안 해도 된다. 맹인을 아는 사람들이 많다. 사람들이 깜짝 놀랐다. 이게 어찌 된 일이냐? 자유롭게 걸어 다니는 저 사람이 우리가 알던 맹인이 맞느냐? 구걸하던 사람이 맞느냐? 아니다. 눈을 못 뜨는 사람과 눈을 뜬 사람은 전혀 다른 사람이다. 어라, 그런데 비슷하게 생겼네! 등등 사람들 사이에 왈가왈부하는 말이 오고간다. 눈을 뜬 사람이 자기를 향한 논란을 알고는 확인한다. "내가 바로 그 사람입니다" 맹인이 눈을 떴는데, 사람들은 일단 확인부터 하려고 한다. 이 과정에서 눈을 뜨게 해주신 예수님을 잊고 있다. 우리도 어떤 일이 일어나면 사실부터 확인하려 한다. 사실은 우리에게 일어난 일에 대한 원인까지 함께 살펴야 한다. 좋은 일이 있으면 그것을 자랑하고 누리기보다는 그 일이 내게 나타난 은혜에 먼저 감사해야 한다. 사실 확인보다 먼저 예수님의 은혜, 하나님의 사랑에 감사해야 한다. 좋은 일이 생겼으면 우선적으로 예수님을 기억해야 한다. 가장 중요하고 우선적인 일은 예수님을 기억하고 감사하는 일이다. 다른 사람에게도 좋은 일이 일어났다면 먼저 축하하고, 그에게 주신 예수님의 은혜와 능력을 높여야 한다.

3. 증언을 통해 나타난 예수님

사람들의 세상은 어떤 일이든 확인부터 한다. 그 다음에 벌어진 일에 대한 원인을 찾는다. 그러나 신앙인은 사실 확인 이전에 예수님부터 찾아야 한다. 예수님이 우선이기 때문이다. 본문에 보면 사실을 확인한 사람들이 비로소 원인과 과정을 찾기 시작한다. 사람들이 질문한다. "그러면 네 눈이 어떻게 떠졌느냐?" 이제 눈을 뜬 사람의 입으로 예수님이 증거되어야 할 차례다. "예수라 하는 그 사람이 진흙을 이겨 내 눈에 바르고 나더러 실로암 연못에 가서 씻으라 하기에 그대로 했습니다. 그랬더니 보게 되었습니다" 눈을 뜨고 본 사람은 보게 된 과정을 나름대로 상세하게 말한다. 내 눈을 뜨도록 도와준 분은 예수이다. 그 예수가 이렇게 저렇게 하라 해서 그대로 했다고 말한다. 지금 예수님은 눈을 뜬 사람의 입으로 증언되고 있다. 세상의 빛이라고 하신 예수님이 앞을 못 보는 사람에게 빛을 보게 하셨다. 세상의 빛이라 하신 예수님이 앞을 못 보는 사람을 보게 하심으로 당신의 정체성을 증명하셨다. 그렇다면 예수님의 치유하심이 증언되어야 한다. 눈을 뜬 사람이 예수님을 말하기 전에 질문하는 사람들이 있었다. 질문하는 사람들 중에는 예수님을 안 좋아하는 사람도 있다. 그런데 그들의 질문에 대답하는 과정에서 예수님이 증언된다. 어쨌든 예수님이 드러난다.

4. 다시 관심을 받으신 예수님

질문하던 사람들이 예수님의 존재를 알았다. 예수님이 맹인이었던 사람의 눈을 뜨게 하고 앞을 보게 하시며 자유롭게 다니도록 고쳐주셨다. 세상의 빛이요, 생명의 빛이라 하신 예수님이 당신의 정체성을 보이셨다. 예수님은 우리에게도 빛이시며, 생명의 빛을 허락하신다. 요한복음 8장 12절의 말씀이다. "나는 세상의 빛이니 나를 따르는 자는 어둠에 다니지 아니하고 생명의 빛을 얻으리라" 예수님의 존재를 알게 된 사람들은 예수님이 어디 있느냐고 묻는다. 예수님으로부터 도움을 받았으니 예수님의 거처를 알 수 있을 것이라는 추측에서 질문한다. 그들은 예수님을 향해 돌을 들어 던지려는 사람들이었는데(요 8:59), 눈을 뜬 사람을 보고는 다시 예수님에게 관심을 갖는다. 그 관심의 목적이 무엇일까? 예수님으로부터 도움을 받기 위함일까? 아픈 사람을 데리고 가서 치유를 받기 위함일까? 혹은 예수님을 만나서 가르침을 받기 위함일까? 또는 예수님을 믿기 위함일까? 그렇게 보이지는 않는다. 그들은 어떻게든 예수님의 흠을 잡으려는 듯하다. 예수님께 관심을 갖는 것이 좋은 일이다. 다만 선한 목적의 관심이어야 한다. 예수님을 만나서 가르침을 받고, 영원한 생명을 얻으려는 관심이어야 한다. 예수님의 거처에 대한 관심보다는 예수님의 은혜에 대한 관심이어야 한다.

2024년 3월 10일, 사순절 4번째 주일

성 경	히브리서 2:9-18	예전색상	보라색

03
10

예배의부름	"여호와를 경외하며 그의 길을 걷는 자마다 복이 있도다 네가 네 손이 수고한 대로 먹을 것이라 네가 복되고 형통하리로다"(시 128:1-2) 세상에서 믿음으로 승리의 감동을 살게 하신 하나님 아버지! 세상의 많고 많은 사람 중에 저희를 선택하셔서 하나님 앞에 나아와 찬양과 경배를 드리게 하심을 감사드립니다. 거룩한 주일 아침 교회에 나와 예배드리기 위해서 발걸음을 옮긴 성도들에게 믿음의 진보가 나타나게 하옵소서. 우리가 날마다 응답받기 위해서 기도하는 것들이 말씀을 들으면서, 찬양과 기도하면서 응답의 확신으로 이어지게 하옵소서. 예수님의 이름으로 기원하옵나이다. 아멘
회개를 위하여	지난 한 주간 세상에서 살면서 나만 의로운 자이며 잘못과 실수할 때는 모든 것이 다른 사람 때문이라고 원망하는 교만과 완고함을 버리고 못 하고 산 그가 나는 아닌지 성령님의 도우심으로 회개하고 용서를 비는 기도를 계속합니다.
고백의기도	고난을 통하여 얻어지는 구원의 감격을 감사하며 살게 하시는 하나님 아버지! 다시 한번 마음 깊이 담아두게 하옵소서. 완악하고 교만한 마음을 버리고 역사의 주관자 되시는 하나님 앞에 고개 숙여 회개하는 기도를 드리게 하심을 감사드립니다. 저희가 할 일과 주님이 하실 일이 다른데 아무 일도 하지 않고 주님만 의지하는 것이 믿음이라고 잘못 알고 살아온 저희의 잘못을 불쌍히 여겨 주옵소서. 입으로는 주님을 찬양하면서 서로 시기하고 비판만 일삼았던 저희가 얼마나 불쌍한 영혼인지를 깨달아 알게 하옵소서. 우리의 죄악 때문에 독생자를 형극의 가시밭길을 가게 하신 하나님 아버지! 우리를 구원하기 위해서 가신 십자가의 길을 따라가지 못하고 있는 어리석음을 용서하여 주옵소서. 십자가로 참사랑을 제시해 주셨지만, 저희는 돈을 바라보고 육체의 향락을 향하여 곁길로만 간 잘못을 살았습니다. 용서받고도 용서하지 못했으며, 미워하고 질투하고 시기만 하면서 살았습니다. 회개하는 이 결단과 방향 전환이 나의 인생을 바꿀 수 있는 거듭남의 표시가 되게 하여 주시옵소서. 이 시간 저희의 부끄러운 고백을 들으시고 사죄의 은총을 베풀어 주시옵소서. 예수 그리스도의 이름으로 기도하옵나이다. 아멘
사함의확인	"주는 계신 곳 하늘에서 들으시며 사유하시되 각 사람의 마음을 아시오니 그의 모든 행위대로 갚으시옵소서 주만 홀로 사람의 마음을 아심이니이다"(대하 6:30)
성시교독	126. 사순절(3)
설교 전 찬 송	26장 (구세주를 아는 이들) 80장 (천지에 있는 이름 중)
설교 후 찬 송	147장 (거기 너 있었는가) 154장 (생명의 주여 면류관)

97

금주의 성가	갈보리 – Arr. by Michael Larkin 골고다 언덕 위해 – 김주영 편곡 새 생명 채워 주소서 – H. William
목회기도	**절**기를 통해서 성육신의 사랑을 확인시켜주시는 참 좋으신 하나님 아버지! 사순절 네 번째를 맞이하는 거룩한 주일 아침 고달픈 세상에서 불러주시고 주의 제단 앞에 한마음으로 경배할 수 있게 하심을 감사드립니다. 저희 모든 성도가 관심과 이해와 양보 그리고 사랑으로 하나 되게 하옵소서. 우리 교회가 먼저 사랑을 실천하고 사랑을 전달하는 전도자가 되게 하시고 그 충성스러운 일꾼이 되게 하여 주옵소서. 성도 한 사람 한 사람이 작은 촛불이 되어 세상의 어둠을 물리치는 등대가 되게 하옵소서. 교회에 세워진 기관들이 하나 되어 기도하고 흩어지면 전도하고 사랑을 전하는 복음의 분배자들이 되어 하나님을 기쁘시게 하는 일에 최선을 다하게 하여 주옵소서. **믿**음의 활력이 회복될 생명의 말씀을 주시는 하나님 아버지! 기도를 통해서 성령님의 지도를 받지 않고 자신의 경험과 판단을 앞세울 때 하나님의 성업을 그르치고 낭패가 된다는 것을 깨달아 알게 하옵소서. 자녀를 가르치는 교사들에게도 성별된 심령을 주옵소서. 맡겨진 직분을 내 생각과 기분을 따라서가 아니라 하나님의 말씀에 순종하는 마음으로 헌신하게 하옵소서. 세상 삶에 힘들고 지치고 딱한 영혼들의 저희를 위해서 마지막 핏방울까지 보혈의 피를 흘려주신 주님의 희생을 생각하면서 새롭게 거듭나는 감동을 살게 하옵소서. 예수님의 이름으로 기도합니다. 아멘
헌금을 위한 성구	"오직 너희를 위하여 보물을 하늘에 쌓아 두라 거기는 좀이나 동록이 해하지 못하며 도둑이 구멍을 뚫지도 못하고 도둑질도 못하느니라 네 보물 있는 그 곳에는 네 마음도 있느니라"(마 6:20-21)
헌금기도	**거**룩한 주일에 몸과 마음과 뜻과 정성을 다해서 예물을 봉헌할 믿음 주시는 하나님 아버지! 즐거운 마음으로 봉헌하는 자에게 더 많은 것을 주시는 기쁨을 알게 하심을 감사드립니다. 믿음으로 드린 예물이 하나님의 나라를 위하여 사용될 때 비록 너무도 적은 물질이지만 하나님의 오병이어 역사로 인하여 크게 쓰임을 받게 하여 주시옵소서. 예물을 드리는 성도들의 산업과 가정에 복을 주시기를 원합니다. 보시기에 기쁨이 되는 일만 있게 하옵소서. 이 예물이 향기로운 예물이 되게 하시고 하나님이 기뻐하시는 정성이 되게 하옵소서. **사**랑하는 천국 백성들에게 일용할 양식을 주시는 하나님 아버지! 주 앞에 나온 저희가 십일조 예물과 감사예물과 생일예물과 소원예물을 드립니다. 이 예물을 드린 성도들이 드리는 믿음 때문에 가난한 자가 부유해지게 하시며 배고픈 자가 먹게 하시고 병든 자가 치유되게 하옵소서. 성미를 드립니다. 꽃꽂이로 성전을 장식하는 자녀들도 있습니다. 성가대로 봉사합니다. 주일학교 교사로 봉사합니다. 교회 여기저기에서 주의 일에 힘쓰는 많은 성도에게 복을 내려주시옵소서. 이 예물이 하나님 보좌에 상달 될 때 저들의 소원을 다 이루어주소서. 예수님의 이름으로 감사하며 봉헌기도를 간절히 드리나이다. 아멘
위탁의 말씀	"하나님의 일에 자비하고 신실한 대제사장이 되어 백성의 죄를 속량하려 하심이라" 예수님이 승리하심으로 우리도 승리하게 하시고, 거룩하고 신실한 대제사장으로서 많은 사람을 승리하게 만드는 신앙의 장수로 살아가야 합니다.
축도	이제는 고난받으시면서도 오직 저희만 생각하시고 참으신 예수 그리스도의 고마우신 은혜와 고난받으시는 예수님을 바라보면서 저희의 구원을 위해 극도의 슬픔을 참으신 하나님 아버지의 사랑과 고난의 흔적이 내 믿음에 근거가 되게 하시는 성령님의 인도하심이 사순절을 지내면서 교회와 가정과 이웃 속에서 예수님의 고난을 따라가며 거룩한 자취를 남기고자 결단하며 출발하는 주의 백성들에게 지금부터 영원까지 함께하시기를 간절히 축원하옵나이다. 아멘

오늘의 설교를 위한 복음적 조명 주제 : 고난의 목적

제목 : 우리를 위해 일하신 예수님 | 본문 : 히브리서 2:9–18

03
10

주제 : 예수님은 하나님의 영광과 존귀로 충만하시다. 그리고 우리에게 영광과 존귀를 허락하신다. 예수님이 승리하심으로 우리를 승리하게 하시고, 속량하심으로 우리를 거룩하게 하셨다. 예수님은 신실한 대제사장으로서 우리에게 자유를 주시고, 승리의 신앙으로 이끄신다.

논지 : 예수님은 하나님의 아들로서 우리를 거룩하게 하시려고 먼저 승리하셨다.
   1. 영광과 존귀로 충만하신 예수님
   2. 거룩한 형제들을 세우신 예수님
   3. 하나님의 자녀를 삼으신 예수님
   4. 속량과 승리의 근원이신 예수님

　우리는 예수님을 구주로 믿는다. 예수님이 어떤 분이신지, 어떤 일을 하셨는지 또 그분이 나와 어떤 관계에 있는지를 알고 믿는다. 성경에서 예수님의 정체성을 표현하는 단어가 매우 많다. 그리고 예수님이 어떤 일을 하셨고, 우리와 어떤 관계를 맺고 계시는지도 말하는 구절이 매우 많다. 예수님의 정체성은 예수님의 하신 일과도 관련이 있다. 예수님은 하나님의 아들이다. 이 선언은 예수님의 정체성 중에 하나이다. 그리고 예수님은 하나님의 아들로서 세상에 보냄을 받아 오셨고, 하나님 나라의 복음을 전파하셨다. 예수님은 당신의 정체성에 걸맞는 일을 하셨다. 우리는 성경을 보면서 예수님을 더 세밀하고 정확하게 알게 된다. 그리고 예수님을 향한 폭넓은 믿음을 갖는다. 예수님이 하신 수많은 일들이 사실은 우리와 나를 위한 것이다. 예수님이 우리를 하나님의 자녀로 삼으셨고, 하나님 나라 자녀답게 살아가도록 가르치셨으며 성령을 보내시어 자녀로 살아가는 힘을 주신다. 예수님이 우리에게 은혜를 베푸셨다. 우리는 그 은혜를 알고 감사하며 하나님께 영광을 돌린다. 또 예수님의 은혜를 더 많은 사람들에게 알리려고 전도한다. 우리의 삶이 예수님 중심으로 펼쳐져 간다. 그래서 살면서 또는 예배를 드리면서 예수님을 더 많이 배우고 알며, 예수님을 중심으로 살려고 한다.

1. 영광과 존귀로 충만하신 예수님

　예수님은 하나님의 아들이시다. 그렇다면 예수님은 하나님 아버지가 가지신 영광을 동시에 가지신 분이다. 예수님께는 영광과 존귀가 충만하다. 예수님은 본래부터 영광과 존귀로 충만하신 분이었다. 하지만 예수님은 영광과 존귀를 누리기만 하시지는 않았다. 그 영광과 존귀를 우리들에게도 나누고자 하셨다. 예수님의 나눔은 그냥 되지 않는다. 왜냐하면 영광과 존귀를 받으려는 우리가 죄인이고 받을만한 자격이 없기 때문이다. 예수님은 영광과 존귀를 주시기 위해 우리의 죄를 용서하시고 깨끗하게 만드셔야 했다. 그 방법은 구약의 제사를 완성하는 방법이었고, 당신이 스스로 죄를 용서하는 희생제물이 되셔야 했다. 본래 예수님은 천사를 다스렸는데, 잠깐동안 천사보다 못하게 되셨다. 예수님이 고난을 받고 죽음의 자리로 가셨다. 예수님은 이 일을 은혜로 행하셨다. 예수님의 고난과 죽음은 우리에게 은혜를 주시는 일이었다. 예수님의 고난과 죽음이 사실은 당신의 영광과 존귀를 증명하는 일이었다. 예수님이 죽으심으로 당신을 믿는 사람들을 하나님의 아들로 만들고 하나님의 영광에 들어가게 하셨다. 영광과 존귀로 충만하신 분이 당신의 충만을 우리에게 나누셨다. 예수님을 믿는 우리가 영광과 존귀를 입게 되었다. 그리고 고난도 받으며 다른 이를 영광으로 이끌어간다.

2. 거룩한 형제들을 세우신 예수님

　예수님은 거룩하시다. 그분은 죄가 없으시며 흠도 없으시다. 세상에 오신 예수님은 모든 일에 우리와 똑같이 시험을 받으신 이로되 죄는 없으시다(히 4:15). 죄 없으신 예수님이 고난을 받으심으로 믿는 우리에게도 죄를 용서받는 길을 열어주셨다. 하나님의 독생자이신 예수님이 당신을 믿는 우리를 하나님의 자녀로 인정받게 하셨다. 영광의 예수님이 당신을 믿는 우리를 영광으로 이끌어주셨다. 거룩하신 예수님이 믿는 우리를 거룩하게 하셨다. 본문은 이 거룩함이 모두 한 근원에서 났다고 기록한다. 즉 거룩함이 하나님으로부터 왔다는 의미이다. 그렇다면 거룩하신 예수님과 거룩함을 입은 우리가 한 근원에서 왔고 형제가 된다. 사실 우리는 예수님과 형제가 될 수 없다. 본성이 다르기 때문이다. 그런데 예수님이 우리를 형제라 불러 주신다. 엄청난 은혜이다. 이 세상에는 한 부모에게서 태어난 형제자매라 할지라도 돈과 지위 또는 출신학교에 따라 형제이기를 거부하는 현상이 있다. 그러나 예수님은 우리를 형제라고 부르는 일에 전혀 부끄러워하지 않으신다. 본문은 주의 이름을 형제들에게 선포하고, 교회 중에서 찬송한다고 기록한다. 이 말씀대로 우리는 형제와 함께 교회에서 찬송한다. 믿음의 사람들을 서로 형제로 인정하고, 형제로 불러 주신 하나님께 감사하며 찬송을 한다.

3. 하나님의 자녀 삼으신 예수님

　예수님이 우리를 향해 형제라고 불러 주신다면 우리는 하나님과는 어떤 관계인가? 성경은 예수님을 믿는 사람들에게 하나님의 자녀가 되는 권세를 주셨다고 기록한다(요 1:12). 예수님은 성경의 기록을 한 번 더 확인하신다. "볼지어다 나와 및 하나님께서 내게 주신 자녀라 하셨으니"(13). 하나님의 자녀는 어떤 외형을 지니고 있을까? 살도 피도 없고 공간도 마음대로 넘나들 것 같은가? 늘 희고 깨끗한 옷만 입고 죄와 흠이 전혀 없을 거 같은가? 하나님의 자녀라고 해서 천사처럼 모양을 하고 살까? 전혀 아니다. 하나님의 자녀라 할지라도 육신을 가졌고 신체기관이 보통 사람들과 똑같이 움직인다. 게다가 마음 쓰는 것과 생각하는 일에서 불신자와 비슷한 점도 많다. 불신자가 죽는 것처럼 하나님의 자녀도 때가 되면 목숨이 끊어진다. 본문은 하나님의 자녀가 혈과 육에 속하였다고 한다. 그런데 하나님의 아들 예수님이 세상에 오셨을 때 혈과 육을 지니셨다. 하지만 그분의 죽음은 우리와는 다르다. 우리는 자연사, 사고사를 당할 수 있지만 예수님은 희생의 죽음을 당하셨다. 왜 그러셨을까? 혈과 육을 지배하고 죽음의 세력을 잡은 마귀를 멸하시고 죽기를 무서워하는 사람들 즉 종노릇하는 사람들을 자유하게 하심이다. 그러므로 하나님의 자녀인 우리는 자유를 얻었다.

4. 속량과 승리의 근원이신 예수님

　이스라엘 사람들은 전통적으로 아브라함의 자손이라는 데 자부심을 가졌다. 예수님도 세리장 삭개오를 칭찬하시면서 이 사람도 아브라함의 자손이라고 말씀하셨다(눅 19:9). 예수님은 천사를 책임지시지 않고 믿음으로 하나님의 자녀 된 사람들, 믿음의 혈통으로 아브라함의 자손들을 붙들어주신다. 예수님은 모든 일에 우리를 형제로서 대하신다. 세상에서 차별하는 형제가 아닌 하나님 나라 가치로서 차별이 없는 형제, 하나님 사랑의 피를 나눈 형제로 대하신다. 예수님이 우리의 죄를 완전하게 속량하셨는데 이는 이스라엘의 대제사장 역할을 하심이다. 원래 이스라엘의 대제사장은 짐승의 피를 제사 제물로 삼아 하나님께 백성들의 죄를 용서해달라고 구하셨다. 그런데 예수님은 하나님 아버지의 뜻에 따라 당신의 몸을 제물로 삼아서 온 인류의 죄를 용서해주셨다. 예수님은 스스로 제물과 대제사장이 되셨다. 혈과 육을 가지신 예수님은 시험을 당하셨다. 그러기에 시험당하는 사람을 알고 계시고 능히 도우실 수 있다. 즉 시험에서 이기도록 도와주신다. 고난을 당하신 예수님이 이 땅에서 고난 받는 사람들에게 이기는 힘을 주신다. 죄를 속량하신 예수님이 믿음의 사람들에게 이 땅에서의 삶을 승리하도록 도와주신다. 자비하고 신실한 대제사장 예수님은 승리의 근원이시다.

성 경	마가복음 10:32-34	예전색상	보라색

예배의 부름

"네가 만일 하나님을 찾으며 전능하신 이에게 간구하고 청결하고 정직하면 반드시 너를 돌보시고 네 의로운 처소를 평안하게 하실 것이라"(욥 8:5-6)

03 17

고난이 올 때 기도로 승리하는 성도를 사랑하시고 붙들어주시는 하나님 아버지! 어려움과 불의에 맞서는 강철 같은 믿음으로 하나님께서 원하시는 인내와 기도의 사람으로 살게 하신 은혜를 감사드립니다. 영혼이 병들고 육신이 병들고 생활이 병든 백성들이 주님 앞에 손들고 나왔습니다. 오늘 주시는 말씀을 통해서 고통이 변하여 기쁨이 되는 하늘 계시를 보게 하여 주옵소서. 사순절이 끝나가는 지금 주님의 고난을 가슴에 새기고 세상에 나가 복음의 삶을 살게 하옵소서. 예수님의 이름으로 기원하옵나이다. 아멘

회개를 위하여

하나님께서는 연약한 우리가 힘차게 일어나 독수리처럼 날아오르는 은혜를 주시기 위해서 성령의 인도하심을 받게 하셨습니다. 죄와 허물로 얼룩진 생활을 할 때 성령님은 탄식하십니다. 혹시 아직도 회개하지 못한 죄 때문에 용서하지 못한 그 고집을 안고 괴로워하는 나는 아닌지 성찰하는 기도를 계속합니다.

고백의 기도

갈급한 심령에 성령의 단비를 내리시어 영혼이 목마르지 않게 하시는 하나님 아버지! 독생자 예수께서 하늘의 영광을 버리시고 골고다 언덕에서 십자가를 지시면서까지 우리를 사랑해 주심을 감사드립니다. 하나님의 크고 놀라운 사랑과 많은 은혜 가운데 살면서도 아직 정신을 차리지 못하고 하나님을 원망하며 불평을 말한 잘못을 용서하여 주옵소서. 주님의 말씀을 듣고, 성령의 감화를 받았지만, 성령님의 뜻대로 행동하지 못한 죄악을 불쌍히 여겨 주시고 용서하여 주시옵소서.

온전한 믿음만이 구원의 보증이 되게 하시는 하나님 아버지! 기도에 잠이 들면 믿음이 식어가는 것을 알고도 쉬지 않고 기도하여 영혼을 깨우지 못한 잘못을 불쌍히 여겨 주옵소서. 주님의 용서하심과 오래오래 참으심과 인내심을 가볍게 여기고 그릇된 길로 가지 않게 하옵소서. 게으르면서도 풍요하기를 바라며, 자신은 정직하지 못하면서도 다른 사람이 나만을 위해주기를 바라는 어리석은 죄를 반복하지 않게 하옵소서. 이 모든 죄를 자복하오니 용서하여 주시옵소서. 예수님의 이름으로 기도합니다. 아멘

사함의 확인

"이에 예수께서 이르시되 아버지 저들을 사하여 주옵소서 자기들이 하는 것을 알지 못함이니이다 하시더라"(눅 23:34)

성시교독	127. 사순절(4)
설교 전 찬 송	11장 (홀로 한 분 하나님께) 461장 (십자가를 질 수 있나)
설교 후 찬 송	144장 (예수 나를 위하여) 150장 (갈보리산 위에)

금주의 성가	주님의 뜻을 이루소서– George C. Sttebbins 주 예수 나의 죄를 인해 – Arr. by L. V. Beethoven 오 고난 당하신 주여 – Palestrina
목 회 기 도	우리 교회가 구원의 방주가 되어 천국으로 향하는 징검다리가 되게 하신 하나님 아버지! 기도할 때마다 은혜로 응답하여 주시고 영원히 목마르지 않을 생명의 샘을 허락하여 주심을 감사드립니다. 지난 한 주간 세상에서 살면서 시험에 빠지고, 지치고, 고통을 받을 때 믿음 적음을 책망하지 않으시고 사랑으로 위로하시고 새 힘을 허락하여 주심을 기억합니다. 말씀의 감격으로, 사랑의 뜨거움으로 채워 주시옵소서. 영적으로 갈급한 영혼마다 촉촉한 생명수로 허락하옵소서. 저희가 주님의 사랑을 받아 주님의 능력을 받아 평화와 기쁨으로 살게 하옵소서. 믿음의 돛을 높이 올리고 전진하는 교회가 되게 하시는 하나님 아버지! 우리 교회의 각 부서, 기관이 기도로 하나 되게 하시고 이 지역에서 그리스도의 문화를 전파하는 일에 앞장서게 하옵소서. 이웃을 돌아보는 일을 잊지 않게 하여 주시옵소서. 수많은 굶주린 영혼과 그들의 허기를 채워 주며 동시에 하나님의 복음으로 영과 육의 양식을 먹일 수 있게 하여 주시옵소서. 한 생명을 천하보다 귀하게 여기는 교회, 빛과 소금 된 사명을 감당하는 교회가 되게 하여 주옵소서. 오늘 예배를 통하여 우리 교회가 나아갈 새로운 이정표가 심령 심령에 뿌리 내리는 기쁨이 더해지게 하옵소서. 예수님의 이름으로 기도합니다. 아멘
헌금을 위한 성구	"여호와의 이름에 합당한 영광을 그에게 돌릴지어다 제물을 들고 그 앞에 들어갈 지어다 아름답고 거룩한 것으로 여호와께 경배할지어다"(대상 16:29)
헌 금 기 도	교회를 위해서 땀 흘려 봉사하는 성도들의 노고를 일일이 기억해 주시는 하나님 아버지! 교만하여 높은 자리만을 바라지 않고 작은 것에도 기쁨과 감사를 드릴 수 있는 믿음 주심을 감사드립니다. 저희 모두가 금보다 더 소중한 주님의 은혜와 사랑을 가지고 나누어 주며 살아가게 하옵소서. 봉사할 때마다 남에게 보이기 위하여 억지로 하는 봉사가 아니라 하나님의 은혜에 감사하여 마음으로부터 드리는 봉사가 되게 하옵소서. 오늘도 하늘 사랑을 감사하는 마음의 보자기에 고이 싼 예물을 준비했습니다. 드리는 사업장과 가정이 가진 기도의 제목들이 응답하는 감격이 있게 하옵소서. 이 땅에서 호흡하며 사는 동안 먹을 것과 입을 것을 공급해 주시는 하나님 아버지! 오늘도 주신 감격을 생각하며 십일조를 바치는 자녀들의 손길 위에 축복하여 주옵소서. 감사예물을 드립니다. 선교 예물과 구역헌금을 드리고 주정헌금을 드리며 성미를 드립니다. 작은 겨자씨가 큰 나무가 되는 것처럼 이 예물들이 하나님의 일꾼들을 키우고 하나님의 교회를 든든히 세워가는 주춧돌이 되게 하옵소서. 오늘도 부족한 물질 때문에 노심초사하는 자녀들을 찾아 주시고 이들의 안타까움과 불안스러운 마음을 위로하여 주시고 이들의 필요를 넉넉하게 공급하여 주시옵소서. 예수님의 이름으로 기도합니다. 아멘
위탁의 말 씀	"누구든지 사람 앞에서 나를 시인하면 나도 하늘에 계신 내 아버지 앞에서 그를 시인할 것이요 누구든지 사람 앞에서 나를 부인하면 나도 하늘에 계신 내 아버지 앞에서 그를 부인하리라" 예수님의 억울한 발걸음이 부활로 이어진 것처럼 우리도 고난도 승리의 지름길로 믿고 살아가야 합니다.
축 도	지금은 우리의 죄와 허물을 담당하사 아낌없이 그 몸을 주신 우리 주 예수 그리스도의 은혜와 우리를 사랑하시기를 세상 끝날까지 하시는 아버지 하나님의 은혜와 오늘도 우리 곁에 계셔서 믿음으로 승리케 하시는 성령님의 그 크신 능력이 우리 모두 위에 영원토록 함께하시기를 간절히 축원하옵나이다. 아멘

오늘의 설교를 위한 복음적 조명 주제 : 고난의 예고

제목 : 고난을 향한 발걸음 | 본문 : 마가복음 10:32-34

주제 : 예수님은 사람들과 함께 예루살렘으로 올라가셨다. 예수님은 열 두 제자에게 당신의 고난과 부활에 대하여 말씀하셨다. 예수님의 발걸음은 고난을 향한 발걸음이었다. 고난의 끝은 억울한 죽음이었다. 그러나 예수님의 발걸음은 고난으로 끝나지 않고 부활로 이어진다.

논지 : 예수님은 부활을 향한 길이 사실 고난을 향한 발걸음임을 알려주셨다.
1. 사람들을 앞서 가시는 예수님
2. 당할 일을 말씀하시는 예수님
3. 억울한 체포를 당하실 예수님
4. 죽음과 부활을 말하신 예수님

**03
17**

　사람은 목적에 따라 움직이는 존재이다. 아프리카 초원의 동물들은 생존을 위해 움직인다. 그러나 사람은 생존만을 위해 움직이지는 않는다. 어떤 목적에 의해서 움직인다. 여행을 하는 것도 마찬가지이다. 여행은 움직임이다. 아무리 휴양지에서 쉰다고 할지라도 집에서 휴양지까지 움직여야 한다. 이런 여행의 목적은 쉼이다. 어떤 사람은 타문화를 경험하려고 여행을 한다. 이 움직임의 목적은 경험이다. 예수님도 이 땅에서 움직이셨다. 갈릴리, 예루살렘, 사마리아 등을 여행하셨다. 예수님의 여행 목적이 무엇인가? 그것은 하나님 나라의 복음을 전파하려는 것이다. 예수님이 전도하시려고 사마리아로 가셨다. 예수님은 제자들을 만나러 바닷가를 찾아가셨고, 죽은 나사로를 보려고 베다니에 가셨다. 제자들을 찾으신 것과 죽은 나사로를 만나는 것 역시 하나님 나라 복음 전파의 목적 안에 있는 작은 목적들이다. 오늘 우리들의 움직임을 어떤 목적에서인가? 대부분은 직장, 직업, 업무, 시장보기 등의 생존을 위해 움직이는 경우가 많다. 더러는 소문난 식당 찾아가기, 여행, 취미생활하기 등의 문화적 움직임도 있다. 주일에는 교회로 찾아오는 신앙의 움직임도 있다. 이런 모든 움직임이 예수님의 목적과 관련이 있는가? 이왕이면 예수님의 목적과 관련이 있는 움직임이면 좋겠다.

1. 사람들을 앞서 가시는 예수님

　예수님이 예루살렘으로 올라가신다. 유대 지경과 요단강 건너편에서 사람들을 만나고 전도하고 가르치시던 예수님이 이제는 예루살렘으로 올라가신다. 예수님께서 예루살렘으로 움직이는 목적이 있다. 그것은 하나님께서 부여하신 인류 구원의 사명을 이루기 위함이다. 당신 스스로가 희생제물이 되어 인류의 죄를 속량하시기 위함이다. 사실 사명을 갖고 움직이면 발걸음이 가벼워야 한다. 무엇인가 기대감을 갖고 움직이기 때문이다. 그러나 사명의 완수가 고통을 수반하는 것이라면 발걸음이 무거울 수 있다. 우리 예수님이 예루살렘으로 가시는데 사람들보다 앞서서 가셨다. 사람들이 예수님의 뒤를 따른다. 예수님이 앞서서 가시는 것을 사람들이 놀라워한다. 왜 사람들이 놀라워할까? 본문 바로 앞 절에 보면 "먼저 된 자가 나중 되고 나중 된 자가 먼저 된다"고 예수님이 말씀하셨다. 그렇다면 예수님이 앞서서 가시니 다음에는 가장 나중에 올 수 있다고 사람들이 생각했기 때문일까? 게다가 사람들이 두려워한다. 그것은 예수님과 복음을 위하여 모두를 버리라고 예수님이 요구하셨기 때문이다. 모두를 버리려고 생각하면 두려움부터 앞선다. 우리 예수님은 예루살렘으로 앞장서 가시지만, 동시에 하나님 나라를 위하여 앞장서 실천하신다. 그분은 우리 신앙의 모델이 되신다.

2. 당할 일을 말씀하시는 예수님

예수님의 가시는 길에 사람들이 많이 따라온다. 예수님은 당신을 따르는 사람들을 상대로 하나님 나라를 가르치기도 하셨다. 때로는 예수님 자신의 일에 관하여는 열두 제자에게만 말씀하기도 하셨다. 예수님이 열두 제자에게 예루살렘에서 당신의 당할 일을 말씀하신다. 예수님이 어떤 일을 당하실까? 본문 33절과 34절의 말씀이다. 예수님은 예루살렘에서 체포를 당할 것이고, 빌라도 앞에서 심문을 받으실 것이다. 그리고 십자가에 처형될 것이며 삼일 후에는 부활하실 것이다. 예수님은 이전에도 이런 말씀을 하시면서 제자들에게 발설하지 말라고 당부하셨다(막 9:9). 예수님이 왜 당신의 당할 일을 제자들에게 말씀하실까? 혹시 당신이 고난을 받는다고 하면 제자들이 지레 겁을 먹고 도망할지도 모른다. 아니면 제자들이 적극적으로 예수님을 말리고 예수님을 위한답시고 예수님의 사명에 걸림돌이 될지도 모른다. 제자들 중에는 예수님의 말씀을 외부에 발설할지도 모른다. 예수님은 이런 모든 가능성을 알면서도 당신이 당할 일을 말씀하셨다. 당신의 사명을 제자들에게 확인해주시고 반드시 이뤄질 것임을 제자들에게 각인시키는 의도를 예수님이 가지셨다. 그리고 예수님의 말씀을 들은 제자들은 마음의 준비를 할 것이다. 제자들은 흔들림 없이 예수님 뒤를 따라야 한다.

3. 억울한 체포를 당하실 예수님

예수님의 예루살렘 길에는 고난을 향한 길이었다. 예수님의 길은 꽃길이었을까? 최소한 예수님이 올라가시는 장면에서는 그렇다. 예수님이 나귀를 타고 예루살렘에 올라가실 때, 사람들이 종려나무 가지를 흔들며 호산나를 외쳤다. 어떤 사람들은 겉옷을 벗어 길에 펼치며 나귀를 타신 예수님이 겉옷 위로 지나가게 하였다. 영화제에서 상을 받을 배우가 빨간 양탄자 위를 걸으면서 등장하는데, 사람들이 보기에 예수님이 구원자로 등장하시니 겉옷을 밟고 지나가는 정도야 아무렇지도 않다. 그러나 예수님의 길은 꽃길이 아니다. 예수님은 예루살렘에서 체포될 것이다. 예수님이 대제사장과 서기관들에게 넘겨져서 온갖 이상한 질문을 받으며 모욕을 당할 것이다. 말로는 도저히 예수님을 이길 수 없는 대제사장과 서기관들은 예수님을 죽이자고 결의할 것이다. 그리고 빌라도의 법정에 세울 것이다. 대제사장과 서기관들은 이방인이라고 멸시하는 빌라도의 힘을 빌어서 예수님을 죽이려 들 것이다. 대제사장과 서기관들은 예수님이 전하는 하나님 나라 복음이 싫어서 미워하는 사람에게라도 힘을 빌어서 예수님을 죽이려 한다. 자기들의 기득권 유지를 위해 원수와도 타협하면서 복음을 훼방한다. 이런 식으로 정의와 평화를 훼방하는 사례도 많다. 예수님은 억울한 체포를 당하실 것이다.

4. 죽음과 부활을 말씀하신 예수님

예수님이 이방인들에게 넘겨지면 어떤 일을 당하실까? 이방인들은 예수님을 향해 인정사정을 안 볼 터이다. 이방인들이 예수님을 향해 능욕하고 침을 뱉으며 채찍질하고 죽일 것이다. 이렇게 짧게 말하지만 사실 하루 종일 벌어질 일이다. 이방인들은 로마 군인을 포함한다. 군인들은 호전성을 가졌다. 군인들을 찌르고 베고 죽이는 일을 하기 위해 훈련한다. 무장한 적군 군대를 향해서도 이렇게 하는데, 무장하지 않은 예수님 한 사람 정도 다루는 건 매우 쉽다. 게다가 그것인 자기들의 임무라고 생각하면 가능한 한 심하게 예수님을 다룰 것이다. 예수님은 세상의 악한 조직과 체계에 의해 고난을 당하셨다. 고난의 마지막은 죽음이다. 그러나 예수님께는 죽음이 끝은 아니다. 동물들은 죽어도 자손을 남기고, 식물의 씨앗은 죽어도 새로운 싹을 틔운다. 사람은 동물과 식물의 수준이 아닌 역사와 가치를 남긴다. 우리 예수님은 죽은 후에 부활하신다. 예수님은 부활하심으로 인류 구원이라는 당신의 사명을 완수하신다. 그리고 우리에게도 구원을 베푸시고, 죽음 후에 부활할 것이라는 소망을 주신다. 예수님은 제자들에게 고난과 죽음을 말씀하심으로 좌절 같으나 소망을 알려주셨다. 이 소망이 우리에게도 똑같이 적용된다. 사순절을 지내는 우리에게는 예수님이 가르치신 소망이 있다.

성 경	이사야 53:3-6	예전색상	빨간색

03 24

예 배 의 부 름	"앞에서 가고 뒤에서 따르는 자들이 소리 지르되 호산나 찬송하리로다 주의 이름으로 오시는 이여 찬송하리로다 오는 우리 조상 다윗의 나라여 가장 높은 곳에서 호산나 하더라"(막 11:9-10)
	예수님이 징계를 받으심으로 우리가 평화를 누리고 채찍에 맞으심으로 우리가 나음을 얻게 하시는 하나님 아버지! 죄인에게 영생의 통로를 열어주시고 멸시와 천대를 받으며 험한 인생을 살아가야 할 죄인을 위해 독생자를 구세주로 보내주신 은혜를 감사드립니다. 사순절 동안에 마음먹은 것을 행동으로 실천하지 못한 잘못을 용서하여 주시고 오늘도 신령과 진정으로 예배드리오니 주님의 자비로 흠향하여 주옵시고 감사와 감동이 넘치게 하옵소서. 예수님의 이름으로 기원하옵나이다. 아멘
회개를 위하여	죄인을 용서하고 새 힘과 능력을 주시기 위해 독생자 예수가 죄인의 모습으로 십자가를 지시고 물과 피를 다 흘리셨습니다. 그리고 애타게 주님은 남은 고난에 동참할 것을 원하시는데 고난이 올 때 기도 대신에 원망을 말한 그가 나는 아닌지 회개하는 기도를 계속합니다.
고 백 의 기 도	온 천하보다 귀한 영혼을 위해 십자가의 보혈을 허락하신 하나님 아버지! 이제 살아도 내가 사는 것이 아니요, 내 안에 예수님이 진정한 주인으로 계시는 성령의 사람으로 생각하고 말하고 행동하게 하심을 감사드립니다. 아직도 불신앙에 사로잡혀 게으르고 나태한 생활을 하며 구습을 벗어 버리지 못하고 있음을 고백합니다. 성숙한 신앙의 모범을 보이며 내가 먼저 양보하고 손해를 보는 섬김을 살지 못한 것을 불쌍히 여겨 주옵소서. 어리석은 죄인을 다시 한번 일깨워 주시고 선한 주님의 사역에 매진할 수 있도록 성령을 부어 주시옵소서.
	언제나 회개하는 영혼에 새로운 기회를 주시는 사랑의 하나님! 주님의 사랑하는 자녀들을 위해 작은 힘을 보태어 충성할 수 있도록 내게도 능력을 더하여 주시옵소서. 회개하는 심령에 조금도 남김없이 씻어주시어서 정결하고 깨끗한 몸과 마음으로 거룩한 복음의 길을 충성스럽게 헌신하며 가게 하옵소서. 시기와 질투로 남의 것을 탐하는 어리석은 욕심을 내려놓습니다. 신앙의 첫사랑을 회복하고 춤추며 기뻐하는 천국 잔치를 날마다 행할 수 있도록 진정으로 회개하오니 사죄의 말씀을 주옵소서. 예수님의 이름으로 기도합니다. 아멘
사함의 확인	"너희가 전에는 백성이 아니더니 이제는 하나님의 백성이요 전에는 긍휼을 얻지 못하였더니 이제는 긍휼을 얻은 자니라"(벧전 2:10)
성시교독	129. 종려주일
설교 전 찬 송	140장 (왕 되신 우리 주께) 143장 (웬말인가 날 위하여)
설교 후 찬 송	149장 (주 달려 죽은 십자가) 314장 (내 구주 예수를 더욱 사랑)

금주의 성가	십자가의 칠언 – R. R. Perry 예수와 함께 못 박혔으니 – Lani Smith 십자가상의 죽음 – J .Stainer
목 회 기 도	**독**생자를 부활의 첫 열매가 되게 하려고 십자가의 고난을 감당하게 하신 하나님 아버지! 오늘 고난주간이 시작되는 거룩한 주님의 아침 예배를 드리기 전에 제단 앞에 나와 불신앙을 회개하고 주님의 음성을 들을 준비를 시켜 주심을 감사드립니다. 고난주간이 시작됩니다. 고통과 근심하는 자에게 주님의 평안을 전하는 복음의 전달자가 되게 하옵소서. 우리 교회가 세상 속에 있지만, 세상의 교회가 아닌 주님의 몸 된 교회로 사명을 다하게 하여 주옵소서. 교회는 사랑과 용서가 흘러넘치는 곳임을 아오니 이곳에서 주님의 은혜를 넘치게 받고 나가서 주님의 사랑과 용서를 마음껏 쏟아내는 교회와 성도들이 되게 하옵소서. **하**나님의 말씀으로 사랑을 배우고 용서를 배우게 하시는 하나님 아버지! 2024년 사순절 기간의 마지막인 고난주간 동안에 십자가의 보혈로 죄악과 허물이 깨끗이 씻겨지는 기쁨을 경험하게 하옵소서. 영적으로 힘들어서 고개 숙인 성도들의 기도 제목을 들어주시고 하늘에 상달 되어 말씀으로 응답하는 감동의 자리가 되게 하옵소서. 우리 교회가 남은 고난주간 동안 예수님의 고난에 더욱 가까이 동참하고 기도하여 저희의 삶이 예전보다 변한 모습으로 우뚝 서는 성도들이 되게 하옵소서. 예수님의 이름으로 기도드립니다. 아멘
헌금을 위한 성구	"나는 정의로운 길로 행하며 공의로운 길 가운데로 다니나니 이는 나를 사랑하는 자가 재물을 얻어서 그 곳간에 채우게 하려 함이니라"(잠 8:20~21)
헌 금 기 도	**감**당할 수 없는 크신 은혜와 사랑으로 저희의 필요를 채워 주시는 하나님 아버지! 풍성한 은혜로 한 주간의 삶을 지켜주신 은혜를 감사드립니다. 세상의 것을 많이 가지고 있어도 주님과 함께하지 않으면 참된 행복이 아님을 고백하는 믿음을 주옵소서. 물질이 부족해도 날마다 일용할 양식을 공급하시는 부족함 없는 은혜를 체험하며 살게 하옵소서. 오늘 드리는 예물이 성도들의 정성과 몸의 수고가 담긴 것이오니 받아 주옵소서. 주님께 드리는 예물을 준비하는 첫 과정부터 주님께서 개입해 주시고, 드리는 손길을 주님께서 만져 주시어서 의로운 손이 되게 하옵소서. **어**려움 속에서도 채우시는 주님의 은혜를 감사하게 하시는 하나님 아버지! 십일조 예물을 드립니다. 말할 수 없는 주님의 은혜를 기억하며 감사의 예물을 드립니다. 주님께서 공급하신 힘을 받아 하루하루를 기쁘게 살아가며 주일 헌금을 드립니다. 선교헌금, 구제헌금, 작정 헌금을 드립니다. 구역헌금을 드립니다. 부족한 저희의 영원한 길잡이가 되어 주시고 넘치는 은혜의 생수를 공급하여 주옵소서. 사업하는 성도들의 사업장에 빛나는 지혜를 주셔서 아이디어가 넘쳐나게 하옵소서. 이 시간 주님께서 교회를 통해 주신 직분에 충성을 다짐하는 자녀들에게 행복의 따뜻함을 내려주옵소서. 예수님으로 이름으로 봉헌 기도를 드립니다. 아멘
위탁의 말씀	"그가 찔림은 우리의 허물 때문이요 그가 상함은 우리의 죄악 때문이라 그가 징계를 받으므로 우리는 평화를 누리고 그가 채찍에 맞으므로 우리는 나음을 받았도다" 예수님은 우리의 구원을 위해서 사람으로서 견디기 어려운 참혹한 고난을 겪으셨듯이 가족과 이웃을 위해 우리도 그 길을 가야 할 것입니다.
축 도	지금은 우리의 죄와 허물을 담당하신 예수 그리스도의 은혜와 세상 끝날까지 우리를 사랑하시는 하나님 아버지의 사랑하심과 오늘도 우리 곁에서 새 일을 행하게 하시는 성령님의 크신 능력이 사순절을 마무리하고 고난주간을 시작하며 십자가가 내 삶의 핵심이며 십자가로 살고 십자가로 죽고자 결단하며 세상을 향해 나가는 성도들과 영원토록 함께하시기를 간절히 축원하옵나이다. 아멘

오늘의 설교를 위한 복음적 조명 주제 : 고난받는 종

제목 : 고난받는 종 | 본문 : 이사야 53:3-6

주제 : 예수님은 고난을 받으셨다. 예수님의 고난은 한 가지 모양이 아니라 여러 모양이었다. 몸과 마음, 외부로 오는 고통, 내적이고 심적인 고통을 받으셨다. 그 고통은 사람으로서 견디기 어려운 참혹한 것이었다. 예수님은 순전히 우리의 구원을 위해 고난을 받으셨다.

논지 : 예수님은 우리의 구원을 위해 여러 모양의 참혹한 고난을 받으셨다.
　　1. 멸시를 당하신 예수님
　　2. 고난을 당하신 예수님
　　3. 징계를 받으신 예수님
　　4. 죄를 담당하신 예수님

03
24

　역사적으로 이름을 날린 사람들 치고 어려움을 겪지 않은 사람이 없다. 젊은 날 실패하거나, 다른 사람들로부터 손가락질을 받고 생명의 위협을 겪은 사람이 있다. 즉 인생의 괴로움이 있었는데, 그 괴로움을 이긴 사람이 역사적으로 위대하다고 일컬음을 받고 후대의 사람들이 기억하는 소위 유명한 사람이 된다. 혹시 몸의 괴로움이 없는 사람이라 해도 마음의 괴로움은 있었다. 괴로움이라는 것이 자기가 잘못해서 당하기보다는 옳은 일을 하고, 사람들을 도우려다가 당하는 것이었다. 그러니까 자기를 희생해서 사람들을 도우면 후대의 사람들이 기억하고 그의 이름을 기린다. 현실에서 잘 사는 것도 중요하다. 자식들이 잘 살도록 열심히 재산을 모아서 물려주는 것도 중요하다. 하지만 거기에 정의롭지 못하거나 공정하지 못한 일이 있다면 그의 이름은 역사에 수치로 남는다. 지금 어려움을 겪는다 해도 정의롭고 공정해야 한다. 그리고 사람들의 삶에 큰 유익이 있어야 한다. 역사를 통해서 배우는 교훈이다. 그런데 역사 중에서 아무리 위대한 인물이고 후대에 큰 영향을 끼치는 인물이라 해도 하지 못하는 것이 있다. 그것은 인류 전체를 구원하는 일이었다. 인류 전체를 구원하는 일은 오직 예수님만 하셨다. 그러나 인류를 구원하는 방법은 억울하고 참혹한 고난을 받는 일이었다.

1. 멸시를 당하신 예수님

　이사야 53장은 고난 받는 종에 대하여 서술한다. 고난 받는 종의 모습을 보면 사람으로서는 감당하기 어려운 일이다. 아무리 큰 죄를 지었다 할지라도 이렇게 참혹한 고통을 당하지는 않는다. 요즘 시대에야 죄인도 인권이 있기 때문에 아무리 나쁜 죄를 지었다 할지라도 몸에 고통을 주지는 않는다. 그러나 인권에 대한 개념이 없던 시절에는 죄인을 향하여 몸에 고통을 가져다주었다. 몸에만 고통을 주는가? 마음에도 고통을 가져다준다. 마음에 고통을 주는 방법은 멸시하는 일이다. 아무리 성격이 좋은 사람이라고 멸시를 당하면 참기 어렵다. 돈이나 권력이 많은 사람이 멸시를 당하면 아마도 앙갚음을 할 것이다. 악한 사람들은 남을 멸시하는 것을 좋아한다. 게다가 자기 일에 방해라도 되면 어떤 명분이라도 방해하는 사람을 향해 멸시하려 든다. 우리 예수님이 이 땅에서 인류를 구원하셨다. 예수님의 인류 구원 목적과 구원을 위한 희생을 이해하지 못하는 사람들이 있다. 내심 자기들이 못하는 일을 예수님이 하시는 것에 대해 질투심도 느꼈다. 이럴 때 악한 사람들은 자기들끼리 힘을 합해서 선한 일을 하는 소수의 사람들을 멸시한다. 선한 일을 멈추고 자기들 편에 서서 악한 일에 동조하라는 압력이다. 우리 예수님은 질고와 간고를 겪으며 멸시를 당해도 사명의 길을 간다.

2. 고난을 당하신 예수님

   선한 사람이 고난을 당할 때 악한 사람들은 어떻게 반응하는가? 악한 사람들이 꾀를 내어서 선한 사람들을 괴롭게 하면서도 선한 사람들의 죄 때문에 고난을 당하는 것이라 말한다. 이거야말로 적반하장이다. 자기들은 죄를 짓고 죄의 형벌을 받아야 함에도 불구하고 뻔뻔하게 죄가 없다고 우겨대면서 선한 사람에게 자기들 죄를 덮어씌운다. 그리고 악한 사람들이 만들어놓은 제도에 의해 선한 사람들을 심판하고, 형벌을 가한다. 그 때 하는 말이 죄가 많은 사람은 하나님의 형벌을 받아야 한다는 것이다. 악한 사람들이 철저하게 자기를 속이며 자신을 의인인 것처럼 포장한다. 우리 예수님이 얼굴을 들 수 없을 만큼의 모멸감을 당하셨다. 예수님의 얼굴에 침을 뱉은 사람들도 있었다(막 14:65). 사람들이 예수님을 천대하였다. 죄인으로 누명을 쓰고 형벌을 당하는 예수님을 향해 하나님이 징계를 하시고 매를 들었기 때문에 벌을 받는 것이라고 짐짓 그럴듯한 명분을 댄다. 그러나 우리 예수님은 죄가 없으신 분이시다. 그분에게서는 고난받을 이유가 전혀 없다. 그럼에도 고난을 받으신 이유가 무엇일까? 사람들의 슬픔과 질고 때문이다. 죄의 대가를 받아야 할 사람의 질고를 의로운 예수님이 대신 지셨다. 죄인은 스스로 죄를 벗을 수 없다. 의로운 예수님이 벗겨주셔야 한다.

3. 징계를 받으신 예수님

   예수님이 우리의 죄를 대신 짊어주셨다. 예수님이 십자가에서 창에 찔리셨다. 그분이 창에 찔리신 것은 우리의 허물 때문이다. 예수님의 몸이 상하셨다. 십자가에서 몸 안에 있는 물과 피를 다 쏟으셨다. 그분의 몸이 상하신 것은 우리의 죄악 때문이다. 죄악을 벗을 수 없는 사람은 스스로 평화를 만들어내지 못한다. 오직 사람의 죄를 용서하시는 예수님만이 평화를 만들어낼 수 있다. 예수님이 주는 평화는 세상이 주는 것과 같지 않다(요 14:27). 세상의 사람들이 만들어낼 수도 없고, 얻을 수도 없는 완전한 평화이다. 이 평화는 불완전한 사람이 만들어낼 수 없으며 오직 완전한 예수님만이 만들어낼 수 있다. 예수님이 하나님 나라의 평화를 우리에게 주신다. 그 평화를 주시려고 악한 사람들이 만들어낸 징계를 예수님이 받으셨다. 악한 사람들이 만들어낸 악한 법에 희생되는 사람들이 많다. 그래서 마음에 아픔과 원한이 사무친 사람들도 있다. 이건 악한 사람들이 무릎을 꿇고 회개하며 용서를 구하지 않는 한 마음의 아픔이 가시지 않는다. 하지만 악한 사람들이 회개하고 용서를 구할 리 없다. 나도 악한 마음을 품으면 용서를 구하지 않는다. 그런데 우리 예수님이 악한 죄에 대한 형벌로 채찍에 맞으셨다(요 19:1). 채찍에 맞으신 예수님 덕에 우리는 아픈 마음이 치유된다.

4. 죄를 담당하신 예수님

   사실 이 세상에서 선한 사람이라도 남이 알지 못하는 죄를 갖고 있다. 드러나지 않을 뿐이지 자기와 가족들 또는 매우 가까운 사람들이 아는 죄가 있다. 요즘엔 개인의 활동정보가 기록으로 남기 때문에 어지간한 죄들은 다 드러난다. 본문에 우리는 다 양 같아서 그릇 행하여 각기 제 길로 간다고 하는데, 이 땅의 모든 사람들이 모두 그렇다. 예수님을 모시지 않은 사람은 모두 그릇 행하고 제 길로 간다. 일부 양심이 있는 사람이 선하게 행하는 것 같으나 그도 내면의 악함을 가지고 산다. 내면의 악함이 드러나면 수치를 당하고, 나름대로 하려던 선한 일마저 중단하라는 압력을 받는다. 그래서 적당히 타협하고 몸도 마음도 편하게 사는 사람이 있다. 이런 사람 역시 자기 죄를 벗을 방법이 없다. 우리를 구원하고자 하시는 하나님이 사람의 죄를 어떻게 해주셔야 벗겨낼 수 있을까? 그것은 죄가 없는 존재에게 인류의 죄를 전가시키는 것이다. 하나님 편에서 죄가 없는 존재가 있다면 누구인가? 바로 독생자 예수님뿐이다. 우리 하나님이 당신의 아들 예수님에게 인류의 죄악을 담당시키셨다. 인류 전체의 죄과를 대신 지시고, 인류를 구원하시는 위대한 희생이며 구원 사역을 예수님이 감당하셨다. 우리는 위대한 희생과 구원의 혜택을 입었다. 고난주간에 더 감사해야 한다.

성 경	마태복음 28:11-15	예전색상	흰색

예배의 부름	"내가 그리스도와 그 부활의 권능과 그 고난에 참여함을 알고자 하여 그의 죽으심을 본받아 어떻게 해서든지 죽은 자 가운데서 부활에 이르려 하노니"(빌 3:10-11)
	할렐루야! 독생자 예수를 부활의 생명으로 거듭나게 하신 하나님 아버지! 부활을 통하여 믿음의 자녀들이 천국을 향한 신앙의 바른 길을 가게 하심을 감사드립니다. 오늘 독생자 예수께서 죽음을 이기시고 부활케 하심으로 저희도 부활의 소망을 간직하고 살게 하여 주옵소서. 저희 영혼 속에 비추어진 새 생명의 빛과 새 노래로 주님의 부활을 찬송합니다. 신령과 진정으로 드리는 부활의 이 아침 부활 신앙의 감동이 모든 영혼에게 충만케 하옵소서. 예수님의 이름으로 기원하옵나이다. 아멘
회개를 위하여	우리는 예수 그리스도의 부활로 사망의 권세로부터 해방되어 영생을 확약받았습니다. 그러나 죽음과 절망이 가득한 세상에서 사는 동안 육신의 죽음을 두려워하고 죽음을 뛰어넘는 영생을 주시기 위해서 고난받으시고 부활하신 예수를 향한 믿음이 확고한지를 성찰하고 회개하는 기도를 계속합니다.
고백의 기도	**부**활을 통해서 잃어버린 생명을 되찾은 감동과 기쁨을 주시는 하나님 아버지! 고난과 죄악 된 세상에서 방황하는 죄인을 위해 고난 받고 돌아가신 독생자의 부활을 보여주심을 감사드립니다. 그 엄청난 부활에 감격하였으면서도 하나님의 거룩한 뜻을 받들지 못하고 세상의 죄와 허물과 타협하며 살아온 잘못을 용서하여 주옵소서. 만사가 잘 풀려 갈 때는 나의 재주와 능력을 뽐내며 하나님께 감사하는 마음조차 없었던 어리석음과 하늘에 두어야 할 소망을 세상에 기대는 얼빠진 신앙을 불쌍히 여겨 주옵소서.
	사망 권세를 이기시고 부활케 하신 하나님 아버지! 부활의 감격을 노래할 수 있게 해주신 그 은혜와 사랑의 음성에 귀를 기울이지 않고 손을 잡아주실 때 감사하지 못했던 저희입니다. 우리의 가증되고 거짓된 마음을 말끔히 씻어 주시고 모든 의심이 바람처럼 사라지게 하옵소서. 이제 부활의 감격을 가슴 깊이 새기고 기도를 통해서 소망의 열매를 맺도록 하겠습니다. 세상의 성공을 갈망하는 목마름보다 의에 주리고 목마른 자가 되겠습니다. 이 다짐을 보시고 사죄의 말씀을 선포해 주시어 새 힘으로 무장되게 하옵소서. 예수님의 이름으로 기도하옵나이다. 아멘
사함의 확인	"하나님을 가까이하라 그리하면 너희를 가까이하시리라 죄인들아 손을 깨끗이 하라 두 마음을 품은 자들아 마음을 성결하게 하라"(약 4:8)
성시교독	133. 부활절(1)
설교 전 찬 송	164장 (예수 부활했으니) 167장 (즐겁도다 이 날)
설교 후 찬 송	161장 (할렐루야 우리 예수) 370장 (주안에 있는 나에게)

금주의 성가	오라 기쁜 부활의 아침이여 – Ken Medema 예수 부활했으니 – Gotdon Young 알렐루야 호산나 – Jack Litten
목회기도	칠흑 같은 어두운 죄악의 밤을 사는 저희에게 밝은 부활의 여명을 허락하신 하나님 아버지! 천지 만물을 새롭게 변화시키는 부활의 능력으로 주의 사랑을 온 세상이 알게 하심을 감사드립니다. 마음이 어두운 사람에게 밝은 소망을 주는 자 되게 하옵소서. 고통과 근심하는 자에게 부활의 감화와 감동이 전해지게 하옵소서. 죽음의 권세가 지배하는 곳도 부활의 능력을 지닌 하나님의 말씀으로 생명이 소생하는 기적이 일어나게 하옵소서. 길이요 진리요 생명이라 말씀하시며 나를 따르라는 말씀에 순종하며 살게 하옵소서. 부활하신 주를 의지하고 순종하는 자를 충성된 종으로 인정하시는 하나님 아버지! 나만의 이기심을 접고 주의 뜻을 따름으로 주의 공동체가 덕을 세우는 일에 앞장서게 하옵소서. 교회공동체 안에서조차 서로의 다른 의견으로 서로의 마음을 상하게 만들기도 했습니다. 서로의 의견을 존중하는 넉넉함을 허락하옵소서. 나를 반대하는 사람을 수용하는 믿음도 주옵소서. 여러 가지 좋은 계획을 가지고 만들어진 교회의 기관들을 돌보시사 헌신과 충성을 통하여 하나님 나라를 확장하는 일에 최선을 다하는 저희 교회가 되게 하여 주옵소서. 예수님의 이름으로 기도하옵나이다. 아멘
헌금을 위한 성구	"내가 참으로 주의 목전에 은총을 입었사오면 원하건대 주의 길을 내게 보이사 내게 주를 알리시고 나로 주의 목전에 은총을 입게 하시며 이 족속을 주의 백성으로 여기소서"(출 33:13)
헌금기도	죽음을 이기시고 부활하심으로 영원한 승리를 저희에게 보여주신 하나님! 부활의 아침, 소망 없는 세상과 삶 가운데서 고개를 들어 성삼위 하나님을 바라보는 저희에게 은혜로 채워 주심을 감사드립니다. 지난 한 주간의 세상 삶에서 복음의 감격을 안고 살게 해주신 은혜를 감사하는 마음으로 예물을 봉헌합니다. 드리는 가정마다 눈물 흘리는 일이 없도록 도와주옵소서. 성도들이 운영하는 기업체마다 부족함 없는 일거리가 밀려들게 하옵시고 안전사고를 막아 주옵소서. 오늘도 교회에서 여러 가지 모습으로 헌신하는 일손들이 있습니다. 축복하시고 자자손손 부족함 없는 하늘 은혜로 채워 열납하여 주옵소서. 성도들의 드린 예물을 통하여 하늘 사랑의 꽃이 이 땅에 활짝 피기를 원하시는 하나님 아버지! 바치는 손길들에는 영적인 하늘의 기쁨과 땅의 기름진 축복을 내려주옵소서. 열악한 환경을 극복하고 승리의 노래를 부르며 십일조 예물과 감사예물 주정헌금을 드립니다. 꽃꽃이로 헌신하는 자녀들도 있습니다. 저들의 신앙도 꽃처럼 아름답게 피어 신앙의 향기로움이 나그네같이 지친 이웃의 고단한 발걸음에 새 힘을 주는 신앙이 되기 원합니다. 많은 물질 축복을 받았으면서도 손을 내미는 이웃의 고통을 외면하면서 주님의 뜻대로 사용하지 않고 자신의 만족을 위하여 물질을 헛되게 낭비하는 불쌍한 자녀들을 깨우쳐 주옵소서. 예수님 이름으로 기도하옵나이다. 아멘
위탁의 말씀	"군인들이 돈을 받고 가르친 대로 하였으니 이 말이 오늘날까지 유대인 가운데 두루 퍼지니라" 대제사장들이 주는 돈에 매수를 당한 군인들은 예수님의 시신이 도둑질당한 거라고 부활을 왜곡했습니다. 우리가 가끔 믿음 적음에 매수되어 부활을 부정하는 생각을 하지 말아야 합니다.
축도	할렐루야! 부활이요 생명이신 우리 구주 예수 그리스도의 은혜와 하늘의 참 생명을 선물로 주신 하나님 아버지의 극진하신 사랑과 평강 안에서 살 수 있도록 늘 인도하시며 교통하시는 성령님의 역사하심이 부활의 기쁨을 함께 나누며 여인들과 같이 부활의 소식을 전하기를 원하는 성도들과 교회 위에 이제로부터 영원토록 함께 계시기를 간절히 축원하옵나이다. 아멘

오늘의 설교를 위한 복음적 조명 주제 : 부활 이후에

제목 : 부활의 진실 | 본문 : 마태복음 28:11-15

주제 : 예수님의 부활을 알면서도 왜곡하거나 부정하는 사람이 있다. 대제사장들은 돈으로 군인들을 매수하여 예수님의 부활을 감추려 했다. 매수를 당한 군인들은 부활을 왜곡해서 예수님의 시신이 도둑질당한 거라고 했다. 그럴수록 예수님의 부활은 사실로 증명된다.

논지 : 부활하신 예수님은 거짓된 사람들에 의해 부활의 사실이 감춰질 뻔 하셨다.
1. 부활의 사실이 알려진 예수님
2. 부활의 왜곡을 당하신 예수님
3. 거짓 덮음의 대상이신 예수님
4. 가짜 소문의 주제이신 예수님

　짐승은 거짓말하지 않는다. 짐승은 생존하기 위해 위장할 뿐이다. 짐승의 위장술을 거짓이라고 말하지는 않는다. 생존의 기술이고 능력이기 때문이다. 반면에 사람은 거짓말도 할 줄 안다. 일반적으로 사람들은 거짓말을 싫어한다. 그러면서도 자기는 천연덕스럽게 거짓말을 하는 경우가 있다. 생존을 위한 거짓말이라면 그나마 이해할 수는 있다. 사실 생존을 위한 거짓말조차도 남에게 법적으로 피해를 끼쳤다면 그에 대한 대가를 치를 수 있다. 법적인 처벌을 받거나, 피해를 입은 사람에게 사과를 해야 한다. 사람은 진실을 추구하는 존재이다. 그리고 진실한 사람을 좋아한다. 문제는 진실이 드러나도 믿으려 하지 않거나, 여전히 거짓에 휩싸이거나 거짓을 진실로 착각하고 사는 사람이 있다. 어떤 이들은 진실이 드러나는 일이 두려워서 거짓을 꾸며내거나 사실을 조작하기도 한다. 세상에는 거짓과 가짜 뉴스가 매우 많다. 일부를 교묘하게 왜곡해서 전체를 조작하는 가짜 뉴스가 떠돌기도 한다. 이런 일들이 기독교인에게도 일어난다. 거짓 뉴스인 줄 모르고 사실로 믿어버리고 다른 사람에게 거짓된 걸 믿으라고 알려주기까지 한다. 오늘 본문에서 예수님은 거짓 뉴스의 주제가 되셨다. 사람의 완악함은 예수님마저 이용하려 든다. 이런 세상에서 예수님의 진실이 드러나야 한다.

1. 부활의 사실이 알려진 예수님

　예수님이 부활하셨다. 예수님은 십자가에 달려 돌아가시기 전에 당신의 부활을 알려주셨다. 예수님이 말씀하신 바처럼 살아나시고 무덤에서 나오셨다. 안식 후 첫날 예수님의 무덤을 찾은 여인들이 예수님의 부활을 확인하였다. 무서워하는 여인들에게 천사가 무서워하지 말라고 했다. 부활의 소식을 제자들에게 전하러 가는 여인들에게 제자들을 찾아서 갈릴리로 가라 하라고 말씀하셨다. 예수님께서 갈릴리로 가실 터이니 거기서 제자들을 만나겠다는 예수님의 계획이었다. 여인들이 예수님의 부활 소식을 제자들에게 전하러 갈 때, 다른 쪽에도 예수님의 부활이 알려졌다. 예수님이 누웠던 무덤을 지키던 군인들이 부활을 알았다. 무덤이 열리는 지진 중에서 무서워 죽은 사람처럼 엎드렸던 군인들이지만 예수님의 부활하셨음을 알고 누군가에게 알려준다. 예수님을 죽이라고 선동하던 대제사장에게 알려주었다. 대제사장이 유대인 장로들과 함께 예수님의 부활을 어떻게 발표해야 할지를 의논한다. 사실을 사실대로 말하면 좋으련만, 사실대로 말하면 낭패를 보는 사람들이 있다. 낭패를 봐도 진실을 말하면 좋은데, 거짓으로 낭패를 모면하려고 한다. 그래서 모여 어떻게 하면 그럴듯한 거짓을 만들까를 의논한다. 우리 예수님의 부활 사실이 알려진 후 악한 사람들은 이렇게 반응한다.

2. 부활의 왜곡을 당하신 예수님

대제사장과 유대인의 장로들이 모여 대책 회의를 한다. 회의의 결론이 나왔다. 예수님의 부활 사실을 왜곡하고 은폐하자는 것이다. 부활이라는 것이 어차피 사람들이 처음 보는 일이고, 부활했다고 해도 믿지는 않을 것이다. 그러나 그들이 예수의 부활을 말하면 예수를 십자가에 못 박으라고 선동한 그들의 죄를 스스로 인정하는 꼴이 된다. 그러므로 예수님의 부활을 왜곡하면 된다는 대책이 나온다. 그들은 예수님의 시신이 탈취되었다는 소문이 퍼졌으면 좋겠다고 한다. 예수님을 따르던 사람들이 있었으므로 시신이 탈취되었다고 해도 사람들은 충분히 가능성이 있다고 믿을지 모른다. 가짜뉴스를 퍼트리면 곧이곧대로 믿는 사람이 있다. 대제사장과 유대인 장로들이 군인들에게 돈을 주어서 거짓말을 하라고 한다. 군인들이 자는 틈에 제자들이 와서 예수의 시신을 도둑질했다고 소문을 퍼트리라는 것이다. 예수님은 부활하셨는데, 부활을 왜곡하는 사람이 있다. 이 본문을 보고 예수님의 시신이 탈취를 당했다고 굳게 믿는 사람도 더러 있다. 분명히 조작한 뉴스인데, 조작된 내용을 사실로 믿는 사람도 있다. 본문을 보는 눈이 없기 때문이거나, 자기가 예수님을 믿지 않으므로 성경의 기록도 믿지 않기 때문이다. 예수님의 부활이 왜곡 당하고, 거짓 소문의 주제가 되었다. 어이가 없다.

3. 거짓 덮음의 대상이신 예수님

군인들이 소문을 퍼트리면 어떤 일이 일어나는가? 사람들이 군인들의 말을 믿을지 모른다. 그런데 군인들의 말에서 어딘가 이상한 것을 발견하는 사람도 있다. 무덤을 지키는 군인들이 잠을 잤다고? 그럼 군인들이 직무유기를 한 것이라고 지적하는 사람이 있다. 제자들이 와서 예수님의 시신을 탈취했다면 아무리 은밀하게 한다 해도 소리가 났을 텐데, 피곤해서 곤히 잠든 군인이라도 몰랐다는 것이 이해되지 않는다고 지적하는 사람도 있다. 군인들이 경계 근무를 잘못 서고, 임무를 제대로 감당하지 못했다고 짚어주는 사람도 있다. 게다가 빌라도 총독이 이 사실을 알면 총독이 군인들을 문책할 것이다. 군인들은 임무 완수를 못했다고 문책당하면 사실을 말할지도 모른다. 대제사장들이 여기까지 생각하고는 총독에게 말해서 문책을 당하지 않게 하겠다고 제안한다. 군인들이 예수님의 시신이 탈취되었다고 거짓 뉴스를 말하면서 속으로 부담이 된다. 총독에게 문책을 당할까 근심이 되는데, 대제사장이 총독에게 로비를 해준다니 일단 근심을 덜 수 있다. 예수님의 부활을 어떻게든 거짓으로 인식시키려고 하는 사람들이 있다. 그들은 거짓말로 예수님의 부활과 자기들의 실수를 덮으려고 한다. 하지만 사람이 아무리 속이려 들어도 예수님의 부활은 사실로 증명될 것이다.

4. 가짜 소문의 주제이신 예수님

군인들이 거짓말하는 비용으로 대제사장으로부터 돈을 받았다. 돈을 받고 사실을 왜곡하고 조작하며 소문을 퍼트리는 사람들이 많다. 돈이라면 사실도 사실이 아닌 게 되고, 진실도 감춰지는 세상이 되었다. 요즘 시대만 그런 것이 아니라, 과거에 예수님 시대에도 그랬다. 그런데 가짜 뉴스를 그대로 믿는 사람들이 존재한다. 군인들은 돈을 받고 예수님의 시신이 탈취되었다고 소문을 내고, 유대인들은 군인들의 말을 그대로 믿어버린다. 사실은 진실을 알려고 하지도 않고, 자기들이 믿고 싶은 대로 그대로 믿어버린다. 거짓 소문이 단기간에 끝나지 않고 오랫동안 지속되었다. 본문을 보니 오늘날까지 유대인 가운데 두루 퍼졌다고 한다. 예수님이 가짜 소문, 거짓 뉴스의 주제가 되었다. 어떻게든 예수님의 부활과 존재를 감춰보려 하고, 적극적으로 거짓을 말하는 사람들이 많다. 이런 일이 예수님의 부활 소식에만 적용될까? 가짜뉴스를 만들고 퍼트리며 휘둘리는 사람이 많다. 하나님의 아들 예수님을 가짜 소문으로 왜곡하는 사람들이 또 다른 왜곡과 거짓을 만들지 않겠는가? 가짜 뉴스의 대상이 되신 예수님이 이 세상에 떠도는 가짜 뉴스를 알고 계신다. 당신이 당한 아픔이므로 진실을 추구하는 사람의 안타까운 마음도 알고 계시며, 가짜 뉴스에 시험받는 사람을 도우신다 (히 2:8).

4월의 예배와 설교를 위하여

일	요일		본문	설교제목	기타 (예화, 참고자료)
3	수				
7	주일	낮			
		밤			
10	수				
14	주일	낮			
		밤			
17	수				
21	주일	낮			
		밤			
24	수				
28	주일	낮			
		밤			

성 경	에베소서 2:4-10	예전색상	흰색

예 배 의 부 름	"너희는 그 은혜에 의하여 믿음으로 말미암아 구원을 받았으니 이것은 너희에게서 난 것이 아니요 하나님의 선물이라"(엡 2:8) **할**렐루야! 사망 권세와 흑암의 세력을 물리치시고 부활의 기쁨을 주시는 하나님 아버지! 성도들에게 영원한 천국을 소망하며 주님의 부활로 하나님을 아버지라 부를 수 있는 천국 백성 삼아 주심을 감사드립니다. 하나님의 말씀이 그리워 성전으로 발걸음을 옮겨 신령과 진정으로 경배하오니 믿음 주시어서 세상 풍파에 시달리지 않고 승리하는 한 주간을 살 힘을 주시옵소서. 오늘도 가지고 나온 기도의 제목들이 말씀 안에서 해결되는 감격을 안고 집으로 향하게 하옵소서. 예수님의 이름으로 기원하옵나이다. 아멘

회개를 위하여	예수님께서 부활하신 것은 우리에게 산 소망의 확신을 주시고 한없는 하늘 은총으로 바른길을 가게 하기 위함이지만, 우리는 불의를 향하여 헛고생하는 생활을 하면서 겉모양은 성도 같으면서도 생각과 행동에서 예수 냄새가 나지 않는 바보는 아닌지 회개하는 기도를 계속합니다.

고 백 의 기 도	**죽**음에서 부활하시어서 저희에게 참 생명을 주신 하나님 아버지! 주님을 경배할 수 있는 육체와 영을 허락하신 은혜를 감사합니다. 십자가에 돌아가신 예수님께서 다시 살아나심으로 인하여 새로운 생명을 받고 하늘의 삶을 살 수 있는 자격을 얻게 하심을 감사드립니다. 그러나 저희는 영생을 얻은 사람처럼 기뻐하지 못하며, 세상 속에서 부끄러운 삶을 살았습니다. 죄로부터 자유로움을 얻지 못한 자들처럼 살았습니다. 자꾸 넘어지고 쓰러지는 저희의 믿음을 불쌍히 여겨 주시옵소서. 주님의 권세로 세상에서 벗어나게 도와주옵소서. 저희의 힘으로는 넘어질 수밖에 없사오니 주님께서 도와주시고, 힘들어서 지칠 때 주님의 손을 놓지 않는 믿음을 허락하여 주시옵소서. **죽**음의 길을 가던 저희에게 부활의 감격을 안겨주신 하나님 아버지! 주님께서 우리를 위하여 나를 위하여 십자가에 피 흘리시고 몸 버리시고 온갖 수욕과 고통을 당하셨음을 고백합니다. 요즘에도 우리 주변에는 곳곳에 마귀가 온갖 방법으로 우리 믿음을 해하려 하고 있습니다. 도와주옵소서. 죄가 많은 곳에 은혜가 많다 하셨사오니 십자가로 승리하신 주님처럼 우리도 원수 마귀를 대적하여 승리할 수 있게 하옵소서. 일체의 모든 죄와 악과 유혹과 시험을 이겨 승리의 면류관을 받아 누리게 하옵소서. 특히 영적으로 기도하기를 쉬는 죄를 범치 않게 도와주옵소서. 예수님의 이름으로 기도합니다. 아멘

사함의 확 인	"주께 범죄한 백성을 용서하시며 주께 범한 그 모든 허물을 사하시고 그들을 사로잡아 간 자 앞에서 그들로 불쌍히 여김을 얻게 하사 그 사람들로 그들을 불쌍히 여기게 하옵소서"(왕상 8:50)

성시교독	1. 시편 1편

설교 전 찬　송	6장 (목소리 높여서) 537장 (형제여 지체 말라)

설교 후 찬　송	523장 (어둔 죄악 길에서) 347장 (허락하신 새 땅에)

04
07

금주의 성가	하나님께서 세상을 사랑하심 – Thomas Ahrens 무덤에서 나오신 주 – Jim Ailor 부활하셨다 그리스도– Melchior Vulpiua
목회기도	**실**패의 뒤안길에서 눈물 흘리는 성도들의 기도를 들으시는 하나님 아버지! 저희가 섬기는 교회를 통해 구원 성업의 위대한 일을 이루어 가심을 감사드립니다. 영원히 지옥에 갈 수밖에 없는 못난 저희를 택하여 천국의 상속자로 만들어 주시고 위대한 믿음의 업적을 남긴 OO 교회의 기둥으로 삼아 주신 줄 믿습니다. 그러나 저희는 교회 역사 속에 기억될 기도의 증인, 봉사의 증인, 전도의 증인으로 살지 못한 잘못을 용서하여 주옵소서. 때로는 시기하고 원망하는 말로 가까운 사람의 마음에 상처를 내기도 했습니다. **부**족함이 많아도 사랑의 품 안에 안아 주시는 하나님 아버지! 다시는 하나님의 교회에서 일할 때 신간과 물질과 환경을 탓하며 투덜거리지 않겠습니다. 불평하지 않겠습니다. 할 수 없는 상황에서도 하나님을 위한 일이라면 모든 것을 다하는 성도가 되기로 작정합니다. 주님께서 저희에게 맡기신 교회의 직분을 잘 감당할 믿음이 자라는 저희가 되기를 원합니다. 좌절과 실의로 귀중한 시간을 헛되게 보내는 것이 아니라 새로운 사명을 준비하는 귀한 시간을 마련하겠습니다. 인간의 성공이 자기 재주가 아니라 하나님의 손안에 있음을 깨닫고 겸손을 배우게 하옵소서. 하늘나라를 사모하며 가는 길만이 길이요 진리요 생명임을 깨닫게 하옵소서. 예수님의 이름으로 기도하옵나이다. 아멘
헌금을 위한 성구	"모든 은혜의 하나님 곧 그리스도 안에서 너희를 부르사 자기의 영원한 영광에 들어가게 하신 이가 잠깐 고난을 당한 너희를 친히 온전하게 하시며 굳건하게 하시며 강하게 하시며 터를 견고하게 하시리라"(벧전 5:10)
헌금기도	**날**마다 필요를 채워 주시고 든든한 보호막이 되어 주시는 하나님 아버지! 오늘 거룩한 주일 다시 한번 하나님의 크신 은혜와 사랑 속에 살아온 지난 한 주간의 삶을 성찰하면서 마음 깊은 곳에 간직된 믿음으로 예물을 준비하게 하심을 감사드립니다. 약속된 하늘 축복을 기억하면서 정성으로 드리는 아름다운 십일조 예물이 있습니다. 응답 주신 흔적을 담아 감사예물을 드립니다. 교회에서 헌신하는 영혼들의 발걸음이 머무는 곳에 하나님의 함께하시는 축복이 있게 하옵소서. 성미로 드립니다. 성가대와 교사로, 안내를 맡아 수고하는 성도들의 사랑을 받아 주옵소서. 저희가 경영하는 기업마다 감사와 기쁨이 있게 하옵시고, 불황의 먹구름이 사라지게 하옵소서. **침**체한 악조건 속에 침몰당하지 않는 견고한 믿음을 주시는 하나님 아버지! 병든 자에게 치료의 광선을 쐬어 주옵시고, 집을 떠나 타향에서 지내야 하는 가족들에게도 오늘 저희에게 주시는 은혜와 똑같은 복이 있게 하옵소서. 드리고 싶은 마음 간절하지만, 가진 것 부족하여 드리지 못하는 성도들의 가슴에 따스한 하늘 은혜를 주시고 하늘에 소망을 둔 아름다운 영들이 되게 하여 주옵소서. 물질로 봉사하고 헌신하며 나눔의 주역이 되고 싶어도 가진 것 없어서 애태우는 성도의 형편을 살펴 주옵소서. 오늘 드린 모든 예물 위에 한없는 하늘 복을 내려 주실 줄 믿사옵고 우리 주 예수 그리스도의 이름으로 감사하오며 기도하옵나이다. 아멘
위탁의 말씀	"너희는 그 은혜에 의하여 믿음으로 말미암아 구원을 받았으니 이것은 너희에게서 난 것이 아니요 하나님의 선물이라" 우리가 받은 하나님의 풍성한 은혜의 선물을 우리 주변에 있는 분들에게 나누어주는 한 주간을 살아야 합니다.
축도	지금은 부활의 첫 열매이시며 우리에게 영원한 생명을 주신 기묘요 평안의 왕이신 예수 그리스도의 은혜와 고통과 수욕의 자리에서 건져 주신 하나님 아버지의 사랑하심과 주님의 나라에 가까이 가는 순간순간 도와주시는 성령의 교통하심이 사랑하는 OO 교회 성도들과 저들의 가정과 자녀들 위에 영원토록 함께 계시기를 간절히 축원하옵나이다. 아멘

오늘의 설교를 위한 복음적 조명 주제 : 은혜의 선물

제목 : 풍성한 은혜의 선물 l 본문 : 에베소서 2:4-10

주제 : 하나님은 우리에게 은혜를 베푸신다. 하나님이 예수님을 세상으로 보내주시고, 우리에게 믿음을 선물로 주셨다. 하나님의 은혜는 풍성하여 온 세상에 나타난다. 행위가 아닌 하나님의 은혜에 의한 구원을 우리에게 선물로 주시고, 우리를 선한 일에 사용하려 하신다.

논지 : 하나님은 우리에게 믿음으로 얻는 구원을 은혜의 선물로 주셨다.
1. 긍휼이 풍성하신 하나님
2. 은혜가 풍성하신 하나님
3. 구원을 선물하신 하나님
4. 우리를 예비하신 하나님

04
07

　하나님의 우리를 향한 마음을 한마디로 표현하면 어떤 단어가 나올까? 요한일서에 하나님을 사랑이라고 했으니까(요일 4:8,16) 사랑이라고 표현하면 될까? 요한일서는 하나님을 사랑이라는 속성으로 표현했다. 물론 우리를 향한 하나님의 마음을 하나님의 속성으로 표현할 수 있다. 속성이라 함은 하나님이 원래부터 가진 마음이라 할 수 있다. 사랑 외에 또 다른 표현이 있을까? 사랑과 비슷한 개념일 수도 있고, 연결된 개념일 수도 있다. 하나님의 마음을 은혜라고 표현해보자. 은혜는 마음이기도 하고, 선택의 기준이기도 하며, 행동의 동기가 되기도 한다. 은혜는 실제적으로 나타나며, 사람의 마음을 감동시키는 요소이기도 하다. 은혜는 관계성을 발전시키기도 하고, 사람을 변화시키는 원동력이기도 하다. 그러므로 하나님의 우리를 향한 모든 일을 한 단어로 표현하라고 하면 은혜라고 말할 수 있다. 우리가 일반적으로 인식하는 은혜와 우리를 향한 하나님의 은혜는 차이가 있다. 우리의 믿음은 하나님의 은혜를 점점 더 깊이 인식하는 방향으로 나아가야 한다. 은혜를 점점 더 깊이 인식하려면 어떻게 하면 될까? 성경을 보면서 은혜를 찾으면 된다. 은혜라는 단어가 기록된 것은 물론이고, 기록의 이면에 담긴 은혜까지 찾아봐야 한다. 그리고 찾은 은혜를 묵상하자.

1. 긍휼이 풍성하신 하나님

　오늘 본문에 하나님의 은혜가 여러 형태로 기록되었음을 발견할 수 있다. 은혜가 한 가지 모습이나 방향으로 나타나지 않는다. 사람이 살면서 한 가지 일만 할 수 없듯이 하나님이 우리에게 한 가지 방법으로만 은혜를 베푸시지 않는다. 우리의 필요를 알고 계시는 하나님이 다양한 방법으로 은혜를 베푸신다. 먼저는 긍휼이다. 긍휼이란 단순하게 보면 불쌍하게 여기는 마음이다. 더 깊이 들어가면 안타까워하는 마음이고, 간절히 바라는 마음이다. 하나님께서 약한 우리를 안타까워하신다. 죄를 지은 우리를 용서하시고 의인으로 살아가기를 간절히 바라신다. 하나님의 긍휼은 한두 번으로 나타나지 않는다. 지속적으로 나타나고, 사람에게 넘치도록 부어 주신다. 그래서 본문은 긍휼이 풍성하신 하나님이라고 표현한다. 긍휼의 이면에는 사랑이 존재한다. 사랑하기 때문에 긍휼을 베푸시는 것이다. 사랑하지 않는다면 내버려 두거나 모른척하면 된다. 사랑하기 때문에 안타까워하시고 좀 더 바른 신앙으로 살기를 원하신다. 우리는 무언가가 더 일해야 하는데 갑자기 죽은 사람을 보면 안타까워한다. 하나님은 당신 안에서 바르게 살지 못하여 허물이 많고, 죽은 우리를 안타까워하시면서 살려주신다. 하나님은 당신의 풍성한 긍휼로서 예수 그리스도의 살림과 함께 우리를 살리신다.

2. 은혜가 풍성하신 하나님

풍성한 긍휼로서 사람을 살리신 하나님에게서 우리는 은혜를 찾게 된다. 우리는 스스로 죄에서 벗어날 힘도 없고, 살아나는 힘도 없다. 이런 우리를 안타까워하시는 하나님이 우리에게 죄에서 벗어나는 길과 살아나는 길을 알려주었다. 그 방법은 곧 예수님을 믿는 일이다. 하나님이 독생자이신 예수님을 세상에 보내시고 하나님의 뜻을 알게 하셨다. 사람들은 하나님의 뜻을 외면하고 예수님을 십자가에 달려 죽게 하였다. 하나님의 아들을 죽였다면 하나님이 격노하시고 사람들을 이 땅에서 사라지게 하실 수도 있다. 그런데 하나님은 사람을 살리는 방법으로 아들의 죽음을 택하셨다. 이것은 사람의 생각으로는 계획도 안 되고, 이해도 안 되는 자비이다. 하나님의 자비하심이 풍성한 은혜였다. 아들이 죽었다면 그것으로 끝일까? 사람을 살리려면 아들이 살아야 한다. 아들과 함께 사람을 살리는 방법, 아들과 함께 하나님 안에서 살게 하는 방법을 하나님이 계획하셨다. 하나님이 아들을 보내시고, 죽게 하시며 또 살리심으로 사람을 살리는 은혜를 완성하셨다. 하나님의 은혜를 안다면 하나님의 자비하심도 함께 알게 될 것이다. 우리 시대에만 알면 안 된다. 앞으로 오는 세대, 즉 우리의 자녀 세대도 하나님의 자비하심을 알아야 한다. 그래야 은혜를 삶의 지표로 삼고 살아간다.

3. 구원을 선물하신 하나님

하나님이 계획하신 은혜 안에 하나님의 자비하심이 담겨 있다. 하나님의 자비하신 은혜가 아니었다면 우리는 살 수 없다. 하나님으로부터 영원토록 멀어지고 지옥으로 떨어질 것이다. 그런데 하나님이 우리를 살려주셨다. 즉 하나님 안에 있게 하시고, 예수님과 함께 하늘에 앉게 하셨다. 이것이 구원이다. 하나님은 구원의 조건을 제시하셨다. 사람을 살리려고 오신 하나님의 아들을 믿으라는 조건이다. 이 조건도 사람의 선택으로는 쉽지 않다. 사람이 자기 이성과 경험으로 믿으려고 하고, 어리석은 생각과 고집으로 믿음을 외면하기 때문이다. 그런데 하나님은 우리에게 믿음마저도 선물로 허락하신다. 우리가 믿는 것은 우리의 의지와 선택이 아니라 하나님께서 주신 선물을 받았기 때문이다. 어떤 사람은 구원을 행위의 결과라고 생각한다. 착한 일을 많이 하고, 업적을 쌓으면 구원받을 것이라고 생각한다. 이 세상의 종교가 대부분 그렇다. 사람의 능력을 어느 정도 인정하는 것이다. 그러나 아무리 생각해도 사람의 행동으로는 구원을 받을 수 없다. 사람은 본성적으로 악하고, 아무리 착해도 흠이 있기 때문이다. 그러므로 구원하신 하나님이 구원받는 믿음을 선물로 주셔야 한다. 믿음을 선물로 받으면 자기 믿음과 행동을 자랑하지 않는다. 하나님이 주신 믿음과 구원을 감사할 뿐이다.

4. 우리를 예비하신 하나님

하나님의 은혜는 하나님께 만족이다. 하나님이 하고 싶은 일을 하셨으니 만족하시고 기뻐하신다. 하나님의 은혜가 우리에게 완전하게 적용되면 하나님의 의도와 목적이 이루어진 일이니 하나님께는 기쁨을 이기지 못하는 일이다. 스바냐 3장 17절에 "그는 구원을 베푸실 전능자이시라 그가 너로 말미암아 기쁨을 이기지 못하시며"라고 한다. 하나님의 은혜가 우리를 향하고 있으므로 우리에게도 만족이다. 하나님이 우리를 지으시고, 우리의 믿음까지도 세워 주신다. 하나님이 우리를 창조하신 목적은 10절에 있는바, "그리스도 예수 안에서 선한 일을 위함"이다. 우리가 예수님을 높이려는 선한 일을 하려면 그만한 자격을 갖추어야 한다. 그러나 사람의 힘으로는 갖출 수 없으므로 하나님이 직접 자격을 갖추게 해주신다. 우리에게 믿음 주시고 구원하시면, 구원받은 사람으로서 예수님 안에서 선한 일을 하게 해주신다. 하나님이 이 일을 계획하셨고, 성취하셨다. 본문에서는 "하나님이 이 일을 전에 예비하시고 우리로 그 가운데서 행하게 하여 하심이라"고 선언한다. 하나님은 믿고 구원받는 우리를 예비하시고, 또 우리를 통해 더 많은 사람들이 믿고 구원받는 일을 예비하셨다. 하나님이 예비하신 일을 행하시고, 더 확장하신다. 우리는 하나님의 예비하심 안에 들어있다.

성 경	누가복음 24:36-43	예전색상	흰색

04 14

예배의 부름	"하나님이여 우리가 주께 감사하고 감사함은 주의 이름이 가까움이라 사람들이 주의 기이한 일들을 전파하나이다"(시 75:1)
	말씀으로 임하시는 주님을 모시고 그 은혜에 힘입어 경배하게 하시는 하나님 아버지! 거룩한 주님의 날 성삼위 하나님께서 역사하시는 하늘 보좌 같은 거룩한 제단 앞에 저희를 불러 주시고 세상이 줄 수 없는 하늘 은총을 바라보게 하심을 감사드립니다. 이 예배를 통해서 하나님의 영광이 나타나게 하시고, 저희 소망이 땅에 머물지 말게 하시고 하늘에 둠으로 신령한 꿈을 꾸게 하시고, 하나님이 기뻐하시는 변화된 새 삶을 살게 하옵소서. 우리를 구원하신 주님 예수 그리스도의 이름으로 기원하옵나이다. 아멘
회개를 위하여	우리는 다른 사람의 눈을 의식하면서 치장하고 말끔하게 보이려고 애쓰면서도 속사람인 영혼은 날마다 세상이 주는 만족과 육신의 쾌락으로 더럽히는 생활을 했습니다. 입은 옷에 오물이 묻었을 때는 즉시 새로운 옷으로 갈아입었으면서도 더럽혀진 영혼을 씻기 위한 회개는 미루는 어리석은 자가 나는 아닌지 회개하는 기도를 계속합니다.
고백의 기도	**죄**인을 위해 부활을 통한 위대한 계획을 품고 계시는 하나님 아버지! 오늘 부활절 3번째 주일을 맞이하는 거룩한 주님의 날 얄팍하고 옹졸했던 지난 한 주간의 삶을 돌아보며 회개의 기도를 드리게 하심을 감사드립니다. 많은 허물과 죄로 얼룩진 모습이 참으로 민망하고 안타까울 뿐입니다. 생명의 말씀으로 믿음이 살아있어야 승리할 수 있건만 말씀이 없어도 살아갈 수 있다고 생각했던 교만으로 일그러진 저희 모습을 불쌍히 여겨 주옵소서. 죄를 지었으면서도 죄가 아니라고 변명했던 잘못을 용서하여 주옵소서.
	메마른 감정이지만 제단 앞에 무릎을 꿇고 회개하는 용기를 주시는 하나님 아버지! 죄인에게 복음의 능력 주시어 유혹에서 넉넉히 이기게 하시는 엄청난 사랑을 받았으면서도 받은 사랑을 나눌 줄 몰랐던 지난날의 잘못을 고백합니다. 진정으로 사랑을 갈구하는 이웃을 모른 척했습니다. 저희는 사랑의 불감증에 사로잡혀 사랑한다고 하면서 미워했습니다. 회개하는 저희 심령을 성령의 불로 태우시고 성령의 물로 씻어주옵소서. 하나님의 통치와 섭리를 받아들이겠다고 다짐하는 저희를 사죄의 말씀으로 위로하여 주옵소서. 예수님의 이름으로 기도드립니다. 아멘
사함의 확인	"또 죽은 자들 가운데서 다시 살리신 그의 아들이 하늘로부터 강림하실 것을 너희가 어떻게 기다리는지를 말하니 이는 장래의 노하심에서 우리를 건지시는 예수시니라"(살전 1:10)
성시교독	3. 시편 4편
설교 전 찬 송	19장 (찬양하는 소리 있어) 527장 (어서 돌아오오)
설교 후 찬 송	428장 (내 영혼에 햇빛 비치니) 445장 (태산을 넘어 험곡에 가도)

금주의 성가	주님의 평화 얻으리라 – John Johnson 증인이 되리라 – Jerry Krik 하나님께서 세상을 사랑하심 – Thomas Ahrens
목 회 기 도	실패의 뒤안길에 눈물 흘리는 성도들의 기도를 들으시고 응답해 주시는 하나님 아버지! 우리 교회를 통해 구원 성업의 위대한 일을 이루어 가심을 감사 드립니다. 주님께서 저희에게 맡기신 교회의 직분을 잘 감당할 믿음이 자라는 저희가 되기를 원합니다. 좌절과 실의로 귀중한 시간을 헛되게 보내는 것이 아니라 새로운 사명을 준비하는 귀한 시간을 마련하겠습니다. 실패하지 않았으면 볼 수 없었던 약자의 눈물과 아픔을 함께 나누겠습니다. 인간의 성공이 자기 재주가 아니라 하나님의 손안에 있음을 깨닫고 겸손을 배우게 하옵소서. 삶의 전열에서 낙오되고 실패할 때마다 새 힘으로 거듭나게 하시는 하나님 아버지! 우리 교회에 여러 기관이 있습니다. 우리 모든 성도가 그의 나라와 그의 의를 세워나가는 일꾼처럼 살게 하옵소서. 저희 힘과 시간이 필요할 때 어정쩡한 구경꾼이 되기보다는 땀 흘리면서 앞장서는 일꾼이 되게 하옵소서. 고단하고 힘들 때마다 이 제단을 향하여 무릎 꿇고 기도할 때 하나님의 음성을 듣고 성취되는 환상을 보게 하여 주옵소서. 오늘도 간구하는 기도의 제목들이 응답받는 거룩한 주일이 되게 하옵소서. 병든 영혼들을 치유하여 주옵시고, 하는 일마다 혈통의 열매를 맺는 비전을 보게 하여 주옵소서. 예수 그리스도의 이름으로 기도 드립니다. 아멘
헌금을 위한 구성	"내 양 곧 내 초장의 양 너희는 사람이요 나는 너희 하나님이라 주 여호와의 말씀이니라"(겔 34:31)
헌 금 기 도	성도들의 가정마다 필요한 것을 채워 주시는 참 좋으신 하나님 아버지! 지난 한 주간에도 세상에서 믿음으로 충실하게 살지 못했지만 많은 것을 허락하여 주심을 감사드립니다. 교회를 섬기며 드려진 예물이 아름답게 사용되는 은혜를 주시옵소서. 무엇보다 굶주리고 낙망하여 좌절한 영혼들에 성도들의 손길로 희망과 용기를 나눌 수 있도록 은혜 베풀어 주시옵소서. 저희가 많이 심고 많이 거두게 하옵소서. 사랑과 믿음과 소망의 씨를 심게 하옵소서. 이 예물이 땅에 떨어져 썩음으로 그 열매를 통해 죽어가는 영혼이 살아나게 하시옵소서. 내 일을 꿈꾸는 비전과 희망을 주시는 하나님 아버지! 주님의 백성들이 드리는 십일조와 여러 모양의 감사헌금 및 선교예물을 드립니다. 이 예물이 하나님의 보좌에 상달될 때 드린 자들의 모든 소원을 이루시고 영광을 거두어 주시옵소서. 드린 가정과 사업장과 자녀를 축복하시고 풍성한 은혜가 넘치게 하여 주옵소서. 예물과 함께 저희의 삶도 주님께 바칩니다. 하나님의 뜻대로 사용하여 주옵소서. 항상 기쁜 생활 속에서 풍성한 하늘의 감격을 찬양하면서 살기로 다짐합니다. 우리 주 예수 그리스도의 이름으로 기도드립니다. 아멘
위탁의 말 씀	"어찌하여 두려워하며 어찌하여 마음에 의심이 일어나느냐" 예수님께서 제자들에게 부활하신 자신의 몸을 보여 주시며 만져보라고 하신 것은 제자들에게 부활의 믿음을 확인하시기 위함이었습니다. 우리는 만져보지 않고도 믿는 산 증인이 되어야 합니다.
축 도	사망의 권세를 이기시고 부활하시어서 영원한 승리자가 되신 예수 그리스도의 은혜와 독생자 예수 그리스도의 아낌없이 허락하신 하나님의 영원하신 사랑과 우둔할 때 지혜를 주시고 약할 때 강한 힘을 주시는 성령의 끊임없는 교통 하심이 부활의 감격을 안고 증거 하기 위해서 세상으로 나아가는 모든 성도 머리 위에 항상 함께하시기를 간절히 축원하옵나이다. 아멘

오늘의 설교를 위한 복음적 조명 주제 : 믿음의 촉구

제목 : 믿음을 확인하시려고 | 본문 : 누가복음 24:36-43

주제 : 제자들은 부활하신 예수님의 소식을 듣고도 쉽게 믿지 않았다. 예수님은 제자들에게 나타나셔서 당신의 몸을 보여주시며 만져보라고 하셨다. 그리고 제자들에게 먹을 것이 있는지 질문하시고 생선 한 토막을 잡수셨다. 예수님은 제자들에게 부활의 믿음을 확인하셨다.

논지 : 부활하신 예수님이 제자들에게 찾아와서 당신의 부활을 확인해 주셨다.
  1. 평강을 선언하신 예수님
  2. 부활을 확인하신 예수님
  3. 먹거리를 찾으신 예수님
  4. 생선을 받아드신 예수님

04 14

　믿음 생활이 언제나 평탄하기만 할까? 예수님을 믿어서 복을 받은 사람이 매우 많은데, 내게는 왜 복을 받았다는 느낌이 들지 않을까? 세상 사람들이 생각하는 복과는 차원이 다른 복, 세상 사람들이 생각하는 복보다 더 크고 더 멋진 복을 받기까지 언제나 평탄한 길만 있으면 얼마나 좋을까? 사실 믿음은 복을 받을 만큼의 인품을 갖추는 일이기도 하고, 진정한 복을 받는 과정에서 만나는 고난을 이기는 힘을 얻는 일이기도 하다. 이 세상 어떤 사람도 자기가 생각하는 복을 받아 누리는 일이 간단하지 않다. 우연히 하늘에서 뚝 떨어지는 감 한 개 정도 수준의 복으로 생각하지 말자. 어찌 보면 복은 치열한 삶의 결과이다. 물론 이 땅에서 부모를 잘 만나서 이미 복된 환경에서 태어난 사람도 있고, 출발점이 다르다고 말하는 내용도 있다. 신앙도 믿음이 좋은 부모님에게서 태어나 잘 배우고 자랐다고 말할 수 있다. 하지만 환경이든 믿음이든 결국 본인이 살아내야 한다. 특히 믿음은 하나님과 자기의 관계를 철저하게 깨닫고 하나님 앞에 자기를 세워가는 과정이기도 하다. 믿음에는 예수님을 만나는 경험이 반드시 필요하다. 예수님으로부터 말씀을 듣고, 힘을 얻으며, 사명을 받는 경험이다. 이 경험을 가지면 그 다음부터는 고난을 이기는 힘을 갖고, 평안을 누릴 수 있다.

1. 평강을 선언하신 예수님

　예수님이 십자가에 돌아가시자 제자들이 적이 실망했을 터이다. 이스라엘을 구원하실 분, 메시아로 기대하는 분이 십자가에서 죽었으니 기대하던 바가 무너진 허탈감을 느꼈을 것이다. 그동안 따라다니던 일에 대한 후회도 마음속으로 밀려들어왔을 터이다. 예수님이 부활하셨다는 소식을 들었지만 부활이라는 전혀 경험하지 못한 이야기에 귀를 솔깃하기도 쉽지 않다. 믿음을 놓치고 세상으로 다시 돌아가기에 딱 들어맞는 환경이다. 그러나 부활하신 예수님은 제자들에게 환경을 극복하는 믿음, 마음을 새롭게 추스르는 믿음을 주신다. 예수님이 제자들에게 나타나셔서 평강이 있을 것이라고 선포하신다. 우리가 예수님을 믿으면서 어떤 풍파를 만나고, 장벽에 가로막혀서 좌절한다 해도 예수님은 우리를 결코 포기하지 않으신다. 풍파와 장벽을 만나는 그 때가 바로 예수님께서 우리에게 주시는 평강을 들을 때이다. 예수님이 주시는 신비한 능력을 경험하고, 예수님의 뒤를 따라가라는 신호이다. 예수님을 경험할 때 두려움을 느낄 수 있다. 제자들은 자기들 앞에 나타나신 예수님을 보고 무서워했다. 영으로 생각했다는데, 우리 식으로 보면 육체가 없으면서도 눈앞에 보이는 귀신 정도로 생각했을지 모른다. 예수님이 주는 평강은 두려움과 함께 올 수도 있지만 두려움을 극복하게 한다.

2. 부활을 확인하신 예수님

　예수님은 두려워하는 제자들을 향하여 말씀하신다. 말씀하시는 분위기를 한 번 상상해보자. 예수님이 꾸짖듯이 말씀하셨을까? 제자들의 나약한 믿음에 대해 질책을 하셨을까? 아니면 매우 측은한 마음으로 부드럽게 말씀하셨을까? "어찌하여 두려워하며 마음에 의심이 일어나느냐?"라는 구절 자체로 본다면 꾸짖음과 나무라는 분위기를 느낄 수 있다. 그러나 두려워하는 사람들에게 꾸짖고 나무란다고 두려움이 사라지지 않는다. 이때는 말과 내용과는 다르게 부드러운 분위기여야 한다. 온화하고 부드러운 목소리, 다정한 눈빛과 함께 조용하고 나지막하게 말하지만 상대의 실수를 정확하게 짚어주어야 한다. 우리 예수님이 그렇게 하셨을 터이다. 그리고 예수님은 당신의 손과 발을 제자들에게 보이시며 말씀하신다. "내 손과 발을 보라, 또 나를 만져보라, 영은 살과 뼈가 없지만 너희가 보는 것처럼 내게는 있다" 부활하신 예수님을 영으로 착각하는 제자들에게 예수님은 그들의 착각을 일깨우신다. 착각을 일깨울 때는 정확한 증거를 보여주어야 한다. 예수님은 부활하신 당신의 몸을 제자들에게 보이셨다. 손과 발을 보이시고, 만져보라고까지 하셨다. 우리가 비록 신앙생활 중에 착각할 수 있겠지만, 예수님은 정확한 증거를 보이시며 착각을 일깨우시고 바른 믿음으로 이끄신다.

3. 먹거리를 찾으신 예수님

　예수님이 제자들에게 당신의 손과 발을 보이시는데, 제자들의 반응이 어떠할까? 아마도 어안이 벙벙하다는 표현이 딱 맞을 것이다. 긴가 민가, 믿어야 하나 말아야 하나라고 표현해도 될 것이다. 예수님이 나타나서서 당신의 부활을 증명해주시니 제자들에게는 얼마나 큰 기쁨이 있겠는가? 그런데 본문은 보니 제자들이 아직도 믿지 못한다고 한다. 너무 기쁜 일이 있으면 금방 안 믿어질 수도 있다. 우리 식으로 표현하자면 "이게 꿈이냐 생시냐? 내 볼을 내가 꼬집어보자. 볼이 아프면 진짜로 벌어진 일이다" 정도로 하면 어떨까? 하나님이 주신 엄청난 복을 갑자기 받으면 이렇듯 믿어지지 않을 수 있다. 사람들도 자기들이 원하는 복을 갑자기 만나면 안 믿어질 수 있다. 로또복권을 맞거나 소위 말하는 잭팟을 터트려도 그럴 수 있다. 부활하신 예수님을 만나는 일도 비슷한 반응일 수 있다. 그러나 원인과 결과 그리고 차원은 완전히 다르다. 내 형편을 풀어주는 일이라도 하나님을 만나는 일이 아닐 수 있다. 반면에 내 형편이 여전하지만 하나님을 만나고 인생에 새로운 방향이 정해지는 일도 있다. 내 느낌이 비슷하다 해서 본질이 다 똑같지는 않다. 예수님은 어안이 벙벙한 제자들에게 먹을 것이 있느냐고 질문하신다. 제자들은 예수님의 먹는 장면을 보고 확실히 믿을 것이다.

4. 생선을 받아드신 예수님

　영은 음식을 먹는 장면을 보일 수 없다. 그러나 육은 음식을 먹는다. 예수님의 잡수는 모습으로 제자들은 예수님의 부활을 확실히 믿게 된다. 그러나 먹는 행위는 제자들에게 부활 확인을 주는 의미로 끝나지 않는다. 함께 먹는 것은 친밀한 교제와 가르침의 의미도 갖는다. 먹을 것을 찾으신 예수님에게 제자들이 구운 생선 한 토막을 드렸다. 예수님이 생선을 받으시고 잡수셨다. 예수님은 생선을 드심으로 당신의 부활을 제자들 앞에서 증명하셨다. 그리고 제자들과 교제하셨다. 아마도 식사를 하시면서 예수님은 제자들에게 더 많은 당부를 하셨을 터이다. 그 내용이 44절부터 50절 사이에 있다. 성경을 깨닫게 하심, 제자들이 감당할 사명, 수행할 사명의 내용, 예수님의 축복하심 등이 있다. 이처럼 당부를 하고, 축복하려면 적절한 분위기를 잡아야 한다. 함께 먹는 행위는 적절한 분위기이다. 우리나라는 먹으면서 당부하면 듣는 사람들 쪽에서 체한다고 싫어할 수도 있다. 그저 친해지는 것이고 친해지면 비즈니스가 된다며 사업의 차원에서 먹기도 한다. 그러나 예수님의 제자들은 하나님 나라 확장을 위한 마음의 다짐을 먹는 자리에서 나눌 수 있다. 우리는 먹든지 마시든지 하나님의 영광을 위한다. 하나님 영광이 목적이다.

성 경	출애굽기 17:1-7	예전색상	흰색

2024년 4월 21일, 부활절 4번째 주일

04
21

예배의 부름	"나의 의를 즐거워하는 자들이 기꺼이 노래 부르고 즐거워하게 하시며 그의 종의 평안함을 기뻐하시는 여호와는 위대하시다 하는 말을 그들이 항상 말하게 하소서 나의 혀가 주의 의를 말하며 종일토록 주를 찬송하리이다"(시 35:27-28) 할렐루야! 승리의 노래를 부르면서 거룩한 부활의 기쁨을 나누게 하시는 하나님 아버지! 흑암의 죄와 사망의 권세를 이기게 하시려고 독생자를 부활하게 하심을 감사드립니다. 저희가 드리는 경배와 찬양과 영광을 받아 주시고 구원의 감격과 부활 신앙으로 무장하는 저희가 되게 하여 주옵소서. 주시는 말씀이 한 주간 세상에서 우리에게 구름 기둥과 불기둥이 되어 주옵소서. 예수님의 이름으로 기원하옵나이다. 아멘
회개를 위하여	하나님께서 우리에게 줄 수 있는 것은 두 가지입니다. 보이는 하늘 축복과 보이지 않는 영적인 축복입니다. 그러나 우리는 늘 보이는 것에만 집착하여 보이는 축복만 달라고 하는 생활을 하지는 않았는지 주님과 나만이 알고 있는 은밀한 나의 마음을 회개하고 결단하는 기도를 계속합시다.
고백의 기도	어려움과 고난 속에서 헤매는 저희를 따스한 손길로 어루만져 주시는 하나님 아버지! 저희 모두가 믿음의 용사로 자라기를 원하셔서 구속의 은총과 부활의 감동이 있게 하심을 감사드립니다. 주님께서는 근심과 걱정을 맡기지 못한 잘못을 용서하여 주옵소서. 스스로 해결해 보려고 헛된 고생만 했던 저희입니다. 뻔뻔하게 이웃을 판단하고 정죄하며 거들먹거리면서 살았습니다. 하나님의 자녀라고 하지만 세상 사람들과 다를 바 없이 지기를 싫어하고 마음속에 미움을 쌓아 놓았습니다. 어리석고 배은망덕한 저희의 모습을 용서하여 주옵소서. 용서 받은 자로서 용서할 수 있는 마음을 허락하시는 하나님 아버지! 하나님의 선하심보다는 저희 자신들의 뜻을 펼치려고 노력하는 삶을 살았습니다. 하나님의 뜻을 가로막고 개인적인 뜻을 내세웠던 저희의 삶을 주님 앞에 내어놓사오니 위선적이고 간사함이 많은 저희를 불쌍히 여겨 주옵소서. 교회가 어떤 일을 할 때 이런저런 핑계로 인하여 빠질 때가 많았습니다. 교회와 가정과 세상에서 용납과 사랑의 본보기가 되기를 결단하오며 용서의 말씀을 받고 하나님을 기쁘시게 하는 한 주를 살게 하옵소서. 예수 그리스도 이름으로 기도합니다. 아멘
사함의 확인	"자녀들아 내가 너희에게 쓰는 것은 너희 죄가 그의 이름으로 말미암아 사함을 받았음이요 아비들아 내가 너희에게 쓰는 것은 너희가 태초부터 계신 이를 알았음이요 청년들아 내가 너희에게 쓰는 것은 너희가 악한 자를 이기었음이라" (요일 2:12-13)
성시교독	5. 시편 8편
설교 전 찬 송	630장 (진리와 생명 되신 주) 212장 (겸손히 주를 섬길 때)
설교 후 찬 송	364장 (내 기도하는 그 시간) 482장 (참 즐거운 노래를)

금주의 성가	나 주의 길 따르리 – Arr. by Charles. F. Brown 날마다 주와 벗하여 – 이영조 여호와를 바라는 자는 – T. M. Bowdish
목회기도	교회 절기를 따라 부활의 감격을 오랫동안 누리게 하시는 하나님 아버지! 죄인을 의인으로 바꾸어주시고 하나님 나라에서 영원한 파스카의 기쁨을 누리게 하심을 감사드립니다. 지난 한 주간 세상에서 살면서 부활의 감동을 살지 못하고 저희가 처한 환경 가운데서 고통스럽게 얽매여 산 것을 용서하여 주옵소서. 저희가 부활하는 승리의 날을 가슴에 품고 끊임없이 깨어 기도하고 주님의 뜻대로 살 수 있게 하여 주시옵소서. 가정에서 직장에서 교회에서 온전히 헌신하고 충성하는 저희 모두가 되게 하여 주옵소서. 믿는 성도들이 그리스도와 함께 왕 노릇 하게 하시는 하나님 아버지! 오늘 거룩한 예배 시간에 성령의 음성을 듣는 귀한 시간이 되게 하옵소서. 슬픔을 당하여 낙심 가운데 있는 자녀들이 있습니다. 가정 문제로, 남편과 자식 문제로, 직장 문제로 날마다 눈물을 흘려야 하는 성도들도 있습니다. 그들의 마음을 위로하시고, 그들이 주님 앞에 간구할 때에 축복으로 응답하여 주시옵소서. 교회를 위하여 몸 바쳐 헌신한 믿음의 선배들의 숭고한 신앙을 오늘을 살아가는 저희 모두가 이어가게 하옵소서. 예수님의 이름으로 기도드립니다. 아멘
헌금을 위한 성구	"너희가 모든 일에 넉넉하여 너그럽게 연보를 함은 그들이 우리로 말미암아 하나님께 감사하게 하는 것이라 이 봉사의 직무가 성도들의 부족한 것을 보충할 뿐 아니라 사람들이 하나님께 드리는 많은 감사로 말미암아 넘쳤느니라"(고후 9:11-12)
헌금기도	다정다감한 미소로 죄인의 가슴에 벅찬 하늘 감동을 주시는 하나님 아버지! 지난 한 주간에도 주님의 것을 가지고 올바른 곳에 사용하게 하시며, 주님께서 쓰라 하시는 곳에 주저하지 않고 사용하게 해주심을 감사드립니다. 오늘 저희가 드리는 예물 중에서는 쉽게 드린 예물도 있지만, 피와 땀과 눈물이 묻은 예물도 있습니다. 그들의 손길을 축복하시어서 주님의 사랑으로 응답하여 주시옵소서. 저희가 예물을 드릴 때 형식적으로 드리지 않게 하시며 주님을 위하여 진실한 마음으로 드릴 수 있게 하옵소서. 십일조를 드립니다. 자신의 일보다 주님의 일을 우선순위에 두겠다는 다짐을 하며 감사예물을 드립니다. 주일 헌금을 드립니다. 구역헌금과 성미를 드립니다. 한 사람 한 사람의 작은 사랑이 모여 교회를 살리고 나라를 살리는 큰 사랑이 되게 하옵소서. 병상에서 안타까운 마음으로 예배를 사모하는 자녀들이 있습니다. 치유하시는 밝은 광선으로 죽음의 세포를 치료하시고 새 생명의 세포들이 회복되게 하옵소서. 어린 자녀들이 정성으로 드리는 예물이 있습니다. 어린 자녀들의 영혼 깊숙이 복음의 종소리가 메아리치게 하옵소서. 드릴 적은 물질도 없어 안타깝게 하루를 살아가는 영혼을 위로하여 주옵시고 넘치는 하늘 복이 자자손손 이어가게 하옵소서. 예수님의 이름으로 기도하옵나이다. 아멘
위탁의 말씀	"그들이 여호와를 시험하여 이르기를 여호와께서 우리 중에 계신가 안 계신가 하였음이더라" 광야를 행진하는 이스라엘 백성들처럼 힘들고 어렵다고 하나님을 원망하고 불평하지 말아야 합니다. 하나님이 우리와 함께하심을 믿고 하나님과 함께 승리하는 한 주간을 살아야 합니다.
축도	지금은 죽음을 이기시고 부활하신 우리 구주 예수 그리스도의 무한하신 구속의 은혜와 그 외아들을 아낌없이 보내주신 하나님 아버지의 극진하신 사랑하심과 지금도 우리와 함께하시면서 진리요 길이요 생명으로 인도하시는 성령님의 감화 교통하심이 이 교회에 속한 성도들과 그들의 가정과 기업 위에 지금부터 영원토록 함께 하옵시기를 간절히 축원하옵나이다. 아멘

오늘의 설교를 위한 복음적 조명 주제 : 생명의 증거

제목 : 하나님이 함께하신다. | 본문 : 출애굽기 17:1-7

주제 : 하나님은 우리와 함께하신다. 그런데 우리는 하나님의 함께하심을 의심하는 경우가 있다. 힘들고 괴로우면 원망도 나온다. 광야를 행진하는 이스라엘 백성들이 그렇게 했다. 하나님은 원망하고 불평하는 백성들에게 물을 주시고, 백성들과 함께하심을 증명하셨다.

논지 : 하나님은 백성들의 형편을 살피시고 당신의 영광을 위하여 해결하신다.
1. 백성들의 원망을 보신 하나님
2. 모세의 탄원을 들으신 하나님
3. 반석을 치라 말씀하신 하나님
4. 시험을 당하지 않으신 하나님

**04
21**

우리나라는 물 부족 국가인데, 물 쓰듯 한다는 관용적 표현이 존재한다. 과거에 우리 조상들은 물을 쓰는 데 그렇게 어려움이 없었으므로 이런 말이 나왔을 터이다. 한 세대 전만 해도 물을 사서 마신다는 말을 듣지 못했지만 지금은 물을 사서 마신다. 이제는 물도 돈이고 자원이다. 물을 어떻게 효율적으로 이용하느냐가 국민의 생존 그리고 국가의 안위와 직결된다. 그래도 우리는 형편이 낫다. 물을 이용하고 집집마다 수도가 있기 때문이다. 그런데 저개발국가에서는 물을 구하지 못한다. 아이들은 흙탕물을 먹고 배탈이 나는 경우가 많다. 물 한 동이 구하려고 십리 길을 왕복하는 경우도 있다. 한 세대 전에도 물지게 지고 나르던 적이 있었던 것을 생각하면 저개발국가 사람들의 고충을 이해할 수 있을 것이다. 그래도 우리나라는 물 부족 국가이다. 그렇게 흔하던 지하수는 고갈되고, 또 오염이 많이 되었다. 폐기물을 매립하다 보니 토양이 오염되고, 따라서 수질도 오염된다. 물을 얻지만 농사에도 쓰기 어렵다. 오염된 물을 사용하다가 발암물질이 식물에 붙기도 하고, 오염된 물과 식물을 마신 동물들 안에 발암물질이 생기기도 한다. 발암물질을 담은 식물과 동물을 먹는 사람도 발암물질에 노출된다. 홍수에 마실 물 없다는데, 홍수가 아님에도 안심하고 마실 물이 부족하다.

1. 백성들의 원망을 보신 하나님

이스라엘 자손이 광야에서 물 부족을 경험했다. 광야에서 물을 얻는 일은 여간 어려운 일이 아니다. 이스라엘이라는 나라 자체가 물이 부족한 곳인데, 광야이니 마실 물이 더 부족하다. 게다가 한두 사람도 아니고 민족이 이동하는 과정이니 물이 많이 필요할 터이다. 물을 조금 얻는다 해도 그 많은 백성에게는 턱없이 부족할 것이다. 무엇인가 부족한데, 생존의 위협까지 될 정도면 문제해결보다는 원망이 먼저 나올 수 있다. 광야를 행진하는 민족도 불평과 원망을 한다. 자기들을 이끌어낸 모세를 향하여 물을 내 놓으라고 한다. 사실 모세도 어찌할 수 없는 형편이다. 그런데 모세를 향해 억지를 부리는 듯 하니 모세도 답답할 노릇이다. 모세가 백성들에게 어찌하여 나와 다투고 하나님을 시험하느냐고 질문한다. 그런데 백성들은 지금 목마른 원인을 모세에게서 찾는다. 모세가 애굽에 사는 백성들을 설득해서 지금 물이 없는 곳으로 데리고 왔다는 것이다. 말이 설득이지 꼬드겼다고 생각할 수도 있다. 모세의 꼬드김 때문에 백성들과 자녀들 그리고 가축들이 목말라 죽게 되었다는 것이다. 백성들은 모세를 따라 나온 선택이나 애굽에서 고생하던 것을 까맣게 잊은 듯하다. 이 때 하나님은 어떻게 하실까? 하나님이 모르고 계실까? 전혀 그렇지 않다. 하나님이 보고 계신다.

2. 모세의 탄원을 들으신 하나님

백성들의 원망과 불평을 듣는 모세는 어떻게 해야 할까? 백성들에게 따져 묻고 질책하면 문제가 해결될 수 있을까? 어떤 문제가 발생했을 때 상대에게 책임을 떠넘겨서 해결될 문제가 얼마나 될까? 인간관계에서도 쉽게 해결되지 않는다. 조직에서는 문제가 발생되면 희생양을 만드는 경향이 있다. 누구 한 사람에게 잘못을 몰아버리고, 희생양의 탓을 하면서 스트레스를 풀려고 한다. 그래도 문제의 원인이 제거되지 않는다. 모세가 지금 백성들의 원망에 의해 희생양이 될 처지이다. 지도자라 할지라도 백성들의 생존의 문제를 해결하지 못하면 이렇게 된다. 모세가 스스로 해결할 방법이 없다. 이 때 할 수 있는 것은 하나님께 아뢰는 방법뿐이다. 모세가 하나님께 부르짖는다. "내가 이 백성들에게 어떻게 하면 되겠습니까? 조금 지나면 백성들이 나에게 돌을 던질 것 같습니다" 물이 없으면 물을 얻기 위해 노력하는 게 먼저일까? 사람의 생각으로는 그렇다. 하지만 백성들이 물을 얻으려고 노력조차 하지 않았을까? 이미 노력을 했을 것이다. 노력해도 안 되니까 모세를 원망한다. 사람이 노력해도 안 되는 일이라면 그것은 하나님이 해결하실 수밖에 없다. 그래서 하나님께 간구해야 한다. 모세가 자기 목숨을 걸고 탄원하듯 하나님께 기도한다. 하나님이 모세의 간구를 들으신다.

3. 반석을 치라 말씀하신 하나님

백성의 불평과 원망을 보시는 하나님, 모세의 탄원과 간구를 들으시는 하나님이 이제 어떻게 응답하실까? 원망을 잠재우고 간구를 들으시는 방법은 딱 하나이다. 하나님께서 백성들에게 물을 주시면 문제가 해결된다. 하지만 하나님이 직접 행하지 않으셨다. 갑자기 비를 내리시지도 않았다. 그러면 간구한 모세가 백성들 사이에서 위치가 애매해진다. 하나님은 모세의 기도를 들으셨으므로 모세에게 먼저 응답하신다. 하나님이 모세에게 이스라엘 장로들을 데리고 나일 강을 치던 지팡이를 들고 가라고 하신다. 그리고 하나님이 호렙산 반석 위에서 모세 앞에 서겠다고 하신다. 하나님이 문제를 직접 해결하시지만 모세의 책임을 요구하신다. 장로들과 함께하고 지팡이를 들라는 말씀이다. 장로들에게는 하나님의 문제해결을 보게 함으로 모세의 권위를 회복시키신다. 지팡이는 과거에 문제 해결의 도구로 사용되었는데, 지금도 문제해결의 도구로 사용되어야 한다. 하나님이 모세에게 반석을 치라고 하신다. 그러면 반석에서 물이 나오고 백성들 모두 마시게 될 것이다. 모세가 하나님의 말씀대로 행하였다. 사람이 할 수 없는 일이라 하나님의 명령대로 행할까? 사람이 할 수 있는 일이라 해도 하나님의 명령대로 해야 한다. 사람의 힘보다 하나님의 힘이 더 강하고 위대하기 때문이다.

4. 시험을 당하지 않으신 하나님

모세가 하나님의 말씀대로 행하고 반석에서 물이 나와 모든 백성들이 마실 수 있었다. 이제는 물 부족으로 인한 생존을 걱정하지 않아도 된다. 그러나 하나님은 백성들의 원망을 기억하신다. 백성들의 원망 이유가 무엇일까? 단순히 물이 없었기 때문일까? 아니다. 백성들은 물 부족을 보고 하나님이 자기들과 함께하시지 않는다고 생각했다. 하나님이 함께하면 이런 어려움을 당하지 않을 것이라 착각했다. 사실 하나님이 함께하셔도 어려움을 당할 수 있다. 하나님이 백성들의 믿음을 단련시키고자 어려움을 당하는 백성들을 잠시 바라만 보실 수도 있다. 그런데 백성들은 하나님의 뜻을 알지 못한다. 하나님을 오해하고 자기들 감정에 의해 하나님을 판단하려 한다. 모세가 이 사실을 알고 있으며 문제의 본질을 정확히 꿰뚫고 있다. 그래서 호렙산 바위가 있는 곳 이름을 '맛사' 혹은 '므리바'라고 불렀다. 모세와 백성들이 다툰 곳, 하나님이 함께하지 않는다고 착각하며 하나님을 시험한 곳이라는 의미이다. 사실 하나님은 악에게 시험을 당할 분이 아니다(약 1:13). 호렙산 바위의 이름을 듣는 후손들은 부끄러움을 기억하고, 다시는 하나님을 시험하지 않을 것이다. 하나님을 불신하는 행위가 없어야 한다. 그런데 지금도 하나님을 시험하는 사람들이 많다. 참 안타까운 일이다.

성 경	마태복음 9:14-17	예전색상	흰색

예배의 부름

"너희 몸은 너희가 하나님께로부터 받은 바 너희 가운데 계신 성령의 전인 줄을 알지 못하느냐 너희는 너희 자신의 것이 아니라 값으로 산 것이 되었으니 그런즉 너희 몸으로 하나님께 영광을 돌리라"(고전 6:19-20)

主일마다 우리가 모여 경배와 찬양의 제사를 지내게 하시는 하나님 아버지! 한 주간 동안 주님을 향한 믿음이 날로 충만하게 하시고 믿음의 감격이 회복되게 하여 주심을 감사드립니다. 기도하고 찬송을 부르면서 말씀 들을 때 하늘의 신령한 비밀을 알게 하여 주옵소서. 한 주간을 살아갈 때 문제가 해결되고 소망의 감격만 넘치게 하여 주시옵소서. 우리 주 예수 그리스도의 이름으로 기원하옵나이다. 아멘

회개를 위하여

날마다 순간마다 하나님의 영광을 위해서 살겠다고 다짐하지만, 지난 한 주간 하나님께 영광이 되는 선택보다는 나의 영광과 육신의 쾌락을 위해서 헛된 것을 선택하는 어리석은 행동을 하고 살진 않았는지 성찰하고 회개하는 기도를 계속합니다.

고백의 기도

悔개하는 기도를 들으시고 진심으로 고백하는 자들의 심령을 치유해 주시는 하나님 아버지! 날마다 새 힘을 주셔서 주님과 동행하는 기쁨을 누리게 하심을 감사드립니다. 부활의 감동과 미래에 대한 소망을 주셨지만, 그 감격을 망각하고 세상을 붙들고 자기 뜻을 이루기 위해서 동분서주하며 살았음을 용서하여 주옵소서. 매일 반복되는 잘못을 저지르는 저희이지만, 오늘보다는 내일에 좀 더 나은 믿음의 자녀로 성숙하도록 도와주시옵소서. 주님 말씀을 묵상하고 기도하기로 마음먹었지만 연약한 육신의 게으름으로 기도를 쉬는 죄를 저질렀으며 말씀을 상고하지도 않았던 죄를 용서하여 주옵소서.

길이요 진리요 생명 되시는 예수님의 사랑으로 새 삶을 얻게 하시는 하나님 아버지! 형제자매들의 눈 속에 있는 티끌을 찾으려 들지 말고 내가 먼저 회개하고 낮아져서 섬김을 실천하는 선행을 보이게 하옵소서. 남을 탓 하기보다 자신을 돌아보며 회개하고 하나님의 충만한 은혜를 구하기 위해 무릎 꿇어 기도하는 겸손한 종이 되게 하옵소서. 죄에 대하여 애통해하는 마음으로 회개하는 눈물로 주님의 전을 적시오니 긍휼히 여기시고 깨끗이 씻어 주시옵소서. 주님의 자비를 나타내시옵소서. 구원하신 주님의 십자가를 의지하는 마음으로 살겠다고 다짐합니다. 사죄의 말씀을 주시어 거듭남의 감격을 주옵소서. 예수님의 이름으로 기도드립니다. 아멘

사함의 확인

"하나님을 가까이하라 그리하면 너희를 가까이하시리라 죄인들아 손을 깨끗이 하라 두 마음을 품은 자들아 마음을 성결하게 하라"(약 4:8)

성시교독	9. 시편 15편
설교 전 찬 송	40장 (찬송으로 보답할 수 없는) 365장 (마음속에 근심있는 사람)
설교 후 찬 송	242장 (황무지가 장미꽃같이) 505장 (온 세상 위하여)

04 28

금주의 성 가	주님의 제자 되리라 – Don Besig 예수 같이 되기 원하네 – John W. Peterson 주 찬양해 오 내 영혼 – M. Ippolitof-Ivanof
목 회 기 도	**십**자가의 사랑이 저희 말과 성품 속에 온전하게 자리 잡게 하시는 하나님 아버지! 예수님의 보혈로 세우신 교회를 통해 영혼 구원의 기쁨을 누리게 하심을 감사드립니다. 죄인이었던 저희를 택하시고 위대한 업적을 남길 교회의 기둥으로 삼아 주셨건만 그 역할을 망각하고 살아온 저희였음을 고백합니다. 빛을 발하기보다 어둠 속에서 헤매며 주님을 욕되게 하는 말과 행동을 일삼았습니다. 시기하고 원망하는 말로 가까운 사람의 마음에 상처를 냈습니다. 이제 과거의 어둠에서 돌이켜 무슨 일을 하든지 예수 그리스도의 힘을 공급받아 예수님처럼 세상의 빛으로 살겠다는 마음을 받아 주옵소서. **저**희에게 맡기신 교회의 직분을 잘 감당할 수 있는 믿음을 주시는 하나님 아버지! 너희는 먼저 그의 나라와 그의 의를 구하라는 주님의 말씀을 마음에 새기고 그 말씀으로 살아가는 저희가 되게 하옵소서. 한 주간에도 성도들의 가정과 주신 기업이 융성하게 발전되어 감사가 넘치는 가정들이 되게 하여 주옵소서. 우리 교회에 속한 모든 기관이 하나님의 은혜 가운데 발전되어 복음 증거의 증인들이 되게 하여 주옵소서. 한 주간을 살아갈 때 성삼위 하나님의 은혜로 풍성하고 넘치는 한 주일이 되게 하옵소서. 예수님의 이름으로 기도하옵나이다. 아멘
헌금을 위한 성구	"나의 하나님이 그리스도 예수 안에서 영광 가운데 그 풍성한 대로 너희 모든 쓸 것을 채우시리라"(빌 4:19)
헌 금 기 도	**생**존경쟁이 치열한 세상에서 실패하지 않고 말씀으로 인도해 주신 하나님 아버지! 지난 한 주간에도 위험에서 생명을 보호하여 주시고 세상을 이기는 힘을 주셨음을 감사드립니다. 오늘도 주님 앞에 헌신하는 마음으로 예물을 드립니다. 드릴 때마다 기쁨으로 드리게 하시고, 드리고도 더 드리고 싶은 마음을 주옵소서. 감사가 넘치는 결실이 가정마다. 일터마다 일어나게 하옵소서. 액수를 따지지 마옵시고 강한 믿음의 사람으로 변하는 은혜를 주옵소서. 먹고 마실 때마다 저희 수고의 대가라고 교만하지 않게 하시고, 주님 주신 선물임을 알고 먼저 하나님 앞에 감사하는 생활이 우선이 되게 하여 주옵소서. **무**한하신 사랑으로 저희를 구원하시고 은혜가 넘치는 삶을 살게 하시는 하나님 아버지! 삶이 차고 넘치는 감사의 예물을 드립니다. 주님의 교회를 위해 주정헌금과 십일조를 드립니다. 약속을 따라 믿음대로 곳간이 차고 넘치게 하옵소서. 매 순간 지켜주시고 필요를 따라 역사하시는 은혜에 구제헌금, 구역헌금 그리고 성미를 드립니다. 이 예물이 쓰일 때 실의에 빠진 사람들에게 주를 향한 믿음으로 희망을 주게 하옵소서. 오늘도 교회를 위해 보이지 않는 곳에서 수고하며 헌신한 종들의 노고를 받아 주시고 건강을 주시며, 그들의 하는 일들이 형통하도록 축복하옵소서. 예수님의 이름으로 기도하옵나이다. 아멘
위탁의 말 씀	"새 포도주는 새 부대에 넣어야 둘이 다 보전되느니라" 예수님의 가르치심은 당시의 선생들보다 훨씬 더 높은 차원의 새로운 가르침이었습니다. 낡은 우리의 생각을 버리고 예수님의 생각을 배우고 예수님처럼 행하는 한 주간을 살아야 합니다.
축 도	우리 주 예수 그리스도의 구속 은혜와 독생자를 내어 주신 하나님의 크신 사랑과 하나님 말씀대로 살 수 있도록 우리를 도우시는 성령의 충만하심과 교통하심이 예배를 드리고 예수 그리스도의 증인으로 세상에 나가는 성도들에게 이제부터 영원까지 함께하시기를 간절히 축원하옵나이다. 아멘

오늘의 설교를 위한 복음적 조명 주제 : 새로운 의식

제목 : 예수님 생각 배우기 I 본문 : 마태복음 9:14-17

주제 : 예수님은 이 땅에서 자주 가르치셨다. 예수님은 질문을 받으시고 대답하시면서 가르치셨다. 예수님의 가르치심은 당시의 선생들보다 훨씬 더 높은 차원의 새로운 가르침이었다. 예수님으로부터 가르침을 들으면 예수님의 생각을 배우고 예수님처럼 생각하게 된다.

논지 : 예수님은 새 시대에는 새로운 생각이 필요함을 말씀하셨다.
1. 금식에 관해 질문 받으신 예수님
2. 혼인 집 신랑을 비유하신 예수님
3. 베 조각과 옷을 말씀하신 예수님
4. 가죽 부대를 사례로 드신 예수님

**04
28**

　　왕정시대에는 기존의 왕조가 무너지고 새 왕조가 들어설 때, 새 하늘이 열렸다고 말했다. 통치자가 바뀌고 백성들에게는 살아갈 기대감이 생길 수도 있고 오히려 암담하고 절망적일 수도 있다. 통치자 한 사람의 인품과 지도력이 백성들에게 희망 혹은 절망을 줄 수 있다. 왕조가 바뀌면 진짜 새 하늘이 열리는 걸까? 왕을 하늘처럼 떠받드는 시대에는 그런 생각을 가졌다. 민주주의 사회에서 정권교체가 되면 한 쪽은 희망을 갖고, 다른 쪽은 아쉽다 못해 절망하기까지 한다. 이 땅에서 사람에게는 완전한 희망을 둘 수 없는데도 말이다. 완전한 희망을 누구에게 두어야 하는가? 바로 우리가 믿는 예수님이어야 한다. 예수님은 왕으로 오셨지만 세상의 왕과 똑같이 행동하지 않으셨다. 예수님의 오심은 인류에게 새로운 시대를 여는 것이었다. 왕조가 바뀌는 새 하늘이 아니고, 예수님이 오심으로 열리는 새 하늘이었다. 일국의 왕을 하늘로 떠받들면 안 되고, 하늘로부터 오신 예수님을 하늘처럼 떠받들어야 한다. 그러나 예수님은 당신이 영광받기보다는 당신을 보내신 아버지가 영광 받아야 하며, 당신은 섬기러 왔다고 말씀하셨다. 이 땅에서 예수님은 작고 나약한 종의 모습을 보이셨다. 대접받으려는 세상에서 섬기려고 오신 예수님이야말로 새로운 시대를 여신 분이다.

1. 금식에 관해 질문 받으신 예수님

　　예수님 이전에 세례 요한이 회개를 외쳤다. 세례 요한의 가르침을 듣고 따르는 제자들이 많았다. 세례 요한은 예수님의 길을 예비하였다. 예수님이 하나님 나라 복음 전파를 시작한 후 세례 요한의 제자 중에서도 예수님을 따랐다. 세례 요한의 제자 중에서는 세례 요한과 예수님을 비교하기까지 한다. 비교해보고 더 나은 분을 따라가겠다는 심산이다. 세례 요한의 제자들이 예수님께 와서 자기들과 바리새인들은 다 금식을 하는데, 예수님의 제자들은 왜 금식을 하지 않느냐고 질문한다. 당시에 금식을 하는 것은 경건의 표현이다. 그러니까 자기들은 경건하고, 예수님의 제자들은 경건하지 않다는 것이다. 사실 제자를 가르치는 선생님이 경건하지 못하다고 비꼬는 것이다. 예수님은 기존의 질서를 무너뜨리지 않으셨다. 그렇다고 해서 기존의 질서를 그대로 따라가지도 않았다. 기존의 질서 중에서 지키지 않아도 되는 것이 있다면 과감하게 버리셨다. 그것은 예수님이 기존의 사람들과는 다른 전혀 새로운 생각을 하시기 때문이다. 금식에 관하여서도 사람들은 기존의 질서와 습관에 따랐다. 그러나 예수님은 금식하지 않아도 되는 이유를 갖고 계셨다. 세례 요한의 제자들이 질문했으니 예수님은 새로운 시대를 여는 당신의 새로운 생각을 들려주시게 되었다. 새로운 가르침이다.

2. 혼인 집 신랑을 비유하신 예수님

예수님은 당신의 제자들이 금식하지 않아도 되는 이유를 세 가지 이야기로 말씀하셨다. 첫째 이야기가 혼인 집 신랑의 이야기이다. 결혼식이 열리면 신랑의 친구들이 손님으로 참석한다. 신랑의 친구들은 모두 신랑의 결혼을 축하하며 웃고 즐긴다. 얼굴을 찡그리거나 슬픈 기색을 하는 친구가 없다. 혹시 얼굴을 찡그린다면 너무 많이 먹어서 배가 아픈 경우일 것이다. 신랑의 친구는 슬퍼하지 않는다. 그러나 만약에 신랑을 빼앗기는 날이 온다면 어찌 되겠는가? 신랑의 친구들이 모두 슬퍼할 터이다. 당시 금식은 슬퍼하는 모습이어야 했다. 마태복음 6장 16절에 보면 예수님이 "금식할 때에 외식하는 자들과 같이 슬픈 기색을 보이지 말라"고 하셨다. 결혼식은 기쁨의 자리이다. 또 잘 차려진 음식을 즐겁게 먹는 날이다. 그러므로 그 날에 금식한다는 것은 생각조차 못할 일이다. 예수님이 왜 이런 말씀을 하셨을까? 예수님과 함께하는 일이 곧 혼인 집 신랑과 함께하는 것처럼 기쁜 일이다. 예수님은 사람들에게 기쁨을 주려고 오셨다. 하나님을 만나는 기쁨, 영생을 얻는 기쁨을 주려고 오셨다. 예수님께서는 기쁨이 충만하고, 당신의 기쁨이 제자들에게 충만하게 하신다(요 15:11). 그러므로 예수님과 함께 있을 때는 금식이 적합하지 않다. 예수님과 함께 기뻐하며 즐거워하면 된다.

3. 베 조각과 옷을 말씀하신 예수님

예수님은 두 번째로 생베 조각과 옷의 예를 들어서 대답하셨다. 지금이야 섬유가 워낙 좋아서 옷을 어지간히 입어도 헤지지 않는다. 그런데 요즘 사람들은 헤진 옷을 보고 멋지다고 생각하고 입고 싶어 한다. 오죽하면 헤진 옷이 유행이고 패션이 되어서, 청바지를 찢고 백화점 매장에서도 찢어지고 헤진 옷을 비싼 돈 들여서 산다. 과거에는 옷이 헤져서 천을 대어 꿰매 입는 경우가 많았다. 우리나라 과거 사진을 보면 누더기 옷을 입은 아이들 모습을 쉽게 찾을 수 있다. 지금도 지구 반대편 어떤 나라에서는 헤진 옷을 입는 사람들이 있다. 헤진 옷에 생베조각을 붙여서 꿰매면 옷이 어떻게 되겠는가? 생베조각이 질긴지라 옷을 당기고 그 결과 옷은 더 헤질 것이다. 그래서 생베 조각을 낡은 옷에 붙여서 꿰매지 않는다. 세례 요한과 바리새인들의 금식은 헤진 옷처럼 사람들의 생각을 힘들게 할 뿐이다. 그러나 예수님의 생각은 신선하고 사람들의 생각을 활기차게 한다. 예수님의 신선한 생각을 금식이라는 낡은 생각에 덧붙이면 금식하는 사람만 갈등할 뿐이다. 금식하는 사람들은 금식하도록 내버려두고, 예수님의 생각을 듣고 따르면 된다. 그들의 금식이 끝나고 예수님 생각을 들을 날이 올 것이다. 금식보다 더 자유롭고 차원이 높은 예수님의 말씀을 듣고 따르는 날이다.

4. 가죽 부대를 사례로 드신 예수님

예수님은 세 번째 비유를 말씀하신다. 이번에는 새 포도주를 낡은 가죽부대에 넣는 이야기이다. 세 번째 비유는 두 번째 비유와 이야기의 소재만 다를 뿐 비슷한 패턴을 가졌다. 예수님이 비슷한 패턴을 두 번 반복하신 이유는 분명하게 깨닫도록 강조하시기 위함이다. 포도주를 새로 만들면 새 가죽부대에 넣어야 한다. 포도주가 발효되는 과정에서 가죽부대가 튼튼해야 견딜 수 있기 때문이다. 그러나 새 포도주를 낡은 가죽부대에 넣는다면 부대가 터져서 포도주가 쏟아진다. 포도주도 못 쓰게 되고, 가죽 부대도 못 쓰게 된다. 새로운 세계를 열려고 오신 예수님을 낡은 사고방식에 넣고 판단하려 든다면 낡은 사고방식에서 가졌던 일말의 장점마저도 무너지고, 새로운 생각을 가지신 예수님의 말씀도 제대로 들리지 않을 것이다. 예수님의 생각을 배우려면 기존의 낡은 사고방식에 집착하지 말아야 한다. 낡은 사고방식을 고집할수록 예수님의 새로운 생각을 배울 수 없다. 예수님의 생각을 배우려면 새로운 자세를 가져야 한다. 전통과 습관이 사람들에게 익숙하기는 하지만, 그것이 영원하지는 않다. 우리에게 구세주로 오신 예수님만이 영원하시다. 전통과 습관으로 구원받지 못하고 예수님을 믿어야 구원을 받는다. 예수님은 오고 오는 시대에 누구에게나 늘 새로운 분이시다.

5월의 예배와 설교를 위하여

일	요일		본문	설교제목	기타 (예화, 참고자료)
1	수				
5	주일	낮			
		밤			
8	수				
12	주일	낮			
		밤			
15	수				
19	주일	낮			
		밤			
22	수				
26	주일	낮			
		밤			
29	수				

성 경	전도서 12:1-8	예전색상	흰색

예 배 의 부 름	"어린 아이들이 내게 오는 것을 용납하고 금하지 말라 하나님의 나라가 이런 자의 것이니라 내가 진실로 너희에게 이르노니 누구든지 하나님의 나라를 어린 아이와 같이 받들지 않는 자는 결단코 그 곳에 들어가지 못하리라"(막 10:14-15)
	저희에게 허락하신 자녀를 은혜로 양육하게 하시고 보살펴 주시는 하나님 아버지! 오늘은 어린이주일입니다. 어린이의 영혼 속에 내재하시는 하나님을 만나는 겸허하고 순진한 마음을 허락하여 주옵소서. 이 지구 어디에선가 굶주림과 병마로 시달리는 어린 영혼들을 기억하시고 그들을 위해 무엇인가를 할 용기를 허락하여 주옵소서. 가정에 선물로 주신 어린아이들을 주님의 말씀으로 바로 양육할 수 있는 은혜를 주시옵소서. 우리 주 예수 그리스도 이름으로 기원하옵나이다. 아멘
회개를 위하여	가정에서 부모가 자녀들에게 먼저 해야 할 일은 공부를 잘하는 것보다 하나님을 경외하는 아이로 키우는 것입니다. 오늘 어린이주일에 자녀와 함께 기도하고 찬송하고 말씀 보면서 가정 예배를 드리고 그러지 못한 가정은 죄송스러운 마음을 성찰하고 회개하는 기도를 계속합니다.
고 백 의 기 도	어린아이와 같은 순수함과 정직한 마음을 품고 살게 하시는 하나님 아버지! 오늘 어린이주일로 하나님께 예배를 드리게 하시오니 감사드립니다. 저희에게 선물로 주신 아이들을 하나님이 원하시는 길이 아닌 세상이 원하고 바라는 길로 잘못 키운 죄를 용서하여 주옵소서. 하나님의 말씀을 가르치기보다는 학교 공부를 재촉하고 학원을 보내는 것을 우선시하였습니다. 성경을 읽는 것보다는 다른 책 읽는 것을 권하였습니다. 신앙인격을 가르치며 예수님을 닮아 가는 것을 훈계하지 못할 잘못을 불쌍히 여겨 주옵소서.
	저희 가정을 지켜주시고 세밀하게 인도하여 주시는 하나님 아버지! 사랑하는 자녀들과의 관계에서 갈등의 소지가 무엇인지를 기도하면서 찾아 해결하는 부모가 되게 하옵소서. 부부가 서로 손을 맞잡고 자녀들을 위해서 진심 어린 기도를 드리는 모습이 있게 하옵소서. 아직도 먹을 것이 없어 고난받는 어린 생명을 위해서 작은 것이라도 구제하는 마음이 실천에 옮겨지는 일을 할 용기를 주옵소서. 사랑하는 자녀들이 부모의 기도 품에 안길 수 있게 도와주옵소서. 예수 그리스도의 이름으로 기도드립니다. 아멘
사함의 확 인	"내 이름으로 일컫는 내 백성이 그들의 악한 길에서 떠나 스스로 낮추고 기도하여 내 얼굴을 찾으면 내가 하늘에서 듣고 그들의 죄를 사하고 그들의 땅을 고칠지라"(대하 7:14)
성시교독	96. 어린이주일
설교 전 찬 송	565장 (예수께로 가면) 574장 (가슴마다 파도친다)
설교 후 찬 송	564장 (예수께서 오실때에) 199장 (나의 사랑하는 책)

05
05

133

금주의 성 가	하나님의 꽃송이 – 김은석 어디든지 주와 함께 – Arr. by Fred B. Holton 어머님의 성경책 – Roger Wamer
목 회 기 도	저희에게 지상천국이며 교회 같은 가정을 허락하신 하나님 아버지! 가정이라는 울타리 안에서 기쁨, 고통, 슬픔을 나누면서 서로 사랑하면서 살게 인도해 주신 은혜를 감사드립니다. 하지만 이 세대가 약하여 가정의 본모습이 사라져 가정 안에 화목이 깨지고 폭력이 난무하며 부부가 쉽게 헤어지고 자녀가 방황의 길로 빠지는 안타까운 모습들이 많은 세상이 되어가고 있습니다. 아직도 전 세계에 먹을 것이 없어 굶주림으로 죽어가는 수많은 어린이들에게 나눔의 손길을 내밀지 못하는 저희를 용서하여 주옵소서. 어린 자녀들을 예수 그리스도의 빛 가운데로 인도하시는 하나님 아버지! 갑작스럽게 닥치는 사고나 어둠의 세력과 질병에서 어린 자녀들을 눈동자처럼 지켜주시옵소서. 모든 가정이 그리스도의 사랑 받아 이해하며 평안함이 넘치는 작은 천국과 교회가 되게 하옵소서. 가정에서 말씀으로 양육된 자녀들이 미래의 선교를 책임지며 평화를 위해 헌신할 때 하나님의 나라가 더욱 확대되고 사랑이 더욱 깊어지는 세상이 되게 하옵소서. 가정마다 찬송과 기도가 끊이지 않게 하시고 가정 예배로 하나님께 영광 돌릴 수 있는 은혜를 주시옵소서. 모든 가정의 주인 되시는 예수 그리스도 이름으로 기도합니다. 아멘
헌금을 위 한 성 구	"내가 숫양의 향기와 함께 살진 것으로 주께 번제를 드리며 수소와 염소를 드리리이다 하나님을 두려워하는 너희들아 다 와서 들으라 하나님이 나의 영혼을 위하여 행하신 일을 내가 선포하리로다"(시 66:15-16)
헌 금 기 도	수고하고 무거운 짐 진 자에게 수고의 대가를 풍성하게 주시는 하나님 아버지! 저희가 믿음의 가문을 만들고 후손들에게 하늘 복의 통로가 되게 하심을 감사드립니다. 사랑하는 자녀들이 어려움 당할 때마다 해결할 길을 열어주신 은혜를 기억하고 믿음의 보자기에 예물을 준비하였습니다. 이 예물이 쓰이는 곳마다 십자가의 능력으로 흉악한 마귀가 결박되고 사람을 괴롭히는 죄악의 물결이 잔잔해지게 하옵소서. 성령의 위로를 날마다 체험하며 주님의 뜻이 어디에 있는지 깨닫고 실천할 수 있는 믿음을 주옵소서. 영혼의 깊은 간구와 소원을 응답해 주시는 하나님 아버지! 성숙한 믿음만이 축복의 통로가 됨을 믿고 십일조를 드립니다. 가난할 때나 병 들 때나 변함없이 사랑하시는 주님께 감사드리며 감사예물을 드립니다. 경제 불황으로 굳게 닫힌 물질의 문을 감사하는 마음으로 활짝 열 수 있게 하옵소서. 주일 헌금, 구역헌금, 성미를 드립니다. 더 많이 드릴 수 있는 믿음을 주시고 삶에 부유함이 넘치게 하여 주옵소서. 바치는 손길들의 건강을 지켜주시고 땀 흘려 일하는 직장이 잘 되고 형통하게 하옵소서. 주님을 섬기는 자녀들의 살림에 헛된 지출의 누수를 막아 주시고 인생의 걸림돌이 축복의 디딤돌이 되게 하옵소서. 예수님의 이름으로 기도하옵나이다. 아멘
위탁의 말 씀	"너는 청년의 때에 너의 창조주를 기억하라 곧 곤고한 날이 이르기 전에 나는 아무 낙이 없다고 할 해들이 가깝기 전에 해와 빛과 달과 별들이 어둡기 전에 비 뒤에 구름이 다시 일어나기 전에 그리하라" 우리의 젊은 날은 영원하지 않습니다. 병들고 쇠할 날이 반드시 찾아오기 전에 하나님께로 돌아가기 전에 하나님을 기억하는 삶을 살아야 합니다.
축 도	지금은 어린이를 사랑하시는 우리 구주 예수 그리스도의 무한하신 사랑과 어린이를 양육게 하시기 위하여 저희에게 선물로 주신 하나님 아버지의 지극하신 사랑하심과 바른길로 인도하시고 교훈하셔서 하나님과 사람 앞에 칭찬받게 하시는 성령의 인도하심이 교회에 속한 어린 영혼들과 그들을 양육하는 부모들과 교회학교 위에 이제로부터 영원토록 함께 계시기를 축원하옵나이다. 아멘

오늘의 설교를 위하여

오늘의 설교를 위한 복음적 조명 주제 : 젊은 시절에

제목 : 젊을 때 힘 다하라 | 본문 : 전도서 12:1-8

주제 : 하나님은 전도자를 통해 젊은이에게 반드시 기억할 내용을 말씀하신다. 그것은 창조주 하나님을 기억하는 일이다. 젊은 날이 영원하지 않다. 병들고 쇠할 날이 반드시 찾아온다. 사람은 하나님께로 돌아가기 전에 하나님을 기억해야 한다. 인생이 헛되기 때문이다.

논지 : 하나님은 젊은이에게 사는 날 동안 하나님을 기억하라고 강조하신다.
1. 젊은이가 기억해야 하는 하나님
2. 곤고한 날을 예고하시는 하나님
3. 곤고한 현상을 말씀하신 하나님
4. 사는 기간에 기억하라신 하나님

05
05

사람마다 어떤 연령대가 되면 할 일이 있다. 연령대를 어느 정도 모듬으로 해서 생애주기라는 말을 쓴다. 생애주기는 대충 6단계로 나눈다. 영유아, 아동기, 청소년기, 청년기, 성인기, 노년기 등이다. 성인기를 중년과 장년으로 나누어 총 7단계로 구분하기도 한다. 사실 정부 홈페이지마다 생애주기에 대하여 명칭과 구분을 각각 달리 해서 국민들을 헷갈리게 만들기도 한다. 사람은 생애주기별로 반드시 해야 할 일이 있거니와 해 두면 훨씬 좋은 일 즉 가치로운 일도 있다. 연령대마다 먹으면 좋은 음식도 있다. 연령별로 하면 좋은 운동도 있고, 건강관리 방법이 있다. 한편 생애주기별 안전요령도 있다. 신앙은 어떨까? 신앙도 생애주기별로 해야 할 일이 있지 않을까? 사람의 생애주기는 어느 정도 패턴이 있지만, 신앙인의 생애주기는 좀 다를 수 있다. 출생기부터 신앙을 자연스럽게 접한 사람이 있는가 하면, 노년이 되어서야 신앙을 접한 사람도 있기 때문이다. 하지만 일반적인 생애주기라도 반드시 적용되어야 할 신앙이 있다. 즉 신앙인이든 불신앙인이든 누구든지 기억해야 하고 반드시 새겨들어야 할 일이다. 그것은 하나님과의 관계이다. 신앙인이라고 해서 무늬만 신앙을 가지면 안 되고, 하나님과의 진실한 만남이 있어야 한다. 아직 신앙을 갖지 못한 사람도 마찬가지다.

1. 젊은이가 기억해야 하는 하나님

오늘 본문에서는 청년의 때가 등장한다. 생애주기로 본다면 아마도 청소년, 청년, 성인기 정도쯤은 될 것이다. 우리나라 식으로 하면 20대와 30대로 생각하겠지만 다른 나라 문화에서는 13세부터 50세까지로 확대되는 경우가 있을지도 모른다. 청년의 때에 반드시 기억할 신앙은 무엇인가? 본문에서는 창조주를 기억하라고 강조한다. 청년기가 지나면 아무런 낙이 없다고 할 해가 가까워진다. 이는 노년기를 연상하게 한다. 그렇다면 청년기의 범위는 성인기까지로 추측할 수 있다. 노년기가 되어 삶의 의미를 돌아보면 허무하다고 생각할 수 있다. 또 자연현상도 자기에게 희망을 주지 못한다고 생각할 수 있다. 그러니까 인생의 허무를 맛보기 전에 창조주를 기억하라는 것이다. 젊은 날 창조주를 기억하지 못하고 나름 열심히 산다고 하지만, 자기 욕망대로 살다가는 노년기가 되면 세상의 소망이 사라진다. 햇빛, 달빛, 별빛이 있는 동안 해와 달과 별을 창조하신 하나님, 빛을 내어서 사람을 비추시는 하나님을 기억해야 한다. 어둡기 전에 하나님을 기억해야 하고, 비가 온 뒤에 구름이 다시 일어나기 전에 하나님을 기억해야 한다. 즉 자연현상을 보면서도 창조주 하나님을 기억해야 한다. 사람이 아무리 잘 나고 능력이 있어도, 젊은 날에는 반드시 창조주 하나님을 기억해야 한다.

2. 곤고한 날을 예고하시는 하나님

대부분의 청년들은 어려움이 있어도 극복하려는 용기를 갖는다. 청년의 때가 그런 용기를 가져야 마땅한 때이다. 만약 어려움을 견디지 못하고, 하려던 일을 포기해버린다면 젊은이답지 못하다는 비난을 들을지도 모른다. 물론 어려움을 당하는 사람의 개인적인 고통을 몰라주는 사회와 주변인이 문제이긴 하겠지만, 쉽게 포기해버리는 사람도 별로 좋은 인상을 주지는 못한다. 사람들에게는 반드시 곤고한 날이 이른다. 본문에서는 사람마다 곤고한 날이 반드시 이른다는 것을 예고한다. 우리 인생을 알고 계시는 하나님은 사람의 즐거운 날과 곤고한 날을 당연히 알고 계신다. 곤고한 날에는 집을 지키는 사람이 떨고, 힘 있는 사람은 구부러지고, 맷돌질 하는 사람들이 적어지다가 사라지고, 창밖으로 내다보는 사람이 어두워진다. 길거리 문이 닫히고 새소리가 적어지고, 꾀꼬리처럼 노래하는 여성들도 쇠퇴해질 것이다. 아무리 유명한 사람, 인기를 가진 사람, 대중들로부터 숭상을 받는 연예인, 전설적이라고 칭송받는 운동선수라도 곤고한 날이 반드시 찾아온다. 사람들 중에는 곤고한 날을 견디지 못해서 마약을 하고, 중독에 빠지기도 한다. 세상의 힘과 인기는 곤고한 날이 오면 거품처럼 사라진다. 그러나 사라지지 않는 것은 창조주 하나님을 기억하고 그분을 경배하는 믿음이다.

3. 곤고한 현상을 말씀하신 하나님

곤고한 날이 오면 자연현상도 이상해지고, 세상의 흐름도 암울해진다. 개인적으로는 어떤 현상을 경험할까? 본문은 곤고한 날을 맞는 사람들의 나약한 모습을 이야기한다. 높은 곳을 두려워하고, 길에서는 놀란다. 젊은 날에는 높은 곳에 올라가도 별로 무서워하지 않던 사람이 나이 들어서 높은 곳에 올라가면 다리가 후들후들 떨린다. 젊은 날에는 길을 가며 위험물이 있어도 금방 알아채고 대처하는데, 나이가 들면 깜짝 놀라는 것은 물론이고 빠르게 대처하는 감각이 무뎌진다. 작은 것이라도 무겁게 느껴진다. 하물며 가벼운 메뚜기조차 짐이라고 생각한다. 살구나무에 꽃이 피면 한 해를 더 즐겁게 살자고 희망을 가져야 하는데, 그렇지 못하여 더 이상 욕심도 부릴 수 없고, 삶을 마감한다. 자기를 향한 조문객만 부지런히 문지방을 드나들 것이다. 즉 곤고한 현상이 닥치면 인생이 끝나고, 세상의 모든 관계가 끊긴다. 더 이상의 희망도 없다. 히브리서 9장 27절에서 이렇게 말한다. "한번 죽는 것은 사람에게 정해진 것이요 그 후에는 심판이 있으리니" 곤고한 현상을 겪을 때 어떤 희망을 가질 수 있겠는가? 젊은 날 창조주 하나님을 기억한다면 곤고할 때 창조주 하나님을 붙들 것이다. 젊은 날 생각에 없던 하나님이 곤고한 날에 찾아진다고 해서 진짜 하나님이겠는가?

4. 사는 기간에 기억 하라신 하나님

죽음을 앞에 두고 하나님을 찾는다 하면 그가 찾는 하나님이 진짜 하나님일까? 젊은 날 하나님을 기억하지 못하니 천지를 창조하신 하나님, 인류를 향해 선한 목적을 가진 하나님, 사람을 사랑하고 독생자 예수님을 보내 인류를 구원하신 하나님을 배우지 못했다. 곤고한 날이 되어서야 찾는 하나님이라면 겨우 자기를 불쌍히 여겨 줄 정도의 신을 의미할 뿐, 창조주 하나님도 아니고, 예수님을 보내어 구원을 이루신 하나님도 아니다. 즉 곤고한 날에 찾는 하나님이라면 하나님을 찾는 것처럼 착각하고 있을 뿐이다. 곤고한 날을 지내다가 삶이 끝났을 때, 죽음을 알리는 표시만 보일 것이다. 은 줄이 풀리고, 금 그릇이 깨지고, 항아리가 샘 곁에서 깨진다. 바퀴는 우물곁에서 깨진다. 사람은 흙이 되어 땅에 동화되고, 영은 사람에게 영을 주신 하나님께로 돌아간다. 하나님이 사람을 지으시고 그 코에 생기를 불어넣으시자 사람은 생령이 되었다(창 2:7). 살아 움직이던 사람이 죄악으로 인하여 반드시 죽음을 당하게 되었다(창 2:17). 사람은 흙으로 창조되었으므로 흙으로 돌아가게 되어 있다(창 3:19). 죽어서 흙으로 돌아가기 전, 즉 살아 있을 적에 창조주 하나님을 기억해야 한다. 왜냐하면 창조주 하나님을 모르는 인생이 헛되기 때문이다. 헛되고 헛되며 모든 것이 헛되기 때문이다.

성 경	마태복음 15:4-6	예전색상	흰색

예배의 부름	"내 아들아 나의 법을 잊어버리지 말고 네 마음으로 나의 명령을 지키라 그리하면 그것이 네가 장수하여 많은 해를 누리게 하며 평강을 더하게 하리라" (잠 3:1-2) **자**녀들에게 하늘 복의 통로가 되는 좋은 믿음의 부모를 허락하신 하나님 아버지! 메마른 우리 영혼을 위하여 성령을 내려주사 은혜의 샘물인 거룩한 제단에 모여 예배드리게 하심을 감사드립니다. 오늘 특별히 어버이주일을 맞이하여 부모를 잘 섬기는 효도의 마음을 주시고 진실한 믿음의 자녀가 되게 하여 주옵소서. 병든 부모님에게 건강을 주옵소서. 효도하는 자녀에게는 새 힘과 소망을 주시고 간직한 저마다의 소원들이 해결되게 하옵소서. 예수님의 이름으로 기원하옵나이다. 아멘
회개를 위하여	부모를 공경하면 우리가 하는 일이 잘 되고 장수하는 복을 받는다고 하나님은 말씀하셨습니다. 그뿐만 아니라 약속이 있는 첫 계명이라고까지 말씀하셨습니다. 지금 하나님과 나의 부모가 효도하는 나를 보면서 기뻐하시는지를 성찰하고 회개하는 기도를 계속합니다.
고백의 기도	**죄**때문에 어둠 속에서 방황하는 우리를 영생의 빛이신 예수께 소망을 두고 살게 하시는 하나님 아버지! 우리에게 좋은 부모를 주시고 그 사랑을 받고 지금까지 살게 해주신 은혜를 감사드립니다. 그러나 때로는 그런 부모님의 사랑과 보살핌 안에 살면서도 그 사실을 깨닫지 못하고 감사할 줄 몰랐던 불효를 용서하여 주옵소서. 감사하기보다는 부모에게 원망과 불평을 일삼았습니다. 사소한 일도 참지 못하여 근심하며 자신을 원망하고 운명을 한탄하기도 했던 불효를 용서하여 주옵소서. **항**상 우리의 현재 모습을 가치 있고 보람 있는 존재로 만들어 주시는 하나님 아버지! 저희 때문에 근심하고 걱정하는 부모님의 마음을 외면하고 살아온 잘못과 허물을 깨끗이 씻어주옵소서. 이제는 효도하는 마음을 가지고 가족을 대하고 주님처럼 부모님들을 열심히 섬기겠습니다. 부모의 마음에 상처만 주었던 저희이지만 회개시켜 부모님께서 기뻐하는 거듭난 자녀가 되게 하여 주옵소서. 이제는 주님이 주신 말씀을 가슴에 새기고 효도하며 살겠다고 결심하오니 용서의 말씀을 주옵소서. 예수님 이름으로 기도하옵나이다. 아멘
사함의 확인	"그 눈을 뜨게 하여 어둠에서 빛으로 사탄의 권세에서 하나님께로 돌아오게 하고 죄 사함과 나를 믿어 거룩하게 된 무리 가운데서 기업을 얻게 하리라 하더이다" (행 26:18)
성시교독	98. 어버이주일
설교 전 찬 송	35장 (큰 영화로신 주) 579장 (어머니의 넓은 사랑)
설교 후 찬 송	555장 (우리 주님 모신 가정) 559장 (사철에 봄바람 불어 잇고)

05
12

금주의 성 가	어머님 노래 – 박재훈 곡 부모님의 기도 – Boyd Bacon 어머니처럼 – 권길상 곡
목 회 기 도	**어**두움 속에 버려진 생명, 고통받는 생명에게 복음의 생기를 주시어서 소생의 감동을 주시는 하나님 아버지! 오늘 어버이주일을 맞이하여 하나님 아버지와 부모님을 향한 사랑과 효심을 점검할 수 있는 시간 주심을 감사드립니다. 또한 부모가 먼저 자녀 앞에 하나님의 형상을 보이는 삶을 살 수 있도록 은혜를 더하여 주옵소서. 죽음으로 사별의 아픔을 사는 성도들을 위로하여 주옵소서. 부모 중에 병석에서 오랫동안 고생하시는 분들에게 신유의 역사가 임하게 하옵소서. 부모와의 단절로 불목하고 있는 자에게 이해하고 하나가 되는 성령님의 감동의 물결이 넘치게 하옵소서. **날**마다 하늘 사랑으로 주의 백성들을 돌봐 주시는 하나님 아버지! 허물 많은 죄인에게 부모님의 사랑을 통하여 하나님의 임재를 알 수 있게 하옵소서. 가정마다 경제적인 어려움으로 가족들의 가슴이 매어지는 고통이 사라지게 하옵소서. 십자가의 고난을 생각하여 감당할 수 있는 저희가 되게 인도하여 주옵소서. 부모들은 자녀들을 주의 교양과 훈계로 양육하게 하시고, 자녀들은 부모님을 주 안에서 잘 공경하고 순종하여 약속한 축복을 받게 하옵소서. 우리 교회에 속한 모든 가정이 작은 교회가 되어 하나님 보시기에 기쁨이 있고 모든 가족에게는 하나님께서 허락하신 천국 기쁨이 넘치게 인도하여 주옵소서. 예수님의 이름으로 기도드립니다. 아멘
헌금을 위한 성구	"여호와께서는 그의 성전에 계시고 여호와의 보좌는 하늘에 있음이여 그의 눈이 인생을 통촉하시고 그의 안목이 그들을 감찰하시도다"(시 11:4)
헌 금 기 도	**하**늘보다 높고 바다보다 깊은 사랑으로 저희의 삶을 보살펴 주시는 하나님 아버지! 죄인을 불러 의인으로 만들어 주시고 하늘의 뜻에 순종하여 살아가는 성도가 되게 하신 은혜를 감사드립니다. 때를 따라 먹이시고 입혀주신 은혜를 알기에 감사의 마음으로 주님께서 주신 물질의 일부를 드립니다. 이 세상에 소망을 두지 말게 하시며 하나님 나라를 바라보며 하나님의 주권과 통치가 이 땅에 온전히 임하는 날까지 하나님 앞에 헌신하며 살 수 있도록 저희의 믿음을 붙잡아 주시옵소서. 마음은 간절하지만 드리지 못하는 안타까운 심정의 성도들에게 더욱 귀한 것으로 채워주옵소서. **탈**진한 영혼에도 새 힘을 얻는 충전소가 되어 주시는 하나님 아버지! 부모를 공경하는 것이 하늘 복을 얻는 지름길임을 알기에 십일조를 드리는 가정마다 미래를 바라보는 통찰을 주시고 재물의 넉넉함이 이웃의 담장까지 넘치기 원합니다. 감사헌금과 주정헌금, 구역헌금과 성미를 드립니다. 교회학교의 어린 영혼들과 청소년이 드리는 예물도 있습니다. 저들을 지도하는 교사들에게 믿음과 지혜를 주셔서 인간의 정보를 전해주는 것이 아니라 믿음으로 영적 양식을 공급하게 하옵소서. 이 모든 예물을 봉헌할 때 저희의 삶의 헌신이 함께 있게 하옵소서. 우리 주 예수 그리스도의 이름으로 기도하옵나이다. 아멘
위탁의 말 씀	"그 부모를 공경할 것이 없다 하여 너희의 전통으로 하나님의 말씀을 폐하는도다" 예수님께서는 자주 구약을 인용하시어서 구약의 원래 의미를 알려주시면서 부모를 공경하라는 명령도 바르게 깨닫고 이행하라고 하셨습니다. 한 주간 "부모님 효도하기 주간"처럼 살아가기 바랍니다.
축 도	지금은 하나님을 사랑하고 육신의 부모에게 효도하신 예수 그리스도의 은혜와 하나님의 망극하신 사랑하심과 효도하는 마음으로 살아가도록 도와주시는 성령님의 은혜가 어버이주일을 맞이하여 하나님을 공경하며 동시에 부모님께 효도함으로 이 땅에서 주님의 나라를 만들어 가고자 결단하며 출발하는 주의 백성들 머리 위에 지금부터 영원히 함께하시기를 간절히 축원하옵나이다. 아멘

오늘의 설교를 위한 복음적 조명 주제 : 진실한 존경

제목 : 말씀을 따르는 자녀 l 본문 : 마태복음 15:4-6

주제 : 예수님은 구약을 자주 인용하셨다. 당시의 사람들에게 구약을 오해하고 왜곡하는 현상을 지적하시고, 구약의 원래 의미를 알려주셨다. 그러므로 예수님의 말씀을 듣기만 하면 성경의 진의를 깨달을 수 있다. 부모를 공경하라는 명령도 바르게 깨닫고 이행할 수 있다.

논지 : 예수님은 말씀의 오해와 왜곡을 지적하시고 바르게 따를 것을 요구하셨다.
1. 기억할 말씀을 상기시킨 예수님
2. 부모 공경을 기억시키신 예수님
3. 말씀의 오해를 지적하신 예수님
4. 말씀의 왜곡을 알려주신 예수님

사람은 망각의 존재이다. 배웠던 것을 잊고, 약속도 잊고, 하겠다고 다짐한 일도 잊는다. 뇌의 기억세포가 제대로 작동하지 않는 모양이다. 유독 잘 잊는 사람도 있다. 그럴 경우는 집중력 부족이거나 질병일 가능성도 있다. 사실 사람이 나이가 들면 잘 잊는 경향이 생긴다. 이건 일반적 현상이다. 나이가 들어가면서 자꾸만 잊어버리는 현상 때문에 스스로를 자책하는 사람들도 더러 있다. 그렇지만 나이가 들어도, 혹은 의식이 가물거려도 절대로 잊지 않는 경우가 있다. 그것은 바로 어린 시절에 배웠던 것들, 어린 시절에 경험했던 일들, 살면서 인생의 전환점이 될 만한 사건들이다. 우리가 공부하는 것도 성인기까지 기억될 수 있다. 어린 시절 공부내용이 사실은 가장 기초이고, 기본이다. 초기에 잘 배워두면 상위학년과 상급학교에 올라갈수록 어려운 내용을 더 잘 이해할 수 있다. 신앙도 비슷한 점이 있다. 어린 시절이든, 성인이 되었든 교회 안에서 예수님을 만난 강렬한 경험이 있다면 하나님의 살아계심과 예수님의 구원하심이 기억된다. 살면서 어려운 일이 생기면 자연스럽게 교회를 다시 찾아가게 된다. 성경 지식은 어떤가? 어린 시절에 성경을 배우면 성인기가 되어서도 기억하고 실천할 가능성이 높다. 그래서 주일학교 혹은 교회학교에서의 성경 교육이 중요하다.

1. 기억할 말씀을 상기시킨 예수님

예수님이 공생애 사역을 하실 때, 여러 가지 방법과 내용으로 사람들을 가르치셨다. 예수님의 가르침은 사실 하나님의 뜻이었다. 예수님은 하나님 나라의 복음을 전파하셨다. 그리고 하나님의 뜻에 따라 율법을 새롭게 해석하기도 하셨다. 예수님 당시에도 사람들은 성경교육을 생활화하였다. 물론 구약성경을 의미한다. 요즘처럼 책이 많은 시대가 아니므로 가정에서 부모는 자녀들에게 성경을 외우도록 했다. 회당에서는 성경을 읽기도 하고 어린이를 비롯한 성인들에게 가르치기도 했다. 문제는 성경을 잘 안다는 사람들이 성경에 나타난 하나님의 뜻을 왜곡하는 현상이 있었다. 사람의 욕심, 기득권 유지를 위해 혹은 잘 몰라서 성경을 왜곡하는 현상이 일어났다. 예수님은 성경을 바르게 가르치셨다. 하나님의 바람이기 때문이고, 예수님이 세상에 오신 목적 중의 하나이기 때문이다. 오늘 본문을 보면 예수님이 "하나님이 이르셨다"고 말씀하신다. 예수님은 하나님의 말씀을 기억하고, 가르치시되 바르고 정확하게 가르치기를 원하신다. 그래서 예수님은 사람들 모두가 아는 하나님의 말씀을 상기시키신다. 함께 아는 내용을 상기하면 본래의 뜻을 알려주는 데도 쉽고 가르치기도 쉽기 때문이다. 가르치는 원칙과 방법에서도 참고할만하고, 또 가르치는 원칙과 방법의 한 사례이기도 하다.

2. 부모 공경을 기억시키신 예수님

예수님께서 하나님이 이미 말씀하신 것을 상기시키는 이유가 또 있다. 그것은 구체적 내용을 기억시키기 위함이다. 본문에 구체적 내용이 나온다. "네 부모를 공경하라 하시고 또 아버지나 어머니를 비방하는 자는 반드시 죽임을 당하리라" 이 말씀은 십계명에 다른 구절을 덧붙여서 함께 제시하신 말씀이다. 출애굽기 20장 12절에 십계명 중에 넷째 계명이 제시된다. "네 부모를 공경하라 그리하면 네 하나님 여호와가 네게 준 땅에서 네 생명이 길리라" 출애굽기 21장 17절의 말씀이다. "자기의 아버지나 어머니를 저주하는 자는 반드시 죽일지니라" 예수님은 하나님의 말씀을 기억시키신다. 한 구절만 기억시키는 것이 아니고, 맥락이 연결되는 구절을 함께 기억시키신다. 사실 사람은 단편적으로 알고 기억하는 경우가 많다. 그러면 단편적으로 생각한다. 곧이곧대로 믿는 것은 좋은데, 자기 생각만 옳은 것으로 고집을 부릴 수 있다. 믿음도 확신을 갖고는 있으나 다른 맥락에서는 어떻게 적용되어야 하는지 융통성이 부족할 수 있다. 하나님의 말씀을 기억할 때도 서로 맥락이 연결되는 것 혹은 반대되는 것을 함께 살피려고 시도해야 한다. 부모님을 공경하는 것도 마찬가지이다. 자기가 아는 방법대로만 하려는 것이 아니라, 부모님의 의도와 목적을 자세히 살핌도 있어야 한다.

3. 말씀의 오해를 지적하신 예수님

예수님이 구체적 내용만 기억시키실까? 아니다. 구체적 내용을 잘못 적용하는 사람들의 오해를 바로잡으시기 위함이다. 출애굽기는 부모를 저주하는 사람이라고 말하고, 본문에서는 비방하는 사람으로 말한다. 표현은 다르지만 맥락은 같다. 일단 부모님이 잘 안 되기를 바라는 마음으로 보인다. 그러면 자녀들은 부모님이 잘 되기를 바라는 마음을 가지면 될 거라고 생각한다. 물론 맞다. 그런데 육신의 부모님을 향한 마음을 살짝 비틀어서 이야기한다. 부모님의 믿음이 좋으니까 부모님의 의견을 반영한다고 생각한다. 하지만 좋은 것이 있으면 하나님께 드리고는 부모님께도 유익이 되었다고 생각을 한다. 그리고 하나님께 드리면 부모님도 기뻐하는 일이 당연하지 않느냐고, 부모님께 드리지 못하는 이유를 댄다. 부모님께 드리는 것과 하나님께 드리는 것은 엄연히 다른데, 둘을 하나로 생각한다. 구제하는 일도 그렇다. 하나님께 헌금하면 구제가 자동으로 된다고 생각한다. 교회가 구제하는 일을 하니까 자기가 헌금을 구제하는 일에 참여했다고 생각하는 것이다. 아니다. 개인적으로 구제할 일이 있으면 해야 한다. 이처럼 사람들이 말씀을 기억하기는 하지만, 적용하는 데 있어서는 오해를 한다. 자기 욕심과 생각이 앞서기 때문이다. 예수님이 오해를 지적하시고 바로잡으신다.

4. 말씀의 왜곡을 알려주신 예수님

예수님이 하나님의 말씀을 상기시킴으로 사람들의 습관을 바로잡으신다. 사람들의 오해와 왜곡이 한 사람으로 한 번으로 끝나면 좋으련만 그렇지 않다. 바르지 않은 것 같으나 한 번 해보니까 좋은 것 같다고 하면 또 하게 된다. 한 사람이 하고 좋다고 하니까 바르지 않은 것이라도 다른 사람이 따라 한다. 그러다가 여러 사람이 자주 하면 그것이 일반화된다. 게다가 배운 사람, 지도자, 말씀을 해석하는 사람이 고개를 끄덕이면 옳지 않은 일이 표준으로 굳어진다. 예수님 당시에도 유대인과 바리새인들이 말씀을 오해하고, 왜곡하다가 시대의 표준으로 만들어버렸다. 예수님이 이를 통렬하게 공박하신다. 본문 6절의 말씀이다. "그 부모를 공경할 것이 없다 하여 너희의 전통으로 하나님의 말씀을 폐하는도다" 하나님의 말씀은 순수성이 훼손되면 안 된다. 그런데 사람들은 자기들의 전통을 세워서 하나님의 말씀을 변질시키거나 아예 관심 밖으로 밀어낸다. 부모를 공경하는 계명도 마찬가지였다. 십계명을 이렇게 만들었는데, 다른 것들이야 오죽하겠는가? 자기들에게 불리한 것은 빼고, 유리한 것은 덧붙이는 일이 비일비재였다. 예수님은 말씀의 순수성으로 돌아가셨다. 그리고 자녀들에게 부모님을 향한 순수성을 갖고 섬기라고 가르치신다. 부모 공경은 사심 없이 순수해야 한다.

2024년 5월 19일, 성령 강림 주일 / 가정 주일

성 경	요엘 2:28-32	예전색상	빨간색

예배의 부름	"예수께서 세례를 받으시고 곧 물에서 올라오실새 하늘이 열리고 하나님의 성령이 비둘기 같이 내려 자기 위에 임하심을 보시더니 하늘로부터 소리가 있어 말씀하시되 이는 내 사랑하는 아들이요 내 기뻐하는 자라 하시니라"(마 3:16-17)
	성령을 통하여 새 생명의 에너지를 공급해 주시는 하나님 아버지! 성령 강림 주일에 사랑하는 주의 백성들이 성령 충만함을 얻어 성령의 열매를 맺게 하여 주심을 감사드립니다. 특별히 복음 전도의 영이신 성령의 힘을 얻어 저희도 하나님의 복음을 전하는 귀한 사명을 감당하게 하여 주시옵소서. 오늘도 경배와 찬양으로 예배드리는 모든 백성에게 성령의 감동과 은혜로 흠뻑 젖을 수 있도록 은총을 내려주시옵소서. 예수 그리스도의 이름으로 기원하옵나이다. 아멘

회개를 위하여	우리는 지금까지 육신의 정욕을 버리지 못하고 세상이 주는 한순간의 기쁨에 취하여 사는 것이 인생의 낙인 줄 알았습니다. 성령이 주시는 그 엄청난 감화와 감동을 망각하고 살아가는 어리석은 그가 나는 아닌지 성찰하고 회개하는 기도를 계속합니다.

고백의 기도	말할 수 없는 탄식으로 회개하는 성도를 도우시는 성령의 하나님 아버지! 성령 강림 주일에 예배드리는 저희에게 갑절의 성령의 은사를 주시기 위해서 성삼위 하나님께서 임하여 계심을 감사드립니다. 저희는 지난 한 주간에도 죄악 가운데 헤매고 다녔으며 세상 기쁨과 슬픔을 즐기면서 성령의 은사를 소진하고 말았음을 불쌍히 여겨 주옵소서. 죄를 지으면서도 회개를 모르고 살았으며, 원망과 불평으로 일관하면서 살았습니다. 질투와 시기에서 벗어나지 못했으며 교만과 아집으로 하나님을 무시하고 성령의 잔잔한 타이름까지 거부했던 잘못을 저희를 불쌍히 여겨 주옵소서.
	우리를 구원하시려고 성령의 몸으로 다시 오신 하나님 아버지! 이제는 세상의 기쁨과 슬픔을 버리고 성령의 충만함으로 하늘의 즐거움과 기쁨을 맛보게 하옵소서. 진정한 회개의 영을 통해 심령의 바다에 가라앉은 모든 죄의 찌꺼기도 멸하여 주옵소서. 썩어질 육신을 위해 신령하신 하나님의 세계를 알지 못한 어리석음과 그 집요한 이기심이 이제는 떠나기를 소원합니다. 이제부터는 성령님께서 이끄시는 온유와 겸손, 이해와 용서, 사랑과 평화를 외면하지 않겠습니다. 우리의 생활 속에 성령의 열매를 맺게 하옵소서. 예수님의 이름으로 기도드립니다. 아멘

사함의 확인	"악인은 그의 길을 불의한 자는 그의 생각을 버리고 여호와께로 돌아오라 그리하면 그가 긍휼히 여기시리라 우리 하나님께로 돌아오라 그가 너그럽게 용서하시리라"(사 55:7)

성시교독	135. 성령 강림(1)

설교 전 찬 송	185장 (이 기쁜 소식을) 605장 (오늘모여 찬송함은)

설교 후 찬 송	190장 (성령이여 강림하사) 197장 (은혜가 풍성한 하나님은)

05 19

금주의 성가	불같은 성령 임하여서 – J. W. Peterson 성령이여 내게 오소서 – Willianm Garther 성령이여 우리의 마음을 밝게 하소서 – G. A. Mcfarren
목회기도	**실**패한 죄인에게도 삶에 생기를 넣어 주시는 하나님 아버지! 주의 제단에서 공급해 주시는 사랑과 소망의 능력으로 한 주간을 승리하게 하심을 감사드립니다. 어울려 살아가는 이웃들에게 미움과 증오로 상처 주며 갈등하던 잘못을 용서하여 주옵소서. 하나님을 경외하고 주님의 임재를 날마다 사모하며 살아 역사하시는 성령의 위로를 날마다 체험하며 주님의 뜻이 어디에 있는지를 깨닫고 실천할 수 있는 믿음으로 살아갈 결심을 새롭게 하는 성령 강림 주일이 되게 하여 주옵소서. **인**생을 복되게 하시고 소망을 주시고자 성령을 허락하신 하나님 아버지! 세상의 골짜기를 지날 때라도 우리 안에 계시는 성령님의 잔잔한 음성을 기억하게 하시고 조용한 숲길에서 기도하며 주님과 동행하는 믿음을 주옵소서. 성령 충만 받은 성도들이 시간과 정성을 주님께 드려 이웃을 내 몸과 같이 돌보면서 함께 섬기며 나누는 삶을 살게 하옵소서. 우리 교회를 통하여 하나님의 복음이 심어지게 하시며 예루살렘 교회와 같이 온 백성들에게 칭송을 들으며 빛과 소금의 사명을 다하는 교회가 되게 하여 주시옵소서. 예수님의 이름으로 기도드립니다. 아멘
헌금을 위한 성구	"그러므로 내가 이 형제들로 먼저 너희에게 가서 너희가 전에 약속한 연보를 미리 준비하게 하도록 권면하는 것이 필요한 줄 생각하였노니 이렇게 준비하여야 참 연보답고 억지가 아니니라"(고후 9:5)
헌금기도	**죄**악으로 만신창이가 된 저희를 사랑과 구원의 성에 거하게 하시는 하나님 아버지! 순간순간 변화하는 세상에 대처할 수 있는 지혜를 주시기 위해서 성령을 보내주셨음을 감사드립니다. 오늘도 그 은혜가 감사하여 빈손으로 나오지 아니하고 예물을 드립니다. 이 예물을 받아 주시옵소서. 수입의 십일조를 드립니다. 감사예물을 드립니다. 성미를 드리고 선교헌금을 드립니다. 건축 예물을 드립니다. 어린이들의 예물도 드립니다. 저희에게 주신 하나님의 귀한 것들을 다시 돌려 드립니다. 이 예물을 위하여 수고하고 노력한 종들을 기억하여 주시옵소서. **사**랑과 말씀으로 날마다 양육하여 주시는 하나님 아버지! 저희의 삶을 통하여 구원의 기쁨을 전하며 찬양하는 삶을 살아가도록 하옵소서. 허물 많은 저희는 세상 속에 다시 한 주간을 시작하면서 더 많은 물질을 탐낼 때가 많습니다. 하나님의 것을 사용할 때는 먼저 기도를 앞세워 하나님의 뜻에 따라 사용하게 하옵소서. 실패하고 재기하려고 하나 아직 힘이 미약하여 노심초사하고 있는 자녀에게 성령의 강한 은사를 공급해 주시어서 여건이 변화되는 기적을 허락하여 주옵소서. 없는 것을 탐하는 어리석은 것들이 저희 생각 속에 발붙일 틈을 주지 않게 하옵소서. 우리 주 예수 그리스도의 이름으로 기도하옵나이다. 아멘
위탁의 말씀	"누구든지 여호와의 이름을 부르는 자는 구원을 얻으리니 이는 나 여호와의 말대로 시온 산과 예루살렘에서 피할 자가 있을 것이요 남은 자 중에 나 여호와의 부름을 받을 자가 있을 것이니라" 세상에는 항상 우리가 두려워할 현상이 나타날지라도 성령 하나님이 우리 신앙과 삶을 인도하심을 믿고 살아야 합니다.
축도	지금은 길과 진리와 생명이 되시는 예수 그리스도의 은혜와 독생자를 통하여 죄를 속량하시고 영생의 길을 마련해주신 하나님 아버지의 사랑하심과 약속하신 대로 보내주신 성령님의 감동 감화 역사하심이 오늘 성령 강림 주일에 더 많은 성령의 인도하심을 받으며 살고자 다짐하는 주의 백성들 머리 위에 지금부터 영원히 함께 하시기를 간절히 축원하옵나이다. 아멘

오늘의 설교를 위한 복음적 조명 주제 : 성령의 강림

제목 : 성령이 오시면 | 본문 : 요엘 2:28-32

주제 : 성령이 임하면 사람이 쉽게 이해할 수 없는 초자연적 현상이 나타나기도 한다. 사람들이 두려워하는 현상이지만 그 때 성령은 우리에게 구원의 방법을 가르치시며, 구원받을 사람이 있을 것이라는 희망의 말씀을 주신다. 성령 하나님이 우리 신앙과 삶을 인도하신다.

논지 : 성령은 우리를 종말론적 구원에 이르도록 가르치시고 인도하신다.
1. 만민에게 임하여 능력을 나타내시는 성령님
2. 남녀종들에게 와서 표적을 보이시는 성령님
3. 크고 두려운 자연현상을 예고하시는 성령님
4. 구원의 방법을 정확하게 알려주시는 성령님

**05
19**

우리는 누구로부터 도움을 얻어서 살아가는가? 어린 시절에는 부모님의 보호를 받으며 살아간다. 성인이 되어서는 스스로 남을 보호할 수 있지만, 누군가의 협력을 받으며 살아간다. 노인이 되어서는 자녀의 도움을 받는다. 물론 핵가족시대와 1인가족 시대 등으로 가족형태가 바뀌면서 어린 시절이나 노인기에 국가의 지원정책에 의해 생존을 돌봐주는 경우도 많다. 사실 사람이 스스로 살아가는 것 같으나 반드시 누군가의 도움이나 협력을 얻어야 한다. 그래서 사람은 관계중심의 존재이고 사회적 존재이기도 하다. 그러나 사람이 사람의 도움만 받고 살아가는가? 절대 아니다. 사람은 창조주 하나님의 도우심을 받아야 한다. 피조물인 사람을 진정으로 도울 수 있는 분은 오직 하나님이시다. 시편 121편 1절과 2절의 말씀이다. "내가 산을 향하여 눈을 들리라 나의 도움이 어디서 올까 나의 도움은 천지를 지으신 여호와에게서로다" 시편 기자는 창조주 하나님의 도움을 받아야 한다는 것을 분명하게 고백하고 선언하였다. 그렇다면 오늘 신앙을 가진 우리는 누구의 도움을 받아야 하는가? 당연히 하나님의 도움을 받아야 한다. 하나님은 신앙을 가진 우리를 도우시려고 성령님을 보내신다. 그러므로 우리는 성령님의 도우심을 받아야 한다. 성령께서 우리를 도우시려고 오셨다.

1. 만민에게 임하여 능력을 나타내시는 성령님

예언자 요엘은 성령의 임재를 예언하였다. 이 예언은 사도행전 2장에서 베드로가 인용한 적도 있었다. 요엘 선지자는 백성들이 어려움을 당하지만 하나님께서 그들에게 회복의 기회를 줄 것을 예언하였다. 백성이 농사를 지으면 이른 비와 늦은 비가 내려서 풍성하게 거둘 것이다. 과거에는 이방인들에게 수치를 당한 적이 많았지만 이제부터는 영원토록 수치를 당하지 않을 것이라고 하셨다. 백성들이 자기들을 향해 놀라운 복을 주신 여호와 하나님을 찬송할 것이다. 이런 축복이 온 이후에 하나님이 성령을 보내주신다. 복을 받을 때는 백성들이 대상이었는데, 이번에 성령을 보내 주실 때는 그 대상이 만민 즉 모든 사람이다. 하나님은 성령을 보내실 때 대상을 가리지 않으신다. 하나님의 은혜는 모든 시대, 모든 나라, 모든 사람에게 적용된다. 다만 사람이 하나님의 은혜를 받으려고 마음이 열려있느냐가 관건일 뿐이다. 하나님이 성령을 만민에게 부어주시면 성령을 받는 사람에게 신비한 능력이 나타난다. 자녀들은 장래 일을 말한다. 노인들은 꿈을 꾼다. 젊은이들은 이상을 본다. 성령이 만민에게 오되, 연령을 가리지 않는다. 연령대에 따라서 성령의 능력이 약간 다르게 나타나는 것 같다. 그러나 공통점이 있다. 그것은 모두 지금 내 눈앞에 보이지 않는 미래에 관한 일들이다.

2. 남녀종들에게 와서 표적을 보이시는 성령님

성령은 우리에게 미래를 생각하게 하신다. 하나님이 원하시는 미래, 지금 누리는 평화보다 더 아름다운 환경, 현재 나와 우리 가족 혹은 내 민족을 벗어나 더 많은 사람에게 허락되는 은혜가 나타나는 시대를 생각하게 하신다. 예수님이 제자들에게 보혜사 성령을 보내주신다고 하셨을 때는 제자들에게는 미래에 이루어질 일이었다. 사람은 성령이 오신다는 미래를 예상하게 되고, 성령을 받은 사람은 성령께서 열어 가실 하나님 나라의 미래를 생각하게 된다. 요엘 선지자는 성령을 받는 연령대만 말하지 않는다. 성령은 남녀 모두에게 임할 것이다. 하나님이 당신의 영을 남종과 여종에게 부어 주신다. 그리고 하나님이 땅과 하늘에 이적을 보이신다. 그 이적을 피와 불과 연기 기둥이라고 말씀하신다. 요엘 2장 21절에 이렇게 말한다. "땅이여 두려워하지 말고 기뻐하며 즐거워할지어다 여호와께서 큰 일을 행하셨음이로다" 하나님은 하늘과 땅을 창조하셨다. 그리고 사람에게 환경으로 허락하셨다. 하나님은 하늘과 땅을 당신의 마음대로 활용하신다. 그걸 성령을 받은 남녀종들이 알고 있다. 그러므로 성령을 받은 사람은 하늘과 땅에 어떤 현상이 와도 두려워하지 않는다. 일단 하나님의 뜻이 무엇인지 왜 그런 현상이 일어났는지를 생각한다. 하늘과 땅의 이적은 더 잘 믿기 위함이다.

3. 크고 두려운 자연현상을 예고하시는 성령님

하나님이 성령을 주시는 일은 하나님의 섭리와 관련이 있다. 하나님의 섭리는 인간의 시간에 이루어지는 것 같으나 사실은 하나님의 시간에 이루어진다. 하나님께서 주권으로 세상을 다스리시며 하늘과 땅을 당신의 뜻에 의해 움직이신다. 구약의 예언자들은 이를 알고 있으며, 여호와의 날이라는 심판과 소망 그리고 회복의 시간을 예언하였다. 하나님이 당신의 뜻을 완전하게 펼치시는 시간이 반드시 임한다. 그 시간이 도달하기 전에는 어떤 징조가 나타날 것이다. 예루살렘이 무너지는 시기가 되면 나타날 현상을 예수님이 말씀하셨다. "곳곳에 큰 지진과 기근과 전염병이 있겠고 또 무서운 일과 하늘로부터 큰 징조들이 있으리라"(눅 21:11) 예루살렘이 무너지는 시기도 일종의 여호와의 날이다. 여호와의 날의 성격 중에 심판이 있기 때문이다. 이 때 하늘의 징조가 나타나는데 본문에서는 해가 어두워지고 달이 핏빛같이 변한다고 기록하다. 성령이 오시면 크고 두려운 자연현상을 우리에게 알게 하신다. 심판이 반드시 도래하고, 하나님께서 원하시는 영원하고 복된 나라가 열릴 것을 알려주신다. 그 표시로 하늘과 땅에 비정상적인 현상이 나타난다. 사람들은 두려워하지만 성령을 받은 사람들은 두려움보다는 회개할 기회부터 찾고, 하나님을 더 잘 믿어야 할 기회로 삼는다.

4. 구원의 방법을 정확하게 알려주시는 성령님

하늘과 땅에 비정상적인 현상들이 일어나면 사람들은 어떻게 반응하겠는가? 일단은 두려워할 것이다. 하늘의 작은 별 하나가 지구를 스쳐지나가도 혹시나 지구가 멸망하지 않을까 두려워하는 사람이 많다. 땅이 흔들리고 갈라지며 건물이 무너지며 큰 불이 일어난다. 도처에 재난이 일어난다. 죽음과 아우성이 눈앞에 보인다. 이 정도 되면 두려워하는 것이 당연하다. 두려운 날이 이를 것을 예상하지 못하고 사람들은 여전히 잘 먹고 살려하며, 지금 더 많이 가지려고 한다. 자기들에게는 재난이 피해 갈 것이라는 기대감을 갖기 때문이다. 작은 재난을 만나면 가난한 사람들이 먼저 어려움을 당하고, 돈 많은 사람은 피해갈 수 있을지 모른다. 그러나 우주적인 재앙 앞에서는 돈과 권력이 그에게 피할 길을 내지 못한다. 이 때 구원받을 방법은 오직 하나님의 이름을 부르는 것뿐이다. "누구든지 여호와의 이름을 부르는 자는 구원을 얻으리니" 누가 여호와의 이름을 부르겠는가? 성령을 받은 사람이다. 성령께서 여호와의 이름을 부르도록 감동과 지혜를 주신다. 하나님은 시온 산과 예루살렘에 피할 자가 있을 것이라 하셨다. 하나님의 계획안에 구원받을 사람이 존재한다. 남은 사람 중에서 하나님의 부름을 받을 사람도 존재한다. 성령은 우리에게 오셔서 구원의 방법을 알려주신다.

	2024년 5월 26일, 삼위일체 주일		
성 경	요한복음 14:16-19	예전색상	흰색

예배의 부름

"이는 물과 피로 임하신 이시니 곧 예수 그리스도시라 물로만 아니요 물과 피로 임하셨고 증언하는 이는 성령이시니 성령은 진리니라 증언하는 이가 셋이니 성령과 물과 피라 또한 이 셋은 합하여 하나이니라"(요일 5:6-8)

성 삼위 하나님의 하늘의 오묘한 신비를 깨달아 알 수 있게 해주시려고 삼위일체 주일을 주신 하나님 아버지! 성삼위 일체이신 하나님께서 지난 한 주간도 말씀과 믿음 안에서 성령의 인도를 받아 살게 하신 은혜를 감사드립니다. 성부 하나님의 놀라운 섭리 가운데 저희가 하나님의 자녀로 책정함을 입었습니다. 성자 예수님의 십자가 보혈로 저희가 의롭게 되었습니다. 성령 하나님의 위로와 인도하심으로 저희가 날마다 승리하며 살아가게 하옵소서. 예수님의 이름으로 기원하옵나이다. 아멘

회개를 위하여

아직도 고백하지 못한 은밀한 죄를 사람에게는 감출 수 있지만, 성령님은 속일 수 없다는 것을 알아야 합니다. 성령님은 모든 죄를 숨김없이 드러내어 고백하며 용서받기를 원합니다. 아무에게도 말할 수 없는 부끄러운 죄도 회개하고 고백하는 기도를 계속합니다.

05 26

고백의 기도

생 명의 양식으로 허기진 영혼이 생기를 얻어 믿음을 회복하게 하시는 하나님 아버지! 약하고 보잘것없는 저희를 택하셔서 하나님의 자녀로 삼아주신 은혜를 무한 감사드립니다. 세상에서 살면서 주님의 뜻을 헤아리지 못한 잘못을 용서하여 주시옵소서. 우리는 만사가 잘 풀릴 때는 주님께 등을 돌렸으며 환난과 어려움이 올 때는 주님 앞에 엎드렸던 위선을 고백하오니 용서하여 주옵소서. 크게 뉘우치는 기도를 들어주시는 아버지께서 저희의 모든 잘못을 용서하여 주시고 상한 심령에 위로를 주시옵소서. 말씀을 통하여 거듭나는 감동을 회복하게 하옵소서.

수 고하고 무거운 짐을 지고 헛고생하는 저희를 도우시는 하나님 아버지! 필요할 때는 주님의 이름을 부르지만 정작 주님이 명하신 일에는 게으름을 피우고 핑계를 대며 벗어나려 했던 나태함을 용서하여 주옵소서. 교회의 곳곳에서 저희의 헌신과 봉사를 위한 사랑의 수고를 기다릴 때 피해간 어리석음을 불쌍히 여겨 주옵소서. 섬길 기회가 왔을 때 지체하지 않고 주신 귀한 은사를 사용하게 하옵소서. 자기의 이익을 위해서 다른 사람에게 피해를 주지 않게 도와주옵소서. 예수님의 이름으로 회개하며 기도드립니다. 아멘

사함의 확인

"내가 이르기를 내 허물을 여호와께 자복하리라 하고 주께 내 죄를 아뢰고 내 죄악을 숨기지 아니하였더니 곧 주께서 내 죄악을 사하셨나이다"(시 32:5)

성시교독 137. 삼위일체 주일

설교 전 찬 송 43장 (즐겁게 안식할 날)
184장 (불길 같은 주 성령)

설교 후 찬 송 85장 (구주를 생각만 해도)
134장 (나 어느 날 꿈속을 헤매며)

금주의 성가	천사들의 영광노래 – Harry Rowe Shelly 물이 바다 덮음 같이 – 고형원 곡 여호와는 위대하다 – Joseph Haydn
목 회 기 도	아름다운 마음으로 교제를 나누면서 사랑의 교회 공동체를 이루게 하시는 하나님 아버지! 오늘 삼위일체 주일 아침에 성전으로 불러 모아 주심을 감사드립니다. 저희는 그동안 하나 됨을 소홀히 여기며 살았음을 고백합니다. 가족과도 의견이 일치되지 못했고, 교회에서 성도와 하나 되지 못하고 분열했습니다. 원망과 시비도 많았습니다. 교회에서 저희가 먼저 믿음으로 하나 되게 하시고, 개인보다 공동체가 더 소중함을 알게 하시고, 협력이 독단보다 더 복된 삶인 것을 깨닫게 하옵소서. 하나 됨의 이해와 양보를 통하여 이 집이 살아계신 하나님의 교회요 진리의 기둥과 터가 되게 하옵소서. 소망 중에서 기쁨을 주시는 하나님 아버지! 이 민족의 가슴에 그리스도의 십자가가 새겨지게 하시고 이 나라 방방곡곡이 하나님을 찬양하는 소리로 메아리치게 하여 주시옵소서. 이 나라의 모든 교회가 하나님의 뜻을 바르게 선포하고 하나님의 말씀을 바로 듣고 실천하게 하여 주시옵소서. 세상에서 능력을 발휘할 수 있는 교회가 되게 하여 주시고 진리를 바로 제시하는 교회가 되게 하여 주시옵소서. 성도들이 하나님의 말씀을 지키며 선한 일에 열심을 내어 세상을 깨끗하게 하며 선지자로서의 사명을 감당할 수 있게 하여 주시옵소서. 예수님의 이름으로 기도드립니다. 아멘
헌금을 위한 성구	"그들이 여호와께 드리는 그 땅의 처음 익은 모든 열매는 네 것이니 네 집에서 정결한 자마다 먹을 것이라"(민 18:13)
헌 금 기 도	긍휼과 인자로 필요한 것을 풍성하게 공급해 주시는 하나님 아버지! 거룩한 성삼위일체 주일 아침 지난 한 주간 하나님의 말씀대로 순종하지 못하는 저희를 벌하지 않으시고 용납하여 주시고 사랑과 은혜로 품어주심을 감사드립니다. 일상의 작고 하찮은 일을 하면서도 참된 행복과 만족을 느낄 수 있게 인도해 주신 은혜를 기억합니다. 성삼위 하나님을 섬기면서 참 행복을 발견하고 감사하는 저희 모두가 되게 하옵소서. 오늘 봉헌하는 예물이 쓰이는 곳마다 시냇물이 들판을 적시며 초목에 생기를 공급하듯 주의 복음으로 메마른 세상에 행복을 가져오는 복음의 시냇물이 되게 하옵소서. 기도하고 헌신하는 손이 하늘의 상급과 땅의 축복을 여는 열쇠가 되게 하시는 하나님 아버지! 십일조를 드립니다. 바치고도 부족함이 없이 오히려 남에게 나눠 주는 넉넉함으로 살아 계신 주님의 증인이 되게 하옵소서. 감사예물을 준비했습니다. 이 예물이 쓰이는 곳마다 생명을 구하고 자연을 살리며 스스로 일어설 힘이 없는 자의 지팡이가 되게 하옵소서. 성가대로 예배를 향기롭게 하는 자녀들이 있습니다. 성미를 드립니다. 주정헌금, 구역헌금을 드립니다. 하나를 심고 열을 거두고 열을 심고 백을 거두는 천국의 축복이 있게 하옵소서. 예수님의 이름으로 기도하옵나이다. 아멘
위탁의 말 씀	"너희는 나를 보리니 이는 내가 살아 있고 너희도 살아 있겠음이라" 성삼위 하나님이 각각 하실 일을 통하여 우리의 신앙을 도와주시려고 함께 일하심을 믿고 세상에서 성삼위 하나님을 증거가 되는 성도로 살아야 합니다.
축 도	성부, 성자, 성령 삼위일체 하나님의 은총과 축복이 안에만 머물러 있지 않고 밖을 향해, 세상을 향해 당당히 나가 하나 됨을 위해 힘써 나가고자 결단하는 여기 머리 숙인 거룩한 백성들에게 지금부터 영원까지 함께하시기를 간절히 축원하옵나이다. 아멘

오늘의 설교를 위한 복음적 조명 주제 : 삼위의 은혜

제목 : 삼위 하나님이 함께 | 본문 : 요한복음 14:16-19

주제 : 우리는 삼위일체 하나님을 믿는다. 하나님은 위격이 셋이지만 본질상 동등하시다. 삼위 하나님은 각각의 하실 일이 있지만 함께하시는 일도 있다. 삼위 하나님이 우리의 신앙을 도와주시려고 함께 일하신다. 삼위 하나님이 우리를 사랑하시고 지키며 돌보아주신다.

논지 : 삼위 하나님은 구원받은 우리의 믿음을 도와주시려고 함께 일하신다.
1. 아버지와 보혜사를 이어주는 예수님
2. 보혜사와 사람을 연결시키는 예수님
3. 보혜사의 도움을 알려주시는 예수님
4. 성도들과의 관계를 말씀하신 예수님

05
26

우리 하나님은 참 신비하고 놀라운 분이시다. 하나님이 우리에게 당신을 알려주시는 내용과 방법이 신비하다. 사실 우리는 하나님이 알려주시는 만큼만 하나님의 속성과 뜻과 섭리를 알 수 있다. 아니, 하나님이 알려주시는 것조차도 다 알지 못한다. 우리의 생각이 모자라기 때문이다. 사람이 아무리 강하다 해도 하나님께 비길 수 없고, 사람이 아무리 지혜롭다 해도 하나님과 동등할 수 없다. 그런데 사람들은 마치 자기가 하나님을 다 아는 것처럼 착각한다. 성경이 가르치지 않는 내용을 상식에 의해서 해석하거나, 성경에 분명한 이적을 합리적인 추론으로 이해하려 든다. 그래서 바울은 이렇게 말한다. "우리가 이것을 말하거니와 사람의 지혜가 가르친 말로 아니하고 오직 성령께서 가르치신 것으로 하니 영적인 일은 영적인 것으로 분별하느니라"(고전 2:13). 우리가 아무리 알려고 해도 다 알아지지 않는 신비한 일이 하나님께는 너무 많다. 그 중에 하나가 삼위일체에 관한 신비이다. 삼위일체론으로 기독교 신학의 기초를 놓은 사람도, 삼위일체론으로 신학박사학위를 받은 수많은 사람도 삼위일체를 말한다. 그러나 삼위일체의 신비를 완전히 파헤칠 수 없다. 사람은 하나님이 지혜를 주셔서 알게 하신 만큼 말하는 것이고, 하나님이 깨닫게 해 주시는 만큼 깨닫고 믿을 뿐이다.

1. 아버지와 보혜사를 이어주는 예수님

예수님이 사역을 마치실 때 즈음이었다. 예수님은 십자가에 달려서 죽어야 하셨고, 부활하신 후에 하늘로 오르실 것을 미리 알고 계셨다. 예수님은 제자들을 떠나야 하실 때가 가까이 왔음을 알고 계셨다. 이제 제자들은 이 땅에 남겨진 고아와 같을 것이다. 존경하고 따르며 민족을 구원할 메시아로 알고 계시던 선생님이 떠나고 나면 허탈감과 무력감에 빠져서 아무 일도 할 수 없을 터이다. 그러나 예수님은 제자들이 무력하게 지내는 걸 원하지 않으셨다. 제자들은 예수님이 수행하신 사명을 이어받아야 한다. 제자들은 예수님으로부터 받은 사명을 감당해야 한다. 그러려면 제자들에게 새로운 힘이 필요하다. 예수님은 제자들에게 새로운 힘을 얻어서 일하게 될 것이라고 말씀하신다. 곧 보혜사 성령이 제자들에게 임하는 것이다. 예수님은 아버지께 구하여 제자들에게 보혜사 성령이 임할 것이라고 말씀하신다. 보혜사 성령은 제자들과 영원토록 함께하실 것이다. 제자들은 보혜사 성령과 함께 있으므로 예수님과 함께한다는 믿음을 갖고, 예수님의 사명을 이어서 감당하는 데 필요한 지혜와 능력을 얻을 것이다. 예수님이 아버지께 구하여 보혜사가 제자들에게 온다. 그러므로 예수님은 아버지와 보혜사 사이의 연결이 되신다. 물리적 연결이 아닌 영적이고 제자들을 돕는 연결이다.

2. 보혜사와 사람을 연결시키는 예수님

지금 예수님은 아버지께 구하고, 아버지는 제자들에게 주시고, 보혜사는 제자들에게 오신다. 제자들을 세우고 사명을 감당하게 하는 일에 아버지, 아들, 보혜사가 협력하신다. 보혜사가 제자들에게만 오신다. 보혜사는 진리의 영으로서 세상은 받을 수 없다. 하나님이 세상을 향해서는 보혜사를 주시지 않는다. 여기서 세상은 예수님을 믿지 않는 사람의 세계를 말한다. 세상은 보혜사를 볼 수도 없고, 알 수도 없다. 그러니까 보혜사는 믿지 않는 세계에는 당신을 드러내지 않으시며, 어떤 지혜도 주시지 않는다. 반대로 예수님은 제자들에게만 오신다. 제자들에게 진리를 알려주는 일을 하므로 진리의 영이다. 제자들은 보혜사를 안다. 보혜사가 제자들에게 오셔서 제자들 안에 거하신다. 보혜사가 제자들 속에서 제자들에게 지혜와 힘을 주시고, 제자들에게 예수님의 사명을 이어서 감당하도록 감동과 지혜와 힘을 주신다. 예수님이 제자들에게 보혜사가 올 것을 예고하신다. 즉 예수님이 보혜사와 제자들을 이어주는 연결이 되신다. 사실 보혜사는 하나님의 영이므로 제자들의 생각과 형편을 다 알고 있다. 그러나 제자들은 보혜사를 잘 모른다. 이 때 예수님께서 제자들에게 보혜사의 존재와 오실 것을 말씀하심으로 제자들의 생각 속에 보혜사의 임재를 알게 하신다. 예수님의 연결 역할이다.

3. 보혜사의 도움을 알려주시는 예수님

보혜사는 제자들에게 어떤 일을 하실까? 사실 제자들을 위하여 할 일이 너무 많다. 어디서부터 어디까지, 언제부터 언제까지, 무엇부터 무엇까지 말하기가 어려울 정도로 많다. 이럴 때는 그냥 보혜사가 함께하신다고 말하는 것이 옳다. 보혜사가 함께하시면 제자들에게 무엇이 필요한지 아신다. 보혜사가 제자들의 필요를 아시고, 필요할 때 필요한 것을 주신다. 제자들이 곤경을 당하며 지혜를 주시고 피할 길을 열어주신다. 보혜사는 제자들의 삶에서 간헐적이거나 잠깐 혹은 정기적으로 함께하시지 않는다. 보혜사는 제자들과 늘 함께하신다. 보혜사가 함께하심으로 제자들은 예수님이 자기들과 함께하신다는 것을 믿는다. 예수님이 제자들을 고아처럼 버려두지 아니하셨다. 보통 사람들은 자기 자녀들을 먹이고 입히고 키우는 일을 하지만 고아는 잠시 돕는 것으로 끝난다. 그런데 예수님을 믿는 사람들 중에는 고아를 자식으로 삼아서 훌륭하게 키워낸 사람들이 많다. 아예 고아들을 위한 기관을 세워, 신앙을 바탕으로 체계적으로 키우고 사회와 인류를 위한 훌륭한 일꾼으로 세운다. 바로 예수님의 정신을 가졌기 때문이다. 예수님은 제자들을 고아처럼 대하지 않으신다. 예수님은 보혜사를 통해 제자들과 항상 함께하신다. 예수님은 보혜사의 도움을 제자들에게 알려주신다.

4. 성도들과의 관계를 말씀하신 예수님

예수님은 제자들에게 보혜사를 알도록 가르치셨다. 세상은 보혜사를 모르지만 제자들은 알고, 세상은 보혜사로부터 책망과 심판을 받을 것이지만 제자들은 보혜사의 도움을 받을 것이다. 예수님이 십자가와 부활 후에 승천하시면 세상은 예수님을 다시 볼 수 없다. 그러나 제자들은 예수님을 볼 수 있다. 눈으로 보는 것이 아니라 영으로 본다. 보혜사가 제자들에게 예수님을 볼 수 있는 영적인 눈을 뜨게 해 주신다. 제자들은 보혜사가 허락하시는 지혜와 믿음으로 예수님의 영원토록 살아계심을 믿는다. 예수님의 살아계심처럼 제자들도 살아있다. 영원하신 예수님을 믿는 제자들은 예수님의 영원함에 참여한다. 예수님이 제자들과 당신의 관계를 보혜사가 이어줄 것임을 알려 주신다. 이처럼 하나님 아버지, 아들 예수님, 보혜사 성령님이 모두 제자들을 도와주신다. 오늘날 우리도 삼위 하나님의 도움을 받는다. 우리도 예수님의 영원하심에 참여하고, 예수님의 살아계심처럼 살아서 움직인다. 보혜사가 오셔서 우리를 도우시고 깨닫게 하심으로 가능하다. 우리 같은 죄인들이 삼위 하나님의 도움을 받는다니 얼마나 놀랍고 신비하며 기쁜 일인가? 삼위일체는 이론적으로 믿기보다 우리 신앙에서 실제적으로 경험하고 고백하는 것이어야 한다. 경험하면 말할 내용이 풍성해질 것이다.

6월의 예배와 설교를 위하여

일	요일		본문	설교제목	기타 (예화, 참고자료)
2	주일	낮			
		밤			
5	수				
9	주일	낮			
		밤			
12	수				
16	주일	낮			
		밤			
19	수				
23	주일	낮			
		밤			
26	수				
30	주일	낮			
		밤			

성 경	에베소서 2:14-18	예전색상	초록색

예 배 의 부 름	"나는 선한 목자라 나는 내 양을 알고 양도 나를 아는 것이 아버지께서 나를 아시고 내가 아버지를 아는 것 같으니 나는 양을 위하여 목숨을 버리노라" (요 10:14-15) **목**회자를 통해서 선포하는 말씀이 우리의 삶에 행복과 기쁨이 되게 하시는 하나님 아버지! 오늘은 목회자주일입니다. 강단에 세워주신 주의 종을 통해서 주시는 말씀이 죄악으로 찌든 세상에 하늘 은혜의 신선한 공기처럼 우리의 영혼을 정화해 주심을 감사드립니다. 세상일에 얽매여 하늘의 신령함보다는 땅을 바라보며 근심으로 무거워진 마음을 안고 왔습니다. 이 예배를 통하여 저희가 가지고 나온 문제들이 응답받고 저희를 향한 하나님의 설계도를 따라 살기를 결단하는 은혜의 시간이 되게 하여 주옵소서. 예수님의 이름으로 기원하옵나이다. 아멘
회개를 위하여	주 안에서 형제와 이웃이, 성도와 성도가 하나 되어야 성령님께서 기뻐하시는 것처럼 우리는 주의 종들과도 좋은 관계를 유지해야 합니다. 주의 종들과 불화와 갈등이 있다면 손해보는 것은 결국 나의 영혼입니다. 나를 돌아보며 성찰하고 회개하는 기도를 계속합니다.
고 백 의 기 도	**세**상에서 승리하게 하시려고 성령의 은사로 무장시켜 주시는 하나님 아버지! 주님을 향한 사랑이 메말라 버려 사막 같은 세상에서 방황하던 저희를 제단 앞에 올려놓고 성찰하고 회개의 기도를 드리게 하심을 감사드립니다. 연약한 자를 세워 강한 자로 만들어 생명이 복음을 접하고 살 수 있게 해 주셨건만 그 은혜를 외면하고 산 잘못을 용서하여 주옵소서. 오늘 목회자의 날에 한 입으로 하나님을 찬송하면서도 주의 종들을 향해 비난하고 욕했던 잘못을 용서하여 주옵소서. 좋은 것 소문내기보다는 허물을 들춰내기에 골몰했던 잘못을 용서하여 주옵소서. **주**님을 닮은 좋은 성품을 주시어 교회에 유용한 자가 되게 하시는 하나님 아버지! 앞으로는 자신의 눈에 있는 들보는 보지 못하고 형제의 머리에 있는 겨를 비난하지 않게 하옵소서. 앞으로는 열매 맺는 헌신으로 교회를 섬기게 하옵소서. 저희의 손과 발을 묶는 잘못된 구습과 나쁜 전통들이 교회 안에서 사라지게 하시고, 기분대로 봉사하지 않게 하옵소서. 일하면서도 겸손하지 못하고 경쟁심으로 일하면서 다른 사람과 비교하며 과시하지 않고 죽든지 살든지 충성하는 성도가 되게 하옵소서. 예수님의 이름으로 기도드립니다. 아멘
사함의 확 인	"너희 각 사람은 자기 이웃을 속이지 말고 네 하나님을 경외하라 나는 너희의 하나님 여호와이니라"(레 25:17)
성시교독	7. 시편 13편
설교 전 찬 송	195장 (성령이여 우리 찬송 부를 때) 333장 (충성하라 죽도록)
설교 후 찬 송	569장 (선한 목자 되신 우리 주) 570장 (주는 나를 기르시는 목자)

06
02

금주의 성가	주 예수의 은혜로 구원받아 – J. W. Peterson 만유의 하나님 – Gordon Young 주님께 영광 – J. E. Parks
목회기도	이 지역에 생명수가 넘치는 OO 교회를 세우시고 사랑으로 함께하시는 하나님 아버지! 우리 교회가 복음에 대한 열정과 믿음에 대한 순결함으로 주의 심장이 살아 있는 교회로 빛을 발하게 해주심을 감사드립니다. 절망을 주고 삶을 병들게 하는 원수 마귀들을 물리칠 권세를 우리 교회에 주신 은혜를 감사드립니다. 우리 교회에 주님의 영이 가득 넘치게 하옵시고, 세워주신 목사님을 통해서 하나님의 뜻과 사랑이 전해지는 아름다운 지상 천국 같은 공간이 되게 하옵소서. 우리 교회에 부여하신 영혼 구원 사명을 불기둥의 권능으로 인도하여 주옵소서. 성 도들을 성실하고 겸손한 청지기가 되게 하시는 하나님 아버지! 우리 성도들이 하나님의 뜻과 사랑을 나누며 살 수 있는 아름다운 천국 목장을 만들어가는 일꾼들이 되게 하옵소서. 저희가 전도할 때 성령께서 동행하사 마음의 빗장문을 열어 십자가의 사랑을 깨닫는 믿음으로 결심하게 하옵소서. 보잘것없는 저희가 천하보다 귀한 영혼을 지옥에서 구해내는 보람과 기쁨이 풍성하게 하옵소서. 주님의 사랑 속에 예배를 드리는 우리가 모두 착하고 충성된 종들이라 칭찬 듣는 교회가 되게 하옵소서. 예수님의 이름으로 기도합니다. 아멘
헌금을 위한 성구	"이제 청하건대 종의 집에 복을 주사 주 앞에 영원히 있게 하옵소서 주 여호와께서 말씀하셨사오니 주의 종의 집이 영원히 복을 받게 하옵소서 하니라"(삼하 7:29)
헌금기도	땀 흘려 수고한 자를 사랑하시고 축복하시는 하나님 아버지! 구하는 영혼의 기도를 드릴 때마다 저희의 생명과 소유의 크고 작음이 하나님께 있음을 고백하며 살 수 있게 인도해 주심을 감사드립니다. 오늘도 거룩한 주님의 날 예배에 나와 십일조를 드리는 자녀들이 있습니다. 이들의 담대한 믿음을 자녀들도 본받아 하나님을 섬기고 예배하는 자들이 되기 원합니다. 감사예물과 구역헌금을 드립니다. 주일 헌금과 성미를 드립니다. 교회학교 어린이들이 드리는 예물과 현장에서 헌신하는 충성스러운 손과 발들을 기억하여 주옵소서. 실 패할 때 인생의 끝이 아니라 하나님을 만나는 축복의 통로가 됨을 알게 하시는 하나님 아버지! 항상 겸손한 마음을 주시고 나의 재주와 능력으로 성공한 것이 아니라 하나님께서 길을 열어 축복하신 선물임을 깨달아 아는 신앙을 살게 하옵소서. 다시는 교회에서 봉사하면서 교회의 시설과 환경을 탓하며 투덜거리지 않게 하옵소서. 주어진 조건을 원망하지 말고 개선하는 개척자가 되게 하옵소서. 교회 밖은 물론이고 교회 안에서도 믿음의 모습을 보이며 헌신하게 하옵소서. 하나님의 역사하심을 믿고 투덜대기보다는 저희 믿음 적음을 탓하게 하옵소서. 예수 그리스도의 이름으로 간절히 기도드립니다. 아멘
위탁의 말씀	"먼 데 있는 너희에게 평안을 전하시고 가까운 데 있는 자들에게 평안을 전하셨으니 이는 그로 말미암아 우리 둘이 한 성령 안에서 아버지께 나아감을 얻게 하려 하심이라" 예수님께서 십자가에 돌아가심으로 하나님과 우리 사이에 막힌 담을 허무셨고, 우리 모두 화평을 얻게 하셨으니 우리도 어느 곳에 있든지 평안을 누리며 아버지 하나님께 나아갈 자격 있음을 뽐내며 살아야 합니다.
축도	이제는 우리의 길과 진리와 생명이 되시는 예수 그리스도의 은혜와 그의 독생자를 보내어 우리의 죄를 속량하여 영생으로 옮겨 주신 하나님 아버지의 극진하신 사랑과 약속하신 대로 보내주신 성령의 감동과 감화를 주시는 거룩한 역사가 성호를 찬양하고 예배하고 돌아가는 하나님의 백성들 위에 함께해 주시기를 간절히 축원하옵나이다. 아멘

오늘의 설교를 위한 복음적 조명 주제 : 사역의 목적

제목 : 화평의 사역자 ㅣ 본문 : 에베소서 2:14-18

주제 : 예수님은 하나님과 우리 사이를 이어주셨다. 하나님과 우리 사이에 막힌 담이 있었지만 예수님께서 허무셨고, 십자가에 죽으심으로 하나님과 우리 사이에 화평을 이루셨다. 화평을 얻은 사람은 어느 곳에 있든지 평안을 누리며 아버지 하나님께 나아갈 자격을 얻는다.

논지 : 예수님은 우리 안에서 나눈 것을 합하여 화평을 이루셨다.
1. 화평을 이루어 하나로 만드신 예수님
2. 원수된 것을 십자가로 소멸한 예수님
3. 가깝고 먼 데에 평안을 전하신 예수님
4. 아버지께 가는 방법을 알리신 예수님

사람이 사는 세계에는 갈등이 존재한다. 갈등은 드라마와 소설의 소재가 된다. 소설을 쓰는 데 있어서도 갈등이 빠지면 재미가 없다. 아예 소설 자체가 만들어지지도 못한다. 어떤 드라마는 부부간의 갈등, 가족 간의 갈등만을 주제로 다뤘다. 갈등이 심해지면 급기야 부부가 이혼한다고 법정에까지 가는 경우도 많다. 드라마는 부부간의 화해를 위해 부부에게 생각을 바꾸고 숙려기간을 갖도록 조정위원을 등장시킨다. 갈등이 좋은 것은 아니지만 갈등을 통해 배우는 것이 있다. 또 조정위원의 지혜를 보고 배울 수 있다. 문제는 소설이나 드라마를 보고 어느 한 사람의 입장만 생각하고 동조하면 나도 그 갈등에 빠져들 수 있다는 것이다. 보고 배워야 하는 목적이 변질되면 오히려 나쁜 것을 배우게 된다. 사람이 갈등을 겪는 이유가 무엇인가? 사람 사이에서는 자존심, 욕망 등이 대립하기 때문이다. 죄는 옳지 않은 방법으로 욕망을 채우고 자존심을 세우라고 유혹한다. 하나님을 떠난 사람의 원죄가 인생에서도 죄를 짓도록 유혹한다. 사람에게 있는 원죄는 하나님으로부터 멀어진 것, 하나님과의 관계가 깨진 것이다. 하나님은 사람에게 있는 원죄를 사라지게 하고 싶으시다. 즉 하나님께서 사람들과 관계를 회복하고 싶으시다. 그 방법이 곧 아들을 보내시고 화해의 사역을 시키심이다.

1. 화평을 이루어 하나로 만드신 예수님

하나님과 우리 사이에 관계가 깨졌다면 그 깨진 관계를 어떻게 표현할 수 있을까? 본문에는 원수된 것, 중간에 막힌 담이 있다는 것으로 표현한다. 과거 독일 베를린에 장벽이 있었다. 동독과 서독이 원수된 것이었다. 그런데 장벽이 무너지고 통일이 되었다. 대한민국에는 휴전선 철책이 있다. 남과 북이 대치하고 있다. 하나님과 우리 사이에도 막힌 담이 있다면 대립하고 있다고 볼 수 있다. 하나님이 우리와 대립하시겠는가? 천만의 말씀이다. 사람이 하나님께 대립하는 것이다. 피조물인 사람이 창조주 하나님을 대적하고 있다. 사람이 스스로 하나님께 대하여 담을 쌓고 하나님과 대립하고 있다. 하나님과 원수로 살려 하는 사람도 있다. 그렇지만 하나님은 막힌 담을 헐고 싶으시다. 하나님이 사람과 화해하고 싶으시다. 원수로 행동하는 사람을 용서하고 싶으시다. 하나님이 그 방법을 실행하셨다. 그것은 아들을 보내어 막힌 담을 허무는 것이었다. 하나님이 아들을 화평으로 삼으셨다. 과거에는 율법이 하나님과 화평하게 하는 수단이었지만 율법으로는 도저히 안 되니까 새로운 방법으로 화평을 이루어야 한다. 아들이 세상에 오셔서 당신의 육체를 십자가에 내어 주심으로 막힌 담을 허셨다. 사람이 아들의 희생을 안다면 하나님께 마음을 열고 믿음으로 하나님 앞에 서야 한다.

2. 원수된 것을 십자가로 소멸한 예수님

갈등이 심해서 법정 다툼을 하는 사람들에게 조정위원들이 역할을 한다. 서로 조금씩 양보하여 갈등을 끝내라고 권한다. 조정위원들의 제안을 받아들이면 갈등을 털어버리고 끝내고 편하게 살 수 있다. 물론 마음에는 앙금이 남겠지만 더 이상 법적으로는 다툴 일이 없다. 법정에 조정위원이 있다면 하나님과 우리 사이에는 화해자와 중보자가 계신다. 바로 예수 그리스도이시다. 법정 다툼을 하는 사람은 조정위원의 제안을 받아들여도 앙금이 남겠지만, 예수님은 하나님과 원수 되었던 우리의 죄를 십자가에 달리심으로 말끔히 해결하셨다. 이 해결은 하나님과 우리 사이가 가까워지는 정도가 아니라 아예 한 몸으로 만들어주시는 일이다. 하나님이 우리 안에 계시고, 우리가 하나님 안에 있는 것이다. 하나님이 우리를 사랑하시고, 우리가 하나님을 사랑하는 모습이다. 십자가가 예수님 당시에는 형벌의 도구였지만, 하나님께는 화목의 도구로 사용되었다. 이왕이면 좀 더 그럴 듯하고 멋진 도구가 있을 텐데 왜 하필이면 십자가였을까? 고상한 도구를 사용하면 고상한 사람들이 쉽게 받아들였을 텐데 말이다. 하나님이 이렇게 고상한 것을 사용하면 우리의 죄가 해결될까? 우리의 죄가 결코 고상하지 않다. 참혹함으로 얼룩진 우리의 죄를 소멸하려면 참혹한 수단을 내세워야 한다.

3. 가깝고 먼 데에 평안을 전하신 예수님

참혹한 십자가를 보는 사람들은 무엇을 생각할까? 보통 사람들은 십자가에 달린 사람에게 심각한 죄가 있을 것이라고 추측한다. "우리는 생각하기를 그는 징벌을 받아 하나님께 맞으며 고난을 당한다 하였노라"(사 53:4). 그러나 예수님은 죄가 없으신 분이시다(히 4:15). 사실 예수님이 당하신 참혹한 고통은 사람에게 자기들의 참혹한 죄를 생각하고 회개시키려 함이다. "그가 찔림은 우리의 허물 때문이요 그가 상함은 우리의 죄악 때문이라"(사 53:5). 예수님의 십자가를 보고 자신의 죄를 알고 회개하는 사람이 하나님 앞에 설 수 있다. 하나님은 죄를 회개한 사람을 받아들이신다. 그리고 죄로 인한 형벌을 받을까 두려워하는 사람, 죄책감 때문에 고통스러워하는 사람에게 평안을 주신다. 하나님이 용서하시는 은혜를 회개하고 믿는 사람의 마음에 넣어주시기 때문이다. 이 평안을 예수님이 알려주신다. 예수님은 제자들에게 평안이 있을 것이라고 선언하셨다. "평안을 너희에게 끼치노니 곧 나의 평안을 너희에게 주노라 내가 너희에게 주는 것은 세상이 주는 것과 같지 아니하니라 너희는 마음에 근심하지도 말고 두려워하지도 말라"(요 14:27). 예수님은 시간과 공간을 초월하여 이 평안을 주신다. 가까운 데 있는 사람이든, 먼 데 있는 사람이든 예수님이 주시는 평안을 받는다.

4. 아버지께 가는 방법을 알리신 예수님

사람이 갈등으로 법정다툼을 할 때 조정위원들의 역할로 양쪽이 화목할 수 있다. 예수님은 우리를 하나님과 화목하게 하시고 동시에 사람들과도 화목하게 하신다. 사람이 서로 화목하면 다른 사람들 보기에 좋다. 싸우는 모습을 보이면 사람들은 어느 한 쪽 편을 들 수도 있겠지만 싸우는 양쪽 모두를 안 좋게 본다. 혹시 믿음의 사람들이 갈등을 하면 하나님이 어떻게 보실까? 물론 진리와 윤리의 측면에서 본다면 하나님이 어느 한쪽 편을 들어주실 것이다. 그러나 단순한 의견, 목적을 이루기 위한 방법의 차이, 어떤 일을 실행하는 데 있어서 우선순위의 차이라면 하나님이 어떻게 생각하실까? 팽팽한 의견대립으로 얼굴 붉히고, 서로를 비난하는 사람을 하나님이 과연 기뻐하실까? 교회 안에는 이런 일이 없다고 어떻게 장담할 수 있는가? 이럴 때 우리가 생각할 일은 예수님이 행하신 화평이고, 예수님이 전하시는 평안이어야 한다. 평안을 얻은 우리는 모두 한 성령 안에 있는 사람들이다. 성령이 우리에게 평안을 기억하게 하신다. 보혜사가 오셔서 예수님의 말씀을 기억하게 하시고, 예수님이 주시는 평안을 누리게 하신다. 예수님의 은혜로 화목의 일을 이룬 사람, 성령을 받아 평안한 사람이 하나님 앞에 자신감을 갖고 나아갈 수 있다. 목회자는 이 진리를 가르치고 행한다.

성 경	마가복음 11:27-33	예전색상	초록색

예 배 의 부 름	"창세로부터 그의 보이지 아니하는 것들 곧 그의 영원하신 능력과 신성이 그가 만드신 만물에 분명히 보여 알려졌나니 그러므로 그들이 핑계하지 못할지니라"(롬 1:20)
	약속의 말씀대로 살아가는 성도들에게 만사형통의 복을 주시는 하나님 아버지! 오늘도 우리 교회에 속한 아름다운 영혼들이 모여 경배와 찬송으로 성삼위 하나님께 예배드리게 하심을 감사드립니다. 지난 한 주간에도 말씀을 통해서 믿음이 견고해지고 저희를 괴롭히던 문제들이 해결되게 하심을 감사드립니다. 오늘도 선포되는 말씀이 하늘로부터 임하는 살아계신 음성이 되어 저희 가슴에 새기어지고 그 언약을 붙들고 주님을 증명하는 한 주간을 살게 하옵소서. 예수님의 이름으로 기원하옵나이다. 아멘

회개를 위하여	십자가에서 고통당하시는 주님을 보면서 주님의 남은 고난을 위해 목숨도 아끼지 않겠다던 다짐도 자신 없는 거짓이 되었습니다. 십자가의 고난 앞에서는 제 몸의 영달을 위해 피하기에 급급했던 부끄러운 행실을 회개하는 기도를 계속합니다.

**06
09**

고 백 의 기 도	**죄**의 멍에를 지고 고달픈 인생길을 가던 저희를 구속하여 영생의 길로 가게 하신 하나님 아버지! 독생자 예수님께 우리의 죗값을 대신 짊어지게 하시고 저희에게 영생을 주신 은혜를 감사드립니다. 성령님을 보내 주시어서 하늘 사랑 가득한 음성으로 저희 갈 길을 인도해 주셨지만, 죄와 더불어 살아온 지난 한 주간을 용서하여 주옵소서. 구원의 감격하였으면서도 섬김보다는 대접받고 존중받기만을 바라는 교만으로 가득했던 잘못을 불쌍히 여겨 주옵소서. 환경과 여건의 좋고 나쁨의 핑계로 주님의 사랑을 등한시하고 내 안에 오시는 예수님을 느끼지 못하고 살아온 저희를 불쌍히 여겨 주옵소서.
	우리가 위험 당할 때 앓는 소리를 들으시고 위로하시는 자비로운 하나님 아버지! 저희의 연약함을 돌아보시고 세상의 빛으로 오신 예수 그리스도의 말씀대로 살게 하옵소서. 교만과 어리석음을 용서받고 주님이 주시는 은혜의 힘, 긍정의 힘으로 살 수 있게 인도하여 주옵소서. 죄를 두려움으로 멀리하고 겸손과 낮아짐으로 섬기며 헌신으로 살아가는 은혜의 자녀로 살기를 다짐하는 결심을 받아 주시고 사죄의 말씀을 선포하여 주옵소서. 예수님의 이름으로 기도하옵나이다. 아멘

사함의 확인	"당신들이 나를 이 곳에 팔았다고 해서 근심하지 마소서 한탄하지 마소서 하나님이 생명을 구원하시려고 나를 당신들보다 먼저 보내셨나이다"(창 45:5)
성시교독	9. 시편 15편
설교 전 찬 송	36장 (주 예수 이름 높이어) 446장 (주 음성 외에는)
설교 후 찬 송	352장 (십자가 군병들아) 587장 (감사하는 성도여)

금주의 성가	온 땅에 사는 백성아 – R. V. Williams 주님을 찬양하세 – 고덕환 곡 온 교회여 주 찬양 – Joseph M. Martin
목회기도	**순**종으로 믿음을 지키면서 구원의 감격을 전하게 하시는 하나님 아버지! 지난 한 주간에도 힘들고 고통 속에 있더라도 말씀 안에서 기도 안에서 찬양 안에서 넉넉히 이길 힘을 주셨음을 감사드립니다. 우리 교회 성도들이 주님의 뜻을 바로 알고 주님의 사역에 앞장서게 하시며 주님께서 명령하신 전도의 사명을 잘 감당할 수 있도록 열정과 믿음을 허락하옵소서. 그리스도의 몸 된 교회를 위하여 많은 수고하는 손길들과 사명을 감당하는 주님의 백성들이 있습니다. 그들에게 비전을 허락하셔서 낙심하지 않고 기쁨으로 주님의 일을 감당케 하시옵소서. 주님이 가신 그 십자가 은혜의 길을 저희로 기뻐하며 따라가게 하시옵소서. **성**령의 인도로 순종하며 참 진리의 본을 보이게 하시는 하나님 아버지! 미래를 위해 교회가 앞장서며 믿음의 자녀들이 사명 의식을 갖고 시대를 이끌어 가는 지도자가 되게 하옵소서. 기도하는 자녀들을 통해 앞장서도록 복 주시옵소서. 우리가 모두 받은 사랑에 감사하여 항상 복음 전하기를 힘쓰는 주님의 성도들이 되게 하옵소서. 교회의 크기를 자랑하기보다 복음을 전해 한 영혼이라도 인도하는 기쁨을 누리게 하옵소서. 교회의 모든 부서는 불신자들을 전도하기 위한 협력 기관으로 자리 잡게 하옵소서. 선교와 전도를 위해 아낌없이 헌신하는 사랑하는 성도들이 되게 하옵소서. 예수님의 이름으로 기도하옵나이다. 아멘
헌금을 위한 성구	"보라 내가 속히 오리니 내가 줄 상이 내게 있어 각 사람에게 그가 행한 대로 갚아 주리라"(계 22:12)
헌금기도	**풍**요와 기쁨을 허락하시어서 삶을 윤택하게 하시는 하나님 아버지! 지으신 모든 것을 감사함으로 누리게 하시고 풍족함으로 행복을 누리면서 살게 하시는 은혜를 감사드립니다. 오늘도 주신 그 은혜를 생각하여 십일조와 감사예물과 여러 가지 모습의 예물을 드립니다. 하늘의 영광이 온 땅에 넘치게 하시고 그 복을 감사하는 성도들이 누리며 살아가는 감격이 있게 하옵소서. 경제적인 어려움 중에도 준비한 손길들을 하늘 복으로 넘치게 하옵소서. 삶의 질을 높여 주시고 윤택하게 하옵소서. 베풀며 나누고 전도와 선교에 힘쓰게 하옵소서. **저**희의 드림이 하나님 나라 확장에 도구가 되게 하시는 하나님 아버지! 진솔한 마음으로 섬기고 헌신하는 자녀들의 중심에 감사가 넘치게 하옵소서. 두려움을 접고 복음을 전하는 자녀들의 걸음걸음에 신실한 알곡들이 열매 맺는 은혜를 베풀어 주시옵소서. 이 예물이 하나님을 섬기고, 사람을 돕고 구원하는 일에 요긴하게 쓰일 때 하나님의 크신 역사가 나타나기를 소원합니다. 드리고 싶은 마음은 간절하지만 가진 것이 적어 적은 것을 가지고 온 심령들도 있습니다. 차고 넘치는 하늘 은혜가 가정마다 기업마다 풍요를 감사하게 하옵소서. 우리 주 예수 그리스도의 이름으로 기도합니다. 아멘
위탁의 말씀	"예수께서 이르시되 나도 한 말을 너희에게 물으리니 대답하라 그리하면 나도 무슨 권위로 이런 일을 하는지 이르리라" 사람들의 질문 의도가 옳지 않을 때 예수님은 권위에 대한 대답을 거절하셨다. 우리도 예수님처럼 불의에 당당하게 맞서는 신앙을 살아야 할 것입니다.
축 도	지금은 모든 사람을 구원하시기 위해 하늘 보좌를 버리고 이 땅에 오신 예수 그리스도의 은혜와 허물과 죄로 죽어야 할 우리를 무한한 사랑으로 품어주신 하나님 아버지의 사랑하심과 성령님의 역사하심이 주님의 부르심에 아멘으로 응답하며 세우신 주의 종을 위해 기도하고 존경하기를 결단하는 주의 성도를 머리 위에 지금부터 항상 함께하시기를 간절히 축원하옵나이다. 아멘

오늘의 설교를 위한 복음적 조명 주제 : 사역의 권위

제목 : 예수님의 권위 l 본문 : 마가복음 11:27-33

주제 : 예수님은 사람들로부터 사역에 대한 권위를 질문 받으셨다. 그러나 예수님은 사람들에게 역질문하시고 대답을 고민하게 하셨다. 사람들의 질문 의도가 옳지 않았으므로 예수님은 권위에 대한 대답을 거절하셨다. 예수님 사역의 권위는 하나님으로부터 왔기 때문이다.

논지 : 예수님은 하나님의 권위를 받으셨지만, 권위의 근거를 명확하게 답하지 않으셨다.
1. 권위를 질문으로 받으신 예수님
2. 요한에 대하여 질문하신 예수님
3. 대답할 고민을 일으키신 예수님
4. 확실한 대답을 거절하신 예수님

대학에 입학시험을 치르고 합격하면 합격증을 받는다. 합격증을 받았다고 대학에서 가르치는 지식이 한꺼번에 머릿속으로 다 들어오지 않는다. 합격증은 대학에서 합법적으로 공부하고, 학점을 얻어서 졸업할 수 있는 근거다. 대학 재학 중에 어떤 자격시험을 치르는 경우도 있다. 일정한 지식을 갖추고 지식을 수행할 역량이 있다고 생각되는 수험생에게 합격증을 발급한다. 합격했다고 해서 자격증을 사용해서 벌 돈이 한꺼번에 들어오지는 않는다. 자격증은 활용하고 정당하게 소득을 거둘 수 있는 근거일 뿐이다. 졸업 후에 취직하려면 입사시험을 치르고 합격해야 한다. 합격증을 받았다고 해서 회사에서 주는 월급이 미리 들어오는 것은 아니다. 회사에서 일할 자격이 있다는 것이고, 일한 후에 정해진 날에 봉급을 받는다. 엄청난 능력을 가진 사람으로 회사에 스카우트 제의를 받거나 스포츠 스타라면 계약금으로 큰돈을 받기도 하겠지만, 일반적으로는 합격증이나 자격증은 공부하든 일하는 근거가 된다. 열심히 일해서 직급이 높아지면 일의 순서나 가부를 결정하는 위치에 오른다. 즉 권한이 더 생기고 그에 따라 권위도 생긴다. 하나님의 일은 어떤 근거와 권위로 감당할 수 있는가? 내가 획득한 권위로 되지 않는다. 하나님이 우리에게 주시는 권위로 가능하다. 예수님에게서 찾을 수 있다.

1. 권위를 질문으로 받으신 예수님

예수님이 예루살렘에 올라가셔서 성전을 둘러보셨다. 성전 안에서 장사하는 사람을 보시고는 분노하시고, 상을 엎으시며 아무나 물건을 갖고 다니는 것을 금하셨다. 그리고는 "만인이 기도하는 집을 강도의 소굴로 만들었다"고 꾸짖으셨다(막 11:17). 모르는 사람들이 보기에는 난동 수준이었다. 이것을 지켜보는 사람들 중에 반드시 떨떠름한 사람들이 있다. 성전에서 장사하도록 허락한 대제사장을 비롯한 기득권층이다. 그들이 예수님을 찾아와서 질문한다. "무슨 권위로 성전에서 난동을 부리느냐 누가 이렇게 하는 권위를 주었느냐"(28). 예수님은 주의 전을 사모하는 열심을 갖고 성전을 청결하셨다(시 69:9). 제자들이 이 말씀을 기억하였다(요 2:17). 사실 대제사장, 서기관 그리고 장로들은 자기들이 성전을 관리하는 책임과 권위를 갖고 있다고 생각했다. 성전 안에서 물건을 팔도록 허락하고 자릿세를 받는 위치에 있었기 때문이다. 대제사상의 무리들은 자기들의 권위를 무시하는 예수님이 달가울 리 없다. 그래서 예수님에게 성전에서 행한 것에 대한 권위를 질문한다. 성전을 청결하신 예수님을 체포하기 이전에 일단 체포할 명분 쌓기인 셈이다. 사람들은 자기 권위를 세우려 한다. 그러다가 대단한 권위가 나타나면 굴복하기도 한다. 그렇다면 하나님의 권위에 굴복하는가?

2. 요한에 대하여 질문하신 예수님

예수님이 질문하는 사람들에게 무엇이라고 대답해야 할까? 예수님이 하나님의 아들로 세상에 오셨으니 하나님의 권위를 내세우면 될까? 만약 그렇다면 사람들이 예수님을 향하여 오만한 사람이라거나 신성모독자라고 모함할 것이다. 실제로 예수님이 "나와 아버지는 하나이니라"고 하셨을 때(요 10:30), 사람들은 예수님이 신성모독을 한다고 생각하고는 돌을 들어서 예수님께 던지려 했다(요 10:33). 예수님은 사람들의 질문 의도와 대답에 대한 반응이 어떻게 돌아올 지를 뻔히 알고 계셨다. 이럴 때는 어찌하면 되는가? 반박과 충돌을 각오하고 바른 말을 하면 될까? 충돌이 일어나면 예수님이 하려던 일을 못 할 수 있다. 이럴 때는 살짝 빠져나가야 한다. 예수님은 대답하시기보다 역질문을 하셨다. "나도 한 말을 너희에게 물으리니 대답하라 그리하면 나도 무슨 권위로 이런 일을 하는지 이르리라 요한의 세례가 하늘로부터냐 사람으로부터냐"(29,30). 예수님이 역질문을 하시지만 유대인들이 반드시 해결해야 할 질문 하나를 더하신다. 세례 요한의 세례에 대한 권위 문제이다. 거기다가 예수님은 둘 중에 하나를 선택하도록 질문하신다. 유대인들도 대답하기 곤란한 질문이다. 예수님은 역질문을 하심으로 사역에 대한 시간을 더 벌어 놓으셨다.

3. 대답할 고민을 일으키신 예수님

예수님의 질문에 유대인들이 어떻게 대답할까를 고민한다. 만약 세례 요한의 세례가 하늘로부터 왔다고 대답한다면 왜 요한을 받아들이지 않느냐고 질문 받을 것이다. 그러면 할 말이 없어진다. 만약 요한의 세례가 사람으로부터 왔다고 하면 사람들이 반발할 것이다. 사람들은 세례 요한을 참 선지자로 여기고 있는데, 자기들이 아니라고 한다면 백성들에게 실망을 줄 것이 뻔하다. 백성들이 자기들을 존경하지 않을 것이고 그에 따라 자기들의 말도 권위를 잃을 것이다. 유대인들은 이러지도 저러지도 못할 고민에 빠졌다. 예수님은 유대인들의 질문에 오히려 그들을 고민하게 하셨다. 예수님은 공격을 받았는데, 방어와 수비만 하는 것이 아니라 되치기 공격을 하셨다. 씨름이나 유도에서 되치기를 잘하면 이길 수 있다. 되치기는 내 힘으로 하는 것이 아니고 상대의 힘을 역이용하는 기술이다. 대화를 할 때도 되치기가 가능할 수 있다. 상대를 이겨야 하고, 상대에게 모멸감을 주기 위해서 이렇게 할까? 적어도 예수님에게는 그렇지 않다. 예루살렘에 올라가신 예수님은 할 일이 더 남아있기 때문에 유대인들에게 고민할 시간을 주신 것이다. 질문을 받고 고민할 시간이 생겼다면 질문에 대한 답을 찾기보다는 질문의 의도를 깨달아야 한다. 본인들의 잘못을 깨닫고 바르게 생각해야 한다.

4. 확실한 대답을 거절하신 예수님

유대인들은 어떻게 대답할지를 몰랐다. 이런 대답은 자기들 행동의 모순을 드러내고, 저런 대답은 백성들의 반발을 불러일으킬 것이기 때문이다. 이럴 때 할 수 있는 대답은 모른다는 대답이다. 유대인들이 예수님께 질문에 대해 모르겠다고 대답한다. 차라리 모르는 것이 속 편하다. 그런데 모르겠다고 대답하는 것도 사실은 대화에서 지는 일이지만 지는 것처럼 보이지는 않는다. 사람이 어떻게 모든 것을 다 알 수 있다는 말인가? 하나님의 진리 영역도 다 모르고, 사람이 사는 데 있어서도 정답이 없을 때가 많다. 사람은 모르는 것, 의문을 해결해보자고 수없이 질문하지만 여전히 답을 못 찾을 수도 있다. 유대인들의 모르겠다는 대답을 들으신 예수님은 당신도 무슨 권위로 성전 청결을 했는지 대답하지 않겠다고 하신다. 어차피 상대도 모르는 것 많은데 내가 대답할 이유가 없거나, 상대가 모르고 있으므로 내가 대답한다고 해서 상대가 바르게 알아들을 리 없다는 의미이다. 예수님은 자신의 곤란함을 피하고, 사역의 시간을 더 확보하셨으며, 유대인들에게는 고민하게 하고, 유대인들 스스로 모르는 것이 있다는 사실을 일깨우셨다. 예수님의 권위를 아버지 하나님이 주셨다. 예수님이 누구신지 왜 성전을 청결하셨는지 예수님의 권위를 바르게 알게 하신 분도 하나님이시다.

성 경	여호수아 24:19-25	예전색상	초록색

예 배 의 부 름	"이스라엘 모든 자손은 불이 내리는 것과 여호와의 영광이 성전 위에 있는 것을 보고 돌을 간 땅에 엎드려 경배하며 여호께 감사하여 이르되 선하시도다 그의 인자하심이 영원하도다 하니라"(대하 7:3)
	온유하고 겸손한 마음으로 주의 제단 앞에 모여 예배드리게 하시는 하나님 아버지! 저희가 한마음으로 드리는 경배와 찬양과 존귀를 받아 주심을 감사드립니다. 이 예배가 영과 진리로 하나님을 기쁘시게 하는 예배가 되게 하시고 심령들이 빛을 받아 어둠을 물리치는 생활을 하게 하옵소서. 하나님께서 예비하신 말씀으로 축복을 받게 하시어 빛의 자녀로 살아갈 힘을 더하여 주시옵소서. 예수님의 이름으로 간절히 기원하옵나이다. 아멘
회개를 위하여	하나님께서 베풀어 주신 회복의 은혜를 망각하고 세상에서 죄를 범한 모질고 악한 마음을 자복하는 시간입니다. 교회에서는 경건한 척했으나 세상에서는 이익을 챙기고 탐욕을 일삼았던 잘못을 회개하는 기도를 계속합니다.
고 백 의 기 도	**항**상 정직한 영과 정결한 삶을 살기를 바라시는 하나님 아버지! 감사보다는 원망하고 푸념만 늘어놓는 미련하고 어리석은 우리에게 무거운 것과 얽매인 죄를 벗어버릴 기회 주심을 감사드립니다. 지난 한 주간에도 세상에서 무거운 것과 얽매이기 쉬운 죄를 짊어지고 방탕한 생활을 했음을 용서하여 주옵소서. 교회에 다니고 있음에도 위선적인 생활을 하여 행함이 없는 믿음으로 신앙 폐인처럼 산 어리석음을 불쌍히 여겨 주옵소서. 교만한 마음으로 살면 언젠가는 실패한다는 것을 알기에 지은 죄를 회개하는 기도를 드립니다.
	영적인 나태함을 변명하는 죄인에게 손 내밀어 다시 일어서게 하시는 하나님 아버지! 하나님께서 지켜보심에도 불구하고 욕심과 정욕을 위해서 살았습니다. 불결한 손으로 먹고 마시며 쾌락과 안일을 위해서 살았습니다. 이 모든 죄를 하나님께 고백하오니 용서하여 주시옵소서. 자신에게 유익이 되고 기쁨이 되는 일에는 하루에도 10시간 이상 수고했어도 하나님의 나라와 주님의 영광을 위해서는 하루에 1시간도 수고하지 않은 잘못을 고백하는 저희의 마음을 사죄의 자비로 어루만져 주옵소서. 예수님의 이름으로 기도하옵나이다. 아멘
사함의 확 인	"보소서 주께서는 중심이 진실함을 원하시오니 내게 지혜를 은밀히 가르치시리이다 우슬초로 나를 정결하게 하소서 내가 정하리이다 나의 죄를 씻어 주소서 내가 눈보다 희리이다"(시 51:6-7)
성시교독	11. 시편 17편
설교 전 찬 송	18장 (성도들아 찬양하자) 502장 (빛의 사자들이여)
설교 후 찬 송	324장 (예수 나를 오라 하네) 384장 (나의 갈길 다 가도록)

**06
16**

금주의 성 가	찬양하세 오 예루살렘 – D. D. Wood 그리스도를 더욱 사랑 – J. E. Roberts 모든 것이 당신의 것 – Gle Darst
목 회 기 도	**만**복의 근원이신 하나님을 알고 섬기면서 엄청난 복을 누리고 살게 하시는 하나님 아버지! 저희에게 "너희는 택하신 족속이요 왕 같은 제사장이요 그의 소유가 된 백성"이라고 하시면서 특별히 선택된 백성으로서의 사명을 충실히 감당할 수 있는 교회를 세워주신 것을 감사드립니다. 우리 교회를 통하여 구원과 치유의 능력이 강물처럼 흐르게 하옵소서. 구원의 능력이 등불같이 불신자들에게 증거가 되어 비치는 우리 교회 성도들이 되게 하옵소서. 계획하는 일마다 주님의 뜻이 역사 되게 하여주옵소서. 직장을 잃은 분들이 하나님과 가까워질 기회로 삼아 더 큰 기쁨의 응답을 받게 하옵소서. **우**리 교회를 보살피고 이끌어주시는 하나님 아버지! 저희에게 주어진 삶의 자리가 어떠하든지 거기서 감사의 조건을 찾고 하나님 안에 거하여 확신하고 담대하게 살며 승리하게 하옵소서. 주님 구원의 은총이 우리 교회를 통해 역사하게 하옵소서. 주님의 몸 된 교회에 세워주신 기관들이 하나님의 영광을 위해서 헌신하는 아름다운 마음을 허락하여 주실 줄 믿습니다. 오직 성령 충만을 사모하게 하시고, 어려운 이웃을 돕는 선한 사마리아인이 되게 하옵소서. 하나님께서 맡겨주신 직분에 충성하고 헌신하는 굳센 믿음 주시옵소서. 예수님의 이름으로 기도하옵나이다. 아멘
헌금을 위한 성 구	"너희가 여호와께 감사제물을 드리려거든 너희가 기쁘게 받으심이 되도록 드릴지며…너희는 내 계명을 지키며 행하라 나는 여호와이니라"(레 22:29, 31)
헌 금 기 도	**저**희가 간구할 때 거절하지 않으시고 하늘의 축복을 누리게 하시는 하나님 아버지! 지난 한 주간동안 세상에서 고난과 역경을 이기고 승리의 노래를 부를 수 있게 인도해 주신 은혜를 감사드립니다. 저희가 봉헌하는 예물이 삶의 손실을 주는 상실의 문이 아니라 삶의 풍성함을 가져오는 축복의 통로가 되게 하옵소서. 이 예물이 쓰일 때 죽어가는 영혼이 예수 그리스도의 은혜를 입어 새로운 생명을 얻고 삶의 행복을 누리게 하옵소서. 물질 때문에 시험에 들지 않도록 하시고 영육의 치유를 허락하여 주시옵소서. **예**물을 향기로운 제물로 흠향하여 주시는 하나님 아버지! 오늘 저희는 물질뿐만 아니라 저희의 몸과 마음을 하나님 앞에 드립니다. 받아 주시고 하나님 기뻐하시는 곳에 사용하여 주시옵소서. 이 물질과 저희의 헌신이 하나님의 손에 들린 예리한 도구가 되어 세상의 환부를 도려내고 치유하는 데 사용될 수 있도록 복을 허락하여 주시옵소서. 오늘도 여러 가지 모습으로 헌금하는 귀한 손길들을 어루만져 주옵시고 드린 손길에 복을 주옵소서. 그들의 삶에 필요한 것을 천 배나 갚아 주시옵고 저희와 저희 자녀의 삶을 책임져 주시옵소서. 감사를 드리며 우리 주 예수 그리스도의 이름으로 기도드리옵나이다. 아멘
위탁의 말 씀	"백성이 여호수아에게 말하되 우리 하나님 여호와를 우리가 섬기고 그의 목소리를 우리가 청종하리이다 하는지라" 우리가 할 일은 오직 하나님만 섬기겠다고 결심하고 다짐하면서 하나님을 섬기는 마음으로 이웃을 섬기는 한 주간을 살아야 합니다.
축 도	이제는 우리의 길과 진리와 생명이 되시는 예수 그리스도의 은혜와 그의 독생자를 보내어 우리의 죄를 속량하여 영생으로 옮겨 주신 하나님 아버지의 사랑과 약속하신 대로 보내주신 성령의 감동과 감화를 주시는 거룩한 역사가 성호를 찬양하고 예배하고 돌아가는 하나님의 백성들 위에 함께해 주시기를 간절히 축원하옵나이다. 아멘

오늘의 설교를 위한 복음적 조명 주제 : 믿음의 언약

제목 : 믿음의 결단과 다짐 l 본문 : 여호수아 24:19-25

주제 : 하나님은 사람들의 마음과 생각을 모두 알고 계신다. 믿음의 지도자는 사람들에게 하나님을 향한 믿음을 촉구한다. 사람들이 할 일은 오직 하나님만 섬기겠다고 결심하고 다짐하는 일이다. 여호수아의 권고를 들은 이스라엘 백성들이 이처럼 믿음을 결심하고 다짐했다.

논지 : 하나님은 사람들에게서 영원토록 섬김을 받으실 분이시다.
1. 백성에게 권한을 행하실 하나님
2. 영원토록 섬김을 받으실 하나님
3. 백성들의 삶의 방향이신 하나님
4. 참된 언약을 살펴보시는 하나님

회사에서 직급을 가진 사람은 어떤 일을 결정할 권한이 있다. 인사담당자는 인사안에 도장을 찍는다. 도장을 찍어서 인사안을 발표하면 그대로 인사이동을 한다. 우리나라 대통령이나 지방의 단체장이 인사안을 발표하면 왈가왈부 말이 생겨도 그대로 진행되는 경우가 많다. 왜 그럴까? 인사권자의 권한이 행사되기 때문이다. 법적으로 보장된 권한에는 권한 사용의 모양을 보고 누가 뭐라고 할지라도 권한 자체를 부정하지 않는다. 회사의 대표이사는 계약의 권한이 있다. 계약이 이뤄지면 회사의 직원들은 계약을 수행하고 지키려고 나름대로 열심히 일한다. 비록 계약 내용이 맘에 들지 않는다 할지라도 계약권한을 부정하지는 않는다. 물론 인사와 계약의 결과가 잘못되면 최종 권한을 가진 사람이 책임을 진다. 권한이란 이처럼 책임이 따른다. 그러면 이스라엘처럼 백성들의 영적 방향을 책임진 지도자의 권한은 무엇일까? 애굽에서 종살이하던 이스라엘을 해방시키고 젖과 꿀이 흐르는 가나안 땅으로 인도하는 모세의 권한, 백성들에게 광야생활을 끝내고 가나안에 정착시킨 여호수아의 권한, 통일왕국을 튼튼하게 하는 다윗의 권한은 무엇일까? 성도들의 영적 공동체인 교회의 담임목사의 권한은 무엇일까? 본문을 살펴보면 찾을 수 있다. 하나님의 권한, 여호수아의 권한이 있다.

1. 백성에게 권한을 행하실 하나님

국가 지도자의 권한은 어디서 올까? 그것은 국민으로부터 온다. 국민이 표를 주어서 지도자로 세웠으니까 권한을 갖는다. 회사대표의 권한은 어디서 올까? 본인이 창업주라면 스스로 권한을 만들어낸 것이다. 그러나 주식회사가 된다면 주주총회로부터 권한을 위임받는다. 교회에서 목사님의 권한은 어디서 올까? 바로 교회를 세우신 예수님으로부터 온다. 예수님은 교회의 머리이시며 주인이다. 예수님이 당신의 교회를 잘 이끌도록 목사에게 권한을 주신다. 그러니까 교회의 최종 권한은 하나님께 있다. 하나님께서 나라를 세우기도 하고 폐하기도 하신다고 우리가 믿는다면 나라의 최종 권한도 하나님께 있다. 하나님은 당신의 권한을 사용하신다. 본문에서는 하나님을 거룩하신 분, 질투하시는 분으로 묘사한다. 질투한다는 말은 열정을 가졌다는 말과 통한다. 거룩하신 하나님이 백성을 얼마나 열정적으로 사랑하시는지, 백성들이 우상을 섬기면 질투와 화를 내신다. 그리고 권한을 행사하신다. 그 권한은 복을 내리기도 하고, 심판하기도 하는 권한이다. 하나님은 오직 하나님을 섬기는 사람에게 복을 주신다. 그러나 하나님을 배반하면 주신 복을 거두시고 재앙을 내리시며 멸망시키기도 하신다. 우리 삶과 죽음의 권한이 하나님께 있다. 창조주 하나님은 우리 생명의 영원한 주인이시다.

2. 영원토록 섬김을 받으실 하나님

하나님은 우리를 향한 완전한 권한을 가지셨다. 왜냐하면 하나님은 우리를 창조하셨고, 우리는 하나님의 피조물이기 때문이다. 창조주 하나님이 피조물을 향하여 완전한 권한을 갖는 것이 당연하다. 마치 토기장이가 토기를 지을 때 잘 구워진 것에는 만족하고, 잘못 구워진 토기를 깨뜨리는 것과 마찬가지이다(렘 18:4). 하나님이 예레미야에게 토기장이의 행동을 환상으로 보여주시고 말씀하셨다. "여호와의 말씀이니라 이스라엘 족속아 이 토기장이가 하는 것 같이 내가 능히 너희에게 행하지 못하겠느냐 이스라엘 족속아 진흙이 토기장이의 손에 있음 같이 너희가 내 손에 있느니라"(렘 18:6). 하나님이 예레미야에게 당신의 권한을 말씀하신 이유가 무엇일까? 사람과 백성과 나라의 완전한 권한을 가지신 하나님을 진실하게 섬기라는 의미이다. 오늘 여호수아도 하나님의 권한을 이야기한다. 백성들이 하나님을 섬기겠다고 결단한다. "우리가 여호와를 섬기겠나이다" 백성들의 하나님의 권한을 인정하고 믿는다. 그리고 지도자 여호수아 앞에서 하나님만을 섬기겠다고 약속하고 다짐한다. 여호와 하나님은 백성들로부터 영원토록 섬김을 받으실 분이다. 하나님은 오늘 우리들로부터도 영원토록 섬김을 받으실 분이다. 이 사실은 세월이 가고 나라가 바껴도 영원불변한 진리이다.

3. 백성들의 삶의 방향이신 하나님

사람과 백성을 향한 완전한 권한을 가지신 하나님이 필요할 때는 지도자를 세워서 권한을 위임하시기도 한다. 사람이 위임받는 권한은 하나님의 권한 모두가 아니다. 예수님은 하나님의 아들로서 아버지의 권한을 모두 받으셨지만, 사람은 제한적인 권한을 받는다. 시간적으로 살아있는 동안만 권한을 행사할 수 있다. 또 자기에게 위임된 백성과 공동체를 향하여서 권한을 행사할 수 있다. 여호수아도 하나님으로부터 권한을 받았다. 여호수아가 백성들을 이끌고 가나안에 들어간 후 죽기 전에 백성들을 불러 모아 하나님만 섬길 것을 요구한다. 백성들이 하나님을 섬기겠다고 다짐하자 여호수아는 백성들 스스로 약속과 다짐의 증인이 되었다고 말한다. 백성들은 '네, 우리가 증인입니다.'라며 인정한다. 여호수아는 그렇다면 백성들 사이에 있는 이방 신들, 즉 가나안 신상을 치워버리고 백성들의 마음을 하나님께만 향하라고 요구한다. 여호수아는 하나님의 뜻을 백성들에게 전하는 권한을 가졌다. 하나님은 백성들에게 삶의 방향이다. 국가의 방향, 미래의 방향이시다. 하나님은 우리들에게도 삶의 방향과 미래의 방향을 하나님께로 정하라고 요구하신다. 우리의 선택 사항으로 요구하시지 않고 반드시 그렇게 해야 한다고 권한으로 명령하신다. 우리가 이 명령을 받듦이 당연하지 않은가?

4. 참된 언약을 살펴보시는 하나님

여호수아의 영적 권위를 백성들이 인정한다. 우선 여호수아가 백성들을 이끌고 가나안 땅으로 들어왔으며, 백성들에게 안전한 삶의 터전을 잡도록 이끌어주었으니 여호수아의 권한을 당연히 인정할 수밖에 없다. 그러나 여호수아는 자신의 권한을 주장하기보다는 하나님의 권위와 권한을 선포한다. 여호수아가 백성들에게 우상을 제거하고 오직 하나님만 섬기라고 삶과 미래의 방향을 선포하자 백성들이 응답한다. 24절 말씀이다. "우리 하나님 여호와를 우리가 섬기고 그의 목소리를 우리가 청종하리이다" 앞의 21절에는 "우리가 여호와를 섬기겠나이다"라고 하던 사람들이 이제는 목소리까지 듣겠노라고 한다. 믿음의 다짐이 좀 더 구체적으로 발전되었다. 지도자 여호수아가 백성들의 말을 듣고 세겜에서 백성들과 언약을 맺었다. 그리고 백성들을 위한 율례와 법도를 제정했다. 이제 율례와 법도가 권한을 인정하는 기준이 된다. 율례와 법도를 지키는 지도자에게 권위가 생긴다. 하나님은 백성들의 언약을 보신다. 백성들이 언약을 지키면 하나님으로부터 복을 받지만 언약을 어기면 받은 복마저도 뺏긴다. 하나님께는 언약을 지키는 권한이 있다. 백성들의 권한은 자기들의 결단과 다짐을 지키는 것이다. 백성들에게는 오직 하나님을 잘 섬기는 그 권한 외에는 전혀 생각할 수 없다.

성 경	누가복음 13:1-9	예전색상	초록색

예배의 부름	"여호와 이스라엘의 하나님을 영원부터 영원까지 송축할지로다 하매 모든 백성이 아멘 하고 여호와를 찬양하였더라"(대상 16:36) 죄인을 변화시켜 하늘 복을 받을 천국 상속자가 되게 하신 하나님 아버지! 오늘도 거룩한 주님의 성소를 찾아오게 하셔서 무릎을 꿇고 예배드리게 하심을 감사드립니다. 오늘도 절박한 기도의 제목을 가지고 나왔습니다. 소원을 들으시고 응답해 주시기를 간절히 소원합니다. 교회는 생명의 요람이며, 성도의 휴식처이고 삶의 출발점임을 믿습니다. 삶에 지친 백성들이 힘을 얻는 예배로 승리하게 하옵소서. 예수 그리스도의 이름으로 간절히 기원하옵나이다. 아멘
회개를 위하여	하나님이 주신 것을 움켜쥐고 나누지 않고 오직 나만을 위하여 사용하면서 주변에 있는 배고픈 사람을 외면하고 불우한 이웃을 위하여 더불어 떡을 떼는 심정으로 나눔을 실천하지 못하는 어리석음을 회개하는 기도를 계속합니다.
고백의 기도	멸망의 어둠 속을 거닐 때 말씀이 저희 갈 길의 빛이요 등불이 되게 하신 하나님 아버지! 주님의 백성으로 택함을 받고 주님의 자녀로 권세를 얻었지만 다른 사람을 섬기면서 나누지 못하고 살아온 저희에게 회개할 기회 주심을 감사드립니다. 주님의 영광을 나타내라고 주셨던 달란트를 죄악을 저지르는 데 사용했습니다. 봉사하고 구제하라고 주셨던 물질들을 내 욕심을 위해서 사용했습니다. 주님 것을 마치 내 것인 양 착각하고 살아왔습니다. 오늘도 저희의 고백 기도를 들으시고 용서하여 주시옵소서. 항상 세상이 쳐놓은 유혹의 그물에서 건져 또 한 번의 기회를 주시는 하나님 아버지! 이제 한 주간을 살아갈 때 저희 육신과 영혼이 걸려 넘어지지 않도록 말씀 잡고 살 것을 다짐합니다. 항상 순종의 기쁨으로 회개하고 흑암을 비추는 생명의 빛의 역할을 감당하겠습니다. 오늘도 저희가 이렇게 '이 모든 것이 저희의 큰 탓입니다'라고 고백하면서 가슴을 치면서 회개하오니 불쌍히 여겨 주옵시고 훼손된 저희 영혼이 다시 한번 하나님의 모습으로 복원되는 감격을 맛보게 하여 주옵소서. 예수님의 이름으로 기도합니다. 아멘
사함의 확인	"이는 곧 물로 씻어 말씀으로 깨끗하게 하사 거룩하게 하시고 자기 앞에 영광스러운 교회로 세우사 티나 주름 잡힌 것이나 이런 것들이 없이 거룩하고 흠이 없게 하려 하심이라"(엡 5:26-27)
성시교독	13. 시편 23편
설교 전 찬 송	67장 (영광의 왕께 다 경배하며) 543장 (어려운 일 당할 때)
설교 후 찬 송	216장 (성자의 귀한 몸) 380장 (나의 생명 되신 주)

06 23

금주의 성 가	주와 함께 가겠네 – 박선웅 편 찬양하라 – Arr. by W. Elmo mercer 주께서 나를 온전하게 하시니 – M. Sullivan Lacour
목 회 기 도	**주**님의 이름으로 세상을 이기고 주님의 영광을 위해 살게 하시는 하나님 아버지! 오늘도 성령님의 이끄심에 따라 오순절 다섯 번째 주일 예배를 주님 앞에 드리게 해주심을 감사드립니다. 지난 한 주간 세상에서 신앙의 정체성을 망각하고 죄의 멍에를 지고 죄의 사슬에 매여 사망의 수렁에 빠져 산 잘못을 불쌍히 여겨 주옵소서. 오늘도 사랑하는 교회를 통하여 구원과 치유의 능력이 강물처럼 흐르게 하옵소서. 미움과 갈등으로 무너진 가정에 사랑의 샘물이 솟아 나와 행복의 꽃이 가득하게 하옵소서. 구원의 능력을 등불과 같이 불신자들에게 증거가 되어 비치는 우리 교회 성도들이 되게 하여 주옵소서. **독**생자 예수 그리스도를 보내 주셔서 생명에 이르는 길을 열어주신 하나님 아버지! 오늘 이 자리에 오고 싶어도 원치 않는 병 때문에 참석하지 못한 자녀가 있습니다. 그들을 위로하시고 육신의 회복을 허락하여 주옵소서. 물질적인 궁핍으로 시달리는 딱한 영혼도 있습니다. 주님 안에서 얻을 수 있는 평화와 감격이 이 물질의 어두움을 이길 수 있는 자신감으로 작용하게 인도하여 주시기를 간절히 원합니다. 우리 교회에 주신 기관들이 많습니다. 성령님께서만 주시는 위로의 힘과 담대함이 그들에게 넘치게 하여 주옵소서. 우리 주 예수님의 이름으로 기도합니다. 아멘
헌금을 위 한 성 구	"나를 사랑하는 자들이 나의 사랑을 입으며 나를 간절히 찾는 자가 나를 만날 것이니라 부귀가 내게 있고 장구한 재물과 공의도 그러하니라 내 열매는 금이나 정금보다 나으며 내 소득은 순은보다 나으니라"(잠 8:17-19)
헌 금 기 도	**세**상에서 지치고 딱한 저희를 생명의 말씀 안에서 회복의 감동을 얻게 하시는 하나님 아버지! 지난 한 주간에도 주신 말씀의 힘으로 승리하게 하심을 감사드립니다. 받은 사랑과 받을 은혜가 너무나 크고 많은 것을 아는 저희가 이렇게 예물을 들고 나아와 거룩하신 아버지 하나님 앞에 봉헌합니다. 주신 물질로 이웃을 도우며 살 수 있는 섬김의 마음을 허락하여 주옵소서. 이 예물이 쓰이는 곳에도 함께하여 주소서. 주님의 이름으로 가난한 자들을 돕는 데 사용되게 하시고 낙도와 오지에 복음을 전하는 데 쓰이게 하시며 하나님께 예배드리고 성도가 교제하는 거룩한 일에 사용되게 하옵소서. **하**늘 권능과 지혜로 승리하게 하시는 하나님 아버지! 구속하신 은혜 잊지 않고 십일조를 드립니다. 주께서 주신 감격을 잊지 못해 감사예물을 드리는 자녀들도 있습니다. 감사하는 마음이 형통함을 불러내고 형통함이 풍요로움을 불러내는 축복의 고리가 되게 하옵소서. 성미를 드립니다. 구역헌금, 주일 헌금을 드립니다. 물질이 부족하여 하나님의 사업에 기쁨으로 동참할 수 없어 마음고생 하는 성도들이 있습니다. 저들의 안타까운 심령을 위로하시고, 물질 부족으로 인하여 갈등이 생기지 않게 저들의 창고를 채워주시고 풍성함으로 응답해 주옵소서. 예수님의 이름으로 기도하옵나이다. 아멘
위탁의 말 씀	"너희도 만일 회개하지 아니하면 다 이와 같이 망하리라" 예수님은 회개를 촉구하시며 회개해야 할 당위성을 강조하신 것을 기억하고 사람들에게 회개할 생각을 깨우쳐 주는 좋은 벗이 되는 한 주를 살도록 합시다.
축 도	지금은 우리를 의롭게 만드신 예수 그리스도의 은혜와 자녀로 삼아 주시고 생명과 능력을 주시는 하나님 아버지의 사랑하심과 영적인 삶으로 성화시켜 주시는 성령의 역사하심이 하나님께 예배하고 선택하신 자들에게 함께하여 주시는 은혜를 믿고 담대하게 살아가기로 작정하고 돌아가는 백성들 위에 저들의 가정과 사업장 위에 그리고 교회 위에 영원토록 함께 계시옵기를 축원하옵나이다. 아멘

오늘의 설교를 위한 복음적 조명 주제 : 회개의 촉구

제목 : 회개해야 산다 ┃ 본문 : 누가복음 13:1-9

주제 : 예수님은 탁월한 선생님이시다. 사람들에게 교훈을 주는 선생님으로 머물지 않으시고, 회개를 촉구하시며 회개해야 할 당위성을 강조하는데도 탁월한 선생님이셨다. 예수님은 사람들의 질문에 대해 비유를 들어서 대답하시며, 사람들에게 회개할 생각을 깨우치셨다.

논지 : 예수님은 빌라도의 악행에 관한 질문에 무화과열매 비유로 대답하셨다.
  1. 판단을 요청받으신 예수님
  2. 회개를 촉구하시는 예수님
  3. 비유로 말씀하시는 예수님
  4. 열매를 요청하시는 예수님

사람은 배우는 존재이다. 라틴어로 말하면 호모 에두칸두스라고 한다. 배우는 사람에게는 선생님이 필요하다. 사람으로서의 선생님도 필요하고 혹은 배우는 사람을 깨우치는 어떤 사물이나 상황도 있다. 교육의 원리에서 잘 배우는 원리는 학생의 자세이다. 학생의 배우려는 자세가 우선이라고 한다. 한편 선생님의 가르치는 기술이 어떤 지에 따라 학생의 배움이 달라지기도 한다. 선생님이 내용만 가르치고, 배우고 익히는 방법을 알려주지 않으면 학생들이 잘 배울 수 없다. 선생님이 내용과 결과에만 집중할 것이 아니라 과정도 잘 챙겨야 한다. 배우는 학생에게 배우는 방법도 가르쳐야 한다. 즉 선생님에게는 가르치는 내용만 완전히 아는 것을 요구하지 않고 학생에게 잘 배우도록 안내하는 역량도 요구된다. 예수님이 이 땅에서 가르치셨다. 제자들을 불러서 따로 가르치기도 하셨고, 군중들을 가르치기도 하셨다. 예수님의 가르침에는 권위가 있었다. 사람들은 이런 권위 있는 자와 같고 서기관들과 같지 않다고 하면서까지 놀랐다(막 1:22). 예수님의 가르침은 기존의 가르침과는 전혀 다르고 새로운 내용이었다. 동시에 예수님은 가르치는 방법까지도 탁월하셨다. 예수님은 어떤 어려운 질문도 척척 받아넘기셨다. 그리고 사람들이 예상하지 못하는 방법으로 하나님의 뜻을 가르치셨다.

1. 판단을 요청받으신 예수님

예수님이 멋지게 잘 가르친다는 소문이 퍼졌다. 사람들은 예수님께 와서 배우기에 여념이 없다. 그리고 모르는 것이나 궁금한 것이 있으면 예수님께 질문한다. 그런데 몰라서 진짜로 알고 싶어서 질문하는 사람이 있는가 하면, 예수님을 시험하고자 질문하는 사람도 있다. 예수님을 곤란하게 하고 궁지에 빠뜨리려는 질문이다. 나름 절묘한 내용이라고 생각하고 던지는 질문이지만, 그렇다고 하나님의 아들 예수님이 사람이 파 놓은 함정에 빠지지 않는다. 오늘 본문에 두어 사람이 빌라도의 죄를 갖고 예수님을 향해 질문한다. 내용을 보건대 빌라도가 갈릴리 사람들을 죽이고 그 피를 유대인들이 드리는 제사 예물에 섞은 것 같다. 유대인들의 입장에서는 하나님을 욕되게 하는 천인공노할 만한 사건이다. 그러나 총독의 권력이 막강하므로 누구도 빌라도에게 항의하지 못한다. 사람들이 예수님께 빌라도의 만행을 말한 이유가 무엇일까? 예수님에게 판단을 요청하고 빌라도의 죄를 지적해 달라는 의도로 보인다. 그런데 예수님은 사람들의 의도와는 달리 갈릴리 사람들의 죄를 지적하신다. 빌라도의 악행에 당할 정도라면 아마도 로마에 대항하는 죄인이었을 터이다. 그런데 예수님은 빌라도에 의해 죽은 사람들의 죄가 다른 갈릴리 사람들보다 더 크거나 많은 것이 아니라 하신다.

2. 회개를 촉구하시는 예수님

예수님은 빌라도에 대한 판단, 죽은 사람들에 대한 판단을 요구받으신다. 즉 죄인이라는 판단, 정죄를 요구받으셨다. 그러나 예수님은 빌라도든, 죽은 갈릴리 사람이든 죄인이라고 판단하지 않으신다. 사실 죄로 말하면 예수님께 질문한 사람이나 멀쩡하게 살아 있는 갈릴리 사람이나 똑같은 수준이다. 중요한 것은 사람들은 모두가 죄인이라는 사실이다. 사람은 하나님 앞에 자기가 죄인임을 깨달아야 한다. 죄인임을 깨닫게 된다면 회개한다. 예수님이 "너희도 만일 회개하지 않으면 다 이와 같이 망하리라"고 하신 말씀으로 사람들 모두 죄인임을 지적하신다. 결국 예수님은 질문을 받으신 후에 죄를 판단하지 않고, 회개를 촉구하신다. 사람들의 질문보다 한 발자국 앞으로 나아간 대답이다. 그리고 예수님은 실로암 망대가 무너진 사건을 언급하신다. 실로암 망대가 무너져서 열여덟 명이 죽었다. 당시 사람들은 망대에 깔려 죽은 사람들이 죄인이라서 벌을 받은 거라고 생각한 모양이다. 그런데 예수님은 죽은 사람의 죄가 살아있는 사람보다 더 큰 것이 아니라고 하신다. 그리고는 '만약 회개하지 않으면 다 이와 같이 망하리라'고 하신다. 사람들은 누군가를 정죄하여 자기의 의를 나타내고자 한다. 하지만 정죄하는 사람조차도 다 죄인이다. 자기의 죄를 깨닫고 회개해야 한다.

3. 비유로 말씀하시는 예수님

예수님이 대답하실 때 사람들이 잘 알아들을까? 그러면 얼마나 좋을까? 예수님의 대답을 듣고 오해하는 사람, 앙심을 품는 사람들도 있다. 죄를 지적받으면 누구든지 기분이 안 좋다. 급기야 예수님을 향해 앙심을 품기도 하고, 죽이려 드는 사람도 있다. 잘못이 있다면 지적을 받고, 지적을 받았으면 깨우치고 뉘우쳐야 한다. 하지만 그렇게 하는 사람이 별로 없다. 이 시대 기독교인들도 비슷하다. 더 잘 깨우치고 회개시키려면 어떻게 하면 될까? 예수님의 방법을 기억해보자. 예수님은 한 가지 비유를 이야기하셨다. 그것은 포도원에 심긴 무화 나무 열매에 관한 비유이다. 어떤 사람이 포도원에 무화과나무를 심고 열매를 얻으려 하지만 나무에서 열매가 맺지 않는다. 주인이 포도원지기에게 삼 년 동안 기다렸지만 열매를 못 얻었으니 땅만 차지하는 무화과나무를 베어버리라고 한다. 어떤 사람들은 이 비유에 딴지를 건다. 포도원에 포도나무가 아닌 무화과나무를 심은 주인이 잘못한 거라는 식이다. 포도원에 포도나무를 심는 것은 당연하다. 주인은 어떤 목적이 있으니까 무화과나무를 심은 것이다. 중요한 것은 비유의 내용보다는 비유로 말씀하시는 예수님의 의도이다. 포도원과 무화과나무의 이상한 결합에 의한 결과 즉 나무에서 열매를 얻지 못해 불만족한 주인이다.

4. 열매를 요청하시는 예수님

포도원 주인이 무화과나무를 제거하고 싶다. 그런데 포도원지기가 주인에게 일 년만 참아달라고 한다. 포도원지기가 무화과나무에 신경을 쓰고 거름을 주겠는데, 만약 열매를 거두면 좋을 것이고, 그렇지 않으면 그 때 캐내서 버리자고 한다. 그러니까 포도원지기는 나무에게 열매를 맺을 기회를 주고 나름대로 애를 써보겠다고 한다. 비유는 원관념이 있다. 포도원주인이 누구고, 무화과나무는 누구인가? 또 포도원지기는 누구인가? 누구라고 지정할 수 없다면 이야기에서 의도하는 바가 무엇일까? 빌라도의 악행을 피해 살아남은 갈릴리 사람들, 실로암 망대의 재앙에도 죽지 않은 예루살렘 사람들에게는 어떤 기회가 주어졌는가? 그들에게는 회개할 기회, 회개에 합당한 열매를 맺을 기회가 주어졌다(마 3:8). 그렇다면 할 일이 생겼다. 회개하고 합당한 열매를 맺어야 한다. 만약 열매를 맺지 못한다면 어떻게 될까? 당연히 베어내고 찍어내고 캐내어 버릴 것이다. 열매를 맺으려면 어떻게 하면 되는가? 먼저 회개해야 한다. 열매를 맺어보자고 결심해야 한다. 사람들을 향해 회개를 촉구하고 열매 맺게 하려고 누군가 수고하는 사람도 있다. 그 수고가 헛되지 않아야 한다. 예수님은 두 번이나 연거푸 말씀하시고 강조하셨다. "너희도 만일 회개하지 아니하면 다 이와 같이 망하리라"

성 경	요한복음 21:20-25	예전색상	초록색

예 배 의 부 름	"하나님이여 주의 인자하심이 어찌 그리 보배로우신지요 사람들이 주의 날개 그늘 아래에 피하나이다 그들이 주의 집에 있는 살진 것으로 풍족할 것이라 주께서 주의 복락의 강물을 마시게 하시리이다"(시 36:7-8)
	예배의 본질을 회복하여 은혜로운 신앙생활을 하게 하시는 하나님 아버지! 지난 한 주간에도 어려움이 있을 때마다 주님이 가신 그 십자가 은혜의 길을 따라가면서 그리스도의 남은 고난에 동참하게 하심을 감사드립니다. 거룩한 주님의 날 하늘 은혜를 사모하는 마음으로 교회에 나와 경배와 찬송을 드립니다. 세상에서 찢기고 상처받은 마음을 십자가의 보혈로 치료받게 하옵소서. 말씀을 통하여 하나님의 음성을 듣게 하시고, 기도하는 모든 문제가 응답하는 감격이 있게 하옵소서. 예수님의 이름으로 기원하옵나이다. 아멘
회개를 위하여	작은 어려움 앞에서 의기소침하고 성령의 도움을 청하기보다는 내 고집 내 감정을 내세워 주님 뜻을 멀리하고 사랑하지 못하고 용서도 모르는 사람처럼 산 한 주간은 아니었는지 성찰하고 회개하는 기도를 계속합니다.
고 백 의 기 도	성령의 빛을 비추어 밝은 양심으로 살아갈 힘을 주시는 하나님 아버지! 지난 한 주간에도 헤아릴 수 없는 은총으로 저희를 지켜주시어서 그릇된 길로 가지 않도록 인도해주심을 감사드립니다. 그러나 한 주간동안 성공하고 실패하는 일은 하나님께서 통치하시고 다스린다는 사실을 알고 있으면서도, 섣부른 판단으로 말씀대로 살지 못한 것을 고백합니다. 하나님은 졸지도 주무시지도 않고 성실과 진실로 우리를 위하여 일하시는데, 우리는 하나님을 무시하고 제멋대로 스스로 모든 일을 처리하려 했습니다. 우리의 죄악을 불쌍히 여겨주옵소서.
	악의 세력을 성령님의 힘으로 물리치게 하시는 하나님 아버지! 전쟁은 많은 사람이 희생을 당할 수밖에 없으나 하나님의 통치와 능력을 믿지 않는 불신앙이 우리를 슬프게 한다는 사실을 믿지 않는 허물을 용서하여 주옵소서. 저희가 연약한 사람을 못되게 폄훼하여 우습게 여기며 교만하여 용납하지 않은 죄악을 고백하오니 용서하여 주시옵소서. 때로는 사람들을 믿지 않고 오해하여 저주하는 말을 자주 내뱉은 못된 언동을 일삼았습니다. 이웃을 용납하지 않고 소통을 단절하여 그들이 구원을 받는 길을 막았던 죄를 용서하여 주옵소서. 예수님의 이름으로 기도드립니다. 아멘
사함의 확 인	"그가 빛 가운데 계신 것 같이 우리도 빛 가운데 행하면 우리가 서로 사귐이 있고 그 아들 예수의 피가 우리를 모든 죄에서 깨끗하게 하실 것이요"(요일 1:7)
성시교독	15. 시편 27편
설교 전 찬 송	37장 (주 예수 이름 높이어) 503장 (세상 모두 사랑없어 냉랭함을 아느냐)
설교 후 찬 송	301장 (지금까지 지내온 것) 421장 (내가 예수 믿고서)

06 30

금주의 성 가	우리 모두 주 찬양 – Don Besig 기도로 뿌린 씨앗 – 김규현 갈릴리 예수님 – 김은석 – H. Maunder
목 회 기 도	육신은 죽어도 영혼은 생명의 부활로 천국에서 영생을 살게 하시는 하나님 아 버지! 저희에게 영생하는 새 생명을 주시고 더 풍성한 하늘 복을 얻게 하시 려고 독생자 예수를 보내주신 것을 감사드립니다. 교회가 외형적인 모습으로 성 장하는 것을 뽐내기보다는 그리스도의 사랑과 생명의 능력을 증거 하는 교회로 발전될 수 있게 인도해주옵소서. 조그만 일을 해 놓고 서로 공을 다투는 교회가 아닌 것을 감사드립니다. 우리 교회가 사소한 문제로 하나가 되지 않고 얼굴을 붉히고 마음들이 갈라지는 부끄러운 모습의 교회가 되지 않게 하옵소서. 교회의 기관들을 통하여 복음을 전하는 원칙을 회복하게 하시는 하나님 아버 지! 맡겨주신 사명은 잘 감당하지 않으면서 더 많은 것을 주시기를 갈망하 어리석은 저희였습니다. 교회의 역할과 예배의 본질을 회복하여 하나님이 주인 되심을 확증하는 성도들이 되게 하여 주시옵소서. 교회의 모든 부서는 불신자들 을 전도하기 위한 협력 기관으로 자리 잡게 하옵소서. 선교와 전도를 위해 아낌 없이 헌신하는 사랑하는 성도들이 되게 하옵소서. 죽어가는 영혼들을 보며 마음 아파하며 영혼을 살리는 일에 헌신하게 하옵소서. 예수님의 이름으로 기도하옵 나이다. 아멘
헌금을 위 한 성 구	"내가 풍족하니 이는 받으실 만한 향기로운 제물이요 하나님을 기쁘시게 한 것이라 나의 하나님이 그리스도 예수 안에서 영광 가운데 그 풍성한 대로 너희 모든 쓸 것 을 채우시리라"(빌 4:18~19)
헌 금 기 도	어려움 가운데서도 드리는 예물을 기쁘시게 받으시는 하나님 아버지! 주님께 서 세워주신 OO 교회 성도들이 비록 적은 감사의 헌금을 봉헌할지라도 그 들의 정성을 보시고 흡족하게 받아 주심을 감사드립니다. 드리는 감사의 헌금이 하나님의 축복으로 이어지게 하옵소서. 사람이 떡으로만 살 것이 아니라 하나님 의 입으로부터 나오는 모든 말씀으로 살 것이라 말씀에 근거하여 우리가 사랑의 하나님께 헌금을 드리게 하시옵소서. 이 예물이 하나님 보좌에 상달 될 때 저들 의 소원을 다 이루어주옵소서. 항상 주님의 일에 더욱 힘써 헌신할 마음을 주시는 하나님 아버지! 우리가 성 전에 나아오기 전에 먼저 자신의 몸을 스스로 깨끗하게 하여 하나님께 예배 를 드리게 하옵소서. 더러운 몸과 불결한 마음으로는 하나님께 헌금을 드리지 않 게 하시고, 항상 몸의 떼와 마음의 부정을 청결한 몸과 맑은 마음으로 하나님께 헌금을 바치게 하시옵소서. 하나님께 십일조 헌금을 드리는 성도를 기억하시고 하나님께서 약속하신 대로 창고에 복을 쌓을 데가 없도록 채워주시옵소서. 감사 헌금, 생일헌금, 봉사헌금, 선교헌금, 소원헌금, 건축헌금을 드린 성도에게 때마 다 일마다 만사형통하는 축복을 주시옵소서. 예수님의 이름으로 축복하며 기도 하나이다. 아멘
위탁의 말 씀	"예수께서 행하신 일이 이 외에도 많으니 만일 낱낱이 기록된다면 이 세상이라도 이 기록된 책을 두기에 부족할 줄 아노라" 예수님이 행하신 일들이 너무 많아서 이 세상을 예수님 이야기를 담은 책으로 가득 채우고도 남는다고 합니다. 한 주간 예 수를 더 많이 알기 위해서 성경과 가까이하는 한 주간을 살아갑시다.
축 도	지금은 우리에게 참믿음의 길을 보여주신 예수 그리스도의 은혜와 지혜의 파장을 넓히시는 하나님의 한결같은 사랑과 하나님의 놀라우신 지혜를 온몸으로 체험하도 록 영적 눈을 뜨게 하시는 성령의 도우시는 능력이 믿음과 지혜를 가지고 어리석은 불신자가 사는 세상으로 나아가는 모든 성도 위에 늘 함께하시기를 축원하옵나이 다. 아멘

오늘의 설교를 위한 복음적 조명 주제 : 믿음의 증언

제목 : 믿음으로 증언하는 사람들 | 본문 : 요한복음 21:20-25

주제 : 부활하신 예수님은 하늘에 오르기까지 지상에서 남은 일을 모두 이루셨다. 제자들을 만나 말씀하시고, 끝까지 제자들의 증언 대상이 되셨다. 우리가 다 알 수 없지만, 예수님이 행하신 일들이 너무 많아서 이 세상을 예수님 이야기를 담은 책으로 가득 채우고도 남는다.

논지 : 예수님은 우리가 아는 것보다 훨씬 더 많은 일을 행하고 성취하셨다.
1. 베드로의 질문을 들으신 예수님
2. 당신의 주관을 말씀하신 예수님
3. 제자들의 오해를 지나친 예수님
4. 행하신 일들이 허다하신 예수님

예수님은 제자를 선택하시고, 생명의 말씀을 가르치시며, 함께 생활하셨고, 당신의 사명을 잇는 사명자로 세우셨다. 예수님의 제자를 삼는 사역을 보면 예수님의 가르치는 방법, 사람을 사랑하고 세우는 방법, 사람을 대하고 대화하는 방법, 예수님 스스로 지도력을 세우고, 제자들의 지도력을 세우는 방법 등이 놀랍기만 하다. 우리는 예수님을 믿고 구원을 받았고 거듭나서 하나님의 자녀가 되어 살아가면서 예수님의 말과 행동의 방법을 배우고 적용한다. 심지어 불신자들조차도 자기들의 삶에서 질서와 원칙과 보람과 만족을 위하여 예수님을 배우고 적용하기까지 한다. 물론 그런 적용은 대부분 본인들의 업무와 확장을 위함이다. 우리는 그렇지 않다. 우리는 예수님이 주신 사명의 확장을 우리들을 통해 더 나타나고 성취되기 위해 예수님께 배운다. 이 과정에서 우리 예수님이 우리에게 필요한 물질과 지혜와 관계 등을 복으로 주신다. 오늘 본문은 부활하신 예수님이 제자들을 만나서 사명을 다짐하신 후 제자들과의 마지막 대화이다. 예수님이 물고기 잡는 베드로를 찾아가셔서 "네가 날 사랑하느냐"고 확인하신 후, "네 양을 먹이라"고 하셨다. 그리고 베드로의 엉뚱한 질문에 답하시는 예수님의 모습에서 오직 사명에 집중하고, 당신만 따르라고 강하게 요구하신다.

1. 베드로의 질문을 들으신 예수님

베드로가 예수님과의 세 번의 대화를 마쳤다. 베드로는 자신의 연약함을 잘 알고 있다. 예수님은 베드로의 연약함마저도 용납하셨다. 사람이 일을 할 때는 어떤 자격을 갖고 일하며, 일에 필요한 완전한 역량을 갖고 일하는 것 같지만, 사실은 조금씩 발전하면서 일할 수도 있다. 예수님의 제자라고 해서 완벽하지 않다. 그러나 예수님은 일하는 과정에서 점점 더 완벽함을 이루어가기를 원하시기 때문에 연약한 베드로라도 용납하시고 사명을 허락하신다. 그런데 베드로가 예수님으로부터 사명을 듣다가 갑자기 딴 생각이 들었다. 곁에 있는 다른 제자가 눈에 들어왔기 때문이다. 그 제자는 예수님이 사랑하시는 제자이며 만찬석에서 예수님의 품에 의지하여 주님을 팔 사람이 누구냐고 묻던 제자이다. 대부분의 성경학자들은 요한이라고 추측한다. 베드로가 예수님께 질문한다. "주님 이 사람은 어떻게 되겠습니까?" 지금 베드로는 예수님과 대화하다가 갑자기 화제를 다른 사람에게로 돌린다. 대화의 상대와 대화의 초점이 맞아야 하는데, 사람은 이처럼 관심과 화제를 돌리는 경향이 있다. 그러니 대화가 자주 끊기고 관계가 서원해진다. 예수님은 우리와 대화하실 때, 우리를 향하여 집중하신다. 그리고 우리에게도 당신을 향해 집중하기를 원하신다. 예수님의 말씀을 정확히 들어야 한다.

2. 당신의 주관을 말씀하신 예수님

예수님이 베드로에게 대답하신다. 요즘 아이들 말로 약간은 까칠하게 대답하시는 분위기이다. "내가 올 때까지 그를 머물게 할지라도 네게 무슨 상관이냐 너는 나를 따르라" 예수님은 우리 각각을 향해 계획을 갖고 계신다. 베드로에게는 베드로의 성격과 사명에 맞는 계획, 요한에게는 요한의 성품과 사명에 맞는 계획을 갖고 계신다. 우리가 기억할 일은 나를 향한 예수님의 계획이다. 나를 향한 계획을 알고 어떻게든 예수님의 계획이 우리에게서 이루어지도록 힘쓰는 일이 우리 각자가 할 일이다. 그런데 우리는 나도 내 할 일을 제대로 못하면서 남의 할 일에 참견하고 신경을 쓰고 잔소리를 한다. 사실 잔소리처럼 일하면 이 세상에 안되는 일이 없을 터이다. 정작 내 할 일을 잊고 남의 일에 대해 콩 놔라 팥 놔라 하는 성향이 우리에게 있다. 베드로에게도 그런 성향이 있었다. 예수님이 우리에게 분명하게 말씀하신다. 예수님이 요한을 어떻게 하든 심지어 예수님이 다시 오실 때까지 이 세상에 살려둔다 할지라도 베드로가 상관할 일이 아니다. 요한의 사명과 사역은 예수님의 권한이기 때문이다. 우리는 예수님의 권한을 인정하고 우리가 할 일이 무엇인지 정확히 알고 그 일을 해야 한다. 예수님이 우리 각자에게 주신 사명과 사역이 있으니 그 일을 수행하는 것이 우선이다.

3. 제자들의 오해를 지나친 예수님

예수님이 베드로에게 대답하셨는데, 그 대답을 곁에서 들은 사람이 있는 것 같다. 그런데 사람들이 예수님의 말을 약간 오해해서 옮기는 것 같다. 예수님이 요한을 죽지 않게 하셨다고 생각하는 것이다. 예수님의 대답에는 '할지라도'가 있다. 만약 '그렇게 한다 해도, 그렇게된다 해도'의 의미이다. 이것은 '만약'이다. 문법적으로 보면 가정법이다. 예수님은 당신의 뜻을 가정법으로 말씀하셨다. 가정법이라고 하는 것은 실제로 일어날 수도 있고, 아닐 수도 있다. 대부분은 실제로 일어나기 어려운 일이다. 그런데 제자들은 가정법을 진짜로 알아듣는다. 아이들이 농담을 하면 어른들이 정색하고 받아들이는 경우가 있다. 이런 경우를 '웃자는 말에 죽자고 대답한다.'고 한다. 사람은 이렇게 말을 오해하는 경우가 많다. 제자들이 예수님의 말을 오해했는데, 우리인들 예수님의 말을 오해하지 않겠는가? 우리들 사람의 말, 설교자의 말을 오해하지 않겠는가? 들을 때는 똑바로 들어야 한다. 그래서 본문을 기록한 저자는 제자들의 오해를 정확하게 해명한다. 요한이 죽지 않는다는 말이 아니고, 만약 죽지 않는다 할지라도 베드로가 상관할 일이 아니라는 의미이다. 예수님이 제자들의 오해를 바로잡지 않으시고, 예수님의 말을 들은 사람 즉 본문의 저자가 제자들의 오해를 바로잡아주었다.

4. 행하신 일들이 허다하신 예수님

예수님과 베드로의 이야기를 다 듣고 기록한 사람이 있다. 그 사람이 바로 베드로가 관심을 갖던 사람 즉 예수님이 사랑하시는 제자이다. 사랑하는 제자가 예수님을 증언하였다. 증언을 듣는 수많은 사람들이 참된 증언이라고 믿는다. 이 본문 앞의 20장 31절에서 증언과 기록의 목적을 요한복음의 결론으로 말한다. 그리고 21장에서 '우리는'이라고 말하는 것을 보아 21장을 누가 덧붙인 것이라고 추측하는 학자도 있다. 누가 덧붙인 것이라고 생각하든 그렇지 않든 성경에서 예수님을 증언하는 기록은 언제나 참되다. 그리고 마지막 절에 예수님이 행하신 일들이 기록된 것 외에도 많아서 만약 낱낱이 기록된다면 이 세상이라도 기록된 책을 두기에 부족할 것이라고 한다. 이 땅에 대형 도서관들이 많고, 책이 가득하지만, 이 땅 모두를 도서관으로 만든다 해도 예수님을 기록한 책을 다 진열할 수 없다는 과장법이다. 우리가 아는 것 이상으로 우리가 예수님을 배워야 할 말씀과 행적이 많고, 적용하고 실천해야 할 내용이 많다는 뜻이다. 배우고 실천할 내용이 끝이 없다. 결국 우리는 예수님을 끝까지 배우면서 지속적으로 성장해야 한다. 인생의 배움이 끝이 없듯, 예수님을 배우는 일도 제한이 없다. 겸손하게 배우고 예수님을 따라야 한다. 주님이 다시 오시는 날까지 우리를 인도하신다.

7월의 예배와 설교를 위하여

일	요일		본문	설교제목	기타(예화, 참고자료)
3	수				
7	주일	낮			
		밤			
10	수				
14	주일	낮			
		밤			
17	수				
21	주일	낮			
		밤			
24	수				
28	주일	낮			
		밤			
31	수				

성 경	신명기 26:1-3	예전색상	초록색

예배의 부름	"여호와께 감사하라 그는 선하시며 그 인자하심이 영원함이로다 신들 중에 뛰어난 하나님께 감사하라 그 인자하심이 영원함이로다"(시 136:1-2) 올 해 2024년 반년 동안 보살펴주신 사랑 많으신 하나님 아버지! 맥추감사 주일에 사랑하는 성도들이 하나가 되어 경배와 찬양으로 감사의 예배를 드리게 하심을 감사드립니다. 땀 흘려 농사지은 첫 열매를 주님 앞에 드리는 심령이 주님의 기쁨으로 충만하게 하옵소서. 오늘 주시는 말씀이 수정 같은 생명수로 생기를 더해 주시고 성령의 참된 은혜를 느끼는 시간이 되게 하옵소서. 우리 주님 예수 그리스도의 이름으로 간절히 기원합니다. 아멘
회개를 위하여	상상할 수 없는 많은 것을 받았으면서도 줄 줄 모르고, 받는 것을 당연하게 생각하면서도 나눔에는 인색한 그 부끄러운 모습이 나라는 생각이 들면 맥추감사절인 오늘 지난날의 옹졸함을 고백하고 주면서 사랑을 실천하겠다는 각오를 새롭게 하는 기도를 계속합니다.
고백의 기도	반년 동안 생명 연장에 필요한 양식을 공급해 주신 하나님 아버지! 맥추감사주일에 많이 거둔 자도 남음이 없고 적게 거둔 자도 부족함이 없게 하시는 은혜 베풀어주심을 감사드립니다. 그러나 지난 세월 나눔과 사랑 실천에 인색하고 옹졸했던 것을 용서하여 주옵소서. 욕심이 잉태하여 죄를 낳고 죄가 장성하여 사망을 낳는다고 하셨음에도 우리는 무조건 많이 거두려고만 했습니다. 가정과 가족의 건강과 생업까지 챙겨주신 하나님의 은혜에 보답하지 않은 죄를 용서하여 주시옵소서. 죄악의 무거운 짐을 지고 괴로움의 터널에서 해방의 기쁨을 주시는 하나님 아버지! 어려움을 당할 때 주님께 무릎 꿇고 잘못된 삶을 회개하기보다 모든 책임을 환경과 심지어는 하나님을 원망하는 어리석음을 범했습니다. 양이 목자의 음성을 듣지 않고 목자의 인도를 받지 않을 때 일어나는 결과를 저희 자신이 알면서도 목자이신 주님의 음성을 들으려 하지 않은 저희를 용서하여 주시옵소서. 오늘 생명의 말씀을 들을 때에 유혹의 욕심을 따라 썩어져 가는 구습을 좇는 옛사람을 벗어버리고 새로운 영으로 거듭나게 하옵소서. 예수님의 이름으로 기도를 드립니다. 아멘
사함의 확인	"그가 네 모든 죄악을 사하시며 네 모든 병을 고치시며 네 생명을 파멸에서 속량하시고 인자와 긍휼로 관을 씌우시며 좋은 것으로 네 소원을 만족하게 하사 네 청춘을 독수리 같이 새롭게 하시는도다"(시 103:3-5)
성시교독	105. 감사절(1)
설교 전 찬 송	50장 (내게 있는 모든 것을) 588장 (공중 나는 새를 보라)
설교 후 찬 송	495장 (익은 곡식 거둘자가) 589장 (넓은 들에 익은 곡식)

07 07

금주의 성가	감사와 찬송드리세 – Negro Spiritural 감사하라 – 이문승 모든 것이 당신의 것 – Gle Darst
목회기도	**감**사의 믿음으로 맥추감사절기를 지키게 하시는 참 좋으신 하나님 아버지! 지난 반년을 지켜주시고 보살펴주신 은혜를 잊지 않고 힘을 다하여 자원하는 예물을 드리면서 감사의 절기를 보내게 해 주심을 감사드립니다. 2024년을 시작할 때만 해도 주시는 말씀을 붙들고 하나님의 영광을 드러내며 살리라고 다짐했지만 지난 6개월을 사는 동안 세월을 아껴 주의 뜻대로 살지 못한 것을 고백합니다. 엄청난 하늘 사랑을 받았으면서도 저희는 날마다 무엇인가에 홀려 시달렸고, 심지어는 사탄에게 시험을 받기까지 하면서 말씀과 기도와 찬양의 열매를 맺는 일에 인색했던 잘못을 용서하여 주옵소서. **감**사하는 성도들에게 하늘 긍휼을 베푸시는 하나님 아버지! 이제 남은 반년을 살아갈 때 교회와 가정과 세상에서 저희가 믿음과 사랑과 나눔의 씨를 뿌리면서 살아갈 수 있게 하옵소서. 하나님의 사랑에 진심으로 고마워하며 감사하는 마음으로 예배할 수 있도록 도와주옵소서. 모든 사람을 사랑할 수 있게 하시고 또 용서하는 마음도 주옵소서. 주시는 말씀을 통해서 지난날의 잘못을 회개하고 거듭나는 구원의 지혜를 알게 하옵소서. 예배를 통하여 하나님 나라의 참된 모습을 만나게 하시고 하나님의 임재를 경험하는 저희 모두가 되게 하옵소서. 예수님 이름으로 기도하옵나이다. 아멘
헌금을 위한 성구	"이 모든 날이 찬 후 제팔일과 그 다음에는 제사장이 제단 위에서 너희 번제와 감사제를 드릴 것이라 그리하면 내가 너희를 즐겁게 받으리라 주 여호와의 말씀이니라" (겔 43:27)
헌금기도	**많**은 하늘 축복으로 지난 반년 동안 후히 누르고 흔들어 채워주신 하나님 아버지! 2024년을 6개월 동안 저희를 지켜주시고 만 가지 복으로 채워주신 은혜를 감사드립니다. 주신 은혜로 얻은 결실을 감사하며 바치는 물건을 준비했습니다. 골고다 언덕까지 따르고자 하는 믿음을 간직하며 십일조를 드립니다. 저희를 위해 십자가에 돌아가신 주님의 은혜를 감사하며 감사헌금과 여러 가지 모습으로 예물을 드립니다. 날마다 이기게 하시고 부르짖을 때마다 응답 주시는 예수 그리스도를 전파하며 영혼이 구원되고 승리하는 감격의 행복을 맛보며 살게 하옵소서. **땅**의 보화보다 하늘의 보화를 쌓기를 바라시는 하나님 아버지! 저희가 남은 반년을 살아갈 때 물질 때문에 시험 들 때가 많습니다. 헛된 유혹에 빠지지 않게 도와주옵소서. 저희가 가진 모든 것은 하나님의 소유임을 저희가 깨닫고 늘 하나님께 드리는 데 인색하지 않도록 도와주옵소서. 각자의 형편과 처지를 다 알고 계시오니 그 모든 어려움이 아름답게 해결되게 하시고 마음과 정성을 다 바친 이 영혼들 가운데 새로운 만족이 넘쳐날 수 있도록 일일이 찾아가 위로하옵소서. 성도들이 어두운 골짜기를 지나갈 때도 주의 팔이 길잡이가 되어 주시고 험한 길을 지날 때도 만사형통하게 하여 주시옵소서. 예수님의 이름으로 기도하옵나이다. 아멘
위탁의 말씀	"여호와께서 우리에게 주시겠다고 우리 조상들에게 맹세하신 땅에 이르렀나이다" 하나님께서 우리 생활에서 가장 필요한 것을 허락하셨으니, 우리는 일상생활에서 하나님의 복을 기억하며 은혜에 감사하는 마음으로 한 주간을 살아야 합니다.
축도	지금은 우리들의 무지함으로 인하여 눈물을 흘리신 예수 그리스도의 은혜와 지극히 작은 자 하나라도 사랑하여 주시는 하나님 아버지의 사랑하심과 항상 기뻐하며 감사하도록 도우시는 성령의 역사하심이 오늘 맥추감사절을 맞이하여 하나님께 감사함으로 영광을 돌린 백성들의 머리 위에 그리고 저들의 가정과 사업장과 교회 위에 영원토록 함께 계시기를 축원하옵나이다. 아멘

오늘의 설교를 위한 복음적 조명 주제 : 소산의 만물

제목 : 일상생활의 은혜 | 본문 : 신명기 26:1-3

주제 : 하나님은 우리의 생활을 보고 계신다. 우리가 무엇을 대단하게 잘해서 하나님께 영광을 돌릴 수 있다. 그러나 하나님은 우리 생활에서 가장 필요한 것을 허락하시고, 받은 것에 대해서 감사하기를 원하신다. 일상생활에서 하나님의 복을 기억하며 은혜에 감사해야 한다.

논지 : 하나님은 땅을 주시고, 땅에서 거둔 것에 대해 감사하라고 명하신다.
    1. 기업을 주어 거주하게 하신 하나님
    2. 토지의 소산을 거두게 하신 하나님
    3. 처음 거둔 것을 드리라 하신 하나님
    4. 제사장을 통해 아뢰라 하신 하나님

대한민국의 민주화를 위해서 사명감을 갖고 일하던 사람이 있었다. 또래 동료들이 모이면 거대담론을 이야기하고, 어지러운 현실에 대해 한탄하며 술로 울분을 달래는 청년이었다. 그렇게 세월을 보내다가 혼기를 놓치고 가족들과 떨어져서 일인 가구주가 되어 살게 되었다. 그런데 우연한 기회에 새로운 모임에 참여하게 되었는데, 모임의 구성원들은 거의 동생뻘 되지만 가정을 이루고 자녀를 키우고 경제생활에 열심을 내는 사람들이었다. 거대담론을 이야기하던 사람이 소시민의 생활을 직접 듣게 된 것이다. 소시민의 생활이 사실은 의식주를 주제로 하고, 결혼생활과 자녀들의 성장에 대한 관심이 거의 주를 이룬다. 이것이 사람들의 일상생활이다. 거대담론을 이야기하던 사람이 소시민의 생활에서 새로운 보람을 발견했다고 고백한다. 그리고 자기도 일상생활에 대해 관심을 갖게 되었다. 거대담론도 일상생활에 관심을 두지 못한다면, 탁상공론이거나 허울 좋은 구호에 불과할 뿐이다. 우리 하나님이 우리를 창조하셨고 구원하셨다. 이것은 신앙의 기본이고 부인할 수 없는 사실이다. 이렇게 기본적인 일을 하신 하나님이 우리의 일상생활에 대해 무관심하실까? 전혀 아니다. 하나님은 우리의 일상에 대해 관심을 갖고 은혜를 주시며, 그 은혜에 감사하기를 원하신다.

1. 기업을 주어 거주하게 하신 하나님

야곱의 자손들은 땅이 없었던 민족이다. 요셉 덕에 비록 애굽의 고센 땅에 정착하여 살기는 했지만, 요셉이 죽은 후에는 소수민족이라고 애굽 사람들에게서 차별을 받으며 살았다. 애굽 사람들은 인구가 점점 불어나는 히브리민족을 향해 강제노동, 남자 아이를 살려두지 않는 정책을 펼쳤다. 일종의 산아제한이되, 아주 비인격적이고 반문화적인 정책이었다. 기득권을 가진 사람들은 자기들의 일상생활을 소중하게 여기고 누리지만, 소외된 사람들의 일상생활을 무시하고 파괴하기까지 한다. 소시민의 일상생활을 배려하고 정책을 펼치는 정치가 곧 복지정책이라 할 수 있다. 하나님은 선택하신 히브리민족의 고생을 보셨다. 그리고 모세를 통해 애굽에서 나오게 하셨고, 모세의 후계자 여호수아의 주도로 히브리민족을 젖과 꿀이 흐르는 가나안 땅으로 이끄셨다. 하나님이 가나안 땅을 히브리민족을 위해 기업으로 주셨다. 히브리민족은 하나님의 은혜로 땅을 차지하게 되었다. 그리고 가나안 땅에서 거주하는 은혜를 받았다. 오늘날도 세계의 소수민족들은 기득권자들에 의해 땅을 빼앗기기도 한다. 추방을 하거나 민족말살 정책으로 피신하는 경우도 있다. 하나님은 히브리민족에게 거주지를 주는 은혜를 베푸셨다. 오늘 우리가 어떤 곳에서 정착하여 살게 되었다면 그것이 은혜이다.

2. 토지의 소산을 거두게 하신 하나님

오래 전 옛날에는 사람들이 적고, 자연에는 거둘 것이 많아 아무 땅이나 정착하며 살면 되었다. 그곳에서 채집을 하며 식량을 조달하였다. 그러다가 사람들이 모여 살게 되면서 식량 문제가 대두되었다. 농업을 발견하게 되자 비옥한 땅에서는 농사를 지으며 모여 살게 되었다. 한편 척박한 땅에서는 목축을 하며 살게 되었다. 하나님은 히브리민족에게 비옥한 땅을 주셨다. 젖과 꿀이 흐르는 땅이라는 말이 곧 비옥하다는 의미이다. 비옥한 땅에서 농사를 지으면 품질 좋은 식량을 거둘 수 있다. 오늘날에는 기후위기로 비가 오지 않거나, 토양오염으로 비옥한 땅이 척박하게 바뀌기도 한다. 한편 전쟁으로 인해 비옥한 땅에서 농사조차 짓지 못하기도 한다. 그래도 양식을 얻으려면 어떻게든 농사를 지어야 한다. 히브리민족이 하나님의 은혜로 비옥한 땅에서 걱정 없이 농사를 지을 수 있었다. 그리고 해마다 추수를 할 수 있었다. 땅에서 사는 것이 하나님의 은혜이고, 농사를 짓든 목축을 하든 혹은 생업을 운영하든 양식을 얻게 되는 일도 하나님의 은혜이다. 의식주 중에 주거지를 먼저 주신 하나님이 그 다음에 먹거리를 허락하신다. 농사를 지으면 토지의 소산을 거두게 된다. 산업과 정보화 사회에서 우리가 농사를 안 지어도 소산을 먹어야 한다. 먹는 것이 은혜이다.

3. 처음 거둔 것을 드리라 하신 하나님

토지의 소산 중에 가장 처음 거둔 것을 만물이라고 한다. 과거에 우리나라가 농경국가이던 시대에 전국적으로 첫 추수를 하는 곳이 있으면 방송국에서 보도를 하였다. 어느 동네 누구 집에서 첫 추수를 했다고 보도한다. 그 때는 정부나 지역의 고위관리가 나타나기도 한다. 첫 추수를 하는 일이 동네와 지역의 잔치가 되고, 전국적으로 칭찬받는 일이 되었다. 보통 사람의 집에서도 첫 추수를 하면 동네사람들을 모아서 잔치를 연다. 산업사회에서는 첫 월급을 받으면 부모님께 내복을 사드리면서 감사를 표시한다. 첫 추수 혹은 첫 월급이 하나님의 은혜이다. 하나님은 모세를 통해서 히브리민족이 가나안 땅에서 첫 추수를 하게 될 때의 할 일을 알려주신다. 첫 추수의 거둔 것을 가져다가 광주리에 담아 하나님께서 정하신 곳으로 가져가야 한다. 즉 하나님의 이름을 두시려고 택하신 곳으로 가야 한다. 하나님의 은혜를 받았으면 반드시 하나님께 감사를 표시해야 한다. 그래서 하나님께서 당신의 이름을 두신 곳 즉 하나님의 이름으로 지정한 곳으로 첫 추수물을 들고 가야 한다. 하나님의 이름을 둔 곳이 당시에는 성막이었고 솔로몬 이후에는 성전이었다. 왜 들고 가겠는가? 하나님께 드려야 하기 때문이다. 은혜를 받았으면, 은혜를 말하고 증명해야 하며 감사해야 함이 마땅하다.

4. 제사장을 통해 아뢰라 하신 하나님

하나님은 모세를 통해 첫 수확물을 드리는 방법을 알려주신다. 첫 수확물을 들고 가장 먼저 제사장에게로 가야 한다. 그리고 제사장에게 말해야 한다. 제사장이 하나님을 대리하여 사람들의 말을 들어준다. 무슨 말이 오고갈까? 본문에서는 이렇게 말하라고 알려준다. "내가 오늘 당신의 하나님 여호와께 아뢰나이다 내가 여호와께서 우리에게 주시겠다고 우리 조상들에게 맹세하신 땅에 이르렀나이다"(3). 첫 수확이 땅에서 나오고, 그 땅을 하나님이 주셨다. 그 땅을 주신 하나님의 은혜를 기억하고 말로 표현하라는 말씀이다. 하나님이 들으시라고, 하나님의 일을 하는 제사장에게 말을 한다. 제사장이 하나님을 향한 감사의 말을 들었다면, 감사하는 사람의 마음을 확인할 수 있다. 하나님이 제사장의 권위를 높여준다. 제사장은 첫 수확을 드리는 사람으로부터 광주리를 받아서 여호와의 제단 앞에 놓는다. 그리고 여호와의 제단에서 광주리를 물릴 때는 그것이 제사장의 양식이 된다. 하나님이 농사를 짓지 않는 제사장의 생활을 이런 방법으로 책임져주신다. 하나님이 제사장에게도 은혜를 베푸시는데, 백성들의 믿음과 감사를 사용하여 책임지신다. 오늘이 맥추감사주일이다. 하나님은 우리에게 땅과 소산물을 주시는 은혜, 감사를 알고 표하는 은혜, 목회자들에게도 은혜를 주신다.

성 경	마태복음 19:16–23	예전색상	초록색

예배의 부름	"하나님이여 나의 부르짖음을 들으시며 내 기도에 유의하소서 내 마음이 약해질 때에 땅 끝에서부터 주께 부르짖으오리니 나보다 높은 바위에 나를 인도하소서"(시 61:1-2)
	예배하는 영혼들의 마음의 문을 열어 찬양하게 하시는 하나님 아버지! 답답하고 침울한 심령들에 하늘의 밝은 빛을 주시고 수고하고 무거운 짐을 진 자들에게 말씀의 쉼터를 주신 것을 감사드립니다. 오늘도 하나님의 말씀이 양식이 되어 굶주린 영혼을 채우게 하시고 그 말씀으로 새롭게 무장하는 시간이 되게 하여 주시옵소서. 근심하고 걱정되는 일들이 해결되는 기쁨이 있게 하옵소서. 예수 그리스도의 이름으로 기원하옵나이다. 아멘

회개를 위하여	하나님의 영광을 위하여 사용하라고 주신 육신을 자기만족을 위해서 쓰면서 헛고생하는 우리인지도 모릅니다. 문제는 말씀을 실천하지 못하고, 섬김을 실천하지 못하는 그 원인이 자신의 치부에만 힘을 쏟고 하나님의 나라와 그 의를 구하지 못했기 때문임을 인정하고 회개하는 기도를 계속합니다.

고백의 기도	세속적인 욕망을 성령의 불로 태워 주시고 진리 안에 살게 하시는 하나님 아버지! 하나님께서 모든 것을 창조하시되 오직 사람만이 하나님의 형상을 따라 만들어주신 그 은혜를 무한 감사드립니다. 그러나 우리는 하나님의 형상을 입고서 하나님의 성품대로 살지 못했습니다. 죄로 인하여 하나님의 형상을 잃어버렸으며 욕심으로 인하여 그리스도의 사랑을 등졌습니다. 무한한 사랑을 받았으면서도 또다시 주님의 마음을 아프게 하는 저희입니다. 저희 멋대로 아버지의 품을 떠나며, 세상과 교회에 양다리를 걸치며 이중적인 삶을 사는 어리석음을 불쌍히 여겨 주옵소서.
	회개하는 심령들에 용서의 은혜를 주시는 하나님 아버지! 같은 죄를 반복하는 어리석은 자들이 되지 않기를 다짐합니다. 하나님을 의지하여 모든 어려움을 헤쳐갈 것을 다짐합니다. 이제 한 주간 세상에서 살 때 부족한 저희의 의지와 결심으로서가 아니라 하나님께서 주시는 은혜와 능력을 따라 하나님의 뜻을 이루어 나가며 죄와 싸워 승리하는 삶을 살게 하여 주시옵소서. 이 시간 애통한 마음으로 회개하며 회개하는 심령들을 어루만지시고 용서하시고, 말씀의 검으로 악한 자를 이기게 하여 주시옵소서. 우리 구주 예수 그리스도의 이름으로 기도드립니다. 아멘

07 14

사함의 확인	"악인은 그의 길을 불의한 자는 그의 생각을 버리고 여호와께로 돌아오라 그리하면 그가 긍휼히 여기시리라 우리 하나님께로 돌아오라 그가 너그럽게 용서하시리라"(사 55:7)
성시교독	17. 시편 29편
설교 전 찬 송	9장 (하늘에 가득 찬 영광의 하나님) 83장 (나의 맘에 근심 구름)
설교 후 찬 송	325장 (예수가 함께 계시니) 508장 (우리가 지금은 나그네 되어도)

금주의 성 가	주를 사랑합니다 – Robert J. Hughes 한마음으로 주 경배하세 – Jay Althouse 오 존귀하신 주님 – Pauline M. Mills
목 회 기 도	**죄**와 허물로 죽었던 저희를 살려 밤에 속하지 않고 낮에 속하여 살게 하시는 하나님 아버지! 그리스도의 지체로서 그리스도의 몸을 세우는 일에 동참하게 하심을 감사드립니다. 저희가 행하는 모든 것이 하나님 아버지의 일이며 하나님의 섭리 하심이라는 것을 알게 하여 주옵소서. 저희의 열정이 하나님의 일에 보탬이 되기를 원합니다. 하나님을 사랑하는 마음으로 이웃을 사랑하고 섬김을 실천하면서 하나님의 자녀인 것이 저희가 사는 주변에 소문나게 하옵소서. 목사는 목사대로, 장로는 장로대로, 권사는 권사대로, 집사는 집사대로, 성도는 성도대로 하나님의 말씀을 알고 순종하게 하옵소서. **이**지역에 복음의 역사를 일으키는 동역자로 우리를 불러 주신 하나님 아버지! 우리 교회에 새로운 영적 부흥을 일으켜 주시옵소서. 세상에서 능력을 발휘할 수 있는 교회가 되게 하여 주시고 진리를 바로 제시하는 교회가 되게 하여 주시옵소서. 성도들이 하나님의 말씀을 지키며 선한 일에 열심을 내어 세상을 깨끗하게 하며 선지자로서의 사명을 감당할 수 있게 하여 주시옵소서. 찬양으로 헌신하는 찬양 대원들의 수고가 하늘에 소문나고, 몸과 마음과 물질을 드리는 성도들의 헌신이 하나님을 기쁘시게 하는 사역이 되게 하옵소서. 예수님의 이름으로 기도드립니다. 아멘
헌금을 위 한 성 구	"한 사람이 두 주인을 섬기지 못할 것이니 혹 이를 미워하며 저를 사랑하거나 혹 이를 중히 여기며 저를 경히 여김이라 너희가 하나님과 재물을 겸하여 섬기지 못하느니라"(마 6:24)
헌 금 기 도	**구**원받을 자격 없는 죄인을 속량하시고 영생의 새 생명을 주신 하나님 아버지! 죄로 인하여 어두워진 눈을 열어 하나님을 발견하게 하시고 감사하여 하나님을 찬양하며 경배할 수 있게 하여 주심을 감사드립니다. 무더위가 기승을 부리는 여름철에도 건강을 주시고 예배를 통하여 영의 양식을 주시며 때를 따라 일용할 양식까지 공급하여 주시는 하나님의 은혜를 감사하여 예물을 드립니다. 넉넉지 않은 가운데서도 구별하여 드리는 사랑하는 성도들의 예물이 하나님께 기쁨과 감격이 되기를 원합니다. 물질의 궁핍으로 인하여 넉넉히 하나님께 드리지 못하는 성도들도 있습니다. 가련하고 빈핍한 자가 물을 구할 때, 간구하는 자의 기도를 응답해 주시옵소서. **물**질 때문에 가장 귀한 영혼의 생명이 상처가 나지 않게 보살펴주시는 하나님 아버지! 주신 은혜가 족한 줄로 알고 감사하는 저희가 되게 하여 주시고 받은 은혜로 하나님의 뜻을 위하여 정진하는 저희가 되게 하여 주시옵소서. 십일조를 드린 심령들이 있습니다. 하는 일마다 하나님의 도우심으로 잘 되어가는 역사가 있게 하옵소서. 감사의 예물, 주일 헌금과 성미를 드린 심령들이 있습니다. 선교예물과 건축헌금을 드린 손길들을 기억하시되 하나님의 나라와 구원의 확장을 위하여 드려진 종들에게 갑절의 복을 허락하여 주옵소서. 예수님의 이름으로 기도합니다. 아멘
위탁의 말 씀	"선한 이는 오직 한 분이시니라 네가 생명에 들어 가려면 계명들을 지키라" 예수님은 계명을 형식적으로 지키기보다, 더욱더 적극적이고 발전된 방법으로 지키라고 촉구하셨습니다. 한 주간 계명을 거스르는 일을 멀리하는 삶을 살아야 합니다.
축 도	지금은 말씀이 육신이 되어 우리 가운데 오신 우리 주 예수 그리스도의 은혜와 아들을 보내사 하나님의 자녀가 되는 권세를 주신 하나님 아버지의 사랑하심과 하나님의 백성으로 살게 하시고 친히 인도하여 주시는 성령님의 역사하심이 믿음대로 살겠다고 다짐하고 담대히 세상을 향해 나아가는 성도들 위에 이제로부터 영원토록 함께하시기를 간절히 축원하옵나이다. 아멘

오늘의 설교를 위한 복음적 조명 주제 : 순종의 믿음

제목 : 새로운 계명을 실천하는가? | 본문 : 마태복음 19:16-23

주제 : 예수님은 영생의 방법에 관해 질문을 받으셨다. 예수님은 계명의 실천을 알고 있는 사람에게 전통적인 관념으로 계명을 형식적으로 지키기보다 보다 더 적극적이고 발전된 방법으로 지키라고 촉구하셨다. 예수님의 가르침은 사람들에게 언제나 새롭고 파격적이었다.

논지 : 예수님은 전통적인 계명만 지키기보다 더 적극적인 계명의 실천을 요구하신다.
  1. 계명을 지키라고 말씀하신 예수님
  2. 조상들의 계명을 알고계신 예수님
  3. 사람의 부족함을 일러주신 예수님
  4. 부자의 천국행을 말씀하신 예수님

　사람은 욕구를 가진 존재이다. 생존의 욕구, 소유의 욕구, 명예의 욕구, 힘의 욕구, 자아실현의 욕구 등 사람의 욕구는 매우 많다. 매슬로우라는 심리학자가 욕구단계를 주장했다. 사람이라면 누구나 갖는 욕구가 있고, 그 욕구는 단계를 이룬다는 것이다. 하위단계의 욕구가 채워지면 상위단계의 욕구로 나아간다고 한다. 그 욕구는 생리적 욕구, 안전의 욕구, 사회적 애정의 욕구, 자기 존중의 욕구 그리고 자아실현의 욕구이다. 이 욕구들에서 하위 욕구는 무엇인가 부족해서 생기는 욕구이고, 상위 욕구는 더 성장하고 싶어서 생기는 욕구이다. 성경에 등장하는 인물들을 보면서 이런 욕구단계를 적용할 수 있는 사람이 더러 있다. 오늘 본문에 등장하는 어떤 사람이다. 복음서의 병행본문에는 율법교사(눅 10:25), 관리(눅 18:18)라고 표현한다. 누가복음에 동일한 질문을 하는 사건이 두 번 나오는 게 참 특이하다. 누가의 성격상 매우 세밀하고 꼼꼼하며 정확성을 기하다보니 비슷하지만 다른 사건을 두 번 기록한 듯하다. 오늘 본문에 나오는 어떤 사람은 아마도 자아실현의 욕구가 있는 것 같다. 예수님께 어떻게 하여야 영생을 얻을 수 있느냐고 질문하기 때문이다. 당시에 영생이라는 가치가 사람들에게 관심사항이었던 것 같다. 즉 당시 사회가 상당한 문화와 전통을 가졌음을 증명한다.

1. 계명을 지키라고 말씀하신 예수님

　사람들은 현실의 욕구도 있지만, 내세의 욕구도 있다. 현실에 불만족할수록 내세에서의 평안을 추구한다. 어떤 사람들은 내세에서의 영생불멸을 생각한다. 물론 우리 기독교인들도 내세에서의 영생불멸을 믿는다. 여기 예수님께 질문한 사람은 영생의 방법을 어떤 행위로 생각한다. 행위가 바르면 영생을 얻을 것이라는 전제를 갖고 질문한다. 게다가 예수님을 선한 선생님이라고 호칭한다. 선한 선생님이라면 충분히 대답할 수 있을 거라는 기대감을 표현한다. 예수님은 무엇이라고 대답하실까? 일단 선하다는 말에 대해 지적하신다. 오직 선한 분은 아버지 하나님뿐이시다. 예수님은 하나님의 아들로서 선한 분이 맞다. 그러나 예수님은 스스로에게 선함을 적용하지 않고 아버지 하나님만이 선하다고 하신다. 그렇다면 예수님께 질문한 사람에게 대답할 분도 오직 하나님이시다. 그런데 예수님이 대답하신다. 예수님도 선함을 확인시켜주지만, 오직 선한 분은 하나님밖에 없다고 말씀하신다. 스스로의 선함을 말하지 않고 대답으로 선함을 증명하신다. 그리고 예수님은 생명에 들어가려면 계명들을 지키라고 말씀하신다. 계명을 지키는 것은 사람의 할 일이다. 하지만 하나님이 계명을 주셨다. 그렇다면 영생에 들어가는 방법을 하나님이 제정하셨음을 깨닫게 된다. 하나님이 영생을 주신다.

2. 조상들의 계명을 알고계신 예수님

예수님께 질문한 사람은 이미 계명을 알고 있다. 조상들의 율법과 계명이 자기 민족의 정체성임도 알고 있다. 그런데 계명들이 하도 많아서 무엇을 지켜야 하는지 헷갈린다. 사람들은 무엇인가 할 일을 많이 만들어낸다. 의무를 많이 만들고 의무에 따른 상과 벌도 많이 만들어낸다. 사람 사는 세상에 복잡하고 상식을 파괴하는 경우도 많으니까 법률도 의무와 상벌을 강제하기도 한다. 질문한 사람은 어느 계명을 지켜야 하느냐고 예수님께 다시 묻는다. 예수님은 대표적으로 십계명을 제시하신다. 예수님은 십계명 중에서 10번째 것 '탐내지 말라'를 제외하고 대신에 레위기 19:18의 "네 이웃 사랑하기를 네 자신과 같이 사랑하라"는 말씀으로 대신하신다. 이 말씀은 예수님이 강조하신 계명 중에 둘째 계명으로서 온 율법과 선지자의 강령이라고 선포된 계명이다. 예수님은 하나님께서 유대인의 조상들에게 주신 계명을 이미 알고 계셨다. 그리고 계명의 본질, 계명의 핵심, 계명의 가치도 꿰뚫고 계셨다. 예수님은 당시 사람들이 알고 있던 계명을 새롭게 해석하셨다. 계명을 완전히 알고 통찰하는 분이기 때문에 가능한 일이다. 그래서 우리는 예수님께 배운다. 당시의 사람들 중에서 지식인도 예수님께 배우고 새로운 깨달음을 얻고 신앙의 성숙을 이루었듯이 우리도 예수님께 배운다.

3. 사람의 부족함을 일러주신 예수님

예수님이 제시하신 계명을 들은 사람이 예수님께 자기는 다 지켰다고 대답한다. 이 장면에서 본문은 어떤 사람을 청년이라고 다시 설명한다. 청년이므로 지적이고 영적 호기심이 가득하고, 살면서 무엇인가 잘 이뤄보겠다는 자아실현의 욕망도 있다. 그러다보니 조상들로부터 받은 율법과 계명을 나름대로 충실하게 지킨다. 예수님이 제시하신 계명도 충실하게 지켰다. 문제는 자기에게 영생의 확신이 없을 뿐이다. 그래서 예수님께 다시 묻는다. "이모든 것을 내가 지키었사온대 아직도 무엇이 부족하니이까"(20). 청년은 자기의 영적 상태를 예수님께 토로한다. 무엇인가 부족한 것이 있음을 분명하게 알기는 하는데, 무엇이 부족한 줄을 잘 알지 못한다. 이미 다 안다고 생각하는 사람이라면 예수님께 찾아와서 질문하지도 않았을 것이다. 부족하다는 생각 때문에 더 배워야 하고, 더 깨달아야 한다. 우리가 신앙생활을 오래하고, 성경을 공부하고 기도하며 은혜를 깊이 체험했지만, 그렇다고 우리가 완전한 사람이 된 것이 아니다. 아무리 알아도 여전히 부족할 뿐이고 예수님께 지속적으로 배워야 한다. 예수님이 대답하신다. "네가 온전하려면 네 소유를 팔아 가난한 사람들에게 모두 주어라. 하늘의 보화가 네게 있을 것이다. 그리고 나를 따르라" 예수님의 대답이 파격적이다.

4. 부자의 천국행을 말씀하신 예수님

예수님은 청년에게 재산을 팔아서 가난한 사람들에게 나눈다면 그것이야말로 이웃을 자신과 같이 사랑하는 표현임을 암시하셨다. 사랑한다고 말하는 것으로 끝나지 말고 사랑을 표현하는 행동이 있어야 한다. 예수님이 청년에서 실제적인 행동을 요구하셨다. 영생을 얻은 사람이라면 영생에 걸맞게 행동할 수 있다. 예수님의 대답을 들은 청년이 근심하고 예수님 곁을 떠났다. 본문은 청년의 근심 이유를 재물이 많았기 때문이라고 한다. 재물이 많으면 누구나 행복할 거 같다. 그런데 어떤 사람은 재물이 많기 때문에 근심한다. 재물을 유지하기 위해 근심하고, 누가 자기 재물을 뺏을까 봐 늘 불안해한다. 그러다가 주변 사람을 못 믿고, 주변 사람과의 관계가 나빠지며 심지어 가족과의 관계도 나빠진다. 재물이 사람보다 중요하고, 자기의 정신 건강보다 중요한 모양이 되었다. 청년은 재물을 나누자니 이후의 현실에 대한 불안감이 있을 것이고, 재물에 대한 집착이 강해서 근심할 수 있다. 영생을 얻고자 하지만 사실은 재물이 그에게 영생의 역할을 하고 있다. 예수님이 제자들에게 "부자는 천국에 들어가기 어렵다"고 하신다. 부자라고 천국에 못 가는 것은 아니다. 다만 재물을 하나님보다 더 사랑하는 부자라면 천국에 갈 수 없다는 뜻이다. 자본주의 사회에 경종을 울리는 말씀이다.

2024년 7월 21일, 오순절 후 9번째 주일

성 경	갈라디아서 3:8-14	예전색상	초록색

예 배 의 부 름	"우리로 하여금 빛 가운데서 성도의 기업의 부분을 얻기에 합당하게 하신 아버지께 감사하게 하시기를 원하노라 그가 우리를 흑암의 권세에서 건져내사 그의 사랑의 아들의 나라로 옮기셨으니 그 아들 안에서 우리가 속량 곧 죄 사함을 얻었도다"(골 1:12-14)
	사망의 골짜기에서 허둥대던 죄인을 의의 길로 인도해주시는 하나님 아버지! 지난 한 주간에도 진리의 길을 잃고 세상에서 방황하던 저희를 눈동자처럼 지키시고 보호해주셨음을 감사드립니다. 세상에서 한 주간을 살면서 영적인 기갈에 허덕이던 저희입니다. 오늘도 말씀으로 허물과 잘못을 벗게 하옵소서. 성도들이 가지고 나온 여러 가지 문제들이 해결되는 흡족한 은혜를 베풀어주옵소서. 예수님의 이름으로 기원하옵나이다. 아멘
회개를 위하여	지난 한 주간에도 혹시 세상에서 살면서 세상과 한패가 되어 쓸데없는 거짓말을 일삼고 지나친 탐욕을 부리고 무모한 자존심으로 교만하게 생활한 그가 나는 아닌지 성찰하고 명예와 권력과 돈을 소중하게 생각하느라 주님의 몸 된 교회를 사랑하지 않고, 세상을 더 좋아했던 잘못을 고백하고 회개하는 기도를 계속합니다.
고 백 의 기 도	죄악이 넘치는 세상에서 구원해 줄 독생자 예수를 만나게 하신 하나님 아버지! 예수님의 보혈로 죄 사함을 얻고 다시는 죄악의 길로 가지 않도록 성령으로 인도해주셨다가 교회에 나와 신령과 진정으로 예배하게 하심을 감사드립니다. 지난 한 주간의 저희 생활을 반성해 볼 때 너무나 부끄럽고 창피하여 얼굴을 들 수 없나이다. 세상의 어두운 데서 온갖 거짓말과 옳은 것을 옳다고 말하지 않은 우리의 허물을 용서하여 주옵소서.
	죄와 탐욕의 세상에서 비틀거리는 저희를 일으켜 세워 주신 하나님 아버지! 하나님을 위한다고 하면서 자신의 욕심이 너무 과해서 하나님의 영광을 가로챈 저희입니다. 교회에서 예배를 드릴 때는 거룩한 척하며 예수님을 닮은 삶을 살겠다고 다짐하였지만, 다른 사람들에게 사랑과 자비를 베풀지 못한 저희입니다. 스스로 높아지기 위하여 다른 사람을 헐뜯고 끌어내리기까지 했습니다. 가난한 이웃과 외로운 독거노인의 고통을 외면하고 자신의 안일만 추구한 잘못을 고백하오니 용서해 주옵소서. 예수님의 이름으로 기도합니다. 아멘
사함의 확 인	"그들이 듣고 혹시 각각 그 악한 길에서 돌아오리라 그리하면 내가 그들의 악행으로 말미암아 그들에게 재앙을 내리려 하던 뜻을 돌이키리라"(렘 26:3)
성시교독	19. 시편 32편
설교 전 찬 송	20장 (큰 영광 중에 계신 주) 408장 (나 어느 곳에 있든지)
설교 후 찬 송	277장 (양떼를 떠나서) 623장 (주님의 시간에)

07
21

181

금주의 성 가	예수 내 구주 하나님 아들 – Anton Bruckner 약속의 땅에 가리라 – Mark Patterson 주의 음성을 내가 들으니 – Roy E. Nolte
목 회 기 도	**약**할 때 강한 힘 주시어서 굳건한 신앙의 보루를 만들어 가게 하시는 하나님 아버지! 하늘 능력과 권세를 마음껏 사용할 수 있는 은혜로 한 주간 세상에서 승리하게 하심을 감사드립니다. 세상에서 피곤한 성도들이 안식을 얻게 하시고, 오늘 하나님께서 주시는 말씀으로 위로받게 하시옵소서. 성도들이 품고 살아가는 여러 가지 문제들이 오늘 말씀 들을 때 응답하게 하옵소서. 영생의 양식을 다른 이웃에게도 나누어 줄 수 있는 넉넉한 성도가 되게 하옵소서. 부지런한 농부가 많은 소득을 얻는 것처럼 교회에 열심히 헌신하는 자녀들이 사회에서도 인정받게 하옵소서. **생**명을 구하는 교회가 되기를 원하시는 하나님 아버지! 우리 교회가 생명이신 예수님의 뜻을 이어가기를 소망합니다. 영원히 지옥에 가서 멸망을 살아야 하는 불쌍한 영혼들에게 예수 그리스도를 전함으로 생명에 동참케 하는 우리 교회가 되게 하옵소서. 교회를 위해서 수고하는 많은 헌신자를 위해서 기도하게 하옵소서. 주님을 영접하여 옛것은 지나고 새사람이 되어가는 진보가 나타나는 우리 교회 성도들이 되게 하옵소서. 옛 습관이 다시는 지배하지 못하게 하옵시고 어둠의 세력들의 끈질긴 위협에서도 굳게 믿음의 보루를 지켜가는 아름다운 영혼들이 모인 교회로 소문나게 하옵소서. 예수님의 이름으로 기도하옵나이다. 아멘
헌금을 위 한 성 구	"적게 심는 자는 적게 거두고 많이 심는 자는 많이 거둔다 하는 말이로다 각각 그 마음에 정한 대로 할 것이요 인색함으로나 억지로 하지 말지니 하나님은 즐겨 내는 자를 사랑하시느니라"(고후 9:6-7)
헌 금 기 도	**날**마다 건강 주시고 지혜 주시며 사랑으로 돌봐 주시는 하나님 아버지! 오늘도 받은 그 사랑을 기억하여 저희가 얻은 소득의 일부를 하나님께 드리는 예물로 준비할 믿음 주심을 감사드립니다. 하나님의 약속을 생각하여 십일조를 드립니다. 감사할 일이 너무 많아 눈물로 드린 감사 예물이 있습니다. 몸과 마음 다하여 헌신하는 사랑의 헌신 예물이 있습니다. 갈 수 없는 마음 안고 선교지에서 수고하는 분들을 위해 보내는 선교헌금이 있습니다. 저희가 드린 예물이 객과 고아와 과부를 위하여 쓰이게 하시고 하나님을 높이며 하나님의 나라가 확장되는 일에 골고루 사용되게 하옵소서. **교**회에 이름 없이 빛도 없이 수고하고 충성하는 심령들을 주신 하나님 아버지! 꽃꽂이로 성전을 장식하는 자녀들이 있습니다. 성가대로 예배를 향기롭게 하는 자녀들도 있나이다. 주방과 차량 봉사로 여러 가지 모양으로 충성하는 자녀들을 축복하여 주시옵소서. 드리고 싶은 마음 간절하오나 가진 것 적은 안타까운 마음과 드린 손길들 모두 기억하여 주옵소서. 구역헌금, 성미를 드립니다. 실패의 늪에서 허우적거리는 사람들에게 재기할 수 있는 용기를 주옵소서 주님께 부르짖을 때마다 응답받는 감격으로 채워주옵소서. 예수님 이름으로 기도하옵나이다. 아멘
위탁의 말 씀	"하나님 앞에서 아무도 율법으로 말미암아 의롭게 되지 못할 것이 분명하니 이는 의인은 믿음으로 살리라 하였음이라" 하나님은 믿음을 선물로 주시고 믿음의 생활을 하는 사람들에게 믿음의 조상 아브라함이 받았던 복을 약속하였습니다. 이 약속을 믿고 믿음을 키우는 한 주간을 살도록 합시다.
축 도	지금은 일생을 순종으로 살아가신 예수 그리스도의 은혜와 순종하는 자녀에게 축복을 예비하시는 하나님 아버지의 사랑과 순종의 기쁨을 누리게 하시는 성령님의 교통 인도하심이 어제나 오늘이나 영원토록 같으신 주님께 순종의 열매로 보답하드리고자 결단하며 출발하는 주의 백성들 머리 위에 지금부터 영원까지 함께하시기를 간절히 축원하옵나이다. 아멘

오늘의 설교를 위한 복음적 조명 주제 : 믿음의 결과

제목 : 믿음으로 받는 복 | 본문 : 갈라디아서 3:8-14

주제 : 하나님은 믿음의 사람을 부르신다. 믿음을 선물로 주시고 믿음의 생활을 하는 사람들에게 각종 복을 주신다. 믿음의 조상 아브라함이 받았던 복을 우리에게 다시 주신다. 믿음으로 의롭게 하시며 성령의 약속을 허락하신다. 믿음은 하나님의 복을 받는 최상의 수단이다.

논지 : 하나님은 믿음으로 받은 은혜와 복을 우리에게 허락하신다.
  1. 믿음의 사람에게 복을 주시는 하나님
  2. 율법 아래 저주를 말씀하시는 하나님
  3. 믿음으로 의의 삶을 인도하신 하나님
  4. 예수 안에서 성령을 약속하신 하나님

　세상 사람들 모두 복을 받기 원한다. 건강의 복, 똑똑함의 복, 재물의 복, 가정의 복, 형통의 복 등 받고 싶은 복, 누리고 싶은 복이 많다. 세상에 살면서 위의 복들 중 하나만 부족해도 사는 게 힘들어진다. 그런데 사람들은 눈에 보이는 복을 좋아하고 추구하지만 눈에 안 보이는 복을 깊이 생각하지 못하는 경향도 있다. 눈에 보이는 복만 받으면 세상을 다 가진 것 같으나, 눈에 안 보이는 복도 필요하다. 사람은 눈에 보이는 것만 갖고 살지 않기 때문이다. 우리 눈에 보이는 것은 어찌 보면 빙산의 일각이다. 빙산은 수면 아래 엄청난 크기가 있고, 수면 위로는 조금만 나타난다. 배가 수면 위에 있는 빙산만 보고 피해려고 하다가는 수면 아래 빙산에 부딪히고 만다. 사람이 받는 복 중에 눈에 보이는 것이 모두는 아니다. 눈에 보이지 않는 복이 훨씬 더 많다. 눈이 보이지 않는 복이 무엇인가? 사람의 지혜, 겸손함, 좋은 사람을 두루두루 아는 것, 사람들 사이에 정의와 평화를 이뤄내는 역량 등이 모두 복이다. 다만 이런 복을 얻기까지 상당한 노력과 시간이 요구된다. 이보다 더 높고 위대한 복이 있다. 그것은 하나님으로부터 받는 복이다. 이 세상 모든 복을 받는다 할지라도 하나님으로부터 오는 복을 받지 못한다면 아무것도 아니다. 하나님이 주시는 복이 우선이고 중요하다.

1. 믿음의 사람에게 복을 주시는 하나님

　하나님은 어떤 사람에게 복을 주시는가? 하나님은 모든 인류에게 복을 주기 원하신다. 그렇지만 누구나에게, 아무나에게, 어떤 사람이든 막론하고 다 복을 주시지는 않는다. 공기는 모든 사람에게 다 주어지는 복이다. 공기는 하나님이 주시는 일반은총이다. 그러나 하나님이 주시는 복, 하나님과의 관계가 형성되는 복, 하나님의 백성이 되는 복은 하나님의 특별한 은총이다. 하나님은 인류에게 이 복을 주기 원하시지만, 그렇다고 해서 인류 전체에게 어떤 조건이 없이 다 주시지는 않는다. 하나님은 인류에게 주려는 복을 계획하시고 단계를 만드셨다. 하나님은 먼저 믿음의 사람에게 복을 주신다. 그리고 믿음의 사람을 통해 다른 사람에게 복을 주신다. 하나님은 먼저 아브라함에게 믿음의 복을 주셨다. 그리고 아브라함을 통해 이방인들에게 복을 주셨다. 이방인이라도 믿음을 가진 사람은 아브라함과 함께 복을 받는다. 하나님이 아브라함에게 주신 복을 오늘날 우리들에게도 주셨다. 아브라함이 가졌던 믿음을 우리도 가졌다. 하나님은 우리를 통해서 이웃과 다른 사람들에게도 믿음의 복이 전달되기를 원하신다. 하나님은 믿음의 복을 단계적으로 확장해가시고, 믿음의 복을 받은 사람을 활용하신다. 믿음의 복을 받은 사람은 믿음의 복을 나누는 역할을 하고, 복의 통로 역할을 한다.

2. 율법 아래 저주를 말씀하시는 하나님

하나님은 우리에게 믿음을 선물로 주시고, 믿음으로 행하기를 원하신다. 하나님이 아브라함에게 믿음을 먼저 주셨지만, 이후에 아브라함의 자손들에게 율법을 주신 적이 있었다. 애굽에서 종살이하던 사람들이 애굽에서 나와 가나안에 들어가기 전에 광야를 지날 때, 하나님이 모세를 통해 백성들에게 율법을 주셨다. 율법을 주신 이유는 믿음을 알아가고 행하기 위함이었다. 율법 자체도 백성들에게는 은혜였다. 율법을 지킴으로 믿음으로 나아가게 함이었다. 그러나 사람들이 율법을 지키지 못했다. 하나님은 율법을 주실 때, 율법을 지키는 사람에게는 복을 주시고, 율법을 지키지 않는 사람에게는 저주를 내리겠다고 하셨다. 율법은 죄를 깨닫게 하는 도구가 되었다. 율법을 지키면 복을 받는다고 하지만, 율법 자체가 구원의 도구가 될 수는 없다. 하나님이 믿음으로 얻는 구원을 은혜의 선물로 주시는데, 율법은 은혜이기는 해도 믿음만큼의 은혜는 아니었다. 율법으로는 구원을 얻을 수 없는데, 사람들은 율법의 저주에서 헤어 나오는 일이 쉽지 않다. 율법 자체가 사람의 행위와 노력이 들어가기 때문이다. 사실 사람의 행위로 하나님 앞에 의로워질 수 없다. 사람은 하나님이 주시는 은혜로만 의로워진다. 하나님은 율법의 저주에서 빠져나올 수 없는 사람을 믿음으로 구원하신다.

3. 믿음으로 의의 삶을 인도하신 하나님

사도 바울은 하나님 앞에서 율법으로는 의롭게 되지 못함을 분명하게 선언한다. 바울은 율법으로는 가말리엘 문하에서 공부한 사람이었다. 바울이 예수님을 만나고, 은혜를 경험하고 보니 과거에 열정을 가졌던 율법이 의로움의 방법이 되지 못함을 철저하게 깨달았다. 하나님은 율법이 있던 시대에도 의인은 믿음으로 말미암아 살 것이라고 선언하셨다. 의로운 사람은 믿음을 가진 사람이며, 믿음으로 행하는 사람이다. 세상에 의로움이 없다 할지라도 한탄하거나 원망하지 않고 본인만이라도 믿음으로 살아야 한다. 하나님이 세상을 원망하는 하박국 선지자를 향해 의인은 믿음으로 말미암아 살 것이라고 강조하셨다. 세상 사람들이 어떻게 하든 일단 본인이 먼저 믿음을 지켜야 한다. 본인이 믿음을 지키지 못하면서 남의 탓을 하는 것은 옳지 않다. 자기 책임을 회피하는 일이기 때문이다. 율법과 믿음의 관계는 어떠한가? 율법은 믿음에서 나지 않는다. 율법을 행하는 사람은 율법 가운데서 산다. 율법은 죄를 깨닫게 하고 믿음으로 가기 위한 수단이고 과정이다. 하나님은 율법으로는 도저히 의로워질 수 없는 사람들에게 믿음을 주셔서 은혜의 길을 제시하셨다. 그리고 믿음으로 사는 삶, 의로움을 증명하는 믿음의 삶을 인도하신다. 하나님은 우리를 믿음으로 인도하신다.

4. 예수 안에서 성령을 약속하신 하나님

비록 율법이 주어졌지만, 율법은 저주 아래 있게 하는 기능도 가졌다. 사람은 율법을 지키려고 노력하지만 결국 자신이 율법의 저주 아래에 놓여 있다는 것을 깨달을 뿐이었다. 사람은 스스로 율법의 저주 아래에서 속량을 받을 수 없다. 하나님이 개입하셔야 하고, 은혜를 주셔야 한다. 율법의 저주는 죄를 알게 할 뿐이고, 율법을 어긴 죄를 지으면 벌을 받을 뿐이었다. 그 벌 중에 가장 심각한 벌이 사형이다. 예수님 당시에 사형 제도는 십자가였다. 당시 십자가는 저주의 상징이었다. 13절에 기록된 바, 나무에 달린 자마다 저주 아래에 있는 자라고 하는데, 이는 신명기 21장 23절의 말씀이다. "나무에 달린 자는 하나님께 저주를 받았음이니라" 예수님을 보여주고 있다. 예수님은 우리가 받을 저주를 당신이 대신 짊어지시고 십자가에 달리셨다. 그 이유가 무엇인가? 하나님이 우리를 향한 구원 계획을 예수님을 통해 이루셨기 때문이다. 그리스도 예수 안에서 아브라함의 복이 이방인을 향하고, 이방인에게 복이 확장되었다. 그리고 또 우리에게도 믿음으로 성령의 약속을 받게 하는 목적이었다. 십자가에 달리신 예수님 덕에 우리가 믿음을 갖게 되었고, 성령의 약속을 받았다. 하나님이 만세 전부터 계획하신 구원 계획 때문에 아브라함에게 믿음을 주시며 또 우리에게도 적용되었다.

성 경	요한복음 5:30–39	예전색상	초록색

예배의부름	"또 미리 정하신 그들을 또한 부르시고 부르신 그들을 또한 의롭다 하시고 의롭다 하신 그들을 또한 영화롭게 하셨느니라"(롬 8:30)
	목마른 저희 심령에 영생토록 구원의 생수가 넘치게 하시는 하나님 아버지! 거룩한 주님의 날 주님 앞에 나와 드리는 예배가 신령과 진정으로 드려지게 하실 줄 믿고 감사드립니다. 모든 성도가 한마음으로 예배드릴 때 기쁨이 충만한 시간이 되게 하옵시고, 주님 구원의 사랑을 더욱더 체험하는 시간이 되게 하여 주옵소서. 온누리에 믿음과 성령 충만함과 사명을 감당할 힘이 우리에게 넘치게 하옵소서. 예수 그리스도 이름으로 기원하옵나이다. 아멘

회개를 위하여	믿음은 들음에서 얻어진다는 것을 알면서도 세상의 것에는 시간 가는 줄도 모르게 오랫동안 귀를 귀울이면서도 하나님의 음성을 듣고 입으로 시인하지 않았으면서도 자신의 믿음 없음을 인정하지 않고 하나님을 원망하는 어리석은 그가 나는 아닌지 성찰하고 회개하는 기도를 계속합니다.

고백의기도	죄악의 소굴에서 죄를 밥 먹듯 하는 어리석은 죄인에게 구원의 감격을 주신 하나님 아버지! 이 시간 저희의 심령을 변화시켜 주신 주님 앞에 온전한 예배를 드리는 주의 백성이 되고자 주님 제단으로 나오게 하심을 감사드립니다. 기적이 있게 하고, 바라는 것을 보게 하는 믿음이 자라게 하려고 하나님의 말씀을 듣는 일에 소홀했던 잘못을 용서하여 주옵소서. 지난 일주일을 살면서 우리의 성품이 세파에 시달려 신앙 감각은 무디어져 큰 자극에도 이성의 판단이 흔들리는 생활을 보낸 저희입니다. 이 시간 이 모든 잘못을 회개하오니 받아 주옵소서.
	회개하는 심령을 용서하시며 회복된 영혼을 사랑하시는 하나님 아버지! 날마다 저희를 기다리시는 주님 앞으로 가서 같이 걷고, 같이 선택하고, 같이 일하는 저희가 되게 하여 주옵소서. 진실을 생각하면서도 거짓되고, 의를 생각하면서도 죄악에 살아가며, 빛을 좋아하면서도 오히려 어두움에 머물러 있는 저희를 불쌍히 여겨 주시옵소서. 이제부터라도 하나님 눈에 드는 사람이 되기 위하여 애쓰는 사람이 되게 하시고, 하나님에게서 그 무엇을 바라기 전에 하나님을 기쁘시게 하고 남에게서 무엇을 바라기 전에 베푸는 사람이 되게 하옵소서. 예수님의 이름으로 기도합니다. 아멘

사함의 확인	"하나님께로부터 난 자는 다 범죄하지 아니하는 줄을 우리가 아노라 하나님께로부터 나신 자가 그를 지키시매 악한 자가 그를 만지지도 못하느니라" (요일 5:18)
성시교독	21. 시편 34편
설교 전 찬 송	41장 (내 영혼아 주 찬양하여라) 289장 (주 예수 내 맘에 들어와)
설교 후 찬 송	405장 (주의 친절한 팔에 안기세) 471장 (주여 나의 병든 몸을)

07 28

금주의 성가	나 구원 받았네 – James MaGranahan 여호와 내 구원의 하나님이여 – Franz Schubert 주 너를 지키시고 복 주시리니 – John Rutte
목회기도	**죄**악 가운데 살아가는 영혼에 주님의 의를 깨닫게 하신 하나님 아버지! 우리 입술의 찬양이 참 기쁨이 되게 하옵시고, 우리 마음의 기도가 진실이 되게 하옵시며, 우리 손의 봉헌이 지극한 정성이 되게 하심을 감사드립니다. 우리의 삶 자체가 곧 하나님의 뜻을 이루어 가는 과정임을 인식하며 살게 하여 주옵소서. 지난 한 주간도 주님께서는 저희 가정을 지켜주셨습니다. 저희 자녀를 바른 길로 인도해주셨습니다. 저희 사업에 풍성한 결실을 주셨습니다. 그 은혜의 생수를 주위 사람들에게 공급하는 통로와 같은 전도자가 되게 하여 주옵소서. **모**든 사람의 생사 화복을 주관하시는 하나님 아버지! 질병 고통과 실패와 좌절의 올무가 주의 백성 된 저희를 휘감고 있습니다. 그 사슬에서 해방되게 하옵소서. 세상의 죄에 의해 오염되고 보기 흉한 죄인의 모습으로 각인되지 않게 도와주옵소서. 우리 교회 공동체에는 많은 기관이 있습니다. 서로 유기적인 관계 속에서 발전 지향적인 일들을 기획하고 일할 수 있는 은혜를 더하여 주시옵소서. 모든 성도가 주님 안에서, 주님과 함께, 주님을 위해서 온전히 하루를 구별하여 드리기로 작정한 무리 위에 한없는 하늘 은혜가 넘치게 하옵소서. 예수님의 이름으로 기도합니다. 아멘
헌금을 위한 성구	"우리 주 예수 그리스도로 말미암아 우리에게 승리를 주시는 하나님께 감사하노니 그러므로 내 사랑하는 형제들아 견실하며 흔들리지 말고 항상 주의 일에 더욱 힘쓰는 자들이 되라 이는 너희 수고가 주 안에서 헛되지 않은 줄 앎이라"(고전 15:57-58)
헌금기도	**측**량할 수 없는 사랑으로 필요한 것을 풍성하게 공급해 주시는 하나님 아버지! 보잘것없는 우리에게 감사할 수 있는 조건들을 허락하시고 받은 은혜와 돌보심에 대한 감사를 담아 예물을 드립니다. 오늘 드리는 예물이 주님 보시기에는 참으로 부족한 것임을 고백합니다. 비록 작고 보잘것없는 것이지만 천국 창고에 쌓일 때, 하나님의 이름으로 쓰일 때 상상할 수 없는 기적의 도화선이 될 줄 믿고 드리는 예물이 되게 하옵소서. 기쁨의 눈물로 이 예물을 봉헌하오니 하나님 나라 확장 사업에 쓰일 때 하나님의 영광이 나타나게 하옵소서. **죄**와 허물로 죽었던 저희를 다시 살리신 하나님 아버지! 다시 한 주간을 살아가는 동안 주님의 사역을 위해 기쁨으로 봉사하며 이웃과 나누는 삶을 살기로 다짐합니다. 물질이 하나님께 드리는 거룩한 예물이 되게 하시고 저희의 삶을 축복하시어 풍성한 물질로 하나님께 영광을 돌리게 하옵소서. 오늘 주님께 이 예물을 드리는 손으로 저희 곁에 있는 불쌍한 사람을 향해 그리스도의 사랑을 전하는 손이 되게 하옵소서. 드리지 못하는 심령의 안타까운 마음까지도 주님께는 예물이 될 줄 믿습니다. 언제나 좋은 것으로 주시기를 기뻐하시는 예수 그리스도의 이름으로 기도하옵나이다. 아멘
위탁의 말씀	"너희가 성경에서 영생을 얻는 줄 생각하고 성경을 연구하거니와 이 성경이 곧 내게 대하여 증언하는 것이니라" 예수님께서는 이 세상에 사시는 동안 철저하게 아버지 하나님의 뜻을 따라 영생의 증언, 성경의 핵심이심을 증거가 되신 것처럼 우리도 예수를 증거하며 사는 한 주간이 되어야 합니다.
축도	영원한 생명으로 인도하시는 구주 예수 그리스도의 은혜와 흐르는 눈물을 닦아주시는 하나님 아버지의 그 크신 사랑이 기억나게 하시고 가르치게 하시는 성령님의 위로하심이 예배의 산 제물이 되어 막힘없는 승리를 확신하고 열심히 선을 행하러 나가는 성도들 위에 이제로부터 영원히 함께 계시기를 간절히 축원하옵나이다. 아멘

오늘의 설교를 위한 복음적 조명 주제 : 위대한 증거

제목 : 예수님을 향한 증언 ┃ 본문 : 요한복음 5:30-39

주제 : 예수님은 하나님의 아들이시다. 예수님은 무엇이든지 하실 수 있으시다. 그러나 예수님은 당신 마음대로 하지 않고, 철저하게 아버지의 뜻을 따랐다. 아버지는 아들 예수님을 참되게 증언하셨다. 이는 요한의 증거보다 더 크다. 예수님은 영생의 증언, 성경의 핵심이시다.

논지 : 예수님은 아버지와 성경이 말하는 증언의 핵심이며 대상이시다.
    1. 아버지의 증언을 받으시는 예수님
    2. 요한의 증언을 살펴보시는 예수님
    3. 아버지의 보내심을 받으신 예수님
    4. 성경이 증언하는 대상이신 예수님

　시대마다 젊은이들에 대한 걱정의 소리들이 있다. 어른들이 보기에 젊은이들의 일탈이 마뜩잖아 보이기 때문이다. 아주 오래 전에도 당시 어른들이 젊은이들을 향하여 버릇이 없다고 걱정했다고 한다. 아마 그 당시 젊은이들이 어른들을 향하여 낡은 생각을 가졌다고 반항했을지 모른다. 어른 세대와 젊은이 세대 간의 생각이 다르고 갈등이 생긴다. 이런 갈등은 아버지와 아들 사이에도 존재한다. 아버지는 아들을 못 믿으며 작은 실수를 보아도 꾸짖는다. 젊은이들은 어른들의 말과 행동에서 모순점을 찾기라도 하면 역시 어른 세대를 불신한다. 가정에서 세대 간의 갈등이 심하면 가정이 화목할 리 없다. 어른은 젊은이를 감싸고 포용해야 하며, 젊은이들은 어른들을 존중하고 이해해야 한다. 어른들은 과거에 젊은이였었고, 젊은이도 세월이 지나면 어른이 되기 때문이다. 어느 세대든지 지금 자기들 입장만 생각하면 대화가 안 되고, 다른 세대와의 단절이 일어난다. 결국 사회에 존재하는 아름다운 전통이 계승될 리 없다. 우리 예수님은 어떠하셨을까? 사람들에게서 보는 부자간의 갈등은 존재할 수 없는 단어이다. 아버지와 아들은 뜻과 목적에서 일치하였다. 아버지는 아들을 사랑하고, 아들은 아버지의 뜻대로 일한다. 아버지는 아들을 증언하고, 아들은 아버지의 참된 증언을 알았다.

1. 아버지의 증언을 받으시는 예수님

　예수님은 하나님의 아들이시다. 그러므로 예수님은 하나님의 권위를 받으셨고, 하나님의 능력을 행하실 수 있다. 예수님은 스스로 아버지와 하나이심도 알았다(요 10:30). 그런데 아들이신 예수님은 이 땅에서 스스로의 뜻대로는 어떤 일도 하지 않았다. 스스로 생각할 수 있고, 결정할 수 있었다. 그러나 예수님은 아무것도 스스로 할 수 없다고 말씀하셨다. 예수님은 본인의 뜻대로 하지 않고, 보내신 이 즉 아버지의 뜻대로 행하셨다. 예수님이 제자를 가르치신 것, 성전을 청결하신 것, 심판을 선언하시고 행사하는 것 모두 아버지의 뜻을 따른다. 그러므로 예수님의 행하심은 언제나 의롭다. 사람의 평가에 의한 의로움이 아니라, 아버지의 뜻을 따르고 순종하는 의로움이다. 예수님은 스스로를 위하여 증언하지 않으셨다. 만약 스스로를 위하여 증언하면 그 증언을 참이라 할 수 없다. 자신을 위한 증언이 신뢰받을 리 없기 때문이다. 예수님은 당신을 위하여 증언하시는 분이 따로 있음을 알고 계셨다. 그리고 예수님을 위한 증언이 참됨을 아셨다. 예수님은 아버지의 증언을 받으셨다. 아버지가 아들을 보내셨고, 아들에게 아버지의 사역을 위임하셨기 때문이다. 아버지가 아들을 알고 계시고, 아들의 사역을 책임지신다. 아버지는 아들의 존재를 완전히 인정하시고, 사람에게 알리신다.

2. 요한의 증언을 살펴보시는 예수님

예수님이 왜 아버지의 증언을 말씀하셨을까? 당시 사람들이 하나님을 경외하고, 순종한다고 생각했다. 그러나 하나님의 뜻을 제대로 알지 못하고, 불순종하는 경향이 있었다. 하나님의 뜻을 추구하고 따른다고 하지만 사실은 자기들 욕망에 따라 자기들의 뜻을 이루려는 이기적 경향을 지녔다. 그러면서도 아버지의 뜻에 완전히 순종하는 예수님을 향해 신성모독이라고 비난하고 공격한다. 예수님은 아버지의 증언을 말씀하시면서 요한의 증언에 대해서 사람들에게 질문한다. 사람들이 요한의 증거를 듣고 두려워하는 마음을 가졌기 때문이다. 사람들이 사자후를 토하는 요한의 외침을 두려워한다면, 요한이 증언하는 예수님의 외침을 듣고 두려워해야 한다. 그런데 예수님을 두려워하지 않는다. 요한은 진리에 대하여 증언하였다. 그러나 예수님은 사람으로부터 증언을 취하지 않는다. 비록 요한이 예수님을 증언하였지만 예수님은 그에 대해 고무되지 않는다. 예수님은 오직 아버지의 증언을 신뢰하기 때문이다. 그럼에도 요한의 증거를 말하는 이유는 사람들에게 구원이 필요함을 알기 때문이다. 그렇다고 예수님의 요한의 증언을 무시하지는 않는다. 요한은 요한 나름대로 귀한 일을 한다. 요한은 비추는 등불이다. 사람들은 요한이 비추는 빛을 좋아했고, 그 빛의 혜택을 받기 원했다.

3. 아버지의 보내심을 받으신 예수님

요한의 증언은 사람들이 좋아하는 증언이고 예수님도 인정하는 증언이다. 그러나 예수님은 사람의 증언을 취하지 않으므로 요한의 증언이라도 예수님을 완전히 증언할 수 없다. 예수님은 요한의 증거보다 더 큰 증거를 갖고 계신다. 예수님은 사람의 증거가 아닌 하나님 아버지의 증거를 갖고 계신다. 요한은 예수님의 길을 준비하는 역할을 했다. 반면에 아버지는 예수님을 이 땅에 보내셨다. 하나님 아버지가 계획하신 일을 아들이신 예수님에게 위임하셨다. 아버지가 아들을 보내셨는데, 아들 혼자만 내버려두지 않으셨다. 아버지는 아들과 함께 하신다. 아들은 아버지의 보내심과 사역의 위임을 알고 계신다. 보내심과 사역의 위임이 곧 아들을 증언하는 것이다. 예수님을 보내신 아버지께서 친히 아들이신 예수님을 증언한다. 아버지는 아들을 보내시고 위임하셨으므로 당연하게 아들을 책임지셔야 한다. 아들에게 위임하셨다고 해서 방관하시지 않는다. 아들을 지켜보시고 살펴보시는 아버지가 아들을 인정하시며 증언하신다. 사람들은 아버지의 음성을 듣지 못한다. 사람들은 아버지의 뜻을 알지 못한다. 다만 아버지 하나님을 알고 있다고 착각할 뿐이다. 사람들은 하나님을 본 적이 없다. 그러나 아들은 아버지와 함께 계셨으므로 아버지를 보았다. 아들은 아버지를 안다.

4. 성경이 증언하는 대상이신 예수님

우리가 하나님을 알고 있다고 생각하는가? 혹시 우리가 경험한 대로만 하나님을 알고 있지는 않는가? 혹시 우리가 생각하는 범위 안에서만 하나님을 알고 있지는 않는가? 우리의 경험과 생각을 초월한 하나님을 생각해본 적은 없는가? 사람의 어리석음으로 하나님을 알아야 대체 얼마나 알겠는가? 우리가 하나님을 안다고 해봐야 하나님이 우리에게 가르쳐주신 것만 알 따름이다. 그러나 예수님은 하나님의 아들이시다. 하나님으로부터 보냄을 받은 아들이시므로 아들은 하나님을 안다. 아들은 하나님의 뜻을 완전히 알고, 이 땅에서 하나님의 뜻을 수행한다. 사람들은 자기 경험과 생각으로만 하나님을 알기 때문에 하나님의 말씀을 마음 속에 담아두지 못할 때가 많다. 그러다보니 하나님의 뜻을 모르고, 하나님의 보내신 자 아들도 잘 모른다. 자기가 모르면서 모르는 것을 인정하기 싫으니까 아들을 거부한다. 거부하는 것은 믿지 않는 행위이다. 사람들이 자기 생각을 고집하면서 아들이신 예수님을 믿지 않는다. 그러면서도 자기를 객관적으로 살피지 않는다. 사람들은 무지하면서 고집을 피우고 게다가 교만하기까지 한다. 예수님이 영생과 성경의 증언을 말씀하신다. 사람들이 영생을 얻으려고 성경을 연구하지만 성경은 바로 예수님을 증언한다. 예수님은 성경 증언의 대상이다.

8월의 예배와 설교를 위하여

일	요일		본문	설교제목	기타 (예화, 참고자료)
4	주일	낮			
		밤			
7	수				
11	주일	낮			
		밤			
14	수				
18	주일	낮			
		밤			
21	수				
25	주일	낮			
		밤			
28	수				

성 경	사도행전 20:7-16	예전색상	초록색

예배의 부름	"그리스도의 말씀이 너희 속에 풍성히 거하여 모든 지혜로 피차 가르치며 권면하고 시와 찬송과 신령한 노래를 부르며 감사하는 마음으로 하나님을 찬양하고" (골 3:16)
	지혜의 말씀으로 하나님의 뜻을 알게 하시고 순종하게 하시는 하나님 아버지! 거룩한 날 주님의 날 세상만사 모든 잡념을 뒤로하고 경건한 마음과 영과 진리로 예배하게 하심을 감사드립니다. 한 주간 살아갈 때 오직 주님만을 위하여 기도하며 살게 하옵소서. 구원의 기쁜 소식을 기다리는 영혼에게 잠시라도 전도자의 모습을 보여주는 삶을 살게 하시고 가지고 나온 기도 제목들이 응답하는 감격이 있게 하옵소서. 예수님의 이름으로 기원하옵나이다. 아멘

회개를 위하여	전도는 구원의 기쁜 소식을 전하는 것입니다. 전하기 위해서는 내가 예수 믿고 생각이 변하고 말이 변하고 행동이 먼저 변해야 합니다. 가정과 우리가 살아가는 현장에서 다른 사람들이 나의 변한 모습을 보고 감동하게 하는 삶을 살지 못하는 원인을 성찰하고 회개하는 기도를 계속합니다.

고백의 기도	상상할 수 없는 엄청난 일을 하늘 권능으로 행하시는 하나님 아버지! 독생자 예수 그리스도를 영접한 감동을 안고 지난 한 주간 힘을 다하고 목숨을 다하고 뜻을 다하여 하나님을 사랑하게 하심을 감사드립니다. 그러나 저희는 믿는다는 이름은 가졌지만, 실상은 죽은 믿음의 소유자가 되어 내 안에 있는 구원의 감격을 나누기는커녕 형제와 이웃을 사랑하지 않고 오히려 더 미워하고 상처를 주었음을 불쌍히 여겨 주시옵소서. 하나님의 영광은 뒷전이었고 저희 자신의 안일과 부귀만을 앞세웠습니다. 자신의 잘못임을 망각한 채 하나님을 원망하고 세상에 탓을 돌렸던 죄악을 용서하여 주옵소서.
	언제 어디서나 세상에 존재하는 모든 것을 통해서 영광을 받으시기에 합당하신 하나님 아버지! 이 시간 마음으로 지은 죄, 말로 지은 죄, 행동으로 지은 죄가 너무 많이 있어 머리를 들 수 없나이다. 거짓된 말과 행동으로 위기를 모면하고 살아남으려고 애를 쓴 잘못을 불쌍히 여겨 주시옵소서. 주변의 불신자에게 "예수 믿으세요" 그 한마디를 못 하고 살아가는 잘못을 용서하시는 주님의 사랑을 의지하며 회개하는 기도를 드립니다. 사죄의 말씀으로 저희의 죄악을 깨끗이 씻어 주옵소서. 예수 그리스도의 이름으로 회개하며 기도드립니다. 아멘

사함의 확인	"무릎을 꿇고 크게 불러 이르되 주여 이 죄를 그들에게 돌리지 마옵소서" (행 7:60)
성시교독	23. 시편 43편
설교 전 찬 송	72장 (만왕의 왕 앞에 나오라) 183장 (빈 들에 마른 풀같이)
설교 후 찬 송	425장 (주님의 뜻을 이루소서) 585장 (내주는 강한 성이요)

08 04

금주의 성가	우리의 믿음을 나누며 – Joseph M. Martin 주 위해 살리라 – 김보훈 곡 약속의 땅에 가리라 – Mark Patterson
목회기도	**지**난 한 주간에도 저희에게 젖과 꿀이 흐르는 생수의 강가에서 살게 하신 하나님 아버지! 우리 교회를 보살피시고 저희가 날마다 감사의 조건을 찾고 하나님 안에 거하는 확신으로 담대하게 살며 승리하게 하심을 감사드립니다. 복음 전하는 것이 영광으로 가는 통로인 것을 잊지 않고 최선을 다해서 전도하는 사명을 감당할 힘을 주시옵소서. 주님을 몰라 어두움 속에서 방황하는 사람들에게 복음을 전할 때 입이 되어 주시어서 열매를 맺게 하옵시고 하나님을 영접하는 안내자의 역할을 잘 감당하게 하옵소서. **남**에게 대접을 받고자 하는 대로 너희도 남을 대접하라 말씀하신 하나님 아버지! 우리 교회에 여러 가지 기관들과 일꾼들이 맡겨진 임무를 수행할 수 없는 어려움이 없도록 주님께서 예비해 준 능력을 갖추고 나아가 싸워 이길 수 있기를 바랍니다. 기도가 저희에게 새로운 갱신의 기회가 되게 하옵시고 재충전이 되게 하옵시고 승리를 향한 출발이 되게 하옵소서. 먼저 하나님을 영접한 저희가 봉사와 전도에 온몸으로 불사르게 하옵소서. 이 약속을 받아 주시고 넘치는 은혜로 실천할 용기가 충만케 하옵소서. 살아 역사하시는 예수님의 이름으로 기도합니다. 아멘
헌금을 위한 구성	"내가 풍족하니 이는 받으실 만한 향기로운 제물이요 하나님을 기쁘시게 한 것이라 나의 하나님이 그리스도 예수 안에서 영광 가운데 그 풍성한 대로 너희 모든 쓸 것을 채우시리라"(빌 4:18-19)
헌금기도	**감**사하는 신앙을 유지하기 위하여 과거의 은혜를 기억하게 하시는 하나님 아버지! 지난 한 주간동안 우리의 부족함을 채워주시고 더 많은 하늘 복을 주시려고 교회에 나오게 하심을 감사드립니다. 구원함과 평안함을 얻은 저희가 주님에게 감격하고 감사하여 예물을 준비하였습니다. 저희가 가진 모든 것이 주님의 것인 줄 믿는 믿음과 은혜에 감사하는 마음으로 예물을 봉헌합니다. 주님 보시기에는 비록 작은 것이지만 저희의 몸과 마음을 다하여 준비한 것이오니 기쁘게 열납하여 주시옵소서. 예물을 드릴 때마다 인색함은 사라지고 드리는 기쁨만 있게 하옵소서. **간**구하는 기도에 응답으로 기쁨을 주시는 하나님 아버지! 아름다운 마음으로 주님의 말씀에 순종하여 십일조를 드리는 손길도 있습니다. 감사의 예물을 드립니다. 저들의 전 생애를 통하여 감사의 조건들이 넘치도록 복을 허락하여 주시옵소서. 성미를 드립니다. 교회의 확장을 위하여 드려진 건축헌금을 기억하여 주시옵소서. 이 예물이 쓰이는 곳에 영광이 드러나게 하옵소서. 저희의 믿음을 보시고 기뻐하시는 하나님을 기억하는 성도들이 되기를 원합니다. 그리하여 즐거이 하나님의 이름과 영광을 찬송하며 살아가는 종들이 되게 하여 주시옵소서. 우리 주 예수님의 이름으로 기도합니다. 아멘
위탁의 말씀	"이는 될 수 있는 대로 오순절 안에 예루살렘에 이르려고 급히 감이러라" 성령님은 전도자를 세워 세계 곳곳에 복음을 전하게 하십니다. 우리 모두 한 주간동안 전도자가 되어 가는 곳마다 믿는 사람이 생겨나는 기적을 만들어 가야 합니다.
축도	이제는 길과 진리와 생명이 되신 예수 그리스도의 구속하신 은총과 우주 만물의 창조자이시며 인류 역사를 섭리로 다스리시는 아버지 하나님의 무한하신 사랑하심과 우리로 이생과 내생에 하늘나라 자녀로 승하며 영광스럽게 살게 하실 성령님의 충만하심이 우리에게 영원히 함께하시길 간절히 축원하옵나이다. 아멘

오늘의 설교를 위한 복음적 조명 주제 : 전도자의 삶

제목 : 성령의 인도를 받는 교회 I 본문 : 사도행전 20:7-16

주제 : 성령님은 전도자를 세워 세계 곳곳에 복음을 전하게 하신다. 성령은 전도자를 세워 복음을 도시마다 전하게 하시고 죽은 사람을 살리는 능력을 전도자를 통해 보이신다. 전도자의 가는 곳마다 믿는 사람이 생겨난다. 전도자는 성령의 인도를 따라 전도 계획을 지킨다.

논지 : 성령님은 교회에 생명의 역사를 보이시고, 전도의 결과를 나타내신다.
1. 집회 중에 사고를 당한 교회
2. 생명의 위로를 다 얻는 교회
3. 전도 행적을 잘 말하는 교회
4. 전도 계획을 잘 지키는 교회

　살다보면 사건사고가 많다. 크고 작은 사건사고에 스트레스를 받는 사람도 있다. 본인에게 해당되는 사건사고라면 스트레스의 정도가 심하다. 본인에게 직접적으로 해당되지는 않는다 할지라도, 생각이나 생활태도를 급작스럽게 바꿔야할 만큼의 사건사고도 있다. 하나님을 생각하고, 다른 사람을 향한 봉사로 바뀐다면 좋으련만, 욕망덩어리와 고집불통으로 바뀌는 계기로서의 사건사고도 있을 터이다. 사건사고를 보는 사람의 관점, 받아들이고 해석하는 사람의 생각에 따라 대응하고, 변화하는 방향이 달라질 것이다. 교회도 사건사고가 많다. 교회라면 평안해야 하고, 사람들이 서로 즐겁게 잘 지내야 하는데, 교회도 말이 많고 탈도 많아 보일 수 있다. 그저 사람이 모인 곳이니 그러려니 하자고 얼버무리지만 뒷맛이 개운하지는 않다. 하나님을 믿는 사람들, 예수님의 이름으로 모인 사람들, 성령의 감동을 받아 산다는 사람들이 모인 교회에서조차 사건사고가 많다는 걸 쉽게 받아들이지 못하는 사람들도 있다. 교회 안에서 생긴 사건사고가 믿음생활에 타격을 주고, 믿음을 갖고 살기는 하지만 교회에는 안 나가겠다는 소위 말하는 가나안 교인도 생겨났다. 현대의 교회만 그런 게 아니고, 초대 교회에도 사건사고가 있었다. 문제는 사건사고를 바라보는 신자들의 시각이 중요하다.

08 04

1. 집회 중에 사고를 당한 교회

　복음을 전하고, 각 지역마다 교회를 세운 사도 바울도 교회 안에서 사건 사고를 많이 겪었다. 고린도교회의 경우 은사문제, 파벌문제, 진리의 문제, 먹는 것의 문제, 우상숭배의 문제, 이방종교의 혼합 문제, 목회자의 권위 문제 등 수많은 문제들이 있었다. 오늘날의 교회에도 똑같은 문제이다. 이 문제는 지상의 교회가 불완전하기 때문으로 보아야 할까? 그보다는 지상의 교회를 이루는 목회자와 신자들이 온전하신 예수님을 따르기보다는 자신들의 생각과 욕망을 따르기 때문이다. 이런 문제들은 교회에게 기도하고 갱신하는 계기가 된다. 사도 바울이 전도 여행 중에 집회를 하는데, 그 때 사고가 벌어졌다. 바울이 전도여행을 마치고 예루살렘에 돌아가던 중 드로아에서 열린 집회에서 설교를 하였다. 바울의 설교가 밤중까지 지속되었다. 유두고라는 청년이 집회에 참석하였다가 창문에 걸터앉아서 깊이 졸고 있었다. 졸음이 심하면 의식이 없고, 자기를 제어할 수 없다. 유두고가 삼층 창문에서 바닥으로 떨어졌다. 사람들이 가서 유두고를 일으켜보는데 이미 죽어있다. 집회 중에 사람이 떨어져 죽었다니 큰 사달이 났다고 생각할 만하다. 게다가 사도 바울이 늦게까지 설교를 하다가 이런 일이 벌어졌으니 사도 바울에게 책임을 돌릴 수 있다. 교회 전체가 시험들 만한 일이다.

2. 생명의 위로를 다 얻는 교회

과거에도 교회 여름수련회 중에 학생들이 익사사고를 당한 사례가 있다. 교회에 큰 시험이 든다. 부모는 교회를 원망하고, 교인들은 서로 책임을 떠넘기고, 목회자 혼자 모든 짐을 짊어져야 했다. 목회자에게는 평생에 잊지 못할 아픔이 된다. 또는 선교지에 따라간 신자들이 풍토병을 얻어 귀국 후에 사경을 헤매는 경우도 있다. 신자들의 불신 가족들은 이 때다 싶어 교회를 향해 비난하고, 목회자를 향해 온갖 악한 말을 쏟아낸다. 교회가 최선을 다해 치료를 돕기는 하지만, 역부족일 때가 많다. 그저 교회가 함께 기도하는 방법 외에는 없다. 하나님이 도우셔야 문제를 순적하게 해결할 수 있다. 하나님이 돕는 방법은 사고를 당하고 질병을 얻은 가족들의 마음을 감동시키는 방법이다. 유두고가 삼층 창문에서 떨어져 죽었다. 사람들이 볼 때는 유두고가 죽었지만, 바울이 볼 때는 아니었다. 바울이 유두고 위에 엎드려 유두고의 몸을 안고 사람들에게 말하였다. 떠들지 마십시오. 생명이 그에게 있습니다. 바울과 신자들이 다시 집회장에 모여서 날이 새기까지 이야기를 했다. 바울이 떠난 후에 사람들이 살아난 유두고를 데리고 갔다. 집회에 참석한 신자들은 하나님의 능력, 죽은 사람도 살게 되는 능력을 보고 큰 위로를 받았다. 생명의 위로가 교회에 가득하고 모두 위로를 받았다.

3. 전도 행적을 잘 말하는 교회

사도 바울이 드로아를 떠나 예루살렘을 향한다. 바울과 함께하는 일행들이 있고, 바울의 선교 여정을 기록하는 사람이 있다. 선교 여정의 기록 덕분에 오늘날 우리 신자들이 기록을 읽고, 교회의 발자취를 더듬어볼 수 있다. 선교 여정의 기록이 정경에 포함되어 신자들이 읽으면서 성령의 감동을 누릴 수 있다. 교회는 전도하는 곳이다. 그러므로 교회의 전도 이야기가 기록되어야한다. 전도 이야기를 읽고 듣는 사람들에게 감동을 주고, 전도할 다짐을 갖게 한다. 전도 이야기 중에 나타난 성령의 감동을 확인하고 전도하려는 사람들이 성령의 능력을 간구한다. 바울의 일행은 앗소까지 배를 타고 바울은 걸어서 갔다. 바울은 어떻게든 한 사람이라도 더 만나서 복음을 전하려고 했다. 그러려면 육지로 걸어다녀야 했다. 건강하지도 않은 몸으로 걸어다니는 일이 쉽겠는가? 그러나 전도의 열정이 그에게 지치지 않는 에너지로 작용했다. 배를 타고 가면 배 안에 있는 사람들과만 만나고, 그들과만 대화한다. 물론 배 안에 있는 사람들에게 전도하고, 복음의 깊은 뜻을 가르칠 수 있다. 그러나 바울은 일행들을 따로 배를 태워 보내고 자기는 걸어 다녔다. 필요할 때 항구에서 일행을 만나면 된다. 바울과 일행은 앗소에서 배를 타고, 미둘레네를 거쳐 기오와 사모를 지나 밀레도에 이르렀다.

4. 전도 계획을 잘 지키는 교회

바울은 아시아에서 유럽을 지나 다시 아시아를 거쳐 예루살렘으로 돌아오려고 한다. 바울은 오순절 이전에 예루살렘으로 돌아오려고 한다. 이제는 도보 여행으로는 오순절 이전에 예루살렘으로 돌아올 시간이 안 된다. 바울은 아시아에서 더 이상 지체하지 않으려고 한다. 바울은 에베소에서 배를 타고 예루살렘으로 가려고 한다. 사도 바울에게는 나름의 계획이 있었다. 그는 자신의 전도 계획을 충실하게 지켰다. 물론 성령께서 바울의 전도 계획을 바꾸신 적도 있었다. 바울은 이고니온과 루스드라에서 전도한 후에 아시아에서 전도를 지속하려고 했다. 그런데 성령께서 바울에게 아시아에서는 더 이상 말씀을 전하지 못하도록 막으셨다. 그리고 바울에게 마케도니아 사람 하나가 환상으로 나타나 말했다. '건너와서 우리를 도와주십시오.' 바울은 이 환상을 보고 하나님이 그들에게 복음을 전하라고 부르신 줄로 인정하였다. 이로부터 바울의 유럽 전도가 시작되었다. 사람이 전도를 계획하고 잘 지키는 것이 중요하다. 때로는 성령께서 인도하셔서 사람의 계획을 바꾸기도 하시고, 전도의 열매를 거두기도 하신다. 사람의 계획이 성취되면 사람은 자랑하게 된다. 그러나 성령의 인도하심이 성취되면 성령의 능력을 간증한다. 교회와 사람이 전도를 계획해도 그것을 이루는 분은 성령님이시다.

성 경	미가서 2:7-13	예전색상	초록색

예 배 의 부 름	"여호와께 감사하고 그의 이름을 불러 아뢰며 그가 하는 일을 만민 중에 알게 할지어다 그에게 노래하며 그를 찬양하며 그의 모든 기이한 일들을 말할지어다 그의 거룩한 이름을 자랑하라 여호와를 구하는 자들은 마음이 즐거울지로다" (시 105:1-3)
	대한민국 우리 조국에 광복의 기쁨을 허락하신 하나님 아버지! 우리 민족을 사랑 하시고 해방의 감격을 안겨주신 그 은혜를 기억하고 오늘 거룩한 주님의 날 대한민국의 모든 교회가 광복절 기념 예배를 드리게 하심을 감사드립니다. 어둠의 세력들을 물리치시고 하나님의 섭리로 이 땅에 자유와 평화를 주셨습니다. 분단된 대한민국 우리 조국이 통일될 그 날까지 우리가 기도하게 하시고, 섭리로 다스려 주시옵소서. 우리를 자유롭게 하신 예수님 이름으로 간절히 기원하옵나이다. 아멘
회개를 위하여	광복절 기념 주일에 이 나라의 해방을 위해서 고향에서 쫓겨나 타향에서 민족 해방을 위해 목숨을 바쳤던 애국자를 닮기보다는 나라를 원망하고 나라를 위해서 기도하지 않는 안타까운 국민 중 하나가 나는 아닌지 성찰하는 기도를 계속합니다.
고 백 의 기 도	**우**리나라의 독립을 위해 기도하는 많은 애국자를 주신 하나님 아버지! 이 나라의 억압을 불쌍히 여기사 복음으로 구원하여 해방하시는 은혜를 감사드립니다. 저희는 지금까지 주님의 사랑을 깨닫지 못하고 나라와 민족을 위해서 기도하지 못했던 잘못을 회개하오니 불쌍히 여겨 주옵소서. 죽음이 두려워서 같은 동족을 고발하고 심지어는 고문했던 죄를 용서하옵소서. 지난 과거를 용서하고 화해하지 못하고 문제 삼고 있는 작금의 사태를 회개할 수 있도록 은혜를 베풀어주시옵소서. 주님의 사랑으로 갈등을 치유하시고 화합하는 은혜를 주시옵소서.
	외세의 침략과 아픈 상처를 치유하시고 강건케 하시는 하나님 아버지! 아직도 수치스러운 식민지배의 잔재들이 곳곳에 남아 아물지 않은 상처로 남아있습니다. 서로를 원망할 것이 아니라 이젠 모두 용서하게 하옵소서. 해방의 감격도 잠시 아직 분단된 우리 조국이 현실을 아파하는 이 민족에게 은혜를 베풀어주시옵소서. 정치와 이념의 대립과 세대 간의 갈등, 지역감정의 골이 메워지게 하옵소서. 진정한 광복을 위해서 교회가 먼저 회개하며 민족의 내일을 위해 헌신하게 하옵소서. 예수님의 이름으로 기도하옵나이다. 아멘
사함의 확 인	"다른 이로써는 구원을 받을 수 없나니 천하 사람 중에 구원을 받을 만한 다른 이름을 우리에게 주신 일이 없음이라"(행 4:12)
성시교독	100. 나라사랑(2)
설교 전 찬 송	3장 (성부 성자와 성령) 584장 (우리나라 지켜주신)
설교 후 찬 송	515장 (눈을 들어 하늘보라) 581장 (주하나님 이 나라를 지켜주시고)

08 11

금주의 성가	거룩한 이름 찬양하여라 – William E. Hewitt 언제나 주를 찬양 – Grace Balson 한 마음으로 주 경배하세 – Jay Althouse
목 회 기 도	우리나라를 사랑하시어서 일제의 압제로부터 해방의 감동을 주신 하나님 아버지! 이 민족이 암흑 속에 방황할 때 나아갈 길을 열어주시고 광복의 기쁨을 주신 것을 기념하는 예배를 드리게 하심을 감사드립니다. 하나님께서는 이 민족을 사랑하시어서 주님을 따르고 주님의 뜻에 순종하는 많은 종을 부르시어 방방곡곡에 교회를 세우시고 이 민족이 여호와 하나님을 경배하게 하신 줄 믿습니다. 오늘도 방방곡곡 교회에서 드려지는 예배를 통하여 주님께 감사하는 민족이 되게 하시고 이 민족의 앞날을 선하게 인도하여 주옵소서. 생명의 말씀으로 영혼의 갈증을 해소하여 주시는 하나님 아버지! 아직도 북한 땅은 사탄 권세의 지배로 동토의 땅으로 남아있으며 우리 동포들이 신앙의 자유도 없이 고통 속에 죽어가고 있습니다. 주여, 북한을 해방해주시고 구원해주실 줄 믿습니다. 성령의 회오리 같은 능력이 이 나라, 이 민족 위에 임하시어 새로운 믿음의 광복이 이 땅에 임하게 하여 주옵소서. 오늘 광복절 기념 주일을 통해서 저희가 다시 주님의 말씀으로 무장하여 죄로 혼탁해진 세상에 그리스도의 빛을 비추며 사는 성도들이 되게 하여 주옵소서. 예수님의 이름으로 기도하옵나이다. 아멘
헌금을 위한 성구	"예수께서 제자들을 불러다가 이르시되 내가 진실로 너희에게 이르노니 이 가난한 과부는 헌금함에 넣는 모든 사람보다 많이 넣었도다 그들은 다 그 풍족한 중에서 넣었거니와 이 과부는 그 가난한 중에서 자기의 모든 소유 곧 생활비 전부를 넣었느니라 하시니라"(막 12:43,44)
헌 금 기 도	헐벗고 가난과 절망의 늪에서 허덕이던 이 민족에게 해방의 선물을 주신 하나님 아버지! 이 나라와 민족의 기도를 들어주시고 해방의 감동을 맛볼 수 있는 민족이 되게 해 주신 은혜를 감사드립니다. 저희가 가진 모든 것이 주님에게서 온 것임을 고백할 때 기쁘게 드릴 수 있게 하옵소서. 나라와 민족을 위해서 몸과 마음과 시간을 쪼개어 온전히 헌신하는 사랑하는 국민이 많습니다. 그들의 가족을 지켜주옵시고 하나님의 나라와 의를 위하여 핍박받음이 이 세상에서는 복의 근원이 되고 하늘나라에서 큰 상급이 됨을 알게 하여 주옵소서. 영의 양식과 육의 양식을 골고루 받으면서 살 수 있게 인도하시는 하나님 아버지! 어려운 형편이지만 하나님의 약속을 믿고 아름다운 십일조와 여러 가지 종류의 헌금을 준비한 손길이 있습니다. 받아 주시옵소서. 육신의 안녕을 돌아보지 않는 애국자들의 노고를 잊지 않고 기억하게 하옵소서. 수고하고 헌신했던 저들을 구원으로 인도하여 주시옵소서. 교회가 앞장서서 섬김과 봉사로 안식을 누리게 하옵소서. 주님을 향한 기도와 믿음으로 후대에 부강하고 확고한 주권을 행하는 나라를 물려 줄 수 있는 저희가 되게 하옵소서. 예수님의 이름으로 기도하옵나이다. 아멘
위탁의 말 씀	"너희가 쉴 곳이 아니니 일어나 떠날지어다 이는 그것이 이미 더러워졌음이라 그런즉 반드시 멸하리니 그 멸망이 크리라" 하나님의 영광을 뺏으려 할 때, 하나님은 선한 사람을 피난하게 하시고, 거짓 선지자를 구별해 내십니다. 그 하나님과 함께 축복의 박자에 맞춰 행진하는 한 주간을 살아갑시다.
축 도	이제는 일본의 침략으로 나라를 잃은 슬픔에서 해방의 감격을 준 광복절 기념 주일에 십자가에서 피 흘려 돌아가신 우리 주 예수 그리스도의 은혜와 하나님의 독생자까지 희생시키신 하나님의 무한하신 사랑과 우리가 거룩한 삶을 살도록 이끌어주시고 영원까지 인도하실 성령의 감동 감화 역사하심이 세상으로 향해 가는 성도들과 영원까지 함께하시기를 간절히 축원하옵나이다. 아멘

오늘의 설교를 위한 복음적 조명 주제 : 회복의 예언

제목 : 약할 때 강함 되시네 | 본문 : 미가 2:7-13

주제 : 하나님은 사람의 세계를 보고 계신다. 악한 사람이 하나님의 영광을 뺏으려 할 때, 하나님은 선한 사람을 피난하게 하시고, 거짓 선지자를 구별해 낸다. 하나님은 백성의 남은 사람을 구원하시는데, 하나님이 왕과 백성들의 가장 앞에서 행진하시고 구원을 보이신다.

논지 : 하나님은 악한 사람들의 행위에서 선한 사람을 적극적으로 구원하신다.
1. 원수의 악행을 보시는 하나님
2. 피난과 멸망을 명하신 하나님
3. 거짓 선지자를 알리신 하나님
4. 백성 앞에서 이끄시는 하나님

사람이 살면서 위기를 겪는다. 단체나 나라는 흥망성쇠가 있다. 사람이든 단체든 나라든 경기호황을 타고 한참 잘 나가고 좋을 때가 있지만 좋을 때가 언제나 유지되지는 않는다. 반드시 어려움의 때가 온다. 본인이 잘못해서 어려움의 때가 오기도 하지만, 본인의 잘못과는 아무런 상관없이 위기를 겪기도 한다. 과거 우리나라가 국제통화기금(IMF) 관리 체제 아래 있었던 적이 단적인 예이다. 그 때 우리나라의 수많은 자영업자들이 파산을 하고, 근로자들이 해직을 당하였다. 평생직장으로 알고 직장에 충성하던 직장인들이 하루아침에 해고당하는 일이 벌어졌다. 파산하는 자영업자와 해고당한 근로자의 책임이 얼마나 될까? 그저 열심히 사업하고 직장에 충성한 것밖에 없다. 그런데 갑자기 어려움을 당했다. 국가를 경영하는 사람들의 판단착오와 오만 때문에 애꿎은 국민들이 힘들었다. 그래도 온 국민이 힘을 다해 IMF관리체제를 빨리 벗어났다. 지금도 전 세계가 인터넷 망으로 연결되고, 무역으로 얽혀 있어서 어떤 한 나라와 지역에 어려움이 생기면 그 여파가 전 세계에 미친다. 그 여파에 의해 파산하고 생존의 위협을 맞는 사람이 있는가 하면, 사업의 호황기를 맞는 기업도 생겨난다. 정말로 보이지 않는 손이 세상을 지배하고 있는 것 같다. 신앙인은 어떡해야 하는가?

1. 원수의 악행을 보시는 하나님

하나님으로부터 선택된 사람들도 세상의 흥망성쇠에 영향을 받는다. 하나님이 선택한 야곱의 후손들도 괴로움을 당했다. 주변 정세가 요동칠 때 작은 나라 유다와 이스라엘은 생존의 위협을 받는다. 주변국들이 세력을 넓히려 할 때, 이스라엘 지역은 더 크게 영향을 받는다. 이스라엘 지역이 아시아와 아프리카를 잇는 요충지이기 때문이다. 주변 강대국이 이스라엘을 지나가면서 온갖 악행을 한다. 전쟁을 원하지 않는 백성들의 겉옷을 벗기고, 여자들을 집에서 쫓아낸다. 어린 자녀들에게는 미래의 희망을 빼앗아간다. 전쟁 때는 누구나 어려움을 겪지만 특히 여성들과 아이들에게 더 큰 고통이다. 과거의 전쟁은 칼과 창 정도였지만, 요즘의 전쟁은 화약과 세균이 사용된다. 포탄 한 발이면 수백 명, 세균 한 가지면 수만 명의 인생이 망가진다. 전쟁이 끝나도 회복하는 데 수십 년이 걸린다. 왜 전쟁이 일어나는가? 몇몇 정치가들의 욕망, 자기 민족만 우월하고 민족의 중흥을 위해 타민족이나 타국민의 생존을 외면하기 때문이다. 생명을 사랑하시는 하나님을 제대로 신뢰하지 못하기 때문이다. 이럴 때 사람들은 하나님을 원망하기도 한다. 하나님이 의인들의 고통을 외면하시거나, 악한 사람을 향한 심판을 늦추신다고 원망하기도 한다. 그러나 하나님은 악행을 모두 보고 계신다.

08
11

2. 피난과 멸망을 명하신 하나님

이스라엘 지역도 침략을 당하고 수 많은 사람들이 고통의 나락으로 빠져들었다. 하나님은 예언자들을 통해 이스라엘 사람들, 즉 야곱 족속들에게 하나님을 경외하고 순종하라고 수없이 말씀하셨다. 하나님을 경외하면, 하나님께서 이방의 침략으로부터 이스라엘을 지켜주신다. 강대국의 전략을 예언자들이 먼저 알아내서 이스라엘에게 대비하도록 일러준다. 또 백성들 사이에 공의와 신뢰가 있어서 이방을 대적할만한 지혜와 군사력을 갖춘다. 만약 이 방인들의 군사력이 워낙 막강하여 이스라엘 사람들 힘으로 막을 수 없다면 하나님께서 직접 개입하심으로 초자연적인 현상을 보여서라도 이방인을 물리치실 터이다. 그런데 이스라엘이 하나님을 신뢰하지 않는다. 이방인의 침략을 막아낼 힘이 없다. 지금 회개한다고 침략을 막을 힘이 갑자기 생기는 것도 아니다. 이 때 할 수 있는 일은 피난하는 것뿐이다. 하나님이 예언자를 통해 떠나라고 말씀하신다. 전쟁 통에는 원래 살던 집이 안전하지 못하고, 쉴 수도 없다. 이스라엘이 이미 더러워졌다. 하나님은 더러워진 곳을 반드시 멸하신다. 하나님과의 관계가 나빠지면 세상에서 잘 될 리가 없다. 불신자 악인이 잠시 잘 된다 할지라도 그것은 한 때뿐이다. 하나님이 의인과 악인을 살피고 계신다. 그리고 하나님은 반드시 보응하신다.

3. 거짓 선지자를 알리신 하나님

위기 때가 되면 위기의 원인을 진단하고, 해법을 제시하는 사람들이 많다. 세계적인 경제 위기의 원인을 진단하고 해법을 제시하는 사람, 개인의 위기를 진단하고 해법을 제시하는 라이프 컨설턴트, 건강의 위기를 진단하고 회복 프로그램을 제시하는 의사, 국가의 위기를 진단하고 해결방안을 제시하는 전문가들이 많다. 위기를 진단하고 해법을 제시하는 것도 일종의 산업이다. 산업의 종사자들은 위기진단과 해법 제시를 하고 상담료 혹은 수수료를 받는다. 요즘 시대에는 진단과 해법 제시도 전문가의 영역이기 때문이다. 하지만 진정으로 세계 경제를 생각하고, 사람을 생각하여 위기를 말하고, 해법을 제시하는 사람이 얼마나 되겠는가? 산업이라면 해당 산업에 종사하는 사람도 생업이니 자신의 이익을 생각하여 위기를 진단하고 해법을 제시하지 않겠는가? 정직하고 윤리적으로 상담하는 사람이라면 무슨 문제겠는가? 정직하지 못하고 자신의 이익만을 위하는 사람도 더러 있을 터이다. 이스라엘에도 이런 거짓 선지자가 있었다. 허망하게 행하는 사람, 거짓말을 하는 거짓 선지자가 있다. 본인이 하나님의 뜻을 안다고 하지만, 하나님의 뜻과는 전혀 상관없이 자칭 선지자가 나타난다. 위기 때가 되면 거짓 선지자가 나타나도 백성들이 제대로 분별하지 못한다. 더 큰 위기이다.

4. 백성 앞에서 이끄시는 하나님

이런 위기와 혼란의 시대에 하나님은 무엇을 하실까? 어떤 사람들은 하나님이 방관자의 태도만 취하고 있다고 불평을 터트린다. 진짜로 하나님이 방관하실까? 혹시 하나님이 잠시 기다리고 계시는데, 우리는 하나님께서 방관하신다고 착각하는 것은 아닐까? 하나님께서 우리가 원하는 시간에 우리가 좋아하는 방식으로 개입하면 얼마나 좋겠는가? 하나님이 그렇게 안 하실 수도 있다. 그래도 우리는 하나님을 신뢰해야 한다. 하나님은 위기를 만나 심한 피해를 당한 이후에 처한 사람을 살피실 수 있다. 하나님께서 이스라엘의 남은 자를 모으고 한 처소에 두시는데, 초장의 양 떼처럼 모으신다. 백성들이 가는 길을 여는 사람, 성문을 여는 사람이 있고, 왕이 가장 앞에서 백성들을 인도한다. 사실은 하나님께서 왕 앞에서 왕과 백성들을 이끄신다. 하나님이 분명히 믿음의 사람들을 이끄실 터인데, 사람이 성급하여 하나님을 향해 원망을 늘어놓는다. 야곱의 후손들이 성급한데, 반대로 여호와의 영을 향해 성급하다고 불평한다. 전쟁의 어려운 때가 지나면 약함을 경험한 이스라엘에게 이제 하나님의 강함이 경험될 것이다. 약함이 경험되기 이전에 하나님의 강함을 신뢰하면 얼마나 좋을까? 지금이라도 우리 약함을 하나님께 보이고, 강한 힘으로 인도하시는 하나님을 신뢰해야 한다.

2024년 8월 18일, 오순절 후 13번째 주일

성 경	마가복음 2:13-17	예전색상	초록색

예배의 부름	"내가 그 삼분의 일을 불 가운데에 던져 은 같이 연단하며 금 같이 시험할 것이라 그들이 내 이름을 부르리니 내가 들을 것이며 나는 말하기를 이는 내 백성이라 할 것이요 그들은 말하기를 여호와는 내 하나님이시라 하리라"(슥 13:9) **거**룩한 주님의 날, 주의 백성들이 아름다운 예배를 드리게 하시는 하나님 아버지! 십자가 보혈의 은혜로 거듭난 감격을 하지 않고도 세상에서 예수 성품을 뽐내며 살지 못한 죄인을 사랑하시고 불러주심을 감사드립니다. 예배를 통해서 온유한 예수님의 성품으로 변화시켜 주시옵소서. 복음을 나누며 찬양하게 하시고 더 많은 주님의 자녀들이 날마다 모이기에 힘쓰는 초대교회의 믿음을 회복하게 하여 주옵소서. 예수님의 이름으로 기원하옵나이다. 아멘
회개를 위하여	교만은 성도들에게 가장 무서운 적입니다. 일만 악의 뿌리이기도 합니다. 나의 생각과 말과 행동에서 나타나는 교만이 바로 그것입니다. 그런 교만의 씨를 품고 사는 그가 나는 아닌지 성찰하고 회개하는 기도를 계속합니다.
고백의 기도	**예**수 십자가의 은혜로 변한 저희를 복음전도의 일꾼이 되게하신 하나님 아버지! 버려진 인생이 예수 그리스도의 보혈로 거룩한 하나님의 백성이 되어 가정에서 교회에서 섬김의 도를 살게 하심을 감사드립니다. 그러나 실상은 말씀이신 주님을 따르기보다 내가 조종하려 했던 교만한 마음을 품고 산 어리석음을 고백하오니 용서하여 주시옵소서. 불신자를 불쌍히 여겨 생명으로 인도하기보다 교만하여 천대하고 복음 전하는 일을 방해 하였던 죄를 용서하여 주시옵소서. **주**님께서 맞으신 채찍으로 인하여 저희는 나음을 입게 하신 하나님 아버지! 땅 끝까지 주님의 증인이 되어야 하지만 여전히 현실의 노예로 사는 죄인을 불쌍히 여겨 주옵소서. 어려움이 올 때는 주님께 한없는 자비와 은혜를 요구하면서도 나보다 약한 사람들의 어려움에 무관심하고 인색했던 잘못을 고백합니다. 십자가를 대신 지신 주님께 은혜를 갚지는 못하고 오히려 아픔만 드렸습니다. 이 어리석은 죄인을 용서하여 주시고 사죄의 말씀으로 처음 믿음을 회복하게 하옵소서. 예수 그리스도의 이름으로 간절히 기도 드리옵나이다. 아멘
사함의 확인	"우리가 마음에 뿌림을 받아 악한 양심으로부터 벗어나고 몸은 맑은 물로 씻음을 받았으니 참 마음과 온전한 믿음으로 하나님께 나아가자"(히 10:22)
성시교독	55. 시편 127편
설교 전 찬 송	62장 (고요히 머리 숙여) 534장 (주님 찾아 오셨네)
설교 후 찬 송	213장 (나의 생명 드리니) 354장 (주를 앙모하는 자)

08
18

금주의 성 가	
목 회 기 도	**황**폐해진 심령을 예수 그리스도의 이름으로 하늘의 상속자로 변화시켜 주신 하나님 아버지! 어두운 죄악에서 소망 없이 살아가는 죄인을 구원하기 위해 독생자 예수 그리스도를 이 땅에 보내주시어 허물과 죄를 깨끗이 용서해 주심을 감사드립니다. 그 감격을 안고 사랑하는 성도들이 이 아침에 하나님의 위대하심과 다함이 없는 사랑을 찬양합니다. 우리 교회를 마지막 때에 선교를 책임지는 영적 이스라엘로 사용하여 주옵소서. 지역 사회에서 죽어가는 영혼을 구원하는 구원의 방주가 되게 하옵소서. 진리의 성령으로 말씀을 담대히 증거 하게 하시고 권능과 축복이 삶의 현장에서 나타나게 하옵소서. **예**수의 이름을 부를 때마다 하늘 복으로 응답하시는 하나님 아버지! 오늘도 주님을 닮기 위해 헌신하고 봉사하는 자녀들이 있습니다. 교회 이곳저곳에서 알게 모르게 충성하는 영혼들이 있습니다. 어려움을 당한 자녀들의 눈물 어린 호소가 헛걸음이 되지 않도록 붙잡아 주옵소서. 우리 교회에 주신 기관과 맡은 직분자들이 최선을 다하여 하나님의 일꾼으로 인정받게 하옵소서. 말씀 속에 하나님의 축복이 있고 말씀만이 능력임을 믿게 하옵소서. 이 민족의 가슴에 하나님의 평화가 흐르게 하옵소서. 예수님의 이름으로 기도하옵나이다. 아멘
헌금을 위 한 성 구	"여호와께서 우리에게 이 모든 규례를 지키라 명령하셨으니 이는 우리가 우리 하나님 여호와를 경외하여 항상 복을 누리게 하기 위하심이며 또 여호와께서 우리를 오늘과 같이 살게 하려 하심이라"(신 6:24)
헌 금 기 도	**천**하고 무능한 저희를 사랑으로 품어 복음 사역의 동역자가 되게 하신 하나님 아버지! 지난 한 주간 동안에도 일용할 양식으로 채워주신 그 크신 은혜를 감사드립니다. 교회를 위해서 몸으로 제물 삼겠다는 결의로 충성하는 성도들이 있습니다. 저희 성도들이 하는 기업에 주님의 능력의 오른손으로 지켜주시고, 가정마다 부족함이 없는 충만으로 축복하여 주옵소서. 잠 못 이루는 밤을 뜬눈으로 뒤척이지 않는 건강과 병마에 시달리지 않게 하심을 감사해서 정성을 다해 예물을 준비했습니다. 오늘 예물을 드린 손들 위에 넘치는 하늘 축복을 더 하여 주시옵소서. **돌**밭 같은 인생길을 걸어가는 저희에게 생명의 오아시스를 허락하신 하나님 아버지! 울며 씨를 뿌리는 자들에게 기쁨으로 단을 거두라는 말씀 따라 십일조를 드립니다. 감사예물을 드립니다. 주정헌금과 구역헌금과 성미를 드립니다. 이 예물들을 심는 자에게 100배 60배의 결실로 축복하심을 믿는 믿음이 자라게 하옵소서. 힘들 때나 형통할 때나 인생을 살아가면서 만나는 모든 일이 하나님의 영광을 이루어 가기 원하오며 하늘나라의 상급이 되게 하옵소서. 예물이 쓰이는 곳에 물질 때문에 심령이 황폐해진 곳을 치유하는 향유로 쓰임 받아 복음의 꽃이 피게 하옵소서. 예수님의 이름으로 기도합니다. 아멘
위탁의 말 씀	"건강한 자에게는 의사가 쓸 데 없고 병든 자에게라야 쓸 데 있느니라 나는 의인을 부르러 온 것이 아니요 죄인을 부르러 왔노라" 예수님은 죄인을 가까이하시고 소외된 사람이라 할지라도 외면하지 않으시고 회개시킨 후 일꾼으로 세워주십니다. 우리도 예수님처럼 약한 사람에게 다가가 사랑을 나누는 한 주간을 살도록 합시다.
축 도	우리를 위하여 지금도 간구하시는 중보자 예수 그리스도의 은혜와 부르짖을 때마다 응답하여 주시는 하나님 아버지의 사랑하심과 우리를 중생하게 하시는 성령의 역사하심이 오늘 하나님께 예배하며 하나님께로부터의 시험을 기쁘게 여기기로 작정하고 돌아가는 백성들 머리 위에 그리고 각 가정과 교회 위에 영원토록 함께 계시기를 축원하옵나이다. 아멘

오늘의 설교를 위한 복음적 조명 주제 : 주님의 자리

제목 : 친구되신 예수님 | 본문 : 마가복음 2:13-17

주제 : 예수님은 보통 사람들과 달랐다. 사람들은 죄인을 멀리하고, 자기들보다 못한 사람을 차별하였다. 그러나 예수님은 죄인을 부르시고 가까이하셨다. 소외된 사람이라 할지라도 외면하지 않으시고 가까이하셨다. 사람을 사랑하시고 회개시킨 후 일꾼으로 세우기 위함이다.

논지 : 예수님은 죄인을 불러 구원하시고, 죄인의 친구가 되어 주셨다.
1. 무리를 가르치신 예수님
2. 레위를 선택하신 예수님
3. 죄인의 친구이신 예수님
4. 죄인을 부르시는 예수님

사람의 성격이 각각 다르다. 어떤 사람은 혼자 있고 사색하는 것을 즐기고, 어떤 사람은 여러 사람과 어울려 떠들고 노는 것을 좋아한다. 여행을 해도 호텔방에 틀어박혀 있거나, 호젓한 해변에서 파도를 보며 푹 쉬는 사람이 있는가 하면, 촌음이라도 아껴서 하나라도 더 보고, 더 즐기고 경험하려는 사람이 있다. 여행계획을 짤 때도 출발부터 도착까지 항공권, 교통편, 머무는 시간과 음식까지 거의 완벽하게 계획하는 사람이 있다. 반면에 일단 떠나고 보자. 부딪히면서 다니자고 주장하는 사람도 있다. 아무리 성격이 달라도 공통점이 있다. 여행을 떠날 때는 교통편이 있어야 하고, 타지에서 누군가를 만나야 한다. 호텔에 들어가도 현지인을 만나고 서비스를 받으며, 무작정 돌아다녀도 현지인에게 길을 물어야 한다. 그러니까 어디를 가든지 사람을 만나야 한다. 우리 예수님도 이 땅에서 일하실 때 사람을 만났다. 어린 시절에는 성전에서 선생님들과 대화하셨다. 예수님이 사람을 찾아가기도 하셨고, 때로는 사람들이 예수님을 찾아오기도 하였다. 예수님은 한 사람과 만나서 대화하신 적이 있고, 몇몇 사람과 깊은 대화를 나누신 적도 있었으며, 군중을 앞에 놓고 설교하신 적이 있었다. 예수님이 사람을 만나시지만 어떤 격식을 갖추고 만나지 않고, 친근한 모습으로 만나주셨다.

08
18

1. 무리를 가르치신 예수님

예수님이 가버나움에서 아픈 사람들을 고치셨다. 예수님의 소문이 퍼지자 수많은 사람들이 예수님을 찾아왔다. 자기 병을 고치고자 오는 사람, 아픈 사람을 데리고 오는 사람, 소문을 확인하고자 오는 사람 등 다양하였다. 예수님이 가버나움에서 중풍병자를 고치셨다. 중풍병자가 거동을 못하므로 네 사람이 병자를 데리고 오는데, 예수님 계신 집에 사람이 많아서 들어갈 수 없었다. 급기야 지붕을 뜯고 침상을 달아내려 예수님 앞에 환자를 놓았다. 예수님은 사람들의 믿음을 보시고 "작은 자야 네 죄 사함을 받았느니라"고 하셨다(막 2:5). 거기 있던 서기관들은 예수님을 향해 신성모독이라고 했다. 그러나 예수님은 땅에서 죄를 사하는 권세가 있음을 보여주시고, 중풍병자를 향해 "일어나 네 상을 가지고 집으로 가라"고 말씀하셨다(막 2:11). 그리고 병자가 일어나 자기 침상을 갖고 집으로 돌아가는데, 이 장면을 본 사람들이 모두 하나님께 영광을 돌렸다. 이후에 예수님은 바닷가로 가셨다. 예수님 소문을 들은 수많은 사람들이 예수님 앞에 왔다. 예수님이 그들을 보고 가르침을 주신다. 사람들이 찾아온 것이 무엇인가 기적을 바라는 마음이었겠지만, 예수님은 그 기회를 활용하여 가르치신다. 무엇을 가르치실까? 가르침의 핵심과 내용은 하나님 나라의 임재, 하나님의 뜻이다.

2. 레위를 선택하신 예수님

예수님이 사람들을 가르치시고 그 자리에만 머물지 않으셨다. 예수님을 찾는 사람, 예수님이 만나야 할 사람이 매우 많으므로 예수님이 자리를 옮겨 다니셔야 했다. 매우 바쁜 하루이다. 그렇다고 해서 탈진할 정도로 바쁘게 다니시지 않는다. 예수님은 조용한 시간에 한적한 곳으로 가서서 하나님과 일대일로 만나기도 하셨다. 예수님이 세관 옆을 지나가시는데, 거기에 알패오의 아들 레위가 앉아 있다. 세관에 앉았다는 것은 직업이 세리라는 의미이다. 당시에 세리는 나름의 권력과 돈을 제법 가진 사람이다. 로마인들을 위한 심부름꾼이므로 권력을 가진 게 당연하다. 세금을 거두는 사람이므로 부정부패를 저지르기만 하면 얼마든지 축재를 할 수 있는 직업이었다. 사람들로부터 존중을 받지 못하는 게 당연한 직업이었다. 예수님이 알패오의 아들 레위에게 "나를 따르라"고 하셨다. 세리라는 안정된 직업, 돈을 더 벌수 있고 남들이야 뭐라 하든 말든 돈을 많이 모으며 편하게 누리며 살 수 있는 사람에게 예수님이 당신을 따르라고 부르셨다. 그런데 레위가 일어나 예수님을 따랐다. 레위는 직업과 안정된 미래를 포기한 셈이다. 예수님이 레위를 선택하셨는데, 레위는 예수님의 부름에 응답하였다. 인생의 방향을 바꾸고, 자신과 가족의 안위보다 하나님의 뜻을 따르는 삶을 정했다.

3. 죄인의 친구이신 예수님

레위가 예수님을 따라나섰는데 처음 간 곳은 레위의 집이다. 예수님이 레위의 집에 가서 음식을 드신다. 예수님 곁에 세리, 죄인들이 몰려오고 예수님의 제자들과 함께 앉았다. 식사 자리에 함께 앉았다는 것은 친밀한 관계이거나 앞으로 친해지자는 의미이다. 세리와 죄인이 한두 명이 아니고 많은 사람들이 예수님을 찾아와서 함께 식사를 했다. 세리와 죄인들이 예수님을 존경하고, 배울 것이 많다고 생각한다. 만약 예수님이 세리와 죄인들을 싫어하는 눈치를 보였다면 그들이 찾아오지 않았을 것이다. 하지만 예수님은 그들을 싫어하는 표정이 아닌 환영하는 표정이고, 그들을 향한 꾸중이나 책망의 언급이 없다. 그냥 사람으로 대해주고, 인격을 존중해준다. 조선 말기에 한국에 들어온 선교사들이 중인들과 하층민들을 전도했다. 양반들은 중인과 하층민들을 무시하고 때렸지만, 선교사들은 그들도 하나님의 백성이라고 생각하고 존중해주었다. 서양에서 온 양반 선생님이 자기들을 배려해주니 얼마나 고마웠겠는가? 중인들과 하층민들이 예수님을 믿고, 성경과 서양학문을 배웠다. 그들이 교회를 이루고 독립운동에 앞장서기도 했다. 그런데 바리새인과 서기관들은 예수님의 제자들에게 "어찌하여 세리 및 죄인들과 함께 먹는가"라고 질문한다. 자기들 눈에는 마뜩잖다는 의미이다.

4. 죄인을 부르시는 예수님

조선 말기 선교사들이 중인들과 하층민들을 전도하고 교회를 이루자 양반들이 싫어했다. 천한 사람들과는 함께 앉을 수 없다며 교회에 나오는 것을 거절했다. 그러나 지금 와서 보면 누구의 말이 맞는가? 지금도 돈 있고, 집안 좋다는 사람들 중에 가난하고 어려운 사람을 보면 무시하는 경향이 있다. 사람이 잘 나야 얼마나 잘 나겠는가? 우리 예수님보다 잘 나겠는가? 우리 예수님이 세리와 죄인들의 친구가 되어 주셨다. 그들을 진심으로 위로하고 존중하며, 그들도 하나님 나라 백성과 일꾼으로 살아가도록 길을 제시하셨다. 사람을 무시하면 그의 선한 가능성마저도 발휘할 기회를 꺾지만 사람을 존중하면 없던 잠재력까지도 발휘될 에너지를 준다. 진짜로 훌륭하고 존경을 받는 사람은 힘들고 어려운 사람, 마음에 짐을 지고 있는 사람을 배려하고 존중하는 사람이다. 국민들은 정치가들에게 이것을 바라고, 신앙인들에게도 이런 모습을 바란다. 교회가 이런 일을 하면 세상에서 빛과 소금의 역할을 하게 된다. 예수님이 서기관들의 불평 어린 목소리를 들으셨다. 예수님이 대답하셨다. "건강한 사람에게는 의사가 필요하지 않지만, 병든 사람에게는 의사가 필요하다. 나는 의인을 부르러 온 것이 아니라 죄인을 부르러 왔다" 예수님은 병자를 고치고 죄인의 친구가 되려고 오셨다.

성 경	잠언 10:23-32	예전색상	초록색

예배의부름	"끝으로 형제들아 무엇에든지 참되며 무엇에든지 경건하며 무엇에든지 옳으며 무엇에든지 정결하며 무엇에든지 사랑 받을 만하며 무엇에든지 칭찬 받을 만하며 무슨 덕이 있든지 무슨 기림이 있든지 이것들을 생각하라"(빌 4:8)
	죄가 만연한 골짜기에서 길을 잃고 방황하는 심령들의 피난처가 되시는 여호와 하나님! 성도들을 세상의 추악함 가운데 버려두지 않으시고 건져내사 거룩한 성소로 불러모아 예배드리게 하심을 감사드립니다. 지난 한 주간을 살면서 저희 마음은 여전히 더러운 죄로 가득함을 고백합니다. 오늘도 말씀을 통하여 하나님의 법도를 가슴 판에 새기고 하나님의 섭리와 은혜가 무엇인지를 경험하는 하늘 잔치가 되게 하여 주옵소서. 예수님의 이름으로 기원하옵나이다. 아멘
회개를 위하여	하나님의 자녀로 살아가기 위해서 버려야 할 것들이 있습니다. 세상이 주는 망상과 육체의 만족을 위해서 돈을 지급하는 씀씀이입니다. 아직도 하나님이 주시는 생명의 양식보다도 세상이 주는 헛된 것에 마음을 빼앗기고 사는 그가 나는 아닌지 성찰하고 회개하는 기도를 계속합니다.
고백의기도	제한 없는 사랑으로 하늘 백성 된 우리에게 사랑을 베풀어 주시는 하나님 아버지! 지난 한 주간에도 어김없이 세상이 주는 잠시 잠깐의 기쁨 때문에 얼룩지고 초라한 모습으로 나와 회개의 기도를 드리게 하심을 감사드립니다. 한없는 용서를 통하여 무한한 사랑을 힘입어 앞으로 한 주간 끊어버리지 못하고 부둥켜안고 있는 죄악의 잔당을 없앨 힘을 주시옵소서. 세상의 헛된 부귀영화라는 욕망보다는 성령님의 열매가 온통 저희 몸에 주렁주렁 열리는 감동이 있게 하옵소서.
	회개할 때마다 새 힘으로 무장시켜 주시는 하나님 아버지! 오늘 주시는 말씀의 힘으로 죄악의 찌꺼기까지 완전히 사라지게 하옵소서. 마음 깊은 곳에 회개하지 못한 죄들이 뒤엉켜 저희를 괴롭히고 있습니다. 알고도 고치지 못하는 나약함을 용서하여 주옵소서. 사랑 없이는 어떠한 말도 어떠한 행위도 하지 않겠다는 각오로 살게 하옵소서. 저희의 옛 모습이 다시 한번 죽게 하옵소서. 내가 매일 죽는다고 했던 바울 사도의 삶을 배우게 하옵소서. 저희를 용서하시고 저희를 고치소서. 십자가의 삶을 살게 하여 주옵소서. 예수님의 이름으로 간절히 기도드립니다. 아멘
사함의확인	"주 여호와의 말씀이니라 이스라엘 족속아 내가 너희 각 사람이 행한 대로 심판할지라 너희는 돌이켜 회개하고 모든 죄에서 떠날지어다 그리한즉 그것이 너희에게 죄악의 걸림돌이 되지 아니하리라"(겔 18:30)
성시교독	58. 시편 133편
설교 전 찬 송	22장 (만유의 주 앞에) 488장 (이 몸의 소망 무언가)
설교 후 찬 송	382장 (너 근심 걱정 말아라) 442장 (저 장미꽃 위에 이슬)

08
25

금주의 성가	우리에게 일용할 양식을 주소서 – Jay Althouse 주여 나를 보내소서 – J.Purifoy 여호와가 다스리시니 – Kent A. Newbery
목회기도	믿음의 성도들에게 피난처가 되시고 구원의 방주가 되시는 여호와 하나님! 죄악의 어두운 터널에서 방황하는 죄인을 불러 보혈의 피로 씻어 주시고 승리의 감격을 살게 하심을 감사드립니다. 오늘도 주님 앞에 예배를 드리는 백성들의 마음을 받아 주시옵소서. 나약하고 연약하나 주님의 뜻대로 살기를 간절히 원하는 저희입니다. 주님 보시기에 안타깝고 답답하실 때도 있었을 것입니다. 저희의 중심을 보시사 주님 마음에 합당한 성도가 되게 하옵소서. 가정의 문제, 직장의 문제와 병들어 고생하는 성도들을 위로하시고 치유의 기쁨을 주옵소서. 믿는 자들의 영광과 생명이 되시는 여호와 하나님 아버지! 오늘도 저희 삶에 무수히 많은 문제를 안고 주님의 전에 올라왔습니다. 이 세상에서 어떻게 살아야 할 것인지를 일러주사 저희의 나머지 삶이 더욱더 당신에게 영광이 되는 거룩하고 구별된 삶이 될 수 있도록 은혜 내려주시옵소서. 이 나라와 민족을 기억하시고 이들에게 복음을 주사 이제 곧 이 땅 위에 푸르디푸른 주님의 계절이 오게 도와주시옵소서. 우리 교회는 숫자는 적었지만 살아 있었습니다. 이 나라의 모든 교회가 성도들의 가슴 속에 의로움과 정의가 불타오르게 하옵소서. 예수님 이름으로 기도드립니다. 아멘
헌금을 위 한 성 구	"너희가 모든 일에 넉넉하여 너그럽게 연보를 함은 그들이 우리로 말미암아 하나님께 감사하게 하는 것이라 이 봉사의 직무가 성도들의 부족한 것을 보충할 뿐 아니라 사람들이 하나님께 드리는 많은 감사로 말미암아 넘쳤느니라"(고후 9:11~12)
헌금기도	하나님의 형상과 모양대로 지음 받은 성도들의 필요를 채워주시는 하나님 아버지! 지은 죄가 커 저주 아래에서 벗어날 수 없는 저희를 벗어나게 하신 주님의 사랑과 은혜를 감사드립니다. 베푸는 자에게 누르고 넘치도록 축복하시겠다고 하신 말씀을 따라 감사의 예물을 드립니다. 비록 적은 것이지만 하나님께서 저희의 마음을 받아 주시는 줄 믿습니다. 세상 사람들은 재물을 모으는 기쁨과 최고의 물질을 소유하는 세상의 낙을 최선으로 살아가지만, 저희는 오직 하나님의 은혜로만 지상의 복을 누리게 하옵소서. 하나님께 드리는 기쁨과 보람이 신앙생활에 선한 열매를 맺는 원동력이 되게 하옵소서. 새벽부터 흔들리는 마음을 위로해 주시고 맑은 이슬 같은 은혜로 새 힘을 주시는 하나님 아버지! 영혼의 깊은 간구와 소원을 응답해 주시는 은혜를 감사드리며 십일조를 드립니다. 사망의 음침한 골짜기를 다닐지라도 든든하신 주님의 지팡이로 늘 인도하여 주옵소서. 고난 속에 십자가의 은혜를 깨닫고 감사예물을 드립니다. 주일 헌금을 드립니다. 구역헌금을 드립니다. 성미를 드립니다. 바치는 손길들의 건강을 지켜주시고 땀 흘려 일하는 직장이 잘 되고 형통하게 하옵소서. "수고하고 무거운 짐 진 자들아 다 내게로 오라 내가 너희를 쉬게 하리라"고 말씀하신 주님 붙잡고 응답 주실 줄 믿는 확신하고 어려움을 이기고 승리하는 성도들이 되게 하여 주옵소서. 예수님의 이름으로 기도하옵나이다. 아멘
위탁의 말 씀	"의인의 입술은 기쁘게 할 것을 알거늘 악인의 입은 패역을 말하느니라" 하나님은 우리의 생각과 말과 행동을 보고 계실 뿐만 아니라, 우리의 꾀와 지혜를 모두 알고 계십니다. 간사한 내 생각보다 믿음의 사람답게 말하고 행동하는 한 주간을 살아야 합니다.
축 도	이제는 저희의 모든 죄를 대속하사 믿음의 자녀로 구속하신 예수 그리스도의 은혜와 아들을 이 땅에 보내 주셔서 믿음으로 자녀 삼으신 하나님 아버지의 극진하신 사랑과 믿음의 삶이 완성되도록 역사하시는 성령의 감화 감동 충만하심이 믿음의 삶을 살아가기로 다짐하는 우리 위에 영원히 함께하시기를 간절히 축원하옵나이다. 아멘

오늘의 설교를 위한 복음적 조명 주제 : 신앙의 지혜

제목 : 하나님의 구분과 복 주심 | 본문 : 잠언 10:23-32

주제 : 하나님은 사람의 마음의 생각을 알고 계시고, 사람의 말과 행동을 보고 계신다. 하나님은 사람의 꾀와 지혜를 모두 알고 계시며, 사람의 의도와 목적에 따라 복과 벌을 구분하신다. 하나님은 의로운 사람, 믿음의 사람의 소망과 행위를 보시고, 필요한 복을 허락하신다.

논지 : 하나님은 악인을 멀리하시고 의인을 가까이하여 복을 주신다.
　　1. 악인을 물리치고 의인을 세우시는 하나님
　　2. 사람의 수명을 철저히 계산하시는 하나님
　　3. 사람의 소망을 완전히 알고계시는 하나님
　　4. 사람의 입술을 지혜로 주장하시는 하나님

　　세상에는 선한 사람도 있고 악한 사람도 있다. 사람이 선해보았자 얼마나 선하겠는가? 하나님의 선함에 비교할 수 있겠는가? 그저 사람들의 기준에서 남들보다 좀 더 선할 뿐이다. 보통 사람들은 생각하기 어렵고, 결정하기 어려운 선한 일을 해 내는 사람이기도 하다. 그렇다고 해서 그의 마음과 생각이 100% 선하다고 말할 수는 없다. 선하다고 일컫는 사람에게 질문하면 자기는 결코 선한 사람이 아니라고 한다. 왜냐하면 스스로도 마음에 미움과 원망과 불평이 생길 때가 많기 때문이라고 한다. 한편 악한 사람을 보면 사람이 그렇게까지 악해질 수 있을까 의심스러울 정도로 악한 사람이 있다. 자기 욕망을 채우기 위해서 악한 일을 하는 사람, 공익을 위한다며 합법을 가장해서 악한 일을 하는 사람도 있다. 대부분의 전쟁범죄가 그런 것이다. 이런 사람들은 악하다고 비난을 받을 때, 그래도 자기는 선한 목적을 위해 그랬다고 항변한다. 사람이 선해야 남들과 비교해서 선할 뿐이고, 악하다고 해도 남들과 비교해서 두드러지게 악할 뿐이다. 세상에는 선악의 기준이 법과 도덕이지만, 법과 도덕으로 완벽한 사람이 없다. 선악의 기준은 우리 하나님이시다. 예수님도 선한 분은 오직 하나님 한 분이라고 했다. 그러니까 하나님이 선하다고 하시면 선한 것이고, 악하다 하면 악한 것이다.

1. 악인을 물리치고 의인을 세우시는 하나님

　　잠언은 선한 사람과 악한 사람, 의로운 사람과 죄를 지은 사람을 구분한다. 잠언에서는 지혜자가 아들과 후대 세대들에게 선하고 의로운 인생을 살도록 조언한다. 선한 일을 행하면 선한 사람인가? 원래 선한 사람이기에 선한 일을 행하는가? 세상에서는 이런 구분이 별 의미가 없다. 사람의 마음속을 모르니 사람의 선악을 구분할 수 없고, 사람의 행동을 볼 수는 있으므로 행동을 보고 선악을 구분하기도 한다. 그렇다면 선한 사람도 실수로 악을 행할 수 있고, 악한 사람도 착한 척하며 선을 행할 수 있다. 잠언에서 지혜자는 내면의 선함을 먼저 가질 것을 촉구한다. 내면이 선한 사람이 곧 지혜자이다. 사람이 즐거워하는 일이 있는데, 어떤 사람은 악을 행하는 것을 즐긴다. 반면에 똑똑한 사람은 지혜를 즐거움으로 여긴다. 본문의 명철한 사람 즉 똑똑한 사람은 어떤 상황을 보고 잘 판단하고 잘 해결하기 때문에 똑똑하다고 칭찬받는가? 아니다. 지혜 자체를 즐기는 사람을 향하여 명철하다고 한다. 하나님이 악인과 의인을 보고 계신다. 악인에게는 두려워하는 것이 발생하고, 의인에게는 원하는 일이 성취된다. 뜻하지 않은 회오리바람 즉 세파가 지나가면 악인은 사라지지만, 의인은 영원한 기초처럼 든든하게 선다. 하나님께서 악인을 물리치시고, 의인을 세우시기 때문이다.

2. 사람의 수명을 철저히 계산하시는 하나님

사람은 언젠가 죽는다. 지금 건강하게 산다고 해서 얼마나 더 오래 살까? 남보다 훨씬 더 많이 갖고, 장성한 손주까지 본 부자가 지금 가진 재산을 더 늘려야 한다고 고민한다면 그걸 쉽게 이해할 수 있을까? 가진 재산을 떼어 어려운 학생을 위해 장학금으로 내 주고, 나머지는 노후를 위해 사용한다면 자녀들도 부모를 존경할 것이다. 그런데 어리석은 사람들은 자신의 생명이 언제 그칠지도 모르고 욕심만 부려댄다. 성경은 말한다. "한번 죽는 것은 사람에게 정해진 것이요 그 후에는 심판이 있으리니"(히 9:27). 사람은 자기 수명을 모르지만, 하나님은 알고 계신다. 사람이 자기 수명을 늘리려고 별짓을 다하지만 그렇다고 해서 불로장생을 하는 것도 아니다. 시편에서 이렇게 말한다. "우리의 연수가 칠십이요 강건하면 팔십이라도 그 연수의 자랑은 수고와 슬픔뿐이요 신속히 가니 우리가 날아가나이다"(시 90:10). 그러므로 우리는 사는 날 동안 하나님의 뜻에 맞추어 부지런히 살아야 한다. 게으르게 살면 다른 사람에게 피해를 준다. 주인에게 게으른 종은 눈엣가시와 같은 존재가 된다. 쓸모없고, 아무 일도 맡길 수 없다. 그러나 부지런한 사람은 인정을 받는다. 부지런히 하나님을 섬기는 사람에게 하나님은 장수의 복을 주신다. 악인의 수명은 짧을 뿐이다. 하나님이 계산하신다.

3. 사람의 소망을 완전히 알고계시는 하나님

사람은 오래 살 것이라는 소망, 게다가 살면서 더 좋아질 것이라는 소망을 갖는다. 다른 사람보다 훨씬 더 많이 가진 사람도 더 많이 가지면 행복할 것이라는 소망을 갖는다. 가진 것으로 지금 누려도 되고, 지금 누군가를 도우면 즐거울 텐데 여전히 자기 소망을 생각하고 욕심을 부린다. 의인이든 악인이든 소망을 갖는다. 그러나 소망의 내용이 다르고, 소망을 이루는 방법이 다르다. 의인의 소망은 하나님의 뜻을 이루고, 사람에게 하나님을 믿는 즐거움을 주는 것이다. 그래서 소망을 이루는 방법도 바르고 정직하다. 반대로 악인의 소망은 오직 자기 배를 채우고 자기의 욕망을 이루는 것이다. 이런 사람은 목적을 위해 수단방법을 가리지 않는다. 지혜자는 소망의 결과를 다르게 제시한다. 의인의 소망은 즐거움을 이루어도 악인의 소망은 끊어진다. 의인의 소망이 중단되는 것 같고 악인의 소망이 이뤄지는 것 같으나 끝을 보면 알 수 있다. 살아계신 하나님이 선과 악을 심판하시기 때문이다. 의로운 사람, 지혜자는 하나님의 말씀을 믿고 따른다. 말씀이 정직한 사람에게는 산성처럼 튼튼한 은신처가 되지만, 악인에게는 멸망을 자초하는 칼일 뿐이다. 그래서 악한 사람은 자기 마음이 찔릴까 봐 하나님의 말씀을 거절한다. 거절할수록 회개의 시간이 늦춰지고 심판에 처하게 된다.

4. 사람의 입술을 지혜로 주장하시는 하나님

악한 사람은 행동이 악하지만 입술도 악하다. 입에서 사람을 향해 모욕하는 말, 저주하는 말이 나온다. 사람의 입에서 어떤 말이 나오는 가를 보면 그의 인격을 가늠할 수 있다. 말 한마디로 천 냥 빚을 갚는다는데, 말 한마디로 인생의 멋진 기회를 얻을 수도 있고 반면에 말 한마디로 인생이 나락으로 떨어질 수 있다. 의인은 아름다운 말을 하여 환영을 받으며 사람들로부터 초청을 받는다. 의인이 공간을 옮겨다니며 선한 말을 할수록 의인의 위치는 더 공고해진다. 사람들이 의인을 존경하기 때문이다. 반면에 악인을 환영하는 사람이 없다. 다들 멀리하여서 어느 땅에서든지 악인이 발을 붙이기 어렵다. 의인의 입에서는 지혜가 나오지만 악인의 입에서는 어리석음과 악함만 나올 뿐이다. "좋은 나무가 아름다운 열매를 맺고 못된 나무가 나쁜 열매를 맺는다"(마 7:17). 과수원을 가꾸는 농부든, 과일을 손에 든 소비자든 좋은 열매를 보면 기분이 좋다. 반면에 나쁜 열매는 아무리 싸게 주어도 사먹지 않는다. 심지어는 거저 준다고 해도 안 받고, 짐승의 먹이로도 주지 않는다. 하나님의 사람, 하나님 말씀을 아는 지혜자는 입술을 열어 하나님을 기쁘게 하고 사람을 이롭게 한다. 반대로 악인은 하나님과 사람을 아프게 하고 나중에는 진노와 심판의 자리로 던져진다.

9월의 예배와 설교를 위하여

일	요일		본문	설교제목	기타 (예화, 참고자료)
1	주일	낮			
		밤			
4	수				
8	주일	낮			
		밤			
11	수				
15	주일	낮			
		밤			
18	수				
22	주일	낮			
		밤			
25	수				
29	주일	낮			
		밤			

성 경	누가복음 10:29-37	예전색상	초록색

예배의 부름	"여호와는 나의 빛이요 나의 구원이시니 내가 누구를 두려워하리요 여호와는 내 생명의 능력이시니 내가 누구를 무서워하리요 악인들이 내 살을 먹으려고 내게로 왔으나 나의 대적들 나의 원수들인 그들은 실족하여 넘어졌도다" (시 27:1-2)
예배의 부름	**불**꽃 같은 성령의 생기로 승리하게 하시는 하나님 아버지! 빛으로 오신 주님을 닮아 세상을 향하여 한 줄기 사랑의 빛을 발산할 수 있는 영혼이 되게 하여 주심을 감사드립니다. 지난 한 주간 지은 죄 때문에 두렵고 떨리는 마음으로 왔습니다. 저희를 불쌍히 여기사 용서하여 주옵소서. 저희가 가는 곳마다 하늘 권능이 우리의 권능이 되고, 예수 능력이 나타나게 하옵소서. 예배를 통해서 저희가 지혜와 믿음의 힘을 얻게 하시고, 하나님은 영원토록 영광을 받으시옵소서. 예수 그리스도의 이름으로 기원하옵나이다. 아멘
회개를 위하여	하나님을 믿는다고 하면서도 믿음 없이 살았습니다. 죄에서 자유함을 받았으나 아직도 죄의 짐을 지고 힘겹게 살아가는 어리석음을 성찰하고 죄의 짐을 내려놓지 못하고 끌어안고 발버둥을 치는 원인이 무엇인가를 성찰하고 회개하는 기도를 계속합니다.
고백의 기도	**십**자가의 사랑으로 잡초 같은 인생을 하늘 의인의 반열에 들게 하신 하나님 아버지! 죄악의 어두움 속에서 방황하는 하늘 자녀들을 위해서 길이요 진리요 생명이신 예수 그리스도를 보내주심을 감사드립니다. 저희가 살아온 길을 뒤 돌아보면 세상 사람과 도무지 다르지 못했습니다. 원수를 사랑하고 용서하지 못했습니다. 메마른 광야와 같은 세상을 살아오면서 넘어지고 자빠지고 탈진하며 살았습니다. 죄의 사슬에 매여서 풀려날 길을 찾지 못하고 방황했습니다. 모두 저희의 불신앙 때문임을 고백하오니 불쌍히 여겨 주옵소서.
고백의 기도	**악**하고 게으른 죄인들을 꾸짖지 아니하시고 용서하시는 하나님 아버지! 저희는 하나님이 맡겨주신 직분의 그릇만 내세웠지 사명에는 불성실했습니다. 주님 몸 된 교회의 일치와 연합을 위하여 최선을 다하지 못했습니다. 썩을 대로 썩은 생각을 버리지 않고 살아가는 저희를 불쌍히 여겨 주옵소서. 항상 하나님을 실망하게 해 드리는 저희를 용서하여 주시옵소서. 실수와 잘못으로 가득한 저희입니다. 눈물과 사죄하는 마음으로 이 시간에 사죄의 말씀으로 위로하여 주옵소서. 예수님의 이름으로 기도합니다. 아멘
사함의 확인	"여호와는 은혜로우시며 의로우시며 우리 하나님은 긍휼이 많으시도다 여호와께서는 순진한 자를 지키시나니 내가 어려울 때에 나를 구원하셨도다" (시 116:5-6)
성시교독	63. 시편 145편
설교 전 찬 송	4장 (성부 성자와 성령) 420장 (너 성결키 위해)
설교 후 찬 송	449장 (예수 따라가며) 500장 (물 위에 생명줄 던지어라)

09 01

금주의 성가	거룩한 이름 찬양하여라 – William E. Hewitt 능하신 주의 손 – 김연준 복음의 깃발 – Elizabeth T. VanWoert
목회기도	지은 죄를 사하시고 지워 없애시고 새 영과 새 마음으로 꾸며주시는 하나님 아버지! 영성을 잃어버리고 세상을 의지하면서 방황하는 저희를 붙들어주시고 하늘 생명수로 강건하게 해 주심을 감사드립니다. 간절히 구하오니 우리 교회에 영적 성장을 주시옵시고 모든 지체된 성도들의 믿음이 진보하는 은혜를 주옵소서. 특별히 한국교회에 은총과 능력을 허락하시어서 이단과 미혹의 영과 싸워 넉넉히 이기는 교회가 되게 하옵소서. 한국교회가 사랑이 넘치도록 하시옵시고 가난하고 소외된 계층을 특별히 사랑하는 교회들로 충만케 하옵소서. 겨자씨만 한 믿음만 있어도 산을 옮길 수 있다고 말씀하신 하나님 아버지! 우리 교회가 기도 충만하게 하옵시고 말씀으로 충만케 하옵소서. 늘 복음전파에 앞장서서 영혼 구원에 관한 한 타 교회의 본이 되게 하옵소서. 각 구역과 기관들을 일일이 축복하셔서 풍성케 하옵소서. 교회에서 하는 모든 일이 하나님의 예정된 섭리대로 진보가 나타나게 하옵소서. 하나님의 나라를 더 크게 확장하는 사역자가 되게 하옵소서. 주님은 감사와 축복의 기도로 기적을 이루시는 줄 믿습니다. 영혼이 굶주린 백성을 먹이시고 배고픈 사람도 먹일 수 있는 은혜를 베풀어 주시옵소서. 우리를 구원하신 예수님의 이름으로 기도드립니다. 아멘
헌금을 위한 성구	"또한 모든 나라를 진동시킬 것이며 모든 나라의 보배가 이르리니 내가 이 성전에 영광이 충만하게 하리라 만군의 여호와의 말이니라 은도 내 것이요 금도 내 것이니라 만군의 여호와의 말이니라"(학 2:7-8)
헌금기도	풍성한 은혜 위의 은혜를 베푸시는 하나님 아버지! 베풀어주신 크신 은혜에 감사하여 주의 백성들이 즐거운 마음으로 예물을 드리오니 받아주옵소서. 주님이 택하신 가정마다 많은 소출과 소득을 주사 감사로 이어질 때 이 땅에 주님의 평화와 자유가 충만케 하옵소서. 물질뿐만이 아니라 저희 자신의 시간과 재능까지도 주의 나라 확장과 의를 위하여 쓰임 받는 도구로 봉헌합니다. 저희가 주의 일에 더욱 귀하게 쓰이게 하옵소서. 드리는 손을 들고 기도할 때마다 사업장에 필요한 하늘 복의 통로가 되게 하여 주옵소서. 세상의 전쟁터에서 항상 승리자에게 필요한 새 힘과 풍성한 은혜를 주시는 하나님 아버지! 오늘도 십일조와 감사헌금, 성미와 구역헌금 등 주님께 바쳐진 이 예물들이 아름다운 꽃동산을 이루게 하옵소서. 저희가 정성을 다하여 여러 가지 제목의 헌금과 바치는 물건과 수고한 봉사의 땀방울을 드립니다. 물질 앞에 비굴하지 않게 하옵시고, 또한 물질이 많음으로 교만치 않도록 도와주옵소서. 드리지 못한 무거운 마음이 하늘 축복으로 채워져 물질 없는 중압감에서 벗어나는 기쁨으로 살게 하여 주옵소서. 언제나 복 주시기를 기뻐하시는 예수 그리스도의 이름으로 기도드립니다. 아멘
위탁의 말씀	"가서 너도 이와 같이 하라" 예수님은 이웃이 누구인지를 묻는 율법 교사의 질문에 강도 만난 사람과 도와주는 사람의 이야기를 하시며 진정한 이웃의 모습을 가르치셨습니다. 이번 주간 한 사람에게라도 나눔의 사랑을 실천하면서 "이렇게 했습니다"라고 말할 수 있는 한 주간을 만들어 봅시다.
축도	지금은 우리의 연약함을 붙드시는 우리 주 예수 그리스도의 은혜와 거룩한 자녀로 살게 하시며 도우시는 하나님의 무한하신 사랑하심과 우리를 내버려 두지 아니하시고 우리 속에 들어오셔서 역사하시는 성령의 충만한 위로와 감동하심이 신앙인으로서 그리스도의 날에 자랑할 것이 있어야 하는 우리 가운데 항상 함께하시기를 축원하옵나이다. 아멘

오늘의 설교를 위한 복음적 조명 주제 : 이웃의 요건

제목 : 누가 내 이웃인가? | 본문 : 누가복음 10:29-37

주제 : 예수님은 사람들보다 더 높고 깊고 넓게 생각하신다. 당대의 지혜자들이 깜짝 놀랄 정도의 지혜를 예수님이 말씀하셨다. 예수님은 이웃이 누구인지를 묻는 율법교사의 질문에 강도 만난 사람과 도와주는 사람의 이야기를 하시며 진정한 이웃의 모습을 가르치셨다.

논지 : 예수님은 진정한 이웃이 어떤 사람인지를 비유로 말씀하셨다.
  1. 옳게 보이려는 질문을 받으신 예수님
  2. 강도 만난 사람을 사례로 드신 예수님
  3. 사마리아 사람의 예를 들으신 예수님
  4. 진정한 이웃을 깨닫게 하시는 예수님

남의 이목에 유난히 신경을 쓰는 사람이 있다. 다른 사람이 보기에 첫인상이 말끔하도록 외모와 복장에 신경을 쓰는 사람도 있다. 누가 자기를 칭찬하면 기분이 좋고, 비난하면 기분이 나쁜데, 비난하는 일에 유난히 더 신경을 쓰는 사람이 있다. 비난받으면 항의를 하고, 기분 나쁜 말로 대응을 한다. 그러고도 또 비난받을 짓을 하는 사람도 있다. 정치인들은 아무래도 사람들의 이목을 많이 받고, 사람들의 관심을 많이 끌어야 한다. 그런데 평상시의 평가에는 별로 반응을 하지 않다가 선거 때만 되면 사람들의 칭찬을 받으려고 열심히 홍보를 하는 사람도 있다. 사실 우리도 세상을 살면서 사람들의 평가나 칭찬에 민감할 수밖에 없다. 그러나 평가와 칭찬에 민감하기보다 바르고 성실하게 살면 칭찬이 저절로 따라온다. 결과를 중요시하는 세상에서는 결과가 나쁘면 과정이야 어떻든 비난을 받을 수 있다. 그러나 나쁜 수단으로 좋은 결과를 이루면 나중에는 수단이 빌미가 되어 비난을 받는다. 믿음의 사람들은 어떻게 해야 하는가? 믿음의 사람들은 세상의 평가보다는 하나님의 상 주심과 심판에 민감해야 한다. 하나님이 믿음의 사람들을 보고 계신다. 성실한 믿음으로 하나님의 뜻을 바르게 행하면 하나님이 아름답게 보시며 잘했다고 칭찬하신다. 덩달아 세상의 칭찬도 따라올 것이다.

1. 옳게 보이려는 질문을 받으신 예수님

어떤 율법 교사가 예수님께 무엇을 하면 영생을 얻을 수 있겠느냐고 질문했다. 예수님은 율법에 기록된 것을 상기시키셨다. 이웃을 사랑하라는 말씀으로 대답하는 율법 교사에게 예수님은 그대로 행하면 살 것이라고 응답하셨다. 그런데 율법교사가 갑자기 자기를 옳게 보이려고 예수님께 질문한다. "내 이웃이 누구입니까?" 일반 사람들은 이웃이라고 하면 옆집에 사는 사람 정도로 생각할 것이다. 그러나 옆집에 산다고 해서 진정한 이웃이라고 말하기도 그렇다. 나와 마음을 담은 교류가 있고, 맛난 것 있으면 나눠먹기도 하고, 고민이 있으면 서로 생각을 나누면서 위로해줄 수 있어야 진정한 이웃이다. 옆집에 사는데, 맨날 나를 향해 불만을 터트리고 나와 우리 집에 스트레스라도 준다면 이웃이라고 말하기 어렵다. 차라리 안 보고 살면 편하겠다는 생각도 들 터이다. 그러니까 옆집에 산다고 해서 진정한 이웃의 조건이 되지 않는다. 율법교사는 이 질문으로 자기를 옳게 보이려고 했다. 자기는 누군가에게 선행을 이미 베풀고 있다는 자만심을 은근히 드러낸다. 이미 잘 하고 있는 것을 예수님이 하라고 말씀하시니까 살짝 반감이 들 수도 있다. 아니면 예수님이 말하는 이웃이 누구인지를 알고 반박을 해 보려는 의도일지 모른다. 예수님은 사람의 이런 마음을 다 아신다.

09
01

2. 강도 만난 사람을 사례로 드신 예수님

　예수님이 율법교사의 질문에 대답하신다. 예수님은 관념적이거나, 철학적으로 대답하지 않으신다. 이웃의 정의를 내리거나 관계를 말씀하시지도 않는다. 예수님은 이야기를 하심으로 듣는 율법교사의 생각을 일깨우신다. 어떤 사람이 여리고로 내려가는 도중에 강도를 만났다. 으슥한 골짜기를 혼자 지나가다보면 무기를 들고 숨어서 기다리다가 지나가는 사람을 습격하여 소유물을 다 뺏는 경우가 있다. 그래서 외진 곳을 지날 때는 여러 사람이 함께가거나 어느 정도 무장을 해야 한다. 지금도 세계 곳곳에 외진 곳이든 도심지든 남의 것을 훔치고 뺏는 사람이 있다. 그나마 우리나라는 치안이 매우 좋다고 평가를 받는다. 여리고로 가던 사람은 강도에게 옷을 벗기우고 심하게 맞아서 거의 죽기 직전이었다. 강도에게는 긍휼이 없는지라 맞은 사람을 버려두고 갔다. 마침 그 길로 제사장이 지나가다가 강도 만난 사람을 보고 피해서 지나갔다. 조금 후에 레위 사람이 지나가다가 강도 만난 사람을 피해서 지나갔다. 하나님의 의를 행하며 이웃을 사랑하고 돌보아야 할 제사장과 레위인이 그냥 지나가다니 쉽게 납득하기 어렵다. 제사장이나 레위인이나 나름의 이유가 있을 것이다. 피를 보거나 만지면 부정하게 된다는 율법 때문에 그들은 강도 만난 사람을 본체만체하고 그냥 지나가버린다.

3. 사마리아 사람의 예를 들으신 예수님

　그런데 강도 만난 사람이 누워서 신음하는 곳을 지나가는 또 한 사람이 있다. 이번에는 사마리아 사람이 지나간다. 사마리아 사람은 혼혈민족이고, 예루살렘 성전이 아닌 자기들 지역에서 따로 예배를 드리는 사람들이다. 유대인들은 사마리아 사람을 이방인보다 더 나쁜 존재로 여기고 혐오한다. 사마리아 사람과 이야기는 고사하고, 사마리아 지역을 통과하기만 해도 부정하다고 생각해서 사마리아를 거쳐 가는 지름길을 놔두고 일부러 먼 길로 돌아가기도 한다. 유대인들의 의식 속에 사마리아 사람은 짐승과도 같은 존재이다. 그런데 이야기 속에 등장하는 사마리아 사람은 강도 만난 사람을 보고 불쌍히 여겼다. 가까이 가서 강도 만난 사람을 치료해준다. 그리고 자기 짐승에 강도 만난 사람을 태워서 주막까지 간 후에 치료해준다. 이튿날 사마리아 사람은 주막 주인에게 돈을 주면서 강도 만난 사람의 치료를 부탁한다. 만약 돈이 더 든다면 돌아올 때 정산하겠다고 약속한다. 이야기에 등장하는 사람들의 행동은 사람들의 고정관념과는 다르다. 이웃을 사랑해야 하는 제사장과 레위인은 못 본 척 지나가고, 사람이 아니라고 손가락질을 받는 사마리아 사람은 마음과 정성을 다해 강도 만난 사람을 도와준다. 이야기를 하는 사람은 이렇게 등장인물의 성격과 행동을 마음대로 만들어낸다.

4. 진정한 이웃을 깨닫게 하시는 예수님

　예수님이 왜 이런 이야기를 하셨겠는가? 당연히 이웃이 누군가에 대한 대답으로 이야기를 하셨다. 이 이야기를 보는 수많은 학자들이 상징적으로 해석하였다. 초대교회부터 중세 그리고 종교개혁 시대에 이르기까지 예루살렘, 여리고, 강도 만난 사람, 제사장, 레위인, 사마리아 사람을 상징적으로 해석하는 경향이 매우 많았다. 예를 들어 예루살렘은 교회이고 여리고는 세상이며 강도 만난 사람은 기독교인이라는 식이다. 사마리아 사람은 예수님을 상징하므로 예수님을 만나야 구원을 받는다는 식이다. 하지만 이런 상징적인 해석은 본문을 정확히 살피지 못한 결과일 뿐이다. 이야기의 목적이 무엇인지 알고 싶은가? 예수님이 율법교사에게 질문하신 것을 보면 된다. "네 생각에는 이 세 사람 중에 누가 강도 만난 자의 이웃이 되겠느냐?" 율법교사는 차마 사마리아 사람이라고는 대답을 못하고, 자비를 베푼 사람이라고 대답한다. 예수님은 율법교사에게 "가서 너도 이와 같이 하라"고 명하신다. 예수님은 이야기를 통해 진정한 이웃은 어떤 사람인지, 무엇을 하는 사람인지를 알려주신다. 그리고 이웃이 누구인지를 묻는 율법교사에게 먼저 좋은 이웃이 될 것을 권하신다. 상징적인 해석보다 본문의 대화를 직관적으로 보는 해석이 훨씬 더 실제적이다. 우리가 먼저 선을 행해야 한다.

2024년 9월 08일, 오순절 후 16번째 주일

성 경	베드로후서 2:9-14	예전색상	초록색

예 배 의 부 름	"너희가 아들이므로 하나님이 그 아들의 영을 우리 마음 가운데 보내사 아빠 아버지라 부르게 하셨느니라"(갈 4:6) 언약의 말씀대로 살려고 노력하는 영혼에 만사형통의 복을 주시는 하나님 아버지! 거룩한 주님의 날 우리 교회에 속한 아름다운 영혼들이 신령과 진정으로 예배드리고 권능의 말씀으로 새 힘을 공급받게 하심을 감사드립니다. 세상이 주는 삶의 무거운 짐들을 다 내려놓고 간구하는 모든 기도가 응답을 받고 감사의 찬양으로 성 삼위께 영광 돌려 드리는 은혜로운 시간 되게 하여 주옵소서. 예수님의 이름으로 기원하옵나이다. 아멘
회개를 위하여	목마른 사람이 물을 찾듯이 영혼의 갈증을 해결하기 위해서 말씀과 찬송과 기도를 먼저 하지 않고 세상과 타협하면서 세상이 주는 그 무엇인가를 찾아 헤매는 어리석은 그가 바로 나는 아닌지 성찰하고 회개하는 기도를 계속합니다.
고 백 의 기 도	삶에 지치고 딱한 죄인들에게 복음이 주는 행복을 깨닫게 하시는 하나님 아버지! 사망의 음침한 골짜기로 다닐지라도 해를 두려워하지 않고 육체를 따라 육체의 욕심대로 살던 저희를 구원하여 은혜의 꽃동산으로 불러주심을 감사드립니다. 주님의 은혜를 바라기보다 사람에게 대접받기를 갈망했던 잘못을 용서하여 주옵소서. 영혼과 믿음에 이로운 것보다는 육신의 만족과 자신의 명예를 더 좋아했던 어리석음을 용서하여 주시옵소서. 섬기기보다는 다른 이들의 무릎을 꿇리려 한 잘못을 불쌍히 여겨 주옵소서. 생각과 마음으로 품은 죄로 인하여 망가진 영혼에도 용서의 손길을 주시는 하나님 아버지! 오늘 우리가 회개하면서 흘린 눈물 자국을 다시 한번 보혈의 손으로 닦아 주시옵기를 간절히 소원합니다. 못 나빠지고 일그러진 잘못을 되풀이되지 않게 용기와 결단에 필요한 능력의 두루마기를 덧씌워 주시옵소서. 재물에 눈이 멀어 탕자처럼 미덥지 않은 세월을 보내지 않게 하옵소서. 예배에 참석만 하면 전도만 하면 잘하는 것으로 착각하며 살았던 죄를 용서하여 주옵소서. 다음 주에는 이렇게 무디어지고 초라해진 모습으로 주님을 뵙지 않게 인도하여 주옵소서. 예수님의 이름으로 기도하옵나이다. 아멘
사함의 확 인	"우리 하나님과 주 예수 그리스도의 은혜대로 우리 주 예수의 이름이 너희 가운데서 영광을 받으시고 너희도 그 안에서 영광을 받게 하려 함이라"(살후 1:12)
성시교독	68. 이사야 40장(1)
설교 전 찬 송	31장 (찬양하라 복되신 구세주 예수) 191장 (내가 매일 기쁘게)
설교 후 찬 송	410장 (내 맘에 한 노래 있어) 55장 (주 이름으로 모였던)

**09
08**

213

금주의 성 가	주께 네 염려 맡겨라 – Ralph Manuel 거룩한 이름 찬양하여라 – William E. Hewitt 주님께 감사 드리세 – Roy E. Nolte
목 회 기 도	교회를 통해서 이 지역에 영혼 구원의 싹이 트고 꽃이 피게 하시는 하나님 아버지! 우리 교회가 새로운 부흥의 불길이 불타오르기를 소망하는 기도를 들어주시고 말씀의 부흥과 신앙의 부흥이 일어나게 하실 줄 믿고 감사드립니다. 우리 교회가 하나님의 백성들로 가득 차게 하시고 평안하며 든든히 서가는 교회, 수를 경외하며 성령의 위로로 진행하는 교회가 되게 하여 주시옵소서. 물질 때문에 어려움을 당하고 있는 성도들이 낙심하지 말고 믿음으로 승리할 수 있도록 도와주옵소서. 우리 교회에는 해야 할 일들이 많이 있습니다. 교회의 지체들이 자기들의 받은 각양 좋은 은사를 따라 하나님 앞에 헌신하게 하여 주시옵소서. 우리 교회에 속한 지체들의 마음속에 평안의 선물을 충만히 받게 하시는 하나님 아버지! 교회의 기관들이 믿음 안에서 혈통의 복으로 하나님을 기쁘시게 하는 일에 모두가 기쁜 마음으로 동참하게 하옵소서. 저희 성도들이 경영하는 곳에 친히 경영주가 되시어 빛나는 업적을 쌓아가는 기업들로 발전하게 하옵소서. 교회학교를 축복하시고 교사들에게 넘치는 충성의 열매가 응답의 열매가 되게 하옵소서. 복음 전파의 뜻을 이루기 위해 교회의 각 부서를 세우시고 협력하게 하옵소서. 예수님의 이름으로 기도하옵나이다. 아멘
헌금을 위 한 성 구	"무릇 시온에서 슬퍼하는 자에게 화관을 주어 그 재를 대신하며 기쁨의 기름으로 그 슬픔을 대신하며 찬송의 옷으로 그 근심을 대신하시고 그들이 의의 나무 곧 여호와께서 심으신 그 영광을 나타낼 자라 일컬음을 받게 하려 하심이라"(사 61 : 3)
헌 금 기 도	선한 행실을 통해 하나님께 영광 돌릴 수 있는 착한 믿음을 주시는 하나님 아버지! 은혜와 피 흘림의 십자가로 지혜와 깨달음의 은혜를 주시고 지난 한 주간에도 세상에서 행복과 감사가 넘치는 삶을 살게 하신 은혜를 감사드립니다. 소득의 모든 것은 주님의 것이요 누리는 것도 주님의 주신 것임을 고백합니다. 기쁨으로 드리는 모든 손길 위에 주님의 기름 부음의 은혜로 땅과 하늘의 은혜로 채우셔서 더욱 풍성하게 하옵소서. 고단한 생활 중에도 하나님의 은혜임을 믿고 드리는 예물이 복음 전파를 위한 도구가 되고 하나님의 나라가 확장되고 주님의 영광이 나타나게 하옵소서. 기름진 식탁으로 성도들의 가정을 풍성하게 하시는 하나님 아버지! 약속을 믿고 드리는 십일조 예물과 항상 감사하는 마음으로 드려지는 여러 가지 모습의 예물도 있습니다. 온전한 예배가 되기 위해서 드리는 예물과 함께 헌신과 충성과 수고까지도 영적 예배를 드리는 예물이 되게 하여 주옵소서. 지금도 교회 이곳저곳에서 헌신하는 아름다운 성도들의 마음과 땀방울이 있습니다. 그 헌신의 예물도 받아 주시옵소서. 없어 드리지 못하는 안타까운 심령들도 많습니다. 그들에게도 날마다 감사하며 살 수 있는 물질의 복을 더하여 주옵소서. 성도들이 경영하는 모든 일이 형통하게 하옵소서. 예수님의 이름으로 기도드립니다. 아멘
위탁의 말 씀	"음심이 가득한 눈을 가지고 범죄하기를 그치지 아니하고 굳세지 못한 영혼들을 유혹하며 탐욕에 연단된 마음을 가진 자들이니 저주의 자식이라" 하나님은 믿음의 사람을 살피시지만, 세상이 주는 유혹과 춤출 때는 체로 걸러내시고 멸망의 자리로 내치신다는 것을 기억하고 한 주간을 살아야 합니다.
축 도	이제는 모든 생명을 귀히 여기시고 구원하시기 위해서 십자가 위에 달리신 예수 그리스도의 은혜와 온 세상을 무한히 사랑하시는 하나님의 사랑하심과 성결의 삶을 이루어 본분을 다하게 하시는 성령님의 충만하심이 성도들의 심령과 삶의 터전 위에 영원히 함께하시기를 간절히 축원하옵나이다. 아멘

오늘의 설교를 위한 복음적 조명 주제 : 생활의 방향

제목 : 경건의 은혜로 살아가기 ㅣ 본문 : 베드로후서 2:9-14

주제 : 하나님은 믿음의 사람을 살피고 악에서 지키신다. 비록 악인이 세상에서 잘 나가는 것 같아도 하나님은 악인을 심판하심으로 경건한 의인을 지켜주신다. 세상의 악한 성향을 그대로 유지한 채 활동하는 사람을 하나님께서 체로 걸러내시고 멸망의 자리로 내치신다.

논지 : 주님은 악인을 책망하시고 심판하심으로 믿음의 사람을 지키신다.
   1. 의인을 끝까지 지키시는 주님
   2. 악인의 언행을 바라보신 주님
   3. 악인의 종말을 알고계신 주님
   4. 악인을 향해 심판하시는 주님

교회는 거룩한 공동체이다. 거룩하신 예수님이 교회를 당신의 몸으로 인정하셨다. 그런데 교회가 거룩해 보이지 않을 때가 있다. 거룩하신 예수님을 믿는 사람들이 거룩하므로 신자들이 모인 교회도 거룩해야 마땅하다. 그런데 교회 안에 이해하기 어려운 말썽이 생기고, 세상 사람들도 납득하기 어려운 부조리가 발생한다. 거룩한 교회가 거룩하지 못한 모습으로 보일 때가 생긴다. 이 때 교인들은 교회에 대해 실망하여 교회를 떠나기도 하고, 불신자들은 교회를 욕하는 것뿐만 아니라 교회를 혐오하기까지 한다. 거룩한 교회에 유혹과 시험거리가 생기고, 교회의 리더십과 신자들이 유혹에 빠져 교회를 힘들게 할 때가 있다. 초대교회부터 지금까지 교회의 역사를 보면 어느 지역에서 크게 부흥한 교회들이 세월이 가면서 쇠퇴하고 지금은 유적지나 순례지 정도로 남아있는 정도로 이름만 남기는 경우가 많다. 설교를 시작하면서 왜 이렇게 무겁고 부정적인 이야기를 해야 할까? 교회공동체를 이루는 우리가 각성하여서 교회의 거룩함을 유지해야 하는 책임을 결단하기 위함이다. 초대교회 때도 교회를 시험하고 무너뜨리려는 시도가 많았다. 교인들 중에서 유혹에 넘어가는 경우가 있었다. 사도들은 교회를 향하여 강하게 책망하기도 하고, 어떤 때는 부드럽게 권면한다.

1. 의인을 끝까지 지키시는 주님

베드로 사도 역시 거룩성이 훼손되는 교회를 보았다. 교회 안에 들어온 사람들이 믿음의 순수성을 지키기보다, 본인들의 거룩성을 인식하고 거룩성에 맞게 살아가기보다는 세속적 욕망에 의한 일탈이 생겨나는 것을 베드로가 보았다. 베드로가 교회들을 향해 책망할 수밖에 없다. 교회들을 향한 책망은 곧 교회를 이루는 사람들에 대한 책망이었다. 교회의 리더십들을 향한 책망, 세속의 욕망을 갖고 교회의 거룩성을 훼손하려고 교회 안으로 들어오는 사람, 거룩성 훼손에 대해 무감각한 사람, 거룩성을 훼손하는 사람들을 방치하는 행위 등에 대한 책망이다. 책망의 내용 중에 가장 강한 것은 심판에 대한 경고이다. 하나님께서 경건한 사람을 시험과 유혹에서 건지시지만 불의한 사람을 향하여서는 형벌을 내리신다. 주님이 마지막 심판 날까지 불의한 사람들을 형벌 아래에 두신다. 주님의 형벌을 받는 사람들은 어떤 사람들인가? 본문에서 베드로 사도는 육체를 따라 더러운 정욕 가운데 행하는 사람과 주관하는 이를 멸시하는 사람이다. 여기 '주관하는 이'는 교회의 거룩성을 유지하려고 성도를 가르치고 교회를 지키는 사람들이다. 교회의 선한 리더십을 의미한다. 주님이 교회를 방치하지 않으신다. 주님은 교회의 거룩성을 위하여 사람을 세우고, 때로는 심판을 경고하게 하신다.

2. 악인의 언행을 바라보신 주님

사람들은 교회의 선한 리더십을 어떻게 바라볼까? 존경하는 눈으로 바라보기도 하거니와 답답한 마음으로 보기도 한다. 교회의 리더십에 속해 있다는 것 자체로 존경을 받을 수 있다. 그러나 교회의 리더십들은 신자를 위해 늘 기도한다. 기도하는 리더십을 신자들이 존경한다. 히브리서에는 교회의 리더십 존중과 그 이유를 이렇게 말한다. "너희를 인도하는 자들에게 순종하고 복종하라 그들은 너희 영혼을 위하여 경성하기를 자신들이 청산할 자인 것 같이 하느니라 그들로 하여금 즐거움으로 이것을 하게 하고 근심으로 하게 하지 말라 그렇지 않으면 너희에게 유익이 없느니라"(히 13:17). 한편 교회의 리더십을 향해 답답하다고 하는 사람도 있다. 기도만 하면 다 되느냐고 비아냥대는 사람, 경건의 모양을 보는 것이 답답하다는 사람, 예수님의 희생과 교훈을 이야기하면 시대에 뒤떨어진 낡은 생각이라고 무시하는 경향도 있다. 베드로가 보기에 이런 사람들은 당돌하고 자만하여 아무런 거리낌이나 두려움이 없이 영광 받을 사람들을 비난한다. 교회가 그런 사람들을 치리해야 하는데, 교회를 비난하는 악한 사조에 따르는 사람을 잘못 치리하면 교회에 더 큰 시험이 들기도 한다. 교회에서 행하는 선한 일을 세상 법정으로 끌고 가서 교회에 낭패를 당하게 하는 경우도 매우 많다.

3. 악인의 종말을 알고계신 주님

교회의 거룩성을 훼손하는 사람들을 주님이 다 보고 계신다. 그런데 주님이 잠시 동안 참고 계신다. 사람보다 더 큰 힘과 능력을 가진 천사들도 비방하는 사람들을 고발하지 않는다. 천사가 나타나서 칼을 휘두르면 비방하는 사람들의 입이 닫힐 텐데 웬일인지 주님께서 허락하지 않으신다. 그렇다고 해서 주님이 용서하시거나, 형벌을 포기하신 것도 아니다. 베드로 사도는 영광스런 리더십을 비방하는 사람들을 향하여 본래부터 잡혀 죽기 위해 난 이성 없는 짐승과 같다고 말한다. 비방하기는 하지만 알지 못하는 것을 비방하는 사람들이다. 이런 사람들의 종말을 주님이 예고하신다. 비방하는 사람들은 멸망 가운데서 멸망을 당할 사람이다. 불의의 값으로 불의한 일을 당하게 될 사람들이다. 그들은 거룩함에서 벗어나 그저 노는 것을 좋아하는 사람들이다. 교회를 예배와 찬양의 공동체, 기도의 공동체로 생각하지 않고 놀고 즐기는 쾌락의 모임 정도로 생각한다. 비방하는 사람들의 점과 흠은 교회의 본질을 바르게 알지 못하고 착각하는 점이다. 주님은 교회를 비방하는 사람을 악하다고 여기신다. 그들의 앞에는 멸망이 기다리고 있다. 그들이 행했던 불의한 일을 행한 그대로 받게 될 것이다. 이럴 때 자업자득이라고 말해야 할 것 같다. 주님이 악인의 종말을 아시며 경고하신다.

4. 악인을 향해 심판하시는 주님

악인은 교회의 거룩한 본질을 훼손한다. 악인은 교회에서 선한 일이 일어나는 것을 훼방한다. 교회 안에서 자기들이 생각하기에 즐거운 일을 누리자고 한다. 즐겁게 누리는 게 죄는 아니라며 신자들에게 세속적인 유혹을 하여 감각을 무디게 한다. 그러나 악한 꾀를 갖고 있는 악인들의 제안을 받아주었다가는 교회에 큰 풍파가 들이닥친다. 악인들은 교회의 모임에서 즐거울 일이 생기면 속임수를 써서 자기들에게 유익이 돌아가게 한다. 사람을 볼 때 하나님의 자녀로 보아야 하는데, 자기의 욕망을 채우는 노리개 정도로 본다. 그들의 눈길이 하나님의 뜻과 다르다. 한 번 죄를 지으면 감각이 무뎌져서 계속 죄를 짓는다. 교회의 새신자들이나 아직 연약한 사람들을 유혹하여 자신들의 탐욕에 가담하게 한다. 그들의 먹잇감이 되면 탐욕으로 굳어진 마음이 된다. 오늘날 이단들이 가만히 교회에 들어와서 이런 짓을 한다. 교회를 비방하고 자기들의 성경해석이 옳다며 교인들을 기망하여 자기들 모임으로 빼간다. 과거 초대교회에 있었던 일들이 이 시대에 교회들에도 일어나고 있다. 베드로 사도는 이런 악인들을 향해 저주의 자식이라고 경고한다. 악인을 향해 심판하시는 주님을 알기 때문이다. 베드로 사도의 무서운 경고말씀을 보고 들었다면 주님의 뜻과 보호에 의지해야 한다.

성 경	역대하 15:1-9	예전색상	초록색

예배의부름

"아버지께 참되게 예배하는 자들은 영과 진리로 예배할 때가 오나니 곧 이 때라 아버지께서는 자기에게 이렇게 예배하는 자들을 찾으시느니라 하나님은 영이시니 예배하는 자가 영과 진리로 예배할지니라"(요 4:23-24)

거룩한 주님의 날 성도들이 성소에 나와 회복의 감격을 찬양하게 하시는 하나님 아버지! 명절에 고향에 모인 친지들에게 주님을 자랑토록 인도해 주심을 감사드립니다. 한가위 명절을 가족과 친지들과 지역 사회가 하나 되어 주님을 찬양하는 전통과 풍습으로 기독 문화를 바로 세워가게 하옵소서. 가족과 그동안 헤어져 있던 성도들이 하나님을 만나는 길이 되게 하시고 하나님을 만나 온유한 예수님의 성품으로 변화되는 은혜가 있게 하옵소서. 예수님의 이름으로 기원하옵나이다. 아멘

회개를 위하여

전통과 풍습을 지키고 계승하여 후대에게 선조들의 삶을 가르치고 뜻을 기리게 하는 것은 아름답고 훌륭한 일입니다. 혹시 그것을 핑계로 우상을 섬기는 일에 동조한 적은 없는지 성찰하고 회개하는 기도를 계속합니다.

고백의기도

구습에 젖어 석연치 않게 우상에 굴종 되었던 죄인에게 용서의 기쁨을 주시는 하나님 아버지! 우상을 섬기며 옛 전통이라는 명분으로 위장하며 살았던 저희를 용서하여 주시고 거듭난 기쁨으로 예배드리게 하심을 감사드립니다. 주님을 믿는다고 하면서도 변하지 않는 죄악의 삶을 숨기고 살았던 죄를 용서하여 주시옵소서. 구습의 죄악을 아무 의미도 모르면서 사용했던 잘못을 돌이키게 하여 주소서. 전통이라는 핑계로 우상을 섬기던 행위들을 되풀이했던 죄를 불쌍히 여겨 주옵소서. 주님의 십자가를 바라보며 저희의 주홍 같고 진홍 같은 붉은 죄 자복합니다.

십자가의 고통을 인내하시며 죄로 무지한 백성들을 구원하시는 하나님 아버지! 가난했던 시절 먹을 것이 많던 명절을 기다리던 철부지와 같이 주님을 바라보는 저희가 먹을 것만을 기다리고 있었음을 회개합니다. 세상 길은 죄의 길인 줄 알면서도 그 속에서 죄와 더불어 살았습니다. 죄에 끌려다니며 보아서는 안 될 것들을 보고, 들어서는 안 될 것들을 듣고 살았습니다. 부끄러운 마음, 두려운 마음으로 주님 앞에 엎드립니다. 주여 저희를 용서하여 주시고 천국에 합당한 백성으로 다시금 인도하여 주옵소서. 예수님의 이름으로 회개하며 기도 드립니다. 아멘

09 15

사함의 확인

"그런즉 누구든지 그리스도 안에 있으면 새로운 피조물이라 이전 것은 지나갔으니 보라 새 것이 되었도다"(고후 5:17)

성시교독	71. 이사야 55장

설교 전 찬 송	32장 (만유의 주재) 520장 (듣는 사람마다 복음 전하여)

설교 후 찬 송	491장 (저 높은 곳을 향하여) 496장 (새벽부터 우리)

금주의 성 가	기쁜 날 – E. F. Rimbault, L. Yarbrough 어디든지 예수 나를 이끌면 – 서은정 작곡 언제나 주를 찬양 – Grace Balson
목 회 기 도	**한**주간 동안 한순간도 주님의 사랑에서 떠나지 않고 말씀 안에서 늘 승리하게 하신 하나님 아버지! 온 땅의 만민들이 들판의 풍성함을 즐거워하고 베풀어 주신 사랑으로 추석 명절을 보내게 하심을 감사드립니다. 고향에서 가족과 친지들을 만나고 반가워하되 믿음은 타협하지 않고 지혜롭게 지켜가는 주님의 선택받은 자녀들을 지켜주시옵소서. 풍습이라는 이름으로 우상에게 절하지 않도록 지켜주옵소서. 조상을 섬긴다는 핑계로 제사상에 절하는 죄를 범하지 않도록 강건하게 붙들어 주시옵소서. 불신자들과 다투지 않고 지혜로운 방법을 모색하게 하여 주옵소서. **주**어진 직분을 감당할 때마다 필요한 힘을 공급해 주시는 하나님 아버지! 주님의 한량없는 자비하심으로 저희를 감싸 주옵소서. 명절에 만난 부모를 섬기고 가족과 사랑을 나누는데 아낌없이 나누고 교제할 때 주님의 사랑도 전하게 하옵소서. 어린 자녀들에게 조상들의 슬기와 열심히 노력하며 살았던 지혜를 가르치게 하옵소서. 신앙 안에서 전통을 지키고 계승 발전 승화시켜가는 믿음의 지혜로운 가르침을 전하게 하여 주옵소서. 하나님 앞에 엎드려 지혜를 구하는 기도를 통해서 올바른 판단력과 지혜와 식견으로 선과 악을 구별하는 자가 되게 하옵소서. 예수님의 이름으로 기도드립니다. 아멘
헌금을 위 한 성 구	"오직 너희를 위하여 보물을 하늘에 쌓아 두라 거기는 좀이나 동록이 해하지 못하며 도둑이 구멍을 뚫지도 못하고 도둑질도 못하느니라 네 보물 있는 그 곳에는 네 마음도 있느니라"(마 6:20~21)
헌 금 기 도	**가**족과 함께 가을의 풍성한 열매를 감사하게 하시는 하나님 아버지! 받은 바 은혜를 간직하고 더도 말고 덜도 말고 오늘만 같았으면 좋겠다는 추석 명절에 가족과 함께 예배드리게 하심을 감사드립니다. 그동안 보이지 않는 곳에서, 미처 알지 못한 곳에서, 주님은 저희를 기다려 주셨고 도와주셨습니다. 그 은혜, 그 사랑을 감사드리오며 이 시간도 주님의 제단 앞에 믿음의 예물을 드립니다. 주님께서 공급해 주신 소중한 물질 가운데 십일조를 구별하여 드립니다. 이모저모 감사한 마음을 모아 감사의 예물을 드립니다. 구역헌금으로 선교헌금으로 건축헌금으로 주님께 예물을 드립니다. **은**혜와 사랑으로 넘치게 채워주신 하나님 아버지! 믿음으로 주님 앞에 바친 손길과 심령마다 주님께서 한없는 복을 내려주옵소서. 가정과 자녀와 사업과 직장 위에 잘 됨의 은혜를 내려주옵소서. 역경 속에서도 한결같이 동행해 주시는 하나님을 인정하게 하옵소서. 사랑하는 성도들이 부족하고 열악한 환경 가운데서도 평안을 누리며 사는 축복을 허락하여 주옵소서. 주님의 말씀 비밀을 알아가는 은혜가 가장 행복한 것임을 기억하고 깨달을 때마다 영적인 기쁨이 넘치게 하옵소서. 이 예물이 사용되는 곳마다 멍에의 쇠사슬이 풀어지고 복음이 스며드는 역사가 일어나게 하옵소서. 예수님의 이름으로 봉헌기도 드립니다. 아멘
위탁의 말 씀	"그런즉 너희는 강하게 하라 너희의 손이 약하지 않게 하라 너희 행위에는 상급이 있음이라 하니라" 한 주간 동안 여러 가지 어려움 때문에 심신이 피폐하였을지라도 하나님은 돌아온 사람들을 환영하시며 이전보다 더 강한 믿음을 바라심을 믿고 믿음의 승전가를 불러드리는 저와 여러분이 되어야 합니다.
축 도	지금은 우리에게 평안을 주시는 예수 그리스도의 은혜와 온 맘으로 찬양을 드리게 하시는 하나님 아버지의 사랑하심과 하나님만을 경배하도록 인도하시는 성령님의 역사하심이 세상의 것보다 생명책에 이름이 기록된 것으로 인하여 즐거운 마음으로 돌아가는 백성들 위에 그리고 저들의 가정과 교회 위에 영원토록 함께 계시기를 축원하옵나이다. 아멘

오늘의 설교를 위한 복음적 조명 주제 : 평화의 나라

제목 : 나라의 평화를 이루려면? | 본문 : 역대하 15:1-9

주제 : 하나님은 사람의 행위를 알고 계신다. 사람이 하나님께 돌아오는 것을 하나님이 기뻐하시고 맞아주신다. 하나님은 돌아온 사람을 만나주신다. 비록 여러 고난으로 심신이 피폐하였을지라도 하나님은 돌아온 사람들을 환영하시며 이전보다 더 강한 믿음을 요구하신다.

논지 : 하나님은 사람의 믿음과 행위를 보고 계시며 강한 믿음을 요구하신다.
  1. 사람의 행위에 응답하시는 하나님
  2. 여러 고난으로 연단하시는 하나님
  3. 믿음의 강함을 요구하시는 하나님
  4. 개혁의 사람을 살펴보시는 하나님

세계 역사는 무엇으로 이루어져 있을까? 어떤 사람들은 인물들의 역사라고 한다. 기억할만한 현장에 있었던 인물, 커다란 사건을 주도했던 인물들을 살펴보면 역사의 흐름이 보인다. 어떤 사람은 역사를 볼 때 문화를 살펴본다. 소위 문화사라고 한다. 시대마다 사람들의 사는 모습과 후대에 남길만한 기념물들이 있다. 어떤 사람들은 시대를 이끌어가는 사상을 중심으로 역사를 본다. 사상사라고 말한다. 사람들의 생각을 움직이고, 시대를 바꾸는 중요한 결정을 할 수 있는 사고방식을 보는 식이다. 사고방식의 커다란 변화가 나타날 때는 의식의 전환 혹은 패러다임 쉬프트가 일어났다고 말한다. 이런 건 사실 우리 피부에 닿지 않는 먼 곳에서 일어난 이야기처럼 들린다. 모두가 우리 생활과 긴밀한 관계가 있는데도 말이다. 우리 기억에 각인되려면 일반적인 것보다는 우리의 생각에 자극을 주는 것이어야 한다. 역사를 대립과 전쟁의 연속이라고 말한다면 아무래도 더 공감이 될 것이다. 우리 시대에도 국내외에서 크고 작은 전쟁을 경험하고, 전쟁의 여파를 직간접으로 느낀 점이 있기 때문이다. 전쟁이 한창일 때, 사람들은 평화를 갈망한다. 평화를 얻고 누리려면 어떻게 해야 할까? 성경은 분명한 대답을 한다. 그것은 하나님을 찾고 만나야 한다는 것이다. 하나님의 절대 요구이다.

1. 사람의 행위에 응답하시는 하나님

성경에도 크고 작은 전쟁이 많다. 이스라엘이 하나님의 명령을 따라 가나안을 정복하는 전쟁이 있는가 하면, 가나안에서의 방종으로 인한 하나님의 책망으로 침략을 당하는 전쟁도 있다. 하나님이 명령하여 전진하는 전쟁이야 승리가 예견된 것이므로 이스라엘에게는 걱정할 일이 없다. 문제는 하나님을 떠나 잘 사는 듯한데, 침략을 당해서 소유를 다 뺏기고 목숨마저도 위협을 받을 때이다. 이럴 때는 평화가 없다. 사실 이스라엘의 정복전쟁도 가나안으로 봐서는 불안한 일이다. 하지만 타락한 문화를 정화하려면, 새롭고 정직한 생각이 유입되는 격동기가 있어야 한다. 하나님은 타락한 문화를 깨끗하게 하시려고 나라들에 격변의 사건들을 제공하신다. 북왕국은 여로보암 왕 때에, 남왕국에서는 르호보암의 손자 아사가 왕위에 올랐다. 아사가 하나님 보시기에 정직하게 행하고 10년 동안 평화가 지속되었다. 그런데 예언자 아사랴가 나타나서 예언의 말을 전한다. 유다 왕 아사에게 유다의 평화를 위해서 무엇을 해야 하는지를 알려준다. 여호와 하나님이 함께하시는데, 만약 백성이 하나님을 찾으면 만나려니와 만약 하나님을 버리면 하나님도 백성을 버리실 것이다. 백성과 함께하는 하나님이시지만 백성들의 마음과 행위에 따라서 응답하실 것이다. 평화의 조건은 믿음이다.

**09
15**

2. 여러 고난으로 연단하시는 하나님

예언자 아사랴가 남왕국 왕 아사에게 예언한다. 그런데 예언 중에 북왕국 이스라엘에 관한 내용이 있다. 북왕국 이스라엘에 제사장과 율법이 없고, 하나님을 알지도 못한다고 예언한다. 믿음이 완전히 결여된 상태이다. 그것도 아주 오랫동안 영적인 공허 상태에 있었다. 하나님을 모르는 상태, 하나님 없이 사는 생활에 과연 평화가 있을까? 북왕국 이스라엘은 환란을 만났다. 환란의 때에 이스라엘의 하나님 여호와께 돌아가서 찾으면 하나님을 만나게 될 것이다. 하지만 북왕국은 지금 환란을 겪고 있다. 주민들에게 소란이 일어나고, 성 안팎을 출입하는 것이나 집을 드나드는 것이 평안하지 못하다. 아마도 밖으로 나가면 누군가로부터 위협을 당하는가 보다. 그도 그럴 것이 주변 나라들이 서로 부딪히고 있다. 이 나라와 저 나라가 서로 침략을 한다. 이 성과 저 성이 피차 파괴되었다. 하나님이 북왕국 이스라엘에 여러 가지 고난을 주셔서 괴롭게 만드셨다. 북왕국에는 전쟁과 괴로움으로 평화가 없는 시대를 맞았다. 성경은 그 이유를 하나님을 알지 못하기 때문이라고 한다. 하나님은 예언자를 통해 평화를 위한 해답을 제시하신다. 4절에 있는 대로 백성들이 여호와께 돌아가서 찾으면 하나님이 백성들을 만나주실 것이라 한다. 하나님이 함께해 주셔야만 평화가 온다.

3. 믿음의 강함을 요구하시는 하나님

하나님이 북왕국의 환란을 남왕국에 알려주시는 이유가 무엇인가? 다른 나라를 보고 우리나라에 교훈을 삼으라는 의미이고, 다른 사람의 실패를 보고 자기가 바로 살아야 한다는 각성을 의미한다. 소위 말하여 타산지석에 반면교사로 삼아야 한다는 것이다. 북왕국이 지금은 남왕국보다 강해보이지도 않고, 남왕국의 이전 왕이 북왕국과 전쟁을 해서 승리했지만, 언젠가는 남왕국도 국력이 약해질 것이다. 북왕국 사람들이 솔로몬과 르호보암의 압제를 피해서 분리 독립을 했지만 그들에게는 하나님을 버린 셈이 되었다. 북왕국에서는 하나님을 섬기는 대신 금송아지를 세워 거기에 절을 한다. 과거에 광야에서 아론이 백성들의 압력에 굴복하여 금송아지를 만드는 바람에 하나님의 진노를 받았는데, 세월이 지나 북왕국 사람들이 광야의 사건을 잊고 말았다. 게다가 북왕국에서는 아론의 자손 레위지파의 제사장들을 쫓아내고, 이방 백성들의 풍습을 따르는 제사장을 세우는데, 송아지와 양을 가져와서 뇌물로 바치기만 하면 제사장으로 세우기까지 했다. 이렇게 하나님을 버렸는데 그 나라가 평안할 리 없다. 남왕국 역시 북왕국처럼 하나님을 버리면 평화를 잃을 것이다. 그래서 하나님은 백성들에게 스스로 강하게 하며 손을 약하게 하지 않는 행위에 상급이 있을 것이라고 말씀하신다.

4. 개혁의 사람을 살펴보시는 하나님

남왕국 유다의 왕 아사가 예언자 아사랴의 말을 들었다. 그리고 하나님의 뜻을 행한다. 하나님의 요구대로 마음을 강하게 하여 우상을 숭배하는 물건들을 남왕국에서 제거한다. 또 일부 탈환한 북왕국 땅에서도 우상을 숭배하는 물건들을 제거한다. 또 르호보암 시절에 애굽으로부터 침략을 당해 파괴된 성전을 재건하였다. 하나님의 말씀을 들은 아사가 개혁을 일으켰다. 아사 왕이 남왕국을 이루는 유다와 베냐민 지파 사람을 모았다. 한편 르호보암 시절 여로보암을 따라서 북왕국으로 간 지파가 무려 열지파나 되었는데, 아사 왕은 그 중에서 에브라임, 므낫세, 시므온 지파 사람들을 모았다. 세 지파 사람들은 하나님께서 아사 왕과 함께하심을 보고 남왕국으로 이주하여 사는 사람들이다. 비록 하나님을 버린 부족 중에도 마음을 바르게 하여 하나님을 찾고, 하나님께로 돌아오는 사람이 있다. 하나님은 신앙의 개혁을 지켜보시며, 개혁의 사람들을 지지하고 평화를 주신다. 그리고 신앙의 사람들을 붙여주신다. 본문 뒤에 나오는 15절을 보면 "무리가 마음을 다하여 맹세하고 뜻을 다하여 여호와를 찾았으므로 여호와께서도 그들을 만나주시고 그들의 사방에 평안을 주셨더라"고 기록한다. 하나님은 아사 왕에서 요구하셨던 말씀을 그대로 지키는 사람들에게 약속한 평화를 주셨다.

성 경	마태복음 22:15-22	예전색상	초록색

예배의부름	"우리가 스스로 우리의 행위들을 조사하고 여호와께로 돌아가자 우리의 마음과 손을 아울러 하늘에 계신 하나님께 들자 여호와께서 하늘에서 살피시고 돌아보실 때까지니라"(애 3:40-41,50)
	희망이 사라지고 절망의 늪에서 허우적거리던 영혼을 구속하시고 참 자유와 해방을 주신 하나님 아버지! 거룩한 주일 은혜의 날 아침 빈 마음 가득 안고 왔지만, 저희 가슴속에까지 파도치는 은혜의 시간이 되게 하심을 감사드립니다. 저희 모든 성도가 마음 문 활짝 열고 찬송과 경배를 드립니다. 고난 너머에서 손짓하는 기쁨과 성취의 감동을 볼 수 있는 눈이 열려 하늘까지 믿음이 자라는 은혜의 천국 잔치가 되게 하옵소서. 예수님의 이름으로 기원하옵나이다. 아멘

회개를 위하여	세상일과 사업에서의 실패는 실패가 아닙니다. 하나님과의 관계에서 실패가 무서운 실패입니다. 세상에서 가끔 실패할 때마다 새로운 도전을 위한 장애물일 수 있습니다. 영적인 실패가 생기는 원인이 무엇인가 성찰하고 회개하는 기도를 계속합니다.

고백의기도	**실**패할 때마다 뿌리치지 않으시고 사랑의 손으로 잡아 주시는 좋으신 하나님 아버지! 오늘도 무거운 실패의 멍에를 지고 주님 앞에 나온 저희를 사랑으로 안아 주시니 감사드립니다. 험하고 죄악된 세상에서 살면서 저희가 실패하고 이렇게 낙망하고 있는 것이 저희 죄악과 하나님의 힘을 의지하지 않은 자업자득이면서도 그 원인을 남의 탓으로 돌리고 있는 저희 이기심을 꾸짖어 주옵소서. 저희가 당한 실패는 진정한 의미에서 실패라기보다는 실수였다는 것을 고백합니다. 어려움이 있고 시련이 닥쳐와도 주님께서 허락하시고 감당할 힘을 주신다는 확신이 흔들렸던 것을 용서하여 주옵소서.
	예수님께서 가신 골고다의 길이 고난의 길이 아니라 광명과 소망의 길임을 알게 하시는 하나님 아버지! 입으로는 길이요 진리요 생명이신 주님을 말하면서도 바로 그 입으로 저주를 말하고 사랑을 말하지 못했습니다. 미움받았다고 그 즉시 앙갚음을 말했습니다. 주여 저희를 불쌍히 여겨 주옵소서. 자존심 하나 붙잡고 하나님의 영광을 가리지 않게 하옵소서. 오늘 다시 한번 회개하는 저희에게 은총을 베푸시사 사죄의 말씀을 선포하시어서 거듭남의 기쁨을 안고 가게 하여 주옵소서. 예수님의 이름으로 기도합니다. 아멘

사함의 확인	"그가 빛 가운데 계신 것 같이 우리도 빛 가운데 행하면 우리가 서로 사귐이 있고 그 아들 예수의 피가 우리를 모든 죄에서 깨끗하게 하실 것이요"(요일 1:7)
성시교독	74. 마태복음 5장
설교 전 찬 송	8장 (거룩 거룩 거룩 전능하신 주님) 542장 (구주예수 의지함이)
설교 후 찬 송	478장 (참 아름다워라) 273장 (나 주를 멀리 떠났다)

09 22

금주의 성 가	보라 하나님의 사랑을 – Felix Mendelssohv Martholdy 사랑의 열매 – 김규완 영광의 주님 찬양하세 – Arr. by Joseph Linn
목 회 기 도	민음의 자녀들을 통해 가정과 교회와 일터가 거룩하여지기를 바라시는 하나님 아버지! 어려움 속에서도 저희가 좌절하지 않고 주님을 바라보면서 살다가 주님의 날 거룩한 성산에 나와 예배드리게 하심을 감사드립니다. 주님께서 저희와 함께하시는 믿음이 저희와 가정과 기업을 지켜주셨기 때문입니다. 넘어지지 않고 좌절하지 않았다고 자만하지 않고 교만해지지 않게 도와주옵소서. 주님께서 채찍에 맞아 고통을 겪으신 것은 죄 없는 주님이 당하신 큰 고통이었사오나 저희가 겪고 있는 지금의 어려움은 저희가 저지른 실수와 죄에 대한 당연한 결과이면서도 주님을 향하여 보채는 마음으로 살아온 지난날들을 용서하여 주옵소서. 주신 은혜를 날마다 체험하며 자신을 돌아보게 하시는 하나님 아버지! 직장을 잃고 가슴 조이는 성도에게 주님만이 주실 수 있는 해결의 감동이 있게 하옵소서. 사업의 어려움이 하나님 나라의 어려움이 되지 않게 하옵시고 경제적인 아픔이 영혼의 아픔으로 번지지 않는 강건한 믿음을 더하여 주옵시기를 기도합니다. 고통을 당하는 사람이 고통을 안다고 했습니다. 더 많은 어려움에 부닥쳐 있는 사람에게 위로하는 천사의 음성이 되게 하옵소서. 고개 숙인 성도들의 기도 제목이 말씀을 들으면서 응답으로 이어져 감사의 찬송이 넘치게 하옵소서. 예수님의 이름으로 기도합니다. 아멘
헌금을 위 한 성 구	"이것이 곧 적게 심는 자는 적게 거두고 많이 심는 자는 많이 거둔다 하는 말이로다 각각 그 마음에 정한대로 할 것이요 인색함으로나 억지로 하지 말지니 하나님은 즐겨 내는 자를 사랑하시느니라"(고후 9:6-7)
헌 금 기 도	불신의 어두운 그림자 속에서 헤매던 저희에게 소망 안에서 살 수 있게 인도해 주신 하나님 아버지! 가진 것 없는 빈손으로 이 땅에 태어난 저희에게 살아갈 수 있는 모든 조건을 허락하신 그 사랑을 감사드립니다. 때로는 인간의 욕심이 지나쳐서 물질 때문에 세상의 정욕 때문에 시험이 들 때가 있었음을 용서하여 주옵소서. 받은 사랑 조금이라도 보답하고자 주님께 우리의 것을 바칩니다. 물질을 바치며 시간을 바치며 마음을 바치며 정성을 바쳤습니다. 우리의 믿음으로 모든 것을 주님께 전부 드립니다. 주님께서 기쁘게 받아주시옵소서. 풍성하고 좋은 것으로 날마다 채워주시기를 기뻐하시는 하나님! 주님께 드리기 위하여 미리 준비한 그 손길을 기억하여 주옵소서. 주님께 더 많이 드리고 싶어 하는 저들의 중심을 보아 주옵소서. 수고하고 얻은 이익의 십일조를 드립니다. 주님께서 주신 여러 가지 은혜에 감사하여 드린 감사의 예물이 있습니다. 이 예물을 드린 종들의 손길들을 복 주시되 더욱더 감사의 조건들이 넘쳐나게 하여 주시기를 바랍니다. 선교 헌금과 건축 헌금, 성미를 받으시옵소서. 강단의 꽃으로 장식한 종들과 청소와 여러 곳에서 봉사하는 종들을 기억하여 주시옵소서. 저들의 수고가 헛되지 아니하도록 하나님께서 돌보아 주시옵소서. 예수님의 이름으로 기도합니다. 아멘
위탁의 말 씀	"가이사의 것은 가이사에게 하나님의 것은 하나님께 바치라 하시니 그들이 이 말씀을 듣고 놀랍게 여겨 예수를 떠나가니라" 예수님은 곤란한 질문도 당황하지 않고 지혜롭게 대답하셨습니다. 우리도 예수님처럼 지혜롭게 살아서 주변 사람들을 놀라게 하는 한 주간을 살아야 합니다.
축 도	십자가 구속의 은총을 친히 베풀어 주신 예수 그리스도의 은혜와 십자가 구석의 은총을 마련해 주신 하나님 아버지의 놀라우신 사랑하심과 십자가 구석의 은총 앞으로 나아가도록 우리를 이끌어주시는 성령님의 위대한 역사가 속죄의 치유를 받은 자로서 자부심과 긍지를 가지고 세상에 나가 주님의 영광을 드러내며 살기를 다짐하는 여기 머리 숙인 주의 백성들에게 지금부터 영원토록 함께하시기를 간절히 축원하옵나이다. 아멘

오늘의 설교를 위한 복음적 조명 주제 : 주님의 지혜

제목 : 놀라운 예수님 | 본문 : 마태복음 22:15-22

주제 : 예수님은 언제나 사람들에게 환영만을 받지 않으셨다. 때로는 배척도 당하시고 곤란한 질문도 받으셨다. 예수님은 당황하지 않으시고 지혜롭게 대답하셨다. 예수님의 대답에 질문하던 사람들이 오히려 놀라고 예수님을 떠나가셨다. 예수님은 항상 지혜롭게 가르치셨다.

논지 : 예수님은 곤란하게 하는 질문을 받으셔도 놀라운 대답으로 가르치셨다.
1. 거짓 칭찬을 들으신 예수님
2. 곤란한 질문에 처한 예수님
3. 시험을 알고 계시는 예수님
4. 놀라운 대답을 하신 예수님

예수님이 사람들의 구원을 위해 일하셨다. 예수님은 아픈 사람을 치료하셨고, 기적을 행하셨다. 예수님이 비유로 말씀하실 때는 사람들이 말씀에 권세가 있다고 놀라워했다. 예수님이 십자가를 지심은 우리에게 매우 놀랄만한 일이다. 십자가에서 희생당함으로 우리를 구원하셨다니, 세상의 흐름과는 완전 딴판이다. 세상에는 내 편이 강하고 세상을 정복하여 내게 혜택을 주어야 한다. 그러나 예수님은 희생의 제물이 되셨는데, 내게 어떤 혜택이 가능할까? 여기에 하나님의 특별한 계획과 섭리가 있다. 하나님은 우리의 죄를 용서하시고 우리를 하나님의 자녀로 삼으셔야 했다. 우리가 죄를 용서받으려면 죄에 대한 대가를 치러야 한다. 그러나 우리가 대가를 치르려면 죽어야 했다. 죽은 후에 구원을 받으면 살아서는 하나님께 영광을 돌릴 기회조차 받을 수 없다. 하나님은 우리에게 살아서 하나님께 영광을 돌리며, 하나님의 일을 하기 원하신다. 그래서 우리가 살아있는 동안 하나님을 믿고, 하나님의 은혜를 받도록 당신의 독생자 아들을 우리 죄를 대신 지게 하여 희생시키셨다. 이것은 하나님께서 우리를 향하신 매우 큰 은혜이고 사랑이다. 하나님의 이 사랑은 사람들을 놀라게 할 만하다. 공생애 사역에서 사람들을 놀라게 하신 예수님이 놀라운 사랑을 실천하셨다.

1. 거짓 칭찬을 들으신 예수님

예수님의 말씀과 각종 사역은 사람들에게 관심거리였다. 사람들은 예수님의 사역을 보고 놀라워했다. 그런데 예수님의 사역을 은근히 방해하려는 사람들이 나타났다. 소위 말하는 기득권을 가진 사람들이다. 그들은 예수님을 향하는 칭찬이 싫었다. 자기들이 받을 칭찬을 예수님이 빼앗아가는 것처럼 느껴진다. 그들은 자기들만의 믿음이 가장 좋다고 생각하고는 예수님이 하는 일을 어떻게든 실패로 돌아가게 하려고 한다. 겉으로는 믿음이 좋고 선한 것 같으나, 속으로는 욕망과 모략으로 가득한 사람들이다. 바리새인들이 어떻게 하면 예수님을 곤란한 지경에 빠뜨릴 수 있을까를 모의하였다. 그리고 자기 제자들을 헤롯당원들과 함께 예수님께 보냈다. 예수님께 온 사람들이 예수님을 향하여 말하는데 어딘가 이상하다. 예수님을 공격해야 하는데, 오히려 꺼내는 말은 칭찬이다. 그들이 말한다. "선생님이여 우리가 아노니 당신은 참되시고 진리로 하나님의 도를 가르치시며 아무도 꺼리는 일이 없으시니 이는 사람을 외모로 보지 아니하심이니이다" 그들은 예수님을 향하여 최고의 칭찬을 늘어놓는다. 이것이 예수님을 향한 진실한 칭찬이고, 신앙고백이라면 얼마나 좋을까? 나쁜 사람이 나쁜 의도를 가졌어도 칭찬을 할 줄 안다. 그것은 사람을 무장 해제시켜서 곤경에 빠뜨리려 함이다.

2. 곤란한 질문에 처한 예수님

　사람이 칭찬을 받을 때 우쭐하면 안 된다. 그것 자체가 긴장이 풀어져서 나쁜 사람들의 고약한 공격을 받을 때 지혜롭게 대답할 통찰력을 잃을 수 있기 때문이다. 하지만 예수님은 나쁜 의도를 가진 사람들의 칭찬에 반응하지 않으셨다. 아니 반응할 시간도 없이 질문이 계속된다. 참된 분, 진리로 하나님의 도를 가르치는 분이라면 자기들이 질문하는 것에 대해서도 명쾌한 해답을 줄 것이라고 생각하며 질문을 한다. "가이사에게 세금을 내는 것이 옳습니까? 옳지 않습니까?" 사실 바리새인들과 헤롯당원들이 예수님께 온 이유는 이 질문으로 예수님을 곤란하게 하려 함이다. 예수님을 올무로 엮어서 꼼짝 못하게 하려는 이유에서이다. 예수님이 어떻게 대답하셔야 할까? 만약 가이사에게 세금을 바치라고 하면 민족을 외면하고 가이사에게 충성하는 배신자라고 모함을 할 것이고, 바치지 말라고 하면 권력자에게 저항하는 반역자라고 모함을 할 터이다. 보통 사람 같으면 이런 질문을 받을 때 빠져나오지 못한다. 질문하는 사람이 쳐놓은 올무에 제대로 걸려든다. 그러나 우리 예수님이 누구신가? 하나님의 아들이시다. 사람들이 예수님을 시험하려고 들어도 나중엔 예수님의 대답을 듣고 자기들의 질문이 얕은 꾀임을 알게 된다. 사람이 아무리 지혜로워도 예수님을 이기지 못한다.

3. 시험을 알고 계시는 예수님

　예수님에게는 하나님의 지혜가 있어서 질문하는 사람들의 마음을 꿰뚫어보신다. 그래서 "외식하는 자들아, 어찌하여 나를 시험하느냐"고 꾸중조로 대답하신다. 예수님을 칭찬하는 행위가 말은 맞지만, 의도는 시험하는 말이다. 예수님을 향해 세금을 내는 일을 질문하는 것도 양자택일의 함정을 파 놓은 것이다. 어느 쪽을 결정해도 비난받을 소지가 다분하기 때문이다. 예수님이 무엇이라고 대답하셔야 할까? 예수님이 실물을 보이면서 대답하신다. 예수님이 세금으로 내는 돈을 보여달라고 하신다. 데나리온 하나를 예수님 앞에 내어놓는다. 예수님이 데나리온에 새겨진 형상이 누구냐고 질문하신다. 예나 지금이나 돈에는 사람의 형상이 새겨져 있다. 존경받는 사람이든, 살아있는 권력자든 돈에 사람의 얼굴이 새겨져 있다. 또 돈에는 어떤 글씨가 새겨지기도 한다. 미국의 동전에는 "In God We Trust 우리는 하나님을 믿는다"라는 글귀가 새겨져 있다. 한국 동전에는 연도, 숫자, 한국은행 등의 글자만 있을 뿐이다. 예수님 앞에 보인 데나리온에 가이사의 글이 새겨져 있다. 무슨 내용의 글인지는 정확하지 않다. 다만 로마 시대 유적으로 발견되는 동전을 볼 때 당대의 황제 이름을 새긴 것 같다. 예수님은 당신을 시험하는 의도를 아시고 실물을 놓고 대답하는 지혜를 보이신다.

4. 놀라운 대답을 하신 예수님

　예수님이 동전에 새겨진 형상과 글이 누구의 것이냐고 질문하시자 사람들은 가이사의 것이라고 대답한다. 당시 유대와 예루살렘은 로마의 속국이므로 당연히 로마의 동전을 유통해야 했다. 세금은 아주 당연하게도 로마 화폐여야 했다. 화폐가 아니라면 화폐 가치만큼 현물을 세금으로 내야 한다. 짐승, 곡식, 금 등이다. 현물은 부피가 커서 옮기는 데 힘이 든다. 그러면 돈으로 세금을 내는 것이 가장 편리하다. 예수님이 아주 명쾌하게 대답하신다. "가이사의 것은 가이사에게 하나님의 것은 하나님에게 바치라" 세금은 가이사에게 내는 것이다. 세금으로 낼 돈은 가이사의 형상과 글이 새겨져 있으므로 당연히 가이사에게 내야 한다. 반대로 가이사에게 내지 않을 것이라면 로마 화폐가 아니어도 자기들끼리는 교환이나 거래가 가능할 것이다. 자기들이 내어놓을 돈이 누구를 위한 것이냐에 따라 사용돈이 달라질 뿐이다. 예수님은 사람의 마음과 의도에 따라서 세금이든 헌금이든 스스로 결정할 수 있고, 동시에 받을 대상과 약속하거나 흡족해 하는 것으로 주면 된다고 대답하신다. 예수님의 대답에 질문하던 사람들이 놀랍게 여기고는 예수님을 떠났다. 자기들이 전혀 예상할 수 없었던 대답이었고, 너무나 명쾌한 대답이었기 때문이다. 예수님은 사람들을 놀랍게 하는 분이었다.

성 경	민수기 27:12-22	예전색상	초록색

예배의 부름	"우리 주 하나님이여 영광과 존귀와 권능을 받으시는 것이 합당하오니 주께서 만물을 지으신지라 만물이 주의 뜻대로 있었고 또 지으심을 받았나이다 하더라" (계 4:11)

큰 시험을 당할 때 힘을 주시어서 믿음의 승리자가 되게 하신 하나님 아버지! 지난 한 주간에도 넘치는 하늘 은혜와 땅의 복으로 주의 백성들을 돌보아 주심을 감사드립니다. 오늘 예배를 통해서 고통도 지나고 보면 기쁨이 된다는 것을 믿기에 문제와 걱정과 근심 속에서 하나님과 동행하고 그 권능을 받아 승리하는 비결을 알게 하옵소서. 마음속의 슬픔이 있고, 해결해야 할 문제를 안고 눈물 흘리는 성도들이 이 예배를 통하여 위로받게 하시옵소서. 예수 그리스도의 이름으로 기원하옵나이다. 아멘

회개를 위하여	가정이나 이웃과 어울려 살면서 구원의 기쁨 소식을 전하기는커녕 소망 없는 말과 의욕을 상실시키는 빈말을 퍼트리고 다닌 장본인은 아닌지 주님과 나만이 아는 모든 죄를 고백하고 회개하는 기도를 계속합니다.

고백의 기도

죄 와 사망의 올무에서 건져주시고 소망으로 천국을 바라보게 하신 하나님 아버지! 지난 한 주간에도 세상에 속하여 살면서 사망의 올무에 걸려 영원한 지옥 불에 태워져야 할 저희에게 회개의 기회를 주신 은혜를 감사드립니다. 저희는 오랫동안 새벽을 깨우지 못하고 살아가는 것이 육신이 병들어서가 아니라 영혼이 중병에 시달리는 징조인 것을 모르고 산 잘못을 용서하여 주옵소서. 앞으로는 잠시라도 개인적인 생각이 하나님의 뜻을 앞서가지 않도록 성령님께서 도움으로 함께하옵소서.

허 무와 절망의 골짜기도 믿음으로 승리하게 하시는 하나님 아버지! 오늘도 "이 모든 것이 저희 큰 탓입니다"라고 고백하면서 가슴을 치면서 회개하오니 불쌍히 여겨 주옵시고 훼손된 저희 영혼이 다시 한번 하나님의 모습으로 복원되는 감격을 맛보게 하여 주옵소서. 세상이 주는 기쁨이 신앙생활을 굴절시키는 멍에로 알고 피해가게 하옵소서. 성령님께서 강하게 역사하시어서 회개되지 않은 추한 모습으로 이 성전을 떠나가는 어리석은 저희가 되지 않도록 먼저 저희 입을 정결케 하시고 머리에서 발끝까지 죄악의 흉터를 없애는 사죄의 말씀으로 거듭나게 하옵소서. 예수님의 이름으로 기도합니다. 아멘

09 29

사함의 확인	"서로 친절하게 하며 불쌍히 여기며 서로 용서하기를 하나님이 그리스도 안에서 너희를 용서하심과 같이 하라"(엡 4:32)
성시교독	75. 마태복음 6장
설교 전 찬 송	7장 (성부 성자 성령) 456장 (거친 세상에서 실패하거든)
설교 후 찬 송	348장 (마귀들과 싸울지라) 499장 (흑암에 사는 백성들을 보라)

금주의 성가	보라 하나님의 사랑을 – Felix Mendelssohv Martholdy 나 주께 기도 드리리 – 이혁주 성도의 신앙 – Arr. by Stewart Landon
목회기도	**죄**인을 택하신 백성이요 왕 같은 제사장 노릇을 하게 만드신 하나님 아버지! 오늘도 저희를 향한 하나님의 사랑을 확인하는 믿음 가지고 예배할 수 있는 은혜 주심을 감사드립니다. 지난 한 주간을 돌이켜보면 웃음이 사라지고 있습니다. 견딜 수 없는 불안과 초조가 저희의 행동과 생각을 어지럽게 하고 있습니다. 말 많은 세상에서 기도 소리보다는 부정적인 말로 남의 가슴에 상처를 안겨 준 잘못을 고백하오니 용서하여 주옵소서. 저희 스스로 만든 욕심과 영욕의 덫에 걸려 넘어질 때가 많았습니다. 원망과 분별없는 생각을 입 밖으로 토해내는 어리석은 짓만 골라 한 저희를 불쌍히 여겨 주옵소서. **주**는 말씀을 생명의 빛과 능력으로 수용할 수 있는 믿음 주시는 하나님 아버지! 새로운 한 주간을 시작할 때 믿음의 군셈과 성령님께서 주시는 강한 힘을 허락하여 주옵소서. 내세울 것 없는 자존심과 인간의 지혜와 능력으로 실수만 반복하지 않게 이끌어 주옵소서. 저희 뜻대로 되지 않은 답답한 마음을 붙잡고 괴로워하기 전에 십자가에 매달려 계시는 주님을 더 고통스럽게 한 잘못을 회개하는 저희가 되게 하여 주옵소서. 육신의 질병으로 하는 일들의 전망이 전만 못하고 불투명할지라도 고통이 지난 훗날 하나님께서 저희를 위해서 예비해 놓으신 은총을 바라보는 소망의 성도가 되게 하여 주옵소서. 우리 주 예수님의 이름으로 기도합니다. 아멘
헌금을 위한 성구	"여호와여 위대하심과 권능과 영광과 승리와 위엄이 다 주께 속하였사오니 천지에 있는 것이 다 주의 것이로소이다 여호와여 주권도 주께 속하였사오니 주는 높으사 만물의 머리이심이니이다"(대상 29:11)
헌금기도	**풍**성한 하늘 축복의 상속자로 삼아 주신 참 좋으신 하나님 아버지! 천국을 바라는 소망의 마음이 저희를 사로잡고 사망의 음침한 골짜기로 유혹하는 세상 헛된 것에 넘어가지 않게 보호해 주심을 감사드립니다. 오늘도 주신 그 은혜와 받은 하늘 축복을 감사하는 마음으로 저희 정성을 작은 물질이라는 이름으로 봉헌합니다. 이 물질을 통해 하나님이 기뻐하시는 귀한 사명을 이루어가는 저희가 되게 하여 주옵소서. 이제 저희는 물질뿐만 아니라 저희의 생활 속에서 하나님께서 허락하신 천국 기업을 성실하게 경영하는 부지런한 손과 발이 되기로 다짐하는 이 마음까지도 받아 주옵소서. **거**룩한 뜻을 따라 온전한 순종의 삶을 살게 하시는 하나님 아버지! 오늘 저희가 드리는 예물 중에는 주님의 말씀에 순종하여 드린 십일조가 있습니다. 저희의 땀과 결실로 얻어졌지만, 저희의 것이라는 생각을 하지 않고 주님의 것임을 알고 주님께 드립니다. 감사의 예물을 드립니다. 주님의 감사에 너무나 감격하여 표현할 길이 없어 물질로 표현하오니 기쁘게 받아 주시옵소서. 여러 가지 모습으로 물질을 주님 앞에 드릴 때 저희 성도들의 기도 제목들이 응답하게 하옵소서. 교회를 위하여 목숨까지도 내놓을 수 있는 믿음을 허락하여 주시옵소서. 예수님 이름으로 기도합니다. 아멘
위탁의 말씀	"그들을 인도하여 출입하게 하사 여호와의 회중이 목자 없는 양과 같이 되지 않게 하옵소서" 모세가 하나님께 후계자를 세워달라고 구하자, 하나님은 모세의 기도를 들으시고 후계자의 자격과 세우는 방법을 제시하시고, 과정을 지켜보셨습니다. 우리도 모세처럼 우리 후손에게 하나님의 뜻을 물려주는 믿음의 조상이 되어야 합니다.
축도	지금은 우리에게 영원한 생명을 주신 기묘자요 평안의 왕이신 예수 그리스도의 은혜와 고통과 수욕의 자리에서 건져 주신 하나님 아버지의 사랑하심과 주님의 나라에 가까이 가는 순간순간 도와주시는 성령의 교통하심이 예배를 드리며 가장 좋은 은사를 사모하는 마음으로 살아가는 종들의 머리 위에 그리고 저들의 가정과 교회 위에 영원토록 함께 계시기를 축원하옵나이다. 아멘

오늘의 설교를 위한 복음적 조명 주제 : 지도력 계승

제목 : 감동된 사람을 세우라 ㅣ 본문 : 민수기 27:12-22

주제 : 하나님은 인류의 삶, 민족의 삶에 개입하신다. 사람은 하나님의 개입을 기대하고 소망해야 한다. 모세는 하나님께 후계자를 세워달라고 구하였고, 하나님은 모세의 기도를 들으셨다. 하나님은 후계자의 자격과 세우는 방법을 모세에게 제시하시고, 과정을 지켜보신다.

논지 : 하나님은 민족의 미래를 위해 적합한 인물을 지도자로 세우신다.
1. 모세에게 땅을 바라보라 하신 하나님
2. 모세의 간절한 간구를 들으신 하나님
3. 후계자 세우는 방법을 이르신 하나님
4. 세우는 후계자를 알고 계시는 하나님

어느 시대든지, 어느 지역이나 국가에서든지 지도자가 나타난다. 어려운 시대에는 어려운 시대를 극복하는 지도자가 나타나고, 평화의 시대에는 평화를 유지하며 문화적 융성을 펼치는 지도자가 나타난다. 어떤 지도자가 나타나느냐에 따라 어려운 시대가 평화의 시대로 발전하기도 하고, 평화의 시대가 혼란의 시대로 퇴보하기도 한다. 이 세상에서도 시대별로, 사람들의 생각과 사고방식의 발전에 따라 요구하는 지도자의 성품과 역량이 다르다. 혼란의 시대에는 혼란을 종식시킬 수 있는 카리스마를 가진 지도자를 요구하고, 안정의 시대에는 국민들에게 문화발전을 이끌거나 지원할 수 있는 창의적이고도 넓은 마음을 가진 지도자를 요구한다. 우리나라 역사만 보아도 알 수 있다. 세종이 즉위할 때는 왕권이 안정되었으므로 조선의 문화적 융성이 필요한 시대였다. 세종은 한글창제, 과학기술과 문화예술의 발전, 국민들의 삶을 안정시키는 역할을 하였다. 한 참 지나서 임진왜란이 일어났을 때는 원칙에 충실하고 충성심과 전략적 능력 카리스마를 함께 가진 충무공 이순신 장군이 나왔다. 우리나라 사람들은 거의 모두가 이 두 위인을 존경한다. 그렇다면 하나님은 당신의 백성을 위한 지도자를 세울 때 어떤 사람을 세우기 원하실까? 오늘 본문을 보면 하나님의 뜻을 알 수 있다.

1. 모세에게 땅을 바라보라 하신 하나님

하나님이 다윗을 세울 때는 하나님 마음에 맞는 사람이라고 말씀하셨다(행 13:22). 초대교회의 일곱 집사를 세울 때는 성령과 지혜가 충만하여 칭찬 받는 사람을 택하였다(행 6:3). 오늘 본문에서는 어떤 사람을 하나님이 택하실까? 지금 이스라엘 백성들은 광야를 지나서 젖과 꿀이 흐르는 가나안 땅에 들어가야 한다. 이스라엘이 애굽을 나와서 광야를 지날 때까지는 모세가 백성의 지도자로 백성을 이끌었다. 이제 백성들이 가나안에 들어가야 하는데, 가나안 정복전쟁을 훌륭하게 이끌어야 하는 지도자가 필요하다. 모세는 자신이 하나님께로 돌아가야 하는 줄 알았고, 자신의 리더십도 끝나야 함을 알고 있었다. 이는 모세의 생각이기보다는 하나님의 뜻이었다. 하나님이 모세에게 아바림 산으로 올라가서 하나님께서 이스라엘 자손들에게 준 땅을 바라보라고 말씀하신다. 하나님이 모세에게 그의 형 아론의 돌아간 것처럼 모세도 조상에게도 돌아가게 될 것이라고 하신다. 즉 아론이 죽었고, 조상들이 죽었던 것처럼 모세도 죽게 될 것이다. 아론과 모세가 죽는 것은 하나님의 영광을 가렸기 때문이다. 신 광야에서 백성들이 물이 없다고 불평할 때 아론과 모세는 자기들이 백성을 위하여 물을 낼 것이라고 반석을 쳤다. 물이 나오기는 했지만 하나님이 아론과 모세를 향해 책망하셨다.

2. 모세의 간절한 간구를 들으신 하나님

하나님이 아론과 모세에게 하나님의 거룩함을 백성들 앞에 드러내지 않았으므로 아론과 모세도 하나님이 약속하신 땅으로 들어가지 못할 것이다(민 20:13). 모세는 하나님의 말씀을 기억하고 있으며 말씀대로 이루어질 것을 알았다. 비록 모세가 하나님의 명령에 의해 백성들을 애굽에서 이끌어내고 광야 40년을 지나왔지만, 하나님께서 그의 생명을 거두시겠다면 더 이상 버틸 수 없다. 버텨서도 안 된다. 모세는 자기가 조상들에게로 돌아간 뒤에 남겨질 백성들에 대한 걱정부터 앞섰다. 진정으로 리더십을 가진 사람, 백성을 사랑하는 사람은 자기가 떠난 뒤에도 백성들의 삶에 대해 염려한다. 그래서 모세는 하나님께 기도한다. 한 사람을 회중 앞에 세워서 출입하며, 백성을 인도하게 해 달라는 간구이다. 하나님께서 선택하신 회중이 목자 없는 양처럼 방황하지 않게 해 달라고 기도한다. 자기가 떠난 뒤에 백성의 삶은 그 때 백성들에 의해서 결정될 수 있다. 민주주의 방식에서는 그렇다. 국민에 의해 결정된 지도자가 잘 하면 국민들에게 유익이 되고, 지도자가 잘못하면 국민들이 힘들어진다. 그러나 하나님이 선택한 백성의 경우는 어떤가? 하나님이 모세 이후의 백성을 책임지신다. 하나님의 백성이기 때문이다. 그래도 모세는 하나님께 다음 지도자를 위해 기도함이 당연하다.

3. 후계자 세우는 방법을 이르신 하나님

하나님이 모세의 기도를 들으셨다. 이제 하나님은 모세의 후계자를 세우시는데 후계자의 조건을 가장 먼저 제시하신다. 하나님이 모세의 후계자로 정하신 사람은 눈의 아들 여호수아이다. 본문을 보니까 여호수아는 그 안에 영이 머무는 자라고 한다. 개역한글판을 보면 신에 감동된 사람이라고 한다. 하나님은 당신의 영에 감동된 사람 즉 성령으로 감동된 사람을 지도자로 세우신다. 그리고 하나님은 모세에게 여호수아를 차기 지도자로 세우는 방법을 알려주신다. 모세가 여호수아를 제사장 엘르아살과 회중 앞에 세우고 모세의 권위를 여호수아에게 위임하며, 이스라엘 온 백성이 여호수아의 말에 순종하게 하라고 하나님이 말씀하신다. 그리고 제사장 엘르아살은 하나님이 제시하신 판결법으로 하나님께 여호수아를 세우는 것이 적합한지를 여쭐 것이다. 우림은 둠밈과 함께 제사장의 판결 흉패 안에 들어있는 거룩한 물건이다. 국가의 중대사 등 중요한 문제를 결정하기 전 하나님의 뜻을 물을 때 사용되는 거룩한 물건이었다. 하나님이 정하신 방법에 따라 새로운 지도자가 세워졌다. 여호수아와 이스라엘 모든 백성들이 엘르아살의 말을 따라서 회막을 나가며 들어갈 것이다. 하나님의 결정이 제사장을 통해 백성에게 전달되고, 백성들은 하나님의 결정에 완전히 복종해야 한다.

4. 세우는 후계자를 알고 계시는 하나님

이제 모세는 하나님이 말씀하신 대로 다 행하였다. 여호수아를 데려다가 제사장 엘르아살과 온 백성들 앞에 세웠다. 그리고 모세가 여호수아에게 안수하고 하나님이 명하신 대로 하였다. 우림의 판결법에 따라 제사장 엘르아살이 행하고, 백성들은 엘르아살을 따라서 회막을 드나들었다. 이제 백성들 모두가 여호수아의 말에 복종할 것이다. 하나님은 모세의 마음을 알고 계시며, 여호수아의 성품도 알고 계신다. 여호수아는 이전에 백성들이 르비딤에서 아말렉과 싸울 때 군대를 이끌었던 장수이다. 모세가 아론과 훌을 대동하고 산에 올라가서 기도할 때 모세의 손이 올라가면 여호수아의 군대가 이겼다. 그 때 전투에서 승리한 뒤 모세는 제단을 쌓고 '여호와 닛시' 즉 여호와는 나의 깃발이라는 의미의 이름을 붙였다. 이후에 여호수아는 가나안을 정탐하는 열두 명의 정탐군에 선발되었다. 여호수아는 갈렙과 함께 가나안 땅이 아름다우며 하나님께서 주신 땅이며 가나안 백성들은 먹이에 불과하므로 가나안 사람들을 두려워하지 말고 정복하자고 말한다. 여호수아가 이렇게 긍정적이고 적극적으로 생각을 표현하는 것 자체가 하나님의 영에 감동되었기 때문이다. 다른 정탐군들과 반대의 의견을 내고, 백성들의 돌을 맞을 각오로 의견을 내는 것이 과연 지도자감이라 할 수 있다.

10월의 예배와 설교를 위하여

일	요일		본문	설교제목	기타 (예화, 참고자료)
2	수				
6	주일	낮			
		밤			
9	수				
13	주일	낮			
		밤			
16	수				
20	주일	낮			
		밤			
23	수				
27	주일	낮			
		밤			
30	수				

성 경	요한복음 8:42-47	예전색상	초록색

예배의부름	"하나님이여 주는 나의 하나님이시라 내가 간절히 주를 찾되 물이 없어 마르고 황폐한 땅에서 내 영혼이 주를 갈망하며 내 육체가 주를 앙모하나이다 내가 주의 권능과 영광을 보기 위하여 이와 같이 성소에서 주를 바라보았나이다" (시 63:1-2)
	해뜨는 데서부터 해지는 데까지 찬양할 마음을 주시는 하나님 아버지! 목마른 자에게 해갈의 기쁨을 주시기 위해 하늘 영광이 충만한 이 성전으로 저희를 불러 주시고 예배할 수 있는 은혜 주심을 감사드립니다. 오늘 예배가 내용이 없는 형식적인 의식이 되지 않게 하여 주시고 하나님을 향한 사랑과 감사의 내용을 담은 예배가 되게 하여 주시옵소서. 힘들고 지친 성도들이 하나님의 음성에 귀를 기울이게 하시고 온유한 아버지의 음성을 듣는 시간이 되게 하여 주시옵소서. 우리 주 예수 그리스도의 이름으로 기원하옵나이다. 아멘
회개를 위하여	기도는 영적인 호흡입니다. 밥을 먹지 않으면 육신은 죽습니다. 마찬가지입니다. 기도하지 않으면 하나님의 형상인 영혼을 스스로 죽이는 살인자가 된다는 것을 알아야 합니다. 지난 한 주간 스스로 살인자 노릇을 한 그가 나는 아닌지 성찰하고 회개하는 기도를 계속합니다.
고백의기도	성도들이 영혼을 향한 불타는 열정으로 기도로 간구하게 하시는 하나님 아버지! 한 주간의 삶을 뒤돌아보면서 진실한 마음으로 회개하는 기회를 주신 것을 감사드립니다. 그러나 저희는 기도하지 않아 영혼의 숨통을 조이는 어리석은 자로 산 것을 용서하여 주옵소서. 한없이 사랑하여 주신 은혜와 사랑을 너무나도 쉽게 잊어버리고 살아온 잘못을 불쌍히 여겨 주옵소서. 하나님과 교회를 위하는 일보다 개인의 약속과 이익을 우선순위에 두고 살아온 저희를 용서하여 주옵소서. 한 귀로 듣고 한 귀로 흘리기 일쑤였던 저희를 불쌍히 여겨 주옵소서.
	죄악의 옛사람에서 새로운 사람으로 바꾸어 주신 좋으신 하나님 아버지! 우리 교회가 영혼을 향한 외침이 있는 교회가 되게 하여 주시옵소서. 하나님의 뜻을 위하여 모두가 하나로 나아가는 교회가 되게 하여 주시옵소서. 성령으로 말하고 성령으로 역사하는 교회가 되도록 크신 은혜를 베풀어주시옵소서. 이 시간에 엎드려 용서를 구합니다. 불안과 초조할 때 기도하지 못한 죄인입니다. 저희의 모습이 과거에서 탈피한 새로운 사람의 모습으로 회복하기 원합니다. 위로와 평안함으로 가득 채워 주옵소서. 앞으로의 삶이 정말 하나님을 위하여 사는 생활이 되게 하여 주옵시기를 간절히 바라옵고 예수님의 이름으로 기도합니다. 아멘
사함의확인	"이미 믿는 우리들은 저 안식에 들어가는도다 그가 말씀하신 바와 같으니 내가 노하여 맹세한 바와 같이 그들이 내 안식에 들어오지 못하리라 하셨다 하였으나 세상을 창조할 때부터 그 일이 이루어졌느니라"(히 4:3)
성시교독	76. 요한복음 1장
설교 전 찬 송	14장 (주 우리 하나님) 278장 (여러 해 동안 주 떠나)
설교 후 찬 송	323장 (부름 받아 나선 이 몸) 450장 (내 평생 소원 이것뿐)

10 06

금주의 성가	보라 하나님의 사랑을 – Felix Mendelssohv Martholdy 거룩한 사랑 – G. Rossini 주는 나의 참 친구 – John W. Peterson
목회기도	주님과 함께 주님 안에서 주님을 위하여 살게 하시는 하나님 아버지! 십자가를 통하여 쓸모없는 인생을 존귀한 인생으로 바꾸어 주신 은혜를 감사드립니다. 파수꾼이 아침을 기다리듯 하나님의 은혜를 사모하면서 말씀을 기다리게 하옵소서. 우리 교회에 속한 기관마다 보혈의 능력이 흘러넘쳐 언제 어디서나 그리스도의 사랑의 증거가 되는 일꾼들이 많아지게 하옵소서. 그리스도의 이름으로 행할 때 저희의 모습은 사라지고 그리스도의 의와 나라가 세워지는 감격을 누리게 하옵소서. 지금까지 나의 가정의 행복을 위해서 땀 흘려 일했습니다. 사업의 번영을 위해서 동분서주했습니다. 이제 주님의 나라를 확장하는 전도자가 되기를 갈망하면서 땀을 흘리고 발걸음을 움직이는 성도가 되게 하옵소서. 부르심을 입은 성도들이 협력하여 선을 이루게 하시는 하나님 아버지! 이 제단에 속한 저희가 혹시라도 풍요로운 물질로 귀를 막아 주의 음성을 듣지 못하고 현재의 안일함에 교회가 무력해지고 있는 모습은 아닌지 반성합니다. 기도는 뜨겁게 하는 만큼 의를 행하는 데는 뜨겁게 행할 용기를 주옵소서. 교회를 위해서 세워 주신 직분에 충성을 다하는 헌신자들을 기억하시고 필요한 은혜와 성령의 역사가 함께 임하는 예배가 되게 하옵소서. 하나님의 인도하심 앞에 고집을 부리고 자신의 주관대로 살지 않도록 붙들어 주옵소서. 예수님의 이름으로 기도합니다. 아멘
헌금을 한 구절 위성	"각각 그 마음에 정한대로 할 것이요 인색함으로나 억지로 하지 말지니 하나님은 즐겨 내는 자를 사랑하시느니라 하나님이 능히 모든 은혜를 너희에게 넘치게 하시나니 이는 너희로 모든 일에 항상 모든 것이 넉넉하여 모든 착한 일을 넘치게 하려 하심이라"(고후 9:7-8)
헌금기도	신령한 하늘의 양식으로 저희의 영, 육을 채워 주시는 하나님 아버지! 넘치는 사랑으로 자녀 된 저희가 주님 앞에 나와서 예배를 드릴 수 있는 건강을 허락하시고 주님께 예물을 드릴 수 있도록 물질 축복을 주심을 감사드립니다. 주님께서 받으신 그 고난을 마음 아파하면서 주님을 위하여 저희의 목숨을 드리지 못하고, 주님의 영광을 위하여 저희의 모든 것을 드리지 못하는 약한 믿음을 용서하여 주시옵소서. 금방 없어질 것을 알면서도 욕심이 켜졌으며 없어질 것을 위하여 저희의 모든 것을 바쳤던 어리석음을 저질렀습니다. 주님께만 영원한 것이 있고 썩지 않을 것을 심을 수 있도록 인도하여 주시옵소서. 독생자 예수를 십자가에 매달려 죽이시기까지 죄인을 사랑하신 하나님 아버지! 드릴 때마다 기쁨으로 드리게 하시고, 드리고도 더 드리고 싶은 마음을 주옵소서. 각자의 처지와 형편을 따라 십일조로 드렸습니다. 월정 헌금과 감사예물이 있습니다. 주님께서 일할 수 있는 직장과 일터를 주셨사오니 정직한 땀을 흘리며 소득과 보람을 얻게 하시고, 주님의 영광인 몸 된 교회와 하나님의 나라를 우선하여 생각하는 지출 계획이 세워질 수 있게 하옵소서. 이 예물이 어려운 이웃들에게 힘이 되게 하시고, 고통이 있는 곳에 평화를 이루게 하시며, 불화가 있는 곳에 하나 됨의 기쁨을 허락하여 주시옵소서. 예수님 이름으로 기도합니다. 아멘
위탁의 말씀	"하나님께 속한 자는 하나님의 말씀을 듣나니 너희가 듣지 아니함은 하나님께 속하지 아니하였음이로다" 예수님은 사람들이 말씀을 듣지 않음에 대해 매우 안타까워하셨습니다. 우리는 하나님께 속한 사람입니다. 매 순간 하나님의 말씀을 경청하고 사는 한 주간을 살아야 합니다.
축도	이제는 언제나 깊은 관심과 사랑으로 우리를 돌아보시고 구원하시는 우리 구주 예수님의 구속의 은총과 무한한 사랑으로 우리에게 따뜻함을 주시는 하나님 아버지의 극진하신 사랑하심과 지금도 우리 곁에 계셔서 우리에게 위로와 힘과 능력이 되시는 성령님의 감화 감동 교통하심이 아브라함과 같은 승리의 인생을 살기 원하는 모든 성도에게 함께하시기를 간절히 축원하옵나이다. 아멘

오늘의 설교를 위한 복음적 조명 주제 : 감당할 사명

제목 : 하나님 사랑의 사명 ┃ 본문 : 요한복음 8:42-47

주제 : 예수님은 하나님의 보냄을 받아 이 세상에 오셨다. 그런데 사람들은 예수님을 거절하며 예수님의 말씀을 듣지 않았다. 예수님은 사람들이 말씀을 듣지 않음에 대해 매우 안타까워하셨다. 예수님은 하나님께 속한 사람이 하나님의 말씀을 듣는다고 강하게 강조하셨다.

논지 : 예수님은 하나님으로부터 왔으며 사람들이 하나님의 말씀을 듣기 원하신다.
   1. 아버지의 보냄을 받아 오신 예수님
   2. 사람의 출신을 정확히 하신 예수님
   3. 진리 수용을 강력히 원하신 예수님
   4. 말씀을 들으라고 알려 주신 예수님

사람이 사는 세상에는 오해가 많다. 진실한 마음으로 말하여도 상대는 진실을 몰라주고, 진의를 왜곡할 수 있다. 사람은 스스로 진실하다고 말해도 다른 사람이 그 진실을 완전히 인정하지 않는다. 때로는 진실을 거짓으로 반박하거나, 진실을 말하는 사람을 향해 비난하는 경우도 있다. 그러면 진실을 말하는 사람이 매우 서운하다. 만약 진실을 말하는 사람에게 어떤 힘이 있거나 상대를 제압하려는 의도가 있다면, 진실을 왜곡하는 사람과 대립하고 싸움이 일어날 수도 있다. 사람과 사람 사이에도 이런 대립이 있다면, 국가와 국가 사이에는 이해관계가 있으므로 더 강하게 대립하다가 급기야 전쟁이 일어날 수 있다. 전쟁의 명분은 대부분 상대의 오해와 왜곡을 강력하게 응징한다는 것이다. 사실은 명분보다 땅과 자원을 더 많이 차지하기 위한 속셈도 작용한다. 그러다보니 처음에 말했던 진실은 어느새 사라지고, 전쟁의 상처만 남는다. 우리 예수님은 어떠하셨는가? 우리 예수님은 하나님의 보냄을 받아 세상에 오셨고, 하나님의 뜻을 말씀하셨으므로 그분의 말씀은 언제나 진실하다. 우리 예수님도 말씀을 듣는 사람이 오해하거나, 반박을 당하였다. 사람들은 예수님을 체포하려는 생각까지 가졌었다. 예수님도 이렇게 당하셨는데, 우리 죄인이야 세상에서 오해 받음이 당연하다.

1. 아버지의 보냄을 받아 오신 예수님

예수님의 말씀은 언제나 진실하다. 예수님의 진실을 우리가 어떻게 알 수 있을까? 그 방법은 예수님과 하나님과의 관계에서 알 수 있다. 사람은 아무리 진실하다 해도 어느 구석엔가 자기 욕망이 조금이라도 담길 수 있다. 그러나 하나님은 완전하신 분이므로 하나님의 진실은 전적으로 사람을 위함이다. 예수님은 하나님으로부터 보냄을 받아 세상에 오신 하나님의 아들이시다. 하나님이 진실하시므로 하나님의 아들 예수님도 진실하시다. 예수님은 스스로 세상에 오시지 않았고, 아버지의 계획에 따라 아버지의 보냄을 받아 세상에 오셨다. 예수님은 당신이 아버지의 보냄을 받아 세상에 왔다는 사실은 분명하게 알고 계셨고, 제자들을 비롯한 사람들에게 정확하게 알려 주셨다. 문제는 사람들이 하나님과 예수님의 관계를 잘 모르고 있다는 것이다. 사람들은 하나님을 믿는다고 하므로 하나님의 말씀에는 절대적인 신뢰를 갖는다. 그런데 겉으로는 하나님을 절대적으로 신뢰한다고 말하지만, 속으로는 자기를 더 중요시한다. 사람들이 하나님과의 관계를 분명하게 설정해서 하나님을 아버지로 믿는다면 예수님을 사랑해야 한다. 예수님이 하나님의 아들이므로, 하나님을 사랑하는 사람은 예수님도 사랑해야 마땅하다. 그런데 사람들이 예수님을 사랑하지 않는다. 예수님 말도 안 든는다.

2. 사람의 출신을 정확히 하신 예수님

사람들이 예수님의 말을 듣지 않고, 예수님의 말씀을 깨닫지도 못한다. 예수님을 사랑하지 않는 이유가 무엇인가? 그것은 사람들의 출신이 하나님의 원하시는 바가 아니기 때문이다. 예수님은 당신을 믿지 않고, 당신의 말도 듣지 않으며, 당신을 사랑하지 않는 사람을 향해 마귀로부터 나왔다고 한다. 지금 사람들은 하나님을 아버지로 섬겨야 하는데, 오히려 마귀를 아버지로 따르고 있다. 마귀의 생각, 마귀의 요구를 따르고 있다. 사람들이 자기 욕심대로 행하려고 한다. 예수님의 뜻과는 다르게 자기 욕심을 앞세우고 있다면 그것은 마귀로부터 온 사람임이 분명하다. 이런 사람은 예수님을 따르는 척 하다가 이내 예수님으로부터 돌아선다. 예수님은 마귀의 실체를 말씀하신다. 마귀는 처음부터 살인한 자, 진리가 그 속에 없으므로 진리에 서지 못하고 거짓을 말하는 존재이다. 자기 생각대로 말하지만 사람을 속이는 거짓말쟁이이다. 마귀는 거짓이 아비이다. 그러므로 사람이 거짓말을 한다면 스스로 마귀의 자녀라고 인정하는 셈이다. 사람은 하나님의 형상을 따라 지음을 받은 존재이다. 하나님의 형상인 사람은 하나님의 자녀로 살아야 한다. 그런데 하나님의 형상이 어쩌다가 마귀의 자녀가 되고 말았다. 사람의 출신이 하나님이 아닌 마귀가 되고 말았다. 통탄할 일이다.

3. 진리 수용을 강력히 원하신 예수님

마귀의 자녀로 사는 사람, 거짓말을 밥 먹듯이 하는 사람, 자기 욕망에 의해 자기조차도 속이는 사람이 있다. 사실 자기를 속이는 사람은 자기가 속고 있는지조차 모를 때가 많다. 남이 속고 있다며 지적해주기라도 하면 아니라고 손사래 치는 것은 물론, 지적하는 사람보고 잘못되었다고 반박을 한다. 예수님은 그런 사람들에게 하나님께로 돌이키기를 원하신다. 어떻게 하면 하나님께로 돌이킬 수 있을까? 진리의 말씀을 듣고 그 말씀을 믿어야 한다. 그런데 유대인들은 진리를 말하는 예수님을 믿지 않는다. 유대인들은 죄가 없는 예수님을 향해 죄인이라고 말한다. 예수님이 죄를 사하는 권세가 있음을 말씀하여도 예수님을 향해 하나님을 사칭한다며 신성모독이라고 말하였다. 예수님이 진리를 말씀하고 있는데도 유대인들은 귀를 닫고 듣지 않는다. 지금 예수님은 진리의 말씀을 듣지 않는 유대인들을 향해 강하게 책망하신다. 책망하시는 이유는 진리의 말씀을 듣고 깨달아 믿기를 원하는 마음을 가지셨기 때문이다. 사람들은 이상하게도 거짓을 말하면 잘 듣고 잘 넘어간다. 사기꾼의 말을 듣고 사기술에 넘어가는 사람도 많다. 왜 그럴까? 교묘한 사탕발림을 듣고 욕심이 발동해서 사탕발림에 반응하다 속아 넘어간다. 이런 어리석은 현상이 교회 안에서도 자주 나타난다.

4. 말씀을 들으라고 알려 주신 예수님

교인들이 이단의 속임수에 넘어가는 현상이 더러 나타난다. 이단은 어렵고 난해한 말씀을 아주 쉽고 구체적이고 분명한 것처럼 설명한다. 하지만 그 설명이 하나님의 뜻과는 완전히 다르다. 이단의 욕망은 투명한 설명이고 거짓말이다. 그런데 믿는다 하면서도 욕망에 사로잡히면 이단의 꼬임을 받아 단박에 넘어간다. 진리는 분별하는 감각이 없기 때문인데, 그 이유는 자기 욕망에 사로잡혀 있기 때문이다. 자기 욕망에 사로잡힌 사람은 마귀의 자녀이다. 즉 마귀에게 속하였다. 그러므로 진리의 말씀에는 거부반응을 보이고, 이단의 꾐에는 적극적으로 수용하는 반응을 보인다. 예수님은 진리의 말씀을 듣는 사람의 특성과 소속을 분명하게 말씀하신다. 하나님께 속한 사람은 하나님의 말씀을 듣는다. 그런데 유대인들이 하나님의 말씀을 듣지 않고 있으므로 그들은 하나님께 속하지 않았다. 하나님의 말씀이 그들의 귀에 들려도 생각으로 스며들지 않는다. 하나님의 말씀을 그저 사람의 입에서 나오는 소리 정도로 들을 뿐이며 마음으로 받아들이려고 하지 않는다. 사람들의 생각과 마음에 이미 진리를 거부하는 반사판으로서의 욕망이 존재하기 때문이다. 예수님이 우리에게 진리의 말씀을 듣기 원하신다. 진리의 말씀을 듣는 사람은 하나님께 속한 사람이다. 예수님의 요구이다.

성 경	요한계시록 2:8-11	예전색상	초록색

예배의 부름	"여호와가 이같이 말하노라 내가 시온에 돌아와 예루살렘 가운데에 거하리니 예루살렘은 진리의 성읍이라 일컫겠고 만군의 여호와의 산은 성산이라 일컫게 되리라"(슥 8:3)
	활화산에서 솟구치는 불덩어리처럼 순간마다 불같은 말씀을 주시는 하나님 아버지! 지난 한 주간동안 죄와 더불어 산 저희를 멀리 내치지 않으시고 경배와 찬양을 드리게 하신 은혜를 감사드립니다. 거룩한 주님의 날 아침 그리스도의 고난을 몸과 마음으로 동참하면서 믿음이 갱신되는 계기가 되게 하여 주옵소서. 하루 삶에 지치고 불안한 하루를 살아가는 영혼들이 믿음의 새 힘을 얻어 기름지고 풍요로운 말씀의 푸른 초장에 누워 있는 양 떼 같은 인생이 되게 하여 주옵소서. 예수님의 이름으로 기원하옵나이다. 아멘
회개를 위하여	진정한 사랑은 "나누는 것"입니다. 하나님을 모르는 이들을 깨우치기 위하여 물질과 시간과 정열도 "바쳐야" 합니다. 그것이 영적으로 남는 장사가 됩니다. 나만을 위해서 쓰는 손해를 보는 장사를 하는 그가 나는 아닌지 반성하고 회개하는 기도를 계속합니다.
고 백 의 기 도	**바**닷가의 모래알보다도 더 많은 죄와 허물을 예수님의 보혈로 씻어 구원시켜주신 하나님 아버지! 세상을 변화시킬 복음의 능력을 주시고 영적인 싸움에서 언제나 믿음으로 승리하게 하심을 감사드립니다. 그러나 안타깝게도 저희는 의인의 이름은 가졌지만, 빛을 발하며 의인의 길을 가기보다 옛사람을 온전히 벗지 못한 어설픈 믿음을 용서하여 주옵소서. 나태한 믿음을 회개하기보다는 인간의 요령과 세상의 가치 판단에 부화뇌동했습니다. 하나님의 말씀을 대수롭지 않게 여기며 인간의 지식과 경험만 의지하고 사는 죄인을 불쌍히 여겨 주옵소서.
	인내하고 기다리는 자에게 응답의 감격을 주시는 하나님 아버지! 아직도 미움과 시기로 이웃에게 관용을 베푸는데 인색한 삶을 사는 불쌍한 죄인을 용서하여 주옵소서. 번지르르한 말보다 행동으로 실천하며 책임 있는 신앙인이 되게 도와주옵소서. 저희 자신과 가정의 평안과 행복을 위해서만 기도하는 자가 아니라 나라와 교회를 위해서도 열심히 기도하게 하옵소서. 다른 사람에게 교만하고 상처를 주지 않겠다고 회개하는 저희를 변화시켜 줄 사죄의 말씀을 선포해 주옵소서. 예수님 이름으로 기도하옵나이다. 아멘
사함의 확인	"너희 어리석은 자들은 어리석음을 좋아하며 거만한 자들은 거만을 기뻐하며 미련한 자들은 지식을 미워하니 어느 때까지 하겠느냐 나의 책망을 듣고 돌이키라 보라 내가 나의 영을 너희에게 부어 주며 내 말을 너희에게 보이리라" (잠 1:22,23)
성시교독	77. 요한복음 3장
설교 전 찬 송	60장 (영혼의 햇빛 예수님) 304장 (그 크신 하나님의 사랑)
설교 후 찬 송	357장 (주 믿는 사람 일어나) 463장 (신자 되기 원합니다)

10 13

금주의 성 가	주 믿는 자여 파도를 헤쳐 – Breast the wzve, Christian 주 이름 영화롭도다 – E. K. Heyser 그 이름 예수라 하라 – 김성균
목 회 기 도	**죄**의 쇠사슬과 유혹의 웅덩이에서 건져 주시고 보살펴 주시는 하나님 아버지! 실패와 절망과 환란과 역경에서 이기는 힘을 주시고 동행해 주신 은혜를 감사드립니다. 성령의 은혜로 남아 있는 구습의 찌꺼기들을 제거하지 못하고 주님을 거슬려 살아가는 불충을 용서하여 주옵소서. 성도들이 하나님께서 통치하는 세상 속에 하나님의 법을 좇아 살게 도와주옵소서. 잠시 불의한 자가 이익을 보고 우쭐대며 형통한 길을 가고 있어도 실망하지 않게 하옵시고, 잠정적인 부유함과 행복보다는 영원한 행복을 보장받은 자이기에 순간의 시련을 참게 하옵소서. **낮**고 천한 자를 불러 복음을 전하는 하나님의 사역자로 세워 주신 하나님 아버지! 저희 교회 성도 한 사람 한 사람이 작은 촛불이 되어 세상의 어둠을 물리치는 등대가 되게 하옵소서. 열악한 환경 속에 뛰어 들어가 복음을 전하는 선교사와 가족들 위에 하나님의 은혜로 채워 주옵소서. 오늘도 복음을 전하는 자들의 발걸음을 보호하여 주옵시고, 질병의 위험을 막아 주옵소서. 우리 교회에 세워진 기관들이 하나 되어 모이면 기도하고 흩어지면 전도하고 사랑을 전하는 복음의 분배자들이 되어 하나님을 기쁘시게 하는 일에 최선을 다하는 성도들로 만들어 주옵소서. 예수님 이름으로 기도하옵나이다. 아멘
헌금을 위 한 성 구	"모든 은혜의 하나님 곧 그리스도 안에서 너희를 부르사 자기의 영원한 영광에 들어가게 하신 이가 잠깐 고난을 당한 너희를 친히 온전하게 하시며 굳건하게 하시며 강하게 하시며 터를 견고하게 하시리라"(벧전 5:10)
헌 금 기 도	**생**명의 보화를 공급하여 풍성한 삶을 살 수 있도록 인도하시는 하나님 아버지! 지난 한 주간에도 특별히 우리 가정을 축복하사 일용할 양식을 주시고 기도할 때마다 응답하여 주시어 감사의 눈물을 흘릴 수 있게 하신 은혜를 감사드립니다. 그동안 말로는 저희 가정이 볼 수 있는 천국이요, 작은 교회요, 참 진리를 선포하는 학교라는 생각을 하면서도 자녀들을 부지런히 말씀으로 가르치지 못한 것을 용서하여 주옵소서. 이 예물이 우리를 구원으로 인도하는 사랑의 징검다리가 되게 하여 주옵소서. 열심을 주심도 감사! 소망을 주심도 감사! 범사에 감사하는 마음의 예물을 드립니다. **모**든 성도가 감사 속에 숨겨진 하늘의 보화를 발견하게 하시는 하나님 아버지! 저희의 소원을 아뢸 때마다 응답해 주실 줄 믿고 십일조를 드립니다. 받은 복을 세어보며 감사예물도 드립니다. 주일 헌금 구역헌금 성미를 드립니다. 땀 흘려 임할 때 피곤하지 않고 지치지 않으며 찬송이 흘러넘치기를 원합니다. 질병에 시달린 자녀들에게 치유의 소망을 주옵소서. 이 예물이 사용되는 곳마다 메마른 세상의 인심을 적시는 생수가 되어 하나님의 위로가 세상에 가득 차게 하옵소서. 조그마한 손으로 드리는 어린이들의 예물도 있습니다. 하나님께 드리는 귀한 마음이 밝은 아침 햇살처럼 세상을 비추는 빛이 되게 하옵소서. 예수님의 이름으로 기도하옵나이다. 아멘
위탁의 말 씀	"네가 죽도록 충성하라 그리하면 내가 생명의 관을 네게 주리라" 예수님은 우리 모두의 형편뿐만 아니라 교회의 형편도 모두 알고 계십니다. 말씀 안에서 죽도록 충성해서 믿음으로 승리해서 둘째 사망의 해를 받지 않는 저와 여러분이 되어야 합니다.
축 도	지금은 죄와 허물로 죽은 저희로 인하여 십자가상에서 구원을 집행하신 예수 그리스도의 은혜와 저희의 구원을 계획하시고 이루신 하나님 아버지의 사랑하심과 지금도 성도 한 사람 한 사람에게 구원을 적용하시는 성령님의 역사하심이 믿음으로 담대히 나아가는 사랑하는 성도들과 가정과 교회 위에 이제로부터 영원토록 함께 계시기를 축원하옵나이다. 아멘

오늘의 설교를 위한 복음적 조명 주제 : 서머나 교회

제목 : 서머나 교회 | 본문 : 요한계시록 2:8-11

주제 : 예수님은 사람의 형편을 모두 알고 계신다. 예수님은 교회의 환경도 모두 알고 계신다. 예수님은 서머나 교회의 사정을 알고 계시며, 위로와 더불어 충성을 요구하신다. 서머나 교회가 말씀을 듣고 믿음으로 승리하면 주님으로부터 둘째 사망의 해를 받지 않을 것이다.

논지 : 예수님은 서머나 교회의 사정을 알고 계시며, 승리하는 믿음을 요구하셨다.
1. 죽음에서 살아나신 예수님
2. 핍박을 알고계시는 예수님
3. 충성을 강조하시는 예수님
4. 승리를 촉구하시는 예수님

우리는 하나님을 전지전능한 분이라고 믿는다. 모든 것을 다 아시는 하나님, 무엇이라도 하고 싶은 일은 다 가능하신 하나님이시다. 그런데 하나님이 모른 척 하실 때도 있고, 침묵하실 때도 있다. 하나님이 하셔야 할 일을 미루고 계시거나, 참고 계시기도 하시고 혹은 사람들이 하는 대로 내버려두기도 하신다. 만약 하나님이 알고 계시는 대로 우리에게 다 즉각 말씀하시고, 하고 싶은 대로 우리에게 다 행하시면 우리는 어떻게 될까? 우리는 그저 하나님의 로봇이 될 뿐이다. 하나님이 우리를 당신의 형상대로 창조하셨다. 그 말인즉 하나님의 자유의지를 사람에게 넣어주었다는 의미이기도 하다. 사람은 자유의지를 가졌다. 사실 사람에게는 하나님께 순종하는 자유만 가졌다. 그런데 타락한 사람은 하나님을 거역하는 자유까지 가진 것으로 착각하고 하나님을 향해 대항하기도 한다. 하나님이 당신에게 대항하는 사람을 향해 참으시는 적이 있다. 왜 그러실까? 돌이키고 회개하기를 기다리시기 때문이다. 사람이 하나님의 뜻을 왜곡하여 자기 맘대로 하나님의 뜻이라고 떠들어대기도 한다. 그런데 하나님이 가만히 계신다. 왜 그러실까? 즉각적으로 고쳐주시면 얼마나 좋겠는가? 하나님이 가만히 계시는 이유는 사람에게 분별하는 힘을 키워주기 위함이다. 하나님이 뜻대로 하신다.

1. 죽음에서 살아나신 예수님

신앙인이 하나님께 열심히 기도한다. 그런데 기도하는 내용대로 안 될 때가 있다. 이 때 믿음이 약한 사람은 하나님이 안 들어주신다고 원망한다. 하나님의 들으심은 하나님의 뜻에 달려있다. 하나님이 즉각적으로 응답하시든, 늦게 응답하시든, 아니면 응답하지 않든 그것은 모두 하나님의 뜻이다. 우리가 기도응답을 받으려면 하나님의 뜻을 알아서 그 뜻대로 구해야 한다. 그리고 예수님의 이름으로 구해야 한다. 하나님은 예수님의 이름으로 구하는 기도를 들으신다. 그래야 기도 응답을 받은 사람이 하나님께 영광을 돌린다. 우리를 향해 뜻대로 하시는 하나님은 우리의 생명도 당신의 뜻대로 하신다. 우리가 우리 생명을 맘대로 할 수 있는 것 같으나 그렇지 않다. 우리 생명은 하나님께 달려 있다. 하나님이 우리를 창조하셨고, 우리에게 생령을 불어 넣으셨다. 그리고 죄인 된 우리에게 영원한 생명을 허락하셨다. 하나님은 우리에게 생명을 허락하신 사실을 예수님을 통해 증명하셨다. 예수님은 십자가에서 죽으셨지만 삼일 만에 살아나셨다. 살아나신 예수님은 우리를 창조하신 하나님과 함께 계셨다. 그래서 그분은 처음이시다. 예수님은 세상 끝 날까지 우리와 함께하신다. 그래서 그분은 마지막이시다. 그분이 서머나 교회를 향하여 위로와 격려의 편지를 보내신다.

2. 핍박을 알고계시는 예수님

예수님은 서머나 교회의 사정도 모두 알고 계신다. 사정을 알고 편지를 하는 것과 모르고 편지를 하는 것은 차원과 내용이 달라질 터이다. 모르고 편지를 하면 원칙적인 이야기만 할 뿐이고, 현실적으로 맞지 않는 내용도 있을 터이다. 그러나 알고 편지를 하면 현실적으로 공감이 되는 내용이고, 어려운 현실이라면 타개할 수 있는 방법도 제시할 수 있다. 예수님이 서머나 교회를 향해 네 환난과 궁핍을 알고 계신다고 한다. 서머나 교회가 핍박을 당하는데, 경제적인 어려움도 함께 당한다. 불신자들이 단합하여 신자들을 따돌리는데, 그들의 경제생활에서 배제시킨다. 불신자들이 신자들을 향해 일종의 경제제재를 가하면 신자들은 궁핍을 경험하게 된다. 그런데 예수님은 서머나 교회를 향해 실제로는 부요한 사람이라고 말씀하신다. 돈이 부족해도 풍성한 은혜를 누리며, 배고프지만 하나님의 사랑은 풍성하다. 세상의 소유가 사람의 존재를 결정하지 않는다. 하나님과의 관계가 사람의 존재를 결정한다. 그리고 예수님은 자칭 유대인이라 하는 사람들이 서머나 교회를 비방하는 것도 알고 계신다. 유대인이라고 하지만 실제로는 사탄의 집단이다. 유대인이랍시고 하나님을 알고 하나님의 뜻을 말하지만 하나님을 대적하는 무리들이다. 그런 사람들이 집단을 이루어 힘을 갖고 핍박한다.

3. 충성을 강조하시는 예수님

예수님이 서머나 교회의 사정과 형편을 모두 알고 계신다. 고난과 궁핍 그리고 유대인의 비난도 알고 계신다. 그런데 서머나 교회에 더 큰 어려움이 닥칠 것이다. 예수님이 사정을 알고 계시면 이쯤에서 멈추도록 해 주셔야 하는데, 예수님이 서머나 교회를 더 어렵도록 방치하시는 듯하다. 실제로 예수님이 방치하실까? 그렇지 않다. 예수님이 서머나 교회를 향해 강한 신앙을 갖도록 잠시 기다리신다. 사람에게는 예수님의 기다림이 매우 힘든 일이지만, 그 어려움을 통과해야 비로소 강한 신앙인이라고 인정을 받는다. 예수님은 서머나 교회를 향해 장차 받을 고난을 두려워하지 말라고 하신다. 앞으로 마귀가 교인들 중에서 몇 사람을 감옥에 가둘 것이다. 그리고 신앙을 팽개치라고 강요할 것이다. 서머나 교인들이 열흘 동안 시험을 받을 것이다. 열흘이면 짧은 기간인데, 참을만한 기간이다. 문제는 시험받는 사람이 언제 끝날지를 모른다는 것이다. 우리 예수님이 서머나 교회를 향해 위로하시고 어려움에서 해방해야 할 방법을 일러주신다. 그 방법은 죽도록 충성하는 것이다. 열흘의 시험동안 목숨의 위협을 받아도 꼭 할 일은 죽도록 충성하는 것이다. 생명을 바치려는 사람에게 예수님은 생명의 면류관을 허락해주신다. 목숨을 내 놓을 만큼 각오를 하면 예수님은 생명으로 갚으신다.

4. 승리를 촉구하시는 예수님

목숨을 위협 받아도 죽도록 충성하는 일이 대적자들에게는 어떻게 비쳐질까? 자기들의 방법으로는 믿음의 사람을 도저히 감당하지 못할 것이라고 혀를 내두를지도 모른다. 믿음의 사람은 예수님으로부터 힘을 얻는다. 세상을 이기는 힘이다. 마귀를 이기는 힘도 예수님으로부터 얻는다. 예수님으로부터 힘을 얻는 사람을 마귀가 결코 이겨낼 수 없다. 사람의 힘으로는 마귀에게 질 수밖에 없지만, 예수님의 힘을 얻으면 이길 수 있다. 예수님은 서머나 교회의 성도들을 향해 이기는 믿음을 요구하신다. 이기는 사람들에게는 둘째 사망의 해를 받지 않을 것이라고 약속하신다. 사망도 첫째와 둘째가 있다는 의미이다. 첫째 사망은 영혼이 몸을 떠나는 것 즉 목숨이 끊어지는 것이다. 이것은 누구나 겪는 일이다. 그러나 둘째 사망은 믿음을 버린 사람들만 당하는 것이다. 둘째 사망은 하나님과 분리된 것이다. 하나님으로부터 버림을 받는 것, 예수님이 다시 오실 때 심판을 받아 영원한 형벌에 처해지는 것이다. 충성함으로 이기는 사람에게는 생명의 면류관이 주어지고, 둘째 사망과 관련이 없다. 즉 그에게 영원한 생명이 약속되고, 성취된다. 귀 있는 사람들 즉 바르게 듣는 사람들은 성령이 교회들에게 하신 말씀을 바르게 듣는다. 귀로 들은 후 하나님의 뜻을 깨달아 신앙 승리를 이룬다.

성 경	마가복음 10:46-52	예전색상	초록색

예 배 의 부 름	"주 여호와께서 이 뼈들에게 이같이 말씀하시기를 내가 생기를 너희에게 들어가게 하리니 너희가 살아나리라"(겔 37:5) 절망과 실패의 늪에 빠진 죄인을 구하신 후 새로운 용기와 도전의 감격을 주신 하나님 아버지! 거룩한 주님의 날 예배드리는 저희 심령들을 긍휼히 여기시고 주님의 친절한 팔에 안기게 하심을 감사드립니다. 오늘도 성삼위 하나님의 임재를 알게 하시고 말씀과 기도와 찬양 가운데 주님을 만나는 기쁨을 갖게 하옵소서. 병들고 상처를 입은 성도들을 말씀으로 어루만지사 고쳐주시고 치료해 주시며 강건케 하여 주옵소서. 예수님의 이름으로 기원하옵나이다. 아멘
회개를 위하여	우리는 항상 똑같은 잘못을 저지르는 죄악의 상습범이 되는 경우가 많습니다. 이유는 간단합니다. 변하겠다는 결심을 했지만, 막상 고쳐야 할 습관을 버리지 못했기 때문입니다. 되풀이되는 그 한 가지라도 고쳐보겠다고 결심하는 기도를 계속합니다.
고 백 의 기 도	성령님의 잔잔한 타이름을 무시하고 세상 길을 방황하던 죄인을 구해주신 하나님 아버지! 거듭되는 회개에도 불구하고 계속되는 불의한 생활로 습관보다 무서운 죄악의 상습범이 된 저희에게 다시 한번 회개할 기회를 주심을 감사드립니다. 세상의 정욕과 내 마음의 욕심을 좇아 나를 버리지 못했습니다. 오히려 남을 탓하고 원망했으며 불평, 불만으로 가득한 인생을 살아온 잘못을 용서하여 주옵소서. 주님께서 주신 소중한 시간, 기회, 재능, 능력을 하나님의 일에 투자하지 않은 우리의 어리석음을 용서하여 주옵소서. 사망의 골짜기를 방황할 때도 언제나 영생의 길을 다시 걸어가게 하시는 하나님 아버지! 오늘도 말씀을 들을 때 은혜와 긍휼히 넘쳐 죄인의 형상에서 하늘 사람으로 바뀌는 역사가 있게 하옵소서. 내 일만 생각하고 남을 위한 잠시의 염려도 기도도 못 한 못난 저희를 용서하여 주옵소서. 다른 사람의 슬픔과 아픔은 염두에 두지도 않았습니다. 교회 안에서 모범을 보이지 못했습니다. 사탄이 우리를 침몰시키거나 세상의 물결이 우리의 믿음을 덮지 못하게 하여 주시옵소서. 하나님의 지혜로 냉철한 판단력을 주셔서 죄를 이기게 하여 주시옵소서. 예수님의 이름으로 감사기도 드립니다. 아멘
사함의 확 인	"이르되 주여 내가 주께 은총을 입었거든 원하건대 주는 우리와 동행하옵소서 이는 목이 뻣뻣한 백성이니이다 우리의 악과 죄를 사하시고 우리를 주의 기업으로 삼으소서"(출 34:9)
성시교독	78. 요한복음 14장
설교 전 찬 송	28장 (복의 근원 강림하사) 321장 (날 대속하신 예수께)
설교 후 찬 송	419장 (주 날개 밑 내가 편안히 쉬네) 510장 (하나님의 진리등대)

10
20

금주의 성 가	우리 눈 여소서– Will C. Macfalance 선한 마음을 품고 살라 – Jester Hairston 이겼네 – F. E. Boalt
목 회 기 도	생명의 말씀이 넘치는 은혜의 강가에서 살게 하시는 하나님 아버지! 이 땅에 선한 목자 되신 예수 그리스도의 몸이 되신 교회를 세워 주심을 감사드립니다. 교회를 통하여 진정한 목양의 사역이 이루어지게 하시고 많은 사람이 구원을 받아 풍한 초장에서 자라나게 하여 주옵소서. 교회 각 처에서 목자의 소명을 받아 사역하는 선한 일꾼들이 저마다 예수님의 마음을 닮아 책임을 잘 감당하게 하여 주옵소서. 믿음의 길을 걸어간 신앙 선배들의 발자취를 따라 예수 그리스도를 닮아 가는 품성을 소유한 크리스천으로 거듭나게 하옵소서. 하나님의 음성을 경청하게 하시고 하나님의 능력을 경험하게 하시는 하나님 아버지! 사악한 영들이 가까이 접근하지 않도록 주님께서 양의 우리를 보호하여 주시고 세속의 유혹과 잘못된 습성에 물들지 않게 지켜주옵소서. 죄인을 위하여 목숨까지 버리신 예수 그리스도의 구속 은혜를 생각하며 오늘도 경배와 찬양의 산 제사를 드리오니 받아 주시고 예수님을 본받는 삶을 살게 하옵소서. 교회를 위하여 맡겨진 직분을 위하여 충성하는 영혼들에 기쁨과 주님의 길을 함께 걷는 감격이 넘치게 하여 주옵소서. 예수님 이름으로 기도하옵나이다. 아멘
헌금을 위 한 성 구	"나의 하나님이여 주께서 마음을 감찰하시고 정직을 기뻐하시는 줄을 내가 아나이다 내가 정직한 마음으로 이 모든 것을 즐거이 드렸사오며 이제 내가 또 여기 있는 주의 백성이 주께 자원하여 드리는 것을 보니 심히 기쁘도소이다"(대상 29:17)
헌 금 기 도	가진 것 없이 출생한 저희에게 부족함이 없이 살게 하시는 하나님 아버지! 주님 앞에 예물을 드린 심령과 그 손길 위에 넘치는 주님의 복을 내려 주시기를 기도하옵나이다. 자녀와 가정이 다복하고 직장과 사업이 축복을 받아서 하는 일마다 형통한 은혜를 부어 주옵소서. 마음의 여러 가지 소원들이 응답받는 복을 누리게 하옵소서. 이 예물들이 쓰이는 곳마다 주 예수 그리스도의 복음이 증거되게 하시고 하나님의 나라가 확장되는 역사가 있게 하옵소서. 교회를 위해 보이지 않는 곳에서 저마다 믿음으로 헌신한 심령들 위에도 같은 복을 내려 주시고 믿음으로 기쁨을 거두게 하옵소서. 값을 치러야 할 죄인을 하늘 상급의 상속자가 되게 하신 하나님 아버지! 주님의 말씀에 순종하여 십일조를 구별하여 드리는 자녀들의 믿음이 산을 움직이는 굳은 믿음이 되게 하옵소서. 감사헌금을 드리는 자녀들에게 기도의 열매가 주렁주렁 맺게 하여 주시고 주정헌금, 구역헌금, 작정 헌금과 구원받지 못한 영혼들을 애통해하며 예물을 바칩니다. 영혼 구원의 열매가 넘치게 하옵소서. 드리는 물질 속에는 주님과 저만이 알고 있는 눈물의 기도가 있습니다. 응답의 감격을 안겨 주옵소서. 예수님의 이름으로 기도합니다. 아멘
위탁의 말 씀	"네게 무엇을 하여 주기를 원하느냐 맹인이 이르되 선생님이여 보기를 원하나이다" 그렇습니다. 우리를 향한 예수님의 관심은 믿음입니다. 말씀을 듣고 입으로 시인하고 가슴에 새기면 믿음이 회복됩니다. 믿음이 회복되면 우리는 복의 통로가 됩니다.
축 도	이제는 우리를 죄악에서 구속하신 예수 그리스도의 은혜와 화목제물이 되심으로 이 땅에 평화를 주기 원하시는 하나님의 극진하신 사랑하심과 성령의 감화 감동하시며 교통하시며 역사하심이 머리 숙여 기도하는 하나님의 자녀들과 저들의 삶의 터전 위에 이제부터 영원토록 함께하시옵기를 간절히 축원하옵나이다. 아멘

오늘의 설교를 위한 복음적 조명 주제 : 믿음의 축복

제목 : 예수님을 찾는 사람은? | 본문 : 마가복음 10:46-52

주제 : 예수님은 어려움을 겪는 사람의 곤란함을 해결하신다. 맹인이 예수님을 간절히 찾았을 때 예수님이 그를 만나주셨다. 맹인이 보기를 원할 때 예수님은 믿음의 구원을 말씀하셨다. 예수님의 관심은 믿음이다. 믿음의 회복은 건강의 회복, 인생의 회복으로 나타난다.

논지 : 예수님은 당신을 간절히 부르는 맹인의 눈을 뜨게 해 주셨다.
1. 여리고에서 맹인을 만나신 예수님
2. 다윗의 자손으로 일컬어진 예수님
3. 맹인을 부르라고 말씀하신 예수님
4. 맹인에게 구원을 선포하신 예수님

    예수님을 만난 사람 중에는 인생의 극적인 변화를 경험한 사람이 많다. 평생 아프게 했던 고질병을 고친 사람이 있는가 하면, 귀신의 지배를 받아 온전한 정신으로 살지 못하던 사람이 고침을 받아 정상인으로 생활을 하게 되었다. 나름대로 안정된 직업을 갖고 열심히 돈을 벌어 남부럽지 않게 살던 사람이지만 자기 욕심대로 예수님을 만난 후 다른 이를 돕는 일을 하는 사람이 있다. 평범하게 살던 사람이 예수님을 만난 후 비범한 삶을 살게 된 이도 있었다. 예수님을 만나고, 예수님의 은혜를 경험하면 이처럼 인생의 멋진 변화를 경험한다. 인생의 큰 변화를 경험한 사람들의 공통점이 있다. 그것은 자신의 생각이나 의견을 접고 예수님의 말씀을 받아들이고 삶의 지침으로 삼은 것이다. 이런 사람들의 이름이 성경에 기록되어 있고, 오늘날 신앙인들의 기억에 남으며 신앙의 가르침을 준다. 반면에 예수님을 만났지만 자기 생각을 고집하는 사람, 자기 환경과 기득권을 놓치기 싫어서 머뭇거리는 사람에게는 인생의 변화가 없었다. 그들은 예수님 앞에 왔지만 믿음을 가질 기회, 변화의 기회를 놓쳤다. 그들의 이름은 성경에서 무명으로 남아있다. 그저 그들의 직업이나 직책 정도만 소개될 뿐이다. 예수님을 만난 우리 이름이 하늘에 기록되는데, 그러면 우리는 어떻게 하면 되는가?

1. 여리고에서 맹인을 만나신 예수님

    예수님이 여리고를 지나시던 길이다. 이미 예수님의 소문이 사람들의 입과 귀를 통해 퍼졌다. 예수님이 병자를 고치시고, 귀신을 내쫓으시며 그분의 말씀에 권위가 있어서 사람들을 놀랍게 한다는 소문이었다. 예수님이 가는 길에 수많은 사람이 따른다. 사람들은 예수님의 능력 행함을 보고 싶어 한다. 사실은 예수님의 말씀을 듣는 일이 더 중요한데 말이다. 예수님이 지나는 길에 맹인 거지 바디매오가 앉아있다. 그는 디매오의 아들이다. 바디매오가 하는 일이란 겨우 길 가에 앉아서 지나가는 사람에게 구걸하는 정도이다. 앞을 볼 수 없으므로 스스로 직업을 갖기 어렵다. 하지만 앞을 못 보는 사람에게 다른 사람들보다 뛰어난 감각이 있는데 그것은 청각과 촉각이다. 남들보다 더 잘 듣고, 남들이 손대어 느끼는 것보다 더 정확하게 느낄 수 있다. 앞을 못 보는 바디매오이지만 예수님이 지나가는 소리를 들었다. 이제 그에게는 예수님을 만날 기회, 인생의 변화를 경험할 기회가 왔다. 평생 자기를 괴롭히던 암흑이 걷히고 밝은 빛을 볼 기회가 왔다. 어쩌면 예수님이 바디매오를 만나시려고 여리고를 지나시는지도 모른다. 예수님이 지나는 길에 있던 사람이 누구든 예수님은 무시하지 않으셨다. 관심을 갖고 살피시며, 예수님께 간구하는 일은 무엇이든지 들으시고 응답하셨다.

2. 다윗의 자손으로 일컬어진 예수님

바디매오는 시끄러운 소리에 무슨 일인가 의문을 가졌는데, 나사렛 예수가 지나간다는 소리를 들었다. 이미 예수님에 관한 소문을 익히 들었던 바, 예수님이라는 소리에 귀가 번쩍 뜨였다. 바디매오는 망설임 없이 예수님을 불렀다. "다윗의 자손 예수여 나를 불쌍히 여기소서" 인생의 변화를 위해서라면 체면도, 남의 눈치를 볼 필요가 없다. 바디매오처럼 예수님만이 자기를 고칠 수 있고, 자기 인생을 바꿔줄 수 있다고 믿으면 남이 뭐라고 하든 말든, 예수님이 귀찮게 생각하실지 고려하는 것도 뒷전이어야 한다. 가족을 먹여 살리려고 세상에서 돈을 버는 사람도 남의 눈치 안 보고 자존심 상해도 참고 열심히 버는데, 내 삶의 극적인 변화가 필요하다면 무조건 예수님을 불러야 한다. 바디매오의 소리가 얼마나 컸던지 사람들이 조용히 하라고 꾸짖는다. 하지만 바디매오는 더 큰 소리로 예수님을 부른다. "다윗의 자손이여 나를 불쌍히 여기소서" 바디매오가 예수님을 향해 다윗의 자손이라 불렀다. 예수님께는 다윗이 가졌던 힘이 있다고 믿는다. 게다가 자기를 불쌍히 여겨달라고 한다. 예수님이라면 자기를 도와줄 수 있다는 믿음의 표현이다. 예수님을 시험하려고 오는 사람들과 바디매오는 절박함부터 다르다. 우리 예수님은 이런 절박함을 보고, 구원의 손길을 내미신다.

3. 맹인을 부르라고 말씀하신 예수님

예수님은 바디매오의 음성을 들으셨다. 사람들이 많이 따라다니므로 주변이 시끄럽지만 바디매오의 음성이 더 컸다. 게다가 두 번이나 큰 소리로 예수님을 부르는 음성이 들렸으니 예수님이 관심을 가지실 수밖에 없다. 예수님이 가던 길을 멈추어 서서 소리친 사람을 부르라고 하셨다. 사람들이 바디매오를 향해 "안심하고 일어나라 그분이 너를 부르신다"고 전해준다. 처음 바디매오의 소리를 듣고 조용하라고 면박을 주던 사람들이 예수님의 음성을 듣고는 위로의 말을 한다. 바디매오는 무시당하지만 예수님은 무시당하지도 않고, 존중을 받으셨다. 신앙인도 자연인으로는 무시당할 수 있겠지만, 예수님과 함께라면 무시당하지 않는다. 세상은 신앙인을 무시할 수 있지만 예수님을 아는 사람이라면 결코 무시하지 않는다. 맹인은 예수님이 자기를 부른다는 소리를 듣고 겉옷을 내버리고 뛰어 일어나 예수님께 갔다. 예수님 앞에 빨리 가야하는데, 겉옷이 거추장스러우면 벗어버려야 한다. 어찌보면 겉옷은 맹인의 전 재산일수도 있다. 그러나 예수님을 만날 때는 전 재산이라도 포기해야 한다. 예수님이 율법사에게 가진 것을 다 팔아 가난한 사람을 도운 후 예수님을 따르라고 말씀하실 때, 율법사는 가진 것이 많아 고민하며 돌아갔다. 바디매오의 겉옷이 하찮아보여도 전 재산이다.

4. 맹인에게 구원을 선포하신 예수님

많이 가진 사람의 전 재산이나 적게 가진 사람의 전 재산이나 소유자에게 중요한 것은 마찬가지이다. 중요한 것은 예수님을 만날 때의 마음 자세이다. 예수님을 만나는 것을 사람의 선택사항으로 여긴다면 예수님을 만나면서도 자기 것을 지키려고 한다. 그러나 예수님의 부르심으로 믿는다면 자기 전 재산을 자연스럽게 포기하게 된다. 하지만 하나님은 포기하는 사람을 향해 복을 선언하신다. "나와 복음을 위하여 집이나 형제나 자매나 어머니나 아버지나 자식이나 전토를 버린 자는 현세에 있어 집과 형제와 자매와 어머니와 자식과 전토를 백배나 받되 박해를 겸하여 받고 내세에 영생을 받지 못할 자가 없느니라"(막 10:29-30). 예수님은 당신 앞에 나온 바디매오에게 친절하게 질문하신다. "네게 무엇을 하여 주기를 원하느냐" 맹인은 "선생님이여 보기를 원하나이다"라고 대답했다. 예수님은 맹인을 보고 필요를 이미 알고 계셨지만 일부러 질문하셨다. 맹인의 의지를 보려는 의도이다. 맹인은 자기 인생에서 가장 필요한 것을 예수님께 요구하였다. 예수님이 대답하셨다. "가라 네 믿음이 너를 구원하였느니라" 예수님의 말씀이 들리자 맹인의 눈이 떠졌다. 즉시 맹인의 눈이 떠지고 앞을 보게 되어 예수님을 따랐다. 구원이 선언되자 인생의 빛이 보이고 예수님을 따르게 되었다.

성 경	아모스 2:4-8	예전색상	초록색

예 배 의 부 름	"나의 영혼이 잠잠히 하나님만 바람이여 나의 구원이 그에게서 나오는도다 오직 그만이 나의 반석이시요 나의 구원이시요 나의 요새이시니 내가 크게 흔들리지 아니하리로다"(시 62:1-2)
	교회가 개혁되고 우리 개인의 믿음도 새롭게 변화되기를 원하시는 하나님 아버지! 종교개혁주일을 맞이하여 참된 진리 안에서 신앙의 감동으로 살아가게 하심을 감사드립니다. 말씀을 들을 때, 마치 우리 신앙을 말씀의 청진기로 진찰을 받는 것처럼 잘못은 버리고 처음 사랑을 회복하는 은혜가 넘치게 하옵소서. 믿음으로 하나가 된 성도들이 사랑의 친교를 통하여 하나 되게 하옵시고, 하나님께 무한한 영광이 되는 거룩한 예배가 되게 하옵소서. 주님 예수 그리스도의 이름으로 간절히 기원하옵나이다. 아멘
회개를 위하여	성도는 예수를 구주로 영접한 후 생각과 말과 행동이 변한 사람들입니다. 오늘 종교개혁주일을 맞이하여 구습을 좇아 낡은 생각과 말과 행동으로 믿음의 흉내만 내는 광대처럼 살았다면 과감한 개혁으로 주님이 원하시는 삶을 살겠다는 결심을 하면서 회개하는 기도를 계속합니다.
고 백 의 기 도	형식과 교권이라는 절망의 늪에 빠진 저희를 종교개혁으로 참 신앙을 회복시켜주신 하나님 아버지! 목숨을 건 개혁자들의 용기로 이루어 낸 참 신앙과 회복된 말씀으로 하나님께 더 다가설 수 있게 된 것을 진심으로 감사드립니다. 아직도 우리는 낡은 교조주의와 이론 안에 갇혀 믿음은 형식화되고 껍데기만 뒤집어쓰고 마냥 좋아했던 어리석음을 불쌍히 여겨 주옵소서. 세상은 번갯불 치듯 변화하는데 교회는 변화와 개혁을 거부한 무리 중 하나가 나는 아닌지 용서하여 주옵소서. 나의 부정적인 믿음이 이웃에게 절망이 됨을 깨달아 알게 하시는 하나님 아버지! 할 수 있다 하면 된다는 긍정적인 믿음이 사라지고 매사를 부정하는 패배자의 모습으로 변해 버린 추한 저희를 불쌍히 여겨 주옵소서. 지금도 교회와 부의 세습을 당연시하는 어리석은 자가 많습니다. 용서하여 주옵소서. 이제 조그만 역경에도 마음이 흔들리며 결심을 팽개치고 믿음에서 표류하는 나약함을 청산하게 하옵소서. 십자가의 능력으로 주님을 대항하는 모든 악과 맞서 승리하겠다고 다짐하는 저희 위에 사죄의 말씀을 선포하여 주옵소서. 예수님 이름으로 기도하옵나이다. 아멘
사함의 확 인	"그가 우리를 흑암의 권세에서 건져내사 그의 사랑의 아들의 나라로 옮기셨으니 그 아들 안에서 우리가 속량 곧 죄 사함을 얻었도다"(골 1:13,14)
성시교독	104. 종교개혁주일
설교 전 찬 송	70장 (피난처 있으니) 526장 (목마른 자들아)
설교 후 찬 송	521장 (구원하는 인도하는) 585장 (내주는 강한 성이요)

10 27

금주의 성 가	승전가 – Arr. by Peter J. Wilhouskyn 이 믿음 더욱 굳세라 – Don Besig 그 밝고 거룩한 성 – Even Stephens
목 회 기 도	**교**회를 위해서 시간과 물질과 몸으로 헌신하는 것을 기뻐하시는 하나님 아버지! 오늘 종교개혁주일에 저희가 오직 말씀으로 돌아가게 하시고, 오직 믿음으로 살게 하시고, 오직 하나님께 영광을 돌리게 하는 자신을 점검해 볼 기회 주신 것을 감사드립니다. 진리가 무너지고 하나님의 공의가 짓밟히는 현실에서 교회는 부패하고 흑암의 세계만이 이 땅을 무섭게 짓누르고 있습니다. 진정한 개혁의 변화는 나 개인에게서, 우리 교회에서 일어나야 한다는 사실을 알게 하옵소서. 교회를 위하여, 나라를 위하여, 헌신을 다하고 충성을 다할 수 있는 저희가 되게 하옵소서. 한 영혼을 위하여 희생할 수 있는 사랑의 마음을 허락하여 주시옵소서. **구**원받은 자녀들이 영적 전쟁에서 승리하게 하시는 하나님 아버지! 십자가 보혈의 은혜로 세워진 교회를 통하여 진리의 말씀으로 믿음이 성숙하게 성장하지 못한 것을 용서하여 주옵소서. 교회 성장을 걱정하면서도 교회학교와 구역 발전을 위해서 도움을 요청할 때 외면했던 잘못을 용서하여 주옵소서. 내가 먼저 진리의 말씀으로 믿음과 행실이 합치된 말과 행동을 살게 도와주옵소서. 옛 습관이 다시는 지배하지 못하게 하시고 어둠의 세력들의 끈질긴 위협에서도 굳게 믿음의 보루를 지켜가는 아름다운 영혼의 소유주로 소문나게 하옵소서. 예수님의 이름으로 기도하옵나이다. 아멘
헌금을 위 한 성 구	"또한 모든 나라를 진동시킬 것이며 모든 나라의 보배가 이르리니 내가 이 성전에 영광이 충만하게 하리라 만군의 여호와의 말이니라 은도 내 것이요 금도 내 것이니라 만군의 여호와의 말이니라"(학 2:7–8)
헌 금 기 도	**허**물과 실수로 만신창이가 되어 헤매는 저희를 다시 일으켜 세워 주시는 하나님 아버지! 어두운 세상을 밝히는 진리의 촛불이 되라고 많은 은혜 주셨지만 구별되지 못한 삶을 살지 못한 저희를 품어주시고 격려해 주신 사랑을 감사드립니다. 오늘 종교개혁주일에 예물을 봉헌합니다. 이 예물이 주의 몸 된 교회를 든든히 세워 가는 초석이 되게 하여 주시고 바치는 자녀들의 삶이 주님의 이름으로 형통하게 하옵소서. 드린 성도들이 근심하고 걱정했던 것들이 기쁨과 풍성함으로 가득하게 하시옵소서. 성도들의 사업이 번창하는 복을 주시되 하나님의 도우심을 기억하게 하옵소서. **모**든 것이 주께로부터 왔음을 알고 주께 드릴 믿음 주시는 하나님 아버지! 하나님 나라에 들어갈 소망을 주신 증표로 감사의 예물을 드립니다. 십일조와 감사 헌금으로 드립니다. 선교 헌금과 건축 헌금으로 드립니다. 성미로 드립니다. 시간과 몸으로 헌신하는 충성자들도 많습니다. 액수보다는 드리는 저희의 정성과 마음을 받아 주실 줄 믿습니다. 세상에는 아직도 굶주리고 헐벗은 사람들이 많습니다. 그들을 위해서 기쁜 마음으로 사랑의 헌금을 드릴 수 있는 자랑스러운 믿음의 용사가 되게 하옵소서. 주님의 이름으로 기도합니다. 아멘
위탁의 말 씀	"서너 가지 죄로 말미암아 내가 그 벌을 돌이키지 아니하리라" 하나님의 말씀을 외면하면 우리의 삶은 세상이 주는 죄악으로 오염됩니다. 하나님은 우리가 세상에서 오염된 순간 책망하시는 신호를 보내십니다. 바로 그때 즉시 회개하고 하나님 품에 안기는 신앙을 살아야 합니다.
축 도	지금은 길과 진리와 생명 되신 우리 구주 예수 그리스도의 은혜와 백성들 앞서 행하사 사랑으로 갈 길을 밝히 보이시는 하나님 아버지의 사랑과 말씀을 늘 깨닫게 하사 말씀 안에 살도록 도우시는 성령님의 역사하심이 종교개혁주일에 주신 말씀대로 각자와 가정과 일터에서 개혁의 전파자로 한 주간을 살아가기를 다짐하고 나아가는 성도들 가운데 이제로부터 영원토록 함께하옵시기를 간절히 축원하옵나이다. 아멘

오늘의 설교를 위한 복음적 조명 주제 : 책망의 예언

제목 : 서너 가지만 개선해도 | 본문 : 아모스 2:4-8

주제 : 하나님은 백성들에게 정의를 행하기 원하신다. 정의를 행하는 것은 우선 하나님을 바르게 섬기는 일부터 시작한다. 하나님의 말씀을 외면하면 생활이 오염된다. 하나님은 백성들의 오염된 생활을 보셨을 때 책망하신다. 속히 회개하고 돌아와서 바르게 살기를 원하신다.

논지 : 하나님은 백성들의 죄를 알고 계시며, 그에 대하여 책망하신다.
   1. 유다의 죄를 책망하시는 하나님
   2. 이스라엘의 죄를 아시는 하나님
   3. 이름의 거룩됨을 원하신 하나님
   4. 우상 섬김을 거부하시는 하나님

성경은 사람을 향하여 본질상 진노의 자녀였다고 말한다. 하나님 앞에 모두가 죄인이었다. 사실 사람의 죄는 하나님과의 관계가 깨진 것이었다. 관계가 깨진 것 하나로 인해서 수많은 죄들이 파생된다. 사람에게 나타난 크고 작은 죄들을 일일이 따진다면 세상에서 살아남을 사람이 없다. 하나님이 사람을 구원하시려면 어떻게 하셔야 했을까? 우선적으로 하나님이 우리와의 관계를 회복하려고 시도하셔야 했다. 구약에서는 그 방법으로 율법을 주기도 하셨고, 예언자를 보내어 선포하게도 하셨다. 그런데 율법은 죄를 더 맑게 하는 기능을 했고, 예언자들의 선포에는 백성들이 거역하였다. 하나님이 마지막으로 선택한 방법이 있다. 그것은 독생자 예수님을 사람들에게 보내시는 것이었다. 예수님이 오셔서 하나님과 사람 사이를 화목하게 하셨다. 그러므로 예수님을 믿는 사람은 예수님의 이름을 힘입어서 하나님 앞에 담대하게 나아갈 수 있게 되었다. 예수님을 믿는 사람에게는 은혜로 의롭게 된다는 선언이 주어졌다. 죄인이 죄 값을 치러도 의롭게 되기 어려운데, 은혜로 의롭게 된다는 선언이야말로 죄인에게는 가장 큰 축복이다. 그런데 의로움을 외면한 죄인들은 세상에서 여전히 죄를 짓는다. 죄의 종으로 사는 모양을 보인다. 게 중에 서너 가지 죄들이 그를 파멸로 이끌어간다.

1. 유다의 죄를 책망하시는 하나님

세상에서 잘 나가는 사람이라 할지라도 중요한 직책을 맡으려고 할 때 한 가지 흠만 드러나도 크게 비난을 받는다. 그 한 가지가 국민들 전체의 상식에 반하고, 국민들 눈높이에 부족하면 어떻게 될까? 한 가지 때문에 그동안의 업적이 다 허사로 돌아가고, 더 중요한 기회를 놓칠 수 있다. 지금 하나님께서는 아모스 선지자를 통해 유다의 서너 가지 죄를 책망하신다. 수많은 죄악들 중에서 서너 가지면 별 관심을 갖지 않을 수 있다. 그러나 하나님을 그 서너 가지 죄가 백성들에게 엄청난 악영향을 끼치고 있음을 알고 계신다. 하나님이 백성들을 용서하고 싶지만 서너 가지의 죄 때문에 용서하고 싶지 않으시다. 유다의 죄는 하나님이 주신 율법을 무시하는 것이다. 사람들은 율법을 안 지켜도 된다고 생각하고 지나쳐버린다. 백성들은 율례를 지키지 않는다. 하나님이 명하신 규례가 있는데, 귀찮다고 세대에 뒤처진다고 안 지켜도 아무 일이 안 생긴다면 규례를 어기고 있다. 게다가 그들의 조상들이 거짓을 따랐는데, 지금 유다 백성들도 거짓을 따르고 있다. 거짓의 문화에 젖어 있으면 그것이 거짓인 줄도 모른다. 하나님이 아모스 선지자를 통해 유다에게 벌을 내리신다고 말씀하신다. 유다에 불을 보내 예루살렘과 궁궐을 사를 것이라 하신다. 유다 백성의 영화로움이 사라질 것이다.

10
27

2. 이스라엘의 죄를 아시는 하나님

요즘에야 가만히 있어도 나무들이 부딪히며 불이 날 수 있다. 하지만 도시에서 건물에 불이 나겠는가? 누가 실수로 촛불이나 횃불을 떨어뜨리거나, 침략군들이 불화살을 쏘면 건물에 불이 붙을 것이다. 유다만 죄가 있었을까? 유다 북쪽 이스라엘 왕국에도 서너 가지 죄가 있다. 그 죄는 은을 받고 의인을 파는 것이다. 의인을 핍박하려고 돈을 지불한다. 또 인신매매를 한다. 심지어 신 한 켤레로 가난한 사람을 판다. 힘없는 사람에게는 머리를 잡아서 티끌에다가 박고는 발로 밟는다. 약한 사람을 보면 도와주어야 하는데, 약하다고 더 무시한다. 유다는 하나님을 향한 범죄인데 반하여 이스라엘은 사람이라면 할 수 없는 아주 치사한 범죄를 저지르고 있다. 하나님은 아모스 선지자를 통해서 그들의 죄로 말미암아 내리려던 벌을 돌이키지 않겠다고 말씀하신다. 즉 하나님께서 확실하게 벌을 내리겠다는 말씀이다. 이 정도로 도덕적으로 타락한 나라는 필연적으로 망하게 되어 있다. 사람들이 서로 존중하지 않으니 힘을 결집할 수도 없고, 양극화 된 나라 안에서 백성들끼리 대립하다보니 국력을 강하게 하지 못한다. 결국 이방의 침략을 받으면 속수무책으로 무너진다. 본문에서 이어지는 구절을 보면 전쟁이 나면 아무리 강한 용사도 피할 수 없고 벌거벗은 채 도망하게 된다.

3. 이름의 거룩됨을 원하신 하나님

이스라엘의 죄가 서너 가지가 넘는다. 6절과 7절에는 다섯 가지나 된다. 다섯 번째 죄는 정말로 입에 담기 어렵고 수치스러운 죄이다. 남자로서 하면 안 되는 일들이다. 그런 일을 하면 하나님의 거룩한 이름을 더럽히게 된다. 하나님은 사람에게 정결함을 요구하신다. 하나님과의 관계에서 정결함, 세상에서 살 때는 사람들 사이의 정직과 진실함, 또 가정과 부부 사이에서의 정결함이 있어야 한다. 그런데 이스라엘은 아버지와 아들이 함께 죄를 짓는 일이 벌어진다. 사람으로서는 도저히 할 수 없는 일이며, 사람됨을 포기하는 범죄이다. 사람은 하나님의 형상으로 지음을 받은 존재인데, 사람으로서의 존재성을 포기한다면 스스로 하나님의 형상됨을 포기하는 꼴이 된다. 사람을 지으신 하나님을 무시하는 일이며, 하나님의 거룩한 이름을 더럽히게 된다. 하나님은 당신의 이름이 거룩히 여김을 받기 원하신다. 그래서 예수님도 기도를 가르치시면서 기도의 첫머리에 아버지의 이름이 거룩히 여김을 받기 원한다고 말씀하셨다. 하나님의 이름이 어떤 방법으로 거룩해지는가? 하나님의 형상 사람들이 하나님의 뜻대로 행해야 한다. 그런데 하나님의 뜻을 어기는 사람 때문에 하나님 이름의 거룩성이 훼손된다. 하나님은 이름이 훼손되고, 거룩함을 무너뜨리는 행위를 가장 싫어하신다.

4. 우상 섬김을 거부하시는 하나님

이스라엘에게 서너 가지 죄만 있을까? 이미 다섯 개를 보았는데, 8절을 보면 두 가지가 더 나온다. 9절부터는 죄를 더 언급하지 않으니까 이스라엘의 죄는 일곱 가지나 된다. 8절을 보면 사람들이 제단 옆에서 전당 잡은 옷 위에 누웠다. 즉 돈을 빌려주고 겉옷을 전당 잡고 그 위에 눕는데 그것도 제단 옆에 눕는다. 돈으로 다른 사람을 고통스럽게 하고서도 제단 옆에서 자기만 편하면 최고라는 식이다. 또 그들의 신전에서 벌금으로 얻는 포도주를 마신다. 이스라엘 사람들이 이방 신을 섬기는데, 이방의 풍습대로 신전에서 술을 마시고 취한다. 그 술을 어떻게 얻었는가? 법을 만들어서 어긴 사람에게 벌금을 내게 하는데, 술을 벌금조로 내게 하는 것이다. 벌금은 국가 재정에 충당되어서 백성을 위해 사용해야 하는데, 술을 벌금으로 내게 해서 권력자들이 마구 마시면서 취한다. 즉 권력자들이 공금을 자기 좋은 대로 사용한다. 8절의 죄는 힘과 돈을 가진 사람들이 양심에 거리낌이나 죄인지도 모르고 짓는 죄를 대표한다. 여기 등장하는 일곱 가지 죄는 어찌 보면 인간이 할 수 있는 모든 죄들을 대표하는 것들이다. 하나님과의 관계가 깨지면, 즉 믿음에 문제가 생기거나 종교 지도자들이 타락하면 이런 죄들이 넘쳐난다. 종교개혁은 과거뿐만 아니라 현재에도 꼭 필요하다.

11월의 예배와 설교를 위하여

일	요일		본문	설교제목	기타(예화, 참고자료)
3	주일	낮			
		밤			
6	수				
10	주일	낮			
		밤			
13	수				
17	주일	낮			
		밤			
20	수				
24	주일	낮			
		밤			
27	수				

성 경	누가복음 19:1-10	예전색상	초록색

예 배 의 부 름	"여호와를 두려워하는 너희여 그를 찬송할지어다 야곱의 모든 자손이여 그에게 영광을 돌릴지어다 너희 이스라엘 모든 자손이여 그를 경외할지어다" (시 22:23)
	예배를 통해서 하나님의 깊고 오묘한 뜻을 깨달아 알게 하시는 하나님 아버지! 거룩한 주님의 날 그리스도만이 참된 구원의 길이요 행복의 길이며 생명의 길임을 고백하는 믿음으로 경배드리게 하심을 감사드립니다. 오늘도 죄로 더러워진 영혼들이 말씀을 들을 때 씻기는 은혜를 허락하여 주옵소서. 굳은 믿음으로 무장되어 밀려오는 불안과 불황과 모든 유혹과 맞서 승리하는 하늘 백성 되게 하여 주옵소서. 예수님의 이름으로 기원하옵나이다. 아멘
회개를 위하여	죄악의 깊은 잠에 곯아떨어진 영혼들은 목자의 음성을 듣지 못하는 영적인 귀머거리가 되고 맙니다. 생명의 말씀을 듣지 못하면 믿음이 녹슬어가는 것은 당연한 일입니다. 혹시 하나님의 음성보다 세상의 소리에 귀를 기울이는 영적인 귀머거리라면 회개하는 기도를 해야 합니다.
고 백 의 기 도	생명의 말씀이 귀함을 알게 하시는 참 좋으신 하나님 아버지! 지난 한 주간을 살면서 지치고 고된 영과 육이 새 힘 얻고자 주님 앞에 고개 숙인 저희를 포근한 사랑으로 붙잡아 주심을 감사드립니다. 세상이 주는 것에 한눈을 팔다가 그만 생명의 말씀을 듣지 못하는 영적인 청각장애인이 된 것을 용서하여 주옵소서. 저희에게서 옛사람의 흔적이 주는 옛 성품이 다시 살아나 화내고, 욕하고, 불의를 저지르고, 악한 생각을 품었기 때문임을 고백합니다. 불쌍히 여겨 주옵소서.
	생명의 말씀으로 갈 길에 빛을 허락하신 하나님 아버지! 주님과 성도와 교회를 섬긴다고 했으나 실제로는 섬기지 않았던 잘못을 불쌍히 여겨 주옵소서. 용서받은 횟수를 기억조차 할 수 없을 만큼 받았으면서도 또 반복되는 잘못을 밥 먹듯 하는 미련하고 우둔한 저희를 용서의 팔로 안아 주시옵소서. 아직 저희의 마음속에 남아 있는 부정적인 생각을 제거하여 주시고 승리할 수 있는 새 힘이 생길 수 있도록 사죄의 말씀을 주시옵소서. 예수 그리스도의 이름으로 기도하옵나이다. 아멘
사함의 확 인	"우리 조상들이 주께 의뢰하고 의뢰하였으므로 그들을 건지셨나이다 그들이 주께 부르짖어 구원을 얻고 주께 의뢰하여 수치를 당하지 아니하였나이다" (시 22:4-5)
성시교독	80. 고린도후서 4장
설교 전 찬 송	42장 (거룩한 주님께) 413장 (내 평생에 가는 길)
설교 후 찬 송	391장 (오 놀라운 구세주) 455장 (주님의 마음을 본받는 자)

금주의 성가	사슴이 시냇물 사모함 같이 – Vicent Novello 내가 산을 향하여 눈을 드니 – Allen pote 주 믿는 자여 파도를 헤쳐 – Breast the Christian
목회기도	罪인의 옷을 벗고 믿음의 띠를 띠고 살게 하시는 참 좋으신 하나님 아버지! 지난 한 주간 세상에서 지친 몸과 상한 마음이지만 예배를 통해 주님과의 처음 사랑을 회복할 기회를 주실 줄 믿고 감사드립니다. 크게 뉘우치고 자복하는 마음으로 심령을 깨끗이 비우겠사오니 성령 충만으로 채워 주옵소서. 바쁜 가사의 일들을 제쳐 두고 피곤함도 잊은 채 주의 몸 된 교회를 위해서 봉사하는 아름다운 손과 발들이 있습니다. 저들의 발걸음 속에 하나님께서 동행해 주시어서 교회 봉사를 통해 얻은 축복을 간증할 수 있는 은혜로 채워 주옵소서. 우리 교회가 하나님의 선하신 사역을 감당하는 교회가 되게 하옵소서. 말씀을 들을 때 세파에 지친 영혼이 광명의 새 빛을 보게 하시는 하나님 아버지! 우리 교회를 통하여 주신 재능 가지고 교사와 성가대와 꽃을 가지고 아름다운 성전을 만들어 가는 손길도 있습니다. 그 손들고 기도할 때 하늘 문이 열리는 천국 열쇠가 되게 하옵시고 주의 사랑의 손길로 친히 그들의 머리에 안수하시는 감격이 임하는 예배가 되게 하옵소서. 우리 교회가 일어나 빛을 발하여 죄악에 헤매는 많은 사람에게 길이요 진리요 생명으로 인도하는 구원의 등대가 되게 하옵소서. 예수님의 이름으로 기도하옵나이다. 아멘
헌금을 위한 성구	"나를 사랑하는 자들이 나의 사랑을 입으며 나를 간절히 찾는 자가 나를 만날 것이니라 부귀가 내게 있고 장구한 재물과 공의도 그러하니라 내 열매는 금이나 정금보다 나으며 내 소득은 순은보다 나으니라" (잠 8:17~19)
헌금기도	罪인을 보혈의 피로 씻어 하늘 보좌의 상속자가 되게 하신 하나님 아버지! 하나님의 은혜와 사랑에 감사하여 저희가 할 수 있는 최선을 다한 예물을 아버지께 드릴 기회 주심을 감사드립니다. 저희가 가진 물질뿐만 아니라 저희 몸과 마음과 시간과 재능까지도 온전히 하나님께 드려지는 생활을 하려는 결심까지 받아 주옵소서. 이 예물이 하나님 아버지께 감동을 주는 예물이 되게 하여 주시옵소서. 가난 중에서도 진심으로 물질을 드리는 성도들을 기억하여 주시옵소서. 주님께 드린 모든 성도를 기억하시고 그들의 앞날에 어려움이 없게 하시고 저들의 건강을 지켜 주시옵소서. 구원받은 감격과 돌보심에 대한 감사를 잊지 않게 하시는 하나님 아버지! 비록 작은 것일지라도 믿음과 소망과 사랑으로 드리는 것이니 받아주시고 그 속에 담겨 있는 믿음의 소원을 이루어 주옵소서. 지난 한 주간을 살게 하신 은혜 감사하여 소득의 십일조를 드립니다. 감사예물과 여러 가지 명목으로 드리는 헌금들을 받아 주시옵소서. 꽃꽂이로 봉사하는 자녀들이 있습니다. 성가대로 봉사하는 자녀들도 있습니다. 주방에서 주차장에서 사람들을 섬기는 자녀들에게 희락으로 채워 주옵소서. 육의 양식을 위해, 질서를 위해 헌신하는 저들에게 주님의 신령한 영의 양식으로 축복하옵소서. 예수님의 이름으로 기도하옵나이다. 아멘
위탁의 말씀	"인자가 온 것은 잃어버린 자를 찾아 구원하려 함이니라" 예수님은 누구도 차별하지 않으셨습니다. 우리도 한 주간 동안 세상에서 살면서 만나는 사람에게 친절하게 대하면서 구원의 기쁜 소식을 전하는 믿음의 전달자로 살아야 합니다.
축도	지금은 생명의 떡으로 오셔서 저희의 생명이 되신 예수 그리스도의 은혜와 자기 백성을 사랑하시되 끝까지 사랑하시는 하나님의 사랑하심과 저희의 삶의 모든 영역에서 구별된 삶을 이루어 가도록 도우시는 성령의 역사하심이 모든 것을 하나님께 의탁하여 살기로 하는 사랑하는 성도들 가운데 영원토록 함께 계시기를 축원하옵나이다. 아멘

오늘의 설교를 위한 복음적 조명 주제 : 인자의 목적

제목 : 인자가 온 것은? | 본문 : 누가복음 19:1-10

주제 : 예수님은 누구와도 친구처럼 지내셨다. 예수님은 사람들의 생각이나 상식과는 다르게 행하셨고, 누구도 차별하지 않으셨다. 예수님은 사람에게 친절하셨고, 변화를 결단하는 사람을 지지하며 그런 사람들에게 구원을 선포하셨다. 구원의 선포가 오늘 우리에게 적용된다.

논지 : 예수님은 변화를 결단한 사람에게 구원을 선포하신다.
  1. 세리장 곁을 지나가신 예수님
  2. 세리장의 집으로 가신 예수님
  3. 변화의 결단을 들으신 예수님
  4. 즉시 구원을 선포하신 예수님

성경에 나오는 여리고라는 동네는 여러모로 우리의 기억에 남는다. 여호수아서를 보면 이스라엘 군대가 가나안 땅으로 들어가는 첫 관문이 여리고였다. 이스라엘의 힘으로는 여리고를 도저히 무너뜨릴 수 없었다. 하나님은 여호수아에게 이스라엘 백성과 함께 여리고 성을 돌라고만 말씀하셨다. 여호수아와 그의 군대는 하루에 한 번씩 엿새 동안 여리고 성을 돌고, 일곱째 날에는 일곱 번 돌라고 말씀하셨다. 여호수아가 하나님의 말씀대로 행했다. 그리고 여리고 성이 무너졌다. 여리고 성 사람이 모두 사라져야 했으나, 두 명의 정탐꾼을 숨겨준 여인 라합과 그의 가족은 살아남을 수 있었다. 라합은 예수님의 족보에도 올라갔다. 그러니까 여리고는 하나님의 능력을 경험한 곳이었고, 또 사람의 힘은 하나님의 능력 앞에서는 아무것도 아니라는 믿음을 갖게 하는 기억이 되었다. 두 주 전에도 보았듯이 여리고의 맹인 바디매오가 예수님을 만나서 눈을 떴다. 날 때부터 맹인이었던 사람의 눈을 과연 누가 뜨게 할 수 있는가? 불가능한 일이다. 하지만 예수님에게는 가능했다. 예수님은 바디매오에게 믿음의 구원을 말씀하셨다. 결국 구약과 신약에 나타난 여리고의 공통점은 사람이 할 수 없는 일을 하나님이 하실 수 있다는 믿음을 갖게 하는 장소였다. 오늘 본문에도 여리고라는 장소가 나온다. 예수님과 삭개오가 만난 곳, 구원이 선포된 곳이었다. 예수님의 사역 목적은 사람의 구원이었다. 예수님은 그 구원을 선포하셨다. 오늘 여리고에서 선포되는 구원을 보자.

1. 세리장 곁을 지나가신 예수님

예수님이 여리고를 들어가 지나가셨다. 아마도 여리고를 통과하시는 듯하다. 여리고 성에 삭개오라는 이름을 가진 사람이 있다. 누가복음에만 갑자기 등장한 사람, 예수님의 주인공인 드라마에 엑스트라 혹은 까메오로 등장하는 인물이었다. 그러나 예수님과의 만남이 얼마나 강렬하였는지, 삭개오라는 이름이 성경에 기록되었고 우리의 기억에도 남아 회자된다. 누가복음에서는 삭개오를 세리장이며 부자라고 말한다. 삭개오는 직업이 좋은 사람, 돈을 잘 버는 사람, 실제로 재산을 모은 사람이다. 삭개오 역시 예수님의 소문을 들었다. 예수님이 여리고 성을 지나가신다는 소문을 듣고 예수님이 어떤 분인지를 보고 싶었다. 그런데 삭개오에게는 단점이 하나 있었다. 키가 작다는 것이다. 예수님이 지나는 길에 모인 사람을 헤치고 들어가 예수님을 만나서 직접 본다는 것이 자신의 힘으로는 어렵다. 그러나 궁금하면 해결할 방법이 생각난다. 삭개오가 급기야 돌무화과나무 위로 올라갔다. 개역한글판에서는 뽕나무라고 했는데, 개역개정판에서는 돌무화과나무라고 다시 번역하였다. 나무 위에 사람이 있다.

2. 세리장의 집으로 가신 예수님

삭개오는 예수님을 보고 싶은 강렬한 마음에 체면도 버리고 나무 위로 올라갔다. 예수님 앞에서 우리 체면은 아무것도 아니다. 은혜가 우리에게 오면 예수님 외에는 나의 자존심이나 체면이나 욕심이 아무것도 아님을 깨닫게 된다. 사도 바울은 예수님을 아는 지식 외에는 배설물로 여겼다(빌 3:8). 예수님이 삭개오가 올라간 나무 앞을 지나가다가 멈추셨다. 삭개오가 나무 위에 올라갔으므로 예수님은 삭개오를 올려다보셔야 했다. 예수님이 삭개오를 향하여 말을 거셨다. "삭개오야 속히 내려오라 내가 오늘 네 집에 유하여야 하겠다"(5). 예수님이 삭개오의 이름을 부르셨다. 예수님은 나무 위에 올라간 사람이 누구인지 이름조차 다 아셨다. 우리가 예수님을 찾으면 우리 예수님이 어떻게 반응하시겠는가? 예수님은 내 이름은 물론이고 내 속에 있는 깊은 것까지 다 아신다. 예수님은 나의 생각과 소망을 다 아신다. 예수님이 삭개오의 집에서 머무르겠다고 말씀하셨다. 예수님이 삭개오의 집을 방문하시고 머무르심처럼 우리 안에 찾아오시고 머무르신다. 문 밖에 서서 두드리는 예수님이 문을 여는 우리 안으로 들어오시고 우리와 더불어 잡수신다(계 3:20). 내가 문을 열고 예수님을 맞는 것 같지만 사실은 예수님이 먼저 두드리시고, 우리를 찾아와서 함께하자고 제안하신다.

3. 변화의 결단을 들으신 예수님

예수님의 말씀을 들은 삭개오가 재빨리 나무에서 내려왔다. 그리고 예수님을 자기 집으로 모신다. 사람들이 보고 떨떠름한 마음으로 수군댄다. 죄인의 집에 머물러 들어간다며 수군거리는데, 아마도 그들의 생각에는 예수님의 삭개오 집 방문이 이치와 상식에 맞지 않는 일이라고 생각하는 것 같다. 수군거리는 사람들은 사람보다 신분의 높고 낮음, 사람을 위로하고 격려하기보다는 자기들 기준을 지키는 것을 더 좋아하는 것 같다. 하지만 예수님은 사람을 차별하지 않으신다. 차별하지 않으시는 예수님이기에 그 분의 사랑을 느낄 수 있고, 그 분 앞에 헌신을 약속할 수 있다. 삭개오가 예수님께 구제와 배상을 말한다. 자기 재산의 절반을 팔아서 가난한 사람들에게 나누고, 또 만약에 누구의 것을 속여서 뺏은 일이 있다면 네 배로 갚겠다고 말한다. 예수님을 만난 사람에게는 진정한 회개가 일어난다. 마음의 뉘우침으로 끝나지 않고 생각의 돌이킴으로 끝나지도 않는다. 말한 대로 행동에 옮겨야 하고, 그 행동은 자기가 중요하게 여기던 것을 포기하는 일을 포함한다. 주머니가 회개해야 진짜로 회개한 것이라는 주장도 있다. 삭개오는 주머니까지 회개한 사람이다. 예수님이 가장 중요한 분, 최고이시니 예수님이 원하는 일이라면 모두를 내놓아 다른 이에게 예수님 사랑을 표현한다.

4. 즉시 구원을 선포하신 예수님

예수님이 삭개오의 집에서 머물다가 삭개오의 말을 들었다. 삭개오가 그동안 지은 죄를 회개한 것인지, 아니면 선량하게 살지만 사람들에게 손가락질을 받다가 예수님을 만난 이후에 큰 결심을 했는지 분명하지는 않다. 어떤 생각이든 성경에 기록되지 않은 것이니 우리는 그저 추측만 할 뿐이다. 분명한 사실은 삭개오가 통 큰 결단을 했다는 것이다. 많이 가진 사람의 통 큰 결단이 적게 가진 사람에게는 대단하게 보일 수 있다. 그러나 적게 가져도 통 큰 결단을 할 수 있다. 여인이 두 렙돈을 헌금으로 드린 것을 보신 예수님은 여인의 생활비 전부를 헌금했다고 칭찬하신 적 있다(눅 21:4). 예수님은 우리의 구원을 위하여 목숨까지 내어놓으셨다. 이것은 통 큰 결단이라고 말하기보다는 목숨을 건 사명이라고 해야 한다. 예수님의 은혜로 구원 얻은 우리에게는 통 큰 결심 정도가 아마도 맞을지 모른다. 그러나 인생을 걸고 예수님을 믿고 구원을 전하는 이들도 있다. 예수님은 통 큰 결단을 보인 삭개오에게 오늘 구원이 이 집에 이르렀으며, 이 사람도 아브라함의 자손이라고 말씀하셨다. 그리고 당신의 오신 목적을 이스라엘의 잃어버린 사람을 찾아서 구원하는 일이라고 선언하셨다. 여리고에서 사람이 구원을 얻고, 예수님의 사역 목적이 선언되는 기념할만한 일이 있었다.

성 경	요한일서 4:7-16	예전색상	초록색

예 배 의 부 름	"너희가 내게 부르짖으며 내게 와서 기도하면 내가 너희들의 기도를 들을 것이요 너희가 온 마음으로 나를 구하면 나를 찾을 것이요 나를 만나리라" (렘 29:12-13)
	시험과 환란 중에도 생명의 말씀으로 승리하게 하시는 하나님 아버지! 지난 한 주간에도 하루살이보다도 못한 저희를 생명 연장의 은혜로 보살펴 주시고 필요한 여러 가지 것으로 보살펴주신 은혜를 감사드립니다. 한 주간 살아갈 때 영육 간에 갈증이 해결되고 걱정하는 일들이 응답하는 환상이 말씀을 듣는 가운데 보이게 하옵소서. 하늘 은혜를 사모하는 마음으로 나온 우리가 새 힘을 얻어 한 주간도 살아가는데 성령 충만한 믿음으로 이기게 하여 주옵소서. 예수님의 이름으로 기원하옵나이다. 아멘
회개를 위하여	병명을 알면 쉽게 고칠 수 있듯이 습관적으로 범하는 잘못의 원인이 무엇인지를 알아야 치유할 수 있습니다. 한번 좀 시간을 내어 교회에 나와 제단 앞에 엎드려 내 영성을 혼란하게 하는 죄들을 적어보고 무엇을 어떻게 고쳐 나갈 것인지를 결심해야 성령님의 도움을 받을 수 있습니다.
고 백 의 기 도	**회**개하는 영혼에 소망의 빛을 충만하게 비춰주시는 하나님 아버지! 불꽃 같은 눈길로 살피시는 하나님 앞에서 지금 저희는 두렵고 떨리는 심정으로 자신을 돌아보며 회개의 기도를 드리게 하심을 감사드립니다. 몸과 마음과 생각으로 옛 구습을 동경하며 잘못을 반복하고 있음을 고백합니다. 이 시간 저희의 마음에 숨겨진 은밀한 죄를 숨기지 않고 고백하여 용서받기를 소원합니다. 누구에게도 말할 수 없는 부끄러운 죄를 범한 저희입니다. 사람이나 가족은 속이고 성령님까지 속이려 한 파렴치한 잘못을 이렇게 고백하면서 회개의 눈물을 흘리는 저희를 불쌍히 여겨 주옵소서.
	게으르고 악한 자들의 울부짖음을 들으시고 자비를 베푸시는 하나님 아버지! 인간의 심혼 골수를 쪼개시며 뼛속까지 보시는 하나님이심을 고백합니다. 교회에서도 가정에서도 하나 되지 못했음을 고백합니다. 속되고 악한 말로 정죄하며 반목과 대립으로 형제간에 진심으로 용서하지 못했던 죄를 고백하오니 용서하여 주옵소서. 저희가 서로 양보하고 이해하고 합심하여 사랑의 공동체, 믿음의 공동체를 만들게 하옵소서. 약함을 강함으로 인도하시는 주님을 믿고 초등학문의 세상 지식과 경험에 의지하는 믿음 없는 행위를 반복하며 살지 않게 도와주시옵소서. 예수님의 이름으로 기도합니다. 아멘
사함의 확 인	"그러므로 너의 이 악함을 회개하고 주께 기도하라 혹 마음에 품은 것을 사하여 주시리라"(행 8:22)
성시교독	85. 요한1서 4장
설교 전 찬 송	68장 (오 하나님 우리의 창조주시니) 393장 (오 신실하신 주)
설교 후 찬 송	360장 (행군 나팔 소리에) 528장 (예수가 우리를 부르는 소리)

11 10

금주의 성 가	주의 동산으로 – W. Thompson 본향을 향하네 – 김두완 천국의 성찬 – Ruth Elaine Schram
목 회 기 도	**어**제나 오늘이나 같은 은혜로 성도들을 지키시고 보호하시는 하나님 아버지! 세상에서 만들어지는 죄악의 풍파가 심해도 처음 주님을 영접하고 성령님을 체험한 후 첫사랑의 설렘과 감격을 유지하며 살게 하심을 감사드립니다. 저희에게 크고 비밀스러운 주님의 사역을 맡겨 주셨지만 충성하지 못한 잘못을 불쌍히 여겨 주옵소서. 우리 교회가 이 지역 사회에서 할 수 있는 일이 무엇인지 가르쳐 주시옵소서. 말로만 복음 전한다고 허풍을 떨지 않고 그들의 삶 속에서 기쁨을 나누고 고통을 나누면서 함께 사랑의 주님을 닮아가는 관계가 형성되게 하옵소서. **상**한 갈대를 꺾지 아니하시고 꺼져가는 등불도 끄지 아니하시는 하나님 아버지! 우리 교회가 한 생명을 천하보다 귀하게 여기는 교회, 소자 하나라도 실족하게 되지 않도록 조심하는 교회, 빛과 소금 된 사명을 감당하는 교회, 무엇보다 하나님을 바로 알고 그리스도의 제자가 되는 교회, 한 몸 된 공동체 의식이 깊어져 가는 교회가 되게 하여 주옵소서. 성가대의 성가를 받아 주시며, 예배 위원들의 봉사와 이 예배에 참석한 모든 분에게 하늘의 풍성한 은혜를 채워 주옵소서. 오늘 예배를 통하여 우리 교회가 나아갈 새로운 이정표가 심령에 뿌리내리는 기쁨이 더해지게 하옵소서. 예수님의 이름으로 기도합니다. 아멘
헌금을 위한 성 구	"만군의 여호와께 감사하라 여호와는 선하시니 그 인자하심이 영원하다 하는 소리와 여호와의 성전에 감사제를 드리는 자들의 소리가 다시 들리리니 이는 내가 이 땅의 포로를 돌려보내어 지난 날처럼 되게 할 것임이라 여호와의 말씀이니라" (렘 33:10)
헌 금 기 도	**죄**인을 위해서 거룩한 주님의 몸을 찢으시고 피 한 방울 남김없이 흘려 구속의 감격을 주신 하나님 아버지! 지난 한 주간 세상 속에서 주님이 주신 일터에서 하나님의 영광을 나타내며 살게 하시고 거룩한 주님의 날 아버지의 집을 찾게 하여 주셔서 감사합니다. 하나님의 말씀에 따라 온전한 십 분의 일을 구분하여 이 시간 주님 앞에 드립니다. 드려진 손길들을 기억하여 주시고, 저들의 가정과 직장과 사업장에 한없는 복을 내려 주시옵소서. 여러 가지 아름다운 이름의 예물이 있습니다. 감사 헌금, 성미와 구역 헌금 등 주님께 바쳐진 이 예물들이 아름다운 꽃동산을 이루게 하시옵소서. **마**음의 잔잔한 소원까지도 아낌없이 응답으로 역사하시는 하나님 아버지! 저희가 정성을 다하여 여러 가지 헌금과 헌물과 수고한 봉사의 땀방울을 드립니다. 물질 앞에 비굴하지 않게 하옵시고, 또한 물질이 많음으로 교만치 않도록 도와주옵소서. 물질로도 하나님께 신앙을 보여 드릴 수 있도록 도와주옵소서. 이 물질을 드린 각 성도 위에 하나님 것으로 채워 주시고 쓰이는 곳마다 기관마다 하나님 나라가 확장되는 새 역사가 일어나게 하옵소서. 드리지 못한 무거운 마음이 하늘 축복으로 채워져 물질 없는 중압감에서 벗어나는 기쁨을 살게 하여 주옵시기를 바라오며 예수님의 이름으로 기도합니다. 아멘
위탁의 말 씀	"사랑하는 자들아 하나님이 이같이 우리를 사랑하셨은즉 우리도 서로 사랑하는 것이 마땅하도다" 우리는 하나님의 사랑을 받은 사람입니다. 한 주간동안 만나는 사람에게 그 사랑을 전할 때 우리가 하나님 안에 거하고 하나님이 우리 안에 거하심이 확인됨을 믿으시기 바랍니다.
축 도	지금은 우리를 구원하시기 위해 이 땅에 오신 예수 그리스도의 크신 은혜와 하나님 아버지의 넓고 위대하신 사랑과 성령님의 감동 감화 역사하심이 주님의 심판이 가까이 왔음을 알고 주어진 자리에서 심판을 선포하며 무너진 것을 재건하고 파괴된 것을 말씀과 기도로 다시 세우려고 결심하는 주의 백성들에게 지금부터 영원토록 함께하시기를 간절히 축원하옵나이다. 아멘

오늘의 설교를 위한 복음적 조명 주제 : 최고의 명령

제목 : 사랑의 명령 준수 | 본문 : 요한일서 4:7-16

주제 : 하나님은 우리를 사랑하셨다. 사랑을 받은 우리가 하나님을 사랑하는 일이 당연하다. 하나님은 우리에게 하나님을 사랑하고, 독생자 예수를 사랑하고, 서로 사랑하기를 요구하신다. 사랑하면 우리가 하나님 안에 거하고 하나님이 우리 안에 거하심이 확인되기 때문이다.

논지 : 하나님은 독생자를 통해 우리에게 사랑을 확인하시고, 우리 안에 거하신다.
1. 사랑을 요구하시는 하나님
2. 독생자를 보내주신 하나님
3. 우리에게 거하시는 하나님
4. 믿음을 요구하시는 하나님

성도들에게 좋아하는 성경구절이 무엇이냐고 질문하면 대부분 위로, 은혜, 사랑과 관련된 구절들을 대답한다. 특히 기독교의 핵심이 무엇이냐고 질문하면 신명기 6:5의 하나님 사랑과 레위기 19:18의 이웃 사랑으로 대답하는 분이 많다. 좋아하는 성경구절은 본인의 상황과 생각에 따라 다르겠지만, 핵심이 무엇이냐는 질문에 대한 대답은 본인의 상황과 생각보다는 성경에서 강조하는 핵심이 무엇인지를 깨닫는 것에 있다. 성경의 핵심을 깨달았다면 그 다음엔 나의 상황과 생각을 성경의 핵심에 맞춰야 한다. 내 생각이나 상황에 성경을 맞추려고 한다면 이기적인 신앙이다. 욕망을 채우려고 신앙을 가장하는 것이며, 하나님마저도 자기 맘대로 움직여야 하는 존재로 착각하는 것이다. 이처럼 왜곡된 신앙이 많아지면 신앙의 본질이 흐려지고, 교회가 쇠퇴한다. 교회의 부흥을 원하는가? 나와 이웃의 신앙이 성장하기를 원하는가? 성경의 가르침에 나의 생각을 맞추어야 한다. 나의 상황을 성경의 가르침에 맞도록 변화시키는 일에 힘을 써야 한다. 사랑의 가르침과 계명을 깊이 깨달은 사람들이 있다. 그 결과 바울은 고린도전서 13장으로 은사의 최고봉인 사랑장을 기록하였다. 오늘 본문에는 사도 요한이 하나님을 사랑하는 일에 관하여 그 방법과 내용을 자세하게 기록하여 우리를 가르친다.

1. 사랑을 요구하시는 하나님

우리가 믿는 하나님은 어떤 분이신가? 성경에는 하나님이 어떤 분이신지를 표현하는 구절이 많다. 다윗은 하나님을 목자라고 표현했다. 시편에는 하나님을 반석, 산성, 안식, 요새, 구원, 바위, 방패, 구원의 뿔 등으로 다양하게 표현한다. "여호와는 나의 반석이시요 나의 요새시요 나를 건지시는 이시요 나의 하나님이시요 내가 그 안에 피할 나의 바위시요 나의 방패시요 나의 구원의 뿔이시요 나의 산성이시로다"(시 18:2). 오늘 본문에서는 하나님을 사랑이라고 단언하여 표현한다. 하나님의 사랑을 얼마나 깊이 깨달았으면, 하나님의 사랑이 얼마나 중요했으면, 하나님의 사랑 안에 사는 것이 얼마나 대단했으면 하나님을 사랑이라고까지 표현했을까? 하나님이 먼저 우리를 사랑하셨다. 독생자를 보내시고 죽기까지 내어주시며 우리에게 구원을 허락하셨다. 그 하나님이 우리에게 사랑을 요구하신다. 예수님이 제자들에게 서로 사랑하라고 하셨는데, 오늘 본문에서도 서로 사랑하자고 권면한다. 서로 사랑은 신앙인들의 당연한 의무이며 권리이다. 사랑은 하나님께 속하였고, 사랑하는 사람은 하나님으로부터 나서 하나님을 안다. 사랑하지 않는 사람은 하나님을 알지 못한다. 그러니까 하나님을 알고 모르는 것의 기준이 사랑하느냐에 달려 있다. 사랑은 하나님이 우리에게 원하는 기본이다.

2. 독생자를 보내주신 하나님

하나님이 우리를 사랑하셨다. 사랑은 관념이 아니라 행동이다. 하나님의 사랑이 우리가 이해하고 받아들일만한 행동으로 나타났다. 하나님의 사랑이 어떤 방법으로 나타났는가? 하나님의 사랑은 사람이 받아들이기에는 부담스러운 면도 있다. 왜냐하면 사람이 생각하는 상식이나 일반적인 사랑이 아닌 매우 파격적인 사랑이기 때문이다. 하나님이 독생자 예수님을 이 땅에 보내셨다. 그 이유는 우리를 살리기 위함이다. 그렇다면 우리는 이미 죽어있었다는 말이다. 하나님을 떠나면 죽은 사람이다. 즉 하나님께 대하여 죽은 사람을 살리려고(롬 6:11), 독생자 예수님이 우리에게 오셨다. 이는 하나님의 계획이며 섭리이다. 하나님의 사랑은 우리 죄를 용서하는 것이고, 하나님과 화해하게 하는 계획이었다. 이 계획을 이루기 위해 독생자가 오시고 계획을 완성하셨다. 십자가에서 죽으심으로 죄인으로 살던 우리가 의인이 되고, 하나님과 우리 사이에 화해가 이루어지는 방법이 완성되었다. 우리는 이런 방법을 생각할 수도 없었다. 죄인들이 하나님께 가려고 여러 방법을 사용하지만 하나님 마음을 완벽하게 만족시킬 수 없다. 하나님이 완전하고도 단번에 이루는 방법(히 9:28)을 사용하셔야 했다. 우리가 하나님을 먼저 사랑한 것이 아니라 하나님이 먼저 우리를 사랑하셨음이 증명되었다.

3. 우리에게 거하시는 하나님

예수님을 믿는 우리는 하나님의 사랑을 받은 사람들이다. 그렇다면 다음에 할 일이 있다. 하나님의 사랑을 받았으니 우리 역시 서로 사랑해야 한다. 서로 사랑함은 선택 사항이 아니라 의무이다. 그래서 본문에서는 마땅하다고 강조한다. 마땅한 일을 하는 사람은 스스로가 칭찬받을 거라고 생각하지 않는다. 그런데 하나님이 마땅한 일을 했다고 칭찬하신다. 세상도 그렇다. 효자효부는 마땅히 효도를 했는데, 사람들이 잘 했다고 칭찬하고 상을 준다. 하나님도 마땅한 일을 하는 신앙인들에게 복을 주신다. 마땅한 줄 아는데, 그것이 사람의 힘으로는 잘 안 되는 일이다. 하나님의 힘으로 해야 한다. 하나님의 힘으로 사랑하는데, 하나님이 또 잘했다고 칭찬하신다. 하나님의 칭찬과 복 중에 최고는 하나님이 우리 안에 계시는 일이다. 어느 때나 하나님을 본 사람은 없는데, 우리가 서로 사랑하면 하나님이 우리 안에 거하신다. 즉 하나님이 우리에게 나타나신다. 형상을 보이심이 아니라 하나님을 경험하게 하신다. 하나님의 사랑을 경험하게 하고, 우리 안에서 사랑을 온전히 이루신다. 하나님의 사랑 경험의 과정에서 성령님이 일하신다. 하나님이 성령을 보내심으로 우리에게 사랑하게 하시고, 우리가 성령 안에 거하고, 성령이 우리 안에 거하신다. 사랑하는 일은 모두 하나님의 은혜로 된다.

4. 믿음을 요구하시는 하나님

하나님과 그분의 사랑, 성령이 우리 안에 계신다. 하나님을 사랑이라 칭하므로 하나님과 그분의 사랑이 우리 안에 거하는 것을 한 분 하나님이 우리 안에 계심이라 우리가 믿게 된다. 그리고 하나님이 보내시는 성령이 우리 안에 거하시니 하나님의 영 곧 하나님이 우리 안에 거하신다. 하나님의 사랑을 받아 우리가 서로 사랑하면 이러한 위대한 일들이 우리에게 생겨난다. 하나님의 사랑으로 서로 사랑하는 사람들에게는 예수 그리스도를 중심한 믿음의 생활이 이어진다. 사랑이 곧 믿음 생활의 중심이 된다. 서로 사랑하는 사람들은 하나님이 아들을 세상에 보내신 것을 믿는다. 또 예수님을 하나님의 아들이라고 시인하는 사람 안에 하나님이 거하신다. 하나님이 그 사람을 찾아가셔서 그의 안에 거하신다. 우리가 할 일은 하나님이 우리를 사랑하심을 알고 믿어야 하는 일이다. 알고 믿어야 할 일은 하나님이 사랑이시기 때문이다. 하나님이 사랑이라는 믿음이 우리 믿음의 핵심이다. 하나님이 우리에게 이 믿음을 요구하신다. 믿음 가진 우리는 서로 사랑하게 된다. 사랑하는 사람 곧 사랑 안에 거하는 사람은 하나님 안에 사는 사람이며, 하나님도 역시 그의 안에서 살아계신다. 사랑하는 사람은 살아있는 믿음을 가진 사람이 된다. 하나님의 사랑이 우리 안에서 역동적으로 움직인다.

성 경	시편 145:1-21	예전색상	초록색

예배의부름	"네 하나님 여호와는 자비하신 하나님이심이라 그가 너를 버리지 아니하시며 너를 멸하지 아니하시며 네 조상들에게 맹세하신 언약을 잊지 아니하시리라" (신 4:31)
	한해 동안 필요한 것을 곡간에 가득 넘치게 채워주시는 하나님 아버지! 구하는 이마다 받게 하시고 찾는 이는 찾게 하시며 두드릴 때마다 활짝 열고 응답의 선물을 주셔서 감사드립니다. 오늘 추수감사절에 기름진 옥토에 뿌린 씨가 자라게 하신 값지고 소중한 결실들의 첫 열매를 주님 앞에 드립니다. 감사의 예배로 무한한 영광을 받으시고, 감사하는 성도들에게 하늘 축복이 충만하게 하옵소서. 헤아릴 수 없는 사랑과 추수의 풍성함을 주신 것처럼 오늘 하늘 문을 여시고 영혼에 필요한 하늘 은총이 성도들의 마음에 충만케 하옵소서. 예수님의 이름으로 기원하옵나이다. 아멘

회개를 위하여	감사를 생활화하지 못하는 성도는 가진 엄청난 것은 보지 않고 없는 몇 가지 때문에 원망하는 마음보라는 감옥에 갇혀 살기 때문입니다. 추수감사절에 감사 기피증이라는 전염병에 걸린 나는 아닌지 감사 생활을 성찰하고 감사하는 삶을 살겠다는 각오를 다짐하는 기도를 계속합니다.

고백의기도	**어**제와 오늘 그리고 내일까지 소중한 생명 연장의 복을 주시는 하나님 아버지! 죄와 함께 먹고 마시면서 죄의 사슬에 묶여 살던 저희에게 계수할 수조차 없는 많은 하늘 은총을 주시고 살펴 주신 은혜를 감사드립니다. 2024년 추수감사주일을 맞아 우리의 신앙 전반을 결산해 보면 내세울 수 있는 신앙의 열매 대신 쭉정이와 같은 믿음 생활뿐임을 용서하여 주옵소서. 아름다운 열매보다는 실패한 것이 더 많은 초라한 모습으로 만신창이가 된 부끄러움이 고백하고 회개하오니 긍휼을 베푸시고 용서하여 주옵소서.

사의기도	**사**막 같은 인생을 샘물이 솟아나고 열매가 맺히는 풍요의 땅으로 가꾸어주신 하나님 아버지! 저희는 지금까지 받은 바를 족한 줄로 알지 못하고 불평하며 투정하고 살았습니다. 이미 많은 것을 받아 양손에 움켜쥐고도 더 많은 것을 탐내었던 불쌍한 저희입니다. 이제라도 불평하고 원망할 힘으로 감사의 제목을 찾아 기도하고 찬송으로 하나님의 마음에 드는 생활을 살겠습니다. 작은 욕심 때문에 감사하는 사람에게 내려질 천국 시민권을 포기하지 않겠습니다. 감사를 멀리하고 산 지난날들의 불충을 용서하시고 사죄의 말씀을 선포하여 주셔서 감사가 넘치는 저희가 될 수 있도록 복 내려 주옵소서. 예수님의 이름으로 기도합니다. 아멘

사함의 확인	"여호와여 우리를 주께로 돌이키소서 그리하시면 우리가 주께로 돌아가겠사오니 우리의 날을 다시 새롭게 하사 옛적 같게 하옵소서"(애 5:21)
성시교독	106. 감사절(2)
설교 전 찬 송	51장 (주님 주신 거룩한 날) 587장 (감사하는 성도여)
설교 후 찬 송	590장 (논밭에 오곡백과) 531장 (자비한 주께서 부르시네)

금주의 성 가	감사와 찬송드리세 – Negro Spiritual 감사절 축제의 찬송 – Netherlords P. Sjolundtod 추수 감사 찬송 – 김주영 편곡
목 회 기 도	세계가 불황의 긴 터널을 지날 때 눈동자처럼 지켜주신 하나님 아버지! 저희 교회를 통하여 하나님의 나라가 확장되고 가정과 기업에 생기를 주셔서 감 사드립니다. 하나님께서 우리교회의 진정한 주인이신 것을 고백합니다. 더 많은 영혼을 품을 수 있는 교회가 되게 해주시옵소서. 우리 교회를 통하여 불타는 사 명을 우리에게 주셔서 주님이 오시는 그날까지 복음 전도와 선교의 역사가 그치 지 않도록 인도하여 주시옵소서. 우리 교회의 성도들이 하나 됨의 공동체, 기도 하는 공동체, 합력하여 하나님의 선을 이루고 감사의 물결이 파도치는 아름다운 교회가 되게 하여 주시옵소서. 감사하는 영혼을 가장 먼저 만나 주시는 하나님 아버지! 힘들어도 감사, 잘 되 어도 감사해서 감사의 꽃동산 같은 우리 교회가 되게 하여 주옵소서. 오늘도 가지고 온 기도의 제목들이 응답하게 하옵소서. 이 교회가 말씀의 기적이 있는 교회로 소문나게 하여 주옵소서. 육신의 병으로 고생하는 성도가 있습니다. 주님 친히 안수하시어 치유되는 감격을 허락하여 주옵소서. 자녀들의 문제와 부부간 에 작은 갈등도 성령님의 날 선 검으로 해결되어 온 성도들이 어울려 감사의 노 래로 성삼위 하나님을 기쁘시게 하는 교회가 되게 하여 주옵소서. 예수님 이름으 로 기도합니다. 아멘
헌금을 위한 성 구	"또한 어떤 사람에게든지 하나님이 재물과 부요를 그에게 주사 능히 누리게 하시며 제 몫을 받아 수고함으로 즐거워하게 하신 것은 하나님의 선물이라"(전 5:19)
헌 금 기 도	우리나라에 춘하추동 사계절을 통하여 풍성한 열매를 주시는 하나님 아버지! 추수감사절에 온 마음과 정성으로 주님 앞에 감사의 예배를 드리게 하심을 감사드립니다. 우리가 살아온 2024년을 돌이켜보면 험난한 시간도 있었고 기쁨 의 시간도 있었지만, 주님이 때마다 지켜주시고 보호하시고 인도하셨음을 새삼 깨닫습니다. 눈물을 흘리며 씨를 뿌리는 농부가 기쁨으로 단을 거둘 것이라는 말 씀을 익히 알면서도 육신의 만족을 위해 세상과 어울려 방황했던 부끄러움을 용 서하여 주옵소서. 한 해 동안 우리 앞에 맺혀진 귀중한 인생의 결실들을 바라보 며 이 시간, 주님 앞에 감사의 예물을 바칩니다. 어려운 일을 당할 때마다 끝이 있음을 보여주시고 감당할 힘을 주신 하나님 아 버지! 오늘도 주의 백성들이 여러 모습으로 감사를 드립니다. 액수보다는 들 이는 정성을 보시고 날마다 감사하고, 감사를 찬양하고, 감사를 전하는 주의 백 성 되게 하옵소서. 드리는 헌금과 사랑과 봉사의 손길을 어루만져 주옵시고, 그 손들고 기도할 때 하늘의 응답이 겪어지는 기쁨을 살게 하여 주옵소서. 물질 없 는 고통보다는 믿음 없음을 애태우는 저희가 되게 하여 주옵소서. 드리는 마음의 무한한 가능성까지도 주님 받아주옵소서. 우리 주 예수 그리스도의 이름으로 기 도드립니다. 아멘
위탁의 말 씀	"여호와께서는 자기에게 간구하는 모든 자 곧 진실하게 간구하는 모든 자에게 가까 이 하시는도다" 하나님께서는 항상 먼데 계시지 않고 우리 곁에 계시며, 우리 밖이 아닌 우리 안에 계십니다. 그분과 동행함이 바로 하나님의 축복을 받고 사는 사람 입니다. 바로 그 사람으로 살아가는 한 주간이 되시기 바랍니다.
축 도	지금은 모든 백성이 기쁨으로 구원을 노래하게 하시는 예수 그리스도의 은혜와 존 귀와 영광을 받으시기에 합당하신 하나님 아버지의 사랑하심과 성령의 교통과 하 나님의 자녀로 살아가기에 부족함이 없도록 역사하심이 오늘 추수감사주일 하나님 께 예배하고 하나님만을 잘 섬기며 말씀을 의지하면서 살아가기로 작정하고 돌아 가는 백성들 위에 그리고 저들의 가정과 교회 위에 영원토록 함께하시기를 축원하 옵나이다. 아멘

오늘의 설교를 위한 복음적 조명 주제 : 은혜의 양식

제목 : 하나님이 우리에게 하신 일 | 본문 : 시편 145:1-21

주제 : 하나님은 우리에게 무한한 능력을 행하셨다. 하나님의 행하신 능력과 우리를 향하신 사랑과 은혜와 긍휼을 생각하면 할수록 하나님께 영광과 찬양을 돌리고 하나님을 송축하게 된다. 하나님이 먼데 계시지 않고 우리 곁에 계시며, 우리 밖이 아닌 우리 안에 계신다.

논지 : 하나님은 영광과 찬양과 송축을 받으시기에 합당하신 은혜와 공의의 하나님이시다.
1. 찬양과 송축의 대상이신 하나님
2. 은혜와 긍휼로 선대하신 하나님
3. 최고의 업적을 알려주신 하나님
4. 간구를 들으시는 공의의 하나님

사람에게 즐거운 노래가 나올 때, 고맙다는 말이 나올 때, 남을 칭찬하는 말이 나올 때가 있다. 어떤 때 그렇게 될까? 뭔가 좋은 일이 있으면 그렇게 된다. 대학에 합격할 때, 취업에 성공할 때, 사업의 큰 계약을 했을 때, 마음에 맞는 사람을 만났을 때 등 좋은 일이 있으면 얼굴엔 웃음꽃이 피고, 미소로 입 꼬리가 올라간다. 그런데 사람이 늘 좋은 일만 있는 것은 아니다. 힘든 일도 생기고, 슬픈 일도 생긴다. 하지만 사람은 힘들고 슬픈 일을 이겨내는 힘을 갖고 있다. 어떻게 이겨내는가? 사람들의 위로와 격려로 이겨낼 수 있다. 스스로 힘들고 어려운 일을 이겨내 보자고 다짐하면서 이겨낼 수 있다. 그래도 쉽지 않다. 한 번 이겨내면 영원토록 지속되는 방법이 필요하다. 그 방법은 하나님이 주시는 은혜와 위로를 얻는 방법이다. 하나님의 은혜를 체험하면 어려운 일에서 의미를 찾는다. 내 힘이 아닌 하나님의 힘으로 가능하다는 믿음을 갖는다. 슬픈 일을 만나면 사람의 무능력을 알게 되고 하나님 앞에 엎드린다. 하나님 은혜를 체험하면 어떤 일에든지 감사가 나온다. 불신자에게는 아무것도 아닌 일이 신앙인들에게는 감사할 거리가 된다. 사람은 감사하기 위해 일부러 기회를 만든다. 하나님이 우리에게 정기적으로 감사할 기회를 주셨다. 추수를 하고 감사하는 절기이다.

1. 찬양과 송축의 대상이신 하나님

사람이 감사를 모르니까 하나님이 감사해야 하는 당위성을 알려주셨다. 추수를 하면 자연스럽게 감사하는 마음이 생긴다. 하나님은 보리를 추수하고 감사하라고 말씀하시고, 가을에 추수한 이후에도 감사하라고 말씀하셨다. 사도 바울을 통해서는 범사에 감사하라고 말씀하셨다(살전 5:18). 범사에 감사하는 대표적 인물을 꼽으라면 누구일까? 시편의 기자들이라면 적합할까? 오늘 본문은 다윗의 찬송시이다. 찬송하는 다윗의 마음이 어떨까? 기쁨과 감사로 가득할 것이다. 기쁨과 감사가 없이 찬송한다면 그것은 의무감에 의한 위선이 된다. 본문을 보면 기쁨과 감사의 내용이 매우 많다. 본문에는 하나님을 높이는 아름다운 표현들로 가득하다. 시인은 하나님을 왕이라고 표현한다. 왕이신 하나님께 날마다 그리고 영원히 송축할 것이라고 다짐한다. 하나님이 행하신 일은 얼마나 위대한지 사람의 지혜와 계산으로는 가늠할 수 없다. 사람이 할 일은 하나님의 행하신 일을 찬양하고, 그분의 크신 능력을 선포하는 것뿐이다. 하나님의 은혜를 말할 때 큰 소리로 외칠 때도 있고 작은 소리로 읊조릴 때도 있다. 시인은 하나님의 존귀한 위엄과 놀라운 일들을 묵상하듯 하며 작은 소리를 낸다. 시인의 입에서 나오는 소리는 모두 하나님을 향한 찬양과 영광으로 가득하다. 우리 소리는 어떤가?

2. 은혜와 긍휼로 선대하신 하나님

하나님이 온 우주에 펼치신 놀라운 일들을 생각하면 할수록 사람은 하나님의 위대하심 앞에 고개를 숙이게 된다. 사람은 도저히 불가능한 자연의 질서, 우주의 움직임이 모두 하나님의 손길에 의해 가능하다. 그런데 그렇게 위대하신 하나님이 당신의 형상으로 지은 사람과 대화를 하신다. 하나님이 사람에게 찾아오셔서 말씀하시고, 사람에게 은혜를 주신다. 하나님을 개인적으로 체험한 사람은 찬양의 내용과 방법이 다르다. 보통 사람은 영혼 없는 것처럼 상투적으로 하나님을 찬양하겠지만, 하나님을 체험한 신앙인은 마음 깊은 곳에서 하나님을 향한 찬양이 우러나온다. 시인은 자기가 체험한 하나님의 은혜를 기억하고, 자신에게 행하신 하나님의 의로움을 노래한다. 시인도 자기가 죄인임을 잘 알고 있다. 그런데 하나님이 자기를 향해 참으셨고, 은혜와 긍휼을 베푸셨다. 우리 역시 죽어야 마땅한 죄인인데, 하나님이 우리를 구원하셨다. 하나님이 당신의 백성들을 은혜로 대하시고, 긍휼을 베푸셨다. 하나님의 은혜와 긍휼이 아니면 사람이 살 수 없듯이 자연만물도 제대로 기능하지 못한다. 우주와 자연을 창조하신 하나님이 지금도 다스리고 계신다. 하나님의 다스리심 덕에 우리가 추수감사절을 지낼 수 있다. 우주와 자연이 하나님께 감사하고, 성도들은 하나님의 이름을 높인다.

3. 최고의 업적을 알려주신 하나님

하나님은 멀리 계시지 않으신다. 하나님은 우리와 가까이 계시고, 우리 안에 거하신다. 하나님과 함께하는 사람, 하나님을 모신 사람은 하나님의 위대하심과 은혜를 개인적으로 경험한다. 하나님을 경험하면 세상을 보는 눈이 달라진다. 세상을 살아가는 방법도 달라지고, 말하는 방법과 내용도 다르다. 일반 사람들은 자기가 잘 한 일과 자기의 잘난 점을 말하지만 하나님의 사람들은 하나님의 영광을 말한다. 하나님이 하신 일과 하나님의 위엄과 영광을 사람들에게 알려준다. 하나님은 위엄과 영광으로 우주와 자연을 통치하신다. 나라가 세워지고 사라지기까지 하나님이 모두 알고 계신다. 세상 나라는 흥망성쇠가 있지만, 하나님의 나라는 영원하다. 하나님의 통치는 영원하다. 사람은 태어났다가 인생을 살고 이 세상을 떠나지만, 하나님의 통치는 자손만대에 이른다. 우리가 지금 하나님의 통치를 받고 있다. 우리의 자녀들도 하나님의 통치를 받아야 하지 않겠는가? 우리가 지금 하나님께 감사하는데, 우리의 자녀들도 감사해야 하지 않겠는가? 우리의 감사와 믿음이 자녀들에게까지 계승되어야 한다. 하나님의 통치가 대대에 이르기 때문이다. 믿음을 지키려고 세상에서 조금 비굴해지는 것처럼 보이고, 넘어진다 할지라도 하나님이 일으키신다. 믿음의 사람들 편이기 때문이다.

4. 간구를 들으시는 공의의 하나님

시인은 하나님의 위엄과 영광을 체험하였다. 개인적으로도 체험하고, 민족공동체와 함께 체험하기도 했다. 시인은 어려운 시기를 겪을 때 하나님이 함께하심을 경험하였다. 사람은 좋은 일이 있으면 잠시 고마워하다가 이내 잊을 가능성이 많은데, 시인은 하나님의 은혜가 지속적으로 떠오른다. 자기가 경험한 하나님을 모든 이가 경험하기를 바라고 있다. 그래서 모든 사람이 주님을 앙망하고 있음을 말한다. 하나님이 때를 따라서 사람들에게 먹을 것을 주시고, 모든 생물의 소원을 알아서 만족하게 하신다. 사람은 자기 먹을 것에 만족하는 경향이 있는데, 하나님은 모든 생물을 먹이신다. 시인은 이를 의로움과 은혜로 생각한다. 하나님은 간구하는 사람에게 가까이하시고, 하나님을 믿는 사람의 소원을 들으신다. 하나님은 사람의 부르짖음을 들으시고 구원하신다. 하나님은 당신을 사랑하는 사람을 보호하시고 악인들을 멸망에 처하게 하신다. 악인에게는 과연 공의의 하나님이시고, 의인에게는 은혜의 하나님이시다. 시인은 자기가 노래하지만 모든 사람들이 함께 하나님의 거룩하신 이름을 노래하고 높일 것이라고 생각한다. 시인의 생각이 시와 찬미와 신령한 노래로 만들어지고, 그 노래가 사람의 입술을 통해 나온다. 추수감사절에 우리와 교회 그리고 만물이 하나님을 찬양한다.

2024년 11월 24일, 오순절 후 27번째 주일

성 경	마태복음 23:13-22	예전색상	초록색

예 배 의 부 름	"아버지께 참되게 예배하는 자들은 영과 진리로 예배할 때가 오나니 곧 이 때라 아버지께서는 자기에게 이렇게 예배하는 자들을 찾으시느니라 하나님은 영이시니 예배하는 자가 영과 진리로 예배할지니라"(요 4:23-24) **영**과 진리로 온 마음을 다하여 예배하는 자를 찾으시는 하나님 아버지! 오늘 2024년 교회력에 따라 오순절 절기 마지막 주일 한 해 동안 보살펴 주신 은혜를 감사드리는 예배를 드리게 해주심을 감사드립니다. 모인 저희에게 새로 시작하는 절기인 대림절에 주실 은혜를 사모하는 마음을 주옵소서. 성삼위 하나님 임하셔서 영광 받아주시옵소서. 우리 교회가 주님의 자녀들이 날마다 모이기에 힘쓰는 초대교회의 믿음을 회복하게 하여 주옵소서. 예수님의 이름으로 기원하옵나이다. 아멘
회개를 위하여	예수님의 마지막 유언은 "땅 끝까지 이르러 증인이 돼라"는 명령이었습니다. 일 년 동안 우리 주변에 지옥으로 보내서는 안 될 수많은 사람 중 하나에도 복음을 전하지 못한 원인이 무엇인가를 찾고 주님을 근심케 하였던 죄를 고백하며 회개의 눈물로 회개하는 기도를 계속합니다.
고 백 의 기 도	**성**령이 임하시면 땅끝까지 이르러 복음을 증거 하라고 명령하신 하나님 아버지! 독생자 예수님의 마지막 유언이자 명령인 전도의 사명을 순종으로 지키지 못한 저희에게 회개할 기회 주심을 감사드립니다. 전도를 못 한 것은 성령의 임재를 숨기고 산 엄청난 잘못임을 고백합니다. 말씀과 진리를 지키며 살아야 하는 줄 알면서도 일그러진 모습으로 살았습니다. 많은 것을 받았음에도 불구하고 아무것도 받지 않은 자처럼 불평하고 원망하고 살아온 나날들을 자복합니다. 게으르고 나태하여 주님께서 주신 은사와 재능을 쓸 줄 몰랐고 하나님의 일을 외면한 잘못을 불쌍히 여겨 주옵소서. **복**음을 전하여 구원받는 하나님 나라의 확장을 위해 헌신하기를 바라시는 하나님 아버지! 교회력으로 시작하는 다음 해에는 헌신과 순종을 요구하실 때 뒤로 물러나는 겁쟁이 노릇을 하지 않겠습니다. 저희 자신과 가정의 평안과 행복을 위해서만 기도하는 자가 아니라 나라와 교회를 위해서도 열심히 기도하겠습니다. 가진 소유라도 주께서 달라 하시면 드려야 되는 줄 알면서도 내가 가진 소유를 영원히 가지는 것처럼 욕심을 부리지 않겠습니다. 회개의 기도를 드리는 저희가 주님의 생각을 가지고 바르게 판단할 수 있게 하옵소서. 잘못된 것과는 타협하지 않는 삶을 살게 하옵소서. 예수님 이름으로 기도합니다. 아멘
사함의 확 인	"만군의 여호와 이스라엘의 하나님께서 이와 같이 말씀하시되 너희 길과 행위를 바르게 하라 그리하면 내가 너희로 이곳에 살게 하리라"(렘 7:3)
성시교독	87. 요한계시록 21장
설교 전 찬 송	44장 (지난 이레 동안에) 411장 (아 내 맘속에)
설교 후 찬 송	429장 (세상 모든 풍파 너를 흔들어) 433장 (귀하신 주여 날 붙드사)

11 24

금주의 성가	오 깊으신 주의 사랑 – Everett Titcomb 저 멀리 내 고향 기쁨있네 – Arr. by Skilling 주께 네 염려 맡겨라 – Ralph Manuel and paul Williams
목 회 기 도	**실**패의 자리가 성공의 디딤돌이 되게 하시는 하나님 아버지! 교회력에 따라 오순절이 마무리되고 다음 주부터 독생자 강림을 기다리는 대림절기를 맞이하게 해 주심을 감사드립니다. 세상에서 가끔 우리가 당하는 참담한 실패가 저희를 위협하고 있습니다. 정의의 강물처럼 흘러 넘쳐야 할 이 나라에 일부 권력층이 만사를 장악하려 들고 있습니다. 남을 속여서 더 잘되는 사람들도 있습니다. 모함하고 술수를 쓰는 사람들이 출세하고 있습니다. 연약하고 배경 없는 사람들이 고통 받고 있습니다. 간구하오니 이 나라의 정치 지도자들이 우상을 멀리하고 하나님을 두려워하게 하옵소서. **세**상 모든 만물을 공평하게 지켜 주시는 사랑의 하나님 아버지! 저희를 가슴 아프게 하고 생활을 어둡게 했던 사람들을 용서할 마음을 주옵소서. 어른과 이웃에게, 상처를 준 사람들에게까지 감사하게 하옵소서. 고난까지도 감사하게 하사 하나님의 은혜는 언제나 저희와 함께했음을 믿게 하옵소서. 부모를 공경하고 서로 사랑하는 부부가 되며 자녀를 아끼고 사랑하며 예수 그리스도를 가장으로 모시는 주의 동산 같은 가정이 되게 하여 주옵소서. 교회에서는 성령의 인도하심 따라 맡은 직분을 잘 감당하게 하옵소서. 예수님 이름으로 간절히 기도드리옵나이다. 아멘
헌금을 위한 성구	"너희가 내 규례와 계명을 준행하면 내가 너희에게 철따라 비를 주리니 땅은 그 산물을 내고 밭의 나무는 열매를 맺으리라 너희의 타작은 포도 딸 때까지 미치며 너희의 포도 따는 것은 파종할 때까지 미치리니 너희가 음식을 배불리 먹고 너희의 땅에 안전하게 거주하리라"(레 26:3-5)
헌 금 기 도	**시**간과 재능까지도 주의 나라 확장과 의를 위하여 쓰임 받게 하시는 하나님 아버지! 오늘 오순절 마지막 주일입니다. 그동안 베풀어 주신 크신 은혜에 감사하여 주의 백성들이 즐거운 마음으로 예물을 드리오니 받아주옵소서. 드릴 때마다 올바른 마음으로 헌신하고 드리는 영혼들과 봉헌된 예물을 축복하여 주옵소서. 주님께 드리는 이 심정으로 주께서 맡기신 일을 잘 감당해야 할 때 "아멘 신앙"을 살게 하옵소서. 물질뿐만이 아니라 저희 자신의 시간과 재능까지도 교회와 하나님의 사업에 필요할 때 기쁜 마음으로 드리게 하옵소서. **행**하는 일마다 혈통의 감격이 임하게 하시는 하나님 아버지! 오늘 주님 앞에 그 은혜를 감사하는 마음으로 예물과 함께 드리는 모든 손길마다 겸손한 마음과 감사함이 넘치게 하시고, 많은 물질은 드리지 못해도 마음과 시간으로 당신께 드리는 성도에게 더 큰 은혜를 내려 주옵소서. 십일조와 주일 헌금을 드립니다. 구역 헌금과 성미를 드립니다. 교사와 성가대, 주방과 청소 등 보이지 않는 곳에서 주님의 나라를 위해 헌신하는 손길들을 축복하여 주옵소서. 저희의 육체가 더욱 강건해지고 더욱 열심히 봉사하도록 기쁨의 샘이 넘치게 하옵소서. 이 물질이 쓰이는 곳마다 하나님의 사랑의 물결이 넘치며 구원의 역사가 나타나게 하옵소서. 예수님 이름으로 기도하옵나이다. 아멘
위탁의 말 씀	"하늘로 맹세하는 자는 하나님의 보좌와 그 위에 앉으신 이로 맹세함이니라" 예수님은 사람들의 잘못 중에 하나님의 말씀을 왜곡하고 오류를 만들어내는 것에 대해서는 강하게 질책하셨습니다. 말씀 안에서 승리하는 한 주간을 사는 저와 여러분이 되어야 합니다.
축 도	이제는 저희를 위해 십자가에 달려 그 큰 고통을 기꺼이 감당하신 주 예수 그리스도의 은혜와 날마다 새롭게 용서하시는 하나님 아버지의 넓으신 사랑과 보혜사 성령님의 감화 감동 교통케 하시는 은총의 역사가 사랑하는 모든 성도가 서로를 위해서 중보 기도할 결단을 새롭게 다짐하고 돌아가는 아름다운 결심 위에 영원히 함께 하시기를 간절히 축원하옵나이다. 아멘

오늘의 설교를 위한 복음적 조명 주제 : 화 있을진저

제목 : 강하게 책망하신 이유는? | 본문 : 마태복음 23:13-22

주제 : 예수님은 사랑과 자비의 하나님이시다. 그렇다고 해서 예수님이 어떤 일이든 다 허용하시지는 않는다. 예수님은 사람들의 잘못 중에 하나님의 말씀을 왜곡하고 오류를 만들어내는 것에 대해서는 강하게 질책하신다. 그리고 예수님은 바른 교훈을 대안으로 가르치신다.

논지 : 예수님은 사람들의 오류를 바로잡으시고 바른 교훈으로 대체하신다.

1. 외식을 주제로 꾸짖으신 예수님
2. 맹세의 오류를 지적하신 예수님
3. 제단과 예물을 비교하신 예수님
4. 바른 맹세를 가르치시는 예수님

사람의 인격은 물과 같다. 물은 어느 그릇에 담든지 그릇 모양대로 된다. 그러나 그릇 안에서 얼음이 되면 녹아내리기 전에는 그 모양을 유지한다. 사람의 인격도 가정과 사회 환경 등에 의해 형성된다. 그러나 한 번 형성되면 쉽게 바뀌지 않는다. 예수님을 만난 이후에 변화하면 좋으련만 성품이 바뀌지 않는 경우도 있다. 아이를 키우는 것은 일차적으로 부모와 가족의 책임이겠지만 동시에 사회도 책임을 갖고 있다. 국가도 아이를 키우는 데 책임을 갖는다. "한 아이를 키우는 데는 한 국가가 필요하다"는 말이 있을 정도이다. 이것은 국가의 정책 방향뿐만 아니라 아이의 바른 성장을 위한 문화까지 포함한다. 아이를 잘 키우는 일에는 정답이 없는 것 같다. 하지만 조심할 일도 있다. 부모의 가치관이 잘못되고, 행동의 일관성이 없으면 아이를 망칠 수 있다. 그중에 하나 아이가 잘못할 때 책망하고 이후에 감싸주는 일이 있어야 한다. 만약 잘못된 품행을 책망하지 말고 그냥 두면 나중에 자동차를 훔치고 교도소에 갇혀서 사회의 책망을 받게 될 수 있다. 부모의 역할은 자녀를 바른길로 가르치고 인도하는 것이다. 그러므로 잘못된 행동을 했을 때 정확한 훈육이 필요하다. "매를 아끼는 자는 그의 자식을 미워함이라 자식을 사랑하는 자는 근실히 징계하느니라"(잠 13:24).

1. 외식을 주제로 꾸짖으신 예수님

우리는 하나님이 사랑이시며, 사랑의 하나님이라는 믿음을 갖고 있다. 하나님이 우리를 사랑하신다고 해서 무엇이든지 다 좋다고 받아주시겠는가? 그렇지 않다. 하나님은 공의를 세우고 그대로 행하신다. 예수님은 어떠셨는가? 예수님이 힘들고 어려운 사람을 용납하고 죄인과 세리의 친구가 되어 주셨다고 해서 예수님이 어떤 일이든 무조건 용납하시겠는가? 결코 그렇지 않다. 예수님은 잘못하는 사람들을 보았을 때 호되게 책망하기도 했다. 예수님이 성전에서 장사하는 사람들을 보고 화를 내셨다. 그리고 "내 집은 만민이 기도하는 집"이라고 말씀하셨다. 오늘 본문에도 예수님이 매우 화를 내는 장면이 있다. 서기관들과 바리새인들이 외식을 하는데 그들을 향해 화가 있을 것이라고 한다. 어찌 보면 예수님이 사람들을 저주하시는 것 같다. 왜 그러셨을까? 서기관과 바리새인은 그 시대의 종교 지도자들이다. 그런데 그들은 자기도 천국에 못 가고, 남도 못 가게 한다. 천국에 가려는 사람은 막고 있다. 교인 한 사람을 얻기 위해 수고했지만, 그 한 사람을 이전보다 두 배나 더 지옥 지식을 만들고 있다. 예수님은 사람을 망치는 지도자들을 향해 저주에 가까운 책망을 하셨다. 우리가 예수님을 믿는다. 그렇다면 사람을 바르게 인도해야 하지 않겠는가? 예수님의 책망을 기억하자.

11
24

2. 맹세의 오류를 지적하신 예수님

서기관과 바리새인들의 행동 유형이 어떠했는가? 예수님은 그들을 향해 외식한다고 말씀하셨다. 외식이 무엇인가? 겉으로는 고상하고, 종교적이고, 바른 척을 하지만 내면은 욕심과 악함이 있고 방향을 잘못 정하여 살아가며 남에게도 자기들 생각을 가르친다. 서기관과 바리새인들이 맹세하는 행위도 그랬다. 사람은 누구나 잘못할 수 있다. 자기 잘못이 드러나면 사과하고 또 다른 사람에게 피해를 주었다면 배상을 해야 한다. 그러나 외식하는 사람들은 자기들 잘못이 아니라고 맹세를 한다. 당시 풍습에는 맹세를 하면 진심으로 생각하고 잘못을 따지지 않는다. 그런데 서기관과 바리새인들이 맹세를 하는 방법을 이상하게 가르친다. 하나님의 성전으로 맹세를 하면 안 지켜도 되지만, 성전의 금으로 맹세하면 반드시 지켜야 한다고 강조한다. 성전보다 성전의 금이 더 중요하다고 말하는 듯하다. 왜 그럴까? 성전의 금으로 맹세하면 금을 내야 한다는 것이다. 즉 맹세를 지키게 하면서 돈을 벌려는 속셈을 갖고 가르친다. 돈 벌려는 속셈이 또 있다. 제단으로 맹세를 하면 아무 일을 안 해도 되지만, 제단의 예물로 맹세를 하면 지키라고 한다. 예수님은 성전과 제단을 어지럽히는 행위, 하나님의 말씀을 왜곡하고, 하나님이 세우신 권위를 깎아내리는 경향을 호되게 책망하신다.

3. 제단과 예물을 비교하신 예수님

당시에 서기관과 바리새인들은 나름 배운 사람들이다. 그런데 그들이 말하고 행동하는 것은 마치 맹인이 하는 것처럼 보인다. 예수님이 그들을 향해 어리석은 맹인이라고 말씀하신다. 맹세를 지키라고 하는데 무엇이 우선인지, 무엇이 더 중요한지를 구분하지 못하기 때문이다. 성전의 금과 금을 더 가치 있게 하는 성전과 무엇이 더 중요한가? 당연히 성전이 더 중요하다. 제단과 제단 위에 있는 예물 중에 어느 것이 더 중요한가? 당연히 제단이다. 그런데 부수적이고 지엽적인 성전의 금과 제단의 예물을 더 중요하게 여기다니 예수님이 보기에 서기관과 바리새인은 하나님의 뜻을 볼 줄 모르는 맹인이다. 예수님은 서기관과 바리새인을 향해 두 번이나 맹인이라고 하셨다. 오늘날 신앙인 중에도 지엽적이고 부수적인 걸 더 중요하게 여기는 사람들이 많다. 예수님을 바르게 전하는 교회를 찾아야 하는데, 교회의 화려한 장식과 분위기를 보고 출석을 결정하는 경우가 있다. 교회의 가치를 중요하게 여겨야 하는데, 자기 생각을 더 소중하게 여기는 사람도 있다. 예수님의 말씀을 들어야 하는데, 자기 착각과 욕심에 의해 목사님과 옆 사람이 움직여지지 않는다고 교회를 떠나는 사람도 있다. 이런 일에 대한 반성이 있고, 예수님을 믿는 믿음의 가치를 바르게 하려는 노력이 필요하다.

4. 바른 맹세를 가르치시는 예수님

예수님은 일방적으로 책망만 하지 않으셨다. 예수님은 잘못된 일에 대해 책망하시지만, 어떻게 해야 하는지 바른 대안도 제시하신다. 예수님은 지엽적인 생각을 포괄적인 생각으로 바꾸시고, 왜곡된 생각을 바른 생각으로 바꿔주신다. 제단으로 맹세를 한다면 제단과 관련된 모든 것으로 맹세하는 일이다. 제단으로 맹세하는 일과 제단의 예물로 맹세하는 일을 구분하지 말아야 한다. 서기관과 바리새인들은 자기들 우익을 취하려고 교묘하게 구분하고, 사람들은 그 말에 끄덕인다. 그 말을 따르는 것이 구체적으로 보이기도 하고, 실행하기에 쉬워 보이기 때문이다. 사실 쉽다고 다 좋은 일이나 바른 일이 아닌데 말이다. 그리고 예수님이 또 강조하신다. 성전으로 맹세한다면 성전과 그 안에 계신 분으로 맹세하는 것이다. 성전을 장식한 어떤 사물로 맹세하는 것이 아니라, 성전을 설계하시고 지으라고 명하신 성전의 주인으로 맹세하는 것이다. 그리고 하늘로 맹세한다면 하나님의 보좌와 그 위에 앉으신 분으로 맹세하는 것이다. 어떤 사물을 두고 맹세한다면 그 사물을 지으신 분, 그 사물을 움직이는 분으로 맹세하는 것이다. 사물과 상황의 이면에 누가 있는지를 통찰해보려는 의도로 예수님이 말씀하셨다. 눈에 보이지 않는 하나님, 창조주이시고 다스리는 하나님을 생각하자.

특별절기 예배와 설교를 위하여

송구영신	설교제목		본문	
	비고			
교회설립	설교제목		본문	
	비고			
	설교제목		본문	
	비고			
	설교제목		본문	
	비고			
	설교제목		본문	
	비고			
	설교제목		본문	
	비고			
	설교제목		본문	
	비고			
	설교제목		본문	
	비고			
	설교제목		본문	
	비고			
	설교제목		본문	
	비고			

[특별자료] 2024년 송구영신예배

성 경	신명기 32:7-14	예전색상	흰색

예 배 의 부 름	"너희는 여호와를 만날 만한 때에 찾으라 가까이 계실 때에 그를 부르라 악인은 그의 길을 불의한 자는 그의 생각을 버리고 여호와께로 돌아오라 그리하면 그가 긍휼히 여기시리라 우리 하나님께로 돌아오라 그가 너그럽게 용서하시리라" (사 55:6-7)
	말씀으로 우주만물을 창조하시고 만세 전에 저희들을 택하시어 구원받는 백성이 되게 하신 하나님 아버지! 한 해를 마무리하고 새로운 한 해 대망의 새 시대를 여는 2025년이 시작되는 송구영신 예배에 저희 가족 모두를 초청해 주심을 감사드립니다. 새로운 결단과 각오로 지난 날들의 묵은 땅은 기경하고 오늘 하늘에서 들려오는 맑은 가락의 신령한 말씀을 듣게 하옵소서. 성령님께서 뜨거운 불로 감화 감동시켜 주옵소서. 모든 영광 세세 무궁토록 성삼위 하나님께 드리오며 예수님의 이름으로 기원하옵나이다. 아멘

회개를 위하여	우리는 항상 신앙의 진보가 나타나는 삶을 살아야 합니다. 기도시간이 길어지고, 말씀을 읽고 듣고, 더 많은 것을 드리는 감사가 늘어야 합니다. 지난 일 년 동안 그렇게 살지 못한 부끄러운 과거를 가진 나라면 회개하고 새해에는 절대로 반복되는 잘못된 신앙을 살지 않겠다는 결심의 기도를 계속합니다.

고 백 의 기 도	**무**능하고 연약한 죄인이 독생자 보혈의 능력을 힘입어 새로운 삶을 살게 하신 하나님 아버지! 지난 일 년 동안 주님의 택한 백성으로서 주의 전에 나온 허물 많은 저희를 꾸짖지 않으시고 사랑으로 받아주심을 감사드립니다. 어두운 저희의 눈을 밝히시어 주의 뜻을 바로 분별하게 하시고 우리들의 삶 속에서 주님을 슬프게 한 흔적들을 많이 남긴 것을 용서하여 주옵소서. 교회가 필요로 할 때 세상일을 핑계로 외면한 옹졸함을 꾸짖어 주옵소서. 기도하면서 충성을 다해야 할 사명을 망각하고 눈물은 고사하고 땀 한방울도 흘리지 못한 저희를 불쌍히 여겨 주옵소서.
	형언할 수 없는 사랑과 은혜로 지난 일 년 동안 저희를 보살펴 주신 하나님 아버지! 이제 새로운 한 해인 2025년을 시작하는 이 순간 위로받기보다는 위로하는 것이 하나님의 뜻인 것을 알고 실천하게 하옵소서. 주님께서 거저 주신 물질을 육신의 쾌락을 위해 쓰기보다는 하나님의 사업과 이웃을 섬기는 도구로 사용하게 하옵소서. 교회를 위해서 수고하는 교역자들과 직원들은 물론 헌신자들을 위해서 기도하겠습니다. 다시 한번 주님 앞에 두 손 모아 비옵나니 잘했다 칭찬받는 한해를 살게 하옵소서. 예수 그리스도의 이름으로 기도하옵나이다. 아멘

사함의 확 인	"이와 같이 성령도 우리의 연약함을 도우시나니 우리는 마땅히 기도할 바를 알지 못하나 오직 성령이 말할 수 없는 탄식으로 우리를 위하여 친히 간구하시느니라"(롬 8:26)
성시교독	94. 새해(2)
설교 전 찬 송	5장 (이 천지간 만물들아) 79장 (주 하나님 지으신 모든 세계)
설교 후 찬 송	338장 (내 주를 가까이 하게 함은) 552장 (아침 해가 돋을 때)

송구영신

금주의 성가	나는 알파 또 오메가 – John Stainer 모두 일어나 빛을 발하라 – William 주기도문 – A. Malotte
목 회 기 도	**영**혼의 황무지인 이곳에 교회를 세우시고 인생 쭉정이가 천국 알곡이 되게 하신 하나님 아버지! 죽음의 노예가 될 수밖에 없었던 저희를 독생자의 구속하심으로 말미암아 영원한 상급을 상속받게 하심을 감사드립니다. 저희는 일 년 동안 무거운 짐 진 자로 살면서 기도보다는 원망과 갈등으로 한 해를 산 것을 용서하여 주옵소서. 어려움이 올 때는 기도와 죄에 대한 회개보다는 겁많은 사람처럼 부화뇌동하면서 기도와 감사를 소홀히 했던 지난 일 년의 행적을 말끔히 지워 없애 주옵소서. **빛**과 소금이 되어 주의 증거자로 살 수 있는 자격을 주신 하나님 아버지! "아버지께서 일하시기에 나도 일한다"고 말씀하신 주님을 본받아 저희도 영혼 구령에 매진하게 하옵소서. 교회에 속한 기관들과 저희에게 맡겨주신 일터에 생기가 돌게 하옵소서. 우리가 살 2025년에는 구원의 불꽃이 타오르는 감격이 있게 하옵소서. 장애물을 만날 때마다 먼저 기도하면서 극복할 힘을 주옵소서. 새해에는 복음이 이 땅을 다스리고 하나님의 영광을 나타내는 역할을 잘 감당하는 저희가 되게 하여 주옵소서. 예수님의 이름으로 기도하옵나이다. 아멘
헌금을 위한 성 구	"이것이 곧 적게 심는 자는 적게 거두고 많이 심는 자는 많이 거둔다 하는 말이로다 각각 그 마음에 정한 대로 할 것이요 인색함으로나 억지로 하지 말지니 하나님은 즐겨 내는 자를 사랑하시느니라"(고후 9:6~7)
헌 금 기 도	**세**상이 주는 기쁨보다 하늘 영광을 누리고 사는 기쁨을 부신 하나님 아버지! 생명의 말씀이 꿀 송이처럼 흘러넘치는 ○○ 교회에서 신앙생활을 할 수 있는 특권을 주신 것을 감사드립니다. 하나님이 없이는 아무것도 없으며 주님이 아니고서는 되는 일이 없음을 믿습니다. 때마다 일마다 주님이 선하시게 간섭하시어 주님의 뜻을 이루어 주시옵소서. 새해에는 금년에 드린 것보다 갑절로 많이 드리게 하시고 축복도 배로 받을 수 있게 하옵소서. 시작되는 새로운 한 해에는 천국보다 세상을 위해서 물질을 낭비하는 지혜를 더하여 주옵소서. **우**리가 바라는 것보다 훨씬 더 좋은 것으로 채워 주시는 하나님 아버지! 한 해를 살아가면서 완전한 십일조를 드리는 감격의 물결이 이 교회에 넘치게 하옵소서. 예물을 봉헌하는 성도들의 가정과 생업에 속한 모든 식솔에게도 큰 복을 내려 주시옵소서. 항상 우리에게 없는 작은 것을 보고 원망하기보다는 있는 그 많은 것을 보면서 차고 넘침의 은혜에 감사와 찬송을 부르면서 눈물을 흘리게 하옵소서. 저희는 물질을 드릴 때마다 항상 처음 것과 땀 흘린 것을 주님 몫으로 분별하는 지혜의 영의 지도를 받을 수 있도록 하겠습니다. 이 예물이 쓰이는 곳에 하나님의 역사가 크게 나타나게 하여 주옵소서. 우리 주 예수 그리스도의 이름으로 기도하옵나이다. 아멘
위탁의 말 씀	"여호와의 분깃은 자기 백성이라 야곱은 그가 택하신 기업이로다" 과거에 우리를 지키신 하나님은 오늘도, 미래도 함께 하시면서 먹고, 생존하는 일까지도 홀로 책임지십니다. 그 믿음으로 오직 하나님만 따르는 삶이 우리의 것이 되어야 합니다.
축 도	지금은 우리를 만 가지 죄에서 구원하시기 위하여 십자가를 지신 예수 그리스도의 은혜와 구원의 역사를 계획하시고 섭리하시는 하나님 아버지의 사랑하심과 이를 믿고 전하도록 도우시는 성령의 역사와 교통하심이 한 해를 마무리하고 새로운 한 해를 시작하는 예배를 드리고 돌아가는 주의 백성들과 가정과 세워주신 기업 위에 영원히 함께 계시기를 축원하옵나이다. 아멘

오늘의 설교를 위하여

오늘의 설교를 위한 복음적 조명 주제 : 은혜의 기억

제목 : 어제와 오늘, 내일의 은혜 | 본문 : 신명기 32:7-14

주제 : 하나님은 우리를 돌보실 때 시간과 공간을 초월하신다. 과거에 우리를 지키신 하나님은 오늘도, 미래도 함께하고 우리의 삶을 책임지신다. 하나님이 우리를 보호하시고 도와주시되, 우리의 먹고, 생존하는 일까지도 홀로 책임지신다. 그러므로 우리는 하나님을 따른다.

논지 : 하나님은 당신의 백성을 기업으로 삼으시고 백성의 삶을 홀로 인도하신다.
1. 백성을 기업으로 삼으신 하나님
2. 사람을 살피고 지키시는 하나님
3. 사람을 직접 인도하시는 하나님
4. 땅의 소산물로 먹이시는 하나님

　사람은 역사를 만들어가는 존재이다. 역사를 기록하는 사람이 있는가 하면, 역사의 주인공으로 기록된 사람도 있다. 역사를 기록할 때 자신의 주관성에만 의해 왜곡되게 기록하는 사람이 있는가하면, 가능하면 객관적으로 기록하는 사람이 있다. 역사에 기록된 사람 중에 후대에 귀감이 될 만한 사람으로 기록되는 사람도 있고, 반면교사의 대상으로 기록된 사람도 있다. 역사가에 따라서는 한 사람에 대한 평가가 긍정과 부정으로 나뉠 수도 있다. 역사가의 역사관에 따라 동일한 사건의 이유와 결과를 다르게 기록할 수도 있다. 우리 역사는 하루, 일주일, 한 달, 일 년 단위를 요소로 시대를 구성한다. 만약 지난 해 우리 역사를 내가 객관적으로 기록한다면 긍정적일까 혹은 부정적일까? 하나님이 우리를 보신다면 잘 했다고 칭찬하실까? 잘못한 점이 있다고 책망하실까? 칭찬과 책망을 듣는 우리의 미래는 어떻게 열릴까? 오늘 본문이 있는 신명기는 역사서가 아니라 율법서에 속한다. 그런데 신명기는 이스라엘이 애굽에서 나오는 과거의 과정을 축약하고, 앞으로 어떻게 살아야 할지를 알려준다. 그러니까 신명기는 역사적 성격을 갖고 있다. 역사는 사람들에게 교훈을 준다. 신명기 역시 그 시대 사람들과 지금을 사는 우리 모두에게 신앙과 삶에서 어떻게 살아야 할지 교훈을 준다.

1. 백성을 기업으로 삼으신 하나님

　오늘 본문의 들어가는 말에 옛날을 기억하라는 명령어가 있다. 역사를 기억하라는 말이고, 지금까지 백성들의 삶에서 하나님이 도우셨던 은혜를 기억하라는 말이다. 옛날이라는 말에는 조상들의 세대와 삶이 포함되어 있다. 그 삶이 어떤 방법으로 후대에 계승되겠는가? 지금이야 종이가 있고 기록자도 많아 기록이 쉽지만, 기록이 어려웠던 시절에는 어른들의 말을 자녀들이 듣고 기억하며 또 다음 세대에 전달해야 했다. 즉 구전으로 역사가 전달된다. 그래서 아버지에게 질문하면 아버지가 자녀들에게 옛적 일과 연대를 대답해줄 것이다. 어른들은 젊은이들에게 알려줄 것이다. 어른들은 삶에서 하나님의 은혜를 경험한 세대였다. 지극히 높으신 하나님이 어른들을 민족으로 만드시고 기업을 주셨다. 하나님이 민족과 인종으로 나누실 때, 이스라엘 백성의 수효대로 백성들의 사는 지역과 경계를 정하셨다. 하지만 하나님은 백성들에게 땅만 주시지 않았다. 하나님이 직접 당신의 섭리와 뜻을 백성들에게 주셨다. 또 하나님이 백성들을 소유로 삼으셨다. 그래서 본문은 여호와의 분깃은 자기 백성이라고 한다. 야곱은 하나님이 택하신 기업이다. 지난 해를 지낸 우리는 하나님께 어떤 존재였을까? 하나님이 우리를 분깃으로 삼으시고, 기업으로 정하셨다. 우리는 하나님의 소유이다.

송구
영신

2. 사람을 살피고 지키시는 하나님

하나님이 이스라엘을 어떤 방법으로 도우셨을까? 하나님이 백성을 도우시는 방법은 신비 그 자체였다. 백성들은 스스로 생존할 힘이 없었다. 그들의 조상은 방랑하는 아람 사람이었고, 애굽에 내려가 거기에서 소수로 거주하던 사람들이었다. 그런데 하나님께서 이스라엘을 애굽에서 크고 강하고 번성한 민족을 이루셨다(신 26:5). 아무리 크고 강하고 번성한 민족이 되었다 한들 이스라엘은 애굽에서 비주류였다. 애굽 사람들은 이스라엘이 강해지는 것을 두려워하여 핍박하였다. 강제노동을 시키면 번성이 멈출 줄 알았는데 예상이 빗나갔다. 이스라엘은 중노동을 하고 힘들어도 아기만 잘 낳았다. 급기야 애굽 사람들은 아들을 낳으면 죽이라고까지 했다. 하나님은 이스라엘이 애굽에서 부르짖는 소리를 들으시고, 모세를 세워서 이스라엘에게 자유를 주었다. 이스라엘은 애굽에서 나오면 좀 더 편할 줄 알았다. 그런데 광야에서 40년이나 고생했다. 물과 양식이 없는 황무지에서, 짐승이 부르짖는 광야를 지나는 이스라엘을 하나님이 찾아와 만나주셨다. 하나님이 백성들의 가는 길을 호위하시고, 당신의 눈동자처럼 지켜주셨다. 우리의 지난 과거는 평탄했는가? 애굽의 생활이나 광야생활처럼 힘들었던 적도 많다. 그러나 하나님이 우리를 지키셨다고 생각되지는 않는가? 무엇이 믿음인가?

3. 사람을 직접 인도하시는 하나님

하나님이 이스라엘을 지키는 모습을 본문에서는 어떻게 표현하는가? 관념적으로 설명하면 사람들이 제대로 못 알아듣는다. 그래서 하나님은 모세를 통해 백성들에게 날짐승의 예를 들어주신다. 독수리가 자기의 보금자리를 추스르고, 보금자리 위에서 날개를 나풀거리며 새끼를 보호한다. 만약 새끼가 보금자리에서 기어 나와 아래로 떨어지기라도 하면 독수리가 재빨리 하강하여 날개를 펴서 새끼를 받아낸다. 사람이 생각하는 미물인 날짐승 독수리도 새끼를 아끼고 보호한다. 사람은 자기 자식들을 어떻게 대하는가? 부모는 자녀의 생존은 물론이고, 훌륭하고 멋지게 자라도록 지원한다. 하나님은 어떻게 하시는가? 하나님이 백성들을 보호하고, 인도하셨다. 백성들이 광야에서 마실 물이 없을 때, 하나님께서 바위를 열어 물이 나오게 하셨다. 먹을 것이 없을 때는 매일 만나를 주셨다. 만나를 매일 먹는다고 불평할 때는 하나님이 메추라기를 날려서 고기를 주셨다. 아말렉 사람들이 이스라엘의 길을 막을 때 하나님은 모세의 기도를 들으시고 여호수아가 이끄는 군대에게 이기게 하셨다. 이스라엘은 하나님의 은혜와 보호를 기억하므로 그 기억을 후대에 알려주어야 한다. 하나님은 지난 해 우리를 어떻게 지키셨는가? 우리 자녀들에게 하나님의 인도를 분명하게 말할 수 있는가?

4. 땅의 소산물로 먹이시는 하나님

지금까지 이스라엘을 인도하신 분은 오직 하나님이시다. 하나님 한 분만이 이스라엘을 인도하는 분이시다. 하나님 홀로 백성을 인도하셨고, 백성을 인도하는 다른 신이 없었다. 그래서 이스라엘은 하나님 외에 다른 신을 섬기면 안 된다. 지금까지 백성을 홀로 인도하신 하나님은 앞으로도 백성들의 삶을 지켜주실 것이다. 지난 해 우리를 인도하신 하나님은 새 해에도 우리를 인도하실 것이다. 과거를 지키신 하나님은 미래도 지켜주신다. 하나님은 가나안 땅에 들어간 백성들의 삶에 대하여 알려주신다. 백성들은 높은 땅을 밟고 지나다닐 것이다. 밭의 소산을 먹게 되고 반석에서 꿀을 얻으며 굳은 반석에서 기름을 얻어 맛보게 될 것이다. 그리고 목축을 하면 소와 양의 젖과 어린 양의 기름과 숫양과 염소를 얻을 것이다. 농사도 잘 되어 밀을 먹을 것이고 포도 농사를 지어 양질의 포도주를 마시게 될 것이다. 하나님이 백성들의 안전과 평화 그리고 풍요로운 생활을 책임지신다. 하나님이 직접 열어가는 백성의 미래가 희망적이다. 지난 해 우리에게 어려운 일이 있었는가? 하나님이 희망의 말씀을 주신다. 과거를 지키신 하나님이 미래도 지켜주실 것이다. 그러므로 과거의 아픔과 쓰라림 때문에 괴로워하지 말자. 미래의 희망을 주시는 하나님이 우리를 기업으로 삼으셨으니 기뻐하자.

[특별자료] 교회설립예배

성 경	이사야 43:1-7	예전색상	빨간색

예 배 의 부 름	"네 자손이 땅의 티끌 같이 되어 네가 서쪽과 동쪽과 북쪽과 남쪽으로 퍼져나갈 지며 땅의 모든 족속이 너와 네 자손으로 말미암아 복을 받으리라"(창 28:14)
	은혜로운 교회에서 몸과 마음으로 거룩한 예배를 드리게 하시는 하나님 아버지! 주님께서는 세상에 교회를 세우시고 세상이 주는 추악한 죄와 고통 가운데 신음하는 저희에게 구원의 기쁨을 허락하심을 감사드립니다. 구원의 방 주와도 같은 ○○ 교회에서 새 힘을 얻고 기도하는 모든 문제가 응답하는 지상천 국이 되게 하여 주옵소서. 교회 설립을 감사하는 이 시간 성령님께서 역사하여 주시어 성도들로 가득히 채우시는 부흥의 은혜를 주시옵소서. 예수님의 이름으로 기원하옵나이다. 아멘
회개를 위하여	예수님은 우리의 믿음 위에 교회를 세우셨습니다. 기도와 말씀과 찬양을 멀리하면 믿음은 약해집니다. 그러면 교회와 가정과 우리 주변의 모든 관계도 약해집니다. 약해지게 만든 그 원인 제공자가 바로 나임을 솔직히 고백하고 반성하는 기도를 계속합니다.
고 백 의 기 도	그리스도의 남은 고난에 교회가 준 직분을 통해서 참여하게 하시는 하나님 아버지! 죄의 사람이었던 저희를 용서하시고 직분을 주어 교회를 섬기는 감화 감동의 기회 주심을 감사드립니다. 그러나 저희는 그동안 복음을 증거 하기에도 바쁜 입으로 형제를 헐뜯고 비방하고 상처 나게 한 잘못을 용서하여 주옵소서. 나만 잘 먹고 잘살면 된다는 이기심의 노예가 되어 이웃을 섬기지 못했습니다. 때로는 나눔 대신에 상처를 주고 문제를 일으키는 원인 제공자가 된 부끄러운 과거를 불쌍히 여겨 보시옵소서.

교회를 위하여 헌신하는 사랑과 일의 순교자가 사는 것을 기뻐하시는 하나님 아버지! 오늘 교회 창립기념 주일에 부족한 종의 헌신이 필요할 때 뒷걸음치지 않겠다고 고백합니다. 교회와 함께 천국 가는 날까지 맡겨주신 사명을 잘 감당하고 풍성한 충성의 열매를 맺게 하옵소서. 십자가를 지고 골고다 길을 가신 주님을 바라보면서 봉사하는 발걸음으로 남은 고난에 동참케 하옵소서. 이 결심 위에 하늘 권능의 두루마기를 입혀 주시고 사죄의 말씀을 선포하여 주시어서 거듭남의 감격이 강물처럼 흘러 넘치는 이 제단이 되게 하여 주옵소서. 예수님의 이름으로 기도합니다. 아멘 |
사함의 확 인	"그 잃어버린 자를 내가 찾으며 쫓기는 자를 내가 돌아오게 하며 상한 자를 내가 싸매 주며 병든 자를 내가 강하게 하려니와 살진 자와 강한 자는 내가 없애고 정의대로 그것들을 먹이리라"(겔 34:16)
성시교독	109. 헌당예배
설교 전 찬 송	210장 (시온성과 같은 교회) 29장 (성도여 다 함께)
설교 후 찬 송	358장 (주의 진리 위해 십자가 군기) 435장 (나의 영원하신 기업)

교회
설립

271

금주의 성가	교회여 깨라 – Pepper Choplin 주님께서 세운 교회 – 황의구 성전을 축복하소서 – May H. Brade
목회기도	**여**기 거룩한 성산에 독생자 예수 그리스도의 보혈 은혜가 넘치는 교회를 세워 주신 하나님 아버지! 우리 교회가 세상과 선한 싸움과 고난 속에서도 신앙을 지키면서 예수 사랑을 나누는 기쁨의 보급소 역할을 감당하게 하심을 감사드립니다. 성도들이 주님의 자녀로 살아가려고 할 때 많은 시험과 어려움이 있지만 강한 영적 군사로 죄와 맞서 싸워 이기는 힘을 더하여 주옵소서. 교회가 하나님의 일을 감당해 나아갈 때 자기 생각이나 고집으로 방해꾼 노릇을 하지 않게 하옵소서. 삶의 현장에서 오늘도 마음은 원이로되 함께하지 못한 권속들도 있습니다. 그들에게도 이 자리에 내려 주시는 하늘 은혜가 넘치게 하여 주시고 교회를 위하여 충성하고 감사하는 마음이 변치 않게 하여 주옵소서. **죄**악의 어두움이 깔린 이 지역에 소금과 빛이 될 ○○ 교회를 세워주신 하나님 아버지! 우리 교회에 속한 여러 단체가 있습니다. 지도자에게는 지혜와 능력을 주시고 합하여 선을 이루는 기관들이 되게 하여 주옵소서. 여러 단체가 교회 발전을 위한 공동체가 되게 하시옵소서. 여러 가지 이름으로 주신 직분을 잘 지켜 갈 지혜를 더해 주시고, 교회를 위해서 여러 가지 모양으로 헌신하는 손과 발과 마음들을 기억하여 주실 줄 믿습니다. 오직 주님을 위해서 주신 지고 가는 십자가와 안고 가는 십자가 든든히 붙잡고 승리의 나팔 소리를 울리는 저희 성도들이 되게 하여 주옵소서. 예수님의 이름으로 기도합니다. 아멘
헌금을 위한 성구	"내가 그들을 그들의 땅에 심으리니 그들이 내가 준 땅에서 다시 뽑히지 아니하리라 네 하나님 여호와의 말씀이니라"(암 9:15)
헌금기도	**생**명과 하늘 은총으로 저희의 삶을 윤택하게 하시는 하나님 아버지! 오늘 교회 설립기념 예배에 생명의 말씀을 주시어 교회를 바로 섬기는 충성자가 될 결심하게 하심을 감사드립니다. 은혜와 사랑이 넘치는 ○○ 교회를 통하여 참 인생의 기쁨을 알게 해 주신 것을 생각하면 지금 저희가 드리는 예물은 너무나 초라할 뿐입니다. 물질의 크고 작음을 보시지 않고 기쁨으로 열납 하시는 하나님의 사랑에 의지하여 드리오니 받아 주옵소서. 오늘 우리 교회가 창립된 것을 기념하는 감격의 날입니다. 죄인 된 저희를 위하여 이곳에 교회를 세워주신 그 은혜와 사랑을 잊을 길 없어 저희의 정성을 주님께 드리는 예물입니다. **주**님의 몸 된 교회를 아름답게 설립하신 하나님 아버지! 오늘 우리가 드리는 예물은 우리 교회가 사랑으로 하나 되는 교회 공동체가 되겠다는 결단의 표시이기도 합니다. 우리에게 허락하신 모든 것이 주님 것이오니 모든 것을 주님 교회가 하는 일을 위하여 바칠 수 있는 믿음을 주옵소서. 모여진 예물들이 주님 교회의 부흥을 위하여, 죽어가는 영혼을 구원하는 전도사업에 쓰이게 하옵소서. 이 교회에서 신앙생활 하는 모든 성도가 물질적인 어려움도 사라지게 하시고, 저의 권속들에게 주어진 기업들이 번창의 기쁨을 누리게 하여 주옵소서. 때로는 원치 않는 고난이 와도 잘 극복해 나갈 수 있는 큰 믿음, 큰마음, 큰 사람으로 변화되어 하나님의 축복에 감사하는 신앙이 믿음의 힘이 되게 하시옵소서. 예수님의 이름으로 기도하옵나이다. 아멘
위탁의 말씀	"너는 두려워하지 말라 내가 너를 구속하였고 내가 너를 지명하여 불렀나니 너는 내 것이라" 하나님은 우리 모두를 귀하게 여기시고, 곤란한 중에 용기를 주시며, 하나님 앞으로 나오라고 부르십니다. 어떤 고난도 두려워 말고 하나님 안에서 승리하는 그 한 사람이 되어야 합니다.
축도	이제는 이 교회의 머리가 되시며 길과 진리와 생명이 되신 예수 그리스도의 구속 은총과 하나님 아버지의 무한하신 사랑과 성령의 감화 감동 역사하심이 그리스도의 피로 값 주시고 세워주신 이 교회 창립을 기념하는 예배를 마치고 돌아가며 기도와 찬양이 넘치는 교회가 되기를 원하는 모든 성도 위에 영원히 함께하시기를 간절히 축원하옵나이다. 아멘

오늘의 설교를 위한 복음적 조명 주제 : 선택된 백성

제목 : 선택된 백성 | 본문 : 이사야 43:1-7

주제 : 하나님은 사람을 특별하게 여기신다. 하나님의 형상으로 지었기 때문이다. 하나님이 창조하신 사람을 귀하게 여기시고, 곤란한 중에서 구원하신다. 하나님은 당신의 사람들에게 용기를 주시며, 하나님 앞으로 나오라고 부르신다. 온 땅의 사람들이 하나님께 모여야 한다.

논지 : 하나님은 우리를 보배롭고 존귀하게 여겨 우리를 은혜의 자리로 부르신다.
  1. 이스라엘을 소유하신 하나님
  2. 구원자로 존재하시는 하나님
  3. 보배롭게 여겨주시는 하나님
  4. 백성들을 모아주시는 하나님

　사람에게는 자기 정체성이라는 것이 있다. 내가 누군지, 무엇을 하는 사람인지, 나의 가치가 무엇인지를 정확히 아는 사람이라면 살면서 남의 말에 쉽게 휘둘리지 않는다. 자기 정체성도 그냥 세워지지 않는다. 공부할 때 공부해야 하고, 고민할 때 고민해야 한다. 사람들은 자기 정체성을 직업이나 직장 정도로 기준을 삼는다. 하지만 내 직업과 직장에서 갖는 사명감이나 열정이 정체성을 구성한다는 생각까지 가져야 한다. 신앙인의 정체성은 무엇인가? 세상에서 나름 이름이 있다는 교회에 출석하고, 그 교회에서 직분을 가지면 신앙 정체성이 형성되는가? 그 정도의 정체성이라면 하나님으로부터 받은 사명은 무엇인가? 그저 모든 사람이 알고 있는 만큼 기본적인 사명만 가졌는가? 교회는 신앙인들에게 신앙 정체성을 분명하게 가르쳐야 한다. 교회를 개척하고 세우는 일은 교회의 가치를 확립하고 신앙인들에게 신앙 정체성을 분명하게 알려주기 위함이다. 세상 사람들은 교회의 가치를 하찮게 여길 수 있다. 불신자이니 그러려니 해야 한다. 그런데 신앙인조차도 교회의 가치를 귀하게 생각하지 않는 경향이 있다. 자기 기분에 따라 교회출석을 결정하고, 교회가 자기 생각에 따라 움직여지기를 원하는 사람이 많다. 아니다. 교회는 예수님의 뜻에 따라 움직여야 한다. 반드시이다.

1. 이스라엘을 소유하신 하나님

　신앙인의 신앙 정체성을 하나님과의 관계에서 형성되어야 한다. 하나님이 교회를 세우셨으므로 신앙인은 교회를 하나님의 뜻에 맞게 세상에서 빛의 역할을 하도록 세워가는데 헌신해야 한다. 오늘 본문에서 하나님은 이사야를 통해 말씀하신다. 야곱을 부르는데 사실은 유다와 이스라엘 백성을 의미하고 오늘날에는 믿음의 사람들 곧 우리를 의미한다. 하나님은 우리를 창조하셨다. 하나님이 우리를 지으시고 우리에게 말씀하신다. 힘든 일, 어려운 일을 만나도 두려워하지 말라고 하신다. 신앙 정체성을 가지면 하나님을 믿기 때문에 세상에서 당하는 환란과 고통 때문에 받는 두려움을 이겨낸다. 하나님이 우리를 구속하셨다. 죄를 용서하고 하나님의 백성과 자녀로 삼아주셨다. 우리의 정체성은 하나님의 백성이다. 오늘 본문에서 특히 하나님이 우리를 지명하여 불렀다고 말씀하며, 하나님이 우리의 소유주가 되신다고 선언한다. 우리는 하나님의 소유이다. 세계를 소유하신 하나님이 우리를 하나님의 소유로 삼으시고, 제사장 나라와 거룩한 백성이 되게 하셨다(출 19:5-6). 우리의 정체성을 우리가 정하지 않았다. 하나님이 우리의 정체성을 정하셨으므로 우리는 하나님의 말씀에서 신앙인으로서의 정체성을 찾고, 그대로 믿어야 한다. 그러면 하나님의 백성답게 사는 힘이 생긴다.

**교회
설립**

2. 구원자로 존재하시는 하나님

우리는 하나님의 소유이며, 백성이다. 그러면 하나님께서 우리를 어떻게 여기시겠는가? 세상 사람도 자기 소유를 귀하게 여긴다. 오래 전 양로원에 모신 할머니들이 자기 것을 귀하게 여기는 모습을 보았다. 양로원에서 할머니들에게 떡 하나를 드리면 그것을 귀하게 여기고 안 먹고 아껴두었다가 썩어나가는 장면을 본 적 있다. 보통 사람은 떡 하나를 그냥 그렇게 여기지만 할머니에게는 남에게 줄 수 없는 매우 귀한 것이었다. 사람도 자기 것을 아끼는데, 하물며 하나님은 어떠하시겠는가? 사람은 소유한 물건을 아끼지만 하나님은 소유한 백성 곧 우리를 아끼신다. 하나님이 아끼시는 백성이 살면서 어려움을 당할 수 있다. 이 때 하나님은 어떻게 하시는가? 하나님은 당신의 백성이 물 가운데 지나갈 때 함께하시고, 강을 건널 때 물이 백성을 삼키지 못하게 하신다. 신앙인이 불 가운데 지나갈 때 타지 않게 하시고, 불꽃이 사르지 못하게 하신다. 다니엘의 세 친구가 풀무불에 들어갔을 때 타지 않았다. 하나님이 신앙인을 이처럼 지켜주신다. 그 이유는 우리의 하나님이시기 때문이다. 하나님은 우리의 구원자, 거룩한 분이시다. 애굽을 이스라엘의 속량물로 구스와 스바에 이스라엘을 대신하게 하셨다. 하나님이 신앙인을 지키시려고, 다른 것들을 우리 대신 사라지게 하신다.

3. 보배롭게 여겨주시는 하나님

하나님이 신앙을 가진 우리를 지켜주신다. 이 사실을 어디서 확인할 수 있는가? 성경에서 확인한다. 어디에서 나누며 서로를 격려할 수 있는가? 바로 교회이다. 교회는 하나님과 우리 사이, 하나님의 말씀과 우리의 헌신을 철저하게 강조한다. 교회의 사명은 하나님의 뜻을 전하고, 우리에게 하나님의 뜻에 맞춰 헌신하도록 강조하는 일이다. 하나님은 우리를 지키시되 지킬만한 이유를 더 확실하게 말씀하신다. 하나님의 백성으로 사는 신앙인은 스스로 보배롭고 존귀하다는 생각을 갖는다. 세상에서 부귀영화를 누리는 존재로서의 귀한 존재가 아니라, 창조주 하나님의 소유로서 하나님의 뜻을 행하는 데 보배롭고 존귀한 일꾼이다. 하나님이 믿음의 사람을 사랑하신다. 하나님이 야곱을 사랑하셨기 때문에, 이방 사람들이 버림을 받았다. 이방 사람도 하나님께 돌아오면 좋으련만 하나님을 부정하고 믿음을 거절하였으므로 하나님이 이방 백성들을 버리셨다. 하나님은 야곱의 자손들을 동쪽에서 오게 하며 서쪽에서부터 모으셨다. 하나님은 교회를 세우시고, 믿음의 사람들을 교회로 모으신다. 우리는 열심히 전도하지만 사람을 모으시고 채우시는 분은 하나님이시다. 그러므로 우리는 하나님의 모으심, 채우심을 기대해야 한다. 하나님의 소유된 백성으로서의 자신감을 가져야 한다.

4. 백성들을 모아주시는 하나님

동과 서에서 백성을 모으시는 하나님이 북쪽에서도 남쪽에서도 백성들이 하나님께 오도록 모으신다. 북쪽 나라가 하나님의 백성을 붙잡으면 하나님께서 내어놓으라고 하신다. 남쪽 나라가 백성들을 가둬두려면 하나님께서 가두지 말라고 하신다. 하나님이 당신의 아들들을 먼 곳으로부터 부르시고, 당신의 딸들을 땅 끝에서 오게 하신다. 하나님의 백성이 어느 한 지역에만 분포되지 않았다. 동서남북 가깝고 먼 곳에 하나님의 백성들이 흩어져 살고 있다. 하나님이 그 모든 백성들을 불러 모으신다. 하나님의 부르심을 받고 달려온 사람들이 하나님을 찬양한다. 오늘 설립되는 교회가 하나님이 부르시고 모으시는 백성들로 가득하기를 원한다. 원근각처에서 모여 찬양하고 예배하는 즐거움이 이 교회에 충만하기를 원한다. 하나님이 당신의 이름으로 불러 모으시는 백성은 하나님의 영광을 위해 창조된 사람들이다. 하나님이 그들을 지었고, 만드셨다. 오늘 교회에 오는 사람들이 자발적으로 온 것 같으나 사실을 하나님이 당신의 영광을 위해 지으시고 만든 사람들이다. 우리가 전도해서 불러 모으는 것 같으나 하나님이 당신의 영광을 위해 지으신 사람들을 불러 모으신다. 우리는 부지런히 하나님의 지은 사람들, 하나님께 영광을 돌릴 사람들을 찾아다닐 뿐이다. 하나님이 도우신다. 아멘

부록: 2024년 월삭새벽기도회 자료 (설교 및 예화)

2024년 1월 월삭새벽기도회 자료 (새 출발)

제목 : 새로운 시작을 위한 출발 | 본문 : 사도행전 10:9-23

"현재 여러분의 인생시계는 몇 시입니까?" 여러분의 시장 끼를 묻는 '배꼽시계'가 아니라, 자신의 새로운 삶을 알아보는 인생시계를 질문했습니다. '새로운 시작이 삶을 지배하느냐', 아니면 '옛날이 삶을 지배하느냐'의 차이는 하늘과 땅 만큼 다릅니다. 솔직히 우리는 시간에 따라서 살아왔고, 지금 시간 속에 살아가고 있습니다. 그리고 마지막 시간에 우리의 인생을 마치게 됩니다. 그런데 이미 새해가 시작되었지만 아직도 낡은 옛 시간을 버리지 못하는 분이 계십니다. 과거는 모두 지나가 버렸습니다. 과거에 집착하면 새로운 시작이 없습니다.

사람이 시간을 쓰고 아끼는 것은 자신에게 달려있습니다. '시간은 돈이다'라고 하지만, 시간이 아무리 귀해도 돈을 주고 살 수 없습니다. 다만 시간을 아껴서 써야 합니다. 그리고 자신에게 주어진 시간을 계산하며 사는 것이 중요합니다. 시간은 쓸모 있는 측정의 수단이지만, 우리에게 주어진 만큼의 가치를 지니고 있습니다. 웹스터(Webster) 백과사전은 시간을 '연속선상의 두 지점 사이의 간격'이라고 정의했습니다. 흔히 탄생을 삶의 시작으로, 죽음을 삶의 끝으로 생각하지만, 사실 탄생과 죽음은 연속선상의 두 지점일 뿐입니다.

시간이 지나가면 모든 것들이 변합니다. 안과 밖이 변하고, 우리의 외모도 변하고, 내면의 자아도 변합니다. 시간이 끊임없이 변하여 우리가 늙기에 변화를 좋아하지 않습니다. 어쩔 수 없는 변화가 닥쳐와도 그것에 저항하려 합니다. 그러는 사이에 우리의 주변이 빠르게 변화합니다. 변화는 위치와 속도를 맞추어지지 않습니다. 변화란 언제나 너무 빨리 오거나 너무 늦게 오는 것처럼 보이기 때문입니다. 변화는 항상 우리와 함께하지만 우리는 변화를 친구라고 생각하지 않습니다. 변화를 마음대로 통제할 수 없기 때문에 겁을 먹습니다.

그 대신에 우리는 자신이 선택한 변화를 좋아합니다. 예기치 않은 변화가 생기면 불안해하고, 혹시 삶이 잘못된 방향으로 흘러갈까 두려워합니다. 그러나 우리가 환영하든 거부하든 변화는 일어납니다. 삶의 다른 사건들과 마찬가지로 변화는 '우리에게서' 일어나는 것이 아니라, '하나님께서' 변화시키는 것일 뿐입니다. 변화는 지금까지의 익숙한 상황에 작별을 고하고, 새롭고 낯선 상황을 받아들이게 합니다. 때로 변화가 우리를 불안하게 하는 것은 그 상황이 어색하거나 익숙함이 아니라, 그 한 가운데에 존재하는 시간이기 때문입니다.

유방암을 두 차례나 이겨낸 작가 로니 카예가 "삶에서 하나의 문이 닫히면 언제나 다른 문이 열린다. 그러나 그 사이의 복도는 매우 좁고 길다"라고 말했습니다. 변화는 대개 지금까지의 문이 닫히는 것으로 시작되는데, 그 다음에 무슨 일이 일어날지 모르는 불확실한 시기입니다. 이 시기가 가장 힘들 때입니다. 그러나 더 이상 견디기 힘들다고 느끼는 바로 그때 새로운 일이 일어납니다. 변화 후에 새로운 문이 열리는 것입니다. 그렇기 때문에 우리는 변화를 껴안는 방법, 아니면 적어도 변화를 받아들이는 방법을 발견해야만 합니다. 우리에게 찾아온 변화는 낡은 시작이 아니라, 새로운 시작입니다.

1. 베드로 사도에게 찾아온 새로운 시작

욥바에 주님을 진실히 믿는 다비다라는 여제자가 있었습니다. 그녀 이름을 그리스어로 번역하면 도르가인데, **"선행과 구제하는 일이 심히 많더니"**(행 9:36)라고 했습니다. 그런데 도르가는 알 수 없는 병을 시름시름 앓더니 그만 생명을 잃고 말았습니다. 주님을 잘 믿고 선행과 구제를 그렇게 많이 하고 세상을 떠나니 많은 사람들이 슬픔에 잠겼습니다. 사람들이 그녀의 시신을 깨끗이 씻어서 다락방에 안치해 두었습니다. 그때 베드로 사도가 룻다에 있었고, 룻다는 욥바에서 가까운 곳이었습니다. 제자들이 베드로 사도가 룻다에 있다는 말을 듣고, 두 사람을 베드로 사도에게로 보내서 지체하지 말고 와달라고 간청했습니다.

그리하여 베드로 사도는 심부름꾼들과 함께 욥바에 갔습니다. 베드로 사도가 그 곳에 이르니, 사람들이 베드로 사도를 다락방으로 데리고 올라갔습니다. 과부들이 모두 베드로 사도곁에 서서 울면서 도르가가 그들과 같이 지낼 때에 만들어 둔 속옷과 겉옷을 다 내보여 주었습니다. 베드로 사도는 모든 사람을 바깥으로 내보내고 무릎을 꿇고 하나님께 기도했습니다. 그리고 시신 쪽으로 몸을 돌려서 **"다비다야 일어나라"**(행 9:40)라고 이르니 순간에 그녀가 눈을 떠서 베드로를 보고 일어나서 앉았습니다. 베드로 사도가 손을 내밀어서 다비다를 일으켜 세웠습니다. 그리고 성도들과 과부들을 불러서 다비다가 살아났음을 보여 주었습니다. 그 일이 온 욥바에 알려지니까 많은 사람이 주님을 믿게 되었습니다.

베드로 사도가 욥바에서 며칠 동안 시몬이라는 무두장이의 집에 묵고 있었습니다. 베드로 사도가 **"제 육시"**(:9), 그러니까 우리 시간으로 낮 12시에 기도하기 위해 지붕에 올라갔습니다. 그런데 베드로 사도가 뜬금없이 시장기를 느껴 무엇인가를 먹고 싶다고 하니 사람들이 음식을 준비하고 있었습니다. 그 동안에 베드로 사도는 갑자기 황홀한 무아지경에 빠져 들고 말았습니다. 순간에 참으로 이상한 현상이 벌어졌습니다. 베드로 사도는 하늘이 열리고, 큰 보자기 같은 그릇이 네 귀퉁이에 끈이 달려서 땅으로 내려오는 것을 보았습니다. 그 속에는 네 발 달린 온갖 짐승들과 땅에 기어 다니는 것들과 공중의 새들이 골고루 들어 있었습니다. 유대인들의 규례에 따르면 절대로 먹을 수 없는 음식들이었습니다.

그때 하늘에서 음성이 들렸습니다. **"베드로야 일어나 잡아 먹어라"**(:13). 베드로 사도가 대답하였습니다. **"주여 그럴 수 없나이다 속되고 깨끗하지 아니한 것을 내가 결코 먹지 아**

니하였나이다"(:14). 베드로 사도는 아무리 배가 고파도 종교적인 관습에 따라서 그런 부정한 것들을 절대로 잡아먹을 수 없었습니다. 그러나 하늘에서 또다시 두 번째 음성이 들렸습니다. "하나님께서 깨끗하게 하신 것을 네가 속되다 하지 말라"(:15). 이런 말씀이 세 번이나 있은 뒤에, 그 보자기 같은 그릇이 갑자기 하늘로 들려 올라가고 말았습니다.

2. 베드로 사도의 새로운 시작

베드로 사도에게 새로운 시작이 주어졌습니다. 그것은 베드로 사도에게 파격적인 변화였습니다. 관습을 삽시간에 바꾼다는 것은 두려운 일입니다. 한번 길들인 관습은 좀처럼 바꾸기 어렵습니다. 단순히 자고 일어나는 정도가 아니라, 종교적인 규례와 관습을 바꾸고 지금까지 전혀 먹지 않았던 부정한 음식을 먹는다는 것은 마치 신앙을 버리는 것처럼 죽기보다 어려운 일입니다. 그런데 하나님께서 베드로 사도에게 지금까지 먹을 수 없었던 음식을 먹으라니 주저할 수밖에 없었습니다. 여기서 베드로 사도는 고민하지 않을 수 없었습니다.

사람은 누구에게나 '고정관념'이 있습니다. 오늘 우리에게도 알게 모르게 변하기 싫어하는 고정관념이 있습니다. 그런데 초대교회와 성령을 충만하게 받은 베드로 사도에게도 고정관념이 있었다는 사실입니다. 그것은 뿌리 깊은 유대주의 사상입니다. 유대인들은 율법의 의식과 규례에 기초하여 유대인만이 하나님의 백성이고 이방인은 짐승만도 못하다는 고정관념입니다. 그래서 베드로 사도가 주님의 제자가 된 후에도 이 관습은 쉽게 사라지지 않았습니다. 유대주의의 고정관념이 형제를 사랑하고 복음을 실천하는 데 장애가 되었습니다. 그리고 "오직 성령이 너희에게 임하시면 너희가 권능을 받고 예루살렘과 온 유대와 사마리아와 땅 끝까지 이르러 내 증인이 되리라"(행 1:8)라고 말씀하신 주님의 명령에 커다란 거침돌이 되었습니다. 그러나 하나님께서 이러한 고정관념을 깨뜨리셨습니다. 이것은 베드로 사도를 비롯한 제자들과 초대교회의 변화를 도전으로 하나님께서 말씀으로 관습을 깨뜨리셨습니다.

가이사랴에 고넬료라는 사람이 있었습니다. 그는 이탈리아 부대라는 로마 군대의 백부장이었는데 온 가족과 함께 주님을 영접하고 믿는 경건한 신앙인이었습니다. "그가 경건하여 온 집안과 더불어 하나님을 경외하며 백성을 많이 구제하고 하나님께 항상 기도하더니"(행 10:2). 고넬료가 하루는 제 구 시, 우리 시간으로 오후 3시쯤에 기도하다가 환상 가운데 밝히 보매 하나님의 사자가 들어와 "고넬료야"(행 10:3)하는 말이 들렸습니다. 고넬료가 주목하여 보고 두려워서 "주여 무슨 일이니이까"(행 10:4)하고 물었습니다. 하나님의 사자가 "네 기도와 구제가 하나님 앞에 상달되어 기억하신 바가 되었으니 네가 지금 사람들을 욥바에 보내어 베드로라 하는 시몬을 청하라 그는 무두장이 시몬의 집에 유숙하니 그 집은 해변에 있다"(행 10:4-6)라고 말했습니다. 이는 베드로 사도의 새로운 시작을 위한 제언입니다.

그때 베드로 사도는 욥바의 무두장이 시몬의 집에 거주했습니다. '무두장이'는 죽은 짐승의 가죽을 가공하는 직업을 가진 사람입니다. 유대인들은 죽은 짐승은 부정하다 하여 가까이하지 않았습니다. 그래서 유대인들이 기피하는 직업이 무두장이였는데, 유대인의 유전에 따르면 무두장이 남편을 둔 여자는 단지 그 이유만으로 이혼할 수 있다고 했습니다. 그런데도 베드로 사도는 이러한 편견을 무시하고 무두장이의 집에 유숙했다는 것은 예수님께서 평소에 행하시고 가르치시던 것을 실행한 것입니다. 즉 예수님께서 죄인의 집에도 들어가셨고, 이방인의 집에도 들어가셨습니다. 그리고 국경을 넘어 땅 끝까지 복음을 전하라고 하셨습니다. 그래서 베드로는 이 말씀을 붙들고 유대인의 전통적인 의식이나 규례에서 탈피하고자 했습니다. 그러니까 베드로 사도는 이미 그의 잠재의식 가운데 예수님의 삶의 모습이 각인되어 있었고, 베드로 사도의 새로운 시작을 위한 빌미를 제공했다고 할 수 있습니다.

얼마나 멋있는 장면입니까? 이것이 바로 말씀으로 낡은 관습을 바꾼, 새로운 시작입니다. 예를 들면 하나님의 말씀 안에서 남자 여자의 우열이 없습니다. 모두 하나님 나라를 동일하게 유업으로 받을 사람들입니다. 말씀 안에서 너와 나가 따로 없습니다. 예수님을 믿으면 모두 주님 안에서 한 형제자매입니다. 말씀 안에서 백인도 흑인도 황인도 모두 한 분이신 하나님의 자녀입니다. 하나님의 말씀 안에서 양반과 하인이 없습니다. 모두 하나님의 귀한 백성들입니다. 우리는 하나님께 합당치 않은 기질이나 스타일이나 개성도 깨뜨려야 합니다.

사도 바울이 "이제는 전에 멀리 있던 너희가 그리스도 예수 안에서 그리스도의 피로 가까워졌느니라 그는 우리의 화평이신지라 둘로 하나를 만드사 원수 된 것 곧 중간에 막힌 담을 자기 육체로 허시고 법조문으로 된 계명의 율법을 폐하셨으니 이는 이 둘로 자기 안에서 한 새 사람을 지어 화평하게 하시고 또 십자가로 이 둘을 한 몸으로 하나님과 화목하게 하려 하심이라 원수 된 것을 십자가로 소멸하시고 또 오셔서 먼 데 있는 너희에게 평안을 전하시고 가까운 데 있는 자들에게 평안을 전하셨으니 이는 그로 말미암아 우리 둘이 한 성령 안에서 아버지께 나아감을 얻게 하려 하심이라 그러므로 이제부터 너희는 외인도 아니요 나그네도 아니요 오직 성도들과 동일한 시민이요 하나님의 권속이라"(엡 2:13-19)라고 말씀했습니다. 우리는 하나님의 말씀으로 자신의 고정관념을 깨뜨리고 새로운 시작을 해야 합니다.

먼저 자신을 변화시켜서 새로운 시작을 하시기 바랍니다. 자신이 먼저 변화하여 새로운 시작을 해야 합니다. 우리 교회가 변화하여 새로운 시작을 해야 합니다. 교회가 변해야 사회가 변하고 직장도 변합니다. 변화가 없으면 발전이 없습니다. 자신의 생각을 바꾸고 삶을 바꿔서 새로운 시작으로 출발해야 희망이 있습니다. 하나님의 말씀을 통해서 자신이 변화되어 새로운 시작을 함으로 금년 1년 365일 동안 하나님의 은혜와 복을 받으시기 바랍니다.

3. 이방 선교를 위한 새로운 시작

베드로 사도의 고정관념이 예수님의 말씀으로 많이 깨뜨려졌지만 유대인의 전통적인 의식에서 완전히 자유롭게 된 것은 아닙니다. 그의 잠재의식 속에는 아직도 유대인의 구별의식이 존재했습니다. 하나님께서 베드로 사도가 제 육시, 즉 낮 12시 기도시간에 기도하다가 비몽사몽간에 환상을 보여주셨습니다. 환상을 본 베드로 사도가 고민하고 있었습니다. "베드로가 본 바 환상이 무슨 뜻인지 속으로 의아해 하더니"(:17). 베드로가 본 환상과 거룩한 고민은 이방 선교의 문을 여는 출발을 위한 새로운 시작이었습니다.

마침 고넬료가 보낸 사람들이 시몬의 집을 찾아와 문 밖에 서서 물었습니다. "베드로라 하는 시몬이 여기 유숙하느냐"(:18). 이렇게 물으니 베드로 사도가 환상에 대하여 생각할 때에 성령님께서 베드로 사도에게 말씀하셨습니다. "두 사람이 너를 찾으니 일어나 내려가 의심하지 말고 함께 가라 내가 그들을 보내었느니라"(:20). 이리하여 베드로 사도는 자신의 고정관념과 잠재의식을 버리고 그들을 영접하였습니다. 만약 베드로 사도가 유대주의를 고집했다면 찾아온 고넬료의 사신들을 맞아들이지 않았을 것입니다. "베드로가 불러 들여 유숙하게 하니라 이튿날 일어나 저희와 함께 갈새 욥바 두어 형제도 함께 가니라"(:23). 드디어 이방 선교의 문이 열렸습니다. 우리도 믿음으로 새로운 시작으로 출발해야 합니다.

사랑하는 성도 여러분!

지금 여러분의 인생시계는 몇 시입니까? 혹여 멈추어 있거나 죽지는 않았습니까? 변화를 위하여, 새로운 시작을 위하여 고정관념이나 누추한 습관을 버리시기 바랍니다. 기도와 명상, 그리고 하나님의 말씀에 순종하여 자신을 깨뜨리고 새로운 시작을 하시기 바랍니다. 변화와 개혁이 없이는 발전이 없습니다. 국경을 넘어 땅 끝까지 복음을 전하기 위하여 모든 것을 내려놓고 주님을 섬기는 성도가 되도록 기도하시기를 주님의 이름으로 축원합니다.

[예화]

▣ 신선한 아침의 새로운 시작

아침에 찾아드는 신선한 기쁨 속에서 생기는 만족 뒤에는 회복이 찾아온다. 지난밤은 비록 어둡고 황량한 것으로 그러한 밤은 지루함의 여파인지도 모른다. 그러나 아침이 되면 대개는 아주 이른 아침에 신선한 공기를 마시며 피부가 차갑게 느껴지는 그때 하나님께서 그토록 신선한 것을 우리에게 가져다주시는 것이 놀랍게 느껴지는 것이다. 루스컬킨은 우리의 '고통으로 기진함' 가운데 임하시는 하나님의 신실하심을 이렇게 그려준다. "오늘 주여, 저는 흔들리지 않는 확신을 얻나이다. 긍정적인, 든든한 확신을. 주님께서 저에게 말씀하신 그것이 절대 변하지 않는 진실임을. 그러나 오늘은 주여, 나의 병든 몸이 힘을 얻으며 저의 찌르는 고통도 가라앉음을 느끼나이다. 내일에는 다시금 나에게 어려움이 닥쳐올지라도, 고통 속에 기진하며 몸이 틀리는 고통이 찾아와 숨을 쉴 수 없고 끝내는 마지막 소망의 싹까지 고통이 삼켜버릴지라도 그때에도 믿을 수 있는, 보지 않고도 당신의 보이지 않는 손길을 붙잡고 절대 움직이지 않을 신뢰로써 당신의 아침을 기다리도록 저에게 은총을 허락하여 주소서." 우리가 지금은 아주 어려운 과제에 직면한 캄캄한 밤 같을지라도 아침이 다가와 그것을 해결하게 될 때까지 기다려야 할 입장이라면 기다리자.

▣ 아침을 주님과 함께하는 새로운 시작

영국의 노예 해방 운동가 윌리엄 윌버포스는 아들에게 새벽기도의 중요성에 관해 편지로 이야기한 적이 있다. "사랑하는 아들아, 내가 네게 원하는 것이 하나 있단다. 그것은 결코 아침기도를 무시하거나, 짧게 해버리거나, 성급하게 마치는 일이 있어서는 안 된다는 것이다. 특히 골방에서 나누는 하나님과의 교제를 등한히 하지 않도록 주의하라. 신앙생활에 있어서 이보다 치명적인 것은 없다. 만약 네가 아침부터 하나님과 친밀한 교제를 하게 된다면 너는 지금보다 더 훌륭하게 하나님께 쓰임 받을 수 있을 것이다." 노예 해방을 주장하고 행동으로 살아 있는 신앙을 보여주는 투사의 삶을 살았던 그였지만, 그런 행동 뒤에는 새벽마다 하나님과 함께하는 시간이 있었다는 사실을 보여주는 대목이다. 하루의 첫 시간을 어떻게 시작하느냐에 따라서 하루의 결과가 어떨 것인가를 예상해 볼 수 있다. 하나님과 함께 새벽을 여는 사람은 아침햇살만큼이나 찬란한 은혜가 임하는 것을 경험할 수 있다. 하루의 첫 시간을 주님과 함께 새로운 시작으로 삼도록 하자.

제목 : 영적 부흥을 꿈꾸는 성도 | 본문 : 예레미야 23:23-32

영적 부흥을 꿈꾸는 성도가 있고 육적 부흥을 꿈꾸는 교인이 있습니다. 여기서 꿈꾼다는 말은 기도한다는 뜻으로 누구든지 교회에 나오면 하나님께 기도드립니다. 그런데 성령으로 거듭나서 영적으로 부흥하여 하나님과 주님의 몸 된 교회를 위해 헌신하기를 기도하는 성도가 있는가 하면, 몸이나 건강하고 사업이나 번성하여 육적으로 부하기를 기도하는 교인도 있습니다. 모두 기도는 하지만 믿음에 따라 영적 부흥과 육적 부흥은 본질적으로 다릅니다.

영적 부흥을 꿈꾸는 성도는 비전이 있지만, 육적 부흥을 꿈꾸는 성도는 비전이 없습니다. 사람에게 꿈이 있습니다. 소박한 꿈이 있으면 범사에 감사하며 주어진 현실에 만족하는 행복한 사람입니다. 그러나 터무니없는 기대와 허황된 꿈에 매달리면 불행한 사람입니다. 육적 부흥을 품은 교인은 허파에 바람이 들어간 것처럼 황당한 허풍으로 사람을 속이기도 합니다. 현실성이 없는 꿈꾸는 사람은 고무풍선과 같아 한때는 하늘 높이 떠오르지만 잠시 후에는 터지거나 나뭇가지에 매달려 초라한 모습으로 사람들의 웃음거리만 되고 맙니다.

성도는 비전 있는 영적 부흥을 꿈꾸어야 합니다. 비전과 꿈은 아름답습니다. 영적 부흥이 아름다운 꿈과 비전을 갖기 위해서는 현실성이 있어야 합니다. '오늘'은 '내일'의 어머니라고 합니다. 내일을 아름답게 잉태해야 바람직한 열매를 맺을 수 있습니다. 동시에 오늘에 성실해야 내일이 보람됩니다. 농사꾼이 좋은 씨앗을 뿌려야 알찬 알곡을 거둘 수 있습니다. 우리가 기도하는 것은 아무 일도 안 하고 무조건 하나님께 달라고 하는 것이 아닙니다. 기도는 아름다운 소망을 심은 작업입니다. 충실한 삶으로 기도의 씨를 심고 하나님의 응답을 기다리면 알찬 축복의 열매를 거둘 수 있습니다. 그러므로 우리는 성실하게 기도해야 합니다.

미국에 카메눈 페디라는 목사님이 계셨습니다. 페디 목사님은 60년 동안 열매가 없는 헛된 목회를 했습니다. 목사님은 설교로 한 사람에게도 감동을 주지 못했고, 한 병자도 기도로 치유할 수 없었습니다. 목사님의 수십 년간의 목회는 보잘 것이 없었고, 부끄러울 수밖에 없는 실패의 연속이었습니다. 목사님은 하나님과 자신에게 창피했습니다. 그러던 어느 날, 페디 목사님은 무엇엔가 깨달음을 얻고 꿈을 갖게 되었습니다. 그 꿈은 '나도 주님의 능력을 소유한 종이 되자'라는 비전이었습니다. 그래서 목사님은 기도하기로 결심했습니다.

새벽기도회가 없는 미국사회에서 새벽기도를 꾸준히 한다는 것은 쉬운 일이 아니었습니다. 그러나 목사님은 출타 중에도 거르지 않고 4년 동안 꿈을 가지고 하루도 빠짐없이 규칙적으로 새벽에 일어나 기도하였습니다. 그러던 어느 날 사모님이 자리를 비우고 없을 때 혼자서 양파를 까다가 갑자기 기도하고 싶은 생각이 들었습니다. 그래서 방에 들어가 기도하다가 성령의 능력을 체험하였습니다. 온 몸이 뜨거워지면서 불 성령을 충만하게 받았습니다.

그때 한 집사님이 사택에 뛰어와 청년이 몹시 고통을 호소하며 뒹굴고 있다고 했습니다. 빨리 오실 것을 요청받은 페디 목사님은 달려가서 청년의 머리에 손을 얹고 안수기도를 했습니다. 그러자 청년은 조용히 잠이 들었고 마귀가 무서워서 달아났습니다. 페디 목사님은 "내가 능력 없이 60년 동안 목회한 것보다도 3개월 동안의 새벽기도가 훨씬 열매가 많았습니다."라고 말했습니다. 그렇습니다. 꿈을 가진 성도는 규칙적으로 새벽기도하고, 이러한 성도에게 하나님께서 능력을 주셔서 귀하게 쓰십니다. 사람들을 구원하신 예수님께서 새벽미명에 습관적으로 한적한 곳에서 새벽기도를 하셨다는 것을 기억하고 실천하시기 바랍니다.

1. 육적 부흥을 꿈꾸는 성도

예레미야 선지자 시대에 사회는 극도로 부패했고, 제사장들도 말할 수 없이 타락하였습니다. 그리고 육적 부흥을 꿈꾸는 거짓 선지자들은 자신의 생각으로 예언하여 백성들을 현혹하였습니다. 왕과 제사장과 백성들이 하나님을 멸시하고 조롱했습니다. 하나님께서 예레미야 선지자를 통해서 "**나는 가까운 데에 있는 하나님이요 먼 데에 있는 하나님은 아니냐 여호와의 말씀이니라 사람이 내게 보이지 아니하려고 누가 자신을 은밀한 곳에 숨길 수 있겠느냐 여호와가 말하노라 나는 천지에 충만하지 아니하냐**"(:23-24)라고 말씀하셨습니다.

하나님께서 예레미야 선지자를 통해서 세 가지의 질문을 하셨는데, 첫째 질문은 "**나는 가까운 데에 있는 하나님이요 먼 데에 있는 하나님은 아니지 않으냐**" 둘째 질문은 "**사람이 내게 보이지 아니하려고 누가 자신을 은밀한 곳에 숨길 수 있겠느냐**" 셋째 질문은 "**나는 천지에 충만하지 아니하냐**"고 말씀하셨습니다. 예레미야 선지자는 질문마다 "**여호와의 말씀이니라**"를 전제했습니다. 이 질문은 예레미야 선지자를 통한 하나님 여호와의 말씀인 것을 확인했습니다. 어떠한 경우에도 거짓 선지자들이 하나님을 속일 수 없다는 말씀입니다.

감히 여호와 하나님의 이름으로 육적 부흥을 꿈꾸며 예언한 거짓 선지자들이 꿈을 통해서 하나님의 뜻을 알았다고 말하면서 오히려 하나님을 잊게 만들었습니다. "**내 이름으로 거짓을 예언하는 선지자들의 말에 내가 꿈을 꾸었다 꿈을 꾸었다고 말하는 것을 내가 들었노라 거짓을 예언하는 선지자들이 언제까지 이 마음을 품겠느냐 그들은 그 마음의 간교한 것을 예언하느니라**"(:25-26). 하나님의 말씀에 근거하지 않고, 하나님의 계시에 따르지도 않고, 자신의 몽상이나 착상으로 육적 부흥을 꿈꾸는 거짓 선지자들은 하나님을 거역하고 불신앙을 조장하였습니다. 교회에 육적 부흥을 꿈꾸는 교인들이 더러 있습니다. 예를 들어서 신천지 이단교리로 수많은 사람들을 유혹하여 코로나19를 확산시켜서 수많은 사람들이 생명을 잃어버리게 하고, 우리나라의 사회를 혼란하게 하고 경제까지 위기에 빠뜨린 경우입니다. 신천지 교주에게는 순전히 자신의 생각으로 육적 부흥을 꿈꾸며 유혹했지만, 그런 꿈을 거짓된 꿈이 되고 말았습니다. 이러한 육적 부흥을 꿈꾸는 데 현혹되지 않으시기를 바랍니다.

2. 영적 부흥을 꿈꾸는 성도

선지자는 자신의 생각으로 꿈을 말해서는 안 됩니다. 선지자는 성실히 하나님의 말씀을 전해야 합니다. "그들이 서로 꿈 꾼 것을 말하니 그 생각인즉 그들의 조상들이 바알로 말미암아 내 이름을 잊어버린 것 같이 내 백성으로 내 이름을 잊게 하려 함이로다"(:27). 세상에는 꿈꾸는 사람들이 많습니다. 노인도 꿈을 꾸고, 장년도 꿈을 꾸고, 젊은이도 꿈을 꾸고, 청소년도 꿈을 꾸고, 어린아이도 꿈을 꿉니다. 제사장도 꿈을 꾸고, 선지자도 꿈을 꿉니다. 그런데 명심할 것은 모든 꿈이 꿈이라고 다 좋은 꿈이 아니고, 더군다나 하나님의 꿈이 아닙니다. 자신의 생각, 자신의 관심, 자신의 의지, 자신의 관념을 꿈으로 꾸어냅니다. 바알과 우상의 꿈을 꿉니다. 사탄의 꿈을 꾸고 그것을 하나님의 꿈이라고 속입니다. 이들이 바라는 꿈은 하나님의 이름을 잊게 하는 것입니다.

우리는 꿈을 꾸되 올바른 꿈을 꾸어야 합니다. 꿈을 꾸되 참된 꿈을 꾸어야 합니다. 하나님께서 예레미야 선지자를 통하여 다시 여러 차례의 질문으로 말씀의 우월성을 입증하셨습니다. 이는 질문이라기보다 명쾌한 확인이라고 봐야 좋을 것입니다. "여호와의 말씀이니라 꿈을 꾼 선지자는 꿈을 말할 것이요 내 말을 받은 자는 성실함으로 내 말을 말할 것이라 겨가 어찌 알곡과 같겠느냐 여호와의 말씀이니라 내 말이 불 같지 아니하냐 바위를 쳐서 부스러뜨리는 방망이 같지 아니하냐"(:28-29). 이 말씀을 깊이 묵상해 보시기 바랍니다. "꿈을 꾼 선지자는 꿈을 말할 것이요" "내(하나님) 말을 받은 자는 성실함으로 내 말을 할 것이라" 첫 번째 확인입니다. "겨가 어찌 알곡과 같겠느냐" 이 질문으로 하나님께서 "겨"와 "알곡"을 비교하여 말씀하셨습니다. 거짓 선지자의 꿈, 즉 육적 부흥은 겨와 같이 쉬 날아가고 맙니다. 그러나 하나님의 말씀으로 영적 부흥은 알곡과 같습니다. 진짜 꿈이 있고 짝퉁 꿈이 있습니다. 가짜 꿈인 육적 부흥을 따르지 말고 진짜 꿈인 영적 부흥을 따르시기 바랍니다.

두 번째 확인입니다. "여호와의 말씀이니라 내 말이 불 같지 아니하냐 바위를 쳐서 부스러뜨리는 방망이 같지 아니하냐"(:29). 여호와 하나님의 말씀은 불방망이입니다. 한번 내리치시면 바위라도 산산조각이 됩니다. "하나님의 말씀은 살아 있고 활력이 있어 좌우에

날선 어떤 검보다도 예리하여 혼과 영과 및 관절과 골수를 찔러 쪼개기까지 하며 또 마음의 생각과 뜻을 판단하나니 지으신 것이 하나도 그 앞에 나타나지 않음이 없고 우리의 결산을 받으실 이의 눈 앞에 만물이 벌거벗은 것 같이 드러나느니라"(히 4:12-13). 아무리 그럴듯한 육적 부흥이라도 하나님의 말씀 앞에서 바로 서지 못합니다. 육적 부흥은 그 실체가 드러나 깨지게 되어있습니다. 그러므로 진실한 하나님의 말씀으로 영적 부흥을 꾸시기 바랍니다.

3. 하나님께 인정받는 영적 부흥

"여호와의 말씀이라 그러므로 보라 서로 내 말을 도둑질하는 선지자들을 내가 치리라"(:30). 하나님의 말씀을 도적질하는 거짓 선자들이 있었습니다. 적 그리스도인들입니다. 겉모습은 천사와 같아 가짜로 보이지 않습니다. 이들은 오히려 더 거룩해 보입니다. 항상 검은색 정장을 하고 금빛 나는 커다란 십자가를 가슴에 붙이고 다닙니다. 유창한 언변과 달콤한 말로 교인들을 유혹합니다. 이들에게 안 넘어가는 교인이 없습니다. 이들이 하나님의 말씀을 도적질 하는 자들입니다. 이들에게는 영적 부흥이 없고, 가짜 쭉정이 짝퉁입니다.

"여호와의 말씀이니라 보라 그들이 혀를 놀려 여호와가 말씀하셨다 하는 선지자들을 내가 치리라 여호와의 말씀이니라 보라 거짓 꿈을 예언하여 이르며 거짓과 헛된 자만으로 내 백성을 미혹하게 하는 자를 내가 치리라 내가 그들을 보내지 아니하였으며 명령하지 아니하였나니 그들은 이 백성에게 아무 유익이 없느니라 여호와의 말씀이니라"(:31-32). 하나님께서 거짓 꿈으로 육적 부흥을 시도하는 거짓 선지자들을 치시겠다고 말씀하셨습니다. 이들의 특징은 "거짓 꿈을 예언"하는 것입니다. 하나님은 우리의 유익을 위하여 이용할 수 있는 대상이 아니십니다. 거짓 선지자들은 육적 부흥을 위하여 하나님의 말씀을 이용했습니다. 그들의 거짓말은 많은 사람들의 귀를 즐겁게 하였지만, 때가 되자 하나님께서 친히 그들을 보내시지 않았고, 그들에게 아무것도 명령하지도 않으셨다고 말씀하셨습니다.

사도 요한이 "사랑하는 자여 네 영혼이 잘됨 같이"(요삼 1:2)라고 기도하였습니다. 사도 요한의 기도는 사랑하는 성도가 영적으로 부흥되기를 기도했습니다. 성도에게 영혼은 무엇보다 중요합니다. 영혼은 생명이기 때문입니다. 사람에게서 영혼이 떠나가면 생명을 잃게 됩니다. 그러므로 사람의 영혼이 잘 되어야 합니다. 영혼이 잘 된다는 것은 성도의 영적 부흥을 의미합니다. 요즘 세상에는 Well-Being 붐이 일고 있습니다. 이 Well-Being은 잘 먹고 잘 살자는 운동입니다. 그런데 명심할 것은 아무리 잘 먹고 잘 살아도 영혼이 잘못되면, 즉 영적 부흥이 안 되면 만사가 허사입니다. 영혼이 죽으면 모든 것이 죽고 맙니다. 영혼이 잘 되어야 모든 것이 잘 됩니다. 영혼은 신체의 우선이요, 모든 생활의 최우선입니다.

영혼이 잘 되는 비결이 무엇인지 아십니까? 영적 부흥을 위하여 하나님의 말씀을 잘 먹어야 합니다. 말씀을 잘 들어야 한다는 말입니다. 말씀을 잘 들어야 영혼이 건강해집니다. 말씀을 잘 들으려면 예배에 빠지지 말아야 합니다. 주님 앞에 안 나오면 말씀을 들을 수 없습니다. 말씀을 잘 안 들으면 영혼이 쇠약해집니다. 영혼이 병 듭니다. 영혼이 병 들면 죽을 수 있습니다. **"사람이 떡으로만 살 것이 아니요 하나님의 입으로부터 나오는 모든 말씀으로 살 것이라"**(마 4:4). 예수님께서 마귀의 시험을 물리치시면서 직접 하신 말씀입니다.

성도가 영적 부흥을 위해서는 하나님의 말씀에 순종해야 합니다. 본인이 말씀 듣기를 게을리 하거나 불순종하면, 그리고 하나님의 말씀을 생활 속에 실천하지 않으면 그 영혼은 잘 된다는 보장이 없습니다. 그런데 하나님의 말씀을 순종하기 위해서는 필수적으로 기도해야 합니다. 말씀을 아무리 듣고 순종하려고 해도 기도하지 않으면 실천이 되지 않습니다. 주님께서 **"기도 외에 다른 것으로는 이런 종류가 나갈 수 없느니라"**(막 9:29)라고 말씀하셨습니다. 성도가 영적 부흥을 위하여 하나님의 말씀을 듣고 실천하려면 무엇보다도 간절히 기도해야 가능합니다. 목회자는 성도들의 영적 부흥을 위하여 주님에게 간절히 기도합니다. 자신의 영적 부흥을 바라는 성도는 '아멘' 하시기 바랍니다. 예, 감사합니다.

사랑하는 성도 여러분!

인간의 헛된 꿈이 '겨'와 같다면 하나님께서 주시는 꿈은 '알곡'입니다. 사람들은 당장 눈에 보이고 손에 잡히는 돈을 좋아합니다. 하나님의 말씀을 통해서 하나님의 뜻을 알려고 노력하기보다는 세속의 꿈을 꾸고 환상을 보기를 원합니다. 그러나 우리가 진정 신뢰해야 하는 꿈은 하나님의 말씀입니다. 성도는 육적 부흥보다 영적 부흥을 위하여 기도해야 합니다. 성도는 아무 유익도 없는 꿈이나 환상 같은 육적 부흥을 기대해서는 안 됩니다. 성도는 천지에 충만하신 하나님을 신뢰하고 영적 부흥을 꿈꾸어야 합니다. 하나님의 눈을 피해 은밀한 곳에 자신을 숨길 수 있는 사람은 아무도 없습니다. 하나님은 성도들의 모든 사정을 알고 계시며 심지어 은밀한 것까지도 모두 보고 계십니다. 하나님의 말씀에 근거한 영적 부흥을 통하여 정정당당한 알곡 비전을 가지는 성도가 되시기 바랍니다. 성도의 영적 부흥은 영혼이 잘 되고 범사가 형통하는 복을 받습니다. 아름다운 꿈과 내일의 소망을 이루어 풍요롭고 넘치는 은혜와 축복을 받는 성도가 되도록 기도하시기를 주님의 이름으로 축원합니다.

[예화]

▣ 주여, 제주에 부흥을 주소서

박용규 총신대 교수의 '제주 기독교회사'를 보면 제주가 한국에서 얼마나 천대받던 곳인지 알 수 있다. 그곳은 왜적의 침입이 끊이지 않았다. 한 세기 동안 몽골의 지배를 받았다. 정치범들의 마지막 유배지였으며 탐관오리들의 수탈과 학정이 끊이지 않았다. 게다가 우상이 가득한 곳이었다. 그런 제주에 이기풍 선교사가 발을 디딘 지 110주년이 됐다. 그는 1907년 9월 열린 제 1회 대한예수교장로회 독노회의 결정에 따라 이듬해 1월 평양신학교 동기생인 길선주의 집례로 선교사 파송예배를 드렸다. 그해 3월 제주에 부임한 이기풍은 1915년까지 7년간 생명을 다해 섬겼다. 열악한 상황이었지만 목회자들과 성도들이 최선을 다했다. 아쉽게도 복음화율은 선교지 수준인 9%에 머물고 있다. 제주의 열악한 영적 환경과 관련돼 있다. 그러나 제주의 450여 교회가 이 한계를 뛰어넘고자 '엑스플로 2018 제주선교대회'를 개최했다. 한국대학생선교회(CCC)는 창립 60주년을 맞이해 함께 동역했다. 이 한 주간 성령님께서 강력하게 역사하셔서 제주도민의 마음에 성령의 불이 임하였다. 성령님께서 일으키시는 부흥이 폭발적으로 일어나 하나님을 아는 사람들이, 물이 바다 덮음 같이 제주에 가득하도록 간구하자. 제주에 하나님의 치유의 역사가 나타나길 기도하자. '주여, 제주에 부흥을 주옵소서.'

▣ 영적인 부흥

1960년대 유명한 복음주의자이며 교회의 선지자적인 역할을 감당한 토저 목사는 오늘날의 교회에 세 가지 문제가 있다고 말합니다. 첫째는 믿는 자가 성장하지 않고 항상 어린아이로 머물러 있으며 다만 살만 찐다고 합니다. 둘째는 믿는 자가 교회 안에서 마땅히 해야 할 일을 알지 못하고 오직 참관만 하는 것입니다. 셋째는 믿는 자 서로 일치되지 않고 분열과 다툼만 일삼는 것입니다. 토저 목사는 이것을 오늘날 교회의 심각한 문제라고 지적하면서, "이것을 해결할 수 있는 길은 오직 하나, '하나님을 알 때'만이 가능하다"라고 말하고 있습니다. 하나님의 자녀는 나이가 들수록 하나님 나라의 백성들이 나아갈 방향을 알아야 하며, 나아가야 할 때를 알아야 합니다. 하나님께서 앞으로 하고자 하시는 계획을 알아야 합니다. 나이가 들수록 더 많은 사람들을 품을 줄 알고, 더 많은 사람들을 세워줄 수 있는 힘이 있어야 합니다. 이것이 영적 성숙입니다. 이러한 일은 우리의 초점을 그리스도에게만 고정시킬 때 가능합니다. 이것은 우리 중의 어느 특별한 사람에게만 가능한 것이 아닙니다. 이것은 주를 알기 원하는 사람이라면 누구에게나 주께서 주시는 성장의 길, 즉 은혜인 것입니다. 주님께서는 성장하도록 도와주실 것입니다. 영적 성장의 기반은 하나님을 아는 것에 있습니다. "사랑하는 자여 네 영혼이 잘됨같이 네가 범사에 잘되고 강건하기를 내가 간구하노라" (요삼 1:2)

제목 : 고난당하신 주님 ‖ 본문 : 이사야 53:1-3

　미국 뉴욕의 맨해튼의 밤길은 매우 위험합니다. 이곳에는 흑인들이 많이 살고 있으며, 절도나 살인강도 사건이 자주 발생하는 거리입니다. 어느 날, 가톨릭교회의 한 신부님이 혼자 밤길을 걸어가다가 골목길에서 강도를 만났습니다. 강도가 총을 들이대면서 가진 것을 모두 내 놓으라고 위협을 했습니다. 신부님은 그때 가진 것이 하나도 없었습니다. 그는 호주머니를 뒤적이면서 "나는 지금 돈이 한 푼도 없고 시계도 차고 나오지 않았소. 내 주머니에는 지금 담배 한 갑밖에 없는데 이것이라도 필요하면 가져가시오."하며 담뱃갑을 내밀었습니다. 그러자 강도는 신부님의 얼굴을 빤히 올려다보며 "신부님은 사순절에도 담배를 피우십니까? 나는 사순절에는 담배나 술은 하지 않습니다."하고 땅 바닥에 침을 '퉤!' 뱉고 그냥 가버렸습니다. 이렇게 되니 강도가 신부님보다 오히려 경건한 꼴이 되고 말았습니다. 신부님은 강도에게 무안을 당한 것이 하도 창피해서 그 날로 담배를 아주 끊어버렸다고 합니다.

　무엇이든지 자발적으로 해야 합니다. 누가 시켜서 하는 것은 노예들이 하는 짓입니다. 그리고 사람의 심리는 누가 억지로 '하라'고 하면 하기 싫어지는 심보가 있습니다. 자녀들도 부모가 억지로 명령하면 싫어하지만 스스로 좋으면 부모가 하지 말라고 해도 하고 맙니다. 누구든지 자발적인 행동, 스스로 좋아서 결정하는 용기, 즐거운 선택은 아름다운 일입니다. 본인이 좋아서 즐거운 마음으로 선택하면 아무리 힘든 일이라도 힘들어하지 않고 신바람이 납니다. 그래서 아무리 힘들고 어려워도 순식간에 모두 해치울 수 있습니다.

　이렇게 감당하기 어려운 고난도 스스로 선택한 사람이 있습니다. 일제강점기에 "예수 천당!"을 외치며 평양의 모든 거리를 누비며 전도하던 최봉석 목사님이 일본 경찰에 체포되어 감방에 갔습니다. 이때 동료 목사님들이 최 목사님을 위로하기 위하여 면회하여 "이렇게 고난당하지 마시고 일본이 하라는 대로 하시고 조용히 목회만 하면 어떻겠습니까?"하고 부탁했습니다. 이때 최 목사님은 "고문은 내가 혼자서 몽땅 다 당하고, 순교도 내가 할 테니까는 그대들은 교인들이나 잘 돌보시오."라고 말씀하시고 끝내 순교를 당하셨습니다.

　예수님께서 하늘나라의 영광을 버리시고 사람의 몸을 입으시고 세상에 오셔서 가난한 사람들과 함께하시면서 고난과 멸시를 받으셨습니다. 예수님께서 마침내 우리의 죄를 짊어지시고 십자가에서 고난을 당하셨습니다. 그래서 우리에게 구원의 길을 열어주셨습니다. 지금 누가 교회에 오라고 해서 오신 성도는 없을 것입니다. 저는 그렇게 믿습니다. 세상의 바쁜 일을 모두 뒤로 하시고 즐거운 마음으로 하나님의 성전에 오셔서 하나님께 예배드리고 계십니다. 주님의 몸 된 교회를 섬기고 성도들과 교제하며 주님의 은혜와 축복을 기다리고 계신 줄 믿습니다. 또한 성도들 가운데는 주님께서 남기신 고난을 감당하면서 주님을 섬기고 있는 분들이 있습니다. 주님의 고난을 감당하기에 너무 힘들고 어려운 것을 주님께서 알고 계십니다. 십자가의 고난을 선택하신 예수님처럼 신앙생활의 고난을 선택하고 주님과 주님의 몸 된 교회를 섬기는 성도들에게 하나님께서 은혜와 축복을 주실 줄 믿습니다.

1. 주님의 선택

하나님께서 사람이 된다는 것은 정말 상상하기 어려운 일입니다. 아무리 생각해도 도저히 있을 수 없는 일입니다. 한번 생각해 보십시오. 이 강대상을 만든 목수가 어떻게 강대상이 될 수 있습니까? 설령 목수가 강대상이 된다 해도 그것은 피조물이 다른 피조물이 되는 것이니 별로 놀랄 일이 아닐 것입니다. 그런데 실제로 창조주 하나님께서 피조물 인간이 된다는 것은 본질적으로 있을 수 없는 일입니다. 그런데 실제로 이런 일이 있었습니다. 바로 예수님께서 사람이 되신 사건입니다. 지극히 높은 하늘나라에 계시는 하나님께서 세상에 오셔서 가장 낮은 사람이 되시다니 참으로 신비스럽고 놀라운 일이 아닐 수 없습니다.

기적은 여기서부터 시작됩니다. 일상적인 것은 기적이 아닙니다. 특별한 데서 기적이 발생합니다. 때로 고난은 기적을 일으킵니다. 성도가 진실로 주님의 몸 된 교회를 섬기는 데는 어쩔 수 없이 고난이 따라옵니다. 세상 사람들은 아무도 고난을 즐겨하지 않습니다. 사람들은 누구든 할 수만 있으면 고난을 피하려고 합니다. 왜 그렇습니까? 고난은 힘들고 어려운 일이기 때문입니다. 고난을 피하고자는 사람을 굳이 나쁘다고 할 수 없습니다. 누구나 손해를 싫어하기를 때문에 그것을 이기적이고 몰염치한 행동으로 탓하고 싶지 않습니다.

그러나 예수님은 그렇게 안 사셨습니다. 인간이 고통을 당하니 주님께서 몸소 인간의 모습으로 세상에 오셨습니다. 인간이 죄로 고난을 당하니 주님께서 몸소 고난을 당하셨습니다. 주님의 고난을 생각하면서 주님을 따라가는 사순절에 성도는 주님의 고난에 동참해야 합니다. 주님께서 당하신 고난이 무엇인지를 체험하고 이해해야 합니다. 이것이 사순절을 사는 성도의 바른 모습입니다. 주님은 인간의 고난을 몸소 지셨습니다. 주님께서 인간의 고난을 거절하지 않고 십자가를 지시고 고난을 당하셨기에 부활의 영광과 승리를 얻으신 것입니다.

주님께서 어떤 모습을 선택하시고 세상에 오셨습니까? 이사야 선지자가 "그는 주 앞에서 자라나기를 연한 순 같고 마른 땅에서 나온 뿌리 같아서 고운 모양도 없고 풍채도 없은즉 우리의 보기에 흠모할만한 아름다운 것이 없도다"(:2)라고 말씀했습니다. 세상에 오신 예수님을 "연한 순 같고" 라고 말씀하신 것은 '새순 같다'는 뜻입니다. 큰 나무의 낙엽이 떨어지면 벌목꾼들이 몸통을 잘라서 목재로 사용합니다. 몸통이 잘린 나무는 겨우내 추위에 시달립니다. 그런데 새봄이 되니까 나무의 그루터기에서 새싹이 나오기 시작합니다. 볼품없이 연약한 존재로 새 생명이 움터 나오는 모습입니다. 처음 보기는 전혀 영향력이 없어 보이는 약한 존재입니다. 이것이 예수님께서 선택하신 비유적인 모습입니다. 성도도 주님께서 선택하신 초라한 모습을 선택하여야 주님의 고난에 참여할 수 있다는 것을 믿으시기 바랍니다.

이사야 선지자는 **"마른 땅에서 나온 뿌리 같아서"**라고 말씀했습니다. 예수님께서 초림하신 유대 사회는 인간성이 상실된 메마른 시대였습니다. 지금 우리들이 살고 있는 시대도 인간성이 없고 인심이 메말라가고 있습니다. 사람들은 모두 자기가 살아갈 궁리만 합니다. 다른 사람의 고난은 생각하지 않고 안중에도 없습니다. 그저 눈에 보이는 것은 자기 일뿐이요 교회나 사회에는 관심이 없습니다. 오늘날 교회에 진정으로 사랑이 있습니까? 성도와 성도 사이에 인정이 있습니까? 미안합니다. 사랑이나 인정을 안 믿는 사람만도 못하니 이를 어쩌면 좋습니까? 예수님께서 이 시대의 교회를 보시면서 가슴을 치고 통탄하실 일입니다.

왜 예수님께서 인정이 없는 시대를 선택하시고, 그렇게 초라한 모습을 선택하시고 세상에 오셨습니까? 그것은 지금 어려운 처지에서 고난당하는 사람들을 위한 즐거운 선택이셨습니다. 만일 예수님께서 요즘 시대와 같이 살기 좋은 시대에 혹은 잘 사는 선진국에 대통령이나 부유한 왕자로 오셨다고 가정해 봅시다. 그러면 가난하고 열악한 환경에서 고통을 당하며 살고 있는 사람과 하등의 무슨 상관이 있겠습니까? 저는 그런 예수를 안 믿을 것입니다.

예수님은 가난한 사람을 위하여, 못 배운 사람을 위하여, 불행한 사람을 위하여, 세상에서 소외된 사람을 위하여, 실직하여 가족을 부양하기에 고난당하는 사람을 위하여 세상에 오셨습니다. 주님께서 불행한 사람들을 위하여 즐거운 마음으로 고난을 선택하셨습니다. 그래서 우리는 예수님을 믿습니다. 오늘날 교회가 할 일이 무엇입니까? 세상에서 고난당하는 사람을 찾아서 그들의 고난을 나누는 것이 교회가 해야 할 일입니다. 주님의 아름다운 선택을 본받아 즐거운 마음으로 고난을 선택하는 성도가 되도록 기도하시기를 간절히 바랍니다.

2. 주님의 모습

예수님께서 부잣집 귀공자의 모습이 아닌 것을 감사합니다. 예수님께서 선진국에서 태어나시지 않으신 것을 감사합니다. 왜요? 예수님께서 선진국에서 태어나셨거나 귀공자의 모습으로 세상에 오셨으면 고난을 당하지 않으셨을 것이고, 그러한 예수님은 가난하고 고난당하는 사람들과 상관이 없기 때문입니다. 우리는 예수님의 초라한 모습에 감사해야 합니다.

이사야 선지자가 **"고운 모양도 없고 풍채도 없은즉 우리가 보기에 흠모할 만한 아름다운 것이 없도다"**(:2)고 말씀했습니다. 예수님의 진정한 모습은 어떠했을까요? 일반적인 성화에 그려져 있는 예수님의 모습을 보고 갈등을 느끼는 사람들이 많습니다. 성화에 예수님의 모습은 미남으로 그려졌습니다. '진짜 예수님이 저렇게 풍채가 좋고 인물이 준수하고 코가 오똑하고 눈이 파랗고 아름다운 모습이었을까?'하는 갈등입니다. 실제로 성경에 나타난 예수님의 모습은 미남형의 인물이 아닙니다. 성경에 나타난 예수님의 모습은 보통 남자였습니다.

예수님의 겉모습이 어떻게 생기셨을까 하는 것이 우리에게 중요한 것은 아닙니다. 예수님께서 누구에게 관심이 많으시고 마음을 쓰셨을까가 더욱 중요합니다. 예수님은 가난한 사람, 병든 사람, 못 배운 사람, 세상에서 버려진 사람, 어려운 문제로 고난당하는 사람들에게 관심이 있으셨습니다. 우리가 예수님을 믿는 성도라면 예수님의 마음을 가져야 합니다. 사도 바울이 **"너희 안에 이 마음을 품으라 곧 그리스도 예수의 마음이니"**(빌 2:5)라고 말씀했습니다. 우리는 예수님의 마음을 품어야 합니다. 우리는 가난한 사람을 찾아가서 무엇이든 나누어야 합니다. 우리는 병든 사람을 찾아 위문해야 합니다. 우리는 못 배운 사람, 천한 사람을 무시하지 말아야 합니다. 우리는 고난당하는 사람과 그들의 고난을 함께해야 합니다. 이게 바로 사람이 되셔서 고난을 택하신 주님을 믿고 따르는 성도의 바른 태도입니다.

사람들이 사는 사회마다 사람을 차별하고 나누어 생각하는 못 된 폐단이 있습니다. 옛날에는 양반과 상놈을 구별했습니다. 한번 양반이면 평생 양반이고, 한번 상놈이면 죽을 때까지 상놈입니다. 상놈은 죽어도 양반이 못 됩니다. 이것이 세상의 악습입니다. 지금은 부자와 가난한 사람을 나누는 시대입니다. 배운 사람과 못 배운 사람을 구별하는 시대입니다. 잘 생긴 연예인들을 좋아하고, 경상도와 전라도 등 출신 지역에 따라서 인간이 차별되기도 합니다. 이러한 인간 차별이 얼마나 많은 사람의 눈에서 눈물을 흘리게 하는지 모릅니다.

그런데 오늘날 교회에도 이런 인간 외모에 대한 차별의 악습이 있습니다. '누구는 되고 누구는 안 된다'고 하는 생각이 얼마나 주님을 괴롭게 하고 있으며 교회를 어렵게 하고 있는지 모릅니다. 우리는 이러한 악습을 버려야 합니다. 우리에게 과거는 지나간 시간입니다. 옛날에 잘 했으면 뭐합니까? 지금 여기서 잘해야 합니다. 우리에게는 현재와 미래가 있습니다. 하나님 앞에서 모든 성도는 동등합니다. 차별이 있을 수 없습니다. 목사나 장로나, 권사나 집사나, 평신도까지 모두 똑같습니다. 우월 의식과 차별 의식을 버려야 합니다. 자기 자신을 비하하는 의식도 버려야 합니다. 그래야 교회가 평안하고 든든히 서가게 됩니다.

3. 고난당하신 주님

이사야 선지자가 "그는 멸시를 받아 사람들에게 버림 받았으며 간고를 많이 겪었으며 질고를 아는 자라 마치 사람들이 그에게서 얼굴을 가리는 것 같이 멸시를 당하였고 우리도 그를 귀히 여기지 아니하였도다"(:3)라고 말씀했습니다. 멸시를 받으신 주님께서 멸시받는 사람을 사랑하십니다. 간고를 많이 겪으신 주님께서 간고를 겪고 있는 사람을 사랑하십니다. 질병의 고통을 아시는 주님께서 질병의 고통을 앓고 있는 사람을 사랑하십니다. 사람들에게 무시를 당하신 주님께서 사람들에게 무시당하는 사람을 사랑하십니다. 세상 사람들에게 멸시를 당하신 주님이 사람들에게 멸시를 당하는 사람을 사랑하십니다. 우리에게 마저 귀히 여김을 받지 않으신 주님께서 사람들에게 귀히 여김을 받지 못하는 사람을 사랑하십니다.

한 젊고 아름다운 성악가가 아름다운 노래를 불렀습니다. 청중들에게 우레 같은 박수를 받으며 "얼마나 아름다운 목소리인가? 얼마나 놀라운 음성인가?"하고 탄복했습니다. 그런데 나이 많은 음악평론가는 "저 여자는 앞으로 위대한 성악가가 될 자질과 가능성을 가지고 있지 않습니다. 왜냐하면 그녀는 지금까지 삶을 통해서 아픔과 고뇌, 그리고 자신의 마음이 찢어지는 체험을 가지지 못했기 때문입니다."라고 혹평했습니다. 인생의 아픔과 슬픔, 가슴이 찢어지는 체험을 통하여만 사람을 감동시키는 노래가 나올 수가 있다는 말입니다.

사도 바울이 "우리가 환난 중에도 즐거워하나니 이는 환난은 인내를 인내는 연단을 연단은 소망을 이루는 줄 앎이로다 소망이 우리를 부끄럽게 하지 아니함은 우리에게 주신 성령으로 말미암아 하나님의 사랑이 우리 마음에 부은바 됨이니 우리가 아직 연약할 때에 기약대로 그리스도께서 경건하지 않은 자를 위하여 죽으셨도다"(롬 5:3-6)라고 말씀했습니다.

사랑하는 성도 여러분!

주님께서 우리를 구원하시기 위하여 사람이 되시기를 선택하셨습니다. 주님께서 즐거운 마음으로 십자가의 고난을 선택하셨습니다. 이제 우리는 어찌해야 할까요? 무엇이든지 억지로 하지 맙시다. 즐거운 마음으로 주님과 교회를 섬깁시다. 즐거운 마음으로 자기 몫에 태워진 십자가를 지고 주님을 따라갑시다. 즐거운 마음으로 주님의 고난을 선택하시고 주님과 함께 은혜와 축복의 영광을 누리는 성도가 되도록 기도하시기를 주님의 이름으로 축원합니다.

[예화]

▣ 고난이 발생한 진짜 이유

남아프리카 지역에서 점이 유행했던 때가 있었습니다. 어느 해 여름에 유명한 점쟁이가 점괘를 내놓았습니다. "올해는 대기근이 들 것이다." 그의 말은 입소문을 타고 남아프리카 전역으로 일파만파 퍼졌습니다. 그럴 징후는 조금도 보이지 않았지만, 소문이 자자했던 탓에 사람들은 분명 기근이 올 것이라 믿었습니다. 급기야 여름이 끝나기 전 2만 명 넘는 농부들이 재난을 피해 짐을 챙겨서 도시로 떠나버렸습니다. 잘 자라던 곡식들은 돌봐주는 자가 없으니 모두 메말랐고, 결국 그해 농사를 망쳤습니다. 점쟁이의 예언대로 기근이 들게된 것입니다. 그해 남아프리카는 비도 충분히 내렸고 기후도 좋았습니다. 태풍이나 홍수, 가뭄 같은 재해도 전혀 없었습니다. 다만 밭을 가꿀 농부가 없었을 뿐입니다. 1946년 남아프리카에서 실제 일어났던 사건입니다. "게으른 자는 길에 사자가 있다 거리에 사자가 있다 하느니라"(잠 26:13) 실제 일어난 일보다 그 일에 대한 걱정과 두려움이 진짜 고난을 불러올 때가 많다는 것을 아십니까. 역사의 주관자이신 하나님을 의지하며 최선을 다하는 오늘이야말로 고난을 극복하는 가장 좋은 동력이 됩니다.

▣ 고난의 유익

미국의 16대 대통령이 링컨이 젊었을 때의 어느 한가한 날에 시골길을 걷고 있는데, 한 농부가 말을 몰아 쟁기로 밭을 갈고 있는 게 보였습니다. 링컨은 농부에게 다가가 인사를 하였습니다. 그 때 링컨은 말 엉덩이에 파리가 붙어 있는 걸 보았습니다. 파리가 말을 귀찮게 하는 게 분명해 보였습니다. 링컨이 파리를 쫓아버리려고 손을 들었습니다. 그 순간 농부가 링컨을 말리며 말했습니다. "그만 두세요. 그 파리 때문에 이 늙은 말이 그나마 움직이고 있답니다." 이 파리처럼 쫓아내거나 털어내고 싶은 사람, 또는 일이 분명히 있을 것입니다. 그러나 이런 불편과 고난이 삶을 윤택하게 합니다. 어느 정도의 고통은 인간으로 하여금 성숙하게 하는 자극제가 될 때가 많이 있습니다. 문제는 이런 고난을 극복하는 지혜입니다. 이 지혜가 곧 말씀을 통하여 주시는 분별력입니다.

제목 : 사망을 물리치신 부활 스토리 | 본문 : 고린도전서 15:54~58

『빙점』이란 실화소설에 미우라 아야꼬(三浦綾子)가 주인공으로 등장합니다. 일본 북해도의 삿포로에 키따이찌죠오(北一條)교회의 교회학교 유년부장 집사가 있었습니다. 그는 나이 많은 노총각 집사였습니다. 노총각 집사가 삿포로 철도청에서 오랫동안 근무하다가 아사히가와에 발령이 났습니다. 아사히가와는 북해도에서 가장 끝에 위치한 작은 도시입니다. 그가 거기에서 한 주간 근무하다가 주일이 되면 반드시 본 교회에 돌아와 봉사하고 다시 아사히가와로 돌아가곤 했습니다. 삿포로와 아사히가와 사이에 시오카리라는 큰 고개가 있는데, 고개가 너무 높아서 기관차 한 대를 더 연결하여 기관차 두 대가 끌고 넘을 수 있었습니다.

노총각 집사는 다음 날이 자기의 결혼식 날이기 때문에 삿포로로 돌아가는 길이었습니다. 그런데 기차가 올라가다가 마지막 끝에 객차 두 번째 세 번째 사이의 연결고리가 끊어져 뒤로 다시 밀려 내려가기 시작했습니다. 이때 기관차 두 대는 그 사실도 모르고 나머지 객차들을 끌고 그냥 고개를 넘어가고 있었습니다. 떨어진 객차 두 대는 계속 후진하고 있었는데, 기차에 대해서 잘 알고 있는 노총각 집사가 달려가서 브레이크를 당겼으나 브레이크가 고장이 난 상태였습니다. 처음에는 서서히 후진했지만 가속도가 붙으면 높은 고개에서 벼랑에, 또는 골짜기에 떨어지게 되어 140명이 모두 죽는 것은 시간 문제였습니다.

이때 노총각 집사가 하나님께 "주님께서 만약에 이 기차에 타셨다면 어떻게 하시겠습니까?"라고 간단히 기도했습니다. 기도 후에 "주여, 제가 하겠습니다."라고 외치며 밖으로 뛰어내렸습니다. 도저히 돌을 주어다가 객차를 막을 수 없는 상황이었습니다. 그 사이에 객차는 지나가 버리기 때문입니다. 그래서 자기의 몸을 던져 기차를 막았습니다. 그의 몸이 순간적으로 박살나고 말았습니다. 사고 연락이 되자 구조대가 달려왔습니다. 박살난 시신을 꺼내 신분을 확인하기 위해 소지품을 조사했더니 주머니에서 유서가 나왔습니다. 독실하게 주님을 믿고, 교회학교 부장을 하는 노총각집사는 죽음의 준비가 되어 있었습니다. 그리스도인은 언제나 유서를 지녀야 한다고 하면서 그가 지녔던 유서입니다. "나의 죽음을 필요로 하는 곳에서 나는 비겁하게 살고자 하지 않겠다. 내가 죽지 않을 자리에 가서 죽음을 자청하지 않겠다."라는 줄거리였습니다. 그는 자신의 몸을 던져 140명의 생명을 구했습니다.

예수님께서 "사람이 친구를 위하여 자기 목숨을 버리면 이보다 더 큰 사랑이 없나니"(요 15:13)라고 말씀하셨습니다. 주님은 우리의 친구입니다. 주님은 우리의 친구이기에 우리를 위해 죽으셨습니다. 그리고 사흘 만에 부활하셨습니다. 주님의 큰 사랑이 우리를 살리셨습니다. 주님은 죽음을 이기고 부활하셔서 '사망을 물리치신 부활 스토리'를 보여주셨습니다.

부록

1. 죽음에 대한 관념

'죽음'이란 무엇입니까? 우리는 죽음에 대한 분명한 관념이 있어야 합니다. 사도 바울이 **"사망아 너의 승리가 어디 있느냐 사망아 네가 쏘는 것이 어디 있느냐"**(:55)라고 물었습니다. 이 질문은 호세아 선지자가 **"내가 그들을 스올의 권세에서 속량하며 사망에서 구속하리니 사망아 네 재앙이 어디 있느냐 스올아 네 멸망이 어디 있느냐 뉘우침이 내 눈 앞에서 숨으리라"**(호 13:14)라는 예언을 패러디한 말씀입니다. 이 말씀은 앞에 나오는 **"이 썩을 것이 썩지 아니함을 입고 이 죽을 것이 죽지 아니함을 입을 때에는 사망을 삼키고 이기리라고 기록된 말씀이 이루어지리라"**(:54)라는 말씀의 동기에서 나온 외침으로 성도에게 죽음에 대한 통속적인 관념을 깨뜨리고 부활 신앙에 대한 올바른 자세를 제시해주고 있습니다.

사람들이 죽음을 두려워합니다. 사람들은 어떡하든지 죽음을 피해보려고 합니다. 죽지 않으려고 온갖 수단과 방법을 모두 써봅니다. 몸에 좋다는 것은 가리지 않고 먹습니다. 뱀도 먹고 구더기도 먹고, 곰 발바닥도 먹고, 살아 있는 짐승의 피까지 뽑아먹습니다. 몸에 좋다는 보약이란 보약은 아무리 비싸도 가리지 않고 사먹습니다. 그런다고 늙지 않고 죽지 않는 것은 아닙니다. 불치의 암 진단을 받고도 안 죽으려고 몸부림을 치는 사람을 보면 안타깝기 그지없습니다. 우리는 여기서 인간의 본성을 바라보게 됩니다. 인간의 생존 몸부림이 얼마나 기구한 것인가 말입니다. 사람이 살고자 몸부림친다고 죽지 않을 수는 없습니다.

사도 바울은 죽음의 통속적인 관념을 **"사망아 네가 쏘는 것이 어디 있느냐"**(:55)라고 말씀했습니다. 이것은 최후의 원수에 대한 생생한 의인화입니다. 의인화(擬人化)란 사물을 사람으로 바꾸어 표현한다는 뜻입니다. 이 말은 사람이 죽음에 대해서 '나는 아니라'고 자신의 마음을 애써 달래고 있지만, 그러나 사실은 누구에게나 죽음이 심장에 침입하여 독사와 같이 쏘지 않을 사람은 없다는 뜻입니다. 죽음은 독사와 같이 심장을 쏠 뿐만 아니라, 정복자와 같이 사람을 죽입니다. 여기서 분명히 말하면 세상에 죽음을 이길 사람은 없다는 뜻입니다.

사도 바울이 **"사망이 쏘는 것은 죄요 죄의 권능은 율법이라"**(:56)라고 말씀했습니다. 죄책감은 율법을 앎으로 비롯됩니다. 사람이 율법을 많이 알면 죄의식에 사로잡힙니다. 죄의식이 강해지고 죄책감에 사로잡히면 죽음에 대한 공포는 더 커집니다. 그러니까 안 죽으려고 버둥거리는 것입니다. 대개 세상에 미련이 많은 사람이 죽음을 두려워합니다. 세상에 무엇을 많이 쌓아놓은 사람이 안 죽으려고 합니다. 세상의 미련을 버리시기 바랍니다. 세상에서 가진 것이 많이 있으면 그만 모두 내려놓아야 죽음을 무서워하지 않고 겁나지 않습니다.

그리스도인은 죽음에 대해서 높은 차원의 관념을 가지고 살아야 합니다. 간단히 말씀드리면 사망의 **"승리"**와 **"쏘는 것"**, 어떤 것도 가지지 않고 사는 신앙인이 되어야 합니다. 부활하신 주님을 믿는 성도에게 '사망의 승리'와 "쏘는 것"은 이미 사라져버렸습니다. 사도 바울이 "우리가 믿음으로 의롭다 하심을 받았으니 우리 주 예수 그리스도로 말미암아 하나님과 화평을 누리자 또한 그로 말미암아 우리가 믿음으로 서 있는 이 은혜에 들어감을 얻었으며 하나님의 영광을 바라고 즐거워하느니라"(롬 5:1-2)라고 말씀했습니다. 부활하신 주님을 믿는 성도에게 기뻐하고 즐거워할 이유가 있는데, 그 까닭은 하나님과 화평을 누리고 은혜에 들어갈 특권을 얻었기 때문입니다. 성도에게는 부활의 승리가 보장되어 있습니다.

2. 부활의 승리

사도 바울이 "우리 주 예수 그리스도로 말미암아 우리에게 승리를 주시는 하나님께 감사하노니"(:57)라고 말씀했습니다. 부활하신 예수님을 믿는 성도에게는 "사망의 쏘는 것"(:56)에 대한 두려움 대신에 부활의 승리에 대한 기쁨과 찬송이 울려 퍼지게 되어 있습니다. 이는 성도에게 부활의 승리와 영혼의 새로운 영적 생활을 일깨워주는 매체가 되는 것입니다. 그러면 우리는 부활의 승리와 새로운 영적 생활을 어떻게 이룰 수 있을까요?

첫째, 성도는 부활의 주권자이신 주님과 강한 동질감을 가지고 살아야 합니다. 우리의 생명은 하나님에게 달려 있습니다. 우리는 주님의 편입니다. 아무도 우리의 생명을 하나님의 손에서 빼앗을 수 없습니다. 살고 죽는 것은 하나님의 뜻에 달렸습니다. 우리는 하나님의 뜻으로 살기만 하면 됩니다. 우리의 호흡이 끝날 때에 당연히 하나님의 나라에 가게 될 것이니 무슨 걱정이나 두려움을 가지겠습니까. 주님과 우리는 하나니 부활할 것을 믿습니다.

둘째, 성도는 물질적인 것보다 영적인 것에 강한 동질감을 가지고 살아야 합니다. 사람이 죽음을 두려워하는 이유는 대부분 애착하는 것으로부터 분리된다는 생각 때문입니다. 그러므로 성도는 가장 애착하는 물질적인 것으로부터 스스로 벗어나야 합니다. 눈에 보이는 것은 잠깐이요, 보이지 않는 것은 영원합니다. 보이다가 없어지는 안개와 같은 것에 매달리지 말고 하늘에 있는 영원한 것에 몰입해야 부활 신앙으로 죽음을 이길 수 있다고 믿습니다.

셋째, 성도는 현세보다 장래의 세계에 보다 강한 동질감을 가지고 살아야 합니다. 현세는 유한합니다. 무덤에 세워진 비석을 본적 있을 것입니다. 비석에는 예외 없이 죽은 사람의 생(生)과 졸(卒), 곧 세상에 태어난 날과 죽은 날이 적혀 있습니다. 역사는 시작과 끝이 있습니다. 신생국가가 있는가 하면 패망하는 국가도 있습니다. 이것은 세상은 유한하다는 의미입니다. 무슨 이유로도 유한한 세상에 속지 마시고 영원한 부활을 믿으시기 바랍니다.

살아계신 하나님을 믿는 성도는 미래의 사람입니다. 내일을 사는 사람입니다. 몸은 비록 세상에 살고 있으나 세상에 속한 사람이 아니라 하늘나라에 속한 사람입니다. 사도 바울이 "우리의 시민권은 하늘에 있는지라 거기로부터 구원하는 자 곧 주 예수 그리스도를 기다리노니"(빌 3:20)라고 말씀했습니다. 히브리서 기자는 "그들이 이제는 더 나은 본향을 사모하니 곧 하늘에 있는 것이라 이러므로 하나님이 그들의 하나님이라 일컬음 받으심을 부끄러워하지 아니하시고 그들을 위하여 한 성을 예비하셨느니라"(히 11:16)라고 말씀했습니다.

3. 부활의 확신

우리는 부활의 확신으로 하루하루를 살아야 합니다. 사도 바울이 "그러므로 내 사랑하는 형제들아 견실하며 흔들리지 말고 항상 주의 일에 더욱 힘쓰는 자들이 되라 이는 너희 수고가 주 안에서 헛되지 않은 줄 앎이라"(:58)라고 말씀했습니다. 이 말씀은 죽음을 이길 준비를 하라는 말씀입니다. 주님께서 죽음을 이기고 부활하셨기 때문에 주님을 믿는 우리도 부활을 확실히 믿습니다. 그러나 아무리 확신해도, 승리를 위한 준비가 있어야 합니다. 우리는 구원을 믿고 있으나, 여전히 우리는 두렵고 떨림으로 자신의 구원을 이루어야 합니다. 사도 바울이 "나의 사랑하는 자들아 너희가 나 있을 때뿐 아니라 더욱 지금 나 없을 때에도 항상 복종하여 두렵고 떨림으로 너희 구원을 이루라"(빌 2:12)라고 말씀했습니다. 그러므로 우리는 "하나님의 전신갑주를"(엡 6:13) 입고 죽음을 이기기 위한 준비를 해야 합니다.

첫째, "내 사랑하는 형제들아 견실하며 흔들리지 말고"(:58). 우리는 믿음 안에 있어야 부활의 확신을 가질 수 있습니다. 믿음으로 살지 않으면 부활을 보장받을 수 없습니다. 우리는 믿음에 굳게 서야 합니다. 오늘의 믿음과 내일의 믿음이 혼란을 가져서는 안 됩니다. 시작은 그럴 듯한데 마지막이 시시하면 안 됩니다. 부름 받을 때는 충성했는데 곧 불충성하면 안 됩니다. 우리는 믿음이 흔들리지 말아야 합니다. 믿음이 부평초(浮萍草)같이 물 위에 둥실둥실 떠서 물결에 휩쓸리는, 정처 없이 떠도는 사람이 되어서는 안 됩니다.

둘째, "항상 주의 일에 더욱 힘쓰는 자들이 되라"(:58). 우리는 사명자입니다. 그러므로 사명감을 가지고 주님의 일에 더욱 힘써야 합니다. 사명자에게 일의 한계가 없습니다. 할 수 있는 일이 있고 할 수 없는 일이 있을 수 없다는 말입니다. 어느 식당 앞에 써 붙인 '무한 리필'이란 문구를 보았습니다. 우리는 주님께서 원하시면 무한히 채워드리고 충성을 해야 합니다. 주님의 일을 위해서 부름을 받은 성도는 죽도록 충성해야 합니다. "네가 죽도록 충성하라 그리하면 내가 생명의 관을 네게 주리라"(계 2:10). 이 말씀은 부활의 약속입니다.

어느 날 영국 궁성 앞에 요란스러운 교통정리가 있었습니다. 하얀 장갑을 끼고 있는 교통경찰이 줄줄이 달려오던 차량을 모두 스톱시켰습니다. 통행인들도 전부 멈추어 섰습니다. 자전거와 오토바이를 타고 가던 사람들도 발을 내려놓고 행렬이 지나가는가를 기다렸습니다. 틀림없이 영국 여왕의 행렬일 것이라며 여왕을 구경하기 위해서 사람들이 몰려왔습니다. 이윽고 그 행렬이 지나가는데 어미 오리가 열 마리의 새끼 오리를 데리고 아장아장 천천히 지나가는 것입니다. 오리들의 생명을 지키고 지나가게 하려고 마치 왕좌 행렬처럼, 오리의 생명을 보호하기 위해서 이렇게 많은 차량이 모두 스톱해야 했습니다.

사랑하는 성도 여러분!

하나님께서 사랑하시는 우리의 생명을 지키시고 부활로 인도하십니다. 하나님의 사랑은 절대적입니다. 우리는 하나님을 믿기만 하면 생명이 끝난 후에 부활됩니다. 그러므로 우리는 하나님을 절대적으로 신뢰해야 합니다. 리빙스턴은 자기 생애의 전기를 쓰면서 "하나님께서 맡기신 천직을 다할 때까지 죽지 않는다."는 유명한 말을 남겼습니다. 그렇습니다. 우리는 염려할 필요가 없습니다. 하나님께서 허락하는 시간 동안은 아무도 죽일 수 없습니다. 우리는 그것을 절대적으로 믿어야 합니다. 하나님은 얼마나 많은 죽음 속에서 우리를 건져 주셨습니다. 우리는 죽음을 두려워하지 않고 하나님께서 부활시켜 주실 것을 믿어야 합니다.

우리가 열심히 주님을 믿으려고 할지라도 가끔은 세상에 이끌려 신앙이 흔들릴 수 있습니다. 그럴 때는 주님 안에서 죽을지라도 부활할 수 있다고 믿어야 합니다. 우리에게 부활 신앙만 있어서 믿음이 흔들리지 않고 **"항상 주의 일에 더욱 힘쓰는"**(:58) 성도가 되어야 합니다. **"이는 너희 수고가 주 안에서 헛되지 않은 줄 앎이라"**(:58) 이 말씀은 보상을 바란다거나 보람이 있다는 말씀이 아닙니다. 믿음이 흔들리지 않으면 구원이 약속과 부활의 확신이 있습니다. 구원은 부활을 위한 보장입니다. **"우리가 아직 죄인 되었을 때에 그리스도께서 우리를 위하여 죽으심으로 하나님께서 우리에 대한 자기의 사랑을 확증하셨느니라"**(롬 5:8). 영원한 생명을 약속하신 주님을 믿음으로 죽음을 이기고 부활하시기 바랍니다. 사망을 물리치신 부활 스토리로 승리하는 성도가 되도록 기도하시기를 주님의 이름으로 축원합니다.

[예화]

▣ 부활의 기쁨

"교회도 열심히 다녔고, 꿈을 위해 열심히도 살았는데, 그런데 저에게 왜 이러시는 거죠?" 10여 년 전 녹내장 판정으로 실명이란 아픔을 당한 ○○○씨가 눈물을 흘리며 하나님께 했던 질문입니다. 20대 중반의 나이에 영문과를 졸업한 그녀는 낮에는 일을 하고 밤에는 공부를 하며 변리사 시험을 준비 중이었습니다. 그러나 녹내장으로 점차 시력을 잃어가게 되었고 그녀의 모든 것은 무너지기 시작했습니다. 그녀는 암흑 속에 갇혀 외롭게 살아갔습니다. 육신의 빛을 잃은 그녀는 어느 날 '믿는 사람이라고 고난이 없는 것이 아니다. 다만 그 고난 중에도 기뻐하고 평안할 수 있는 것이 차이점이다'라는 것을 깨닫게 되었습니다. 김 씨는 육신의 빛은 잃었지만 영혼의 빛을 찾은 날이라고 말했습니다. 새로운 인생과 함께 다시 삶으로 돌아온 김 씨는 즉시 점자를 배우기 시작했고 새로운 삶을 살아가기 위한 준비를 했습니다. 그리고 임용고시에 합격해 인천의 한 중학교에서 아이들에게 영어를 가르치고 있습니다. 앞이 보이지 않음에도 프로젝터를 이용해 영문법 강의를 하고, 칠판에 적어가며 강의를 하는 선생님의 모습을 본 아이들도 '누구나 할 수 있다'는 선생님의 말이 정말 사실이라는 것을 선생님의 열정과 모습을 통해 느낄 수 있었습니다. 하나님을 진정으로 만난 사람은 새로운 삶을 살게 됩니다. ○○○씨가 끝이라고 생각했던 실명은 사실 새로운 시작을 위한 하나님의 섭리였습니다. 어떠한 일이라도 그분의 섭리를 벗어나지 않습니다.

▣ 부활의 신앙으로 사는 성도

불안할 때, 부활의 신앙으로 마음을 안정시키고 위기를 극복하라. 절망의 구렁텅이에 빠지면, 부활의 신앙을 날개삼아 하늘로 치솟아 오르라. 너무도 힘들 때면, 부활의 신앙으로 주님의 품안에서 평안한 쉼을 얻으라. 유혹의 덫을 만날 때, 망설이지 말고 부활의 신앙으로 과감하게 물리치자. 괴로울 때, 부활의 신앙으로 주님을 높이고 찬양하면서 하늘의 기쁨을 가슴에 담으라. 질병으로 고통을 당할 때, 부활의 신앙으로 하나님이 주시는 치유와 회복을 기다리라. 마지막 죽음 앞에 서게 될 때에도, 부활의 신앙으로 영원한 생명을 믿으라. 한줌 흙먼지가 되는 인생이 아니라, 놀랍고 아름다운 천국을 소망하는 자가 되라. 부활의 신앙으로 사는 자들은 장해물도, 악한 마귀도, 지옥도, 공포도 이길 수 있으리라. 어느 날 있다가 없어지는 뿌연 안개처럼, 부활의 신앙 앞에서 우리를 괴롭히는 것들이 모두 사라지게 되리라. 세상을 이기고 삶을 승리하며 오직 부활의 신앙으로 날마다 복음적인 승리를 선포하자!

제목 : 행복한 가정 | 본문 : 디모데전서 2:8-15

한 여자 집사님이 교회의 기도실에서 새벽마다 간절히 기도하고 있었습니다. 그런데 그 집사님의 기도는 '복권에 당첨되어 교회당 건축헌금하게 해주소서.'였습니다. 여자 집사님이 3년 동안이나 새벽마다 끊임없이 울면서 간절히 기도하는 모습에 담임목사님은 너무나 불쌍한 마음이 들어서 하나님께 '하나님, 웬만하면 저 여자 집사님의 기도를 들어주소서. 복권이 당첨되어서 교회에 헌금하지 않아도 좋으니 복권에 당첨시켜주소서.'라고 기도드렸답니다. 그랬더니 하나님께서 목사님에게 '그래 목사야, 나도 네 마음을 안다. 하지만 저 여자 집사가 복권을 사야지 내가 당첨을 시켜줄 것 아니냐! 복권을 사지도 않고 기도만 하고 있는데 내가 무슨 방법으로 복권을 당첨시켜 주겠느냐!'라고 응답하셨다고 합니다. 이 예화는 누군가가 꾸며냈을 것입니다. 그러나 분명한 꿈을 이루기 위해서는 무엇인가를 시작해야 합니다.

새롭게 일을 시작하는 것만큼 중요한 것은 정보가 있어야 한다는 것입니다. 아무런 정보도 없이 일을 시작하면 거의 실패하게 됩니다. 아무리 힘든 일이라도 정확한 정보가 있으면 성공할 가능성이 많습니다. 우리가 하나님께 기도를 드릴 때도 말씀을 통해서 하나님의 뜻을 알고 기도할 때에 응답받을 수 있습니다. 말씀도 읽지 않고 하나님의 뜻도 모르면서 무조건 기도를 해도 자신의 소원을 하나님께 응답 받을 수 없다는 것을 깨달아야 합니다.

사람의 생애에 대한 평가는 '얼마나 오래 살았는가?' '얼마나 많이 모았는가?' '얼마나 높은 사람인가?'로 결정되지 않고, 오히려 '어떻게 살았는가?' '무엇을 하였는가?' '어떤 업적을 남겼는가?'로 결정됩니다. 사람의 일생 가운데서 어린 시절과 교육받고 준비하는 기간을 제하고 나면 실제로 일을 하고 보람된 활동을 할 수 있는 시간은 그렇게 많지 않습니다. 하지만 많지 않은 기간을 위하여 오랫동안 준비하고 배우면 행복한 여생을 보낼 수 있습니다.

우리의 인생이란 우리가 선택하고 결정하는 결단에 의해서 만들어집니다. '넓은 길로 갈 것인가, 좁은 길로 갈 것인가?' '생명의 길로 갈 것인가, 사망의 길로 갈 것인가?' '누구와 결혼할 것인가?' '자녀를 몇이나 낳을 것인가?' '어떤 직업을 가질 것인가?' 이렇게 우리는 결정을 하면서 살아야 합니다. 결단을 정확하게 하는 사람도 있고, 우유부단한 사람도 있지만 아무튼 결정을 해야 합니다. 자신이 아무것도 결정하고 싶지 않다면 결정하고 싶지 않은 것도 결정해야 합니다. 하나님께서 우리에게 자유의지를 주신 까닭은 무한한 가능성의 영역을 주셨기 때문입니다. 그러므로 결단을 잘하면 인생이 달라질 수 있고, 죽을 때까지 운명이 달라질 수 있습니다. 결단 가운데서도 선한 일에 결단하는 것은 너무나 소중합니다.

우리의 가정이 그와 같습니다. 가정은 그냥 행복해지지 않습니다. 가족들이 스스로 행복을 만들어야 합니다. 행복은 그냥 굴러 들어오지 않습니다. 행복은 미래의 소망을 가지고 꾸준히 노력하고 나누고 베풀어줄 때에 만들어집니다. 가정이 복음을 받아들이고, 복음으로 말미암아 기쁨을 창조하여 넘치는 즐거움을 누리며, 가족들과의 관계와 이웃들과의 관계도 화목하게 되고 미래에 대한 소망의 확신을 가지게 될 때에 행복해질 수 있습니다.

결혼도 부부의 아름다운 시작에 많은 사람들이 박수를 보내고 축하하지만, 가정이 하나님과 함께하고, 하나님의 손을 잡고 꾸려갈 때 행복한 가정이 될 수 있습니다. 수많은 부부들이 신앙의 영적인 비밀을 잊어버리고 자신의 힘과 재주로 무엇인가 얻을 수 있다고 생각하며 출발합니다. 하지만 가정의 출발이 기대에 부풀어 미소로 시작했다가 쓰라린 실패와 비통함으로 끝나는 부부들이 많습니다. 하나님과 함께 출발하는 부부가 궁극적으로 행복합니다. 아무리 좋은 조건이라도 하나님을 등진 부부의 출발은 결국 불행할 수밖에 없습니다.

사도 바울이 믿음의 아들 디모데에게 오늘 분문 말씀을 통해서 행복한 가정의 비밀을 가르쳐주었습니다. 본문 말씀을 문자대로 읽으면 시대적인 문화의 차이로 이해가 안 되는 부분도 있습니다. 그러나 신앙적으로 읽으면 오늘 우리에게 가르쳐주시는 교훈과 가정의 행복을 배울 수 있습니다. 오늘 말씀을 통해서 성도의 가정이 행복하시기를 간절히 바랍니다.

1. 기도하는 거룩한 손

사도 바울이 "그러므로 각처에서 남자들이 분노와 다툼이 없이 거룩한 손을 들어 기도하기를 원하노라"(:8)라고 말씀했습니다. 이 말씀을 문자대로 이해하면 남자들에게 격정적인 분노와 다투려는 마음으로 기도하지 말고 경건하고 거룩한 손을 들고 기도하라고 생각할 수 있습니다. 물론 남자들이 여자들에 비해서 성질이 사납고 흥분을 자주합니다. 그렇다고 모든 남자들이 그렇다는 뜻은 아닙니다. 우리는 이 말씀을 포괄적으로 이해해야 합니다. 남자들뿐만 아니라, 여자들까지도 하나님 앞에서는 유순하고 부드러운 마음으로 기도해야 합니다.

사도 바울이 디모데에게 주님과 성도의 관계, 성도와 성도 상호간의 관계를 머리와 지체, 지체 상호간의 연합체라는 교훈으로 표현하였습니다. 사람의 육체에서 중요하지 않은 부분은 하나도 없습니다. 우리 몸과 머리는 주님의 말씀을 생각하게 하고, 두 귀는 말씀을 듣도록 하고, 두 눈은 영혼의 등불이고, 가슴은 성령의 은혜에 감동을 받도록 하며, 남자의 성기와 여자의 자궁이 합하여 생명을 잉태하며, 두 발은 좋은 소식을 전하게 합니다.

이에 못지않은 빼놓을 수 없는 지체가 두 손입니다. 우리는 두 손을 모아 하나님께 기도드립니다.

그런데 아담과 하와가 하나님의 말씀을 귀에 담지 못하고 가볍게 여기고 손을 들어 하나님께서 금지하신 선과 악을 알게 하는 과일을 따먹어 인류에게 치명적인 죄악을 가져왔습니다(창 3:1-6). 로마 군병들이 구원의 주님을 알아보지 못하고 오히려 손으로 주님을 쳤습니다(마 26:62-68, 막 10:33). 사울 왕이 시기와 질투로 하나님의 기름부음 받은 다윗을 잡아 죽이려고 손을 사용했습니다(삼상 24:1-7, 26:9-11). 주님께서 주신 달란트를 사용하지 않은 악하고 게으른 종의 손, 즉 주님의 사역에 비협조적인 교인의 손도 여기에 해당합니다.

야고보가 "죄인들아 손을 깨끗이 하라"(약 4:8)라고 경고했습니다. 다윗이 "손이 깨끗하며 마음이 청결하며 뜻을 허탄한 데에 두지 아니하며 거짓 맹세하지 아니하는 자"(시 24:4)가 여호와의 성산에 오를 수 있고, 거룩한 곳에 설 수 있다고 말씀했습니다. 우리는 손을 들어 회개기도를 해야 합니다. 그것은 우리의 마음을 묶어서 전폭적으로 하나님만을 의지하고 신뢰한다는 신앙고백이기 때문입니다. 잘못된 손은 내려놓고 약한 손은 들어줄 때에 하나님께서 우리를 도와주시고 위기에서 건져 주십니다. 우리가 손을 들고 기도해야 하나님께서 사랑하시는 성도가 될 수 있습니다. 주님께서 남자나 여자나 "거룩한 성도의 손을 들어 기도하기를"(:8) 원하십니다. 날마다 두 손을 들고 하나님께 기도하시기 바랍니다.

2. 하나님을 경외하는 가정

사도 바울이 "오직 선행으로 하기를 원하노라 이것이 하나님을 경외한다 하는 자들에게 마땅한 것이니라"(:10)라고 말씀했습니다. 행복한 가정에는 선행이 반드시 있어야 합니다. '선행(善行)'이란 사전적으로 '착한 행실'을 말합니다. 종교개혁자 마르틴 루터는 '신앙'과 '선행'의 차이점을 말했습니다. 우리는 신앙, 즉 믿음으로 구원받는 것이지 선행으로 구원받는 것은 아닙니다. 그럼에도 불구하고 성도들에게는 착한 행실들이 따라야 합니다.

성도의 신앙이란 하나님께 믿음으로 말씀에 순종하는 것입니다. 이 세상에서 가장 선하신 분은 하나님 밖에 없습니다. 선을 행할 수 있는 성도는 하나님을 믿고 따라야 합니다. 그러므로 신앙과 선행은 무관하지 않고 하나입니다. 단지 선행을 하는 방법에 있어서 사람마다 차이가 있을 뿐입니다. 부자가 예수님의 제자가 되지 못한 것은 하나님나라보다 돈을 더 사랑했기 때문입니다(마 19:22). 예수님의 제자가 되고 싶은 부자 청년은 다른 많은 부자보다 선한 사람이었지만, 주님의 제자가 되기에는 역부족하였습니다.

성도의 가정에 선행이 있어야 천국과 같이 행복한 가정이 될 수 있습니다. 사막과 같은 세상에서 하나님께서 함께하시는 가정은 꽃동산이 될 뿐만 아니라, 거기에 "거룩한 길"(사

35:8)이 열리게 됩니다. 주님을 모신 가정에는 큰 길이 열리니, 그것을 "거룩한 길"이라고 불렀습니다. "거룩한 길"이란 결국 거룩하신 하나님께 이르는 길을 뜻합니다. 예수님의 십자가를 통하여 "거룩한 길", 즉 행복한 길이 열리는 가정이 되시기 바랍니다.

행복한 가정이 되는 조건은 선행으로 이어지는 하나님을 경외하는 것입니다. 하나님을 경외하면 첫째, 하나님께서 길을 열어주십니다. 하나님께서 열어주시는 길은 말씀 속에 있습니다. 예수님께서 "내가 곧 길이요 진리요 생명이니 나로 말미암지 않고는 아버지께로 올 자가 없느니라"(요 14:6)라고 말씀하셨습니다. 길이신 예수님을 믿고 따르는 것이 하나님께 가는 길입니다. 이 길은 좁은 길일 수 있으나, 종국에는 천국으로 가는 길입니다.

둘째, 손으로 수고한대로 얻게 됩니다. 사람들은 대부분 편안하고 일하지 않고 편히 앉아서 살아가는 삶을 추구합니다. 사람들은 그것을 축복이라고 생각합니다. 우리나라는 예부터 사농공상(士農工商)이라고 해서 손으로 일하는 것은 낮게 생각했습니다. 그래서 땀흘리고 수고하고 작업복 입고 일하는 직업을 천하게 여겼습니다. 그리고 시원한 사무실에서 앉아서 사무를 보는 일을 알아줍니다. 이것은 잘못된 생각입니다. 하나님께서 손으로 수고하는 성도에게 축복하십니다. 손으로 수고하는 것이 하나님을 경외하는 줄 아시기 바랍니다.

셋째, 하나님을 경외하며 믿음의 길을 걸으면 형통의 축복을 주십니다. 세상에 그냥 어쩌다가 얻어지는 우연한 복권이나 횡재는 없습니다. 세상에는 손으로 수고한 필연만 있습니다. 행복한 가정이 되려면 하나님을 경외하면서 믿음의 길을 성실히 가시기 바랍니다. 그리고 손으로 수고할지라도 열심히 일하면 하나님께서 "영혼이 잘됨 같이 네가 범사에 잘되고 강건하기를"(요삼 1:2) 원하시는 형통하는 축복을 주심을 믿으시기 바랍니다.

3. 믿음과 사랑으로 거룩해지는 가정

사도 바울이 "여자들이 만일 정숙함으로써 믿음과 사랑과 거룩함에 거하면 그의 해산함으로 구원을 얻으리라"(:15)라고 말씀했습니다. 이 말씀이 여자 성도에게 거부감을 줄 수 있습니다. 하지만 남자 성도도 정숙해야 합니다. '정숙(貞淑)'이란 사전에 '여자로서 행실이 곧고 마음씨가 곱다'라고 적혀 있습니다. 이는 유교 사회에서 남편에 대한 내조와 정숙은 여성의 필수적 덕목으로 치부했기 때문입니다. 그러나 지금은 유교사회가 아닙니다. 고로 남자들도 '정숙'해야 합니다. 영어사전에 '정숙'을 'silent(침묵하라), quiet(조용하라)'라고 했습니다. 하나님 앞에서는 남녀불문하고 일단 멈추어야 합니다. 설치지 말아야 합니다. 너무 떠들지 말고 조용히 해야 합니다. 우리가 때로는 하나님 앞에서 침묵하면서 기도할 필요가 있습니다. 이것이 가정의 평화와 행복을 위해서 절대로 필요합니다. 가정에서 부부가 떠들며 싸우면 행복이 깨지고, 자녀들을 시끄럽게 야단치면 가출하여 행복은 사라지게 됩니다.

 "믿음" 부부는 하나님을 믿어야 합니다. 그리고 남편은 아내를 믿어야 하고, 아내도 남편을 믿어야 합니다. 오늘날, 불신시대에 살면서 서로의 불신이 가정을 위태롭게 하고 심지어는 서로 믿지 못해서 이혼을 하기도 합니다. 하나님을 진실하게 믿으시기 바랍니다. 그리고 가족이 서로 믿음으로써 가정이 행복해진다는 사실을 믿으시기를 간절히 바랍니다.

 "사랑" 사랑이 없는 가정은 사막과 같습니다. 웃음이 사라지고 미움과 원망 그리고 싸움만 있을 것입니다. 첫사랑을 회복하시기 바랍니다. 하나님을 많이 사랑하시고 하나님께 향한 첫사랑을 잊지 마시기 바랍니다. 부부의 첫사랑을 깨워 날마다 뜨겁게 사랑하시기 바랍니다. 서로 바라 볼 때마다 가슴이 울렁거리고 흥분을 숨길 수 없는 사랑을 하시기 바랍니다.

 "거룩함"은 성도의 필수입니다. 거룩함이 사라진 교인은 성도가 아닙니다. 성도는 거룩해지기 위해 날마다 기도해야 합니다. 세속과 구별되기 위해 기도해야 합니다. 베드로 사도는 **"내가 거룩하니 너희도 거룩할지어다"**(벧전 1:16)라고 말씀했습니다. 사도 바울은 **"너희는 거룩하게 입맞춤으로 서로 문안하라"**(고전 16:20)라고 말씀했습니다. 부부는 서로 거룩함으로 서로 입 맞추어 서로의 믿음을 확인하고 사랑을 다짐하여 행복한 가정이 되시기 바랍니다.

사랑하는 성도 여러분!

 행복은 공짜가 아닙니다. 부부와 가족이 노력해야 행복을 만들 수 있습니다. 먼저 가족이 하나님 앞에 나오시기 바랍니다. 그리고 가족이 함께 서로 손을 잡고 하나님께 기도하시기 바랍니다. 부부가 거룩한 손을 들고 하나님께 기도하시기 바랍니다. 부부가 선한 행실로 하나님을 경외하시기 바랍니다. 신앙과 선행은 하나입니다. 부부가 선한 행실로 믿음을 세우고 하나님을 경외하는 가정이 되시기 바랍니다. 부부가 하나님 앞에서 정숙한 마음으로 기도하시기 바랍니다. 하나님을 진실하게 믿고 부부가 서로 믿으면서 사랑을 나누시기 바랍니다. 부부가 거룩함으로 자신을 바로 세우고 구별된 성도의 삶을 사시기 바랍니다. 그리하여 행복한 가정을 이루는 성도가 되도록 기도하시기를 주님의 이름으로 축원합니다.

[예화]

▣ 진정한 가족

미국 플로리다의 한 가족이 행복한 시간을 보내고 있었습니다. 인사를 드리러 온 딸의 남자 친구와 부모님은 즐겁게 식사를 마치고 단란한 대화를 나누고 있었는데 갑자기 복면을 쓴 강도들이 문을 부수고 들어왔습니다. 남자 친구가 막아보려 했지만 금세 제압당했고 강도는 남자 친구를 바닥에 쓰러뜨린 뒤에 총을 꺼내 가족을 위협하기 시작했습니다. 그런데 그 순간 이 모습을 본 반려견이 괴한들에게 달려들었습니다. 덩치가 큰 개는 아니었지만 워낙 맹렬히 달려드는 탓에 괴한들은 당황해 총을 두 발이나 쐈습니다. 그러나 개는 총을 맞은 뒤에도 계속해서 강도들에게 달려들었고, 총성을 듣고 경찰이 올까봐 강도들은 곧 도망을 갔습니다. 강도들이 떠나자 가족들은 개를 급히 병원으로 옮겼고 총을 두 발이나 맞았지만 치명상은 아니어서 다시 회복할 수 있었습니다. 그리고 도망치던 강도들은 신고를 받고 출동한 경찰에게 붙잡혀 감옥에 가게 되었습니다. 이들 가족이 키우던 개는 단순한 반려견이 아니라 진정한 가족이었습니다. 진정한 가족은 어렵고 힘들 때 도망가지 않고 오히려 힘이 됩니다. 내 주위에 있는 형제, 자매, 모든 이웃들을 주님 안에 한 가족으로 여기고 섬기십시오. 반드시 주님께서 좋은 것으로 채워주십니다.

▣ 가장 소중한 가정

세계적인 자동차 제작회사 포드의 창설자이자 자동차 왕으로 불리는 헨리 포드는 사업에 성공한 뒤, 처음으로 자신의 집을 지었습니다. 그 집은 자신이 농부의 아들로 태어나 어렸을 때 뛰어 놀던 밭 가운데 지은 작은 집이었습니다. 어느 날 주택이라고 하기엔 너무 초라한 그의 집에 방문한 한 부하직원은 물었습니다. "사장님의 저택답게 다시 건축하시면 어떻습니까?" 그러자 헨리 포드는 "건물을 세우는 것은 문제가 아닐세. 그 속에 가정을 세우는 것이 문제지"라고 대답하였습니다. 또한 그가 80세 생일 만찬에서 "당신이 이룬 일들 가운데 가장 크고 중요하게 여기는 일은 무엇입니까?" 라는 질문에 그는 "바로 나의 '가정' 입니다"라고 말했습니다. 바쁜 삶 속에서 가정을 소홀히 하기 쉽습니다. 하지만 가정을 소홀히 하다보면 직장뿐만 아니라 나라까지도 안정을 찾을 수 없게 됩니다. 그만큼 가정은 너무나 소중한 하나님의 선물입니다. 아름다운 가정, 주님이 주인 되시는 믿음의 가정을 세웁시다.

제목 : 말씀에 순종하는 성도 l 본문 : 잠언 13:12-20

흔히 가을을 독서의 계절이하고 하지만, 6월은 기후가 온화하여 독서하기에 알맞은 달입니다. 6월에 일반적인 책을 읽는 것도 좋겠지만, 무엇보다도 하나님의 말씀을 많이 읽으면 시험을 이길 수 있습니다. 예수님께서 40일 동안 금식기도를 마치시고 굶주리셨을 때에 마귀가 돌로 떡을 만들어 먹으라고 유혹했습니다. 그때 예수님께서 **"사람이 떡으로만 살 것이 아니요 하나님의 입으로부터 나오는 모든 말씀으로 살 것이라"**(마 4:4)라고 말씀하셨습니다. 예수님의 말씀처럼 우리에게는 육신을 위한 음식보다 하나님의 말씀이 더욱 중요합니다.

사람의 귀에 있는 '달팽이관'에 수직과 수평을 감지하는 세 개의 방이 있습니다. 세 개의 방에 차있는 임파 액이 융털을 건드리면서 신체가 균형을 잡게 합니다. 그런데 사람이 심하게 균형이 깨지면 균형감을 잃게 합니다. 사람이 균형감을 잃을 때 달팽이관에서 혼돈을 일으켜서 생기는 현상이 '멀미'입니다. 사람이 정신없이 지나치게 움직여서 멀미가 심하게 되면 속이 불편하고 머리가 아파서 여러 가지 혼돈이 생기는 현상이 생기게 됩니다.

우리가 살아가면서 정신적인 멀미를 느낄 때가 있습니다. 높이 올라간 줄 알았는데, 밑으로 떨어질 때가 있습니다. 성공한 줄 알았는데, 실패할 때가 있습니다. 돈을 많이 모은 줄 알았는데, 모은 돈을 순식간에 잃어버릴 때가 있습니다. 사람들에게 칭찬을 받을 때는 감정이 우쭐하여 좋지만, 반대로 욕을 먹을 때는 감정이 우울하고 삶의 혼돈을 일으키게 됩니다. 사람에게 건강할 때가 있는가 하면 갑자기 병들어 아플 때가 있고, 가까운 사람이 세상을 떠날 때도 있습니다. 이러한 일이 반복되면 우리는 정신적인 갈등으로 삶의 균형을 잡지 못하게 됩니다. 삶에 균형을 잃으면 갈등으로 인생이 허무하여 극단적인 선택을 합니다.

인생을 살아가는 동안에 오르락내리락 하는 복잡한 삶을 살면서 정신적인 멀미와 영적인 갈등을 느끼는 사람들이 많습니다. 그러므로 우리는 자비하신 주님께서 지쳐있는 우리들에게 영적인 갈등을 바르게 치유해 주셔서 멀미하는 우리들에게 평안을 주기를 기도해야 합니다. 그리하여 맑은 영혼으로 이 세상을 살 수 있는 지혜를 말씀을 통해 주시기를 바랍니다. 또한 우리는 장차에도 세상에서 수많은 복잡한 일들을 바라보며 살게 될 것인데, 이런 여러 가지 모습을 보면서 우리가 삶의 평형을 이루는 귀한 지혜를 배울 수 있어야 하겠습니다.

지혜의 왕 솔로몬이 **"말씀을 멸시하는 자는 자기에게 패망을 이루고 계명을 두려워하는 자는 상을 받느니라 지혜 있는 자의 교훈은 생명의 샘이니 사망의 그물에서 벗어나게 하느니라"**(:13-14)라고 말씀했습니다. 여기에 **"말씀을 멸시하는 자"**와 **"계명을 두려워하는 자"**

부록

가 기록되어 있는데, 그 결과의 하나는 "자기에게 패망을 이루고", 다른 하나는 "상을 받느니라"입니다. 아울러 "계명을 두려워하는 자는 (하나님께) 상을 받느니라 지혜 있는 자(주님)의 교훈(말씀)은 생명의 샘이니 사망의 그물에서 벗어나게"(:14) 한다고 마무리했습니다.

1. 하나님의 말씀을 멸시하는 사람

사무엘 선지자가 "이스라엘의 하나님 나 여호와가 말하노라 내가 전에 네 집과 네 조상의 집이 내 앞에 영원히 행하리라 하였으나 이제 나 여호와가 말하노니 결단코 그렇게 하지 아니하리라 나를 존중히 여기는 자를 내가 존중히 여기고 나를 멸시하는 자를 내가 경멸하리라"(삼상 2:30)라고 말씀했습니다. 하나님께서 옛날이나 지금이나 하나님의 말씀을 존중하는 성도를 소중하게 여기시고, 하나님의 말씀을 무시하고 멸시하는 사람을 싫어하십니다.

실로에 있는 성막에 하나님의 제단을 섬기는 엘리 제사장이 있었습니다. 그에게 두 아들 홉니와 비느하스가 있었는데, 그의 아들들도 역시 제사장으로서 아버지와 같이 한 제단을 섬겼습니다. 홉니와 비느하스는 제사장이었지만 매우 불신앙의 불량한 사람들이었습니다. 그들은 자기들이 섬기는 여호와를 하나님으로 믿지 않았고, 하나님을 자기들의 생활을 영위하기 위한 하나의 수단으로 여겼습니다. 그들은 하나님을 무시하고 멸시했습니다.

그래서 이스라엘 백성들이 하나님께 드리기 위해서 성막에 가져오는 제물을 선별하여 좋은 것, 먹음직한 것은 자기들이 모두 갈취해 버리고, 변변치 않은 것과 나쁜 것만 제물로 바쳤습니다. 뿐만 아니라 그들은 성막 문에서 섬기는 여인들과 더러운 음행을 하는 등 하나님께서 보시기에 심히 악한 일을 범했습니다. 이런 것들은 하나님을 멸시하는 행위였습니다.

하나님의 사자가 엘리 제사장에게 "보라 내가 네 팔과 네 조상의 집 팔을 끊어 네 집에 노인이 하나도 없게 하는 날이 이를지라 이스라엘에게 모든 복을 내리는 중에 너는 내 처소의 환난을 볼 것이요 네 집에 영원토록 노인이 없을 것이며 내 제단에서 내가 끊어 버리지 아니할 네 사람이 네 눈을 쇠잔하게 하고 네 마음을 슬프게 할 것이요 네 집에서 출산되는 모든 자가 젊어서 죽으리라 네 두 아들 홉니와 비느하스가 한 날에 죽으리니 그 둘이 당할 그 일이 네게 표징이 되리라"(삼상 2:31-34)라고 말씀했는데, 모두 그대로 이루어졌습니다.

이스라엘 백성들이 블레셋과 싸울 때에 블레셋 군대 앞에서 패망하여 그들에게 죽임을 당한 사람들의 수가 약 4,000명가량 되었습니다. 그때 이스라엘 군대는 겁에 질리고 맥이 풀렸습니다. 그래서 사기를 돋우어 보려고 하나님의 언약궤를 가지고 나갔습니다. 실로에 있는 하나님의 언약궤를 가져다가 이스라엘 진 가운데 두고 홉니와 비느하스가 그 옆에 서 있었습니다. 그러나 이스라엘은 대패하고 여호와의 언약궤를 빼앗기고 홉니와 비느하스도 함께 죽임을 당하고 말았습니다. 하나님의 말씀을 멸시하는 사람들은 이렇게 폐망합니다.

그 후에 엘리 제사장은 92살로 나이가 많아서 움직이기 어려운 지경이었는데, 전쟁에 출전한 두 아들의 소식을 기다리느라고 길가에 흔들의자를 놓고 앉아 있었습니다. 그때 두 아들이 함께 전사하고 여호와의 언약궤마저 블레셋에게 빼앗겼다는 소식을 듣고 놀라 넘어져 떨어지면서 목이 부러져 죽었습니다. 비느하스의 아내는 잉태하여 산기가 있을 때에 남편이 전사했다는 소식을 듣고 갑자기 배가 아파서 정신없이 해산을 하다가 그 자리에서 죽고 말았습니다. 이와 같이 하나님의 말씀을 멸시하면 멸망합니다. 이러한 사건은 비단 엘리 제사장의 가정뿐만 아닙니다. 지금까지 하나님의 말씀을 멸시하고 살아남은 사람은 없습니다.

2. 하나님의 말씀에 순종하는 성도

이스라엘 백성들이 하나님의 말씀을 순종하면 하나님께서 그들을 귀하게 여겨 창성하게 하셨습니다. 하지만 하나님의 말씀을 멸시하면 하나님께서 멸망시켰습니다. 이러한 사실은 이스라엘의 역사뿐만이 아니라, 세계 역사의 공통점입니다. 하나님의 말씀을 멸시한 독일의 나치스, 일본의 군국주의, 이탈리아의 파쇼의 종말이 역사적인 치욕을 남겼습니다. 하나님의 말씀을 멸시하던 마르크스 레닌과 스탈린의 공산주의 소련을 이제는 찾아볼 수 없습니다.

그와 반대로 하나님의 말씀을 순종하는 사람을 하나님께서 지키시고 축복하십니다. 아브라함은 하나님의 말씀을 순종했습니다. 아브라함은 하나님께서 고향을 떠나라고 말씀하셨을 때에 고행의 길을 무조건 떠났습니다. 아브라함은 가는 곳마다 하나님께 제단을 쌓았습니다. 하나님께서 허락하셔서 늙어서 낳은 아들, 이삭을 제물로 드리라고 말씀하셨을 때에 모리아 산에서 왜냐는 아무런 질문도 없이 아들을 번제물로 드리려고 했습니다. 아브라함은 오직 하나님의 말씀 중심으로 생활했습니다. 그렇게 할 때 하나님께서는 그를 높여 그의 후손이 창대하게 하셨고 복의 근원이 되게 하실 뿐만 아니라 믿음의 조상이 되게 하셨습니다.

요셉도 하나님의 말씀에 순종했습니다. 애매하게 형들의 시기로 애굽에 종으로 팔려갔지만 조금도 원망하지 않았습니다. 요셉은 아무리 어려운 환경에서도 하나님의 섭리로 믿고 순종하였습니다. 요셉이 보디발의 집에서 종으로 일할 때에 보디발의 아내의 유혹을 당했습니다. 요셉이 사람으로서는, 특히 혈기가 왕성한 젊은이로는 이기기 어려운 유혹이었습니다. 한 번만 아니라 날마다 유혹을 당했습니다. 더구나 상관의 아내인 부인의 위력으로 압력을 느끼기도 했습니다. 그러나 요셉은 결코 하나님 앞에서 죄를 범하지 않았습니다. 요셉이 유혹을 이긴 것은 하나님의 말씀을 순종하고 존중히 여기는 사람이었기 때문입니다.

요셉이 보디발의 아내의 말을 듣지 않으면 자기가 어떻게 어려움을 당하리라는 사실을 알고 있었습니다. 그러나 요셉은 하나님의 말씀에 총명한 사람이요 지혜 있는 청년이었습니다. 실제로 육신으로 어려움을 당하는 경우가 있다고 해도 요셉이 하나님을 무시할 수 없었기에 순결을 지켰습니다. 믿음의 순결까지 지켰습니다. 그래서 결국 감방에 갔지만 하나님께서 언제나 요셉과 함께하셨고 마침내 이집트의 국무총리까지 되었습니다. 하나님의 말씀을 순종한 요셉을 하나님께서 귀하게 여겼습니다. 하나님께서 그를 높이 들어 쓰셨습니다.

다윗 왕도 마찬가지 입니다. 우리는 다윗의 삶에서 믿음을 볼 수 있습니다. 다윗은 하나님의 말씀을 순종하는 삶을 살았습니다. 다윗이 어린 나이에 하나님의 택하심을 받았고 왕으로 기름부음을 받았습니다. 다윗이 비록 어린 소년 목동이었지만 이스라엘의 모든 군인들이 두려워서 떠는 블레셋 군대의 장군 골리앗을 물맷돌 하나로 쳐서 물리쳤습니다. 다윗은 "여호와의 구원하심이 칼과 창에 있지 아니함을 이 무리에게 알게 하리라 전쟁은 여호와께 속한 것인즉 그가 너희를 우리 손에 넘기시리라"(삼상 17:47)라고 외쳤습니다. 다윗이 온전히 하나님의 말씀에 순종할 때 승리했고, 하나님께서 귀히 여기사 이스라엘의 왕으로 세우셨습니다.

3. 하나님의 말씀을 두려워하는 성도

사도 바울이 "하나님의 말씀은 살아 있고 활력이 있어 좌우에 날선 어떤 검보다도 예리하여 혼과 영과 및 관절과 골수를 찔러 쪼개기까지 하며"(히 4:12)라고 말씀했습니다. 지혜의 왕 솔로몬이 "계명을 두려워하는 자는 상을 받느니라"(:13)라고 말씀했습니다. 하나님의 말씀을 순종하는 성도는 하나님의 말씀대로 생활합니다. 우리 신앙생활의 법칙과 지침이 되는 하나님의 말씀을 순종하여 그대로 살고자 힘써야 합니다. 하나님께서 여호수아에게 "강하고 담대하라 너는 내가 그들의 조상에게 맹세하여 그들에게 주리라 한 땅을 이 백성에게 차지하게 하리라 오직 강하고 극히 담대하여 나의 종 모세가 네게 명령한 그 율법을 다 지켜 행하고 우로나 좌로나 치우치지 말라 그리하면 어디로 가든지 형통하리니 이 율법책을 네 입에서 떠나지 말게 하며 주야로 그것을 묵상하여 그 안에 기록된 대로 다 지켜 행하라 그리하면 네 길이 평탄하게 될 것이며 네가 형통하리라"(수 1:6-8)라고 말씀하셨습니다.

솔로몬이 "정직하게 행하는 자는 여호와를 경외하여도 패역하게 행하는 자는 여호와를 경멸하느니라"(잠 14:2)라고 말씀했습니다. 이 말씀은 하나님을 경외하며 순종하는 성도가 정직하게 살고, 하나님을 경멸하는 사람은 악을 행한다는 뜻입니다. "지혜로운 자는 두려워하여 악을 떠나나 어리석은 자는 방자하여 스스로 믿느니라"(잠 14:16). 지혜로운 사람은 하나님을 두려워하여 죄악에서 떠납니다. **"여호와를 경외하는 것은 생명의 샘이니 사망의 그물에서 벗어나게 하느니라"**(잠 14:27). 여호와를 경외하며 생명의 샘에 사시기 바랍니다.

'강해설교의 제왕'이라고 하는 영국의 캠벨 몰간 목사님은 신학대학교를 졸업하지 못했습니다. 그러나 15살 때부터 성경을 깊이 연구하며 설교를 시작했고 탁월한 두뇌로 히브리어와 헬라어까지 공부하여 세계적인 신학자들도 인정하는 당대 최고의 성경학자가 됐습니다. 그는 웨스트민스터 교회의 담임목사가 되어 영국의 유명한 지성인들과 교류하게 됐는데 찰스 다윈, 토마스 헉슬리와 같은 무신론을 믿는 과학자들과 대화하며 어느 순간 성경의 확실성에 의문이 생겼습니다. 신앙에 위기감을 느낀 목사님은 모든 설교를 취소하고 오직 성경 한 권만을 가지고 골방에 들어가 묵상하며 연구했습니다. 목사님은 심정을 이렇게 고백했습니다. "나는 더 이상 성경을 확신할 수 없게 됐다. 그러나 성경이 하나님의 말씀이라면 내가 편견 없이 성경을 대하기만 하면 분명히 내 영혼에 확신을 심어줄 것이다." 몇 달 뒤에 목사님은 "마침내 말씀이 나를 찾아왔습니다."라며 다시 말씀을 전했고 당대 최고의 강해설교가로 하나님께 귀하게 쓰임을 받았습니다. 하나님의 말씀을 우리가 귀하게 여기고 묵상하기만 하면 하나님의 진리가 우리의 마음에 들어오고 구원에 대한 분명한 확신을 심어줍니다. 하나님께서 주시는 진리의 말씀으로 믿음을 굳건하게 세우는 성도가 되시기를 기도합시다.

사랑하는 성도 여러분!

여러분에게 영적 멀미가 있습니까? 세상이 두려울 때가 있습니까? 언제 어디서 끔찍한 일이 생길까 걱정이 될 때가 있습니까? 여러분의 앞날이 형통하시기를 바라십니까? 하나님을 두려워하여 하나님의 말씀을 따라서 사시기 바랍니다. 우리가 세상에서 두려워할 분은 하나님밖에 없습니다. 우리가 사람 두려워 할 이유는 하나도 없습니다. 가난도 질병도 권력도 돈도 두려워할 필요가 없습니다. 성도가 하나님의 말씀을 듣고 두려워해서 그 말씀을 순종하며 살면 하나님께서 삶을 복되게 하실 것으로 믿습니다. 한 사람이 가정이 아니라, 우리 사회와 대한민국이 하나님의 말씀 두려워하여 섬기면 하나님께서 지켜주시고 보호하실 줄 믿습니다. 우리는 하나님의 말씀을 듣고 실천하여 자신과 가정, 사회와 국가를 위해 기도합시다. 하나님의 말씀을 순종하는 성도가 되도록 기도하시기를 주님의 이름으로 축원합니다.

[예화]

▣ 말씀을 대하는 자세

오바마 전 미국 대통령이 퇴임 후 재단을 만들 때 후원자들을 모아놓고 다음과 같은 말을 했습니다. "재단에 참여해주신 분들께 큰 감사를 드립니다. 먼저 재단의 단 한 가지 규칙을 말씀드리겠습니다. 저에게 셀카 요청을 하지 말아주십시오." 오바마 전 대통령은 언제부터인가 사람들이 자신의 눈을 보며 악수를 청하지 않고 그저 핸드폰을 들이밀며 사진을 요청하고는 바로 사라지기 때문이라고 이유를 밝혔습니다. 미국 UC 산타크루즈 연구팀은 비슷한 주제로 실험을 했는데 여행을 가서 사진을 찍은 그룹과 사진을 찍지 않고 눈으로만 본 그룹을 두고 몇 주 뒤 본 풍경을 묘사하게 했는데 사진을 찍지 않은 그룹이 훨씬 더 정확하게 묘사했다고 합니다. 또한 사진을 찍은 그룹도 '스냅 챗'처럼 몇 시간 뒤 사라질 SNS에 올릴 사진을 찍은 사람보다는 일부러 지우지 않는 이상 유지되는 일반적인 SNS에 올릴 사진을 찍은 사람이 더 오래 기억했으며, 또한 자신만 볼 수 있는 비밀 계정에 올린 사람은 더 오래 기억을 했습니다. 우리 뇌는 남에게 보이려고 하는 것보다는 자신을 위해 기억할 때, 또 금방 듣고 사라질 추억으로 대하는 것보다는 두고두고 보려고 마음을 먹을 때 기억을 더 잘합니다. 매일 묵상하는 말씀, 매주 받는 하나님의 말씀을 어떻게 대하고 있습니까? 한 주간 살아갈 양식으로, 내 인생을 변화시킬 절호의 말씀으로 간절히 받으십시오. 아멘

▣ 성경 말씀

1789년 영국 군함 Bounty 호에서 반란이 일어났습니다. 반란자들 중 일부는 피트게언 섬에 상륙하여 원주민들과 함께 공동체를 이루었습니다. 그들은 모든 정치적 구속에서 벗어나 자유롭게 살기를 원했습니다. 그러나 9년이 지난 뒤 그곳에는 살인과 폭력, 성(性)의 문란, 알코올 중독 등 심각한 사회 문제가 발생하게 되었고 이러한 결과에 회의를 품은 지도자 플레처 크리스천은 자살하고 말았습니다. 남은 사람들은 영국으로 돌아가기로 했습니다. 그런데 배가 떠나기 두 달 전 존 아담스라는 사람이 창고에서 우연히 성경책 한 권을 발견했습니다. 그는 성경을 읽다가 자신의 죄를 회개하고 다시 예수님을 찾게 되었습니다. 결국 그는 영국으로 가는 배에 오르지 않고 성경과 함께 섬에 남았습니다. 이제 죄악으로 얼룩졌던 피트게인 섬은 한 권의 성경으로 다시 소생하는 기회를 얻었습니다. 하나님의 말씀은 단순한 활자나 많은 출판물 중의 하나가 아닙니다. 성령이 살아 계셔서 생명을 불어넣는 책입니다. 때문에 성경 말씀은 사라지지 않습니다. 말씀은 역사 속에 함께하고 있는 능력입니다.

제목 : 사귐을 통한 교육 l 본문 : 요한일서 1:1-5

　7월은 교회학교와 중고등부, 대학부, 청년회와 성도들까지 교육에 치중하는 달입니다. 우리가 하나님의 말씀을 교육하는 목적은 진정한 사귐을 통하여 신앙생활을 성장시키려는 데 있습니다. 사귐을 통한 신앙 교육을 받지 못하면 믿음이 떨어져서 타락할 수 있습니다.

　한 늙은 거지가 매일 많은 사람들이 지나가는 다리 입구에 앉아서 구걸을 하고 있었습니다. 날마다 다리를 지나며 출퇴근하는 한 젊은이가 그 거지 할아버지의 앞을 지날 때마다 그냥 지나칠 수 없어서 동전 한 개씩을 건네주는 것이 습관이 되었습니다. 그런데 하루는 거지 할아버지 앞을 지나가던 젊은이가 호주머니에 손을 넣어보았더니 돈이 한 푼도 없었습니다. 젊은이는 거지 할아버지에게 다가가 손을 덥석 잡으며 "할아버지, 오늘은 제게 돈이 한 푼도 없습니다. 내일 아침에는 잊지 않고 꼭 챙겨 오겠습니다."라고 말했습니다. 그랬더니 거지 할아버지는 젊은이의 손을 잡고 벌떡 일어서면서 "아닐세, 젊은이! 오늘, 자네가 내게 건네준 이 따뜻한 손길이 가장 좋은 구제일세. 사랑보다 더 좋은 구제가 있겠는가? 하나님은 젊은이에게 자비의 복을 내리실 줄 믿네."라고 말했다고 합니다. 진정한 사랑은 돈이 아니라, 따뜻한 위로와 배려하는 마음에서 나오는 정(情)이라는 것을 말해주는 교훈입니다.

　우리말 사전에서 '사귐'을 '두 사람이 가까이하여 서로 얼굴을 익혀 사이좋게 지내다'라고 설명했습니다. 다른 말로 표현하면 사귐은 교제(交濟) 또는 동질성(同質性)입니다. 사귐은 서로 같은 점이 있어야 가능하다는 뜻입니다. 일반적으로 같은 고향 사람끼리 가까이하며 사귀게 됩니다. 같은 직업에 종사하는 사람끼리 가깝게 사귀게 됩니다. 같은 생각이나, 같은 취미, 같은 사상을 가진 사람끼리 서로 사귀게 됩니다. 신앙적으로 말씀드린다면 서로 같은 믿음을 가진 성도끼리 사귀며 교제합니다. 성도가 예수 그리스도 안에서 같은 사랑, 같은 믿음, 같은 소망을 가지고 서로 사귐을 갖는 다는 것은 너무나도 당연한 일입니다.

　사귐은 어떻게 시작됩니까? 사귐은 먼저 '나눔'으로부터 시작됩니다. 모든 사귐은 나누는 것이 기본입니다. 인간적인 세상살이에서나 영적인 믿음의 세계에서까지 '나눔'이 없이는 사귐이 이루어지지 않습니다. 가장 기본적으로 작은 물질을 가지고도 서로 나눌 때에 사귐이 이루어집니다. 그래서 설, 추석 같은 명절이나 또는 생일 기념일에 작은 것이라도 베풀어주면서 나누다보면 정이 들게 됩니다. 그 정이 사귐을 한 단계 업그레이드해줍니다.

　사람들이 서로 정이 들면 자주 만나게 되고, 자주 만나는 가운데 사귐이 깊어지게 됩니다. 여기서 서로 사랑과 인정을 나누는 동료의식이 생기고, 마침내는 서로 절대로 떨어질 수 없는 관계로까지 발전하게 됩니다. 이 원리는 신앙인 세계에서도 똑같이 적용됩니다.

부록

우리가 말로만 아무리 서로 사랑한다고 해서는 사귐이 되지 않습니다. 무엇인가 서로 통할 만한 매개체가 필요합니다. 그래서 사도 요한이 사귐을 통한 교육을 오늘 본문에서 말씀했습니다.

1. 교육의 사귐

사도 요한이 **"태초부터 있는 생명의 말씀에 관하여는 우리가 들은 바요 눈으로 본 바요 자세히 보고 우리의 손으로 만진 바라 이 생명이 나타내신바 된지라 이 영원한 생명을 우리가 보았고 증언하여 너희에게 전하노니 이는 아버지와 함께 계시다가 우리에게 나타내신바 된 이시니라"**(:1-2)라고 말씀했습니다. 제자들이 태초부터 있는 생명의 말씀을 직접 들었고, 두 눈으로 보았고, 주님과 함께 생활하면서 손으로 만져보았습니다. 주님을 제자들이 실제로 체험한 사실이 진정한 교육이었습니다. 그리고 주님께서 십자가에서 죽으시고 부활하신 것을 보았습니다. 이것을 사도 요한은 **"영원한 생명을"** 보았다고 기록하였습니다. 여기서부터 기독교 교육이 시작되었습니다. 교육은 어려운 이론이 아니고 실제로의 체험입니다.

사도 요한에게 간절한 소원이 있었습니다. 그것은 예수님의 사랑으로 성도들이 서로 사귐을 통하여 교육하는 것이었습니다. 성도의 신앙생활을 가장 성장시키고 가장 풍요롭게 하는 비결은 뭐니 뭐니 해도 성도가 주님 안에서 서로 사랑하는 사귐을 통하여 교육하는 것입니다. 기도도 좋고, 전도도 좋고, 봉사도 좋지만 성도가 사랑 안에서 서로의 사귐으로 교육하지 않고는 모든 것이 무의미합니다. 그래서 사도 요한은 **"우리가 보고 들은 바를 너희에게도 전함은 너희로 우리와 사귐이 있게 하려 함이니 우리의 사귐은 아버지와 그 아들 예수 그리스도와 더불어 누림이라"**(:3)고 말씀했습니다. 이 말씀은 교육의 중요성입니다.

사도 요한이 직접 보고 들은 것이 무엇입니까? 그것은 예수 그리스도입니다. 예수 그리스도는 **"태초부터 있는 생명의 말씀"**(:1)입니다. 이 생명의 말씀이신 예수 그리스도를 사도 요한과 다른 제자들이 직접 **"들은 바요 눈으로 자세히 보고 우리 손으로 만진 바라"**(:1)라고 했습니다. 생명의 말씀이신 예수 그리스도는 가상적인 존재가 아닙니다. 시 · 청 · 각 · 촉(視 · 聽 · 覺 · 觸)으로 아주 분명하게 입증된 생명의 말씀이신 예수 그리스도이십니다. 주님을 사도 요한이 증언하였습니다. 생명의 말씀이신 예수 그리스도가 사도들과 성도와 성도사이에 서로 사귐의 매개체가 되기 때문에, 우리는 사귐을 통한 교육으로 믿음을 가르치고 배워야 합니다.

하나님의 말씀은 크게 세 가지로 표현됩니다. 첫째는 '들리는 말씀', 둘째는 '보이는 말씀', 셋째는 '만지는 말씀'입니다. 설교는 들리는 말씀입니다. 성찬예식은 보이는 말씀입니다. 성경책 66권은 만지는 말씀입니다. 좀 더 구체적으로 설명해드리겠습니다. 죄송합니다. 지금 제가 전하는 말씀은 하나님의 말씀입니다. 하나님의 말씀을 지금 성도들이 귀로 듣고 있습니다. 하나님께서 말씀으로 지금 성도의 귀를 통하여 심령에 들어가시고 계십니다. 성찬예식 때 성찬식탁에 배설된 예수님의 살과 피를 상징하는 떡과 잔을 볼 수 있습니다. 장로님들 나오셔서 떡과 잔을 성도들에게 나누어 드립니다. 그 떡과 잔이 예수님의 살과 피를 상징하는 것입니다. 성도들이 주님의 살과 피를 손으로 직접 만져보는 경험을 하십니다. 그리고 주님의 살과 피를 성도가 입으로 먹고 마셔서 주님의 몸과 피가 여러분의 몸과 피와 하나가 되는 신비로운 체험을 하십니다. 지금 성도들의 손에 성경책이 있습니다. 기도하는 마음으로 성경을 어루만지면서 읽어보시기 바랍니다. 주님의 말씀을 느끼실 수 있습니까? 주님의 말씀을 느끼시는 분은 '아멘' 하시기 바랍니다. 성도들이 말씀을 통해서 주님을 만나시고 주님과 교제하시고 성도와의 사귐의 원리를 이렇게 교육으로 배울 수 있습니다.

2. 성도의 교육

말씀이신 주님을 통하여 성도와 성도가 사귐을 가지는 것이 교육입니다. 우리 서로 말씀을 나누고, 주님의 살과 피를 기념하는 성찬을 나누고, 믿음을 나누고, 사랑을 나누고, 소망까지 나누고 있습니다. 이렇게 하는 것이 진정한 사랑의 교제이고 성도의 사귐이자 교육입니다. 기독교 교육은 여기서부터 출발합니다. 교육은 우리가 물질을 서로 나누게 합니다. 교육은 우리가 감정을 서로 나누게 합니다. 교육은 우리가 기쁨을 서로 나누게 합니다. 교육은 우리가 기도로 서로 나누게 합니다. 교육은 우리가 봉사도 서로 나누게 합니다. 교육은 우리가 무슨 짐이든지 서로 나누어지게 합니다. 교육은 우리를 얼마나 행복하게 합니까.

사도 요한이 "우리가 보고 들은 바를 너희에게도 전함은 너희로 우리와 사귐이 있게 하려 함이니 우리의 사귐은 아버지와 그 아들 예수 그리스도와 더불어 누림이라"(:3)라고 말씀했습니다. 이 말씀을 사도 요한이 기록했는데 "우리가"라는 것은 사도공동체를 겸손하게 표현한 말입니다. 사도들이 보고 들은 바를 전파해서 사귐의 교육이 생겼습니다. "우리의 사귐"이라는 말씀은 복음 전파를 듣고 믿은 성도들을 포함합니다. 사도의 복음 전파로 "우리의 사귐", 곧 '성도의 교육'이 형성되었습니다. 성도의 교육은 비슷한 사람끼리 모여서 이루어진 것이 아니라, 사도가 복음을 전한 결과로 생긴 것입니다. 말씀을 전하니까 교육이 생긴 것이고, 그 성도의 교육으로 삼위일체 하나님과 사귀게 됩니다. "우리의 사귐은 아버지와 그 아들 예수 그리스도와 더불어 누림이라" 성도끼리 서로 사귀는데, 그 사귐은 하나님과 사귀는 것이고 예수님과 사귀는 것입니다. 이것이 바로 기독교 교육의 독특한 점입니다. 따라서 말씀을 듣지 않고 예수님을 믿지 않는 사람은 기독교 교육을 받을 수 없습니다.

성도가 서로 사귐이 있으려면 빛 가운데서 행하여야 합니다. 예수님을 믿을 뿐만 아니라 빛 가운데서 행할 때에 하나님과도 사귐이 있고 성도 간에도 사귐을 통한 교육이 있습니다. 그러나 빛 가운데 행하지 아니하면 하나님과의 사귐을 나눌 수 없고 교육도 없습니다. 성도의 사귐에는 매우 독특한 점이 있습니다. 사람이 끼리끼리 모여서 성도의 사귐이 생기는 것이 아니고, 하나님의 말씀을 듣는 교육에서부터 생겨납니다. 또한 하나님의 말씀에 순종하고 빛 가운데서 걸어가야 사귐으로 교육이 유지될 수 있습니다. 그렇지 않으면 아무리 함께 있어도 사귐 밖에 있어서 교육이 불가능합니다.

'성도의 사귐'에는 '위아래' 즉 상하관계는 없습니다. 성도의 사귐에 상하관계가 발생하면 교육이 이루어지지 않습니다. 교육은 평등한 관계에서 가능합니다. 말씀을 가르치는 교사라도 학생의 눈높이에서 교육해야 합니다. 하나님의 말씀을 교육하고, 그 말씀을 순종하면서 사귈 때에 우리는 하나님과 예수님과 함께할 수 있습니다. 따라서 우리는 하나님의 말씀을 지키고 빛 가운데서 교육해야 합니다. 친한 친구와 사귈 때에는 같이 먹고 이야기하고 놀러 다니지만, 성도의 사귐은 그러한 것이 아닙니다. 하나님의 말씀을 성실히 교육해야만 참된 성도의 사귐에 들어올 수 있고, 바람직한 기독교 교육이 이루어지는 것입니다.

사도 요한이 "그들이 우리에게서 나갔으나 우리에게 속하지 아니하였나니 만일 우리에게 속하였더라면 우리와 함께 거하였으려니와 그들이 나간 것은 다 우리에게 속하지 아니함을 나타내려 함이니라"(요일 2:19)라고 말씀했습니다. 교회에 출석한다고 그 사람이 처음부터 교회공동체에 속하지는 않습니다. 처음부터 교회공동체에 속하지 않은 사람은 언제든지 교회를 떠날 수 있습니다. 또한 이러한 사귐은 하나님께서 이루시는 것이고 사람들을 불러 모아서 유지하는 것입니다. 때로는 여기에 속하지 않은 사람이 들어올 수도 있지만, 오래 가지 못하고 본색을 드러내면서 떠납니다. 그것은 우리에게 속하지 않은 것을 나타낼 뿐입니다.

교인이 교회를 떠나는 것은 슬픈 일이지만 원래부터 교회에 속하지 않은 사람이 떠나는 것은 교회에 타격을 주지 않을 뿐 아니라, 오히려 교회의 거룩함을 드러냅니다. 하나님의 교회는 그러한 것으로 조금도 요동하지 않습니다. 왜냐하면 교회는 하나님께서 말씀과 성령으로 불러 모으시는 곳이고, 말씀으로 교육하고 행할 때에 거룩한 사귐이 있는 곳이기 때문입니다. 성도의 사귐은 교육으로 거룩한 것이고 세상 어디에서도 찾아볼 수 없는 것입니다.

3. 사귐을 통한 교육의 기쁨

사도 요한이 "우리가 이것을 씀은 우리의 기쁨이 충만하게 하려 함이라"(:4)고 말씀했습니다. 오늘의 말씀을 성도들에게 전하는 목적은 생명의 말씀이신 주님과의 사귐을 통한 교육으로 주님과 성도들에게 기쁨을 충만하게 하려는 것입니다. 오늘 우리가 주님 안에서 만나고 함께 예배하고 교육하는 것은 우리의 기쁨이 충만케 하려 함입니다. 우리 모두 하나님의 사랑으로 주님의 한 피 받아 한 몸 된 성도들입니다. 그러므로 우리 서로 사랑합시다. 서로 같은 믿음을 가집시다. 같은 소망을 누립시다. 생명의 말씀이신 주님으로 더불어 아름다운 사귐을 통한 교육을 이룹시다. 그리하여 주님께서 기뻐하시는 성도가 되시기를 바랍니다.

캘리포니아의 스퀘어 나무는 약 300피트(91.44m) 정도의 높이로 무성하게 자랍니다. 특이한 것은 거대한 스퀘어 나무의 뿌리가 얕게 사방으로 길게 뻗어 있다는 사실입니다. 그러므로 무리를 이루는 스퀘어 나무들의 뿌리가 서로 뒤엉켜서 거센 비바람에도 쓰러지지 않도록 서로를 지지해 주기 때문에 거대한 나무로 성장할 수 있습니다. 성도에게 어려운 일이 있을 때 혼자 힘으로 해결하도록 하지 말고, 스퀘어 나무들처럼 서로 사귐을 통한 교육으로 아픔을 나누게 해야 합니다. 그리고 중보기도로 상부상조할 때 견디고 이기도록 해야 합니다.

유대인 종교철학자 마르틴 부버의 『나와 너』라는 책이 있습니다. 마르틴 부버가 말하는 세 가지의 인간관계가 있습니다. 첫째는 '그것과 그것의 관계'입니다. 인간관계를 마치 물건처럼 서로를 이용하다가 가치가 없으면 버린다는 것입니다. 둘째는 '나와 그것의 관계'입니다. 상대방이 나를 물건처럼 이용해도 나는 상대방을 끝까지 인격적으로 대한다는 것입니다. 셋째로 '나와 너'의 관계입니다. 이 관계는 인격적입니다. 주님과 성도가 인격적으로 만나면 거기에 기쁨이 있습니다. 사랑을 깨닫고 행복합니다. 그렇기 때문에 말씀을 통해서 '나와 너'의 관계를 만들고 기쁨과 사랑과 행복을 창조하는 교육이 성도에게 필요합니다.

사랑하는 성도 여러분!

우리에게 교육이 필요합니다. 교육을 통하여 주님과 성도와 사귀시기 바랍니다. 말씀이 육신이 되신 주님을 영접하고, 말씀으로 교육받으시기 바랍니다. 주님은 빛으로 오셨습니다. 주님의 빛 안에서 성도와 사귐을 나누고 기쁨이 충만하여 사랑과 교육을 창출하시기 바랍니다. 우리 교회와 성도는 주님께서 기뻐하시는 사랑의 교제, 영적인 교제, 교육의 교제를 통하여 주님께 영광을 돌리는 성도가 되도록 기도하시기를 주의 이름으로 축원합니다.

[예화]

▣ 격대교육(隔代敎育)

격대교육이란 조부모가 손자를 교육하고 양육하는 것을 말합니다. 부모가 자녀를 가르치기 어려운 상황을 조부모가 대신 맡아주는 것입니다. 오늘날 자녀들은 어릴 때부터 물질을 매개로 한 교육을 받고 자라납니다. 그래서 사제관계는 돈 주고 배운 선생이요, 돈 받고 가르치는 제자에 불과하게 됩니다. 불행하게도 지적으로는 성장할지 몰라도 물질로는 얻을 수 없는 사랑과 신뢰를 배우지 못합니다. 그런데 격대교육은 사랑에 기초한 인간관계를 심어주고, 옛날이야기를 통해 풍부한 인류의 지적 유산과 더불어 감성과 도덕성을 길러줍니다.

성경 룻기에 나오미와 룻 이야기가 있습니다. 나오미와 룻은 신앙과 사랑으로 연결된 고부간이었고, 아무런 물질적 연결이 없어도 서로 의지하며 살아가는 사이였습니다. 그런데 계대 결혼을 통해서 룻이 아들 오벳을 낳았습니다. 오벳을 시어머니인 나오미가 키웠습니다. "나오미가 아기를 받아 품에 품고 그의 양육자가 되니"(룻 4:16). 오벳은 할머니의 손에서 자라며 사랑과 신뢰, 헌신을 배웠을 것입니다. 그것이 이새와 다윗에게 이어졌습니다. 그래서 다윗이 생활로는 양치기 소년에서 시작했지만 진실한 인격과 불굴의 신앙을 가진 이스라엘의 왕이 출현했습니다. 나오미의 계대교육이 다윗에 이르러 빛을 발하게 된 것입니다.

▣ 교육의 기본자세

한 남자는 고민 끝에 집 근처에 있는 미술학원을 찾아가 상담을 받았습니다. "어려서부터 미술을 배우고 싶었습니다. 미술을 제대로 배우려면 3년 정도 걸린다는 얘기를 들었는데, 지금 시작하면 3년 뒤에는 제 나이가 마흔이 넘습니다. 너무 늦은 게 아닐까요?" 미술학원 원장 선생님이 "하지만 미술을 배우나 안 배우나 3년 뒤에는 마흔이 넘지 않습니까?"라고 물으며, 다음과 같은 이야기를 했습니다. "한 제자가 많은 제자를 거느린 유대교의 랍비에게 찾아와 물었습니다. '다른 제자들에게는 가르침을 주시면서 저에게는 왜 아무 말씀이 없으십니까?' 랍비는 구멍이 뚫린 접시를 가져와서 물을 담아오면 가르침을 주겠다고 말했습니다. 제자는 화를 내며 말했습니다. '구멍이 뚫렸는데 물을 어떻게 담으라는 말씀이십니까?' 랍비가 '머리에 구멍이 뚫린 너도 나에게 가르침을 달라고 하지 않느냐?'고 했습니다."

진정한 교육은 잘못된 편견이 없어야 합니다. 언제나 하나님의 말씀을 있는 그대로 느끼고 받아들이기 위해 노력하면 반드시 창대하게 될 것입니다. 교육을 두려워하지 않는 열정과 끈기가 있어야 합니다. 인생도 신앙도 교육의 연속이라는 사실을 기억하시기 바랍니다.

제목 : 건강한 성도의 공동체 | 본문 : 마태복음 5:33-42

8월은 1년 가운데 가장 더운 달입니다. 그래서 8월에는 휴식이나 명상으로 몸과 영혼의 건강을 챙기기도 합니다. 사람들은 보통 여름휴가로 산이나 바다에서 몸과 마음의 피로를 풀기도 하지만, 성도는 기도로 하나님께 함께하여 건강한 성도의 공동체를 만들어야 합니다. 성도의 건강한 공동체는 성령님께 역사하시어 말씀 묵상과 기도를 통하여 가능합니다.

한 젊은이가 스승의 제자가 되었습니다. 그런데 그 제자는 배우면서 불평불만을 늘어놓았습니다. 하루는 스승이 제자에게 소금과 물을 가져오라고 했습니다. 제자가 소금과 물을 가져오자 스승이 소금을 물에 타서 마시게 했습니다. 그랬더니 제자가 얼굴을 찡그리며 마셨습니다. 스승이 제자에게 "맛이 어떠냐?"고 물었습니다. 제자는 화난 목소리로 "짭니다."는 말을 내뱉었습니다. 스승이 다시 제자를 가까운 호수로 데리고 가서 전과 같은 소금을 호수에 뿌리고 휘저어서 물을 마시도록 했습니다. 그리고 스승이 제자에게 "맛이 짜지 않냐?"고 물었습니다. 제자가 스승에게 "맛이 짜지 않습니다."라고 대답했습니다. 스승이 제자에게 말했습니다. "인생의 고통은 소금맛과 같은 것이다. 짠맛의 정도는 담는 그릇에 따라 달라지느니라. 네 자신의 삶에 고통이 있다면, 너는 컵이 되지 말고 호수가 되어라"고.

성도들 가운데 자신의 삶이 짜디짠 소금 맛과 같지 않은 분이 계실까요? 자신의 삶에 아무런 고통이 없이 사시는 분이 있을까요? 아마 그러한 분은 계시지 않을 것입니다. 그래서 인생은 고해, 곧 고통의 바다라고 말하기도 합니다. 그런데 앞의 예화에서 스승과 제자의 대화는 고통스런 세상을 살아가는 사람들에게 중요한 지혜를 제공해 주고 있습니다. 사람들은 대체로 고통스런 일이 자신에게 일어나지 않기를 바랍니다. 만일 고통스런 일이 일어났을 때 그것이 빨리 사라지기를 바라는데, 그것은 흔히 있을 수 있는 일입니다. 누군들 그런 바람을 갖지 않을 수 있겠습니까? 고통이 계속 자신에게 오랫동안 머물러 있기를 바라는 사람은 세상에 아무도 없습니다. 예수님도 겟세마네 동산에서 십자가를 앞에 두고 자신에게 주어진 고통으로 괴로워하시면서 고난의 잔을 거두어 달라고 기도하신 적이 있습니다.

누구나 인생을 살아가면서 고통을 겪게 마련인데, 또한 고통이 빨리 지나가기를 바라는데, 문제는 그러한 바람만으로는 자신의 고통이 모두 사라지지 않는다는 사실입니다. 여기서 우리는 고통의 문제를 해결할 수 있는 방법을 찾아야 합니다. 앞에서 소개드린 예화가 그 방법이 우리를 안내해 주고 있습니다. 그 방법은 우리의 존재의 변형, 존재의 확장에 있습니다. 다시 말해서 자신이 호수와 같은 존재의 수준으로 변형시켜야 합니다. 그러면 쓴맛을 빼내지 않아도, 쓴맛으로부터 벗어날 수 있습니다. 쓴맛 대신에 달콤한 맛을 느끼게 됩니다. 그러므로 물 컵과 같은 자신의 존재에서 호수와 같은 자신의 존재로 거듭나는 것

부록

입니다. 그러면 어떻게 그러한 존재가 될 수 있을까요? 어떻게 우리의 존재를 변형시킬 수 있을까요? 예수님께서 처음에는 하나님께 자신의 고통의 쓴잔을 거두어 달라고 기도하셨지만, 나중에는 자신의 뜻대로 하지 마시고 하나님의 뜻대로 하시라고 기도하셨습니다(마 26:39). 예수님께서 하나님의 뜻대로 하시라는 기도는 하나님께서 알아서 마음대로 처리하시라는 뜻입니다. 모든 고난을 하나님의 처분에 맡기겠다는 것입니다. 그리고 그 결과가 자신이 원하는 것이 아닌 반대가 될지라도 거정하지 않고 기꺼이 받아들이겠다는 자세입니다.

1. 비폭력의 건강

우리가 건강을 지키는 방법은 여러 가지가 있습니다. 우리가 억지로 건강을 지키려는 방법이 있는가 하면, 반대로 순리적으로 건강을 지키는 방법이 있습니다. 억지로 건강을 지키고자 맛있는 음식을 폭식하면 비만이 되어 고혈압이나 당뇨에 걸려서 건강을 해칩니다. 그리고 영양제를 너무 많이 복용하면 부작용으로 건강에 해롭게 됩니다. 그러나 순리적으로 건강을 지키려고 시간에 맞춰서 음식을 소식하면 위장에 부담이 없어서 편안할 뿐만 아니라 잔병에도 걸리지 않습니다. 그리고 종합비타민과 오메가3도 적당히 복용하면 건강해집니다.

우리가 영적인 건강을 지키는 방법이 있습니다. 예수님께서 **"눈은 눈으로 이는 이로 갚으라 하였다는 것을 너희가 들었으나 나는 너희에게 이르노니 악한 자를 대적하지 말라 누구든지 네 오른편 뺨을 치거든 왼편도 돌려 대며"**(:38-39)라고 말씀하셨습니다. 이 말씀은 비폭력적으로 영적인 건강을 지키는 방법이라고 할 수 있습니다. 출애굽기의 율법에 **"눈은 눈으로 이는 이로 손은 손으로 발은 발로 덴 것은 덴 것으로 상하게 한 것은 상함으로 때린 것은 때림으로 갚을지니라"**(출 21:24-25)라는 말씀이 있습니다. 이 말씀은 보복의 정당성을 주장하는 듯합니다. 실제로 유대인들은 그렇게 했습니다. 그러나 율법은 오히려 복수를 금지하고 있습니다(레 19:18). 구약의 이러한 규정들은 다만 이스라엘 초기 국가의 질서를 세우고 공의에 입각하여 죄를 지은 사람이 정당한 처벌을 받도록 하기 위해 제정된 것입니다.

예수님께서 이런 시대적인 배경을 초월하시어 비폭력적인 방법으로 **"나는 너희에게 이르노니 악한 자를 대적하지 말라 누구든지 네 오른편 뺨을 치거든 왼편도 돌려 대"**(:39)주라고 말씀하셨습니다. 이 말씀에서 '대적하다'라는 말은 구약에서 '눈에는 눈' '이에는 이로'라는 말과 대응되는 표현으로 '저항하다' 혹은 '복수하다'라는 의미가 있습니다. 그러나 예수님께서 제자들에게 '모든 악에 대한 어떠한 저항도 거부할 것'을 가르치셨습니다. 예수님께서 심지어 **"네 오른편 뺨을 치거든 왼편도 돌려 대"**(:39)주라고 말씀하셨습니다. 이 말씀을 유심히 보면 '오른편 뺨을 친다.' 이것은 상대방이 '손등으로 뺨을 때린다.'는 것을 의미하는데, 히브리 랍비들의 규정에 따르면 이러한 행위는 최고로 수치스러운 일이기 때문에 법으로 두 배의 벌을 주도록 규정되어 있습니다. 그런데 이러한 상황에서도 예수님께서 대항하지 말고 모든 저항을 완전히 거부하라고 말씀하셨습니다. 물론 이 말씀은 악에게 무관심하거나 도피하라는 뜻이 아닙니다. 이것은 오히려 악을 시정하는 무저항주의를 제시하시는 말씀입니다.

톨스토이의 단편 『대자(代子)』에 한 소년이 숲속에 넓게 펼쳐진 들판을 바라보고 있습니다. 한 가운데에 큰 나무가 하나 서 있는데, 굵은 가지에 밧줄이 걸려있고, 그 밧줄에 단단한 통나무 조각 하나가 매달려 있습니다. 가만 보니 그 통나무 조각 밑에 꿀통이 놓여 있습니다. 숲속에서 어미 곰과 새끼 곰 몇 마리가 나옵니다. 곰들은 꿀 냄새를 맡고 꿀통에 머리를 쳐 박고 꿀을 먹기 시작합니다. 꿀 통 바로 위에 통나무가 달려 있습니다. 그것이 자꾸 성가시게 머리를 건드립니다. 귀찮다고 밀어냅니다. 밧줄에 매여 있던 통나무는 조금 밀려갔다가 다시 돌아옵니다. 머리를 건드리자 새끼 곰이 신경질이 났습니다. 좀 더 세게 밀어냅니다. 멀리 사라지는 것 같았지만, 곧 통나무는 더 빠른 속도로 날아와 곰 한 마리를 밀쳐냅니다. 엄마 곰이 열을 받아 있는 힘을 다해 통나무를 멀리 던져 버립니다. 그리고는 다시 꿀 통 속에 머리를 쳐 박습니다. 멀리 날아갔던 통나무, 이제는 더욱 빠른 속도로 힘이 붙어서 날아옵니다. 결국 어미 곰의 머리를 강타하고 어미 곰은 거기서 즉사합니다.

톨스토이의 단편은 우리에게 복수가 무엇인지를 가르쳐 줍니다. 복수는 더 큰 복수를 불러오고, 결국은 비극으로 끝난다는 것을 알려 줍니다. 복수를 엄격하게 제안하고 있는 보복의 율법에 대해 예수님께서 "눈은 눈으로 이는 이로 갚으라 하였다는 것을 너희가 들었으나 나는 너희에게 이르노니 악한 자를 대적하지 말라 누구든지 네 오른편 뺨을 치거든 왼편도 돌려 대며"(:38-39)라고 말씀하셔서 제자들이 생각지도 않은 무저항의 교훈을 가르치셨습니다. 우리의 영혼이 건강하려면 아무도 저항하지 말고 사랑으로 이해하고 용서해야 합니다.

2. 양보와 베풂의 건강

건강한 성도의 공동체를 위해서는 서로 양보하고 베풂으로 가능합니다. 예수님께서 "너를 고발하여 속옷을 가지고자 하는 자에게 겉옷까지도 가지게 하며"(:40), "네게 구하는 자에게 주며 네게 꾸고자 하는 자에게 거절하지 말라"(:42)고 말씀하셨습니다. 이스라엘의 문화권에서는 '겉옷'은 단순한 의복이 아니고, 날씨가 추운 한 밤중에 몸을 보호하는 이불의 역할을 합니다. 그렇기 때문에 가난한 사람들에게는 겉옷이 유일한 재산목록 1호입니다. 따라서 히브리 사람들은 가난한 사람의 겉옷을 전당잡았다 할지라도 저녁에는 반드시 돌려주는 것이 법으로 규정되어 있습니다(출 22:26). 이러한 문화적 배경으로 주님은 속옷을 가지고자 하는 사람에게, 그토록 소중한 겉옷까지 가지게 하는 양보의 배려를 말씀하셨습니다.

인간관계에서 어쩔 수 없는 것이 무엇인가를 주고받는 '교환(交換)'입니다. 주님의 교훈은 무엇인가를 필요로 하는 이웃에게 완전히 베풀어주고. 받을 생각을 하지 말라는 것입니다. **"네게 구하는 자에게 주며 네 것을 가져가는 자에게 다시 달라 하지 말며"**(눅 6:30). 그러나 이 말씀은 모든 상황에서 융통성 없이 문자적으로 지켜야 한다는 것보다, 성도에게 있어 무엇이 더 중요한지를 아는 눈을 가지라는 것입니다. 다시 말해서 이웃에게 대해 열린 마음을 가지라는 것입니다. 성도들에게 돈이나 재물보다 중요한 것은 인정과 베풂입니다.

이삭은 아버지 아브라함으로부터 물려받은 우물을 블레셋 사람들이 시기하여 흙으로 메우고 빼앗습니다. 그리고 이삭에게 자기네들을 떠나라고 했습니다. 이삭은 그들과 다투지 않고 그랄 골짜기에 옮겨가서 다시 우물을 파서 얻습니다. 이삭이 땀 흘려 수고한 것인데, 또 블레셋 사람들이 메우고 자기네 것이라고 빼앗습니다. 그래도 이삭은 싸워 지키려고 하지 않고 내주었습니다. 이렇게 무려 네 번이나 양보를 하고 계속에서 다른 곳에 우물을 팠습니다. 손해를 보는 것 같았지만, 이삭이 다시 우물을 파고 **"그 이름을 르호봇(장소가 넓음)이라 하여 이르되 이제는 여호와께서 우리를 위하여 넓게 하셨으니 이 땅에서 우리가 번성하리로다"**(창 26:22)라고 말씀했습니다. 이삭은 이렇게 양보와 베풂으로 거부가 되었습니다.

록펠러는 세계 최대 갑부가 되었지만 행복하지는 않았습니다. 그는 55세에 불치병으로 1년 이상 살지 못한다는 사형선고를 받았습니다. 그가 최후 검진을 위해 휠체어로 병원에 들어가다 로비의 성구가 눈에 들어왔습니다. "주는 것이 받는 것 보다 복이 있다"(행 20:35) 성구를 보는 순간 마음에 전율이 생기고 눈물이 났습니다. 그는 눈을 감고 생각에 잠겼습니다. 잠시 후에 입원비 문제로 다투는 소리에 정신이 들었습니다. 병원 측은 병원비가 없어 입원이 안 된다하고, 환자 어머니는 입원시켜 달라고 울며 사정하고 있었습니다. 록펠러는 비서가 병원비를 지불하고 아무도 모르게 했습니다. 얼마 후에 소녀가 기적적으로 회복이 되자 록펠러는 무한히 기뻤다고 나중에 자서전에 그 순간을 이렇게 썼습니다. "저는 지금까지 세상에 살면서 이렇게 행복한 삶이 있는지 몰랐습니다." 그 때부터 그는 나눔의 삶을 작정합니다. 그와 동시에 신기하게 그의 병도 사라졌습니다. 그는 제단을 세워서 계속하여 미국이나 세계의 지역을 구별하지 않고 성전을 짓고 도서관을 세우고 엄청난 구제 사업을 펼쳤습니다. 그는 98세까지 살며 선한 일에 더욱 힘을 썼습니다. 나중에 그는 "인생 전반기 55년은 쫓기며 살았지만 후반기 43년은 행복하게 살았다."고 회고하는 말을 남겼습니다.

3. 동행하는 성도의 건강

건강한 성도의 공동체를 위해서는 동행하는 삶을 살아야 합니다. 예수님께서 "**누구든지 너로 억지로 오 리를 가게 하거든 그 사람과 십 리를 동행하고**"(:41)라고 말씀하셨습니다. '억지로 가게하다'는 '강제로 징발하다'는 의미합니다. 이 말씀을 묵상하다가 구레네 시몬이 떠올랐습니다. 예수님께서 십자가를 지시고 골고다를 향하여 가실 때 지쳐서 쓰러졌습니다. 예수님께서 십자가를 지기에 불가능해지자, 로마 군인들이 구레네 시몬에게 강제로 십자가를 지고가게 했습니다. 시몬은 어쩔 수 없이 십자가를 졌지만, 자신과 후대가 복을 받았습니다.

예수님께서 반항을 거부하신 것은 분노하거나 앙심을 품지 말라는 것입니다. 동시에 예수님은 그들의 생명을 지켜주고 더 나아가서 건강한 성도의 공동체를 위한 말씀입니다. 오히려 예수님은 그런 경우에도 아예 두 배나 더 주라고 하십니다. 이는 모두 상대방을 오히려 당황케 하는 행동입니다. 대항할 줄 알았는데, 거절할 줄 알았는데, 힘들어할 줄 알았는데, 기대하지 않은 행동에 당황할지 모릅니다. 악한 의도를 품은 사람에게 거꾸로 도전하는 행동입니다. 건강한 성도의 공동체를 위해서는 어떠한 희생이나 양보도 개의치 말라는 말씀입니다. 예수님의 말씀은 한없이 어렵게 느껴집니다. 하지만 우리도 압니다. 바로 그 길이 피 비린내 나는 보복으로 상처 받은 세상의 비극을 치유하는 길입니다. 차가워질 대로 차가워진 이기적인 세상을 훈훈하게 하는 말씀입니다. 무엇보다 예수님께서 그렇게 사셨습니다.

사랑하는 성도 여러분!

누구에게 오른편 뺨을 맞으면 왼편도 대주고, 속옷을 가지고자 하면 겉옷도 내주고, 억지로 오 리를 가자고 하면 십 리를 동행시기 바랍니다. 구하는 자에게 무조건 주고 꾸고자 하는 자에게 거절하지 마시기 바랍니다. 건강한 성도 공동체를 위해서는 우리의 희생과 양보, 헌신과 베풂이 절대로 필요합니다. 예수님은 우리 짐을 지시고, 우리를 거절하지도 물리치지도 않으십니다. 예수님은 악한 우리 인생에 맞서지 않으시고, 인내와 사랑으로 대하십니다. 예수님은 도살장으로 끌려가는 어린양처럼 묵묵히 자신을 주셨습니다. 이것은 주님의 사랑 때문입니다. 주님의 사랑이 없이는 세상을 치유할 수 없습니다. 건강한 신앙 공동체를 건설하기 위하여 예수님과 함께 십자가를 지는 마음으로 무저항의 삶을 삽시다. 사랑과 용서, 양보와 베풂의 삶을 사는 성도가 되도록 기도하시기를 주님의 이름으로 축원합니다.

[예화]

▣ 건강과 치유

저명한 사회학자이자 빌 클린턴의 영적 멘토로 유명한 토니 캄폴로 목사님에게 한 여인이 찾아와 기도를 부탁했습니다. "저희 남편이 암에 걸려서 죽을 위기에 처해있습니다. 병이 치유되기를 기도해주세요." 토니 목사님은 남편이 치유되어 가정이 건강하게 달라고 기도했습니다. 그런데 1주일 뒤 여인에게서 다시 전화했습니다. "목사님, 저희 남편을 위해 기도해주셨지요?" 그리고 여인은 남편이 오늘 하늘나라로 떠났다고 말했습니다. 어떤 말을 할지 망설이던 목사님에게 여인이 떨리는 목소리로 말을 이었습니다. "제 남편은 그동안 분노에 차있었어요. 하나님을 저주하기도 했고 가족들이 찾아와도 상처 주는 말만 잔뜩 하고는 등을 돌려버렸어요. 그런데 목사님께 기도를 부탁한 그날부터 남편의 그런 행동들이 모두 사라졌어요. 병세는 나날이 악화되어 가는데 남편의 마음에 평화와 기쁨이 있다는 사실을 누구도 느낄 수 있었습니다. 남편이 세상을 떠나기 3일 전은 우리 가족에게 가장 소중하고 행복한 시간이었습니다. 함께 웃고, 찬양하고, 말씀을 읽으며 남편을 하늘나라에 보낼 수 있었습니다. 남편이 건강하게 되진 못했지만 영혼이 치유되었으니 너무나 감사합니다."

▣ 건강을 회복할 수 없는 병

한 남자가 원인 모를 병에 걸려서 동네 의사에게 진찰하며 진료를 해봐도 도저히 치료되지 않자 대학병원의 교수를 찾아왔습니다. "선생님, 제 병을 고치실 수 있을까요? 제대로 말씀을 해주세요." 교수가 잠시 생각을 하다가 이렇게 대답했습니다. "한 번 이렇게 해보십시오. 오늘 집으로 돌아가서 찬물에 샤워를 하고 몸을 닦지 말고 그대로 말린 뒤에 옷을 입지 말고 잠 드십시오. 그렇게 3일간 하고 저를 찾아오십시오." "정말 그렇게 하면 이 병이 치료됩니까?" 의사의 말을 들은 남자는 얼굴에 환한 웃음을 띠며 물었습니다. 남자의 질문에 의사가 "아니요, 당신의 병은 낫지 않을 것입니다. 하지만 당신은 분명히 감기에 걸릴 것이고, 그러면 감기는 제가 고칠 수가 있습니다."라고 대답했답니다. 병이 치료될 수 없는 사람이 아무리 열심히 치료를 받고 다양한 처방을 받아도 소용이 없습니다. 마찬가지로 인간의 근원적인 건강은 세상의 다양한 방법과 이론으로 해결할 수 없습니다. 건강을 회복할 수 없는 병은 의사를 찾아간다고 고칠 수 없고, 오직 살아계신 하나님께서 치유하십니다.

제목 : 열매를 많이 맺으려면 | 본문 : 요한복음 15:1-13

한 목사님이 고향을 방문하여 혼자서 논길을 산책했습니다. 날씨는 흐렸지만 비가 내리지 않았고, 길 좌우편에 벼들이 새파랗게 자라고 있었습니다. 길가의 논이 누구 것인지 몰라도 고향 사람의 논에서 벼들이 왕성히 자라나는 모습에 마음이 뿌듯했습니다. 이 벼들이 잘 자라서 머지않아 이삭을 패고 튼실한 열매를 맺고 머리를 숙일 것을 생각하니 기뻤습니다. 그리고 곧이어 황금벌판을 이루어 추수를 기다리면 여름 동안에 비지땀을 흘리며 고생한 농부들에게 보람이 있어서 알곡을 거두어 곳간에 채울 것을 생각하니 마음이 흐뭇했습니다.

목사님은 마음속으로 하나님께서 농부들의 논에서 벼들이 병충해와 태풍을 견디고 건강하게 잘 자라서 풍요로운 추수를 하게 해 달라고 기도했습니다. 목사님은 기도하다가 에덴동산에 흐르는 네 개의 강이 떠올랐습니다(창 2:10-14). 첫째는 **"비손"**강으로 '충만한 생명수의 강으로 거저 주신다'는 뜻이 있습니다. 둘째는 **"기혼"**강으로 '부족함이 없이 풍성하게 솟아난다'는 뜻이 있습니다. 셋째는 **"힛데겔"**강으로 '샘솟듯 열매 맺는다'는 뜻이 있습니다. 넷째는 **"유브라데"**강으로 '넓고 커다랗게 넘치며 흐른다'는 뜻이 있습니다.

에덴동산은 주님의 몸 된 교회를 의미하는데, 교회에서 흘러내리는 생명의 물줄기가 성도의 심령과 가정과 생업을 위해 경영하는 기업에 넘치게 흘러내리는 원천입니다. 성도가 영적으로 육적으로 부자가 되는 비결이 따로 없습니다. 성도가 영적인 부자가 되려면 하나님께 열심히 예배드리고 간절히 기도하며, 주님의 몸 된 교회를 섬겨야 합니다. 성도가 육적인 부자가 되려면 부지런히 일하고 하나님께서 십일조예물을 봉헌하고 저축해야 합니다. 그렇게 하면 복의 근원이 되시는 하나님께서 복을 부어주십니다. 하나님은 누구에게나 복 주시기를 원하지만, 그럼에도 불구하고 복 받을 사람이 있고, 복 받지 못할 사람이 있습니다. 우리는 하나님께서 주시는 풍성한 복을 받기 위해서 열매를 많이 맺는 성도가 돼야 합니다.

1. 열매 맺는 성도

성도는 열매를 많이 맺어야 합니다. 성도는 육신으로나 영적으로 열매가 풍성해야 합니다. 하나님의 축복을 넘치게 받아야 한다는 말씀입니다. 아무리 수고하고 노력을 많이 했어도 열매가 없거나 하나님의 축복을 못 받으면 헛것입니다. 열매를 많이 맺는 제자는 어떤 사람일까요? 누가 과연 하나님의 축복을 넘치게 받을 수 있을까요? 그 원리를 알고 실천해야 합니다. 그런 의미에게 성도가 열매를 많이 맺어 하나님의 축복을 받도록 기도해야 합니다.

예수님께서 말씀하신 포도원은 교회를 의미합니다. 포도원의 농부는 우리 하나님 아버지

부록

이십니다. 포도나무 줄기는 우리 주님이십니다. 포도나무 가지는 주님을 믿는 성도들, 바로 우리들입니다. 아주 단순한 원리입니다. 포도나무의 가지가 줄기에 붙어 있지 않으면 죽고 맙니다. 죽은 나뭇가지를 농부는 더 이상 나무줄기에 붙여 놓지 않습니다. 죽은 나뭇가지는 나무에게 피해가 되기 때문입니다. 그래서 농부는 지체 없이 가위로 잘라 버립니다. 길바닥에 떨어진 죽은 나뭇가지를 농부가 주어다가 불에 태우고 맙니다. 포도나무 가지는 땔감으로도 목재로도 쓸데가 없습니다. 포도나무의 죽은 나뭇가지는 비참한 최후를 맞게 됩니다.

포도나무의 죽은 나뭇가지는 이단과 유사합니다. 이만희 교주가 이끄는 신천지 교인들이 중국에서 코로나19 바이러스에 감염되어 대구시와 경상북도 일대를 초토화 시켰고 우리나라 전국에 확산되었습니다. 초·중·고등학교와 대학교가 휴업하였고, '사회적 거리두기'로 모든 경제활동과 산업시설이 영업을 중단하였고, 모든 종교단체(개신교, 천주교, 불교 등)들이 집회를 갖지 못했습니다. 코로나19로 무려 200명 이상의 사람들의 목숨을 잃게 하였습니다.

성도는 반드시 교회 안에 있어야 합니다. 성도가 예배드릴 때에 교회 밖에 있으면 그 순간만은 성도의 자격을 잃어버립니다. 그런데 또 한 가지 두려운 사실은 성도가 교회 안에 있다고 해서 모든 것이 해결되지는 않는다는 것입니다. 성도는 교회의 머리가 되시는 주님에게 붙어 있어야 합니다. 가지가 줄기로부터 물과 영양분을 받아야 살 수 있듯이, 성도는 주님으로부터 오는 생명의 양식인 말씀을 받아먹어야 삽니다. 성령의 물도 마셔야 합니다. 성도가 무슨 이유로든지 주님과 단절되어 있으면 안 됩니다. 이것은 곧 죽음을 의미하는 것입니다. 열매를 맺고 못 맺는 것은 다음의 문제입니다. 살고 죽는 문제가 더 심각합니다.

예수님께서 "너희가 내 안에 거하고 내 말이 너희 안에 거하면 무엇이든지 원하는 대로 구하라 그리하면 이루리라"(:7)고 말씀하셨습니다. 이 말씀을 조금씩 나누어서 간단히 설명해 드리겠습니다. 첫째, "너희가 내 안에 거하고" 성도는 주님 안에 거해야 열매를 맺을 수 있습니다. 성도가 어떤 이유로도 주님을 떠나서는 열매를 맺을 수 없습니다. 태아가 산모의 태 가운데 있어야 생명을 유지하는 것처럼, 우리도 주님 안에 살 때에 비로소 생명을 지킬 수 있고, 생명을 지켜야 믿음의 열매를 맺을 수 있다는 것을 믿으시기 바랍니다.

둘째, "내 말이 너희 안에 거하면" 주님께서 성도 안에 거하셔야 합니다. 주님께서 말씀으로 성도와 동행하시면서 생명을 얻어 살 수 있고, 영적 생명이 있는 성도가 열매를 맺을 수 있습니다. "말씀이 육신이 되어 우리 가운데 거하시매 우리가 그의 영광을 보니 아버지의 독생자의 영광이요 은혜와 진리가 충만하더라"(요 1:14). 이 말씀을 묵상하면 너무나 마음에 감동이 되어 감사할 따름입니다. 주님은 하나님이시지만 사람의 몸을 입으시고 세상에 오셨는데, 가장 추악한 죄인인 우리 안에 거하신다니 그저 송구할 뿐입니다. 본질적으로 다른 존재는 하나가 될 수 없습니다. 그런데 주님께서 우리 안에 거하신다는 것은 초자연적인 현상으로밖에 생각할 수 없습니다. 주님의 말씀으로 열매 맺는 성도가 되시기 바랍니다.

2. 주님과 하나 되는 체험

거룩하신 주님께서 우리 안에 들어와 살아 계신다니 너무나 황공하여 두려워 견딜 수 없습니다. 정말 무슨 말을 해야 할지, 도저히 어떤 말도 할 수 없습니다. 여기에 신비한 은총이 있습니다. 주님께서 우리를 사랑하시기에, 우리를 선택하셨기에, 우리를 위해서 십자가에서 죽으셨기에 가능한 일입니다. 주님께서 우리에게 열매를 맺게 하시려는 목적이 있습니다. 두 존재가 한 몸이 되는 것은 마치 부부가 서로 사랑하며 한 몸을 이루는 것과 같습니다. 사도 바울이 "사람이 부모를 떠나 그의 아내와 합하여 그 둘이 한 육체가 될지니 이 비밀이 크도다 나는 그리스도와 교회에 대하여 말하노라"(엡 5:31-32)라고 말씀했습니다. 성도는 주님과 하나가 되는 신비스러운 영적 체험을 가져야 합니다. 주님과 하나가 되는 이 신비한 체험이 없이는 잘못 믿는 것입니다. 주님과 하나가 되는 은혜의 체험이 없이는 헛되이 믿는 것입니다. 잘못 믿으면 삶의 변화가 일어나지 않고 신령한 열매의 축복도 맺지 못합니다.

주님과 성도가 하나가 되는 신비한 체험이 있어야 신령한 축복의 열매를 맺게 됩니다. 우리가 주님 안에, 주님께서 우리 안에 계셔서 맺어지는 열매가 무엇입니까? 포도나무 열매인데, 포도열매는 단순한 과실에 그치지 않습니다. 성도가 삶을 통해서 맺는 모든 열매를 말합니다. 믿음의 열매, 사랑의 열매, 소망의 열매, 지식과 지혜의 열매, 섬김의 열매, 전도의 열매, 평안의 열매, 화목의 열매, 건강의 열매, 자녀의 열매, 명예와 권세의 열매, 재물의 열매 등 모두 헤아리기 어려운 많은 열매를 30배 60배 100배로 맺게 됩니다. 한마디로 신령한 부자가 된다는 말씀입니다. 성도가 신령한 부자가 되면 하나님께서 영광을 받으십니다.

성도가 열매를 맺는 비결은 기도하는데 있습니다. 주님께서 "무엇이든지 원하는 대로 구하라 그리하면 이루리라"(:7)고 말씀하셨습니다. 우리가 주님 안에 거하고, 주님의 말씀이 우리 안에 거하시면 무엇이든지 원하는 대로 구하면 이루리라고 약속하셨습니다. 우리가 원하는 것이 각자 다르겠지만 대략 열거하면 이런 것입니다. 우선 우리가 지금까지 지은 모든 죄를 사함 받는 것입니다. 구원의 확신을 받는 것, 영생을 얻는 것, 마음의 평안을 누리는 것, 하나님과 이웃과 가족이 화목 하는 것, 영혼과 육신의 생활이 즐거운 것, 몸이 건강한 것, 자식들이 잘 되는 것, 사업이 잘 되어 재물이 풍부한 것, 세상을 떠날 때 천국에 가는 것 등일 것입니다. 주님께서 성도들의 모든 소원이 이루어 주시겠다고 약속하셨습니다.

주님께서 우리가 원하는 모든 소원을 이루어주신다면 모든 것을 주님께 드려도 아까울 것이 없습니다. 비록 주님을 위해서 죽어도 좋습니다. 너무 감사하고 고마운 일이기 때문입니다. 성도는 이렇게 신비한 비밀을 깨달아야 합니다. 그래야 기적이 일어납니다. 기적은 우리의 평범한 일상에서 일어납니다. 일상에서 일어나는 기적을 크게 두 가지가 있습니다.

첫째의 기적은 기도의 응답으로 나타납니다. **"무엇이든지 원하는 대로 구하라 그리하면 이루리라"**(:7) 아멘. 우리가 하나님께 기도드리는 것이 무엇입니까? 기도하시는 진정한 소원이 무엇입니까? 아마 여러분 모두 오늘 교회에 오시면서 어떤 소원을 가지고 오셨을 것입니다. 조금 전에도 장로님께서 대표기도를 마치셨을 때에 우리 모두 '아멘' 하면서 소원을 이루어 달라고 기도했습니다. 우리는 너무 많은 기도가 있습니다. 당장 해결되어야 할 기도가 있습니다. 그런데 유감스러운 것은 우리가 기도한다고 모두 이루어지지는 않습니다.

당장 이루어지는 기도가 있는가 하면 당장 안 이루어지는 기도도 있습니다. 어떤 경우는 하나님께서 기도의 응답을 유보하시기도 합니다. 우리가 아무리 기도해도 어떤 기도가 안 이루어지는 것은 그 이유가 무엇인지 알아야 합니다. 그것은 기도하는 성도가 주님 안에 거하지 않고 있기 때문입니다. 다른 말로하면 주님의 뜻대로 기도하지 않기 때문입니다. 자신의 욕심으로 기도하기 때문입니다. 주님과 신령한 관계를 맺지 않고 혼자 아무리 지껄여 보아도 기도의 응답은 없습니다. 심히 안타까운 일입니다. 우선적으로 주님과 올바른 관계를 이루시고 주님께 기도하여 응답을 받는 성도가 되도록 기도하시기를 바랍니다.

둘째의 기적은 우리가 주님 안에 거하고, 주님께서 우리 안에 거하시면 열매를 많이 맺게 됩니다. **"너희가 과실을 많이 맺으면"** 일단 믿는 성도라면 열매를 맺어야 합니다. 열매는 여러 가지가 있습니다. 우선 자식들이 육신의 열매입니다. 믿음으로 낳아 기른 자녀가 하나님의 사람으로 곱게 자라서 주님의 교회와 국가와 사회에 쓰임 받는 사람이 되어야 합니다. 대단히 미안한 말씀이오나 성도의 자식이 잘 되고 못 되고 하는 것은 대부분 부모의 영향에 달려있습니다. 성도의 자식들이 교회와 사회에 쓸모 있는 사람이 되어야 합니다. 혹 쓸모없는 못된 사람이 된다는 것은 부모가 하나님과 사람들에게 부끄러운 일이 되고 맙니다. 그리고 주님을 믿는 성도라면 믿음의 열매가 있어야 합니다. 성령의 아홉 가지 열매를 사도 바울이 **"사랑과 희락과 화평과 오래 참음과 자비와 양선과 충성과 온유와 절제"**(갈 5:22-23)라고 말씀했습니다. 성도라면 이 가운데 하나라도 열매를 맺어야 합니다. 그래야 바로 믿는 성도라고 할 수 있습니다. 그래야 주님을 믿는 성도로서 부끄럽지 않을 것입니다.

무엇보다도 성도는 전도의 열매를 맺어야 합니다. 복음을 듣고 구원을 받았으면 한 사람에게라도 전도해서 영혼을 구원시키는 것이 복음의 빚을 갚는 것입니다. 평생에 한 사람도 전도하지 못하고 천국에 간다면 하나님 앞에 부끄러워서 얼굴을 들지 못할 것입니다. 모두 전도의 열매를 많이 맺으시기 바랍니다. 봉사와 섬김의 열매도 많이 맺어야 합니다. 다른 차원에서 생활에 필요한 재물의 열매도 맺어야 합니다. 서두에 말씀드린 것처럼 논과 밭에서 곡식이 자라나고, 성도의 생업이 흥왕하고 잘 되어 제물의 복이 넘쳐서 풍요롭게 사는 것은 복입니다. 먹고 살고 자식들 공부시키고, 불쌍한 이웃에게 선한 일을 많이 베풀고, 더 나아가서 주님의 제단에 예물을 풍성히 드려서 하나님과 사람들에게 흐뭇한 기쁨을 주는 것은 아무나 하지 못하는 참으로 귀한 일입니다. 어떻게 그런 제자의 복을 누릴 수 있을까요?

역시 원리는 간단합니다. 성도가 주님 안에 있어야 합니다. 돈 벌기 위해서, 또는 생업으로 주일을 범할 때가 있습니다. 이것은 실패의 직접적인 이유입니다. 감히 주님의 이름으로 약속할 수 있습니다. 주일을 거룩하게 잘 지키세요. 새벽 기도회부터 주일예배, 찬양예배를 온전히 드려보세요. 주일은 온종일 교회에서 생활하며 주님과 성도를 섬겨보세요. 수요기도회와 금요기도회도 정성껏 드려보세요. 그야말로 100% 신앙생활을 하면서 주님 안에서 생활해 보세요. 그리고 온전한 십일조 생활을 해보세요. 그리고 재물의 복이 들어오나 안 오나 시험해 보세요. 이렇게 하고도 복을 못 받는 성도가 있으면 주님께서 책임지십니다.

사랑하는 성도 여러분!

포도나무 가지는 줄기에 붙어 있어야 삽니다. 성도가 주님께 붙어 있어야 살고 열매를 맺을 수 있습니다. 포도나무 줄기가 가지에서 떨어지면 말라죽고 불에 태워지게 됩니다. 이것은 심판입니다. 성도가 주님의 몸 된 교회에서 벗어나고 주님과 영적인 관계를 유지하지 못하면 심령이 메마르게 됩니다. 심령이 메마르면 신령한 열매를 기대할 수 없습니다. 은혜가 없습니다. 삶이 고달파집니다. 갖가지 시험과 문제가 생깁니다. 육신으로도 가난에서 벗어나지 못합니다. 심한 경우에는 세상에 버려져서 주님이 오시는 날에 무서운 지옥 형벌을 면치 못하게 됩니다. 우리는 신앙고백을 통해서 주님의 제자가 되었다고 고백했습니다. 제자는 주님께 붙어 있어야 합니다. 주님 안에 있어 기도의 소원을 이루시기 바랍니다. 주님 안에 있어 열매를 많이 맺는 성도가 되도록 기도하시기를 주님의 이름으로 간절히 축원합니다.

[예화]

▣ 때가 이르면 열매를 거두리라

한국 전쟁이 막 끝나가던 어느 해 가을이었습니다. 미국의 오래건 주 유게네 마을 회관에는 종교 영화를 상영한다는 광고가 붙었습니다. 마을 사람들은 즐겁게 인사를 나누며 영화를 관람합니다. 그런데 그 영화는 종교영화라기 보다는 한국 전쟁이 낳은 고아들에 관한 영화였습니다. 영화의 끝은 처참하게 끝나면서 이들을 보살펴 줄 손길이 필요하다는 내용이었습니다. 영화가 끝나자 한 농부 부부는 영화에 관한 이야기를 나누면서 집으로 돌아갔습니다. "여보, 우리가 아무리 가난한 농부라지만 그 아이들을 잊을 수 없구려. 우리가 그 아이들을 위해 뭘 좀 할 수는 없겠소?" 이 농부 부부는 형편이 넉넉지 못해 마음은 원이었지만 실제로 도와주기에는 역부족이었습니다. 그렇지만 아무리 그 영화를 잊으려 해도 그 영화는 잊어지지 않았습니다. 자꾸만 그 전쟁고아들이 눈에 아른 거리고 그들을 도와주고 싶은 마음이 마음 깊은 곳에서 부터 점점 우러나왔습니다. 그래서 결국 그들은 내면(內面)의 소리에 정직하기로 하고는 생명 같은 땅을 팔아 직접 한국을 방문하게 됩니다. 와 보니 6.25 전쟁 직후의 한국은 정말 형편없었습니다. 영화에서 보던 대로 전쟁고아는 헤아릴 수도 없이 많았습니다. 그래서 이 농부 부부는 전쟁 혼혈고아 8명을 데리고 미국으로 돌아가게 됩니다. 이 사실이 신문에 나자 여러 단체에서 이들을 돕겠다는 일이 벌어지게 되었습니다. 그 후 이 농부 부부는 전쟁고아들을 돕는 기관을 만들게 되는데, 그렇게 해서 만들어진 기관이 홀트아동복지재단이라는 것입니다. 이걸 보면 홀트 씨 부부는 좋은 씨앗, 선한 씨앗만 심은 것뿐인데, 때가 이르매 홀트아동복지재단이라는 좋은 열매로 성장하게 되었다는 것입니다.

▣ 나무의 열매

나무는 어떠한 모양으로든 반드시 꽃을 피웁니다. 그것이 화려하든 보잘 것 없든, 크든 작든 간에 상관없이 말입니다. 그래서 목지필화(木芝必花)라는 말이 생겨난 것입니다. 무화과는 꽃이 없는 나무라는 뜻이지만, 안을 들여다보면 속으로 꽃을 피우고 있는 것을 알 수 있습니다. 그리고 한번 핀 꽃은 어떤 형태로든 반드시 열매를 맺습니다. 우리는 주님께서 기르시는 나무와도 같습니다. 때문에 반드시 꽃을 피우며 그 꽃에 상응하는 열매를 맺어야 합니다. 그리스도의 향기를 내지 못하는 기독교인은 가짜입니다. 농부가 열매를 맺지 못하는 가지를 잘라버리듯, 하나님께서는 영적 열매를 맺지 못하는 가짜 백성들을 배척하십니다. 그러나 우리가 삼십 배, 육십 배, 백 배에 이르는 열매를 맺으려 노력한다면 하나님께서는 더욱 크게 자라나도록 인도해 주십니다. 그래서 좋은 열매를 맺은 사람은 더욱 받아서 풍성해지고 과실을 맺지 못한 사람은 하나님의 나라에서 버림을 받습니다. "무릇 내게 붙어 있어 열매를 맺지 아니하는 가지는 아버지께서 그것을 제거해 버리시고 무릇 열매를 맺는 가지는 더 열매를 맺게 하려 하여 그것을 깨끗하게 하시느니라" (요 15:2).

제목 : 복음의 씨앗을 심는 전도 | 본문 : 로마서 10:9-15

요한은 미국 샌프란시스코 인근의 로열 더 힐이라는 작은 마을에 살았습니다. 그는 젊은 집배원으로 약 40km(100리)의 길을 매일 왕래하며 우편배달을 했습니다. 그가 어느 날 길에 모래먼지가 뿌옇게 쌓여있는 걸 보고 '비가 오나 바람이 부나 하루도 빠짐없이 다녀야 하는 길이 이렇게 황폐하여 앞으로도 오랫동안 흙먼지를 마시며 다녀야 한단 말인가.'라고 고민했습니다. 요한은 정해진 길을 매일 왕래하다가 그대로 인생이 끝나버릴지도 모른다는 황망한 생각이 들었습니다. 요한은 풀 한 포기, 꽃 한 송이 피어 있지 않은 모랫길을 걸으며 깊은 근심에 빠졌습니다. 그러다가 문득 무릎을 치며 혼잣말로 중얼거렸습니다. "어차피 나에게 주어진 책임을 매일 반복하는 일이라면 그냥 구경만 할 수는 없지 않은가? 그래, 내가 아름다운 마음으로 나의 일을 하자! 아름답지 않은 것을 아름답게 만들면 되지 않겠는가?"

요한은 다음날부터 주머니에 들꽃 씨앗을 넣어 가지고 다니면서 우편물을 배달하는 시간마다 짬짬이 들꽃 씨앗들을 길가에 뿌렸습니다. 그가 40km(100리)의 길을 왕래하며 하루도 빠짐없이 들꽃 씨앗을 뿌렸습니다. 이렇게 여러 해가 지나자 그가 걸어 다니는 길 양편에 노랑, 빨강, 초록색의 꽃들이 피어났습니다. 봄이면 봄꽃들이 활짝 피어났고, 여름에는 여름에 꽃들이 곱게 피어나고, 가을이면 가을꽃들이 쉬지 않고 피어나 요한을 환영했습니다. 요한은 꽃들을 바라볼 때마다 고독하거나 외롭지 않고 행복한 생각을 했습니다. 마을 사람들은 거리에 이어진 울긋불긋한 꽃길에서 휘파람을 불며 우편물을 배달을 하는, 수채화같이 아름다운 요한의 뒷모습을 보다가 자기들도 길가에 꽃씨를 심었다고 합니다.

우리들이 모두 화훼업자는 아니지만 여러 종류의 씨앗을 뿌리고 있습니다. 우리는 매일 말의 씨앗, 친절의 씨앗, 선행의 씨앗, 희망의 씨앗, 건강의 씨앗, 근로의 씨앗, 공부의 씨앗, 믿음의 씨앗, 소망의 씨앗, 사랑의 씨앗, 기도의 씨앗, 복음의 씨앗을 뿌립니다. 이러한 긍정적인 씨앗을 뿌리는 성도는 하나님께 축복을 받습니다. 그런데 어떤 사람은 게으름의 씨앗, 교만의 씨앗, 거짓의 씨앗, 탐욕의 씨앗, 악의 씨앗, 간음의 씨앗, 저주의 씨앗을 뿌립니다. 이러한 부정적인 씨앗을 뿌리고 복 받고 잘되기를 바라는 어리석은 사람이 있습니다. 부정적인 씨앗을 뿌리는 사람은 하나님의 축복을 받지 못합니다. 우리는 지금 어떤 씨를 뿌리고 있는 사람입니까? 오늘 밤에는 복음의 씨를 뿌리는 성도가 되도록 기도하겠습니다.

1. 복음의 좋은 씨앗을 뿌리는 성도

우리가 무엇을 심든지 심은 대로 거둡니다. 사도 바울이 "가르침을 받는 자는 말씀을 가르치는 자와 모든 좋은 것을 함께 하라 스스로 속이지 말라 하나님은 업신여김을 받지 아니하시나니 사람이 무엇으로 심든지 그대로 거두리라 자기의 육체를 위하여 심는 자는 육체로부터 썩어질 것을 거두고 성령을 위하여 심는 자는 성령으로부터 영생을 거두리라 우리가 선을 행하되 낙심하지 말지니 포기하지 아니하면 때가 이르매 거두리라 그러므로 우리는 기회 있는 대로 모든 이에게 착한 일을 하되 더욱 믿음의 가정들에게 할지니라"(갈 6:6-10)라고 말씀했습니다. 우리에게 "착한 일"이란 여러 가지가 있겠지만, 무엇보다도 가장 중요한 것은 복음을 전하는 것입니다. 복음의 씨앗을 뿌리는 것보다 더욱 좋고 착한 일은 없습니다.

사자성어에 자승자박(自繩自縛), 인과응보(因果應報), 사필귀정(事必歸正), 권선징악(勸善懲惡)이란 말이 있습니다. 한 마디로 말하면 자신이 심은 대로 거둔다는 뜻입니다. 가라지를 심고 보리를 기대하는 사람도 있고, 악습을 심고 고매한 품성을 기대하는 사람도 있습니다. 남의 인격을 멸시하고 악담하면서도 남에게 존경받기를 기대해서는 안 됩니다. 우리가 육신대로 살면 허무와 멸망을 거둡니다. 사도 바울이 "육신의 생각은 사망이요 영의 생각은 생명과 평안이니라 육신의 생각은 하나님과 원수가 되나니 이는 하나님의 법에 굴복하지 아니할 뿐 아니라 할 수도 없음이라 육신에 있는 자들은 하나님을 기쁘시게 할 수 없느니라"(롬 8:6-8)라고 말씀했습니다. 육신을 위해서 심지 말고 생명과 평안을 위해 심으시기 바랍니다.

복음의 좋은 씨앗을 뿌립시다. 복음은 부끄러운 것이 아닙니다. 복음은 구원의 기쁜 소식입니다. 사도 바울이 "복음은 하나님이 선지자들을 통하여 그의 아들에 관하여 성경에 미리 약속하신 것이라 그의 아들에 관하여 말하면 육신으로는 다윗의 혈통에서 나셨고 성결의 영으로는 죽은 자들 가운데서 부활하사 능력으로 하나님의 아들로 선포되셨으니 곧 우리 주 예수 그리스도시니라"(롬 1:2-4)라고 말씀했습니다. 이 말씀처럼 복음은 자랑스러운 것입니다. 복음은 성령의 영으로 죽은 사람들 가운데서 부활하신 하나님의 아들이신 예수님이시기 때문입니다. 복음은 믿는 성도에게 영생을 줍니다. 복음은 결단코 부끄러운 것이 아닙니다.

사도 바울이 "내가 복음을 부끄러워하지 아니하노니 이 복음은 모든 믿는 자에게 구원을 주시는 하나님의 능력이 됨이라 먼저는 유대인에게요 그리고 헬라인에게로다 복음에는 하나님의 의가 나타나서 믿음으로 믿음에 이르게 하나니 기록된 바 오직 의인은 믿음으로 말미암아 살리라 함과 같으니라"(롬 1:16-17)라고 말씀했습니다. 구원과 영생을 주는 복음의 씨앗을 자랑스럽게 뿌립시다. 모든 사람에게 믿음으로 믿음에 이르게 하는 복음의 좋은 씨앗을 뿌려서 온 누리에 생명이 번져나가게 하는 성도가 되도록 기도하시기를 간절히 바랍니다.

2. 울면서 전도하는 성도

씨앗을 뿌린다는 것은 결코 쉬운 일이 아닙니다. 그러나 기쁨으로 단을 거두기 위해서는 눈물을 흘리면서도 씨앗을 뿌려야 합니다. 시인은 "울며 씨를 뿌리러 나가는 자는 반드시 기

뿜으로 그 곡식 단을 가지고 돌아오리로다"(시 126:6)라고 노래했습니다. 시인의 노래에 깊은 뜻이 있습니다. 하나님의 약속을 믿는 성도는 눈물을 흘리면서라도 씨앗을 뿌려야 합니다. 70년이란 긴 세월 동안 버려졌던 예루살렘의 황폐한 땅이 소생하기 위해서는 씨앗이 필요했습니다. 잡초만이 무성하던 땅이 풍성한 식물의 보고가 되기 위해서는 생명력이 있는 씨앗들이 필요했던 것입니다. 이렇듯이 씨앗은 결실을 위한 가장 기본적 요소입니다.

영적으로 볼 때 욕구는 풍요와 번영을 바라는 데 있지만 실상 영혼을 충족케 할 수 있는 것을 찾지 못하여 정신문명은 물질문명과 반대로 쇠잔과 부패를 거듭하게 되었습니다. 이 같은 상황은 성도들의 임무를 너무나 명약관화하게 보여주고 있습니다. 이스라엘 백성들이 황무한 토지와 흙먼지가 일고 있는 밭두렁 위에 씨앗을 뿌린 것처럼, 성도는 복음을 씨앗을 황폐한 세상의 현장 속으로 뛰어 들어가야 합니다. 이스라엘 백성들은 홍해를 건너 거친 광야 길을 통과한 후에야 젖과 꿀을 흐르는 약속의 땅 가나안에 이르게 되었습니다.

이것이 하나님께서 주시는 보상의 법칙이며, 이 법칙은 언제 어디서나 하나님께서 사랑하시는 성도들에게 변함없이 적용하십니다. 모세, 여호수아, 기드온 그밖에 구약 시대의 모든 선지자들도 눈물을 흘리며 하나님의 말씀을 씨앗으로 뿌렸습니다. 아울러 그들이 눈물로 하나님의 말씀을 씨앗으로 뿌린 후에 때가 이르러 기쁨으로 단을 거두었습니다. 주님의 제자들과 사도 바울도 엄청난 고난을 당하며 눈물로 복음의 씨앗을 땅 끝까지 뿌렸습니다.

씨앗을 뿌린 사람은 틀림없이 단을 거두게 됩니다. 추수에 대한 소망은 현재의 고난을 감당할 수 있습니다. 이스라엘 백성들이 씨앗을 뿌리는 일을 계속한 이유는 그들에게 추수에 대한 소망이 있었기 때문입니다. 하나님은 이 세상에서 하나님의 구별된 백성으로 살아가며, 그의 구원을 증거 하는 성도들에게도 바로 이와 같은 소망을 주십니다. 따라서 성도는 복음을 전하는 일과 말씀대로 사는 것 때문에 비난을 받을 수 있습니다. 여러 가지 고달픈 상황에 직면하게 될 수 있습니다. 그럴지라도 우리는 결코 낙심하지 말아야 합니다. 성경은 장차 받을 성도의 영광에 대한 소망이 얼마나 큰 것인가를 말해 주기 때문입니다.

사도 바울이 "생각하건대 현재의 고난은 장차 우리에게 나타날 영광과 비교할 수 없도다"(롬 8:18)라고 말씀했으며, 사도 요한은 "너는 장차 받을 고난을 두려워하지 말라 볼지어다 마귀가 장차 너희 가운데에서 몇 사람을 옥에 던져 시험을 받게 하리니 너희가 십 일 동안 환난을 받으리라 네가 죽도록 충성하라 그리하면 내가 생명의 관을 네게 주리라"(계 2:10)라고 말씀했습니다. 이렇게 눈물로 씨를 뿌리며 환난과 고통을 당해도 현재 성도가 받은 고난과 족히 비교할 수도 없는 영광과 생명의 면류관이 있다고 말씀했습니다. 그러므로 우리는 하나님의 약속을 의지하여 현재의 고난을 당할지라도 소망 가운데 살아야 하겠습니다.

결실(結實)은 하나님의 약속입니다. 이스라엘 백성들은 자신들의 역사를 돌이켜 보면서 하나님께서 신실하심을 체험했습니다. 이스라엘 백성들은 절망적이고 핍절한 중에도 하나님의 약속을 붙잡았습니다. 그들에게 약속하신 대로 이루어 주셨던 하나님께서 오늘도 동일하게 우리들에게 약속하셨습니다. 그리고 그 약속을 성취해 주십니다. 하나님의 말씀에 의지하여 복음의 씨앗을 뿌리는 성도마다 결실케 하시는 하나님의 축복을 체험하게 되실 것을 믿습니다. 우리가 눈물을 흘리면서라도 복음의 씨앗을 뿌리면 틀림없이 거두게 되어 있으니 힘들어도 개미처럼 열심히 주님을 위해서, 그리고 자신을 위해 수고하시기 바랍니다.

3. 인내로 전도하는 성도

힘들어 눈물을 흘려도 웃을 때가 있습니다. 우선 우리는 행운(幸運)과 행복(幸福)은 서로 다르다는 것부터 알아야 합니다. 왜냐하면 행운(幸運)과 행복(幸福)을 혼동하면 참된 행복을 얻기가 어렵게 되기 때문입니다. 행운이란 것은 아무런 수고함도 없이 우연히 거저 얻어지는 복권과 같은 것입니다. 복권이 당첨되어 수억 원을 얻게 되지만 하루아침에 없어집니다. 그러나 참된 행복은 저절로 얻어지는 것이 아닙니다. 많이 애쓰고 수고하며 때로는 눈물까지도 아낌없이 흘려야 얻어지는 것이 행복이기 때문입니다. 여기서 말하는 행복이란, 하나님께서 주시는 복을 가리키기 때문에 이런 행복을 얻기 위해서는 기도해야 합니다.

예수님께서 **"애통하는 자는 복이 있나니 그들이 위로를 받을 것임이요"**(마 5:4)라고 말씀하셨습니다. 그러므로 우리는 하나님께서 주시는 참된 행복을 얻기 위해서 어떤 고통이나 애통도 사양하지 말아야 할 것입니다. 모든 사람들이 행복과 기쁨을 추구하며 그들의 삶을 최선을 다해 살아가는 것은, 역설로 그들의 삶에서 눈물이나 아픔을 원하지 않는다는 것입니다. 사람들은 많은 일에 욕심이 있고, 다른 이보다 더 많은 제물을 소유하기를 원해서 혈안이 되어 살아가지만 눈물을 흘리기 원하는 사람은 아무도 없습니다.

눈물로 믿음의 씨를 뿌립시다. 우리 주위를 보면 믿음을 지키기 위해 많은 핍박과 환난을 당하는 성도들을 자주 볼 수 있습니다. 어떤 성도들은 가족들의 핍박을 받기도 하고, 직장에서 불이익을 당하기도 하고, 금전적인 손해를 보기도 하고, 어떤 학생들은 학업에 지장을 받기도 합니다. 이처럼 이 세상에서 믿음을 지키는 것은 결코 쉬운 일이 아닙니다. 오히려 눈에서 눈물이 나오는 어렵고 힘든 일입니다. 그래서 때로는 중간에 믿음을 포기하고 싶은 생각이 드는 성도도 있습니다. 그러나 결코 믿음을 포기해서는 안 됩니다. 오히려 눈물을 흘리면서 우리의 삶에 더욱 믿음의 씨앗을 뿌려야 합니다. 왜냐하면 눈물로 믿음의 씨앗을 뿌린 성도는 전도하여 하나님에게 축복의 열매를 100배 이상 거두게 되기 때문입니다.

눈물로 전도의 씨앗을 뿌려야 합니다. 남에게 전도하는 것은 결코 쉬운 일이 아닙니다. 전도하다 보면 온갖 핍박과 고난을 많이 당하게 됩니다. 손가락질하는 사람을 만나기도 하고,

시끄럽다 욕하는 사람, 예수에 미쳤다고 놀리는 사람, 심지어 어떤 때는 매를 맞는 고난을 당하기도 합니다. 이처럼 전도의 씨앗을 뿌린다는 것은 눈물이 없이는 되지 않습니다. 그러나 성도들은 결코 눈물로 전도의 씨를 뿌리기에 주저해서는 안 됩니다. 왜냐하면 **"많은 사람을 옳은 데로 돌아오게 한 자는 별과 같이 영원토록 빛나리라"**(단 12:3)라고 말씀하셨기 때문입니다. 비록 지금 전도하는 것이 눈물 나도록 힘들고 어렵더라도 하나님께서 전도를 위해 흘린 우리의 눈물을 기억하시고 영광의 상급으로 갚아 주실 것을 믿습니다.

사랑하는 성도 여러분!

추수하기 위해서는 씨앗을 뿌려야 합니다. 속담에 '콩 심은 데 콩 나고 팥 심은 데 팥 난다'는 말이 있습니다. 똑같은 이치로 행복을 심으면 행복을 거둡니다. 반대로 불행을 심으면 불행을 거둡니다. 눈물을 흘리면서 복음의 씨앗을 심으면 반드시 복음을 거두게 되어 있습니다. 이것은 진리이고 하나님께서 정하신 원칙입니다. 복음의 씨앗을 뿌리면 잃은 것을 찾는 기쁨이 있습니다. 주님의 세 가지 비유가 있는데(잃은 양 비유ㆍ잃은 드라크마 비유ㆍ탕자 비유), 이들은 잃어버린 것을 찾는 원리입니다(눅 15장). 양을 찾는 목자는 성자의 모습이요, 드라크마를 찾는 여인은 성령의 모습이요, 아들 찾는 아버지는 성부의 모습입니다.

성부ㆍ성자ㆍ성령 삼위일체 하나님께서 잃어버린 사람을 모조리 찾는다는 영적인 귀한 뜻이 있습니다. 성도에게 삼위일체 하나님을 위해서 구원의 복음을 전파할 사명이 주어졌습니다. 하루하루 삶 속에서 사랑의 씨앗, 믿음의 씨앗, 소망의 씨앗, 용서의 씨앗, 자선의 씨앗, 선행의 씨앗, 복음의 씨앗을 눈물을 흘리면서 뿌려서 기쁨으로 단을 거두어서 하나님의 이름을 영화롭게 하는 성도가 되도록 기도하시기를 주님의 이름으로 간절히 축원합니다.

[예화]

▣ 전도의 열매

19세기 미국의 부흥 전도자 무디 목사는 수십만 명을 주님께로 인도했고, 특히 주일학교 교육의 중요성을 일깨운 분으로 유명하다. 그는 하루에 한 사람에게 반드시 복음을 전한다는 목표를 세웠다. 그런데 어느 하루는 아무에게도 전도하지 못했다. 그날 밤 잠 자리에 들었으나 책임을 완수하지 못한 죄책감 때문에 잠이 오지 않았다. 그는 다시 옷을 입고 거리로 나갔다. 밤중에 거리에 서서 말씀으로 권유할 대상자를 찾는데, 한 술 주정꾼을 만났다. 그는 다짜고짜 다가가서 "예수님을 아시나요?"라고 물었다. 그 술주정꾼은 '예수'라는 말을 듣자마자 화부터 벌컥 내었다. 무디는 기다시피 하여 집으로 돌아왔는데, 그 후 3개월이 지나 문을 두드리는 소리를 들었다. 나가서 문을 열어보니 예전의 그 술주정꾼이었다. 그 술주정꾼이 고백하기를 그날 밤 예수님을 아냐는 말에 크게 화를 냈으나 그로부터 그 말이 내내 귓전에서 떠나지 않아 예수를 믿기로 했다는 것이었다. 복음의 씨는 무디가 뿌렸으나 씨가 자랄 텃밭의 심령은 성령께서 내내 붙들고 계셨던 것이다. '예수'라는 형체도 없는 작은 씨가 그 박토의 텃밭에 뿌려져 묻히고 뿌리를 내려 계속 자라고 있었음을 보게 된다. 그러기에 시편 기자는 "눈물을 흘리며 씨를 뿌리는 자는 기쁨으로 거두리로다" (시 126:5)라고 말씀하였다.

▣ 복음 전도

1982년 일본 NHK 방송이 실시한 여론조사에 "당신이 지금 종교를 갖는 다면 어떤 종교를 갖겠습니까?" 라는 질문이 있었습니다. 이 질문에 대한 응답자의 36%가 기독교를 갖고 싶다고 대답했습니다. 그런데 현재 일본의 기독교인은 전체 인구의 1%도 채 안 되는 실정입니다. 물론 그때 대답했던 사람들은 단지 기독교의 외형적인 면만을 보고 응답한 것일 수도 있습니다. 또한 우리의 전도가 부족해서 아직 그들에게까지 복음이 미치지 못한 이유도 있을 것입니다. 하나님 나라는 확장되었습니다. 이스라엘이라는 중동의 작은 나라에서부터 시작된 하나님의 계시는 예수 그리스도에 의해 전 세계로 확정되었습니다. 지금도 복음의 확장은 계속 되고 있습니다. 주님께서는 그리스도인을 전도자로 부르셨습니다. 내 이웃으로부터 바다 건너 이웃한 나라와 세상 끝까지, 그리스도인에게 주어진 땅은 무궁무진합니다. 세상의 기업이나 정치적 이해 관계에서나 아니라 믿는 사람들이 그리스도의 복음으로 세계 경영에 나서야 할 때입니다. "예수께서 나아와 말씀하여 이르시되 하늘과 땅의 모든 권세를 내게 주셨으니 그러므로 너희는 가서 모든 민족을 제자로 삼아 아버지와 아들과 성령의 이름으로 세례를 베풀고 내가 너희에게 분부한 모든 것을 가르쳐 지키게 하라 볼지어다 내가 세상 끝날까지 너희와 항상 함께 있으리라 하시니라" (마 28:18-20).

제목 : 진정한 감사 | 본문 : 고린도후서 9:6-15

한 권사님이 급성위경련으로 대학병원 응급실에서 하나님께 기도했습니다. "하나님! 한 번만 살려주십시오." 하나님께서 권사님에게 20년을 더 살 것이라고 응답해 주셨습니다. 하나님의 응답대로 그 권사님이 곧 회복되자, 신바람이 나서 퇴원도 미루고 성형외과에 찾아가서 얼굴을 전부 고쳐버렸습니다. 퇴원하는 날, 권사님이 병원 앞길을 건너다가 교통사고를 당해서 세상을 떠났습니다. 황당한 권사님이 천국에 가서 하나님께 항변했습니다. "하나님, 제게 20년을 더 살게 해주시겠다고 응답하지 않았습니까?" 그러자 하나님께서 "아이고! 애야. 네 얼굴이 완전히 바뀌는 바람에 내가 너를 전혀 몰라보았구나."고 대답하셨습니다.

이 예화는 물론 어느 만담가가 지어낸 이야기입니다. 미국 속담에 "프라이팬에서 뛰어나와 불 속으로 뛰어든다."는 말이 있습니다. 변하더니 더 나빠졌다는 뜻입니다. 하나님의 은혜를 망각하고 함부로 날뛰면 생각지도 못했던 불행이 닥칠 수도 있습니다. 받은 복을 베풀 줄 모르고 자신만을 위해서 사용할 때에 오히려 받지 못했을 때보다 나빠질 수 있습니다. 사랑을 받는 사람은 많아도 감사하는 사람은 적습니다. 원망과 불평을 하는 사람은 많아도 감사하는 사람은 적습니다. 감사는 하나님의 마음이 움직입니다. 감사는 자연을 움직이고, 우주를 움직입니다. 감사하면 자신의 몸과 정신, 그리고 영혼까지 건강해집니다. 감사는 치유와 축복을 끌어 오는 자석과 같습니다. 감사하면 가정과 공동체가 화목하고 행복해집니다.

우리가 언제나 마시는 물도 앞에 놓고 진정으로 감사하면 물에 변화가 나타난다고 합니다. 이른바 21세기의 탈레스라고 하는 에모토 마사루(江本勝, 1943.7.22.~) 교수는 『물은 답을 알고 있다』라는 책에서 감사가 물에 끼치는 놀라운 영향력을 분석했습니다. 그 책에 '사랑, 감사,' '고맙다'와 '미움, 배반, 망할 놈'라는 문자를 물이 담긴 그릇에 붙여 하룻밤을 얼려서 다음 날 전자 현미경으로 관찰한 물의 결정체 사진이 실려 있습니다. '사랑, 감사,' '고맙다'라는 문자를 붙인 물의 결정은 굉장히 아름다운 반면에 '미움, 배반, 망할 놈'이라는 문자를 붙인 물의 결정은 형태가 이지러져 험하게 변한 모양이 되어 있었습니다.

에모토 마사루 교수는 '감사'라는 말은 각국에서 사용하는 언어는 달라도 똑같은 반응을 보인다는 사실을 강조합니다. '감사'라는 말을 일본어, 영어, 독일어, 이태리어, 한국어 등 몇 가지 언어로 물에게 보여 주고 결정 사진을 찍으면, 어느 나라 말이건 잘 정돈된 깨끗한 형태가 나타났습니다. 한편, '망할 놈' 등 사람을 저주하는 말은 결정이 제멋대로 부서져 있어 보기에도 처참했습니다. 물로 사람의 말에 감정을 가지고 있다니 놀라운 일입니다.

물에게도 감사하면 변화가 나타나는데, 하물며 사람과 하나님의 마음은 어떠하시겠습니까? 감사는 사람을 변화시킵니다. 괴팍한 옹고집도 감사하다는 말에는 미소를 지을 수밖에 없습니다. 감사는 하나님을 움직일 수 있습니다. 하나님께 드리는 감사의 기도는 은혜와 축복을 가져오는 기막힌 축복의 열쇠입니다. 여러 종류의 기도가 있지만 "감사합니다."라는 기도는 성숙한 기도이며 기적을 창조하는 성령 충만한 기도입니다. 기독교 신비주의의 대가인 마이스터 엑크하르트(Meister Eckhart)는 "당신이 평생 동안 기도를 단 한 번밖에 드리지 않았는데, 그 기도가 '감사합니다.'였다면 자신의 삶은 그걸로 충분하다."라고 말했습니다.

1. 넉넉한 감사

감사의 종류에 '넉넉한 감사'가 있는가 하면, '옹졸한 감사'가 있습니다. 감사의 예물을 하나님께 드리기는 하는데 풍성하게 봉헌하는 성도가 있지만, 어쩔 수 없이 마지못해서 의무적으로 드리는 교인도 있습니다. 사도 바울이 "**심는 자에게 씨와 먹을 양식을 주시는 이가 너희 심을 것을 주사 풍성하게 하시고 너희 의의 열매를 더하게 하시리니 너희가 모든 일에 넉넉하여 너그럽게 연보를 함은 그들이 우리로 말미암아 하나님께 감사하게 하는 것이라**"(:10-11)고 말씀했습니다. 하나님은 부족이 없으시지만 넉넉한 감사를 원하십니다.

"**심는 자**"는 감사의 씨를 심는 성도입니다. 사도 바울이 "**이것이 곧 적게 심는 자는 적게 거두고 많이 심는 자는 많이 거둔다 하는 말**"(:6)이라고 말씀했습니다. 감사의 씨를 적에 심으면 적게 거두고, 많이 심으면 많이 거둔다는 평범한 진리에 우리는 순응해야 합니다. "**주시는 이**"는 하나님을 말합니다. '주시다'의 헬라어 '카리토'는 '은혜가 넘치는'이라는 의미의 말입니다. "**심는 자에게 씨와 먹을 양식을 주시는**" 하나님께서 우리에게 먹을 양식을 은혜로 공급해 주시고, 감사의 씨를 풍성하게 하시며, 의의 열매를 넉넉하게 하신다는 말씀입니다. 모든 일에 부요하신 하나님은 우리로 말미암아 넉넉히 감사하게 하십니다.

우리는 "**범사에 감사하라**"(살전 5:18)라는 말씀을 모든 것에 감사하라는 뜻으로 받아들여야 합니다. 모든 것에 감사하는 것은 행복한 일입니다. 우리는 언제나 하나님께서 베풀어주신 풍성한 은혜로 인하여 감사하게 됩니다. 하나님의 은혜 안에서 모든 것에 감사하는 성도들입니다. 그러나 적당하게 감사하면 왠지 부족한 느낌이 듭니다. 모든 것을 다 소유하신 하나님을 믿는 우리는 감사의 폭을 넓혀서 넉넉한 감사를 드리는 차원으로 나아가야 합니다.

감사의 가치는 크기나 분량에 있는 것이 아니라 마음에 있습니다. 무엇을 얼마나 바칠 것이 아니라 어떤 마음으로 바치느냐에 따라서 감사의 가치가 달라진다는 것입니다. "**각각 그 마음에 정한 대로 할 것이요 인색함으로나 억지로 하지 말지니 하나님은 즐겨 내는 자를 사랑하시느니라 하나님이 능히 모든 은혜를 너희에게 넘치게 하시나니 이는 너희로 모든 일에 항상 모든 것이 넉넉하여 모든 착한 일을 넘치게 하게 하려 하심이라**"(고후 9:7-8).

우리는 감사의 폭을 넓힙시다. 십일조나 주정예물, 생일과 무슨 기념일에 드리는 예물, 추수감사예물 등의 차원을 뛰어넘어서 아무 조건 없이 드리는 감사가 넉넉한 감사입니다. 쩨 쩨하게 이유나 숫자를 따지지 말고 아무 조건 없이 드리는 감사가 넉넉한 감사입니다. 주님 께서 "너희 보물 있는 곳에는 너희 마음도 있으리라"(눅 12:34)라고 말씀하셨습니다. 넉넉한 마음으로 하늘나라에 보물을 쌓아두면 마음의 부자가 된다는 사실을 믿으시기 바랍니다.

2. 넘치는 감사

컵에 물이 절반 이하로 있는 것보다 넘칠 정도로 채워지면 마음이 흐뭇합니다. 그래서 사 도 바울이 "이 봉사의 직무가 성도들의 부족한 것을 보충할 뿐 아니라 사람들이 하나님께 드리는 많은 감사로 말미암아 넘쳤느니라"(:12)라고 말씀했습니다. 성도에게 각자 "봉사의 직무"가 있습니다. 주님의 몸 된 교회에서는 직분의 서열은 없습니다. 주님을 교회의 머리 로 한 이상 모든 직분은 평등합니다. 하지만 "봉사의 직무"는 분량이 다릅니다. 엄격히 말해 서 봉사의 직무의 분량은 누가 정해주는 것이 아니라 자기 스스로 정하는 것이 좋습니다.

여기에서 "봉사의 직무"는 하나님께 드리는 '예배의식'을 의미합니다. 사도 바울이 "저희 가 기뻐서 하였거니와 또한 저희는 그들에게 빚진 자니 만일 이방인들이 그들의 영적인 것을 나눠 가졌으면 육적인 것으로 그들을 섬기는 것이 마땅하니라"(롬 15:27)라고 말씀했습니다. 성도들이 기뻐서 드리는 예배, 스스로 드리는 예물, 감격하여 드리는 찬양 등 많은 감사로 말 미암아 은혜를 넘치게 받습니다. 넘치는 감사는 예배의 모든 것을 포함하고 있습니다.

감사는 은혜의 온도계와 유사합니다. 감사가 넘치면 은혜도 넘치고, 감사가 줄면 은혜도 줄어듭니다. 감사의 기초가 흔들리지 않으면 어떤 상황에서도 살아갈 수 있습니다. 감사는 죄와 허물로 멸망하여 지옥에 갈 수밖에 없는 우리를 살리기 위해 십자가에서 죽으신 예수 님의 구속에 대한 보답입니다. 우리의 죄를 사하시고 하나님의 자녀로 삼으신 은혜에 대한 감사입니다. 하나님의 영원한 나라를 유업으로 주신 하나님의 은혜에 대한 감사입니다.

감사의 뿌리를 예수 그리스도에게 두어야 합니다. 감사를 세상의 형편과 조건에 뿌리를 두면 감사는 본질을 잃고 추락하게 됩니다. 감사가 나오지 않습니다. 그러나 예수 그리스도 의 십자가에 뿌리를 박을 때에 감사가 나오고, 넘치는 감사를 할 수 있습니다. 세상에서 가 장 불쌍한 사람은 감사할 줄 모르는 사람입니다. 넘치는 감사는 영적인 감각이 탁월한 성도 가 할 수 있습니다. 영적인 감각을 키우는 방법은 감사를 생활화 하는 것입니다. 감사의 생 활화는 범사에 넘치게 감사하는 것입니다. 예수님은 오천 명을 앞에 두시고도 오병이어로 감사하셨습니다. 작은 것, 적은 것에도 감사하면 하나님은 몇천 배로 넘치게 축복하십니다.

3. 즐겨 봉헌하는 감사

사도 바울이 "말할 수 없는 그의 은사로 말미암아 하나님께 감사하노라"(:15)라고 말씀했습니다. 감사의 가치는 즐겨내는 데에 있습니다. 간혹 억지로 마지못해서 감사의 예물을 드리는 분이 있습니다. 그래서 감사하라는 말씀하기가 두렵습니다. 감사하라는 말씀은 성도가 은혜와 축복 받으라는 메시지입니다. 여기서 분명한 것은 감사와 은혜, 감사와 축복은 연결되어 있다는 것입니다. 이를 분리해서는 어떤 방법으로도 감사를 설명한 도리가 없습니다.

"말할 수 없는 그의 은사로 말미암아 하나님께 감사하노라" 말할 수 없는 은사는 말할 수 없는 은혜를 깨닫게 하고, 말할 수 없는 축복은 말할 수 없는 감사로 말미암아 옵니다. 이게 바로 즐겨내는 감사입니다. 사도 바울이 "각각 그 마음에 정한 대로 할 것이요 인색함으로나 억지로 하지 말지니 하나님은 즐겨 내는 자를 사랑하시느니라"(고후 9:7)라고 말씀했습니다. 하나님께 감사의 예물을 바칠 때에 체면 때문에 마지못해서 바치는 분이 있습니다. 억지로 괴로워하며 신음하면서 바치는 분들입니다. 참된 감사는 그런 것이 아닙니다. 가장 큰 행복은 바치는 데 있습니다. 사실상 마지못해서 바치는 자는 진실한 의미에서 결코 바치는 자들이 아닙니다. "하나님은 즐겨 내는 자를 사랑하시느니라" 다 같이 따라서 하십시다. "하나님은 즐겨 내는 자를 사랑하시느니라" 네, 감사합니다. 자신의 행복은 주는 데 있으며, 하나님은 성도의 행복을 보고 즐거워하십니다. 즐겨내는 성도가 되시기 바랍니다.

『감사의 힘』의 저자 데보라 노블은 감사를 통해 성공한 사람들을 만나게 되면서 감사에 대한 연구를 시작했습니다. 그녀의 연구에 따르면 지금의 모든 나라와 민족들이 말을 가르칠 때 '엄마, 아빠' 다음으로 가르치는 말이 '감사합니다.'라고 합니다. 그리고 우리가 감사의 마음을 품기까지는 0.3초의 시간이 걸리지만 그 짧은 시간에 다음과 같은 변화가 일어납니다. 첫째, '감사합니다.' 라는 말이 뇌에 전달되면 시상하부에서는 마음의 안정을 가져다주는 물질이 나와 면역체계를 활성화시키고, 하루에 감사의 인사를 2번만 해도 면역력이 눈에 띄게 좋아진다고 합니다. 둘째, 감사할 때와 웃을 때에 우리 몸에서 엔도르핀이 가장 많이 생성됩니다. 셋째, 감사를 표현할 때 몸의 근육은 이완되고 체온이 올라갈 뿐만 아니라, 근육은 긍정적인 감정을 느낄 때 이완되고 체온은 마음이 안정될수록 올라간다고 합니다.

프랑스의 필립 크루아종 씨는 고압전기에 감전되는 사고로 사지를 잃은 중증 장애인입니다. 그는 팔다리를 모두 잃었지만 하나님에 대한 믿음과 낙천적인 성격 덕분에 장애로 인해 좌절하기보다 새로운 일에 도전을 하는 삶을 살았습니다. 그런 그가 최근 이집트에서 홍해를 횡단하는 도전을 했습니다. 6월이라 더위가 극심했고, 홍해에 상어 떼가 출몰한 시점이었지만 필립 씨의 의지는 확연했습니다. '장애인도 할 수 있다'는 희망의 메시지를 전하고 싶다는 것이 목적이었습니다. 그렇게 필립 씨는 짧게 남은 팔다리에 의족과 오리발을 달고는 5시간 20분 동안 헤엄을 쳤고 마침내 아무런 도움이 없이 스스로 홍해를 횡단하는 대기록을 세웠습니다. 목적지에는 프랑스 대사관 직원을 비롯해 많은 방송사에서 나와 있었는데, 그들 앞에 선 필립 씨의 첫 마디는 "하나님 감사합니다."라는 기쁨의 고백이었습니다. 필립 씨에게 대업적을 이루었다는 성취감보다, 장애인들을 향한 희망의 메시지보다 더욱 중요한 것은 하나님에 대한 감사였습니다. 주님께 받은 모든 것을 헤아려본다면 어떤 상황에서도 감사가 나와야 합니다. 하루를 시작할 때, 하루를 마무리 할 때 주님을 향한 감사와 기쁨이 임하도록 하루를 재정비하십시오. 여러분은 반드시 행복하고 창대하게 될 것입니다.

사랑하는 성도 여러분!

11월은 감사의 달입니다. 우리는 지난날을 천천히 돌아보면 감사한 일들이 매우 많다는 것을 알게 될 것입니다. 도와주신 분들에게 감사의 말씀을 드리고 무엇보다 늘 우리를 지켜주고 동행해주신 하나님께 큰 감사를 드리시기 바랍니다. 그러면 우리의 몸과 마음이 건강해지고, 나아가서 영혼이 평안하고 하나님의 은혜를 새롭게 체험하게 될 것으로 믿습니다.

진정한 감사는 대가를 바라는 것이 아니라 마음으로부터 우러나오는 감사입니다. 진심으로 감사하는 사람에게는 더 좋은 것으로 채워지지만, 그렇지 못한 사람은 있는 것도 빼앗길 수 있는 것이 감사의 법칙입니다. −전광의《작은 감사 큰 행복》중에서− 진정한 감사는 긍정적인 마음에서 나옵니다. 우리의 삶속에서의 감사는 행복의 첫걸음이기도 합니다. 부모님, 목사님, 스승님, 부부, 자녀, 친구들에게 진정한 감사의 마음으로 문자나 전화로 '사랑합니다, 감사합니다.' 전해 보세요. 그렇게 하면 누구보다도 자신이 행복해집니다. 진정한 감사로 하나님을 기쁘게 해드리는 성도가 되도록 기도하시기를 주님의 이름으로 축원합니다.

[예화]

▣ 모든 일에 감사하는 마음

같은 11.01초의 기록이건만 한 선수는 금메달을, 다른 한 선수는 은메달을 받게 되었다. 지난 오사카 세계육상경기대회 여자 100미터 결승 경기에서 일어난 일이다. 육안으로는 도저히 식별할 길이 없어서 사진 판독까지 가는 접전 끝에 내려진 결과다. 기록은 불과 0.003초 차이! 눈을 깜빡하는 시간이 대략 0.02초라는데 이보다 6배나 짧은 상상하기도 어려운 1000분의 3초 차이로 금메달과 은메달을 갈랐으니 선수들이 느낀 행운 또는 억울함을 어디 비할 수 있겠는가. 하지만 비단 이번 경기의 결과뿐이겠는가. 우리가 치르는 입학시험의 합격여부나 입사시험의 당락처럼 우리네 인생은 참으로 우연 같은 시간차나 점수 차로 삶과 죽음, 합격과 낙방, 금메달과 은메달 사이를 오가는 존재인지도 모른다. 그러나 이것을 행운 또는 불행, 운수의 좋고 나쁨으로 간주할 것이 아니라 모든 것이 합력하여 선을 이루도록 인도하시는 창조주의 사랑의 손길로 믿고 좋은 일이든 혹은 나쁜 일이든 오직 감사함으로 받아들이는 것은 어떨까? 항상 기뻐하고 기도하며 범사에 감사하시기를 바란다.

▣ 범사에 감사

코리텐 붐의 저서 「주님은 나의 피난처」는 그녀가 제2차 세계대전 때 독일의 포로수용소에서 겪은 일을 수기로 기록해놓은 책입니다. 그녀는 추위, 고문, 굶주림, 갈증, 헐벗음 등 그야말로 인간이 육체적으로 당할 수 있는 고통은 거의 다 겪었습니다. 그러나 그녀는 모두 견딜 수 있었습니다. 하지만 가장 견디기 힘들었던 것은 놀랍게도 '벼룩'이었습니다. 그녀는 수용소 안에서 숨어서 성경공부를 했습니다. 다른 말씀은 다 이해할 수 있고, 다 행할 수 있어도 데살로니가전서 5장 18절 이하의 말씀을 공부할 때는 도무지 그 말씀대로 할 수가 없었습니다. "어떻게 하나님은 항상 기뻐하라고 하시지? 이렇게 벼룩이 나를 괴롭히는데…." 그런데 어느 날 그녀는 한 환자를 데리고 의무실로 가는 도중 우연히 독일병사들이 서로 나누는 말을 듣고 그것도 감사해야 할 이유를 알게 되었습니다. "저 감방 안에는 벼룩이 많으니 밖에서 슬슬 지키도록 하자." 그녀는 이 말을 듣고 그 동안의 원망과 불평이 다 사라졌습니다. "벼룩을 보내주신 주님, 정말 감사합니다. 저희에게 이 감방 안에서라도 자유를 주시기 위해 벼룩을 보내셨군요. 이제 성경을 숨어서 보지 않아도 됩니다. 감사합니다." 우리에겐 그저 감사할 수 있는 정도가 아니라 마땅히 감사해야 할 것들이 너무나도 많이 있습니다. 벼룩을 보내주신 하나님께 감사했던 코리텐 붐처럼 자신이 감사 할 수 없었던 모든 일들을 다시 깊이 생각해보십시오.

제목 : 결산과 주님의 심판 l 본문 : 누가복음 20:9-18

12월은 2024년 마지막 달입니다. 우리는 지난 한해를 결산하고 주님의 심판을 받아야 합니다. '종말론적 신앙'이란 오늘이 마지막이라 생각하고 주님께서 부르시면 하늘나라에 가겠다는 신앙을 의미합니다. 우리는 개인적인 종말론적 신앙을 역사적인 종말론적 신앙으로 생각해야 합니다. 종말론적인 신앙은 주님께서 오늘이라도 재림하실 수 있다는 생각으로 우리는 주님의 재림을 기다리며 오늘의 삶을 올바르게 주님의 뜻대로 살고자 하는 신앙적 자세를 가져야 합니다. 또한 주님께서 재림하시면 반드시 자신을 포함하여 세상을 심판하신다는 것을 기억해야 합니다. 주님께서의 재림하시는 시간을 우리는 알 수 없습니다. 그러므로 우리는 정신을 차리고 항상 깨어서 기도하여 준비하여야 재림하시는 주님을 만날 수 있습니다.

하나님께서 죄를 싫어하시기 때문에 반드시 심판하십니다. "모든 사람이 죄를 범하였으매 하나님의 영광에 이르지 못하더니"(롬 3:23). 모든 사람이 죄인이고 의로운 사람이 하나도 없습니다. 그러나 우리가 하나님의 심판을 두려워하지 않고 구원을 소망할 수 있는 것은 예수님께서 우리의 죄를 대신하여 십자가에서 형벌을 받으셨기 때문입니다. 그러므로 죄에 대한 심판의 기준이 '예수님을 믿느냐 믿지 않느냐'에 달려있습니다. 주님께서 재림하시는 때가 역사의 종말이고, 그 때가 주님께서 심판하실 날입니다. 그러나 주님을 믿는 성도들의 죄는 이미 속량되었기 때문에 그들에게 영광의 보상이 있는 거룩한 심판의 날이 됩니다.

사도 바울이 "하나님께서 각 사람에게 그 행한 대로 보응하시되 참고 선을 행하여 영광과 존귀와 썩지 아니함을 구하는 자에게는 영생으로 하시고 오직 당을 지어 진리를 따르지 아니하고 불의를 따르는 자에게는 진노와 분노로 하시리라"(롬 2:6-8)라고 말씀했습니다.

주님의 재림이 날이 갈수록 더욱 가까워지고 있습니다. 이때 우리들에게 필요한 자세가 종말론적 신앙입니다. 현대의 세계는 급속한 변화, 즉 여러 가지 불길한 징조들이 일어나고 있습니다. 지구촌 처처의 기근과 지진과 전염병들이 번지고 있습니다. 특히 지난해에 코로나19 바이러스의 감염으로 온 세계가 수많은 사람들이 생명을 잃어버리는 무서운 시련을 겪었습니다. 또한 지구의 온난화를 비롯한 환경적 위기들로 종말이 가까워지고 있습니다. 이 모든 현상들은 주님의 재림이 가까웠다는 메시지를 우리들에게 알려주는 주님의 신호(sign)입니다. 이런 종말론적 징조들은 주님께서 곧 재림하신다는 것이며, 주님을 맞을 준비를 하라는 명령이고, 전신갑주로 무장하여 사탄의 유혹을 물리치라는 다짐입니다.

1. 포도원 농부의 결산

오늘 우리에게 주신 말씀은 종말에 결산하신다는 예수님의 비유입니다. 한 주인이 거금을 들어서 포도원을 만들었습니다. 그리고 얼마 후에 주인이 농부들에게 소작을 내주고 오랫동안 먼 나라에 여행을 떠났습니다. 주인은 포도를 거둘 때가 되어서 소출 가운데서 얼마를 바치게 하려고, 한 종을 농부들에게 보냈습니다. 그런데 농부들은 그 종을 때리고 빈손으로 돌려보냈습니다. 그래서 주인이 다른 종을 보내면서 똑같은 요구를 하였습니다. 그랬더니 그들은 그 종도 때리고 모욕하고 무일푼으로 돌려보냈습니다. 그래서 주인이 다시 세 번째 종을 보냈었는데, 농부들은 세 번째 종도 상처를 입혀서 내쫓고 말았습니다.

그래서 포도원 주인이 고민하면서 **"어찌할까 내 사랑하는 아들을 보내리니 그들이 혹 그는 존대하리라"**(:13)고 말했습니다. 포도원 주인이 고민하다가 마침내 하나밖에 없는 외아들을 농부들에게 보냈습니다. 그러나 농부들은 포도원 주인의 외아들을 보고 서로 의논하면서 **"이는 상속자니 죽이고 그 유산을 우리의 것으로 만들자"**(:14)고 말했습니다. 이렇게 말한 농부들은 포도원 주인의 외아들을 폭행하고 포도원 바깥에서 죽이고 말았습니다.

예수님의 비유에서 포도원 주인은 하나님이시고, 악한 농부는 당시의 유대인들이며, 주인의 종들은 여러 선지자들이고, 주인의 아들은 예수님을 상징합니다. 하나님의 백성으로 선택받은 유대인들이 하나님의 은혜를 망각하고 선지자들을 학대하며 폭행했습니다. 그리고 마침내 하나님의 외아들이신 예수님을 죽일 것을 예언적인 비유의 말씀입니다. 따라서 하나님은 회개하지 않는 패역한 유대인들을 용서하지 않으시고 심판하실 것을 상징적으로 표현하셨습니다. 예수님의 비유는 이사야 선지자의 '포도원의 노래'와 내용이 흡사합니다(사 5:1-7). 하나님의 말씀에 불순종한 유대인들이 결국은 하나님의 심판을 받게 될 것이라는 이사야 선지자의 예언을 예수님께서 당시의 상황에 맞추어 새롭게 교훈하셨습니다.

예수님께서 **"그런즉 포도원 주인이 이 사람들을 어떻게 하겠느냐 와서 그 농부들을 진멸하고 포도원을 다른 사람들에게 주리라"**(:15-16)고 말씀하셨습니다. 포도원(유대나라)의 악한 농부들(바리새인들과 서기관들과 제사장들)은 하나님의 심판을 받았습니다. 이 사실은 이미 역사적으로 증명되었습니다. 예수님께서 십자가의 고난을 당하시고, 약 2천 년 후에 제2차 세계대전으로 그에 대한 보응이 유대인들에게 임하게 되었습니다. 유대인들은 로마 군병들이 예수님을 십자가에 못 박아 죽이도록 했습니다. 유대인들이 주님의 피를 **"우리와 우리 자손에게 돌릴지어다"**(마 27:25)라고 했습니다. 그들은 구세주를 못 박은 죄가 자신들에게 있음을 스스로 인정하였고, 이스라엘의 유대인들이 그 보응을 스스로 받겠다고 했습니다. 또한 독일의 나치에 의해 많은 유대인들 죽임을 당했는데, 주님을 벌거벗겨 죽였기에 그들도 벌거 벗긴 채 가스실로 들어가 죽임을 당하게 되는 비극이 이스라엘의 역사입니다.

2. 이방인 성도의 결산

예수님께서 **"포도원을 다른 사람들에게 주리라"**(:16)는 비유로 포도원 소작권이 유대인에게서 이방인에게로 넘겨질 것을 말씀하셨습니다. "건축자가 버린 돌이 집 모퉁이의 머릿 돌이 되었나니 이는 여호와께서 행하신 것이요 우리 눈에 기이한 바로다 이 날은 여호와께 서 정하신 것이라 이 날에 우리가 즐거워하고 기뻐하리로다"(시 118:22-24). 하나님께서 예정하신 대로 이미 유대인들의 선택권이 이방인들에게 넘어갈 것을 시인은 말했습니다. 여기서 이방인은 유대인의 혈통을 받지 않은 세상의 모든 사람들, 곧 주님을 믿는 성도들입 니다.

"사람들이 듣고 이르되 그렇게 되지 말아지이다 하거늘 그들을 보시며 이르시되 그러면 기록된 바 건축자들의 버린 돌이 모퉁이의 머릿돌이 되었느니라 함이 어찜이냐"(:16-17). 예 수님께서 종말에 결산하시는 비유의 말씀을 들은 제자들이 그렇게 되지 않기를 간청하였습 니다. 그 이유는 제자들 가운데에도 유대인이 있었을 뿐만 아니라, 주님께서 말씀하신 비유 의 결론이 너무 두려워서 견딜 수 없는 자비심이 격렬하게 작동한 것으로 추정됩니다. 유대 인들이 배척한 예수님을 이방인들, 바로 오늘날의 성도들이 예수님을 구주로 영접하고 또한 그들에게도 다른 사명이 주어질 것을 말씀하셨습니다. 성도들은 주님을 배척하지 말고 섬길 뿐만 아니라, 포도원의 소출, 즉 복음을 전파한 결산을 받아야 합니다. 복음 전파에는 종말 론적인 신앙이 있어야 합니다. 주님께서 심판주로 오실 것이라는 긴박한 사명감과 오늘 복 음을 전하지 않으면 다시 기회가 없다는 시간의 촉박함을 깨닫고 결산을 해야 합니다.

"무릇 이 돌 위에 떨어지는 자는 깨어지겠고 이 돌이 사람 위에 떨어지면 그를 가루로 만 들어 흩으리라 하시니라"(:18). "무릇 이 돌 위에 떨어지는 자는" 예수님을 정치적인 메시아 로 생각했다가, 그가 대속의 주님이라는 것이 판명되자 실족하여 넘어진 사람들이 되었다 는 뜻입니다. 그들은 예수님을 적극적으로 대적했다가 주님께서 재림하실 때에 결국 '가루 로 만들어 흩어지는' 비참한 결과를 당할 것이라는 최종적인 심판, 즉 결산을 받는다는 말 씀입니다. 이방인으로서 주님을 영접한 성도들에게 다음과 같은 깨달음이 있어야 합니다.

첫째, 타락한 인간 본성의 부패를 깨달아야 합니다. 본래 모든 인간은 하나님의 은혜를 거부하며 불순종의 삶을 살았습니다. 이런 본성은 유대인에게만 있지 않습니다. 성도들은 예수님을 거역한 유대인들을 비웃을 것이 아니라, 자신의 이야기로 받아들여야 합니다. 오 늘의 성도들도 예수님을 배반하면 유대인들과 똑같은 심판의 결산을 받게 될 것입니다.

둘째, 하나님께서 길이 참으시고 성도가 회개하고 돌아오기를 기다리십니다. 베드로 사 도는 "마지막으로 말하노니 너희가 다 마음을 같이하여 동정하며 형제를 사랑하며 불쌍히 여기며 겸손하며 악을 악으로 욕을 욕으로 갚지 말고 도리어 복을 빌라 이를 위하여 너희가 부르심을 받았으니 이는 복을 이어받게 하려 하심이라"(벧전 3:8-9)고 말씀했습니다. 하나 님께서 성도를 사랑하시기에 "하루가 천 년 같고 천 년이 하루 같다는"(벧후 3:8) 생각으로 오랫동안 참으시고 회개하고 돌아오기를 기다리고 계신다는 것을 믿으시기 바랍니다.

셋째, 종말에 주님의 심판에 따른 결산이 얼마나 엄중한지를 깨달아야 합니다. 유대인들은 깨닫지 못해서 망했습니다. 그러나 주님께서 오늘 이 말씀을 주시는 것은 성도로 하여금 주님의 말씀에 순종하고 계시된 복음을 받아들일 뿐만 아니라, 이 복음을 널리 전파하여 하나님의 종말론적인 심판을 받지 않도록 결산해야 합니다. 말씀은 하나님께서 주시지만, 듣고 순종할 책임은 성도에게 있습니다. **"우리는 십자가에 못 박힌 그리스도를 전하니 유대인에게는 거리끼는 것이요 이방인에게는 미련한 것이로되 오직 부르심을 받은 자들에게는 유대인이나 헬라인이나 그리스도는 하나님의 능력이요 하나님의 지혜니라"**(고전 1:23-24).

3. 새롭게 도전하는 성도

지금까지 갈등이 없던 시대는 별로 없었습니다. 에덴동산에서부터 갈등이 시작되었습니다. 최초의 여자 하와는 하나님의 말씀을 전달하는 대리인이요 자신의 머리되는 남편의 말을 무시하고 마귀의 꼬임에 빠져 하나님과 같이 되고자 선과 악을 알게 하는 열매를 먹었습니다. 그리고 남편도 먹도록 해서 죄로 말미암아 하나님과 단절되는 갈등을 만들었습니다. 하나님의 말씀은 사람을 의롭게 하시지, 절대로 죄악으로 떨어지게 하시지는 않습니다.

갈등(葛藤)은 한자어로 칡과 등나무가 서로 뒤엉키는 것을 의미합니다. 칡의 성질은 오른쪽으로, 등나무의 성질은 왼쪽으로 감아 올라가기 때문에 칡과 등나무가 한 곳에서 만나면 심각하게 뒤틀리며 싸우게 됩니다. 이게 바로 갈등이란 말의 어원입니다. 우리나라가 전체주의 국가가 아닌 이상, 정치·사회·문화적 이슈에 대한 반대 의견이 있을 수 있고 또 있는 것은 당연한 일입니다. 소수의 의견이든지 반대 의견이든지 들어주고 인정해 주어야 합니다. 그러나 조직이 발전하고 성장하려면 이런 저런 반대의 목소리가 있을 때 재론과 협상을 통해 상대방의 의견을 존중하고 긍정하는 정반합의 과정이 필수적으로 필요합니다.

오늘 비유에서 주인이신 하나님은 소작 농부들로부터 표현된 유대인들에게 배척을 당했습니다. 예수님을 배척한 유대인들은 혹독한 심판을 받았습니다. 하지만 지금도 유대인들은 깨닫지 못하고 있습니다. 그 다음은 이방인으로 부름을 받는 성도들 차례입니다. 성도들은 하나님께 순종할 것인지 아니면 배척할 것인지를 선택해야 합니다. 이것은 성도들의 새로운 도전입니다. 성도는 복음에 순종하고, 복음을 널리 전파한 결산을 받아야 합니다.

'이솝 우화'는 우리에게 많은 지혜를 가르쳐 줍니다. 이솝 우화에 〈파리와 불나비의 이야기〉가 있습니다. 배가 고픈 파리가 날아다니다 맛이 있는 꿀을 발견했습니다. 파리가 꿀단지의 주변을 맴 돌면서 조심조심히 꿀맛을 맛보다가 결국은 조심하는 것을 잊어버리고 꿀단지 한복판에 뛰어 들어가 두 날개가 젖어버리고 말았습니다. 파리가 힘을 쓰면 쓸수록 꿀 속에 더 깊이 파묻혔습니다. 그때 불나비가 한 마리 날아와서 파리를 보고 "야 이 녀석아, 음식을 그렇게 탐욕스럽게 먹으면 안 되는 거야. 네가 너무 돼지처럼 먹기를 좋아하니까 그렇게 빠져서 결국 죽지 않니!" 그렇게 비난을 하는 불나비 앞에서 파리는 할 말이 없었습니다. 자기 몸이 점점 꿀 속으로 빠져들고 있었기 때문입니다. 밤이 되었습니다. 촛불이 켜졌습니다. 불나비가 촛불 주변을 빙빙 돕니다. 색깔의 아름다움에 취해서 가까이 갔습니다. 더 잘 보려고 가까이 가다가 결국은 타서 죽었습니다. 그때 아직도 죽지 않은 채 있던 파리가, "나보고 바보라고 하더니 너는 나보다 더 바보구만. 한 번에 타 죽고 말았구나."

사랑하는 성도 여러분!

세상 사람들은 누구나 탐욕을 좇아 사는 인생, 쾌락을 좇아 사는 인생들입니다. 그렇다고 성도들마저 탐욕과 쾌락을 좇아 살아서는 안 됩니다. 성도라도 자신을 위해서 사는 인생에게 무서운 결과가 있다는 것을 깨달아야 합니다. 야고보는 **"욕심이 잉태한즉 죄를 낳고 죄가 장성한즉 사망을 낳느니라"**(약 1:15), **"너희 중에 싸움이 어디로부터 다툼이 어디로 나느냐 너희 지체 중에서 싸우는 정욕으로부터 나는 것이 아니냐"**(약 4:1)고 말씀했습니다.

포도원의 농부가 욕심이 잉태하여 주인의 명령을 거역하고 주인의 아들까지 죽였습니다. 유대인들은 욕심으로 하나님을 배반하고 하나님의 외아들까지 십자가에 못 박아 죽였습니다. 하나님께 결산해야 할 우리는 어떻습니까? 하나님께 순종하셨습니까? 이 시간, 조용히 성찰해보시기 바랍니다. 그리고 새로운 사명을 깨닫기 바랍니다. 말씀에 순종하고 복음을 전해야 합니다. 한 해를 결산하는 성도가 되도록 기도하시기를 주님의 이름으로 축원합니다.

[예화]

▣ 신앙인의 결산

'방관자효과(bystander effect)'란 주위에 사람들이 많을수록 어려움에 처한 사람을 돕지 않게 되는 현상을 뜻하는 심리학 용어입니다. '제노비스 신드롬(Genovese Syndrome)'이라고도 하는데 구경꾼 효과라고도 합니다. 1964년, 키티 제노비스(Kitty Genovess)라는 여인이 뉴욕의 자기 집 근처에서 새벽 3시 30분경에 30분 동안 반항하며 강도에게 살해당했습니다. 집 주변의 40가구에서 반항하는 소리를 들었지만 어느 누구도 그녀를 구하거나 경찰에 신고하지 않았습니다. 라테인(Latane)과 로빈(Robin)이라는 심리학자가 실험을 했습니다. 대학생들을 실험 명목으로 불러 대기실에서 기다리게 했습니다. 방을 여럿으로 나누어서, 어떤 사람들은 혼자 있게 하고, 어떤 사람들은 여럿이 같이 있게 했습니다. 그리고 그때에 갑자기 문틈으로 연기가 새어들게 했습니다. 혼자서 기다리던 사람들은 75%가 2분 이내에 알렸고, 여럿이서 기다리던 사람들은 6분 이내에 불과 13%만 알렸다고 합니다. 이처럼 여럿이 있으면 서로 책임을 미루는 '책임감의 분산' 현상이 일어납니다.

교회에서도 마찬가지로 결산합니다. 예배당은 여러 사람이 공유하는 공간입니다. 그런데 예배가 끝났어도 에어컨은 계속 돌고, 앰프도 설교자가 없어도 기다리고 있습니다. 모든 교인이 나갔는데 불은 여전히 밝게 켜져 있고, 과자나 빵 부스러기가 방치되어 있으며, 방마다 사용한 흔적들을 그대로 남겨놓아 보는 사람들에게 불평하도록 만듭니다. 이렇게 많은 사람이 사용하기 때문에 서로 방관하는 것입니다. 방관자 효과가 나타나는 이유는 크게 세 가지라고 합니다. 첫째는 상황의 애매함입니다. 위급한 상황인지 판단하기가 애매하기 때문입니다. 둘째는 다수의 무지입니다. 다른 사람들이 상황에 어떻게 반응하는지 눈치를 보게 되는 것입니다. 셋째는 결산의 분산입니다. '누군가 도와주겠지'하는 결산의 분산입니다.

▣ 행위에 대한 결산

1928년 헝가리에서 태어난 종군기자 엘리위젤이 쓴 『밤』이라는 책에 나오는 이야기입니다. 제 2차 세계대전 당시 독일에 살고 있던 유대인들이 나치 정권에게 대량학살을 당하게 되었습니다. 이때 이 일의 주동자였던 유대인인 아이히만에 의해서 600만 명의 유대인들이 비참하게 죽어 갔습니다. 하루는 아이히만이 거리에서 큰 장대를 세우고 한 어린 소년을 목매달아 두고 많은 사람들을 그 밑으로 지나가게 했습니다. 마침 그때 그곳을 지나가던 엘리위젤이 그에게 "하나님은 어디 있느냐?"고 묻자, 아이히만은 능청스럽게 "지금 저 소년과 함께 죽어 가고 있다."라고 말했습니다. 전쟁이 끝난 후에 아이히만은 자신의 극악무도한 죄상과 거기에 따른 심판이 두려워서 어디론가 잠적해 버렸습니다. 그러나 아르헨티나 어느 산골에서 이름까지 고치고 숨어 살다가 유대의 비밀경찰에 의해서 체포되어 최고 전범 재판소에 회부되었습니다. 이에 엘리위젤은 그의 책을 통하여 다시 "하나님은 어디 있느냐?"고 두 번째 질문을 던지면서, "하나님은 지금 아이히만을 심판하고 계신다."라고 했습니다. 하나님께서 사람은 무엇을 심든지 반드시 심은 대로 거두도록 결산하십니다.